梁启超新传

李喜所　元青　著

2015年·北京

图书在版编目(CIP)数据

梁启超新传/李喜所,元青著.—北京:商务印书馆,2015
ISBN 978-7-100-11473-8

Ⅰ.①梁⋯ Ⅱ.①李⋯②元⋯ Ⅲ.①梁启超(1873～1929)—传记 Ⅳ.①B259.1

中国版本图书馆 CIP 数据核字(2015)第 161038 号

所有权利保留。
未经许可,不得以任何方式使用。

梁启超新传

李喜所 元青 著

商务印书馆出版
(北京王府井大街36号 邮政编码100710)
商务印书馆发行
北京市白帆印务有限公司印刷
ISBN 978-7-100-11473-8

2015 年 11 月第 1 版　　　开本 787×1092 1/16
2015 年 11 月北京第 1 次印刷　印张 41½ 插页 3

定价:98.00 元

梁启超(1873—1929)

1900年于澳大利亚

1902年于加拿大温哥华

思索写作中

于1928年

代 序

梁启超的文化性格

　　从文化符号学的角度看，无论宏观领域的文化还是微观领域的文化，都是一种特定的文化符号。众多的人类，纷繁复杂的族群，亦是各有各的文化符号，绝无两者完全相同者。通常情况下，人们容易从表层去识别某个人或某个族群的符号特点，但深层的奥秘是绝对不可能搞清楚的。即使每个人自己，可以大体洞悉自我的文化心思或文化指向等，但决定命运的这个秘密的"符号"则至死也在迷茫之中。其实，人的这个符号的秘密就是人们常说的性格。用大众的语言说，就是所谓的"命"。在时代背景和生活环境大致差不多的情况下，性格决定命运。而个人之命运，又有谁能说得一清二楚呢！因而，对于史家，尤其是对于研究历史人物的史家，能够探求几分历史人物性格者，就应该说颇有些原创意义了。在商务印书馆尤其是王兰萍女士热情推荐修订重印本书的时候，我们回观梁启超这位在中国近代历史上具有重要历史价值和历史意义的这一鲜明的"文化符号"，一个强烈的愿望就是企望结合近代中国历史的风云变幻及梁启超的人生轨迹、心路历程，尤其是根据其汗牛充栋的宏伟著述，去大致梳理和提炼其在特定的社会文化熏陶下所堆积、升华的文化性格，试探性地来揭示梁启超这个文化符号的"秘密"所在。

　　俗话说，人的性格是在"两天"内，即"先天"和"后天"中形成的。"先天"所包含的遗传和生理结构等方面的因素，至今难以做科学的解释，也可能永远是个谜；所以研究者只能就"后天"来做文章。排除"先天"不论，制约梁启超文化性格的决定性因素是特定的社会生态和淤积既久的文化资源。但是，即使生活于同一时代的人群，由于社会身份尤其是社会角色的不同，文化性格不仅不可能完全一样，而且千差万别，难以整齐划一。也就是说，先天的人的自然属性的合理发挥和后天的社会角色的被迫认定，锤炼出千姿百态的文化个性。梁启超出生在耕读结合的农民家庭，虽说没有多么高的社会地位，但衣食无忧的经济条件和相对有文化的独特优势，颇受他所生活的广东新会县茶坑村村民的推崇，再加上梁启超自幼显现出的机灵和聪明，早早就在十里八乡被挂上了"神童"的桂冠。梁启超自负的优越感和出人头地的争强意识自幼养成。还有家庭对梁启超的厚望以及读书做官的传统价值追求，给梁启超以巨大的动力去展现自我。但在当时，提供给梁启超改变社会地位的途径并不多，唯一可以选择的道路就是科举。于是他1884年中秀才，5年后又在广东的乡试中名列第八，成举人。正当16岁的梁启超在科举的拼杀中洋洋自得的时候，1890年却结识了康有为。康有为的叛逆性格以及别开生面的学识和政治理念，使梁启超"尽失故垒"。人生的航船出现了重大转折。从此，他跟随康有为，为维新变法竭诚奋斗，终于在1898年促成了影响中国历史进程的戊戌变法。这一方面使25岁的梁启超一举成为家喻户晓的政治明星，一方面又使其在清政府的追捕下变成了"政治犯"，被迫逃亡日本。由此，梁启超基本站在了清朝政府的对立面，他不满现状、立志改革、敢于和当道相对抗的政治性格也基本确立，并大致左右了他人生的后30年。1912年，梁启超结束了14年的流亡生活回到国内，虽然一时间成了民初政坛的风云人物，曾一度成为进步党的核心，做过司法总长、财政总长等高官，但严酷的现实和他追求民主的政治理想背道而驰。他那一贯蔑视权贵的政治性格又让他和当权者分道扬镳，最后还是回到书斋做起了学问，直至告别这个世界。梁启超一生无有实权的在野地位，使他能够较为干脆利落地摆脱权力的干扰，比较清醒和客观地去思考问题、提出问题、分析问题，这种社会身份的长期积淀，反映在思想文化的选择和定位上，自然是与传统对立的一面多于维护的一面，进取的一面多于守成的一面。

除了社会身份之外，文化人尤其是学者的文化选择和文化结构对其文化性格的形成也至关重要。梁启超可选择的文化资源不可能超越时代，无非是国学和西学。但他是在精通国学的基础上去吸收西学；又在比较全面地考察西学的过程中反过来重新解读中国典籍。用他自己的话讲就是："舍西学而言中学者，其中学必为无用，舍中学而言西学者，其西学必为无本，皆不足以治天下。"[1] 由于中西相融，所以近代学者常犯的"食洋不化"或"泥古不化"的通病，在梁启超身上较少显现。众所周知，少年梁启超在祖父的精心教导下，对中国古典文化有系统的学习，一些古典名著如《史记》、《汉书》等，他能"成诵八九"。结识康有为后，又治今文经学，帮老师撰著《孔子改制考》和《新学伪经考》等很有学术深度的专著，进一步加深了对国学的学习和运用。这期间的梁启超，也包括康有为，不能说对西学一点儿也不了解，但非常有限，占主导地位的仍是今文经学为主轴的国学。梁启超真正对西学做较为深入的研究，是他流亡海外的14年，即25岁到39岁，恰好是他最富创造力的黄金时期。梁启超一到日本，就为其见所未见的新知所吸引，用他自己的话讲是"若行阴山道上，应接不暇，脑质为之改易，思想言论与前者若出两人"。[2] 在广泛吸收"日式"西学的同时，梁启超还往北美、澳洲等地考察，对西方和日本思想文化的了解达到了一个新的高度。如果说戊戌变法时期的梁启超基本是在康有为的光环照耀下，主要是发挥康有为的思想和学说，那么，客居日本时期的梁启超已经逐步构筑起自己独立的思想文化体系，在史学、文学、哲学、政治学、经济学、新闻学、法学等众多领域形成开风气之先的独立见解，并通过自己富有感染力的论著影响着一代中国人。在梁启超新创立的思想文化体系中，虽然不乏中国传统文化的元素，但

---

[1] 梁启超：《西学书目表后序》，《饮冰室合集·文集》第1，第129页。
[2] 梁启超：《汗漫录》，《饮冰室合集·专集》第22，第186页。

就主要倾向来讲，现代性或曰近代性占据了主导地位。比起他政治上对中国封建传统网罗的冲击，其文化上的超越传统要晚得多，影响的深度和广度也大得多。可见，文化性格的转换较政治理想的变革还要难，还更需要时间。"五四"之后的梁启超，由于受第一次世界大战后西方资本主义世界一度萧条的影响，开始怀疑西方文化，转而从中国古典文化中寻求出路，此后的10年中他写了大量研究先秦到明清的学术文化论著，一时间成为"东方文化派"的领袖人物。表面看，梁启超似乎从"西化"回归到了中国本体，但从其一系列论著的精神实质、文化内涵、研究方法等去分析，就会发现他为中国传统文化的现代转换做了最实际而很有成效的工作，现代性仍然是其学术思想文化的主体。讲中国传统文化的走向现代，梁启超晚年的努力最具典型意义。在近代中国，只有像梁启超这样既有厚重的国学根基，又能吃透和灵活运用西方现代的理论和研究方法，才能为中国传统文化的转换做出实实在在的贡献。由此也大致可以判定梁启超的文化性格是：由传统步入现代，由现代又回思传统；传统中不乏现代，现代中凝聚着传统；在国学与西学的融合和蜕变中创造独具特色的中国新文化。梁启超的文化意义，恰恰在于他顺应了中国文化走向现代的时代潮流，面向世界，超越传统；他也巧妙地以现代的理念和方法重新阐释中国旧文化，以现代引领传统，改造传统；其文化内核既是中国的又是世界的，因而魅力四射，永远为后人所关注。

本书在修订过程中，大致按照保留原貌、有所更新的基本思路，参阅近些年梁启超研究中的一些新资料和新观点，改正了个别错误，增加了一些内容。考察梁启超的家庭和后代，对深入理解其思想和为人很有必要，所以增写了一章。但由于时间紧迫，本想全面改写的某些部分难以如愿，只能在下次修订中去弥补了。

李喜所

2014年夏于多伦多书来堂

目 录

引言：我眼中的梁启超 1

I

一　寻根 7
　　家乡风情 7
　　家世沿革 11

二　流水年华 15
　　幼年的足印 15
　　中秀才：乳臭未干 18
　　成举人：翩翩一少年 20

三　康门高足 24
　　拜师康"圣人" 24
　　新潮激荡的万木草堂 29
　　敞开思想的窗扉 33

II

四　初涉政治舞台 41
　　公车上书 41

    组织强学会 46
    《时务报》主笔 49
    执教湖南时务学堂 56
    联志士，建社团 60

五　维新大思路 68
    讲进化 68
    开民智：绅智、官智、女智 72
    变科举 78
    兴民权 83
    设议院 87

六　站在变法的潮头 92
    维新运动的高涨 92
    保国会 97
    全力推进新政 102
    激烈的新旧之争 106
    "有心杀贼，无力回天" 110

III

七　亡命与奋进 119
    忍泪逃出国门 119
    支持自立军起义 123
    办学和办报 127
    "言论界之骄子" 133
    漫游新大陆 139
    和孙中山的交往 145

八　构筑新文化的新星 150
    新星的崛起 150
    政治观：国家公有、公理、共和 156

经济观 ... 163
　　法律观：法律进化、法治主义 ... 169
　　宗教观 ... 175
　　社会观 ... 179
　　学术观：历史学、文学、地理学 ... 187

九　反对暴力革命 ... 201
　　固守改良道路 ... 201
　　君主立宪的"政治革命" ... 210
　　立宪预备的"开明专制" ... 215
　　抨击"社会革命" ... 219
　　泪眼看云 ... 223

十　沉迷宪政运动 ... 228
　　立宪风潮 ... 228
　　名噪一时的政闻社 ... 230
　　宪政理论家 ... 238
　　探讨新领域：财政与外交 ... 243

IV

十一　结束流亡生涯 ... 251
　　武昌起义后的新谋划 ... 251
　　奔赴奉天 ... 258
　　思考中国政体 ... 261
　　借力袁世凯 ... 266
　　荣耀归国 ... 272

十二　助推袁世凯 ... 277
　　张扬"国权" ... 277
　　进步党灵魂 ... 282
　　进入"第一流人才内阁" ... 289

左右为难的司法总长 295
　　一事无成的币制局总裁 299
　　观望与失望 302

十三　与袁世凯决裂 306
　　"帝制"逆流 306
　　抵制"帝制" 310
　　揭露袁世凯 316
　　决裂之原因 323

十四　发动护国战争 328
　　起兵讨袁 328
　　秘密入桂 335
　　协调反袁力量 341
　　逼袁下台 346
　　看好段祺瑞 352
　　痛哉，蔡锷将军 359

十五　参政尾声 363
　　操控研究系：国权主义宪法观 363
　　呼吁对德宣战 368
　　助段挫败张勋复辟 374
　　与康有为分道扬镳 379
　　出任财政总长 386

V

十六　欧游心影录 395
　　迈步近代西方文明的发源地 395
　　详察战后欧洲 398
　　在巴黎和会伸张正义 402
　　反思西方文明 407

十七　难舍政治 414
　　接办《改造》杂志 414
　　评析马克思主义思潮 417
　　钟情"国民运动" 424
　　幻想"联省自治" 430
　　评判"科学与人生观"之争 435
　　梦想独立组党 438

十八　致力于文化教育 442
　　办学与讲学 442
　　共学社与讲学社 451
　　潜心著述 458

十九　流传千古的学术成果 462
　　治史以求新为本：历史研究法、中国史、世界史、人物传 462
　　刻意发展新文学：诗歌、小说、文学史 483
　　构筑自身的哲学流派：哲学理论、人生哲学、哲学史 498
　　评议圣贤思想：先秦政治思想、孔子、墨子 514
　　学术史的创见：清代学术概论、中国近三百年学术史、先秦学术 .. 529
　　文化史的建树：概念的界定、研究方法、中国文化史 543
　　在佛学的海洋里寻觅：中国佛学史、佛经的翻译与传播、佛学理论 .. 554
　　图书文献学论著：图书馆学、图书真伪考、国学书目 569
　　教育学 576
　　办报学说 585

VI

二十　仙逝 595

二十一　家庭生活和后代风姿 602
　　家庭状况 602

生活扫描 607
子女教育 614
后代风姿 622

附 录

梁启超生平学术年表 633
主要参考文献 644
后 记 649

图表目录

梁启超在《时务报》发表文章	50
《时务报》销售情况	53
欧洲、中国新旧国家思想比较	158
民初四大政党基本情况表	283
梁启超各地巡回演讲情况表（1921年底至1923年初）	446
共学社编辑的西方著作	452
史家与历史关系	468
梁启超所理解的人类活动及文化概念	544
梁启超所理解的文化构成	545
教育制度表	584

引言：我眼中的梁启超

大千世界，芸芸众生，每个人都在特定的社会空间中自觉不自觉地塑造自己的形象。令人玩味的是，人口如此众多，却绝难找出两个完全相同的人。因而，绝对准确地去描述任何一个人在理论和实际上都是讲不通的。历史学家研究的是古人，即使所依据的史料百分之百地准确，由于研究者所处的时代不同，价值取向有别，学术水平各异，所写出的人物传记也不可能完整无误，更难使古人呼之欲出，形象逼真。也就是说，现实生活中人们之间的了解和认识是相对的，再现历史人物形象则更是有限度的。尤其是那些历史伟人，性格复杂，活动频繁，思想活跃，智慧超群，后人认识起来就更困难一些。本书的传主梁启超，从1873年出生到1929年谢世，虽只度过了56个春秋，但他11岁中秀才，16岁成举人，25岁和康有为一起发动戊戌变法；29岁主编《新民丛报》，为一代青年创造精神食粮；辛亥革命前后叱咤政坛，组党结社，曾任司法总长、财政总长、币制局总裁、护国讨袁战争的都参谋等重要职务；"五四"之后又潜心研究中西文化，在清华大学、南开大学等地讲学，并写出了一批学贯中西、令人叹服的学术专著，堪称一代宗师。为如此博学多才又影响深远的大人物立传，其难度可想而知。所以，本书只能是为后来的研究者铺路搭桥，绝不敢自诩为准确无误地再现了梁启超。故戏之曰：我眼中的梁启超。

人在谱写自己历史的过程中，受特定的自然环境、社会关系、人文景观所制约，在大气候相同的情况下，人的个性就具有决定意义。人物传记首先应是个性化的历史。梁启超一生多欲、多才、多思、多情、多变，争强好胜，从不满足，喜欢并善于表现自己，总想在剧烈动荡的近代中国社会中选择自己的最佳定位，用自己的世界观去改造中国。这种创造型的个性左右了其开拓性的人生。

强烈的欲望是梁启超的人生支柱。他视"希望"为成功之母，总是对他所追求的一切抱定必胜的信念；他把"兴趣"看作事业成败的关键，总是对他所干的一切抱有浓厚的兴趣。受中国知识界传统的"修身齐家治国平天下"的影响，他一生关心国家命运，千方百计在政坛角逐。童年时期，梁启超就有献身祖国的宏图大志，1890年在广州遇康有为后，更与政治结下了不解之缘。随着戊戌变法的失败，其政治欲不但没有减弱，反而更增强了。1902年前后，其思想渐渐突破康有为的框架，自成一体，梁启超改造中国的模式进一步完善。1912年，他结束了14年的海外流亡生活，决心在政界一试其锋。此后的8年中，梁启超沉浮于扑朔迷离的政潮而不能自拔。晚年他虽宣布脱离政界，但从未远离政治。"五四"之后的各种政治风云，梁启超总要指手画脚，评论一番。对于一个潜心学术又在政治上屡遭惨败的文人来讲，始终保持这样饱满的政治热情，是难能可贵的。和政治欲相比，梁启超的学问欲更旺盛。其一生几乎天天在作学问，即使涉足政坛的岁月里，也从未停止发表学术论文。他对史学、文学、政治学、经济学、哲学、法学、社会学、图书文献学、新闻学、宗教学、金融学、科技史、国际关系、中外文化交流等，都有一般人少有的兴致，写出了有相当水平的论著。在那精神亢奋的年月，他一天可以写5000多言，一生留下了1400多万字的巨著。一部《饮冰室合集》，倾注了梁启超刻苦攻读、勤奋著述的斑斑血泪，也反映了他广博的学术文化知识和高深的学术造诣。梁启超作学问，一是求新，从不炒"冷饭"，更反对人云亦云，始终选择中西文化研究中的"热点"问题进行研究，因而具有强大的生命力并拥有众多的读者；二是求通，梁启超无论研究中国古典文化和现实的社会政治问题，总是古今中外，融会贯通，深入浅出，议论风生，给人启迪，其是通才，而非专才；三是求多，总以"不知为耻"，只要梁启超研究的问题一定要写出论著，其好友曾劝他专精一门或两门，求深不求广，他也知道自己作学问广博有余，专深不足，一度下决心调整战略，但兴趣的广泛，能力的超群，决定了他无法只专一门，而是以多取胜，形成了自己特有的学术个性。梁启超的这种多欲，是和多才、多思结合在一起的，所以能做出成绩。他天赋好，又勤奋，病危住院，还伏案著《辛稼轩年谱》；他思维敏捷，善于观察社会和探求人生，新思想层出不穷。才、学、识的有机结合，使梁启超成为著名的思想理论家。值得一提的是，梁启超还是一"情种"。[1]他无论从政、作学问，还是交友、持家，一个"情"字贯彻始终。在政治舞台上，其城府欠深，易于激动，知心好友认为他不适合从政，梁启超开始不服，后来屡屡败北后，也不得不认可。他写文章，笔锋常带感情，富于"魔力"，透过梁启超创造的活泼流畅动人的"新民体"，可以感触到其跳动的激情。在爱情生活上，梁启超也一度为窈窕少女的真情所动，但始终坚持中国式的诚挚而一以贯之的夫妻感情。梁启超对儿女一往情深，关心子女的生活、学习、为人、择业，现存的梁启超致儿女们的几百封书信，说明他是一位好父亲。尤其是大女儿梁思顺（令娴），梁启超视为掌上明珠，体现了无价的父爱，真可谓"儿女情长"。

梁启超"流质易变"，总以"今日之我去攻昨日之我"。他也承认，其师康有为"太有成见"，而他则"太无成见"。有些论者将梁启超一生归之为"十变"，也有的概括为"七变"、"八变"。总之，梁启超的多变是肯定无疑的。需要探讨的是梁启超为什么如此多变。不少论者从梁启超所代表的民族资产阶级的阶级属性上去找原因，还有的从近代中国的特殊国情去寻答案。理由是，民族资产阶级经济力量薄弱，缺少独立意识，其代言人肯定软弱多变；而近代中国又风云突变，今天看来是正确的东西，明天可能就过时了，这一时期是新潮为人们追逐，过不了多久就黯然失色而被抛弃，一浪一浪的迅速推进，使总想站在潮头的梁启超不得不变。这种解释无疑是有道理的。但深入一步去看，梁启超的多变还有深刻的思想和政治原因，特别是和他追求的改良主义始终不变有因果关系。梁启超一生要达到的政治目标是：

---

[1] 梁自称："余生平爱根最盛，嗜欲最多，每一有所染，辄沉溺之，无论美事、恶事皆然，此余爱性最短处也。"《饮冰室合集·专集》第22，第191页。

通过改良的方法，设议院，开国会，建立君主立宪的资产阶级民主制度。在实现这一最终目标之前，先有一段较长时间的开明专制，通过开明专制达到君主立宪。在表达这一意愿时，梁启超有时抨击封建专制，呼喊资产阶级民主；有时又哀叹民智未开，为开明专制评功摆好。似乎他一会儿是民主的代言人，一会儿又是皇权的卫道士。而且，书生搞改良，只能寻靠山。像梁启超这样的文人参政，无非是写文章，造舆论，办学堂，搞学会，组团体，若要真正实现其宏图大志，必须寻求强有力的实力派的支持。梁启超戊戌时和光绪等帝党联合，武昌起义后又投靠袁世凯，和袁世凯闹翻后又去寻段祺瑞，待看清段祺瑞的庐山真面目后，梁启超再也物色不到实现其政治目标的"强人"了，于是不得不在故纸堆里寻求解脱。梁启超这样四处寻靠山，自然就变化不一了。从理论上讲，改良本身就是一矛盾结合体。改良主义者一方面要突破旧制度，建立新体制；另一方面又要保留传统，维护旧政权。在强调破旧的时候，有很大的进取性；在要求保存旧事物、反对革命的时候，又表现出极强的守旧性。所以，只要奉行改良主义，就处于左右摇摆的多变之中。梁启超一生就置于这种无法自拔的矛盾当中。梁启超改良主义宗旨的始终不变，决定了他实施过程中的多变。康有为在戊戌变法后的所谓"不变"，实际是因为他已不全面坚持他的改良主义目标了，他所梦想的只是拥护光绪帝复辟，延续清朝的统治。至于实现君主立宪的资产阶级民主政治，康有为似乎忘却了。

　　梁启超的一生是喜剧，还是悲剧？应是喜剧色彩，悲剧性格。他留下那么多的鸿篇巨著，领导过戊戌变法，又是民初政坛上的风云人物，应该说不虚此生；但他一生所追求政治抱负未能如愿，其心境多在愁苦和忧愤之中，晚年目睹军阀混战，政治腐败，社会动乱，对前途都绝望了。近代中国这个悲剧舞台，决定了改良主义道路走不通，决定了梁启超的悲剧性格。一位外国学者称梁启超一生在政治上和学术文化上画了一个圆，起点也就是他的终点。此话虽难令人信服，但发人深思。

I

一 寻 根

家乡风情

梁启超的家乡坐落在南国水乡——广东省新会县的茶坑村。

新会县位于美丽富饶的珠江三角洲的南端，距花城广州100多公里，多为冲积平原和小山丘，西汉时称四会县，晋更为盆允县，南朝刘宋时置新会郡，隋朝废郡改县，因袭至今。从新会县城往南，过大作家巴金所描绘的"小鸟天堂"，约二三十公里，便是茶坑村。这里正当西江入海之冲，居河海相隔而成的七小岛中央，无怪乎梁启超自称为"中国极南之一岛民也。"[1]

茶坑村有100多户人家，5000余人。村前一清澈见底的小河缓缓流过，时有风行的帆船飞驶；村后一布满松柏竹林的小山拔地而起，游人清脆的歌声此伏彼起。山上有一建于明代的凌云塔，雄伟壮观。立于塔旁，珠江三角洲的秀丽景色，尽收眼底；南海潮的冲天巨浪，隐约可见。可以设想，青少年时期的梁启超常绕塔漫步，思潮起伏，叹人生之艰辛，思祖国之兴衰，念天地之悠悠。

新会属亚热带气候，少寒多暑，炎热潮湿，严冬无雪，花开四季，稻花香气逼人，桑园郁郁葱葱，柑橘、香蕉等水果挂满树枝，著名的大葵扇行销全国。但时有台风侵扰，人祸、天灾亦不断袭来，生活并非一帆风顺。其县志记云："新会气候，一岁之间暑热过半，冬无霰雪，草木不凋。一日之间，

---

[1] 《三十自述》，《饮冰室合集·文集》第11。

雨旸寒暑，顷刻则易。夏秋之间，时有飓风，或一岁数发，或数岁一发。又有石尤风，其作则黑云翔海，猝起俄顷。濒海地卑土薄，故阳燠之气常泄，阴湿之气常盛。……境之西南多农鲜贾，依山濒海者，以薪炭耕渔为业。民无积聚而多贫"。[1]

社会环境往往左右着人们的生活习性。从晚清的各种文献来观察，长期生活在茶坑一带的乡民具有顽强的生存能力，善于应付各种突然事变，勤劳俭朴，务实、求新、自治、爱乡，崇尚封建义理，信神鬼而不乏迷信思想，尊重知识分子，向往升官发财。诚如《新会县志》所云："士人尊师务学问，不逐虚名；士者以恬退为乐，竞进为耻；尚门第，矜气节，慷慨好义，无所诌屈"。这种风俗，即使在有了很大变异的梁启超身上，也曲折地有某种反映。

清末的茶坑村实行一种带有自治色彩的乡绅保甲制度。在梁氏宗祠的"叠绳堂"设有本村的最高权力机关——耆老会，由51岁以上的老者充任，年轻的秀才、举人亦可为会员。耆老会亦称"上祠堂"，聘任4至6名年轻力壮能办事的男子为值事，其中两人为会计，管理全村财务税收，另举保长一人，"专以应官"，但"身份甚卑，未及年者则不得列席耆老会议"。耆老会一般有会员六七十人，但开会时有一半多人不出席，权力实际掌握在少数几个长者和办具体事务的值理及保长手中，梁启超的父亲就曾掌握耆老会30多年。据梁启超在《中国文化史》中记述："耆老会议例会每年两次，以春秋二祭之前一日行之。春祭会主要事项为指定来年值理，秋季会主要事项为报告决算及新旧值理交代，开秋祭会时或延长至三四日。此外遇有重要事件发生，即临时开会。大率每年开会总在20次以上，农忙时较少，冬春之交最多"。

耆老会设有自己的地方武装——乡团，由敢于争斗的小青年自愿报名，耆老会批准。团民备受优待，分东西时可领双份。每人或数人发一支枪，弹药则由值理统一保管。有盗卖枪支弹药者，必从重处罚。乡团定时操练，学一些武术和作战技能，有一定的战斗力。在维护茶坑村封建秩序和统治方

---

[1]《气候节》，《新会县志》卷2。

面，乡团具有举足轻重的地位；但遇外来侵略，又发挥了组织民众、保家卫乡的积极作用。清末的乡团是较复杂而多变的乡村武装集团。

茶坑村还设有江南会，类似于今天的农村供销社，乡民自愿集资，购买较为急需的布匹日用百货及柴米油盐等，方便百姓，扩大交流。三五年后，所得利润少量还给会员，早还者利少，晚还者利多，一般30年内还清。余下的利润多充公，用于村中公益事业。春秋之季，江南会还贩运肥料和农具，颇受乡民欢迎。一些善于交往又经营有方的村民，积极插足江南会中，借以渔利，偶有"以赤贫起家而致中产者"。可见新会地区的乡村贸易还是较为发达的，这是清末商品经济的勃兴在一个小角落的典型反映。

耆老会的主要收入是"赏田"。凡是村里新开垦和淤积的土地，一律归耆老会掌管，通常情况下有近10顷。耕种这些土地的农户，每年要交40%的地租。每到年初，很多人争着租地，竞争十分激烈，说明茶坑村的土地并不富裕，也透露出这里无地或少地的贫苦农民较多。如果欠租，是绝对得不到下一年的耕种权的。此外，茶坑的乡民对祭神拜佛和祭祀祖先十分重视，所用的财物大都落入耆老会手中。耆老会利用百姓的这种心理，也拿出一部分钱来杀猪拜神祭祖，并把祭完的肉（胙）分给村民。村民则把分胙的多寡视为一种殊荣，若得双份者，即光荣之至，若分不到者，是莫大的耻辱。尤其是春节，分胙是梁启超家乡最热闹而又最重要的一件大事。

耆老会最繁忙的事务是处理民事纠纷。"每有纷争，最初由亲友耆老会判；不服，则诉诸分房分祠；不服，则诉诸叠绳堂；叠绳堂为一乡最高法庭，不服，则诉于官矣。然不服叠绳堂之判决而兴诉，乡人认为不道德，故行者稀少。子弟犯法，如聚赌斗殴之类，小者上祠堂申斥，大者在神龛前跪领鞭打，再大者停胙一季或一年，更大者革胙。停胙者逾期即复，革胙者非经下次会议免除其罚不得复胙，故革胙为极重刑罚"。犯有盗窃罪者，绑起来在全村游街示众，任人嘲骂，最少要停胙一年。犯有奸淫罪者，则要把全村所有的猪都杀完，把肉分给每户，钱全由犯罪者偿付，美其名曰"倒猪"。

茶坑村的公益事业，多由耆老会组织。如河流的整修，由耆老会调配全村18岁以上51岁以下的劳力开挖，若不出工者必须出钱。乡村儿童的教育，耆老会组织了几位识字人，开了三四所私塾，以各祠堂为教室。教师工钱多者30余元，少者几升米，全村分肉时可拿双份，"因领双胙及借用祠堂故，其所负之义务，则本族儿童虽无力纳钱米者，亦不得拒其附学"。茶坑村的娱乐活动，以正月十五放灯和七月祭神为最热闹。"其费例由各人乐捐，不足则归叠绳堂包圆。每三年或五年演戏一次，其费大率由三保庙出1/4，叠绳堂出1/4，分祠堂及他种团体出1/4，私人乐捐者亦1/4。"[1]

1873年2月23日，当梁启超第一声啼哭时，给他提供的就是这样一个古朴、典雅、封闭而又缺少生机的小乡村的生活环境。

但是，茶坑村的小环境虽然依然故我，国际和国内的大气候却发生了惊人的变化。

19世纪中叶，欧美资本主义列强凭着强大的武力和以先进的科学技术为中轴的经济实力，已经将全世界连成了一片，清廷与世隔绝、万世长存的美梦不可能做下去了。1840年的鸦片战争，使清政府门户洞开，广州城外的炮声不时使近在咫尺的茶坑村的老百姓震惊；三元里103乡村民的英勇反侵略斗争，也给梁启超家乡的父老兄弟以巨大的鼓舞。1856年英法联军在珠江口外发动的第二次鸦片战争，更给新会一带的村民带来了灾难，珠江三角洲的士农工商已切实感受到了西方资本主义的威胁。伴随着资本主义的腥风血雨和清朝的专制统治，距新会县约150多公里的花县出了一位洪秀全。他高举反抗清朝专制统治的大旗，试图建立一个绝对平等的农民理想社会——太平天国。这场农民大起义虽然经过14年艰苦卓绝的斗争最后悲壮地失败了，但给中国人民尤其是梁启超故乡的人民以新的力量和新的思考。外来的压力和内部的反抗，使清廷无法照老样子统治下去了。1861年后，清政府不得不被迫开放，举办洋务，"师夷之长技"，妄图移植西方资本主义的军事力量和科

---

[1] 以上引文均见《中国文化史》，《饮冰室合集·专集》第86。

学技术来维护封建专制的内核。这种自相矛盾的做法并没有使清政府强大起来，但客观上引进了资本主义先进的生产力，刺激了中国民族资本主义的萌发。1872年，离茶坑村六七十公里的南海县出现了继昌隆缫丝厂，其经办人爱国华侨陈启源[1]即成了中国第一位民族资本家。此后不久，新会县也设立了缫丝厂。这种资本主义的新的生产力无疑给清廷封建专制大厦的墙角划开了一道无法弥补的裂缝，给珠江三角洲带来了希望。

古老的中华大地这种血与火包围下的新陈代谢，迫使一批有头脑的先进知识分子去重新认识世界，反思中国，面向未来。魏源早在鸦片战争之后就写出了《海国图志》，呼吁向西方学习；徐继畬[2]在1848年刊刻了《瀛环志略》，公然颂扬华盛顿；离茶坑村仅几十华里的香山县的南屏村，贫家子弟容闳[3]已留学美国，并在梁启超出生的前一年率詹天佑等30名幼童往美国留学；比梁启超大7岁的小同乡孙中山也在进行着新的探索，在美国的檀香山构架着新颖的救国方案；比梁启超大15岁的康有为，正在西樵山宁静的书斋里苦思冥想，试图从古香古色的经卷中创造一个崭新的世界。

环境变了，人也在变。这种急骤变化、新旧交替的客观社会环境和梁启超不甘居人之下、追求真理又天资聪明的自身条件相结合，就使他不可能在其先辈所走过的道路上亦步亦趋。

家世沿革

据《梁氏历代世系图谱》所记，广东有梁姓始于宋代的梁绍。梁绍字季

---

[1] 陈启源（约1825—1905年），字芷馨，广东南海人，专事农桑，热心商务，1854年往南洋经商致富，留心外国先进技术，1872年于南海简村创办新式缫丝厂，效益甚好，行销国内外，后一度遭封建官僚破坏，停产3年，1884年又重开业。

[2] 徐继畬（1795—1873年），字建男，山西五台人，道光进士，曾任福建布政使、闽浙总督等职，关心时事，留心世界事务，是较早探讨西方的一位开明官僚。

[3] 容闳（1828—1912年），字达萌，广东香山人，1847年赴美留学，1854年返国，致力于派留学生。后参加洋务运动、戊戌变法、辛亥革命，1912年病死于美国。

美，成进士后，为官广东，择居南雄珠玑里。绍传三代，梁南溪始迁新会县的大石桥；再传12代梁谷隐在茶坑村立户；谷隐之10世孙，名光悦，字光桓，即为梁启超的高祖；光悦之子名炳昆，字饶裕，便是启超的曾祖；炳昆的第二个儿子名维清，字延后，则为梁任公一再颂扬之至的祖父了。这时的梁姓在茶坑村居2/3，有较大的势力。

梁维清生于1815年，逝于1892年，兄弟8人，仅数亩薄田，家境贫寒。分家时仅得几分地，一间小砖房。但他不满梁氏10世为农的困境，苦读诗书，梦想通过科举道路挤入官场。[1] 其夫人黎氏，是广东提督黎第光之女，对改变梁氏门庭亦颇卖力。但多年奋斗，梁维清也只中了秀才，挂名府学生员，弄了个管理一县文教事业的小官——教谕，属不入流的八品官。不过，在茶坑村那样的小乡村，梁维清就是个大人物了。他也自鸣得意，总算给后代开辟了通往官场的道路。于是购置图书，采买了十几亩好地，过上了"半为农者半为儒"的小乡绅生活。

梁启超和祖父一起生活了19年，常同食同住同读书，印象深刻，极为崇敬。从他那些有关祖父的文字里，可以发现，梁维清勤奋、俭朴、自尊、自信，律己严，待人宽，是典型的乡间儒家小知识分子。梁维清不抽烟，不喝酒，不吃肉，服装简朴，"其行己也密，忠厚仁慈，其待人也周，其治家也严，而训子也谨，其课诸孙也详而明"。[2] 他热心乡村公益事业，组织乡民修路、挖河、禁赌，也调解民事纠纷。太平军在广西兴起后，新会县群起响应，"四方蜂起，城日以困"，茶坑村亦有准备起义者。梁维清从维护清廷封建统治秩序出发，组织保良会，将反抗者扼杀于萌芽之中。由此可知，从梁

---

[1] 据《清会典》卷7所记，清廷的多数官吏从科举中选拔，如"满洲翰林院编修、检讨，皆进士出身；侍读以上官、国子监祭酒及满洲司业、顺天府教授、训导，皆科甲出身，其他出身人员，皆不得与。又考取中书、笔帖式，闲散出身者，不与考。及内阁学士、翰林院检讨以上官、詹事府赞善以上官、国子监祭酒、司业、奉天府丞，皆进士出身。礼部尚书、侍郎、顺天府丞、内阁侍读、典籍、中书、国子监监臣、博士、助教、学正、学禄、起居注主事，皆科甲出身。及吏部、礼部郎中、员外郎、主事、宗人府主事，皆进士出身"。所以，不治科举很难做官。
[2] 参见《梁启超年谱长编》，上海人民出版社1983年版，第7页。

启超祖父起，梁氏家族即烙有鲜明的阶级印记。

梁启超的父亲名宝瑛，字莲涧，生于1849年，卒于1916年，是梁维清第三个儿子。梁维清对宝瑛要求极严，千方百计让他刻苦攻读，蛮希望能更进一步，博取功名，光宗耀祖，但宝瑛仕途接连失败，未能进入泮宫，博一青衿，只落一个教书先生，出入茶坑村的私塾之中。教书之余，躬身田野，可谓"田可耕兮书可读"。

梁宝瑛一生勤奋，处处按儒家的伦理道德严格要求自己，事事以传统文人的标准评论是非得失，严守其父开创的家风，为后代能厕身官场费尽心血。梁启超评论其父称：

"先君子常以为所贵乎学者，淑身与济物而已。淑身之道，在严其格以自绳；济物之道在随所遇以为施。故生平不苟言笑，跬步必衷于礼，恒性嗜好，无大小一切屏绝；取予之间，一介必谨；自奉至素约，终身未尝改其度。"[1]

这样一个洁身自好、温良恭俭让的谦谦君子，自然在茶坑村有一定威信。村中的大小事务，多推梁宝瑛夫处理。宝瑛亦以治理乡政为荣，尽心竭力维护茶坑村的社会安宁。据梁启超回忆，其父一生为乡中办了三件事：一是茶坑村濒临大海，海盗和内匪勾结，时扰乡里，百姓叫苦不迭，梁宝瑛利用乡团，防盗贼，护民财，颇有成效，村民有口皆碑；二是村与村、族与族之间常为私仇械斗，常年不息，为害甚大，梁宝瑛一方面从中调解，一方面壮大梁族声势，还曾带梁启超往邻村求和，初步消除了各方的积怨，使械斗暂时平息；三是新会一带赌博成风，一些人倾家荡产，为害乡里，梁宝瑛就利用耆老会，采取一切可行的措施，禁赌博，改民风，有一定成效。中年后

---

[1]《哀启》，《饮冰室合集·专集》第33。

的梁宝瑛仍精力充沛，四处奔走，并悉心照料多病的父母，梁启超称他"日则劬劳乡社乡校间，夕则就病榻报告成绩以博欢笑。"[1]当梁启超往云南策动护国战争的时候，梁宝瑛病逝于香港。每念及此，梁启超辄引为终身之恨。

梁启超的母亲赵氏，出身书香门第，能诗能文，贤淑聪慧，勤劳干练，常教姑嫂姐妹识字和"习女工"，以"贤孝"闻名乡里，是典型的中国封建文化陶冶下的贤妻良母。赵氏生4子两女，长子启超，次子启勋，三子仅5岁而亡，四子启业，两个女儿不知其名。生启业时，赵氏以难产而亡，梁启超刚15岁。

梁宝瑛这一代的经济情况没有太大的改观。梁维清的十几亩地分给3个儿子。宝瑛仅四五亩，一般不雇人耕种。后梁启超有了功名，梁宝瑛常外出，有时也雇几个短工，也曾请本家兄弟料理过家务。1898年后，梁启超名声大震，其父以为他腰缠万贯，赴日本要钱，启超连连叫苦，宝瑛则以死相逼，启超的学生见状，集资银元1200元给其父。宝瑛于是在家"买了数十亩田，兴建了一所房屋。至此，田产才增至50余亩，生活也变得养尊处优起来，一反'半耕半读'之初旨了。"[2]

到梁启超这一代，其人生经历和社会地位发生了根本变化，非梁宝瑛可同日而语了。

---

1 《哀启》，《饮冰室合集·专集》第33。
2 佳木：《梁启超故乡述闻》，《广东文史资料》第12辑。

二 流水年华

幼年的足印

梁启超的幼年是在"神童"的一片赞誉声中度过的。

梁启超才华早露，童年时就常表现出惊人的学识，深受梁氏家族的宠爱。其父梁宝瑛一向视之为奇才，常训之曰："汝自视乃如常儿乎！"[1]祖父梁维清更把他看作梁家出人头地的希望，在8个孙子中爱梁启超"尤甚"。母亲赵氏将全部的爱深深倾注在启超身上，千方百计诱导、教诲、关怀，希望他耀祖光宗。梁启超童年时得到的爱太多，压力也颇重，在他后来的回忆中谈到读书是压倒一切的大事。

梁启超的启蒙教育主要由父母和祖父来完成。两三岁时母亲就教他认字，四五岁时就在祖父的谆谆教导下读《四子书》、《诗经》等。到了晚上，祖父一面给他讲故事，一面让他背书。困了，就和祖父同床而睡。祖父还教他写字，尤喜柳公权那"刚健婀娜"的书法。后来，梁维清索性在宅后盖了一间小房，起名"留余"，专门用来给梁启超上课。在梁启超幼小的心田里，第一位老师就是慈祥而严厉的梁维清。6岁之后，梁启超除一度拜其表兄张乙星为师外，主要在其父开办的私塾中读书，学习《中国略史》、《五经》等，并写诗，作文章。他在《哀启》中称："先君子以幼子最见钟爱，传家学独劭。……不孝启超、启勋及群从昆弟自幼皆未尝出外就传，学业根底，立身藩篱，一铢一黍，咸禀先君之训也。"[2]

---

[1]《三十自述》，《饮冰室合集·文集》第11。
[2]《哀启》，《饮冰室合集·专集》第33。

在祖父、父母的悉心教导下，梁启超学业大进。8岁即能学作八股文，9岁便写出了洋洋千字的好文章。"神童"之称渐在茶坑村一带传开，梁维清一家时常流露出得意之情。有亲朋好友来梁家作客，无不夸奖梁启超的聪明，有的还出题相试。有一次，一位教书先生来拜会梁宝瑛，启超在旁，这位先生即高吟一句："东篱客赏陶潜菊"，让启超对。梁启超稍作思考，脱口而出："南国人思召伯棠"。在座者齐声喝彩。梁启超对诗如流很快传遍了新会的大小村庄。请梁启超吟诗作对也成了家常便饭。佳木记云：

"有客到访莲涧，先生上前奉茶，客人欲试试他的聪明如何，就出一句'饮茶龙上水'，命他对。先生不假思索，应声答道：'写字狗扒田'。上联是新会俗语，下联对的也是新会俗语。"[1]

平心而论，梁启超的智商较一般人要高，再加上良好的家庭教育，其成为"神童"具有必然性。

读书之余，梁启超亦爬山、打鸟、乘船、观海、游古庙，和兄弟姐妹玩耍，作游戏，尽情享受诗一般的童年。暑热乘凉，他常和姐弟乩卜，乩来一位诗仙或古代的大文豪，借以作诗打趣。若"请来"了李白、杜甫，就每人仿作诗一首；若乩来了李梅娘等，则为其作传，评论得失。这种游戏虽带迷信色彩，却也有趣和增长知识。久而久之，乩卜也来个"革新"，不要烦琐的手续，也不讲可信不可信，随手乩来，只为学知识，长智慧。梁启勋在《曼殊室戊辰笔记》中称："暑夜风凉，多以此消遣，平常扶乩，必先化符诸土地神代邀乩仙，习之既久，有时不化符，仅写一便条化之，或久不动，催符再化"。

茶坑村有一座古庙，构筑精细，风情典雅，内藏40多幅古画，具有历史和艺术价值，还挂有中国历史上有作为的24位忠臣图像和在民间流传极广的24位大孝子的漫画。每当元宵佳节，庙内灯火通明，彩带飘舞，百姓在赏灯

---

[1]《梁启超故乡述闻》，《广东文史资料》第12辑。

之余，领略这些名臣、孝子的忠孝精神。梁维清则把这种节日观光作为教育子女的有利时机，每年正月十五必带梁启超等人进庙观画，受教育，不厌其烦地指点而示之曰："此朱寿昌弃官寻母也，此岳武穆出师北征也。"[1] 好奇而好学的梁启超每到此时认真倾听祖父的教诲，暗记一些历史知识，有时亦提问，颇有点儿教学实习的味道。

梁家祖坟在厓山，这里濒临大海，石厚土薄，又是南宋末年与蒙古铁骑战斗的古战场。当时南宋皇帝赵昺被逼得走投无路，大忠臣陆秀夫[2]誓死抗击元军，最后无奈，陆先将爱妻推入海中，再背着赵昺投海自杀，演出了南宋灭亡时极为悲壮的一幕。富有民族意识的梁维清常来凭吊陆秀夫，寄托对忠臣赤子的哀思。每当清明佳节，杨柳依依，鲜花盛开，百鸟争鸣，梁维清划一小舟，带上梁启超等儿孙，往厓山扫墓，一祭祖先，二怀南宋灭亡时为国捐躯的民族英雄。船接近厓山时，有一怪石，高数丈，突伸大海之中，上刻"元张宏范灭宋于此"八个大字。梁维清等一至此，必下船观赏，讲陆秀夫君臣之英勇，念南宋灭亡之可悲。"舟行往返，祖父每与儿孙说南宋故事，更朗诵陈独麓《山木萧萧》一首，至'海水有门分上下，关山无界限华夷'，辄提高其音节，作悲壮之声调"。[3] 这种满怀激情的慷慨悲歌，无疑是形象而生动的传统的爱国主义教育，弦外之音是发泄对清廷以满族贵族为中心的专制统治的不满。这对梁启超爱国主义思想的形成和后来的坚持改革有一定的影响。

在伦理道德教育方面，梁家也极为重视。梁启超的一言一行，其祖父和父母都严格要求，立志将他培养成一位具有"仁义礼智信"的道德修养和"修身齐家治国平天下"能力的封建社会的"强人"。有关这方面的资料虽然很难找到，但梁启超后来的著述亦有所流露。1902年他写了一篇《我之为童子时》，较详细地回忆了母亲对他的道德教育：

---

1 参见梁启勋：《曼殊室戊辰笔记》。
2 陆秀夫（1238—1279年），字君实，江苏人，宝祐进士，为官南宋。曾辅佐赵昰为帝，全力抗击元军。赵昰死后，立赵昺为帝，自任左丞相，在广东厓山与元军激战。1279年2月兵败自杀。
3 参见梁启勋：《曼殊室戊辰笔记》。

"我为童子时,未有学校也。我初认字,则我母教我。……祖父母及我父母皆钟爱我,并责骂且甚少,何论鞭挞。……我家之教,凡百罪过,皆可饶恕,惟说谎话,斯断不饶恕。我 6 岁时,不记因何事,忽说谎一句。……晚饭后,我母传我至卧房,严加盘诘。……我有生以来,只见我母亲终日含笑,今忽见其盛怒之状,几不复认识为吾母矣。……当时我被我母翻伏在膝前,力鞭十数。我母当时教我之言甚多。……但记有数语云:'汝若再说谎,汝将来便成窃盗,便成乞丐'。……我母旋又教我曰:'凡人何故说谎?或者有不应为之事,而我为之,畏人之责其不应为而为也,则慌言吾未尝为;或者有必应为之事,而我不为,畏人之责其应为而不为也,则谎言吾已为之。夫不应为而为,应为而不为,已成罪过矣。若己不知其罪过,犹可言也。他日或自能知之,或他人告之,则改焉而不复如此矣。今说谎者,则明知其罪过而故犯之也。不维故犯,且自欺欺人,而自以为得计也。人若明知罪过而故犯,且欺人而以为得计,则与窃盗之性质何异?天下万恶,皆起于是矣。然欺人终必为人所知,将来人人皆指而目之曰,此好说谎话之人也;则无人信之。既无人信,则不至成为乞丐焉而不止也。我母此段教训,我至今常记在心,谓为千古名言。"[1]

梁母这段长论诚然掺杂了梁启超后来的思想认识,但真实地反映了幼年的梁启超有特定的道德规范和行为准则。这种道德文化氛围即使成年后也不可能从根本上突破。中国传统文化的强大的渗透作用首先是在儿童时代的家教中表现出来的。

中秀才:乳臭未干

在那个时代,年轻人的理想道路是读书——考科举——升官发财。梁启超不仅也在这条道路上跋涉,而且较一般人要早。

---

[1] 《我之为童子时》,《饮冰室合集·文集》第 11。

1882年，刚满9岁的梁启超就在祖父和父母的催逼下往广州考秀才。[1]那时无近代化的交通工具，去广州应试之人合伙买一条木船，由新会沿西江而上。时值11月，广州一带正是金秋送爽，稻花飘香，西江清澈见底的绿水，两岸远去的青山倒影，使这些憧憬于美妙前程的小知识分子顿生无限诗情画意。年龄最小的梁启超，面对这些兄长、叔伯甚至四五十岁的长辈，不免有几分怯意，但那种急切出人头地的心情又使他有一点儿自负，寻求机会表现自己的才学。到广州的水路要走三天，一天中午，大伙儿舟中共餐，米饭加咸鱼，有人忽提议以咸鱼为题吟诗作句。当满船学子还在苦思冥想之际，梁启超已引吭高歌："太公垂钓后，胶鬲举盐初。"风格典雅，诗意甚浓，博得众人一片喝彩，惊叹这位初出茅庐的"神童"不寻常的才华。这就是至今还在新会一带广为流传的梁启超舟中吟诗的故事。

这次应试，梁启超名落孙山。但毕竟从偏远乡村走向了繁华的广州大都市，见了世面，增长了科举考试的实践知识，也结交了一些朋友。回乡后，他拜周惺吾先生为师，发奋读书。[2]同时把在广州书市买来的《輶轩语》、《书目答问》等书，反复参阅。《輶轩语》为张之洞所著，凡一卷，有《语行》、

---

[1] 清代的科举制度分乡试、会试、殿试三级。参加乡试的为监生和生员；监生即毕业于清廷办的国子监等官学的学生，生员是各府、州、县统考时合格的人员即秀才。秀才是取得科举资格的基础阶段。乡试每三年一次，考中者为举人，一般在省城统考；会试在乡试后的第二年春天于北京礼部举行，应试者为举人，中者为贡士；殿试于会试的同一年举行，应试者为贡士，由皇帝亲自主持，分三甲录取，即一甲三名，赐进士及第，头名为状元，二名为榜眼，三名为探花，二甲赐进士出身，三甲赐同进士出身，一、二、三甲一律称进士。
[2] 梁启超17岁之前读书简表

年代及岁数	主要书目
1877年（4岁）	《四子书》、《诗经》
1878年（5岁）	《中国略史》、《五经》
1883年（10岁）	《輶轩语》、《书目答问》
1884年（11岁）	《唐诗》、《史记》、《纲鉴易知录》、《汉书》、《古文辞类纂》
1887年（14岁）	《皇清经解》（正续篇）、《四库提要》、《四史》、《二十二子》、《百子全书》、《粤雅堂丛书》、《知不足斋丛书》
1890年（17岁）	《瀛环志略》、《四库提要》

《语学》、《语文》等篇;《书目答问》由张之洞和缪荃孙合著,出版于1873年。被禁锢于八股文[1]之内的梁启超接触了这类书之后,顿觉视野开阔。他在《三十自述》中称从此"始知天地间有所谓学问者。"

1884年初冬,梁启超第二次往广州应考,中秀才,补博士弟子员。11岁的童子成秀才,这在中国科举史上是不多见的。主考的广东省学政使叶大焯惊喜交加,特地找梁启超等几位年龄较小的秀才"试以文艺",独梁启超的对答条理清晰,极少差错,叶大焯叹服之情不觉溢于言表。善于察言观色的梁启超灵机一动,乘机跪倒在地,言道:"家有大父,今年七十矣,弧矢之期,在仲冬二十一日,窃愿得先生一言为寿,庶可永大父之日月,而慰吾仲父、吾父之孝思,且以为宗族交游光宠也"。叶大焯见梁启超如此伶俐和孝顺,满口应允,便提笔写下一段长长的祝寿文。[2]那段洋洋洒洒的文字,引经据典,含蓄地表明了三层意思:一、梁启超才学不凡,可与历史上的吴祐、桓骥、任延、祖莹之辈相媲美;二、不可骄傲,要巩固所学,"勤夫其未学者",继续努力奋进;三、梁家教子有方,茶坑风水极佳,人杰地灵,启超的前途不可限量。清代的一省学政为三品大官。当梁启超将那张庆寿文悬挂于家中之后,梁家四壁生辉,喜气冲天。茶坑村男女老幼,络绎不绝,前来道贺。一庆梁启超中秀才;二庆叶大焯写寿文;三庆梁维清70大寿;三喜临门,热闹异常,乳臭未干的梁启超在道喜的人群中出没,尽情领略成功的喜悦,暗下决心向上一个台阶登攀。

成举人:翩翩一少年

梁启超中秀才后仅5年,就在1889年考中了举人。一颗璀璨的新星正在南海之滨冉冉升起。

在人生的旅途中,成功的鼓舞有难以估量的推动力。1884年后,梁启超鼓

---

[1] 八股文又称"制艺"、"制义"或"时文",题目一般出自《四书》,每篇文章由破题、承题、起讲、入手、起股、中股、后股、束股八部分组成,故称八股文。这种文章严格限制了人们的思想,阻碍了科学文化的发展。戊戌变法之后,逐步被遗弃。
[2] 参见《梁启超年谱长编》第17页。

起中状元的理想风帆，一方面抓紧钻研科举考试科目的学习，一方面也博览群书，扩大自己的知识领域，才学与日俱增。他在《三十自述》中讲："十二岁（此为虚岁，引者注）应试学院，补博士弟子员。日治帖括，虽不谦之，然不知天地间于帖括外更有所谓学也。辄埋头钻研，顾颇喜词章，王父、父母时授以唐人诗，嗜之过于八股。家贫无书可读，惟有《史记》一、《纲鉴易知录》一，王父、父日以课之，故至今《史记》之文，能成诵八九。父执有爱其慧者，赠以《汉书》一、姚氏《古文辞类纂》一，则大喜，读之卒业焉"。[1] 这段话透露了梁启超求学中的一个新信息，即在刻苦学习八股文、帖括学（科举科目）的同时，对《史记》、《汉书》、唐诗等也产生了浓厚的兴趣，准备向新的方面搏击。

1885年，梁启超以秀才的资格入广州学海堂读书。学海堂为当时广东的最高学府，由前两广总督阮元[2]所设，旨在给秀才们提供一个深造的场所。该校先生称山长，一般有八人，必须人品好、学问深，在学界有一定地位，督抚到广东赴任亦前往拜谒。学海堂分专课生和附课生两种，以治经学为主，学生又称专经生。每月初一，山长和学生共餐，相互交流感情。学堂还设有"膏火"，即奖学金，奖励学业成绩优异者。梁启超"四季大考皆第一"，经常得奖，用以购书，每当寒暑假回家，总是背一大捆书，如《皇清经解》、《四库提要》、《四史》、《二十二子》、《百子全书》、《粤雅堂丛书》、《知不足斋丛书》等。

和学海堂并立的还有菊坡精舍、粤秀书院、粤华书院、广雅书院，号称广东五大书院。各书院虽然风格不一，但皆以汉学[3]为主要教学内容。1888年，15岁的梁启超成为学海堂的正班生，同时又是菊坡、粤秀、粤华书院的院外

---

[1] 《三十自述》，《饮冰室合集·文集》第11。
[2] 阮元（1764—1849年），字伯元，江苏仪征人，乾隆进士，曾做侍郎、巡抚、总督等官，但注重学术研究，于经学、史学、天文学、数学及西方传入的学术流派皆有探讨，著有《皇清经解》、《畴人传》等书。
[3] 汉学又称"朴学"，指儒家学者从事的考据训诂学，一般为清代乾隆、嘉庆年间出现的推崇汉代儒家的朴学风尚、专致力于训诂、辨伪的乾嘉学派的别称。乾嘉年间，惠栋、戴震等人继承东汉许慎、郑玄之学，以汉儒经注为宗，从文字学和训诂入手研究经典，后又扩大到史籍、文学、天文历法等领域，取得了巨大成果。汉学作风质朴，治学严谨，善长考订、辑佚、辨伪，但脱离现实，信而好古，鸦片战争前已失去了生命力。

生。先后教过梁启超的先生有吕拔湖、陈梅坪、石星巢等，尤以石星巢对他影响较大。

近5年的广州求学，使梁启超有机会接触各种学术流派和较广泛地涉猎古典经籍，打下了较深厚的汉学根基。那时的广州学术界较有影响的学问有两种，一是为科举作准备的帖括学；二是继承乾嘉时形成的以考据为中心的汉学。石星巢、陈梅坪这些人对汉学最有兴趣，亦有一定成绩。梁启超自然跟着老师的指挥棒，去钻研段玉裁[1]、王引之[2]的训诂学，去学习考释、辑佚、辨伪，也进行词章学、文字学的基本训练。这些学问虽然极为枯燥，但较帖括学要有意义，是一种较实用的真本领，而且一旦钻进去，也有无限的乐趣。兴趣广泛的梁启超一时为乾嘉汉学所吸引，刻苦钻研，自称在学海堂的5年间"乃决舍帖括以从事于此，不知天地间于训诂词章之外，更有所谓学也"。[3]如果说梁启超中秀才之前主要是在祖父、父母的教导下钻研八股文，那么，进入学海堂之后则转向汉学了。这种视角的转移，扩大了视野，对科举考试也有一定的好处，更重要的是为梁启超打下了深厚的传统学术根底，具备了较广博的学术知识和基本的治学方法。梁启超晚年离开政界后的学术研究，就是广州5年苦学扎下根基的开花结果。

1889年，16岁的梁启超神态潇洒，踌躇满志。他在《三十自述》中称："时余以少年科第，且于时流所推重之训诂词章学，颇有所知，辄沾沾自喜。"这年9月，广东举行乡试，主考官是李端棻和王仁堪，梁启超蛮有把握，欣然应考。据上海《申报》9月6日所载，考题是：一、"子所雅言诗书执礼"至"子不语怪力乱神"；二、"来百工则财用足"；三、"离娄之明，公输子之巧"。诗"荔实周天两岁星"，得星字。发榜之后，梁启超成绩斐

---

1 段玉裁（1735—1815年），字若膺，江苏金坛人，曾任知县等，晚年辞官治学，于经学、训诂学、音韵学等方面成果丰硕，是著名的经学家和训诂学家。
2 王引之（1766—1834年），字伯申，江苏高邮人，与其父王念孙号称"二王"。曾做过侍郎、尚书等官，但在小学、说经、校经、辨误等方面成绩很大，为清代著名的训诂学家。
3 《三十自述》，《饮冰室合集·文集》第11。

然，中举人第八名。李端棻钦佩梁启超的品貌和才学，将妹妹许配了这位翩翩少年的举人老爷。抑制不住心头喜悦的梁启超更相信了宋代以来流行的格言——"书中自有黄金屋，书中自有千钟粟，书中自有颜如玉"。

　　清制，举人就有参加会试的资格，考中后即有官做，即使落榜，按"班次亦可选授知县，补用教职，或身膺民社，或职司秉铎，并有从此渐跻膴仕者"。[1] 经过10多年艰苦奋斗的梁启超终于使梁家有了出头之日，使祖父、父母的多年宏愿有变成现实的可能。而且，少年得志，前程似锦。恰在这时，梁启超遇到了康有为，康有为独特的政治见解和学术观点如"大海潮音，作狮子吼"，使他似"冷水浇背，当头一棒"。[2] 生活道路和思想追求发生了新的转折。

---

[1] 参见王德昭：《清代科举制度研究》，中华书局1984年版，第47页。
[2] 《三十自述》，《饮冰室合集·文集》第11。

三　康门高足

拜师康"圣人"

梁启超的拜师康有为,对其一生的道路选择具有决定意义。这是由中国当时特定的社会文化走向和康有为所占有的政治地位促成的。

近代中国人向西方学习大体经历了相互递进的三个层次,即鸦片战争至洋务运动时期主要引进西方的物质文明;戊戌变法至辛亥革命时期侧重于学习资本主义的社会制度;1915年新文化运动时期又将视角集中于欧美的资产阶级文化。梁启超与康有为相交,始于1890年。这正是洋务运动轰轰烈烈展开的年代,也是一批新型知识分子涉足政治舞台,对洋务运动进行反思、评判,并呼吁清廷开展政治变革,即由学习西方的物质文明向引进欧美的制度文明的转折年代。一些参与洋务运动又善于思考的知识人士如郑观应、薛福成、马建忠、王韬、陈炽、胡礼垣等,大胆暴露洋务运动的弊病,提出了切实可行的把学习西方技术和改革封建社会制度同步进行的改革方案,反映了先进中国人对当时社会变革的深层思考。郑观应著《盛世危言》,揭露了洋务运动中出现的许多问题,提出办新式学堂,学习西方文化,建议院,变革封建的生产关系。薛福成的《出使英法意比四国日记》,以在欧洲学到的最新文化知识,对清廷和洋务运动作了大胆评判,既指明了洋务运动的不足,又从政治、思想、文化等方面提出了一系列的变革方案,勾画出了一条达到国富民强的曲折道路。马建忠在欧洲留学时主攻政治学,他的《适可斋记言》论述了西方资本主义国家强盛的本源在其政治,而经济只是其表象,清廷要想振兴，必须开展政治上的兴利除弊。王韬善于思辨，敢于建言，他的《弢园文录》记述了其对洋务运动的抨击和在政治方面的改革要求，尤注重教育文化的变革和人才的培养，发人深思。陈炽、胡礼垣等人对西方的议院、议会也很感兴趣，还具体设想如何在中国建立议会制度。客观地讲，洋务运动的兴起和发展，向清廷提出了必须进行政治变革的问题。郑观应这些有识之士正是这一历史正常运转的典型代表。但是，他们这一批早期资产阶级改良主义者虽然世界知识丰富、头脑新颖、有胆有识、善于把握中国社会的脉搏，可是中国传统文化知识较弱，尤其不大会将中西文化有机地糅合在一起加以创新，为大多数中国知识界和思想界所接受。他们是拿来有余，创造不足。这就不可能站在历史的潮头，指挥一切，即不可能成为在学习西方制度文化当中挥斥方遒的领袖人物。出人意料的是，这一重担由康有为挑起来了。这有一定的必然性。

康有为1858年出生在广东南海县一个逐步衰落的地主官僚家庭，从小受到良好的封建传统教育。从6岁开始，他就读《论语》、《中庸》、《大学》、《孝经》等书，背诵各种诗词、古文，也学习史学、经学等，打下了较深厚的旧学基础。1874年，17岁的康有为在康家两万卷的藏书楼中翻出了《海国图志》、《瀛环志略》、《职方外纪》等书[1]，读后眼界大开，对变幻中的西方世界发生了浓厚兴趣，对传统的中国文化开始进行反思，心潮滚滚，思绪万千。1876年，具有较高学术文化造诣的朱次琦在南海县的九江镇办起了礼山草堂，康有为欣然前往，拜师朱次琦，刻苦攻读，经学、史学、文学、掌故、词章、文字学等大有长进，逐步形成了康有为的治学风格。但是，康有为研究学问是为了治世，三年的读书生活结束后，他仍未悟出解救中国的出路何在。于是茫茫然来到西樵山日夜苦思。西樵山是著名的风景胜地，松柏

---

[1] 《职方外纪》为意大利艾儒略所著，讲世界地理及各国状况，共5卷。明末清初有中译本，在清廷内部和知识界流传较广。早期中国人了解世界，得益于此书者颇多。魏源的《海国图志》和徐继畬的《瀛环志略》也吸收了该书的不少成果。

交映，泉水叮咚，花开四季，清香宜人，灵山秀水进一步激发了康有为对人世的思索，唤起了青年人所独有的种种狂念。他在自编年谱中称，"时或啸歌为诗文，徘徊散发，枕卧石窟瀑泉之间，席芳草，临清流，修柯遮之，清泉满听，常夜坐弥月不睡，恣意游思，天上人间，极苦极乐，皆现身试之。"[1]这种如痴如狂的浪漫生活曾使许多人怀疑康有为精神失常，但这种"失常"则可能导向新的理想境界，成为与世不容的"怪人"——"圣人"。

1879年底，康有为怀着一种好奇心来到了香港。这时的香港已被英国统治了30多年，资本主义的经济、思想、文化和社会结构基本建立，并显露出生机。繁华的街道和鳞次栉比的高楼使康有为赞叹不已；崭新的思想意识和学术文化更让他应接不暇。尽情地领略了香港风光之后，康有为购买了一批图书和地图，又开始了新的钻研和思考。

从香港返回南海后，康有为在读书时就十分注意中学和西学的比较，善于从中西文化的结合上去构筑自己的思想体系。他的西学知识虽然是有限和肤浅的，又多为自然科学，但康有为思辨力极强，能够由自然引申到社会，由科技联想到天地人生。而且，这时的康有为酷好公羊学，弘扬今文经学，抨击汉学，重视从古典学术的一般论述中去放言高论，阐发表述其思想倾向的各种观点。他已逐步成长为很有造诣的今文经学大师，变为鸦片战争以来继龚自珍、魏源之后的又一位今文经学新兴学术思潮的代表人物。

汉代以来，在研究和阐发中国古典学术文化当中逐步形成了古文经学和今文经学两大流派。古文经学派注重求实、考订、注经，宏观的理论思考和论述较差；今文经学派则强调"微言大义"，经世致用，偏重理性的阐发，思想性较强。宋代今文经学较发达，但至明代中叶走向了反面，出现了一批空谈"性理"的道学先生，危害极大。明末清初的思想家则反其道而行之，呼吁经世致用，抨击现实，在学术上和思想上有较多建树。乾隆、嘉庆年间，由于清廷实行残酷的"文字狱"，今文经学难以兴盛，知识界只能钻研

---

[1]《中国近代史资料丛刊·戊戌变法》第4册，第114页。

古籍，注经释文，考证辨伪，于是出现了乾嘉学派。这个学派在整理古籍、文化积累、纠正谬误等方面取得了巨大成就，但适应了清廷的文化专制主义，窒息了中国文化学术的勃勃生机。所以，鸦片战争前后以龚自珍为代表的一批思想家大倡今文经学，疾呼研究现实问题。这股学术思潮和中国突变的现实政治相结合，有了极强的生命力，迅速取代了乾嘉汉学而勃然兴起。在光绪初年，如果要成为思想学术界的头面人物，首先必须是学业丰硕的今文经学大师。康有为恰在这方面高人一筹。

康有为思想框架的一个重要特色是将今文经学的微言大义和西方某些文化知识糅合在一起，去表达自己的"怪论"。1882年，康有为利用去北京考试的机会，曾游历了上海，在江南制造总局的翻译馆里购买了一大批声光化电的科技图书和介绍西方历史、地理、政治、法律的社科图书。后来，他还弄到了一台显微镜，从中遐想世界和人类的各种带有哲学意义的重大命题。他敬重哥白尼、牛顿、伽利略，研究过日心说、天文地理和星云学说，还观看过通物电光（x射线）等。实事求是地讲，康有为并不想成为自然科学家，而是从这些科学现象中去汲取营养，研究哲学和社会问题。他自称："视虱如轮，见蚁如象，而悟大小齐同之理；因电机光线一秒数十万里，而悟久速齐同之理；知至大之外，尚有大者，至小之内，尚包小者；剖一而无尽，吹万而不同，根元气之混仑，推太平之世。"[1] 在19世纪末叶，西方文化还没有在中国广泛传播，先进的知识分子只能在这些自然科学当中寻求社会问题的答案。从这种意义上讲，洋务运动时期翻译过来的那些声光化电图书，既有科技效应，更具政治意义。康有为正是从一些科技现象中"尽破藩篱而悟彻诸天。"

康有为从事学术研究还有一个重要特点是具有鲜明的政治色彩，为解决中国的现实问题而"上下求索"。他自称"日日以救世为心，刻刻以救世

---

[1]《戊戌变法》第4册，第117页。

事。"[1] 1884年中法战争之后，清廷腐败进一步暴露，民族危亡一天天加重，康有为改造社会的要求更加迫切。他将数年中接触到的西方文化和今文经学的社会哲理以及佛学、陆王心学融会贯通，再结合当时中国的政治状况和思想文化水平，逐步创造了一整套思想理论体系，形成了自己改造社会的总体设计。其在自编年谱中说，中法战争前后，他从中国的前途出发，"合经学之奥言，探儒佛之微旨，参中西之新理，穷天人之颐变，搜合诸教，剖析今古，考察后来"，终于"妙悟精理"，"日新大进"。1888年，当他又一次来北京考举人的时候，面对腐败的小朝廷和国家的衰亡，即决心将自己的理想付诸实践了。12月10日，康有为写了《上皇帝书》（即上清帝第一书），从国际背景、中国前途、社会矛盾、官吏民情等方面分析了当时的形势，提出了"变成法"、"通下情"、"慎左右"的改革方案，并警告说，如果不变法，"四夷"将威逼于外，"乱民"将起事于内，清廷危在旦夕。在等级森严的封建专制社会，一个普通的知识分子胆敢对朝廷指手画脚，是要有杀身之祸的。康有为这时的胆识和勇气是一般人难以想象的。所幸的是，一帮腐朽官吏惧怕此书上达会给自己惹祸，只是将上书扣压下来，并未追究康有为的责任。梁启超描述当时的情况说："光绪十四年，康有为以布衣伏阙上书，极陈外国相逼，中国危险之状，并发俄人蚕食东方之阴谋，称道日本变法致强之故事，请厘革积弊，修明内政，取法泰西，实行改革。当时举京师之人，咸以有为病狂，大臣阻格，不为代达"。[2] 康有为的上书虽然失败了，但他开了平民知识分子要求参政的先河，将中法战争之后知识界和政治界的维新变法思潮转化为具体的政治行动。不少文人、学者、名士、官吏在偷偷传抄他的上书，康有为其名也在人们的窃窃私语中慢慢传开。尤为可贵的是，康有为不怕失败，在诗中言道："治安一策知难上，只是江湖心未灰。"1889年秋，康有为怀着复杂而沉重的心情，踏上了返回广东的旅程。

---

1 《戊戌变法》第4册，第118页。
2 《饮冰室合集·专集》第1，第1页。

康有为这时虽然还未中举（康于1893年才考中举人），但在思想上、政治上、学术上较举人梁启超要高出几倍。在19世纪80年代，康有为已站在了向西方寻找救国救民真理的潮头，具备了竞争维新变法领袖人物的基本条件。富有强烈事业心和美好追求的梁启超，一旦遇上康有为这样一位极有魅力的新人，自然如铁块碰上磁石，拥抱在一起。梁启超在《三十自述》里称："其年秋，始交陈通甫，通甫时亦肄业学海堂，以高才生闻。既而通甫相语曰：'吾闻南海康先生上书请变法，不达，新从京师归，吾往谒焉。其学乃为吾与子所未梦及，吾与子今得师矣'。于是乃因通甫修弟子礼，事南海先生。……先生乃以大海潮音，作狮子吼，取其所挟持之数百年无用旧学更端驳诘，悉举而摧陷廓清之，自辰入见，及戌始退，冷水浇背，当头一棒，一旦尽失其故垒，惘惘然不知所从事，且惊且喜，且怨且艾，且疑且惧，与通甫联床，竟夕不能寐"。[1] 从此，梁启超在万木草堂悉心听取康有为的教诲，整整四个春秋，谱写了其一生颇富激情的一章。

新潮激荡的万木草堂

康有为上皇帝书失败后，深感民智未开，人才匮乏，于是决心从教育入手，培养维新志士。诚如梁启超所评论的："欲任天下之事，开中国之新世界，莫亟于教育"。[2] 1890年，康有为全家迁往广州，在云衢书屋执鞭开讲，陈千秋、梁启超等20多位翩翩少年潜心求学，康有为一整套学术和政治理论得以宣讲。1891年春，讲堂又迁往长兴里邱氏书屋（今广州中山四路长兴里3号），人称长兴学舍。1893年，随着投奔的青年学子日渐增多，长兴学舍人满为患，遂再迁于府学宫仰高祠（今广州工人文化宫），匾书"万木草堂"。这里树木参天，空气清新，环境幽雅，是读书的好地方。梁鼎芬有诗称："九

---

1 《三十自述》，《饮冰室合集·文集》第11。
2 《康南海先生传》，《饮冰室合集·文集》第6。

流混混谁真派，万木森森一草堂。但有群伦尊北海，更无三顾起南阳。"诗中把康有为比作卧龙南阳的诸葛亮，真实地道出了万木草堂的政治色彩。这一点，恰是万木草堂新潮起伏、生机盎然的原因所在。康有为不是一般的传道、授业、解惑，而是研究中国的命运，民族的前途，自然为梁启超这批富有热血的爱国青年所欢迎。30多年后，梁启超仍不能忘记万木草堂的读书生涯，在《南海先生七十寿言》中有一段形象逼真的描绘，读之令人神往：

> "吾侪之初侍先生于长兴也，徒侣不满二十人，齿率在十五六至十八九之间，其弱冠以上者裁二三人耳，皆天真烂漫，而志气踸踔向上，相爱若昆弟，而先生视之犹子。堂中有书藏，先生自出其累代藏书置焉。有乐器库，先生督制琴竽干戚之属略备。先生每逾午，则升坐讲古今学术源流，每讲辄历二三小时，讲者忘倦，听者亦忘倦。每听一度，则各各欢喜踊跃，自以为有所创获，退省则醰醰然有味，历久而弥永也。向晦则燕见，率三四人入室旅谒，亦时有独造者。先生始则答问，继则广谭，因甲起乙，往往遂及道术至广大至精微处。吾侪始学耳，能质疑献难者盖尠有之，则先生大乐益纵，而所以诲之者益丰。每月夜，吾侪则从游焉，粤秀山之麓吾侪舞雩也。与先生相期或不相期。然而春秋佳日，三五之夕，学海堂、菊坡精舍，红棉草堂、镇海楼一带，其无万木草堂师弟踪迹者盖寡，每游率以论文始，既乃杂遝泛滥于宇宙万有，芒乎汹乎，不知所终极。先生在则拱默以听，不在则主客论难锋起，声往往振林木，或联臂高歌，惊树上栖鸦拍拍起，噫嘻！学于万木，盖无日不乐，而此乐最殊胜矣"。[1]

这种讲究实际又妙趣横生的学习生活是和万木草堂特有的学风、设备和

---

[1]《饮冰室合集·文集》第44（上）。

教学指导分不开的。

万木草堂打破了传统的"两耳不闻窗外事，一心只读圣贤书"的读书方法，把求知和救国救民、改造社会紧密联系起来。学生既读书，又议论国事，从古今中外的思想资料中寻找解决现实问题的方法。康有为本人就是在学术讲解中宣传自己的政治主张，讲到激动时，拍案叫绝，甚至痛哭流涕。梁启超这些青年人更是指天画地，议论风生，慷慨激昂，以救世者自居。他们把个人的前途与国家的命运紧密联系在一起。学习目的明确，求学的动力持久而有力，思考的问题和学术研究有机地结合在了一起。假期返乡或外出办事，梁启超等人则大力宣传他们的政治观点，引起了社会的震动。为了培养学生的政治敏感和理论思维，万木草堂特别强调自学和独立思考。学校设有严格的考试制度，主要看笔记和学习心得，每半月呈交一次，康有为认真审阅，详加指点。另有一本《蓄德录》，是每个学生抄录的名言、佳句和书写的志趣爱好，互相传阅，大受教益。康有为讲课前，先开列书目，让学生预习，写出心得，再组织讨论，相互辩驳，有时争得面红耳赤。然后，康有为开讲，既讲自己的观点，又评论各学生的见解，针对性强，启发也大。梁启超讲："学者凡读书，必每句深求其故，以自出议论为主，久之触发自多，见地自进，始能贯串群书，自成条理。"[1] 康有为还让梁启超等人参加自己的研究项目，或收集资料，或写某些章节，或编索引和提要，在实际研究中增长才干。万木草堂的日常管理，梁启超等人也直接参与，博文科学长负责教学规划和学习；约礼科学长负责纪律和品行；干城科学长负责体操；书器库监督主管图书和仪器等。梁启超这样的总学长，则全面负责学校的学习和生活。这样，万木草堂就改变了传统社会的"读死书"境况，形成了一种求实、善思、创新、奋进的良好学风，使学生得到全面锻炼，充分发挥了青年的创造力和聪明才智。青年学子自然就精神焕发，闪耀着跳动的思想活力。

---

[1]《饮冰室合集·专集》第69，第4页。

万木草堂的设备是较完善的。学生的饮食起居和学习用具皆有妥善安排，还有藏书较丰富的图书阅览室。康有为无私地将家中藏书全部运来，并购置了当时翻译过来的一些西方历史、法律、地理、社会和数学、物理学、医学、生物学、天文学、机械学等自然科学图书，为学生提供了较好的精神食粮。为了寓教于乐，万木草堂辟了一个礼乐器库，藏有各种仪器和乐器，如钟、鼓、琴、铎、磬等应有尽有。康有为还谱写了典雅古朴的《文成舞辞》，编制了举止文雅动人的文成舞。每当孔子诞辰或喜庆之日，乐曲高奏，锣鼓齐鸣，古舞翩跹，动人心弦。梁启超这些青年学子无不陶醉于这种心旷神怡的"仙境"之中。至于结队出游，领略南国水乡特有的大自然的风光，则给梁启超终生留下诗一般的回忆。万木草堂的教学，基本反映了梁启超那一代青年人的特点，所以卓有成效。

万木草堂还有明确而富有理论意义的教学方针，这是康有为善于理性思维的具体表现。现存的《长兴学记》，不仅全面概括了万木草堂的办学宗旨，而且集中了康有为的教育思想。在《长兴学记》中，康有为在中国首次提出了德、智、体全面发展的教学原则，使万木草堂成为中西并重的新式学堂。康有为的德育，发扬了中国传统的道德文化教育，旨在培育忠勇、有志、气节高尚、利国利民的仁人志士。他要求万木草堂的学生要"厉节"，即气节纯正浑厚，"劲挺有立，刚毅近仁"；要"格物"，即刻苦读书，追求真理，具有超人的"勇猛之力，精进之功"；要"养心"，即修炼刚强的毅力，置生死和困难于度外，百折不挠；要"敦行孝悌"，即尊老、行善、为他人服务等。总之，康有为的德育是培养人的威武之气、献身之力、奋进之勇，也就是中华民族传统的优秀品德。他的智育，较旧式的封建教育有较大的突破，主张学以致用，全面发展。康有为要求梁启超等人要学习义理之学，即立人之道、天命之理，从客观上掌握孔孟之道、宋明理学；要学经世之学，即历代修身齐家治国平天下的经验教训；要学习词章学，即文辞、书法、文章学，中国和西洋文字学；要学习考据之学，即经学、史学等，还有数学、物理、天文和中外历史地理；历代沿革的制度、典故、礼、乐也必须学习。西方传入的机械学、图谱学、化学、地质学等，更是必修课。显然，康有为是把中国的一些传统课程和新传入的一些西学知识结合起来进行教学。体育被列入教学的一个重要方面，实始于万木草堂。但康有为的体育教学不大系统，主要是军事体操、舞蹈、野游等，并未形成专门化的体育课程。然而，这对万木草堂那些从旧教育体制中游离出来的青年来讲，已经是大开眼界了。

康有为是背着沉重的中国传统文化的包袱而为资本主义式的社会改革呼风唤雨的思想政治家。他弘扬传统，又批判传统；向往近代，又无法近代化。这种两重性在万木草堂已深刻地反映出来。梁启超深有体会地说：万木草堂的"教旨专在激厉气节，发扬精神，广求智慧。中国数千年无学校，至长兴学舍，虽其组织之完备，万不逮泰西之一，而其精神则未多让之。其见于形式上者，如音乐至兵式体操诸科，亦皆属创举。"[1] 在19世纪末叶，中国正处于新旧交替的年代。当时的思想文化界，说新不新，说旧也不旧。旧的一套，已为许多人所厌恶；完全新的西洋文化，也难于为多数人所接受。像万木草堂这种"不旧不新"，不中不西的格局，最为梁启超这样的从旧垒中刚刚冲出来的青年所欢迎，也最容易激发他们的思想情感。当时的万木草堂是"万木森森散万花"，新思想、新观点一个接着一个。而梁启超，则鼓足了思想的风帆，接受和发挥康有为的学说，很快成了老师的有力助手。

敞开思想的窗扉

梁启超在万木草堂读书时恰值17到20岁，风华正茂，思维敏捷。他的同学也多在15到19岁左右，富于朝气和想象力，勇于进取，易于接受新鲜事物。康有为又善于启发和引导，常发表一些"非常异议可怪之论"，激起

---

[1]《饮冰室合集·文集》第6，第62页。

梁启超等人的深思和相互辩驳。处于这种特殊环境之下，本来就思想活跃的梁启超更加活跃，学问和新见识与日俱增。

康有为的授课内容大体以今文经学为纲、以西学为纬、掺杂佛学等思想资料，抨击现实，创立学派，鼓吹维新变法。康有为首先让学生读的书是《公羊传》、《春秋繁露》这些今文经学的经典，他主要讲的课程是古今学术源流，论述今文经学与古文经学斗争和发展的历史。此外，梁启超等人还要读《资治通鉴》、《二十四史》、先秦诸子、《宋元明儒学案》、《文献通考》等。梁启超当时还不大谙悉佛典，康有为的讲佛常使他昏昏然不知所云，但也了解了一些基本常识。有关的西学课程，大致是声光化电、西方史地律例及中国人写的游记、参观欧美的日记和《格致汇编》等杂志，使梁启超对西方有初步的了解。其在《三十自述》中称：

"辛卯余年十九，南海先生始讲学广东省城长兴里之万木草堂，徇通甫与余之请也。先生为讲中国数千年来学术源流，历史政治沿革得失，取万国以比例推断之，余与诸同学日札记其讲义，一生学问之得力，皆在此年。先生又常为语佛学之精奥博大，余夙根浅薄，不能多所受。先生时方著《公理通》、《大同学》等书，每与通甫商榷，辨析入微，余辄侍末席，有听受，无问难，盖知其美而不能通其故也。先生著《新学伪经考》，从事校勘。著《孔子改制考》，从事分纂。日课则《宋元明儒学案》、《二十四史》、《文献通考》等。而草堂颇有藏书，得恣涉猎，学稍进矣。"[1]

在读书中，梁启超逐步形成了较为突出的两大特点：

一是通过写读书笔记来巩固知识，融会贯通，发挥自己的见解。梁启超读书十分刻苦，总是全神贯注，勤思考，写心得，激动时则思潮起伏，拍案

---

[1]《三十自述》，《饮冰室合集·文集》第11。

叫绝。他听康有为讲课，总是边听边记，很少走思，可以一直坚持三个小时，往往"讲者忘倦，听者亦忘倦"。[1] 他在万木草堂曾写下许多读书笔记，可惜都失传了。但从他后来的记述中可以看出，梁启超认为学习的最有效方法就是作笔记。他在《读书分月课程》中讲："读书莫要于笔记。朱子谓当如老吏断狱，一字不放过。学者凡读书，必每句深求其故，以自出议论为主，久之触发自多，见地自进，始能贯串群书，自成条理。经学、子学尤要。无笔记则必不经心，不经心则虽读犹不读而已。"[2] 这段话表明，梁启超是通过写读书笔记仔细领会书的意旨，触发头脑有规律地进行思维，形成自己的观点。这当然是经验之谈，也是梁启超在万木草堂所形成的有成效的积极的学习方法。

二是读书和实践有机结合，用实践检验读书，以读书指导实践，在学用一致方面梁启超是极为突出的。梁启超在万木草堂学习期间曾一度往佛山教书，大力传播康有为的政治主张和学术观点，同时也丰富了梁启超的思想认识。1893年，梁启超还往东莞县讲学，所论皆康有为的"古怪之说"，一批青年为之震惊。《张篁溪日记》记云："梁先生于光绪十九年冬癸巳到吾乡讲学，城内墩头街周氏宗祠内，时余才十七岁，从之游。先生命治公羊学，每发大同义理，余思想为之一变，始知所谓世界公理，国家思想。"[3] 一般情况下，掌握书本的原意是学习的第一个层次，将原意通过口头或文字表达出来为第二层次，形成自己的观点并对外传播，则属第三层次。而由第二向第三层次的转化，最重要的是实践，即学以致用。梁启超重视并善于社会实践，使他在万木草堂很快成为出类拔萃的优秀学生，受到康有为的赏识。康有为著《新学伪经考》，让梁启超从事校勘；编《孔子改制考》，由梁进行分纂。这较外出讲学更能提高学识，增长才干，而且梁启超由此逐步变为康有为的得力助手，康梁并称，闻名天下。

梁启超在求学中还有一种强烈的使命感。他是为解决中国的现实问题去

---

[1] 《饮冰室合集·文集》第44（上），第28页。
[2] 《饮冰室合集·专集》第69。
[3] 见《梁启超年谱长编》第30页。

研究学术的，这就使他能和康有为心心相印，又促其去广泛地思考问题。启动梁启超思想的钥匙，一是客观现实，二是康有为的学术观点。而康有为将二者已结合在了一起。他在万木草堂讲学时，总是"大发求仁之义，而讲中外之故，救中国之法。"[1] "每语及国事杌陧，民生憔悴，外侮凭陵，辄慷慨欷歔，或至流涕。"梁启超为之感染，"则振荡怵惕，懔然于匹夫之责而不敢自放弃，自暇逸。"[2] 这种无法克制的冲动，大大启发了梁启超，其思想如"万壑分流，各归一方"。[3] 梁启超这时已开始了创造性的理性思维，显示出思想家的风姿。

但是，特定的社会环境和文化规范，迫使梁启超这时只能在康有为布下的学术和政治的"圈子"内驰骋。梁启超在万木草堂的思想格局大致由今文经学的学术观点、循环进化的历史观和天下为公的大同理想交织起来，核心是为改革社会寻根探源。

对《新学伪经考》所宣扬的学术观点，梁启超是深信不疑的。特别是该书敢于向古文经学宣战的批判精神和"非常可怪"的各类新观点，直接促使梁启超去重新思考许多问题，将他带入了一个新的学术境界。康有为所指的"新学"，主要包括西汉末年刘歆[4]以古文经为纲编纂的各种为王莽政治服务的封建经典，这些经典广泛流传，在晚清具有神圣的光环，无人敢触动。康直攻其为"伪经"，动摇了其神圣地位，在思想界刮起了一股"飓风"，具有"惊世骇俗"的功用。梁启超接受并传播这种新型的学术观点，在某种程度上成了康有为的代言人。他后来回忆说："每出则所闻以语亲戚朋旧，强聒而不舍，流俗骇怪指目之，谥曰'康党'，吾侪亦居之不疑也。"[5]

梁启超循环进化的历史观主要是通过协助康有为编《孔子改制考》形成

---

[1]《康南海自编年谱》，《戊戌变法》第4册，第124页。
[2]《饮冰室合集·文集》第44（上）。
[3]《文史资料选辑》第25辑，第67页。
[4] 刘歆（？—23年），字子骏，西汉沛人（今江苏省邳州）。曾做官，但从事著述，推重古文本，与今文经学者相对立。王莽称帝时任国师，后反叛，事败被杀。明人将其论著辑为《刘子骏集》。
[5]《饮冰室合集·文集》第44（上），第28页。

的。康有为在该书中把孔子改造成主张改革的"鼻祖"和为万世作法的教主,利用孔子的思想权威去宣扬自己通三统、张三世的循环进化的历史观,去论证改革的神圣和合理性。梁启超当时不可能看出康有为假托孔子去宣扬自己政治观点的特殊手法,但认定社会的发展是沿着据乱世、升平世、太平世的轨迹不断进化,永无止境。梁启超这种历史观一直持续到30岁左右。

康有为的大同理想早在中法战争前后就形成了,并着手著《人类公理》(后来以《大同书》名字于1902年公开出版)。梁启超在1891年看了这部书的手稿,大为叹服,曾力主向外传播,康有为认为时机未到,让梁启超保密。但梁启超则全盘接受了《人类公理》的观点,把实现大同作为自己的奋斗目标。这种大同理想,既有儒家传统的天下大同的因素,又掺杂了资产阶级的天赋人权、社会主义的人人平等、基督教神学的博爱、佛学的众生平等,是一种美好的幻想。青年梁启超正是用这种幻想去指导自己的行动。

思想的威力总是通过实际行动来体现的。梁启超在万木草堂形成的这种康有为式的思想认识,使他忧国忧民,盼望改革。1892年,他在致汪康年[1]的信中就明确声称:"仆性禀热力颇重,用世之志未能稍忘,然周览天人,知大下事之无可为,惟欲与二三同志著书以告来者,目前之事,半付之青天白云矣。"又云:"启超半载以来,读书山中,每与诸同志纵论时变,退息虑而熟思之,窃以为今日时事,非俟铁路大兴之后,则凡百无可言者,奚以明之。……铁路以开风气,又以通利源。风气开则可为之势也;利源通则可以之资也。令诸公衮衮因循观望,而我辈坐论莫展一筹,一手一足是岂能挽江河哉?"[2] 这种不满现状又急欲有所为的思想基调,使梁启超涉足政坛后迅速成为激情满怀的改革志士。

---

[1] 汪康年(1860—1911年),字梁卿,浙江钱塘人。1894年后力主维新变法,参加强学会,后办《时务报》,影响颇大。戊戌变法后,又办《中外日报》、《京报》、《刍言报》等。和梁启超有较多的交往。
[2] 《梁启超年谱长编》第28、29页。

II

四　初涉政治舞台

公车上书

1894年是戊戌维新运动由思想准备向实际行动的转折点，也是梁启超涉足政治的起点。

这年3月，为准备明年的会试，梁启超风尘仆仆来到了向往已久的北京，下榻粉坊琉璃街新会会馆。这时的北京，乍暖还寒，古城春色，淡雅清新，含苞待放的桃花，丝丝吐绿的垂柳给人带来了新的生机。然而，青年梁启超面对北京腐败的政治、危机四伏的国难，怎么也提不起精神，他"惋愤时局"，放言高论，抨击当政，呼吁变法。无奈人微言轻，在官吏、名士云集的古都北京，谁知梁启超是何许人也！不仅如此，一些守旧官僚看到其师康有为的《新学伪经考》等书之后，极为不满。给事中余晋珊上书朝廷，诬称康有为"惑世诬民，非圣无法"，应当像孔子杀少正卯那样，缉拿康有为，焚毁《新学伪经考》。梁启超闻讯，惊恐万分，立即找沈曾植、曹广钧等官吏，上下运动，为康有为开脱，后又得光绪帝的老师翁同龢[1]等的协助，才幸免于难。但广东方面还是严禁《新学伪经考》流传。通过这场小小的政治风波，梁启超深深感到变法的艰难，但青年人少有的火热的政治热情迫使他仍在政治风浪中搏击。

---

[1] 翁同龢（1830—1904年），字声甫，江苏常熟人。咸丰状元，光绪帝师傅。曾任户部侍郎，刑部、工部、户部尚书，军机大臣兼总理各国事务衙门大臣。同情并支持戊戌变法，被慈禧太后革职，永不叙用。1909年，诏复原官，追谥"文恭"，有《翁文恭公日记》等。

春夏之交，中日两国交涉日紧，战争犹如箭在弦上，一触即发。但又逢慈禧太后 60 大寿，北京城里，大兴土木，整修街道，设点布景，忙于祝寿。一帮贪官污吏借机欺压百姓，骗取钱财。诚如康有为在自编年谱中所称："时拟以三千万举行万寿，举国若狂，方谋保举，而孙毓汶当国，政以贿成，大官化之，惟事娱乐，内通李莲英，相与交关，政俗之污坏，官方之紊乱，至是岁为极。"[1] 梁启超亲眼目睹如此黑暗的政治现实，心急如焚，除了在会馆与好友鞭笞当道之外，只有写诗文来表达自己忧国忧民的心声。其中一首诗写道：

怅饮且浩歌，血泪忽盈臆。
哀哉衣冠俦，涂炭将何极。
道丧廉耻沦，学敝聪明塞。
竖子安足道，贤士困缚轭。
海上一尘飞，万马齐惕息。
江山似旧时，风月惨无色。
帝阍呼不闻，高谭复何益。[2]

借酒消愁，长歌当哭，是无权无势的士人发泄对现实不满的传统方式。书生梁启超客居北京，也只能在杯酒和诗文中表达自己那颗郁积、愤慨和永难平静的心。8 月，中日正式宣战，甲午战争爆发。日军武器精良，策划周详，步步进逼；清军指挥不力，内部腐败，节节败退。9 月初平壤一战，清军大丧元气，日军占领朝鲜，越过鸭绿江，入侵辽宁；接着黄海大战，北洋海军与日本舰队打了一个平局，但李鸿章为了保存实力，令北洋海军滞留威海卫军港，不许出战，清廷失去了海上控制权。10 月里，日军攻旅顺、大连，占辽东半岛，清廷的所谓"龙兴之地"即将失守。北京城里舆论大哗，可是

---

1 《戊戌变法》第 4 册，第 129 页。
2 《与穗卿足下书》，《梁启超年谱长编》第 32 页。

慈禧太后仍在鼓乐声里进行她的万寿庆典。悲愤已极的梁启超感到时局维艰，11月返回广东，寻求对策。

1895年3月，春江水暖，燕子衔泥，梁启超、梁小山和康有为往北京会试。路过上海，有一书院欲聘梁启超为教席，梁启超认为上海"为南北要冲，人才凑入之地"，想留沪任教。但京师时局如何，令他放心不下。于是随康有为北上，"将至大沽，日人来搜船"，无故受辱，使康梁激愤难忍。[1] 及至北京，已风传北洋海军全军覆没，李鸿章往日本议和，要割地赔款。此情此景，使梁启超已无法集中全力去准备考试了。正如他在致友人的信中所言："此行本不为会试，颇思，假此名号作汗漫游，以略求天下之人才"。[2]

这次会试，康有为中进士第八名，梁启超则名落孙山。据一些野史轶文透露，当时的主考官为守旧分子徐桐，副考官是李文田、唐景崇、启秀。徐桐深怕康有为中进士，凡是像康的考卷一律弃之，梁启超之卷不料被徐摒弃，而康有为的真正卷子却顺利通过。李文田对梁启超的考卷十分赏识，曾据理力争，但不得其果，于是在卷尾批曰："还君明珠双泪垂，恨不相逢未嫁时。"后梁启超见此句，为知遇之恩所感，曾拜谒李文田，但一谈政治并不投机，李文田甚至断言"此人必乱天下。"徐桐对康有为中进士十分恼火，声言绝不见康有为。其实徐桐在康有为眼里是一堆烂泥，他怎么会去拜见徐桐呢！

考试落榜，并未使梁启超有太大的不快，因为他的心思已主要用在变法维新上了。4月中旬，《马关条约》签订的消息已传到北京。在京应试的举人（别称公车）议论纷纷，决心抗争。康有为觉"士气可用"，立即令梁启超四出活动，发起了史无前例的公车上书。康有为在自编年谱中记其经过云：

"3月21日电到北京，吾先知消息，即令卓如鼓动各省，并先鼓动粤中公车，上折拒和议，湖南人和之，于28日粤楚同递，粤士80余人，

---

[1] 《康南海自编年谱》，《戊戌变法》第4册，第129页。
[2] 《梁启超年谱长编》第33页。

楚则全省矣。与卓如分托朝士鼓动，各直省莫不发愤，连日并递章都察院，衣冠塞途，围其长官之车，台湾举人，垂泪而请命，莫不哀之。时以士气可用，乃合18省举人于松筠庵会议，与名者千二百余人，以一昼二夜草万言书，请拒和、迁都、变法三者，卓如、孺博书之，并日缮写，遍传都下，士气愤涌，联都察院前里许，至4月8日投递，则察院以既已用宝，无法挽回，却不收"。[1]

从这段朴实流畅的文字中可以看出，策划公车上书的是康有为，具体实行者主要是梁启超。签名上书的举人达1200人之多[2]，遍及河北、河南、湖南、湖北、广东、广西、福建、江苏、安徽、江西、山东、吉林、山西、陕西、甘肃、四川、云南、贵州18个行省。这开创了中国历史上知识分子集会上书、抗议政府的新格局，反映了自鸦片战争以来中国人民爱国、革新、奋发向上的思想追求。其意义之深远是当时上书的举人们所无法料到的。梁启超后来著《戊戌政变记》，称这次上书是中国数千年来大梦初醒的标志，颇有见地，不妨一读：

"唤起吾国四千年之梦，实自甲午一役始也。……乙未二三月间，和议将定。时适会试之年，各省举人集于北京者以万数千计。康有为创议上书拒之，梁启超乃日夜奔走号召，连署上书论国事。广东、湖南同日先上，各省从之，各自连署，麇集中都察院者，无日不有。虽其言或通或塞，或新或旧，驳杂不一，而士气之稍伸，实自此始。既而合18省之

---

[1] 《戊戌变法》第4册，第130页。
[2] 关于签名上书的人数，说法不一。梁启超在《三十自述》中讲"三千人上书言变法"，在《戊戌政变记》中又称"凡几千三百余人"；康有为在《汗漫舫诗集》中云"联十八省举人三千人上书"，在《自编年谱》中则谓"与名者千二百余人"；袁祖志的《公车上书记》记为"集众千三百余人"；徐勤的《南海先生四上书杂记》说为"集十八省公车千三百人"。现存的签名单，加康有为在内，仅603人。实际上，三千人之说是夸大其词，603人的名单似乎也不完全。据有关记述分析，当时不少人签名后，又反悔；有些见上书无望，则撤回名单。上书时签名的应该在1300人左右。准确的人数恐无法统计了。

举人，聚议于北京之松筠庵（庵者明代烈士杨继盛氏之故宅也）。为大连署以上书，与斯会者凡千三百余人，时康有为尚未通籍，实领袖之。其书之大意凡三事：一曰拒和，二曰迁都，三曰变法。……言甚激切，大臣恶之，不为代奏。然自是执政者渐渐引病去，公车之人散而归乡里者，亦渐知天下大局之事。各省蒙昧启辟，实起点于斯。此事始末，上海刻有《公车上书记》以纪之。实为清朝200余年未有之大举也。"[1]

公车上书是中国人民在蒙受巨大灾难之后逐步觉醒的重要标志，是康有为、梁启超推进维新变法的关键一步。这次上书虽没有上达天庭，但宣传了康梁的政治主张，提出了"下诏鼓天下之气，迁都定天下之本，练兵强天下之势，变法成天下之治"的改革纲领。所谓"下诏鼓气"，是要求光绪皇帝下罪己诏，承认过去的失误，激励天下，以雪国耻；下惩罚诏，严惩卖国将领和贪官污吏；下求贤诏，广求人才，破格录用。所谓"迁都"，是要求清廷将首都迁往西安，躲避外国列强的干涉，抗击殖民主义者的侵略。这虽然过于天真，但反映了康梁等人强烈的爱国激情。所谓"练兵"，是希望清政府改革军制，选用精良武器，练就精兵强将，以震国威。所谓"变法"，包括富国，发展资本主义工商业；养民，发展科学，立商会，设农会，建立社会福利制度；教民，建学校，讲西学，改革科举，振兴文化事业。此外，康梁还要改革官制，精简机构，广选人才，派人出国学习，设立皇帝"顾问"等，试图将他们的政治变革方案推广实行。这虽然有些急躁，但通过公车上书提出来了，就打破了旧式封建统治沉闷的一潭死水，透出了革新的信息。

"数贤一振臂，万夫论相属。"[2] 康梁在公车上书中起的正是振臂一呼的作用。这使梁启超看到了变法的希望，决心在政治上干一番事业。

---

1 《饮冰室合集·专集》第1，第113页。
2 梁启超赠夏曾佑诗，《梁启超年谱长编》第33页。

组织强学会

经过公车上书,康梁认识到要发动变法,必须集合为"群体";要"合群",则需有一组织。1895年夏秋之交,他们的着眼点集中在建立一维新社团。康有为在叙述他们的思路时称:

"中国风气,向来散漫,士夫戒于明世社会之禁,不敢相聚讲求,故转移极难。思开风气,开知识,非合群不可,且必合大群而后力厚也。合群非开会不可,在外省开会,则一地方官足以制之。非合士大夫开之于京师不可,既得登高呼远之势,可令四方响应,而举之于辇毂众著之地,尤可自白嫌疑。故自上书不达之后,日以开会之议,号之于同志。陈次亮谓办事有先后,当以报先通其耳目,而后可举会。"[1]

由此看来,康有为和梁启超的如意打算是:办报→设会→合群→开风气。而且会必须设在北京,"群"必须人数众多。其核心是筹建一学会。

经过多方努力,1895年8月17日正式发刊了《万国公报》,每双日出版,刊印千余份,委托送《京报》者代递,"分送朝士,不收报费"。该报除介绍西方各国的社会、政治、史地、风情、思想文化和转录一些消息之外,主要是发挥公车上书的主旨,宣传富国强兵之道,国家振兴之源,养民教民之法,字里行间渗透了变法维新的强烈要求。每期还有一篇论说,多出自梁启超之手。《万国公报》启蒙效益明显,不少京官得到这份报纸后,广开耳目,增长见识。两月之后,舆论宣传已有一定基础,康梁等人即四处活动,募集资金。11月初,在北京宣武门外的后孙公园正式成立了强学会,[2] 又称译书局,

---

[1] 《戊戌变法》第4册,第133页。
[2] 关于强学会成立的时间,说法不一。多数论著讲是8月。汤志钧先生考订为11月(参见《戊戌变法史》,人民出版社1984年,第131—132页),可信。故采此说。

强学局或强学书局。

参加强学会的有20多人[1]，包括康有为、梁启超等资产阶级维新派，陈炽和文廷式等以光绪帝为靠山的帝党官员、袁世凯和徐世昌等，支持强学会的则有翁同龢、孙家鼐等帝党，张之洞、刘坤一等洋务派，李佳白、李提摩太等外国传教士。从成员上看，强学会是极为复杂又难以协调的松散联合，并不像梁启超在民国元年所夸口的那样是一个政党和学校"兼而有之"的社会团体。这就使强学会既不可能持久，也难成效卓著。

强学会的主要活动有四项：一是定期集会，宣传维新变法，振兴清廷。他们一般每10天集会一次，有人慷慨激昂地演讲，宣传爱国、保种、保教，历数清廷积弊，呼吁大胆变革。康有为写的《强学会叙》，大体反映了每次集会的中心内容。在民族危机严重、瓜分局面迫在眉睫的严峻时刻，这种充满激情的集会，对唤起人们的民族意识和救亡决心，起了巨大的推进作用。

二是购置图书，设图书室。康有为、梁启超等维新派十分注重开风气和启迪民智，善于在重建精神文明上做工作。他们认为当时的士大夫们新知太少，对西方文化了解不多。于是就购置了一批欧美史地、风情、人文、道德和科技知识的新书，以广见识，去成见。当时购买这些图书很不容易。梁启超讲为买一张世界地图，在北京跑了两个月都没买到，后托人在上海才购了一幅。"图至之后，会中人视同拱璧，日出求人来观，偶得一人来观，即欣喜无量。"[2]可见这些新图书资料，在当时有难以想象的开民智功效。

三是译书。强学会中懂外文的人极少，但他们对译书十分重视，一有可能，即请人翻译。梁启超在《三十自述》中称"余居会所数月，会中于译出西书购置颇备，得以余日尽览之。"显然，他们确实译过书。后来强学会被迫改为官书局，仍继承了康梁组织人译书的传统，"日以翻译西书，传布要闻为事。"[3]

---

1 有稽可查的人员为：康有为、梁启超、麦孟华、陈炽、杨锐、张权、袁世凯、文廷式、丁立钧、张孝谦、沈曾植、沈曾桐、徐世昌、汪大燮、陈仰垣、王鹏运、张仲炘、熊余波、姚菊仙、杨楷、韩樾堂、褚成博。
2 《饮冰室合集·文集》第29，第38页。
3 《益闻录》第1574号。

四是办报。1895年12月16日，康梁将《万国公报》改为《中外纪闻》出版，事实上成为强学会的机关报。其《凡例》中列5条宗旨：1.报的内容包括阁抄、外国消息、国内新闻、译印"西国格致有用诸书"和论说；2.两天出一次，每月15次，月底取回，装订成册；3.所录消息时事，皆注出处，采集书中者，为节省篇幅，则不注明；4.购阅《纪闻》者，每月收京足银三钱，票钱从便，照时价加算，京外购者，按路程远近，酌加寄费；5.报社设在宣武门外后孙公园，愿购者，请联系。由此可知，《中外纪闻》较《万国公报》要内容丰富，系统完善。梁启超后来在演讲中将《中外纪闻》说成《中外公报》，还说"只有论说一篇，别无记事"，都不符合事实，属记忆失误。《中外纪闻》以梁启超、汪大燮为主笔。不少文章出自梁启超之手。在介绍西方资本主义社会状况和科学技术，评论中西社会得失，宣传向西方学习，改良清廷政治方面，《中外纪闻》是卓有成效的。这中间自然倾注着青年梁启超的汗水。

综合来看，强学会的活动主要集中于精神文化方面，政治举动较少。但仍为守旧官僚所不容，为清廷专制统治者所仇视。

1896年1月20日，在李鸿章等人的鼓动下，御史杨崇伊上奏清廷，攻击强学会贩卖"西学"，私刊报纸，要挟"外省大员"，破坏社会安定，请立即查禁。[1] 军机处立刻准备行动，许多强学会会员闻讯后仓皇失措，"纷纷匿遁"。有的甚至破涕"泣下"，求当道宽容。23日，"北城出示拿人"，强学会即无形中解散。梁启超亦毫无办法，只能听其自然。恰在这时，文廷式等人请求清廷开办洋务书局，一时难于找到合适人选，李鸿藻[2]借机把强学会改为官书局，以译书为中心。梁启超等虽也参与了其中的一些事务，但无法贯彻其改革社会、开启民智的初衷。强学会名存实亡。后来康有为曾在上海建立过强学会，但也没有维持多久。梁启超由此深感时局维艰，风气未开，于

---

1 《德宗景皇帝实录》卷381。
2 李鸿藻（1820—1897年），字季云，直隶高阳人，咸丰进士，同治帝师傅，曾任户部左侍郎和军机大臣，属清流派，善议时政，多次抨击洋务派，对外有抵抗思想和行动。

是将注意力转向了办报。他在1912年的一次演讲中，较详细地回忆了组织强学会的过程及后来心思的转移：

"当甲午丧师以后，国人敌忾心颇盛，而全瞢于世界大势。乙未夏秋间，诸先辈乃发起一政社，名强学会者。……彼时同人固不知各国有所谓政党，但知欲改良国政不可无此种团体耳。……遂在后孙公园设立会所，向上海购得译书数十种，而以办报事委诸鄙人。当时固无自购机器之力，且都中亦从不闻有此物，乃向售京报处托用粗木板雕印，日出一张，名曰《中外公报》，只有论说一篇，别无记事。……办理月余，居然每日发出三千张内外。然谣诼已蜂起，送至各家门者，辄怒以目，驯至送报人惧祸及，悬重赏亦不肯代送矣。其年十一月，强学会遂被封禁，鄙人服器书籍皆没收，流浪于萧寺中者数月，益感慨时局，自审舍言论外未由致力，办报之心益切。"[1]

这里要办的报，即《时务报》。

《时务报》主笔

《时务报》创刊于1896年8月9日，报馆设在上海四马路，由汪康年、梁启超、黄遵宪、邹凌瀚、吴德潇创办。经费一源于强学会之余款，约2400元；余则募捐，黄遵宪曾自捐1000元。汪康年和梁启超分任经理和主笔，二人曾议论谓："非创一杂志，广译五洲近事，详录各省新政，博收交涉要案，俾阅者周知全球大事，熟悉本国近状，不足以开民智而雪国耻。"[2]这里揭示的《时务报》宗旨，一是开民智，二是求自强，尤注中外时事的介绍。因

---

[1]《饮冰室合集·文集》第29，第1页。
[2]《梁启超年谱长编》第52页。

此，《时务报》虽设论说、谕折、京外近事等多种栏目，但域外报译（包括西文报译、路透电音等）几乎占一半的篇幅。该报为旬刊，每期20多页，检阅和存放极方便。加之，内容新颖，文笔流畅，反映民众呼声，敢于抨击时政，一时风靡全国，成为和天津《国闻报》并驾齐驱的在戊戌变法时期影响最大的报刊，梁启超描绘说："甲午挫后，《时务报》起，一时风靡海内，数月之间销行至万余份，为中国有报以来所未有，举国趋之，如饮狂泉。"[1]

《时务报》是梁启超的发皇期。他利用这一宣传阵地，较全面而系统地宣传了他的变法主张、文化追求、改革内容和具体思路。《时务报》前期，可以说大体是按梁启超的风貌来办的，其内容和风格流派反映了梁启超当时的思想倾向。梁在《时务报》发表的文章多达60篇，见下表：

梁启超在《时务报》发表文章

篇　　名	期　数
论报刊有益于国事	1
变法通议自序	1
论不变法之害（变法通议一）	2
论变法不知本原之害（变法通议二）	3
波兰灭亡记	3
沈氏音书序	4
论学校（变法通议三之一——总论）	5
论加税	5
论学校一［变法能议三之二——总论（续）］	6
说橙	6
论学校二（变法通议三之二——科举）	7
西学提要农学会总叙	7
论学校二［变法通议三之二——科举（续）］	8
西学书目表序例	8
论中国积弱由于防弊	9
论学校三［变法通议三之三——学会（续）］	10
古议院考	10

---

[1]《饮冰室合集·文集》第6，第52页。

续表

论学校四（变法通议三之四——师范学校）	15
治始于道路说	15
论学校五（变法通议三之五——幼学）	16
戒缠足会叙	16
论学校五［变法通议三之五——幼学（续）］	17
论学校五［变法通议三之五——幼学（续）］	18
论学校五［变法通议三之五——幼学（续）］	19
记江西康女士	21
日本国志后序	21
论学校六（变法通议三之六——女学）	23
农会报序	23
论学校六［变法通议三之六——女学（续）］	25
试办不缠足会简明章程	25
蚕务条陈叙	25
说群自序	26
论学校七（变法通议三之七——译书）	27
论学校七［变法通议三之七——译书（续）］	29
记自强军	29
论中国之将强	31
记尚贤堂	31
论学校七［变法通议三之七——译书（续）］	33
萃报叙	33
续译列国岁计政要叙	33
史记货殖列传今义	35
学校余论（变法通议三之余）	36
春秋中国夷狄辨序	36
史记货殖列传今义（续）	37
医学善会序	38
中国工艺商业考提要	38
续论变法不知本原之害（变法通议二之余）	39
记东侠	39
知耻学会叙	40
论军政民政相嬗之理	41
大同译书局叙例	42

续表

论商务十（变法通议七之十——金银涨落）	43
蒙学报演义报合叙	44
读日本书目志书后	45
倡设女学堂启	45
日本横滨中国大同学校缘起	47
湖南时务学堂学约十章	49
南学会叙	51
俄土战纪（战纪丛书二十种之一）	51
经世文新编叙	55

《时务报》共出69期，无梁启超文章的仅17期，尤其在前期，几乎每期都有梁启超的妙文，有的甚至两篇或三篇，他确是名副其实的《时务报》主笔。梁启超的这些文章，从内容上看大致分为五类：一是强调报刊的"喉舌"作用，认为报刊可以"治病"、"通神"、唤起民智、增强活力、"去塞求通"；二是呼吁变法，认为变是天下之公理，顺之则昌，逆之则亡；三是抨击现实，揭露封建官吏，哀叹平民疾苦，鞭笞社会丑恶现象；四是介绍西方文化和发扬中国传统文化，主张中西并重，其在《西学书目表序例》中指出："舍西学而言中学者，其中学必为无用，舍中学而言西学者，其西学必为无本，皆不足以治天下。"五是对一些具体人物、事件、图书、学校、团体、商务、财政、文献等的叙论，在扣人心弦的记述和画龙点睛的评说中阐发他的政治和思想文化观点。总之，梁启超造就了《时务报》，《时务报》也宣传了梁启超。

梁启超在《时务报》时期之所以取得如此重大的成绩，首先是他的言论反映了当时大多数人们的呼声，符合近代中国社会前进的需要，具有雄鸡一唱，呼唤黎明的效应；其次是他刻苦努力，奋发向上，日夜苦战的结果。这时的梁启超二十三四岁，精力过人，才华初露，新思想一个连着一个。他回忆说："每期报中论说4000余言，归其撰述；东西各报一万余言，归其润色；一切公牍告白等项，归其编排；全书报章，归其复校；10日一册，每册三万字，启超自撰及删改者几万字，其余亦字字经心。6月酷暑，洋烛皆变流质，独居一楼上，挥汗执笔，日不遑食，夜不遑息。"[1]这大体符合事实，梁启超的确是《时务报》的中坚，所以在大多数人眼里，《时务报》为梁启超所办，梁启超和《时务报》不可分割地联在了一起。随着《时务报》的广泛发行（见下表），梁启超也名声大著，"通邑大都，

《时务报》销售情况[2]

城 市	1896 年	1897 年
	销售数量	
扬州	17	17
泰州		19
徐州	10	10
清江浦	53	117
杭州	350	355
嘉兴		33
硖石	13	13
湖州	30	30
宁波	46	132
绍兴	70	115
诸暨	14	25
余姚	10	10
嵊县	12	
温州	74	114
瑞安	60	70
台州	18	57
兰溪	5	14
福州	159	209
建宁	8	11
广州	631	770
潮州	41	72
嘉应	10	15
桂林	20	40
梧州		24
云南	70	70
贵阳	145	340
澳门	17	25
香港	24	93
上海	5948	7837
西安		100
合计	7855	10680

---

1 《创办时务报原委记》，《知新报》第 66 册。
2 此表摘自《梁启超传记资料》，略有改动。

下至僻壤穷陬，无不知有新会梁氏者。"[1] 张之洞在《劝学篇》中详论道："乙未以来，志士文人开创报馆，广译洋报，参以博议，始于沪上，流衍于各省，内政外事学术皆有焉。虽论说纯驳不一，要可以扩见闻，长志气，涤怀安之酖毒，破扪籥之声论。于是一孔之士，山泽之农，始知有神州，筐箧之吏，烟雾之儒，始知有时局，不可谓非有志四方之男子学问之一助也。"[2] 张之洞的幕僚叶瀚在《致汪康年书》中称："梁卓如先生天才抒张，论著日富，出门人问余之言，捄天下童蒙之稺，敢拜下风，愿交北面。"陈三立亦云：黄遵宪谓"梁卓如乃旷世奇才"，"今窥一斑，益为神往矣"。[3] 严复则称梁启超"自甲午以后，于报章文字，成绩为多，一纸风行，海内观听为之一耸。"[4] 这些赞美，并非过誉，梁启超敏锐的观察力、深刻的见解和优美多情的文字三位一体，自然赢得了众多的读者。我们还是读读梁启超在《时务报》的一段文字，品一品其中的"味道"：

"官惟无耻，故不学军旅而敢于掌兵，不谙会计而敢于理财，不习法律而敢于司李，瞽聋跛疾，老而不死，年逾耄颐，犹恋栈豆，接见西官，栗栗变色，听言若闻雷，睹颜若谈虎，其下焉者，饱食无事，趋衙听鼓，旅进旅退，濡濡若驱群豕，曾不为怪；士惟无耻，故一书不读，一物不知，出穿窬之技，以作搭题，甘囚虏之容，以受收检，裒八股八韵，谓极宇宙之文，守高头讲章，谓穷天人之奥；商惟无耻，故不讲制造，不务转运，攘窃于室内，授利于渔人，其甚者习言语为奉承西商之地，入学堂为操练买办人才，充犬马之役，则耀于乡闾，假狐虎之威，乃轹其同族；兵惟无耻，故老弱羸病，苟且充额，力不能匹雏，耳来闻谭战事，以养兵十年之蓄，饮酒看花，距前敌百里而遥，望风弃甲。"

---

1 《党人列传》，《戊戌履霜录》卷4。
2 《张文襄公全集》（六），第3732页。
3 转见汤志钧：《戊戌变法史》第177页。
4 严复：《致熊纯如书》，《学衡》第12期。

这段话出自《时务报》第40期的《知耻学会叙》，如此激烈而动人心肺地抨击清廷社会现状，真是道出了人们想说而不敢言的心声。惊人的才华一旦和人民的意愿结合在一起，其威力是难以想象的。

随着梁启超社会影响的扩大，清廷的一些大官僚亦对其另眼相看。1897年初，梁启超往武昌拜见张之洞。张之洞这时是洋务派的实际首领，坐镇武昌，握有一方军队和数个近代化工厂企业，还办有军事、科技、文化各类学堂，懂一点西学，著有不中不西但颇有影响的《书目答问》等，在清廷官僚中是颇有实力和影响的大人物。但一听梁启超来拜谒，极为兴奋，破例开武昌城中门来迎梁启超，还问下属"可否鸣炮"？当下属告知梁启超为一小小举人，接见钦差和督抚时才可开中门并鸣炮之后，张之洞才不提鸣炮，以厚礼迎入城。拜见张之洞的那天，恰值张的侄儿结婚，客来客往，应接不暇，但张之洞丢下宾客，和梁启超长谈，"至二更乃散"，张之洞并请梁启超出任两湖书院院长，月薪"千二百金"。梁启超这时一心扑在《时务报》上，婉言谢绝，不久返回上海。不过，梁启超对张之洞的礼贤下士感激不尽，在给张之洞的信中称："赐以燕见，许以进言，商榷古今，坐论中外，激言大义，不吝指授，刍荛涓流，靡不容采，授餐馈赆，殷勤逾恒。宁惟知己之感，实怀得师之幸。归舟容与，喜不自胜。"[1] 缺乏政治经验的梁启超这时完全为张之洞的表象所迷惑了。张之洞作为洋务派大员，对康梁的主张有首肯的一面，也有反对和不赞成的一面，而且后者更多一些。对梁启超在《时务报》的言论，张之洞早认为太过分了，曾指使任过其幕僚的汪康年从中干预。汪康年于是常为梁启超设置关卡，《时务报》内部一直争论不休。1897年前后，汪梁之争日趋恶化，若不是黄遵宪从中调和，几有破裂的危险。梁启超并不清楚汪康年的后台是张之洞，在1897年春仍认定张之洞为知己。可见知人之难。1897年夏，汪梁分歧更为严重，梁启超已感到无法再呆下去了，恰好黄遵宪调任

---

[1]《饮冰室合集·文集》第1，第104—105页。

湖南按察使，湖南维新运动方兴未艾，谭嗣同等人要办时务学堂，黄遵宪等即致信梁启超请出任中文总教习。11月，梁启超由沪奔湘，开始了新的拼搏。

执教湖南时务学堂

时务学堂是湖南维新变法的一项重要内容，由王先谦等人首先提议创办。王先谦是湖南长沙人，号葵园，同治年间进士，充任翰林院庶吉士，后在长沙任城南书院和岳麓书院院长，重考证，有学问，为湖南名士。但思想守旧，以维护封建旧学为己任，是湖南守旧分子的总代表。1896年冬，为了发扬封建理学，他上书湖南巡抚陈宝箴，请求设立时务学堂。在各省巡抚当中，陈宝箴是最开明的，具有一定的维新倾向，较为支持湖南的维新派。陈宝箴并不了解王先谦的本意，以为是为了培植革新人才，便欣然同意。第二年春天，就着手筹经费，选校舍，请教师，开展了紧张的筹备工作。陈宝箴希望通过时务学堂的筹办，开通湖南风气，培养有用人才，推行新政。他在《时务学堂招考示》中讲："国势之强弱，系乎人才；人才之消长，存乎学校；……国治之本，莫不以添设学堂为急务。"时务学堂要培养一批既通中学，又通西学，能够救亡图存的有用人才，"中国自强之基，诸生自立之道，举莫先于此矣。"[1] 显然，陈宝箴和王先谦的办学宗旨有严重分歧。公开刊出的《时务学堂缘起》也讲时务学堂就是要效法日本，研究西学，探求"攘夷之道"。[2] 而且从当时的客观形势来讲，也不可能按王先谦那样办一个发挥封建经典的守旧的时务学堂。此后，公布了时务学堂开办章程，规定学生所学功课要中西并重，毕业后能从事新式工厂企业的各项工作，能出洋留学。并将时务学堂的校址、招生人数、招生办法、入学手续和学堂规章一体公布于众。时务学堂将以崭新的面貌出现于湘江之畔。这自然深深地吸引着梁启超。

---

1 《时务学堂招考示》，《知新报》第40册。
2 《湖南时务学堂缘起》，《皇朝经世文新编》卷6。

梁启超到长沙时，时务学堂已从2000名青年中招收了40名学生，建立了图书资料室，购买了一些科学仪器，提调熊希龄[1]，西文总教习李维格及谭嗣同、唐才常、皮锡瑞、黄遵宪等人都极热心于各项工作。这种如火如荼的热烈场面，使易于动情的梁启超不能自持，迅速投入教学当中。他立刻亲手制订《时务学堂学约十章》：一曰立志，中心要求学生要以天下为己任，为救亡而献身；二曰养心，要破苦乐，破生死，破毁誉，威武不屈，富贵不淫，贫贱不移；三曰治身，忠信笃敬；四曰读书，要"上下千古，纵横中外之学"；五曰穷理，注意思考和观察；六曰学文；七曰乐群；八曰摄生，锻炼身体；九曰经世，寻找图强之道；十曰传教，宣扬孔子精神。这十条学则虽然充满了儒家的治学立身精神，但其总目标是学以致用，全面发展，服务于救亡图存和变法维新。随后，时务学堂又公布了学生功课详细章程，要求学生在读书中重思考，多实验，自由讨论，学用结合。所读书目有数十种，其中有《万国公法》、《几何原本》、《日本国志》、《化学鉴原》、《格致汇编》、《万国史记》等较为新颖的图书十多部，同时强调学生读报，关心国内外时事。学习程序分两个阶段：前半年学普通学，包括经学、诸子学、公理学、中外史志及格算诸学初步；此后两年半攻专门学，即公法学、掌故学、格算学等。梁启超实际是以公羊学派为轴心，参以古典儒学、西洋科技、史地等，再发挥他的政治理想和学术宗旨，把康有为在万木草堂的教学方法搬过来，使时务学堂变成为维新变法服务的速成政治学堂。

梁启超此时刚24岁，风华正茂。他每天上4小时课，还要批改40多名学生的作业，有的批语上千言，往往工作到深夜，有时"彻夜不寐"。这些青年学生一个个精神焕发，胸怀一腔救国热血，苦苦思索救国救民的灵丹妙药，往往问题成堆，妙不可言。梁启超经常被他们包围，回答各种问题。现存的《总教习梁批》，记录了梁启超回答学生问题的主要批语，涉及政治、

---

[1] 熊希龄（1870—1937年），字秉三，湖南凤凰人，光绪进士，具有革新思想，全力推进湖南维新运动，后遭清廷打击。辛亥革命后成为政坛风云人物，曾负责组阁，晚年多致力于文化和慈善事业。

经济、文化、社会等多个领域，触及民权、议会、总统、君权、道德、习俗、官制等许多敏感的问题。但梁启超都能大胆发挥，圆满回答。教学之余，梁启超还和谭嗣同、唐才常、黄遵宪等维新志士谈吐志向，议论时政，诗歌互答，享受知己者难得的快慰。在时务学堂这块自由天地里，梁启超痛快淋漓地宣传自己的思想，无拘无束地展示个人的才华。这种幸福，一生不可多得。所以梁启超多次回想起时务学堂的日日夜夜，从中自然可以窥见时务学堂的风貌。请看《清代学术概论》记述：

"嗣同与遵宪、熊希龄等，设时务学堂于长沙，聘启超主讲席，唐才常等为助教，启超至，以《公羊》、《孟子》教，课以札记，学生仅40人，而李炳寰、林圭、蔡锷称高才生焉。启超每日在讲堂4小时，夜则批答诸生札记，每条或至千言，往往彻夜不寐。所言皆当时一派之民约论，又多言清代故实，胪举失政，盛倡革命。其论学术，则论荀卿以下汉、唐、宋、明、清学者，掊击无完肤。时学生皆住舍，不与外通，堂内空气日日激变，外间莫或知之，及年假，诸生归省，出札记示亲友，全湘大哗。先是嗣同、才常等设南学会聚讲，又设《湘报》、《湘学报》，所言虽不如学堂中激烈，实阴相策应，又窃印《明夷待访录》、《扬州十日记》等书，加以案语，秘密分布，传播革命思想，信奉者日众，于是湖南新旧派大哄"。[1]

由此看来，梁启超在时务学堂不仅教学认真，工作紧张，而且思想激进，赞同反清革命。他愤怒地揭露清廷"屠城屠邑，皆后世民贼之所为，读《扬州十日记》，尤令人发指眦裂，故知此杀戮世界，非急以公法维之，人类或几乎息矣"。[2] 梁启超在和同事们议论国事时，曾提出四种主张："一渐进

---

[1] 《饮冰室合集·专集》第34，第62页。
[2] 《翼教丛编》卷5。

法；二急进法；三以立宪为本位；四以彻底改革，洞开民智，以种族革命为本位。"[1]这里公然将反清革命作为解决现实问题的一种方法，而且他比较赞同第二或第四种主张，可见此时的梁启超思想颇为激进。用这种思想去教育学生，自然使时务学堂面貌一新，无怪乎，顽固派攻击梁启超主讲时务学堂以来，"一时衣冠之伦，罔顾名义，……伪六经，灭圣经也；托改制，乱成宪也；倡平等，堕纲常也；伸民权，无君上也；孔子纪年，欲人不知有本朝也。"[2]这从另一个侧面说明了梁启超思想的进步，也反映出时务学堂正走向与专制主义相对立的道路上去。

时务学堂开办之后，共招考三次，收学生200多名。[3]在梁启超等人的谆谆教导下，这些学生不仅学到了新知识，而且接受了新思想，他们"常常谈论国家大事"。国家的破败，清廷的昏庸，使他们以救亡图存为己任；对世界的了解，通过新学问的钻研，又使他们决心效法西方，改革内政。李炳寰讲："我们求学，所为何事？但求起衰振敝，上利于国，下泽于民耳。"林圭讲："朝廷纲纪败坏，达于极点，……吾人今日求学，应以挽救国家为第一要义。"蔡锷也讲："我们求学，是为了探孔教之精蕴，以匡济时艰，应淬励品德，做一个堂堂正正的男子，决不可随俗沉浮以自污！"唐才质曾回忆说："我在时务学堂读书，学了一些新的功课，思想上得到很大启发，星期日又往南学会听讲，得周知国内外大事和古今学术源流，裨益尤多。"[4]李炳寰、林圭、蔡锷、唐才质都是时务学堂的高才生，他们明显地把求学和救国有机地结合起来了。时务学堂的一些学生还给《湘报》撰写文章，鼓吹民权、平等和变法维新。这些人十七八岁，精力旺盛，求知欲强，思想激进，善于接受新鲜事物，梁启超的思想观点极容易被他们吸收，并大力宣传出去。湖南

---

1 《梁启超年谱长编》第88页。
2 《翼教丛编》序言。
3 据《湘报》第66号所载，时务学堂于1897年8月28日（夏历）第一次招考，录取学生40名；次年3月1日第二次招考，录取内课生30名，外课生18名，附课生7名；4月第三次招考，录取内课生46名，外课生52名，备送北洋学生10名。
4 《唐才常和时务学堂》，《湖南历史资料》1958年第3期。

的守旧分子攻击说，梁启超到湖南讲学后，谭嗣同等人"乘风扬波，肆其簧鼓，学子身无主宰，不知其阴行邪说，反以为时务实然，丧其本真，争相趋附，语言悖乱，有如中狂，始自会城，浸及旁郡。"[1] 这段诬词说明两点：一是时务学堂的学生接受了梁启超、谭嗣同的思想；二是这些学生不惧邪恶势力，努力向外传播。所以，时务学堂虽小，却培养了一批矢志改革的青年知识分子，这直接推进了湖南及全国的变法运动。诚如梁启超在《戊戌政变记》中所生动描述的那样：

"自时务学堂、南学会等既开后，湖南民智骤开，士气大昌，各县州府私立学校纷纷并起，小学会尤盛。人人皆能言政治之公理，以爱国相砥砺，以救亡为己任，其英俊沉毅之才，遍地皆是。其人皆在二三十岁之间，无科第，无官阶，声名未显著者，而其数不可算计。自此以往，虽守旧者日事遏抑，然野火烧不尽，春风吹又生，湖南之士之志不可夺矣。"[2]

时务学堂是湖南维新运动高涨的重要标志之一，对全国也有一定的影响。梁启超的辛勤汗水，终于迎来了绽开的花朵。

联志士，建社团

甲午中日战争之后的两三年间，梁启超在宣传鼓动的同时，十分注意结交维新志士。他在《三十自述》中讲："甲午年二十二，客京师，于京国所谓名士者，多所往还。"在致夏曾佑的信中称："我辈以普度众生为心，多养人才是第一义"。在给汪康年书中又强调："我辈今日无一事可为，只有广联人才，创开风气"。[3] 类似这样对维新人才渴求的呼喊，几乎成了梁启超的口头

---

[1]《湘省公呈》，《翼教丛编》卷5。
[2]《戊戌政变记》第143页。
[3] 见《梁启超年谱长编》第81—84页。

禅。从那时的客观情况来看，确实是缺少一个有影响有实力的维新知识群体。为此，梁启超活跃于北京、上海、湖南、广州，引朋聚友，试图造就一个革新势力。从梁启超这时的书信、文章、札记中观察，他结交的志士有四五十位，包括夏曾佑、谭嗣同、黄遵宪、汪康年、严复、马建忠、马相伯、宋恕、陈炽、吴小村、章太炎、张謇、曾广钧等。这些志士虽说政见并非完全一致，但都有革新要求，这就为梁启超推进变法增添了力量。尤其是夏曾佑、谭嗣同、黄遵宪，和梁启超极为要好，这使他如鱼得水，受益无穷。

夏曾佑是杭州人，光绪进士，1890年授礼部主事，在文学、史学、哲学、政治学等方面都有自己的独到见解，又了解西方文化，具有维新思想，1891年和梁启超一见如故，后即与梁启超结为挚友，时常谈吐志向。梁启超在《亡友夏穗卿先生》一文中回忆说：

"我19岁始认得穗卿——我的'江外佬'朋友里头，他算是第一个。初时不过草草一揖，了不相关，以后不晓得怎样便投契起来了。我当时说的纯是广东官话，他的杭州腔又是终身不肯改的，我们交换谈话很困难，但不久都互相了解了。他租得一间小房子在贾家胡同，我住的是粉坊琉璃街新会馆，后来又加入一位谭复生，他住在北半截胡同浏阳馆。'衡宇望尺咫'，我们几乎没有一天不见面，见面就谈学问，常常对吵，每天总大吵一两场，但吵的结果十次有九次我被穗卿屈服，我们大概总得到意见一致。"[1]

从这段形象朴实的语言里，我们真实地看到了梁夏之间那种知心和默契，也了解了他们对学问和真理的迫切追求。梁启超还写过一首长诗，细腻地表达了他和夏曾佑之间的友谊：

壬辰在京师，广座见吾子。

---

[1] 《饮冰室合集·文集》第44（上），第20页。

草草致一揖，仅足记姓氏。
洎乎癸甲间，衡宇望尺咫。
春骑醉莺花，秋灯狎图史。
冥冥兰陵门，万鬼头如蜡。
质多举只手，阳乌为之死。
袒裼往暴之，一击类执豕。
酒酣掷杯起，跌宕笑相视。
颇谓宇合间，只此足欢喜。
夕烽从东来，孤帆共南指。
再别再相遭，便已十年矣。
君子尚青春，英声乃如此。
嗟嗟吾党人，视子为泰否。

  人生难得一知己，政治上并肩奋斗的知己则更难寻。梁启超在实现自己维新大志的旅途上结交了夏曾佑这样的好友，其快慰和激动的心情可想而知。

  梁启超何时认识谭嗣同，目前有三说，一为1895年；一为1896年3月在北京；一为1896年5月在上海。汤志钧先生经过周密考订，认为第二说可取，令人信服。谭嗣同与梁启超有着不同的经历和性格。谭嗣同出身于官僚家庭，幼失母爱，性格倔强，崇尚"任侠"，早期活动于北京、兰州、湖南等较封闭的地区，甲午战争之后才接触西学，探讨中国维新之路。但他思维敏捷，后来居上，较梁启超要激进得多。1896年春在北京和梁启超等人几乎天天见面，交流看法，抨击时政，寻求救国良方。有时他们争论得面红耳赤，谁也说服不了谁。不过静心而思，双方都在争论中受益。谭嗣同"自交梁启超后，其学一变"，"盛言大同，运动尤烈。"梁启超则承认自己"受夏、谭影响亦至巨。"[1] 他在给康有为的信中称赞谭嗣同说："敬甫之子谭复

---

[1] 《清代学术概论》第66、61页。

生，才识明达，魄力绝伦，所见未有其比，惜佞西学太甚，伯里玺之选也。"[1]梁启超还向谭嗣同介绍了康有为的变法思想，这使谭嗣同极为兴奋，他感到康有为的"微言大义"，"竟与嗣同所冥想者，十同八九。"[2]1896年秋，谭嗣同在南京著《仁学》，梁启超在上海，谭嗣同每成一篇，都要往上海找梁启超征求意见。梁启超在《仁学序》中讲那时和谭嗣同"每偶居，则促膝对坐一榻中，往复上下，穷天人之奥，或彻数日夜废寝食，论不休。每十日不相见，则论事论学之书盈一箧。"[3]对真理的共同追求，加深了梁谭之间的友谊。那时的上海人才荟萃，思想活跃，谭嗣同一到上海，如干渴的土地遇上倾盆大雨，快意无穷。他和梁启超等人一起聊天、散步、游园、摄影、吟诗、论道，青年知识分子所追求的乐趣应有尽有。谭嗣同回湖南后，梁启超在时务学堂讲课之余，总喜欢找谭嗣同谈心。唐才常赠梁启超一块名贵的菊花砚，谭嗣同即题诗一首称"空华了无真实相，用造蒴偈起众信，任公之砚佛尘赠，两公石交我作证。"江标[4]闻讯，自告奋勇镌刻。刻字之日，江标抱一猫，与梁启超玩耍，"且奏刀且侃侃谈当世事"，又吟诗作文，极为投机。至夜，梁启超等人借"濛濛黄月"，送江标返回，江又回送梁氏等人，卿卿我我，一夜无眠。文人志士的友情竟如此浪漫深沉。

黄遵宪较梁启超大25岁，但极器重梁启超的才华，更千方百计协助梁启超维新变法。甲午战争之后，当梁启超刚涉略政治的时候，黄遵宪早已声名卓著。黄遵宪不仅善写诗，精西学，思想新，而且长期在日本、美国、英国、新加坡等地充任外交官，堪称戊戌时期维新派中最富世界知识的才子。在上海筹办《时务报》时，由于黄的大力举荐，梁启超才出任主笔。此后，

---

[1] 《觉迷要录》卷4。
[2] 《湖南历史资料》1960年第1期。
[3] 《清议报》1898年第2册。
[4] 江标（1860—1899年），字建霞，江苏吴县人，光绪进士，素有改革之志，通中西文化，1894年任湖南学政，和谭嗣同等共同推进变法，后任四品京堂，在总署章京上行走，不久政变发生，被革职。

共同的事业使黄梁结下了深厚的友谊。黄遵宪写的《日本国志》，对梁启超有很深的影响，梁启超的许多世界知识都是从黄遵宪那里得到的。黄遵宪往湖南任按察使后，极力主张请梁启超往时务学堂任教。黄遵宪谢世的前一年还致函梁启超，诉说心中的苦闷，云：

> "自吾少时，绝无求富贵之心，而颇有树勋名之念。游东西洋十年，归以告诗吾曰：'已矣，吾所学，屠龙之技，无所可用也！'盖其志在变法，在民权，谓非宰相不可为；宰相又必乘时之会，得君之专，而后可也。既而游欧洲，历南洋，又四五年，归见当道者之顽固如此，吾民之聋聩如此，又欲以先知先觉为己任，藉报纸以启发之以拯救之。……及戊戌新政，新机大动，吾又膺非常之知，遂欲捐其躯以报国矣。自是以来，愈益挫折，愈益艰危，而吾志乃益坚。"

交友的前提是志同道合。黄遵宪和梁启超这种基本一致的思想追求，使他们知无不言，心心相印，相互促进。戊戌前后，梁启超在许多方面都受到黄遵宪的帮助。

戊戌时期，维新派从改革的政治需要出发，提出了一个重要的口号——合群。他们把合群，即结交"天下名士"，作为其事业成败的重要一环。因此，梁启超的交友，一方面有联志士的要求，更重要的是出于变法维新的需要。他在上海、两湖等地的朋友中，有知识分子、出版商、企业家，还有官僚、政客、买办及各界名流，这对推进维新事业确有很大的帮助。在广泛交友的基础上，就开始建学会，组社团，办实事。1897年秋冬间，在梁启超的多方努力下，在上海南京路创立了大同译书局，由康广仁[1]任经理，按梁启超的意愿，广译外国图书。梁启超在《大同译书局叙例》中称此举是促成维

---

[1] 康广仁（1867—1898年），号幼博，广东南海人，康有为之弟。少不治举业，协助康有为变法。1897年前后，致力于办报，组织学会和办书局等变法事务。1898年政变时被害，为"戊戌六君子"之一。

新变法的关键一步。"今不速译书，则所谓变法者尽成空言。"他规定的宗旨是："以东文为主，而辅以西文，以政学为先，而次以艺学，至旧译希见之本，邦人新著之书，其有精言，悉心采纳，或编为丛刻，以便购读，或分卷单行，以广流传，将以洗空言之诮，增实学之用，助有司之不逮，救燃眉之急难，其或忧天下者所乐闻也。"具体程序是："本局首译各国变法之事，及将来变法之际一切情形之书，以备今日取法；译学堂各种功课，以便诵读；译宪法书，以明立国之本；译章程书，以资办事之用；译商务书，以兴中国商学，挽回利权。大约所译先此数类，自余各门，随时间译一二，种部繁多，无事枚举。其农书则由农学会专译，医书则由医学会专译，兵书则各省官局，尚时有续译者，故暂缓焉。"[1] 由此可知，梁启超一方面把译书和维新运动紧紧联在一起，当作解"燃眉之急"的一种办法；另一方面译书种类繁多，力求满足社会各方面的需要。

大同译书局1898年春陆续出书，主要有《大同合邦新义》、《意大利侠士传》、《孔子改制考》、《俄土战纪》、《南海先生春秋董氏学》、《新学伪经考》、《桂学答问》、《四上书记》、《五上书记》、《六上书记》、《日本书目志》、《中西学门径》七种（包括：徐砚甫《輶轩今语》、梁启超《时务学堂学约》、《读书分月课程》、《读春秋界说》、《孟子界说》、《幼学通议》、《读西学书法》）、《英人强卖鸦片记》、《瑞士变政记》、《地球十五大战记》等。这些图书基本体现了梁启超的初衷，为维新运动作了舆论准备，为中国人了解世界、认识时局提供了精神食粮，更为重要的是它由资产阶级维新派独立筹办，显示了梁启超等人实力的壮大和社会地位的提高。大同译书局虽然仅维持一年，在1898年秋就停办了，但在维新运动中发挥了重要的作用。

---

1 《饮冰室合集·文集》第2，第58页。

与此同时，梁启超在经元善[1]、谭嗣同等人的支持下，在上海创立了中国第一个女子学堂，并亲撰《倡设女学堂启》，呼吁解放妇女，改变中国的人口素质，培养有知识、有理想的新型女青年。他把妇女受教育看作开民智的基础，只有"妇人各得其自由之权，然后风气可开，名实相副。"从这一指导思想出发，1897年春，梁启超、谭嗣同、康广仁等在上海成立了不缠足会，借以提倡妇女解放，推进变法维新。他们首先拟定了一个《试办不缠足会简明章程》，规定"凡入会人所生女子，不得缠足"；"凡入会人所生男子，不得娶缠足之女"；"凡入会人所生女子，其已经缠足者，须一律放解"；入会人员及其子女可以互相通婚；入会人员女子在9岁以上已无法再放足者，报会登记后亦可与会中人婚娶。[2] 这些规定一方面大力倡导放足，一方面也为当时的天足女子面临的出嫁困难找到了出路。此章程在《时务报》刊出后，引起了强烈反响。不少人写信给《时务报》表示支持；有的还提出给不缠足妇女以物质奖励；有的建议广办女学堂；也有的上书清廷，要求明降谕旨，禁止缠足。总之，在全国形成了一股较有力的反缠足的舆论压力，并逐步付之于行动。湖南立即筹备不缠足会，刊布了《湖南不缠足会嫁娶章程》。福建的陈宝琛成立了戒缠足会，天津有天足会，江苏、湖北、香山、澳门、顺德、龙山、福州都有规模不等的不缠足会。广东潮州饶平县还把设立不缠足会和办女学堂相结合，明确宣布他们的宗旨是："足既不缠，继兴女学，使二万万之妇女，为有用之才，富国家，助夫教子，远追古昔，近驾欧美。"[3] 康有为首先从自己的家庭做起，先让其女儿康同薇带头不缠足，再广及她人。他和家乡绅士区谔良早在1882年就成立了中国第一个不缠足会，1895年又在广东成立了粤中不缠足会。湖南的不缠足运动甚至影响到了个别山村，各

---

[1] 经元善，生卒年月不详，字莲珊，早年随父在上海经商，后任上海电报局总办。1900年因反对慈禧太后立"大阿哥"事件，遭通缉，逃往澳门。义和团运动后返回上海。有《居易初集》等书行世。
[2] 《时务报》第25期。
[3] 《潮州饶平县隆都倡不缠足会启》，《知新报》第62册。

地到长沙的考生在考场的器物上还要贴上"不缠足会"的标签。据统计，戊戌变法时期参加不缠足会的人达30多万。[1]这表明梁启超等人倡导的不缠足运动有着广泛的社会基础，也取得了可喜的成果。

戊戌时期的知识界具有旺盛的活力，许多人和梁启超一样，忧国忧民，企望振兴中华，办一点实事。而知识界能办的事不外办报刊、设学堂、组学会、创书局等。当梁启超等维新派将进步的知识人士鼓动起来之后，就在全国迅速掀起了一个带有开拓性的新文化运动。据统计，当时新办的学堂185所，报馆64个，书局10余个，学会103个。[2]以此为阵地，知识界争相抨击时政，倡言变法，介绍西学，弘扬传统，古老而衰弱的中国出现了一线生机，容易激动的梁启超更激情满怀，盼望着自己的改革蓝图变为现实。

---

[1] 参见立德夫人：《劝戒缠足丛说》，《万国公报》（上海），1900年第6期。
[2] 参见《历史教学》1982年第1期。

五　维新大思路

讲进化

梁启超在参与政治活动的同时，发表了一系列论著（从《饮冰室合集》看，戊戌时期的大小文章共71篇），较为清晰地阐发了他的维新变法思想，初步构筑了一个较完整的改革框架。这就是讲进化、开民智、变科举、兴民权、设议院。

西方的资产阶级进化论，在洋务运动时期传入中国，19世纪90年代被广泛传播，为较多的先进知识分子所接受，变为他们观察世界和改造社会的理论武器。梁启超在甲午战争之后逐步形成了较系统的进化思想，他的许多言论无不以进化为出发点，进化论是其维新变法总思路的哲学基础。

梁启超认为世界万事万物都在变，变是绝对的，静是相对的；变给自然界和人类带来生机，不变则一切事物都会死去。他在《变法通议》中写道：

"法何以必变？凡在天地之间者，莫不变。昼夜变而成日，寒暑变而成岁；大地肇起，流质炎炎，热熔冰迁，累变而成地球；海草螺蛤，大木大鸟，飞鱼飞鼍，袋兽脊兽，彼生此灭，更代迭变，而成世界；紫血红血，流注体内，呼炭吸氧，刻刻相续，一日千变，而成生人。借曰不变，则天地人类，并时而息矣。故夫变者，古今之公理也。贡助之法变为租庸调，租庸调变为两税，两税变为一条鞭。井乘之法变为府兵，府兵变为骥骑，骥骑变为禁军。学校升造之法变为荐辟，荐辟变为九品中正，九品变为科目。上下千岁，无时不变，无事不变，公理有固然，非夫人之为也。"[1]

这里从自然讲到人生，从人生又论及社会，极其透彻地说明了进化的普遍性和变的不可抗拒性。梁启超还引用《易经》的话，一再宣称："穷则变，变则通，通则久。""夜不炳烛则昧，冬不御裘则寒，渡河而乘陆车者危，易症而尝旧方者死。"由此他得出结论："法者，天下之公器也；变者，天下之公理也。大地既通，万国蒸蒸，日趋于上，大地相迫，非可阏制。变亦变，不变亦变。变而变者，变之权操诸己，可以保国，可以保种，可以保教。不变而变者，变之权操诸人，束缚之，弛骤之，呜呼，则非吾之所敢言矣。"[2]

从变的指导思想出发，梁启超又提出了大千世界一切都在运动的理论。他认为声光化电、大小星球、各种生物、水流气体，一切物质和生命都在运动，动是所有物体的不可逆转的规律，"无物无动力"，无物不在动，"动则通，通则仁"。这里的"仁"究竟指什么，不大清楚，但通过"动"来促进物体进化和新陈代谢则是不言而喻的。用这种"运动"的理论去绳之以当时清廷的社会现状，梁启超认为是太"宁静"了，这种"静"是清廷衰退的一大原因，"中国之亡于静也。"他尖锐地抨击清廷：

"言学术则曰宁静，言治术则曰安静。处事不计是非，而首禁更张；躁妄喜事之名立，百端由是废弛矣。用人不问贤不肖，而多方遏抑，少年意气之论兴，柄权则皆颓暮矣。陈言者，命之曰希望恩泽；程功者，命之曰露才扬己。既为糊名而取之，而复临其途；既为年资以用之，而复严其等。财则惮辟利源，兵则不贵朝气。其朝夕孜孜不已者，不过日

---

1 《变法通议》，《时务报》第9期。
2 同上。

制四万万人之动力，以成一定不移之乡愿格式。悲夫！"[1]

梁启超在这里谈的实际上是一个如何保持一个民族旺盛的活力的问题。在封建专制时代，一个民族的面貌往往决定于一个或几个人手里，是按极少数人的意志去左右亿万人的行动。如果亿万民众的积极性和创造性真正发挥出来之后，万世长存的皇权就无法存在下去了。因此，从某种意义上讲，皇权时代是不允许民族活力高度焕发的，是制"动"求"静"，将亿万民众的行为纳入皇帝的行为模式之中。这样，"宁静"虽然是唤起民族活力的阻力，却是保持封建统治的重要条件之一。梁启超从进化的理论出发，看到了这一点，并对清廷的种种"制动"行为进行了猛烈地批评，自然具有较大的理论意义和现实意义。

由进化演绎出"变"；从"变"导论出"动"；运动的结果是"日新"。这是梁启超等戊戌维新派讲进化的三个相互递进的层次。梁启超关于"日新"的论述虽不及谭嗣同广泛而深刻，但也占相当的比重。他将"喜新厌旧"看作人们的普遍心态，把"以旧代新"视为生物进化的规律，以"革故鼎新"为社会前进的最重要的前提条件。在《经世文新编》的序言中，梁启超有一段精彩的论断，其云：

"新旧者固古今盛衰兴灭之大原哉！故衣服不新则垢，器械不新则窳，车服不新则敝，饮食不新则馁败伤生，血气不新则瘾暴立死，天之斡旋也，地之运转也，人之呼吸也，皆取其新而弃其旧也；新相知之乐也，新婚姻之佳儿妇也，新沐浴之舒身体也，及夫追怀故旧，则哀以悲也。人道未有不喜新而厌故者也。矧于抚育广土众民，而为天子，将以焜耀大业，平章百姓者乎，大矣哉。"[2]

---

[1] 《说动》，《知新报》第43期。
[2] 《饮冰室合集·文集》第2，第46页。

戊戌变法时期的维新派具有无限生机和活力。梁启超、谭嗣同等人总是追求新事物，向往新气象，反对守成，鞭笞旧传统和一切陈腐的东西。他们认定社会和自然总是前进的、变化的、运动的，总是越变越好，只有变才能新，只有新才能迎来人类的进步和社会的文明。梁启超援引欧美发展的历史，反复论证物新则壮，理新则强，器新则盛，没有革新就没有欧美社会的突飞猛进。他认为在英国工业革命时代，"无器不变，亦无智不新"，这种"日新"将欧美带入了一个新世界。中国为什么落后，就是怕变求静，求新不够而守旧有余，"咸以变成法为戒，无敢言新政者，惟因循积弊，行尸走肉而已。"中华这样一个人口众多的大国，"学无新理，工无新制，商无新术，农无新具"，必然在和西方各国的竞争中失败，成为资本主义列强宰割的对象。从这种"日新"的哲理推论下去，梁启超不仅反对"守成"，而且批判"一劳永逸"。他认为世界上任何事物都在运动，"一劳"而定终身是不可能的。例如，人一日三餐，天天吃饭，不可能吃一顿饱饭而不再求食；治理天下的大法，几年或数十年定会随时更变，一成不变的治国大法是天方夜谭。"故一食而求饱者必死，一劳而求永逸者必亡。""不能创法，非圣人也；不能随时，非圣人也。"由此可以明白，梁启超"讲变"、"说动"、呼唤"日新"，都是为了论证一个核心问题，即改革维新是绝对正确的，顺之则昌，逆之则亡。

既然变是绝对的，进化是不可抗拒的，那么人类社会是如何一步一步向前迈进的呢？这是梁启超在宣传进化观时必须回答的一个很现实的问题。1897年，他在《时务报》发表了一篇《论君政民政相嬗之理》，运用资产阶级进化论学说，概论了人类社会递进的三个阶段，宣传了他从康有为那里接受并有所创新的"张三世"理论。他认为："治天下者有三世，一曰多君为政之世，二曰一君为政之世，三曰民为政之世。多君世之别又有二，一曰酋长之世，二曰封建及世卿之世。一君世之别又有二，一曰君主之世，二曰君民共主之世。民政世之别亦有二，一曰有总统之世，二曰无总统之世。多君者，据乱世之政也；一君者，升平世之政也；民者，太平世之政也。"[1] 这种"三世六别"的划分，既非科学，亦有些混乱。他把封建社会的一些政争和地方割据归之为"多君为政"，把资本主义国家的君民共主即君主立宪说成是"一君之世"，又将欧美一些国家的总统制分为有总统和无总统两种等等，显然是不太准确的。但是，梁启超毕竟看到了社会的进化，并粗线条地描述了社会的发展进程，指明了据乱世→升平世→太平世的递进趋势。这就从根本上动摇了专制时代"天不变道亦不变"的守成理论，传播了历史进化的积极进取观念，昭示着人们必须按照历史前进的步伐选择自己的行动。而且，梁启超认定社会发展是有规律和必须遵守的。在梁启超看来，中日甲午战争后的中国正处于由"升平世"向"太平世"的过渡时期，进行资产阶级的维新变法正合乎这种社会变化规律。这就为康梁维新派的言行套上了"神圣"的理论光环，披上了顺应历史潮流的合理合情的面纱。同时，有了进化的理论思维定式，梁启超其他变法的设想就如泉涌出了。

开民智：绅智、官智、女智

梁启超一生最注重开民智。他一向认为人类社会的进化归根到底是民智的进化；各国之间的竞争实际上是智力的竞争；各民族的优劣主要取决于智慧的高低；人与人之间社会地位的差异也是智力高下的一种反映。梁启超经常从民智的角度去考察一国的盛衰，去论证中国的前途，去强调提高国民素质的重要性。在戊戌变法时期，他虽然没有发表关于开民智的系统而精深的论著，但从维新变法的政治需要出发，在一些散见的文论中也阐发了开民智的重大理论意义和现实意义，提出了具体的措施和方针，反映出青年梁启超"民智"论的早期思路。

梁启超把智慧和权利等同起来，认为智多应该权多，智缺自然不应有较

---

[1] 《时务报》第41期。

多的权利。他认为："有一分之智慧，即有一分之权利；有百分之智慧，即有百分之权利；一毫不容假者也。故欲求一国自立，必使一国之人之智慧足可治一国之事，然后可。今日之中国，其大患总在民智不开。民智不开，人才不足，则人虽假我以权利，亦不能守也。士气似可用矣，地利似可恃矣，然使公理公法、政治之学不明，则虽有千百忠义之人，亦不能免于为奴也。"[1]

梁启超的这些议论涉及到两个重大理论问题：一是人的权利究竟是什么，梁启超显然是归之为智慧，只要有了智力，想得到的东西就可以得到，应享的权利就可以享受，智慧是人类生存的力量，智慧的高低决定着人的社会地位的高低。这从理论上讲当然是通的，但一遇到实际问题，则并非梁启超想象的那么简单。有智者常受欺压，怀才不遇者数不胜数，人的智力高下往往和所得到的权利划不了等号。但正是从这种不公平的现象去思考，梁启超用智力去概括人的权利就具有重大的进取精神和改革意义，同时也是对封建专制时代不公平的森严的等级制度的巨大冲击。二是衡量一个国家强盛与否的标准是什么，梁启超归之为民智，如果国民素质高，人民文化水准达到了较高水平，这个民族就不可战胜；反之，国民智力低下，给予民主也无法享受，给予独立也不能自治，最后还会沦为殖民地，变为亡国奴。这种推论，不能说不能成立。但容易引出民智低下的民族就应该受高等民族侵略和压迫的错误结论，尤其易成为殖民主义者向外侵略扩张的口实。当然，梁启超的本意是说明开民智的重要性，是为了进行维新变法，才极力呼吁提高国民素质。从总体上看，尽管梁启超的"民智论"有不严密的地方，但他关于提高中华民族智力的呼吁是绝对正确的，他通过开民智促进维新变法的思路是极其科学的。

为了开民智，首先要开风气。风气，是某个特定历史时期多数人的一种共识，即不自觉的行为规范。一种风气一旦形成，不仅会左右人们的思维和行动，而且将影响国家的政治走向和社会经济文化的变迁。梁启超在多年的变法努力中，深深感到风气不开，阻力重重，因此他一再强调开风气为开

---

[1]《湖南时务学堂遗编》第 1 集。

民智的基础，开民智为开风气的主要手段。在他看来，洋务运动的30多年，由于练军、购舰、办工厂、修船坞、办洋学堂、派留学生、办外交、出国游历、翻译西书等方面的努力，中国人对世界的了解和对本国的认识有了很大的提高。但一是开化的层次不高，语及西方政治、思想、文化，知之甚少，论及世界社会进步潮流，言不对题；二是涉及的人数不多，仅有少数知识分子和开明士绅的思想有所开化，多数国民仍停留在旧有的认识水平上，不知世界为何状况，不辨国家应向何处发展，更不理解康梁的维新变法。有鉴于此，梁启超觉得必须广国人之见识，开维新之风气。他指出，对于广大国民，"必须广其见识，破其愚谬，但与之反复讲明政法所以然之理；国以何而强，以何而弱；民以何而智，以何而愚；令其恍然于中国种种旧习之必不可以立国。然后授以东西史志各书，使知维新之有功；授以内外公法各书，使明公理之足贵；更折衷于古经古子之精华，略览夫格致各学之流别。"如是数月或半年，则国人之风气将大变矣。[1] 在湖南时务学堂教书时，梁启超特别希望各地学生回乡后广泛宣传变法维新。他认为如果湖南60多个州县"风气同时并开，民智同时并起，人才同时并成，如万毫齐力，万马齐鸣"，则湖南的变法大有成功之望。梁启超的这些设想确有高明之处，也取得了某种成效，但一种风气的形成是多种因素交织的结果，往往不以主观意志为转移。戊戌变法的历史证明，梁启超通过开风气来开民智的思路是正确的，但成功率不高。

为了开民智，还须开绅智。士绅在中国传统的乡村社会中是一个重要的社会阶层，既有经济实力，又有文化知识，上连官府，下接百姓。按梁启超的设想，地方议员主要从这一层人中挑选，地方民主政治也主要由士绅去实现。但当时中国的士绅缺乏参政意识，很少了解世界，不懂西方文化，责任心不强，民主程序淡薄，"不知地方公事为何物"，如果授之以参政、议政的

---

[1]《湘报》第27期。

重任，就如吃奶的婴儿授之以碗筷一样，肯定不会使用。因此，"绅智"不开，公事难办，维新变法就不能落到实处。梁启超指出："凡用绅士者，以其于民之情形熟悉，可以通上下之气而已。今其无学无智既与官等，而情伪尚不如官之周知，然则用之何为也？故欲用绅士，必先教绅士。"如何教法呢？他以湖南为例，开了如下"药方"：

"先由学会绅董，各举所知品行端方、才识开敏之绅士，每州县各数人，咸集省中入南学会。会中广集书籍、图器，定有讲期，定有功课，长官时时临莅以鼓励之；多延通人，为之会长，发明中国危亡之故，西方强盛之由，考政治之本原，讲办事之条理。或得有电报，奉有部文，非极秘密者，则交与会中，俾学习议事；一切新政，将举办者，悉交会中议其可办与否，次议其办法，次议其筹款之法，次议其用人之法。日日读书，日日治事，一年之后，会中人可任议员者过半矣。此等会友，亦一年后，除酌留为总会议员外，即可分别遣散，归为各州县分会之议员，复另选新班在总会学习。绅智既开，权限亦定，人人既知危亡之故，即人人各思自保之道，合全省人之聪明才力，而处心积虑，千方百计，以求办一省之事，除一省之害，捍一省之难，未有不能济者也。"[1]

梁启超在这里实际上要办一年制的绅士培训班，一边学习文化知识，一边从事议政实践，既提高了文化素质，又增强了办事能力。其中优秀者充任省议员，一般者留为州县议员。如此数年下去，则绅士之智力大进，议员之队伍充实，维新变法自然由这些人去落实，湖南省各项革新事业将热气腾腾。这种办法，在长沙曾试行过，的确成效显著。遗憾的是守旧势力的破坏和其他意想不到的阻力，中途停顿，梁启超的计划成了泡影。但是作为一种

---

[1]《湘报》第27期。

设想，梁启超的开绅智具有开创性，首先他抓住了乡村基层社会中具有关键意义的社会阶层，由绅士上下沟通，启迪民智，推进维新，极为现实；其次他提出的通过培训的方式来提高绅士素质的方法，简易方便，花费较少，效果显著，具有可行性。以往的一些论著称梁启超的开绅智是一种局限性或资产阶级知识分子软弱性的反映，应该说是欠公允的。

在开绅智的同时，梁启超还提出了开官智。他认为这是开民智的核心和关键。因为官吏握有大权，影响面又大，其智若开，许多人随之；其智若愚，不仅开明者受压，而且很多事会办糟。"官贪则不能望之爱民，官愚则不能望之以治事。"戊戌变法时期的官吏，除极少数思想开明，有知识，能办事，善于开拓之外，多数昏昏然如醉汉一般。为了改变这种状况，梁启超提出对旧有的官吏进行培训，提高其中外文化知识水平，增强为民办事的能力。但教官极难。因各级官吏"年齿已老，视茫发苍，习气极深，宦情熏灼，使之执卷伏案，视学究之训顽童，难殆甚焉！"于是，梁启超提出各省要办一所课吏堂，由巡抚任校长，司道任副校长，大官带头，小官必老老实实就学。堂中要张挂各种地图，陈设丰富的图书，包括"各国史志，及政学、公法、农、工、商、兵、矿、政之书"，令官吏认真研读，尤其要天天读报，议论时政，然后让官吏结合现实，写读书笔记，最后由老师批阅，评定成绩。高级官吏要经常到课吏堂听取意见，确定改革措施。这样的学习班开办数年之后，官吏水平必然提高，民主空气慢慢形成，维新变法自然水到渠成。在此基础之上，再逐步办一些供官吏进修的专门学校，如政治学堂、法律学堂、科技学堂，等等，把对官吏的培训经常化，系统化。只要"官智"提高一寸，民智就升高一尺，中国的改革即指日可待了。梁启超的这些设想，并非全是书生之见，有许多地方是合理的。在晚清，官僚层的认识水平往往决定着中国政治的走向。如果在清廷官吏层中培养一批同情和支持维新变法的开明者，也就是说促成一批康梁维新派的代理人，就会减少许多阻力，甚至促变法早日实现。这一点，应该说梁启超是看对了，也作过种种努力，收到了各方面的成效。但是，仅仅看到这一点，还是极不够的。变法维新，从本质上讲是封建专制时期政治权力和物质利益的重新分配，也就是要部分地摧毁或限制地主官僚的种种特权，分一些给资产阶级及其支持者，使极不平等的传统社会相对平等些。封建官僚从整体上讲是绝不肯让出自己的特权的，他们中的开明者只能是极少数，他们对维新变法只能有限度的支持。开官智自然只能是相对的，而不会使梁启超如愿以偿。对封建官吏来讲，一方面要给予新知识、新道理，一方面还要通过政治的、法律的甚至武力的方式加以强制，否则改革是进行不下去的。当然，从梁启超的客观条件讲，他能做到的只有从文化教育着手，因此其"开官智"的设想和努力是应该充分肯定的。

对于开"女智"，梁启超尤为重视。从某种意义上讲，女子文化素质的水准往往决定着一个民族的风貌。按他的逻辑推理，女子是国民之母，妇女要教子、持家，影响后代，波及万家，女子智力不高，则民族气质低下。因此，开女智比任何事情都重要。女智既开，"上可相夫，下可教子，近可宜家，远可善种，妇道既昌，千室良善，岂不然哉，岂不然哉！"梁启超认为欧美各国强盛的一个重要原因就是重视女子教育，善于提高女子的文化水平。男子和女子受教育机会均等，找工作同样自由，这就使社会活跃和充满生机，后代自然进入了一个新天地。中国的封建社会将女子压在社会的最底层，还宣扬"女子无才便是德"，压制妇女的智慧和身心的发展，"令天下女子，不识一字，不读一书，"妇女的聪明才智被淹没了，所生子女自然难达到理想的境界。于是梁启超呼吁更新观念，改变妇女受压制的地位，首先给女子以受教育的权利。占中国人口一半的女子一旦提高到较高的文化层次，则中国民智随之就开化了。

总起来看，梁启超关于开民智的论述是比较全面和深刻的，个别论断也是颇有见地的，他把开民智作为维新变法的基础的设想也是很科学的。但是，民智之开非一日之功；民智之成效也非短期内表现出来。为了推进变法的迅速成功，梁启超就把变科举、兴学校作为开民智的最主要手段。

变科举

在戊戌变法时期，梁启超最大的困惑一是民智未开，二是人才贫乏。这两个问题的出现都和科举制度联系在一起。因此，梁启超先后写了《论变法不知本原之害》、《学校总论》、《论科举》、《论师范》、《论女学》、《论幼学》、《学校余论》、《倡设女学堂启》等文章，详细分析了改革科举制度的必要性，论述了建立新式学堂的重大意义，提出了新式教育的总体设想，在社会上引起了较大的反响。

梁启超认为，科举制度较汉魏两晋时期的举辟制即所谓的举荐人才制是一大进步，它保证了后来几代王朝的人才需求。但鸦片战争之后的形势变了，对新人才要求的标准也变了，科举制度就不适应了。旧的科举制往往学非所用，用非所学，禁锢人们的聪明才智，摧残青年的健康成长。梁启超从自己早年的切身体会中深深感到，读那些八股文章，学那些帖括之学，除增长些文字知识之外，于己无益，于事无补。很多人甚至中举了，还不知范仲淹是何许人也，《三通》、《四史》是何等文章，至于国家前途、世界大事、人类进化更是茫然无知。要改变这种状况，唯一的方法是变科举，兴学堂。梁启超大声疾呼："欲兴学校，养人才，以强中国，唯变科举为第一义。大变则大效，小变则小效。"[1]

如何变？梁启超提出上中下三策。

上策：

"远法三代，近采泰西，合科举于学校。自京师以迄州县，以次立大学、小学，聚天下之才，教而后用之。入小学者比诸生，入大学者比

---

[1]《饮冰室合集·文集》第1，第27页。

举人，大学学成比进士，选其优异者，出洋学习比庶吉士，其余归内外户刑工商各部任用，比部曹。庶吉士出洋三年，学成而归者，授职比编检。学生业有定课，考有定格，在学四年而大试之，以教习为试官，不限额，不糊名。凡自明以来，取士之具，取士之法，千年积弊，一旦廓清而辞辟之，则天下之士，靡然向风，八年之后，人才盈廷矣。"

中策：

"若积习既久，未即遽除，取士之具，未能尽变，科举学校，未能遂合，则莫如用汉唐之法，多设诸科，与今日帖括一科并行。……今请杂取前代之制，立明经一科，以畅达教恉，阐发大义，能以今日新政，证合古经者为及格；明算一科，以通中外算术，引申其理，神明其法者为及格；明字一科，以通中外语言文字，能互翻者为及格；明法一科，以能通中外刑律，斟酌适用者为及格；使绝域一科，以能通各国公法，各国条约章程，才辩开敏者为及格；通体一科，以能读皇朝三通、大清会典、大清通礼，谙习掌故者为及格；技艺一科，以能明格致制造之法，自著新书，制新器者为及格；学究一科，以能通教学童之法者为及格；明医一科，以能通全体学，识万国药方，知中西病名证治者为及格；兵法一科，以能谙操练法程，识天下险要，通船械制法者为及格。至其取之法，或如康乾鸿博故事，特诏举试；或如近世算学举人，按省附考。而要之必予以出身，示以荣途，给以翰林、进士、举人之名，准以一体乡会朝殿之实"。

下策：

"一仍今日取士之法，而略变其取士之具。童子试非取录经古者，不得入学，而经古一场，必试以中外政治得失，时务要事，算法格致等艺学。乡会试必三场并重，第一场试四书文、五经文试帖各一首；第二场试中外史学三首，专问历代五洲治乱存亡之故；第三场试天算地舆声光化电农矿商兵等专门，听人自择一门，分题试之，各三首。殿试一依汉策贤良故事，专问当世之务，策对者不拘格式，不论楷法，考试学差试差，亦试以时务艺学各一篇，破除成格，一如殿试。如是则向之攻八股哦八韵者，必将稍稍捐其故业，以从事于实学，而得才必盛于向日。"[1]

对于科举制度的鞭笞和各种改革建议，鸦片战争以来几乎成了一股新的潮流。龚自珍、魏源等早期启蒙思想家曾猛烈抨击八股取士的危害，称科举制"锢天下聪明智慧使尽出于无用之一途"，并建议清廷改革考试内容，增加自然科学方面的考试，鼓励天下人才追求实学。洋务运动时期的一批有见识的思想家，如郑观应、马建忠、陈炽、胡礼垣、薛福成等人，都从不同角度批评旧式的科举取士，呼吁讲西学，建学堂，培养新型人才。这批人在科举改革问题上已初步形成了自己的理论体系和具体方案。就是李鸿章、张之洞这些洋务派官僚从办近代化军事工业和民用工业急需新人才的切身体会出发，也感到科举制度非改不可，曾呼吁变革八股取士，广办各类新式学堂，并且有了具体的实践。当古老的中国蹒跚地向近代化迈进的时候，科举制度已变成一副沉重的锁链，非挣脱不可了。梁启超正是顺应这股进步的潮流，结合自己的认识和吸收前人的成果，提出了比较系统的改革科举制度的方案，比前辈们自然高出一筹。他的上中下三策从总体上是要解决旧的科举考试不求实际，摧残人才，于事无补的弊病，引导人们崇尚实学，经世致用，以最新文化知识来解决中国的现实问题。上策实际是以学堂制代替科举制；中策则存科举制之名，同时立各种实学考试，解决人才危机；下策是考试内

---

[1]《饮冰室合集·文集》第1，第27—29页。

容作本质上的变更，以动摇和偏离过去八股取士的轨道，则会涌现一批讲实际、重应用、了解中国和世界的新人，因为从本质上讲，考试如同一个指挥棒，内容变了，人们努力的方向自然变，培养出的人就不一样了。总之，梁启超的科举制度改革是存科举之名，求新学堂之实。

具有近代意义的新式学堂远在鸦片战争时期就在中国出现了。1845年前后，一些传教士从传教布道的目的出发，在广州附近和东南沿海开办了几所洋学堂。这虽然夹杂着殖民主义者的奴化教育，浸透了资本主义列强的文化侵略企图，但客观上带来了西方的新文化，撞击了清廷的封建主义，给旧的科举制度划了一道裂痕。19世纪60年代之后，随着洋务运动的展开，一批洋务学堂勃然兴起，学外语的有同文馆、广方言馆；学科技的有福州船政学堂、天津中西学堂等；学军事的有天津北洋水师学堂、威海卫水师学堂等；同时向美国和欧洲派了近200名的留学生。这曾培养了一批新人才，传播了不少新技术和新思想，在科举制度之外创立了一种新的教育制度。但远没有解决客观形势对新人才的需求，也没有代替封建的科举制度。问题在哪里？梁启超从变科举和维新变法的角度作了深刻的总结，他指出：

"今之同文馆、广方言馆、水师学堂、武备学堂、自强学堂、实学馆之类，其不能得异才，何也？言艺之事多，言政与教之事少。其所谓艺者，又不过语言文字之浅，兵学之末，不务其大，不揣其本。即尽其道，所成已无几矣。又其受病之根有三：一曰科举之制不改，就学乏才也；二曰师范学堂不立，教习非人也；三曰专门之业不分，致精无自也。"[1]

旧科举和新学堂从本质上讲是对立的。科举不改，新学堂一无经费，

---

[1]《饮冰室合集·文集》第1，第19页。

二无生源，三学生毕业无出路，当然难以立足。梁启超指出洋务学堂不景气的根源在科举制不改，是极正确的。他多次断言："变法之本，在育人才；人才之兴，在开学校；学校之立，在变科举。"[1] 但是，根据洋务学堂兴办的经验，要真正办好新式学堂也必须做很多扎实有效的工作，盲目和草率是不行的。于是，梁启超在呼吁变科举的同时，提出了办好新学堂的四项办法：

一是重师范。梁启超认为学校水平高低的关键在教师，没有师范学堂，其他学堂是无从谈起的。洋务学堂开办时聘用外籍教师只能作为一种暂时的措施，从长远看必须培养自己的教师队伍。他的结论是："欲革旧习，兴智学，必以立师范学堂为第一义。"[2]

二是编教材。教材是保证学校方向的重要一环，没有好教材，不会培养出优秀人才。洋务学堂一个重要缺陷是教材贫乏。为解决这个问题，梁启超在呼吁大力编新教材的同时，建议大量译书，尤其要译学堂急需的教科书，译的书多了，就可以选择，新学堂的教材问题就可部分地得到解决。

三是倡女学。梁启超认为女子出来学习，或创办女子学堂，一可开风气，带动社会上一大批人步入新学堂；二可培养一批女子人才，促进社会进步；三可改变中国的人口素质。从这个意义上讲，梁启超认为办女子学堂为当务之急。

四是从小学做起。小学是一切教育的基础，决定着中等和高等教育的面貌。要办新式学堂，首先要办好小学堂。梁启超专门写了一篇《论幼学》，从不同侧面分析了小学教育的重要性、迫切性和具体办法，具体而清晰地反映了梁启超教育改革的思路。在当时的历史条件下，这样的教育方法的确可以培养出一批新人才。梁启超也深信，只要新学堂代替了旧科举，兴民权、设议院就指日可待了。

---

1 《时务报》第 3 期。
2 《饮冰室合集·文集》第 1，第 37 页。

兴民权

梁启超的变科举或开民智,最终都是为了兴民权。这是一个创举。

民权和民主都是西方的舶来品,本源于一词,即 democracy。鸦片战争前后的几十年间,个别有见识、有思想的知识分子已开始谈论西方的社会政治学说,但多从民主引申开来,还未使用民权一词。洋务运动时期的资产阶级改良主义思想家,较广泛地介绍和推崇西方的民主理论和民主政治,郑观应、王韬、马建忠、胡礼垣等人的著作中,讲欧美政治制度的文章占有相当的篇幅,但很少用"民权"理论去阐述问题。这时期的革新人士常常是把"民主"和"民权"混在一起。梁启超则不然,十分明确地提出了兴民权是变法的根本,是强国的保证,在《论湖南应办之事》一文中一开头即称:"今日策中国者,必曰兴民权。"[1] 此后,他把兴民权作为变法的一项重要内容,并提出了许多发人深省的实施办法,逐步引导人们为争取民权而竭诚奋斗。虽然"民权"和"民主"没有本质上的区别,但在中国这样一个专制集权极发达的大国里,明确提出兴民权,就带有号召人民与专制者作斗争的意义,较"民主"一词有更强的针对性。后来孙中山明确提出了"民权主义",应该说是和梁启超早期的努力有一定的联系。从近代中国民主理论的递进去看问题,梁启超的"兴民权"有承先启后的意义。

什么是民权?戊戌时期的梁启超还是模糊的。

他在《时务报》第9期撰文说:"西方之言曰:人人有自主之权。何谓自主之权?各尽其所当为之事,各得其所应有之利,公莫大焉,如此则天下平矣。……权也者,兼事与利言之也。使以一人能任天下人所当为之事,则即以一人独享天下人所当得之利,君子不以为泰也。……地者积人而成,国者积权

---

[1]《湘报》第26期。

而立，故全权之国强，缺权之国殃，无权之国亡。何谓全权？国人各行其固有之权；何谓缺权？国人有有权者，有不能有自有其权者；何谓无权？不知权之所在也。无权恶乎起？曰：始也，欲以一人而夺众人之权，然众权之繁之大，非一人之智与力所能任也，既不能任，则其权将糜散堕落，而终不能以自有。"[1] 这段话有三点值得注意：一、权利是公有的，人人可享；二、权利就是办事的机遇和应得的报酬；三、一国之强盛，关键是国人有应享之权利，一人而专全国之权是行不通的，不现实的。讲来讲去，梁启超只是含蓄地宣传了天赋人权思想，表达了对专制集权的不满，寄托了要分享皇帝权力的要求，并没有讲清究竟什么是民权，应怎样去兴民权。真正赋予民权以较科学的内涵的是辛亥革命时期的孙中山及其周围的思想政治家。梁启超的功绩主要在于响亮地提出了兴民权的口号，并不是完成了中国式的民权理论建设。

综观梁启超在戊戌时期的言论，他的兴民权一是否定君权的神圣性，宣传变官制；二是肯定人民爱国救亡的合理性，鼓吹办学会。

梁启超认为，所谓国君，就是人们办事时推举的一个小头目，如果不好，随时可以更换。就像一个饭铺里的总管，那些伙计犹如侍奉皇帝的大臣，总管好，大家拥护，不好则弃之换新，绝对不存在神圣不可侵犯或万世长存的道理。这和谭嗣同、严复等人的认识完全一致。谭嗣同在《仁学》中严厉抨击君权的腐朽性和反动性，宣传人们参政的自由性。他认为："生民之初，本无所谓君臣，则皆民也，民不能相治，亦不暇治，于是共举一民为君。夫曰共举之，则非君择民，而民择君也，……夫曰共举之，则且必可共废之。"[2] 严复写的《辟韩》，把几千年的皇帝专权斥之为强权政治，把皇帝说成是窃国大盗，肯定"民也，固斯天下之真主也"，"民之自由，天之所畀也。"《时务报》第23期专门转载了严复此文，反映了梁启超的爱憎。客观地讲，中日甲午战争之后，在社会上出现了一股批判君权的思想流派，梁启

---

1 《时务报》第9期。
2 《谭嗣同全集》下册，第339页。

超等人是执牛耳者。

从变法的需要出发，梁启超对以皇权为核心的封建官僚制度进行了猛烈地批评，认为"士气所以委靡不振，国势所以衰，罔不由是。"[1]他在《论中国积弱由于防弊》一文中写道："在官者以持禄保位为第一义，缀学者以束身自好为第一流。大本既拨，末亦随之，故语以开铁路，必曰恐妨舟车之利也；语以兴机器，必曰恐夺小民之业也；语以振商务，必曰恐坏淳朴之风也；语以设学会，必曰恐导标榜之习也；语以改科举，必曰恐开躁进之门也；语以铸币楮，必曰恐蹈宋元之辙也；语以采矿产，必曰恐为晚明之续也；语以变武科，必曰恐民挟兵器以为乱也；语以轻刑律，必曰恐民藐法纪而滋事也。"[2]这一连串颇具文彩的排比句在于说明清廷的多数官吏不明事理，守旧顽固，是维新变法的最大阻力。所以梁启超反复申明，变科举、兴学校、开民智、建学会等，"一切要其大成，在变官制。"官制不变，"庸才不能退，奇才不能进"，新人才无用武之地，变法诏令无人去贯彻执行，兴民权自然成了一句空话。因此，梁启超苦苦思索，总想寻求一条改革封建官制的高明办法。他曾建议清廷多设一些无权的衙门，安置守旧和衰老的官员；还设想以高薪收买旧官僚退隐；也试图让光绪帝斥退一批阻止变法的官吏。梁启超甚至提出，要兴民权，先兴绅权，绅权扩大，必然分一部分官僚的权力，好变法维新。总之，梁启超看到了封建官僚制度是兴民权的主要障碍，但无法找到铲除的妙法。

如果说梁启超的变官制仅停留在呐喊阶段的话，那么，他的建学会则基本上做到了言论和实践的统一。梁启超认为，"学校振之于上，学会成之于下"，兴民权必须从学会做起。因为，学会一立，加强了人们的组织性、参政性，也提高了国民素质。而且，许多学会可以参与地方或中央的一些大政方针的议论，提出各种治国方案，激扬民权，活跃思想，增强活力。梁启超甚至设想，"一省有一省之会，一府有一府之会，一州县有一州县之会，一

---

[1]《湖南时务学堂遗编》第1集。
[2]《时务报》第9期。

乡有一乡之会"。他在《论学会》一文中还提出了创建学会的 16 条要求：

1. 胪陈学会利益，专折上闻，以定众心；
2. 建立孔子庙堂，陈主会中，以著一尊；
3. 贻书中外达官，令咸捐输，以厚物力；
4. 函召海内同志，咸令入会，以博异才；
5. 照会各国学会，常通音问，以广声气；
6. 函告寓华西士，邀致入会，以收他山；
7. 咨取官局群籍，概提全分，以备储藏；
8. 尽购已翻西书，收庋会中，以便借读；
9. 择购西文各书，分门别类，以资翻译；
10. 广翻地球各报，布散行省，以新耳目；
11. 精搜中外地图，悬张会堂，以备流览；
12. 大陈各种仪器，开博物院，以助试验；
13. 编纂有用书籍，广印廉售，以启风气；
14. 严定会友功课，各执专门，以励实学；
15. 保选聪颖子弟，开立学堂，以育人才；
16. 公派学成会友，游历中外，以资著述。[1]

这 16 条从总体上看虽然还是从知识分子研究学问、传播知识、启迪民智的角度去布局的，但也含有育人才，求变法的政治向往。而且，从梁启超协助谭嗣同等人在湖南办南学会的实际行动来分析，他们试图使学会在传播西方文化、研究社会政治理论的同时，议政参政，左右当局政策的制订和法令的颁行，使绅权得到巩固，民权有所勃兴。在戊戌时期，梁启超等维新派最有成效的工作是办学会和建学堂，这在某种程度上促进了民智的进步和民权

---

[1]《时务报》第 10 期。

思想的传播，为兴民权作了一定的准备。

综而观之，由于客观条件的限制和改良主义思想指导的制约，梁启超的兴民权并未形成完整而较科学的理论体系，更没有扎实而有力的政治实践。他主要是从维新派的政治理想出发，通过兴民权，一是解决清廷专制制度造成的上下相隔的政治堵塞局面；二是在兴民权的过程中，增强社会各阶层的"热力"和集合力，只要民众都热心于爱国救亡了，维新变法就有希望了。这表明，戊戌变法时期梁启超的民权理论带有实用主义倾向，基本处于发萌时期低层次的起步阶段，不应估价过高。他的议会思想也大致维持在同一水准上。

设议院

在梁启超的心目中，议院是一块闪光的金子，救中国的良药。从历史演变的角度，梁启超认为议院是人类由野蛮走向文明的重要标志之一，是据乱世到升平世而达到太平世的主要条件之一。设议院是一股世界潮流，任何一个国家、一个民族只能顺之，不能拒之。他极肯定地指出："地球既入文明之运，则蒸蒸相逼，不得不变，不特中国民权之说即当大行，即各地土番野猺亦当丕变，其不变者，即澌灭以至于尽，此又不易之理也。"[1]西方各国之所以强盛，在于顺应这种设议院的民主潮流，"问泰西各国何以强？曰：议院哉！议院哉！"中国之所以落后于西方，在于不知民权为物，不设议院而行专制。从民主政治的长期发展去观察，若用百分去测算之，则西方的议会民主才达到八九分，中国最多也仅一二分。因此，东方和西方都有一个进一步发展民主政治和建立或完善议院的问题。梁启超认为："西人百年以来，民气大伸，遂尔浡兴。中国苟自今日昌明斯义，则数十年其强亦与西国同，在此百年内进入文明耳。故就今日视之，则泰西与支那有天渊之异，其实只有先后，并无低昂，而此先后之差，自地球视之，犹旦暮也。"[2]由此可知，梁启超

---

[1] 《饮冰室合集·文集》第1，第109页。
[2] 同上。

一方面承认中国在建议院方面落后于西方,一方面又满怀信心地认为中国只要变法就可以赶上西方。梁启超是把建议院看作人类历史进程中规律性发展的一个阶段,适应这个规律者,就会突飞猛进。清廷要想求生存和发展,必须向议会政治靠拢。

为了说明设议院的必要性和可能性,梁启超专写一篇《古议院考》,从各种零星的史料里论证在春秋战国和秦汉时期中国虽无议院之名,实有议院之体。他认为,《礼记》中讲的"民之所好好之,民之所恶恶之,此之谓民之父母",就是议会思想。《孟子》里说的"国人皆曰贤,然后察之;国人皆曰不可,然后察之;国人皆曰杀,然后杀之",也是议院的思想基础。"《洪范》之卿士,《孟子》之诸大夫,上议院也;《洪范》之庶人,《孟子》之国人,下议院也。"汉代的议员可分为三类:一曰谏大夫,二曰博士,三曰议郎。《汉官解诂》中讲"议郎不属署,不直事,国有大政、大狱、大礼,则与中二千石博士会议。"这与欧美的议会差不多。梁启超还认为"汉官之制,丞相有议曹,见《翟方进传》;大司马有议曹,见《匡衡传》;车骑将军有议曹史,见《匡衡传》;行军有军正议郎,见《卫青传》;其制尚足以补西法所未及。"[1] 梁启超甚至认为清入关前,"太宗与七贝勒"合为八公,共议朝政,这也有议院的味道。这样牵强附会、引经据典的推论,显然不能令人信服。严复看到这篇《古议院考》后,即致函批评梁启超无科学依据,完全是凭空想象。严复认定中国自古无议院,也无真正的民主,中国一切问题的总根源在于君主专制。在对西方文化的了解上,严复毕竟较梁启超高出一头,他的这些看法应当说是正确的。但是,梁启超的曲解历史是为其政治目的服务的,一方面议院中国古已有之,清廷应"托古改制",比较顺理成章;另一方面议院并非"洋玩艺儿",设议院是发扬先哲古训,守旧派不好开口反对。这种"西学源于中学"、"用中学去附会西学"的手法,梁启超、康有为、谭嗣同等一批维新人士都反复使用。究其本意,大概不会不知道这是不

---

[1] 《时务报》第10期。

科学的，他们主要是从变法的需要和中国的实际出发，为了减少阻力，违心地来"歪曲"历史，附会西学。当梁启超见到严复的信后，特写一篇《与严幼陵先生书》，承认自己论证有误，且"最恶人引中国古事以证西政"。可见梁启超是"不得已而为之"。由此可以看出，梁启超为了宣传他的议会思想，用心何其良苦矣！

促使清廷设议院，要解决什么问题呢？梁启超不是用资产阶级的议会政治去代替君主专制，更不是想建成资产阶级共和国的实体。他只是在保留清廷统治的前提下，解决一些实际问题，主要是：

1. 通上下之情，理顺各方面的关系。梁启超曾明确指出："向议院之立，其意何在？曰君权与民权合，则情易通；议法与行法分，则事易就。"[1] 梁启超和谭嗣同一样，认为清廷最大的问题是层层堵塞，"血脉不通"。清廷统治集团中你争我夺，互相防卫又相互争斗，"塞而不通"；高级官吏更是各有各的地盘和势力，揽权分肥，难以沟通；地方各省则形同一国，相互设防，不能统一行动；基层政权更是各自为政。言论不达，信息不灵，老者不能退，新人不能进，全国如一潭死水，"静"而不动，令人窒息。梁启超认为，不动则堵，"不通则塞，不进则退，亘古今中外，无中道而画之理"。如何才能通畅呢？曰：设议院，"动力之生，必自参用民权始矣。"梁启超的逻辑是："国之强弱悉推原于民主"，民主的集中体现是议院；议院一立，上层可以集众官之智慧，中层可以听取国民之意见，下层可以发表立国之政见。这样举国之人言治国，则情理通，信息灵，"民情"决定国家走向，必然带来一片生机。

2. 成合群之势，增强中国人的团结力。梁启超认为治国之道应"以群为体，以变为用"。[2] 清廷当时的一个重大问题就是不能把全国民众团结起来，共同治国；广大国民又不知国家为何物，不能合群。因此，梁启超提出："中国今日民智极塞，民情极涣，将欲通之，必先合之。"他专门写了《说群》一文，

---

[1] 《时务报》第10期。
[2] 《饮冰室合集·文集》第2，第3页。

详细论证了合群的重要性和具体方法，并提出在合群问题上只能采取"群术"，不能实施"独术"。"何谓独术？人人皆知有己，不知有天下，君私其府，官私其爵，农私其畴，工私其业，商私其价，身私其利，家私其肥，宗私其族，族私其姓，乡私其土，党私其里，师私其教，士私其学，以故为民四万万，则为国亦四万万，夫是之谓无国。善治国者，知君之与民，同为一群之中之一人，因以知夫一群之中所以然之理，所常行之事，使其群合而不离，萃而不涣，夫是之谓群术。"[1]如何使"独术"转化为"群术"呢？这就是设议院。议院一立，可以限君权，开民智，上下沟通，同心协力去治理国家，"则人易信而事易就"。在梁启超的字典上，议院是灵丹妙药，可以治百病。

如何设议院呢？戊戌时期的梁启超并没有系统的论述，仅是在《论湖南应办之事》一文中有一些具体但缺乏高度概括和理性思考的一般描述，梁启超之所以只介绍西方议会的办事程序，而没有谈及在中国设议院的办法，是因为他认定在当时还不具备开议院的条件。梁启超一向认为只有民智高度开化，民主精神和公民意识得到普及，议院才可自然产生。他在《古议院考》的结语中指出："凡国必风气已开，文学已盛，民智已成，乃可设议院。今日而开议院，取乱之道也。故强国以议院为本，议院以学校为本。"[2]如此看来，梁启超在戊戌时期只是提出了设议院的要求，并没有找到落实的办法。因此，戊戌时期梁启超的议院思想还谈不上什么特殊的建树，仅是对鸦片战争之后半个世纪以来先进中国人探索西方议会的一种概括和总结。

鸦片战争时期，一些介绍西方历史和现状的文章和书籍已零星地提到了欧美的议会。林则徐的《四洲志》、梁廷楠的《海国四说》曾粗线条地描述过英、美等国的议院，魏源的《海国图志》和徐继畲的《瀛环志略》则进了一步，不仅有西方议会的描述，而且有中肯的评论，还涉及到美国的华盛顿。1860年前后，介绍西方议会者有所增加，议会之英文一词

---

1 《饮冰室合集·文集》第2，第4页。
2 《时务报》第10期。

（Parliament）逐步音译为"巴力门"，在知识界缓慢流行。洋务运动后期，议院是早期资产阶级改良派研究的重点之一。郑观应的《盛世危言》一书专列一节讲议院，明确指出："议院者，公议政事之院也。集众思，广众益，用人行政，一秉至公，法诚良，意诚美矣。无议院则君民之间，势多阂隔，志必乖违，力以权分，权分而力弱，虽立乎万国公法之中，必至有公不公、法不法、环起交攻之势，故欲藉公法以维大局，必先设议院以固民心。"[1] 类似这样的观点，在早期改良派的论著中大都涉及，有的还更激进一些。何启、胡礼垣合著的《新政论议》曾具体概述了议院的功能和在中国建议院的具体办法，包括议员的资格和产生过程等，成一家之言。1894年中日甲午战争之后，严重的民族危亡迫使人们去寻求救国良方，设议院成了富于激情的维新派改造中国的主要方案之一。梁启超关于设议院的呼喊就是他们中间的典型代表。除了继承前人的成果之外，梁启超较突出的一点是把设议院和民智的高低联系在一起，以民智为体，以议院为用。这是很科学的。如果再具体考察一下梁氏在维新变法高潮时期的窘迫局面，则更易理解"民智"问题的决定性作用。

---

[1] 《议院》，《盛世危言》卷1。

六　站在变法的潮头

维新运动的高涨

1898年，当冰雪融化、春风微绿北京丝丝垂柳的时候，维新变法的波涛不断冲击着森严的紫禁城。

如果说1895年的"公车上书"是维新运动的第一个高潮，那么，经过康有为、梁启超等维新志士三年多的努力，则在1898年春天迎来了较为全面和深刻的第二个高潮。这既有经济和政治方面的原因，也夹杂着某种个人因素。

甲午战争之后，随着民族危亡的日趋严重，出现了一股"实业救国"热潮，不少地主、官僚、商人、买办、绅士奔走于办工厂、开企业、设商行、搞贸易，颇为热闹。新科状元张謇也做着资本家的美梦，着手在江苏南通老家办实业。清廷从增强经济实力的愿望出发，不断发一些政令，鼓励民间集资办厂。1896年，清廷令各督抚在省会设立商务局，调查各省物产和工商业状况，扩大生产和对外贸易，还令一些水陆交通方便的州县，设立通商公所。1897年，清廷又令各省商人、士绅、官僚合股办厂，"官助商本"，合资经营。这些条令的实效虽不能估计过高，但毕竟推进了各界人士去投资于近代企业。而且，新式企业利润优厚，刺激着许多人挤向实业界。在1895年至1898年的数年间，民族资本主义工业有了一定的发展。棉纺织业、缫丝业增长最快，几乎是成倍增长[1]；面粉业、火柴、玻璃、肥皂、采矿等也有较大的发展；还出现了一些新型的针织厂、毛巾厂和小型发电厂。1897年，上海商

---

[1] 据严中平在《中国棉纺织史稿》中的统计，1895年全国有纱锭174,564个，1898年即增为306,180个。

务印书馆开业，成为中国第一家近代化的出版社。同年，中国通商银行开始营业，结束了中国人自己无法独立办银行的历史。此外，铁路、轮船、航运也有了较大的起色。资本主义工商业的发展，使人们一方面切实看到了新生产力的威力，找到了个人致富和国家求强的门道；另一方面又在办企业的过程中到处碰壁，困难重重，极度怨恨清廷的现行政策，不满封建专制统治，要求改革，以利新式企业的发展。李作栋在《华务洋务辨》一文中指出：办工厂企业，真是步步荆棘，"或督抚留难，或州县留难，或某局某委员留难；有衙门需索，有局员需索，更有幕府需索；官亲需索，不遂所欲，则加以谰言。或谓其资本不足，或谓其人品不正，或谓其章程不妥，或谓其于地方情形不合，……路矿则谓碍风水，碍坟墓，又添出绅士之需索矣；内河行轮，则谓碍民船，碍厘金，又添出厘员之需索矣。"[1] 同样一件事，官僚能办成，华商无法办；外人办得成，华人反不行。这种极不公正的局面理所当然引起了新式企业家的不满，要求变革现实的呼声自然与日俱增。资本主义新式工商业越发展，与封建专制主义的对立相对来说就越严重。经济的作用有时是潜在的、内向的，但却是基本的、持久的。1895年后的"实业救国"热潮为维新变法高潮的到来奠定了不大深厚但却是最起码的经济基础。

政治问题一般是外向型的，容易引起全社会的关注。中日甲午战后，清廷一蹶不振，官僚腐败，贿赂公行，财政危机，民怨沸腾；帝国主义又压迫清廷割地赔款，掀起了瓜分狂潮。1897年，德国借口"曹州教案"[2] 派兵占领胶州湾，次年又强订不平等条约，在山东取得了一系列特权；沙俄以德国占据胶州湾为借口，强占旅顺、大连湾；法国则强租广州湾为军港；英国借机强租威海卫。与此同时，各国争相划分势力范围，长城以北归俄；长江流域属英；云南和两广归法；福建归日；山东属德。他们在各自的"属地"，建

---

[1] 《华务洋务辨》，《新辑时务汇通》卷78。
[2] 曹州教案，又称"巨野教案"，1897年11月山东巨野县张家庄德国神父薛田资（Stenz）欺压百姓，引起大刀会和群众不满，发生冲突。11月1日，德国传教士能方济（Nies Franciscus）和韩·理加略（Hen Le Ricandus）途经张家庄，被杀，薛田资则外逃。德国借此案欺压清廷，获取诸多特权。

工厂，开矿山。《国闻报》称之为"强盗入室，大火烧门。"德国人还一度毁坏了山东即墨县的文庙，一时引起知识界的公愤，北京数百举人联合上书，抗议德国侵略者的暴行。梁启超推波助澜，要求清廷出面交涉。他还联合麦孟华上书清廷，要求对俄持强硬态度，索回旅顺、大连。梁启超严正指出："与其割要地于强俄，以致瓜分之立见，孰若求公保于各国，然后变法以图存。天下存亡在此一举。"[1] 康有为在 1898 年 1 月抛出了他的第五封上皇帝书，以血泪交织的文字描述了民族危机和国内尖锐的阶级矛盾，并提出不变法就要亡国的警告。他认为清廷如果再不痛不痒地混下去，"皇上与诸臣虽欲苟安旦夕，歌舞湖山而不可得矣！且恐皇上与诸臣，求为长安布衣而不可得矣！"正是出于对亡国灭种的严酷现实的估计，康有为、梁启超等维新派才不惜牺牲一切去促使清廷变法。梁启超对友人讲："吾国人不能舍身救国者，非以家累即以身累，我辈从此相约，非破家不能救国，非杀身不能成仁，目的以救国为第一义，同此意者皆为同志。吾辈不论成败是非，尽力作将去，万一失败，同志杀尽，只留自己一身，此志仍不可灰败，仍须尽力进行。"[2] 在国破家亡的严酷现实压迫下，梁启超已决定为国献身，其行动自然勇敢和坚决。可见，救亡图存是维新派要变法的最直接的原因。

改良的一个重要特点是必须在统治集团内涌现一位代理人。这位"代理人"和改良派的结合，才会将变法运动推向高涨。戊戌时期扮演这一角色的就是光绪皇帝。

光绪帝即位于 1875 年，还是个年仅四岁的娃娃，一切朝政大事皆由慈禧太后左右。1889 年，光绪"大婚"，慈禧不得不宣布"归政"，由光绪料理朝政。19 岁的光绪面对清廷江河日下的败局，很想经他手挽救回来；外侮的日趋严重，光绪亦幻想有所解除；他还了解一些世界局势，具有某种开放意识。《马关条约》签订之后，光绪十分惧怕做"亡国之主"，认为"非变法不足以救中国"，形成了以振兴清廷为核心内容的改革思想。一些官僚，如

---

[1]《湘报》第 49 期。
[2]《梁启超年谱长编》第 107 页。

翁同龢等人也十分赞同并积极支持光绪的变法主张，希望清廷有所作为，逐步改变"积贫积弱"的窘况。于是形成了以光绪帝为核心的所谓"帝党"。慈禧太后的一切举措都以保住自己的权位为出发点，为此她既可以起用洋务派，也可以拉拢守旧派；既可"联夷"，也会盲目排外。光绪日益想变法，自然要争慈禧的权力；慈禧为了争权，逐步站到了变法的对立面，和守旧派联在了一起，出现了所谓的"后党"。诚然，光绪的变法和康梁的变法差异很大，但在"变"这一点上有共同的追求，这是他们结合的思想基础。

早在1888年，康有为的第一封上书虽未上达，但翁同龢读后大为赞叹，希望荐康，委以重任。此后康梁虽极力想寻求帝党的支持，帝党也试图交接改良派，但都未成功。1895年5月29日，康有为第三次上书，由都察院转到了光绪手中。光绪读后，甚觉有理，庆幸找到了一位和自己政见相同较多的"能人"。于是命将康有为的上书抄写三份，一送慈禧，一留军机处，一存乾清宫。这是光绪和康有为第一次思想交流，合拍之处颇多。随后，翁同龢走访康有为，商谈变法事宜，极为投机。康有为受宠若惊，极力发挥自己的改革思想，一面上书，一面进行政治活动。1895年7月17日，光绪发布上谕，令各地官员"因时制宜"，"图自强而弭祸患"，并明确指出："叠据中外臣工条陈时务，详加披览，采择施行，如修铁路、铸钞币、造机器、开各矿、折南漕、减兵额、创邮政、练陆军、整海军、立学堂，大约以筹饷练兵为急务，以恤商惠工为本源，此应及时举办。"[1]这虽然还未超出洋务运动的范围，但毕竟要变法，要办实事，康梁当然大受鼓舞。1896年6月12日，光绪又令广办学堂，培植人才。1897年7月14日，光绪谕广开矿山；12月17日还令大力图强，"修明武备"。1898年1月17日，又命各地广泛推荐人才。光绪的这种变法姿态，使改良派劲头十足。各种学会的建立，新学堂的筹办，报刊的发行，都是康梁等人在光绪感召下的产物。没有光绪和维新派的短暂结合，就不会有短促的戊戌变法。

---

1 《光绪朝东华录》第3631页。

1897年冬，康有为因上书受阻，心中懊丧，准备南归，翁同龢得知，奔往南海会馆，劝康有为留步。康有为感激涕零，在道谢翁同龢的同时，更觉难报光绪的知遇之恩。此后，有大臣建议光绪召见康有为，奕訢[1]反对，认为"本朝成例，非四品以上官，不能召见，今康有为乃小臣，皇上若欲有所询问，命大臣传语可也"。[2] 光绪无奈，只好命李鸿章等五大臣传康有为谈话。

1898年1月24日，下午3点，康有为来到了总理衙门的西花厅，李鸿章、翁同龢、荣禄、廖寿恒、张荫桓也先后到达。寒暄之后，荣禄没头没脑地讲道："祖宗之法不能变！"

"祖宗之法，以治祖宗之地也，今祖宗之地不能守，何有于祖宗之法乎？即如此地为外交之署，亦非祖宗之法所有也。因时制宜，诚非得已。"康有为的回答句句在理，使荣禄哑口无言。

"宜如何变法？"廖寿恒问。

"宜变法律，官制为先。"康答有为。

李鸿章又问："然则六部尽撤，则例尽弃乎？"

"今为列国并立之时，非复一统之世，今之法律官制，皆一统之法，弱亡中国，皆此物也，诚宜尽撤，即一时不能尽去，亦当斟酌改定，新政乃可推行。"康有为这几句话顺乎情，合乎理，李鸿章沉默无言。

"如何筹款？"翁同龢问。

"日本之银行纸币，法国印花，印度田税，以中国之大，若制度既变，可比今十倍"。接着，康有为又谈了自己变法的总体设想，包括变革法律、财政、学校、农商、工矿、铁路、邮电、海军、陆军等的具体办法，还谈到日本人学习西方，成效显著，中国可从日本吸取经验。[3]

---

1 奕訢（1832—1898年），道光第六子，咸丰元年（1851年）封恭亲王，在军机大臣行走，参加1860年《北京条约》的签订，支持洋务运动，掌握总理各国事务衙门多年，有一定势力。中法战争前后一度失势，1894年后又被起用，在清廷有较大影响。
2 《饮冰室合集·专集》第1，第10页。
3 参见《康有为自编年谱》，《戊戌变法》第4册，第140页。

这次谈话一直持续到天黑，荣禄因听不进去，先走了。康有为、翁同龢等则兴致勃勃，对变法充满信心。第二天，翁同龢将谈话情况向光绪作了汇报，还荐康有为赞助变法。光绪十分高兴，又要见康有为，奕訢再次相阻。光绪被迫让康有为有何建议书面呈递，并索来康有为的《日本变政考》、《俄大彼得变政记》等书，详细研读。1898年1月29日，康有为上了他的第六书[1]，即著名的《应诏统筹全局折》，提出变法的三点要求："一曰大誓群臣以革旧维新，而采天下之舆论，取万国之良法；二曰开制度局于宫中，征天下通才二十人为参与，将一切政事制度重新商定；三曰设待诏所，许天下人上书，日主以时见之，称旨则隶入制度局。"[2]同时又提议开设十二个局，推进变法展开。[3]光绪帝对康有为的这个上书颇为赞赏，它实际成了"百日维新"的思想指导。此后，康有为不断向光绪提出新建议，翁同龢则在光绪面前称颂康有为、梁启超有"经世之才，救国之方"。[4]帝党要挽清廷之大树于既倒，康梁要维新变法效法西方；二者为了振兴国家的共同目标，极艰难地走在了一起，使戊戌维新之火缓缓燃起。

保国会

1898年4月17日，康有为、梁启超等二三百人在北京南横街粤东会馆成立了保国会，这是变法运动高涨的重要标志之一。[5]

1　戊戌变法时期康有为曾七上皇帝书，即1888年12月10日上清帝第一书，提出变成法，通下情，慎左右，不达；1895年5月2日上第二书，请求拒和、迁都、练兵、变法，不达；1895年5月29日上第三书，请光绪富国、养民、教士、练兵，光绪阅后，甚喜；1895年6月30日上第四书，提出设议院，通下情，未达；1897年12月5日上第五书，提出变法三项措施，上达；1898年1月29日上第六书，提出变法总纲，上达；1898年3月12日上第七书，请光绪学习俄彼得大帝变法图强，上达。
2　《杰士上书汇录》，故宫博物院抄本，卷1。
3　这十二个局是法律局、税计局、学校局、农商局、工务局、矿政局、铁路局、邮政局、造币局、游历局、社会局、武备局。参见《戊戌变法档案史料》。
4　《光明日报》，史学第61号，1955年7月21日。
5　关于保国会的成立日期，康有为记为三月二十二日（4月12日），梁启超记为三月二十七日（4月17日），据有关史料考订，梁记是正确的。（参见汤志钧：《戊戌变法史》第317—318页）。

康梁推进变法的主要方法是，通过上书，求得光绪帝的支持；通过组织学会，"振士气于下。"1898年春，会试期近，各地举人云集北京，又值胶州湾事件，一时全国舆论沸腾，知识界更激愤难平。沉寂了一段的学会又纷纷出现，蜀学会、闽学会、关西学会、粤学会等十分活跃。康有为、梁启超认为有必要利用这一大好时机，成立一个带有全国性的组织，支持光绪皇帝，将变法向前推进。经过一个多月的筹划，保国会顺利成立，康有为发表演讲，声泪俱下，极其动人。几乎没有经过讨论，就通过了《保国会章程》30条：

1. 本会以国地日割，国权日削，国民日困，思维持振救之，故开斯会以冀保全，名为保国会。

2. 本会遵奉光绪二十一年闰五月二十七日上谕，卧薪尝胆；惩前毖后，以图保全国地、国民、国教。

3. 为保国家之政权土地。

4. 为保人民种类之自立。

5. 为保圣教之不失。

6. 为讲内治变法之宜。

7. 为讲外交之故。

8. 为仰体朝旨，讲求经济之学，以助有司之治。

9. 本会同志讲求保国、保种、保教之事，以为议论宗旨。

10. 凡来会者，激励奋发，刻念国耻，无失本会宗旨。

11. 自京师、上海设保国总会，各省各府各县皆设分会，以地名冠之。

12. 会中公选总理若干人，值理若干人，常议员若干人，备议员若干人，以同会中人多推荐者为之。

13. 常议员公议会中事。

14. 总理以议员多寡决定事件推行。

15. 董事管会中杂事，凡入会之事及文书、会计一切诸事。

16. 各分会每年于春秋二、八月将各地入会名籍寄总会。

17. 各地方会议员，随其他情形，置分理议员约七人。

18. 董事每月将会中所收捐款登报。

19. 各局将入会者姓名、籍贯、住址、职业随时登记，各分局同。

20. 欲入会者须会中人介之，告总理、值理，窥其合者予以入会凭票。

21. 入会者若心术品行不端，有污会事者，会众除名。

22. 如有意见不同，准其出会，惟不许假冒本会滋事。

23. 入会者入捐银二两，以备会中办事诸费。

24. 会期有大会、常会、临时会之分。

25. 来会者不论名位、学业，但有志讲求，概予延纳。德业相劝，过失相规，患难相恤，务推蓝田乡约之义，庶自保其教。

26. 捐助之款，写明姓名、爵里，交本会给发收条为据。本会将姓名、爵里、学业、寄寓按照联票号数汇编存记。联票皆有总、值理及董事图章。

27. 来会之人，必求品行心术端正明白者，方可延入。本会所应办之事，大众随时献替，留备采择。倘别存意见，或诞妄挟私及逞奇立异者，恐其有碍，即由总理、值理、董事、诸友公议辞退。如有不以为然者，到本会申明，捐银照例存公，去留均听其便。

28. 商董兼司账，须习知贸易书籍情形及刷印文字者充其选，必须考查确实，一秉全公。倘涉营私舞弊，照例责赔，经手之董事、会友凡预有保荐之力者，亦须一律处罚。

29. 本会用项，概由值、董核发，如有巨款在千数百金以上者，须齐集公议，方准开支。收有成数，择殷实商号存储，立折支取。如存数渐多，亦可议生利息。发票之期按几日为限，由值、董眼同经理。

30. 总理、值理、董事均仗义创办，不议薪资，将来局款大盛，须专请人办理，始议薪水，惟撰报、管书、管器、司事、教习、游历、司账酌量给予薪水。

这个章程清晰地阐明了保国会的宗旨、指导思想、组织原则、内部构成、入会手续、会员的权利和义务、各项纪律和管理办法、财务开支等，具有政党性质，是康有为、梁启超资产阶级民主思想的集中反映。

4月21日，保国会在崧云草堂举行第二次集会。面对情绪激昂的爱国志士，梁启超一跃登台，发表了动人心弦的演说。他首先陈述了日益严重的民族危亡，指出中国正处于亡国灭种的边缘。三年以前很多人还对中国的被瓜分不以为然，"今之忧瓜分惧危亡者遍天下"。在这种"国将不国"的危急时刻，必须唤起国民，救亡图存，再无别的选择。但是，有不少士大夫面对危亡，空发议论，没有行动，甚至认为中国不可救药，"中国之亡，不亡于贫，不亡于弱，不亡于外患，不亡于内讧，而实亡于此辈士大夫之议论。"为改变这种书生空议论，于事无补益的局面，梁启超接着用较大的篇幅分析了这类人的病根，呼吁立即行动起来，投入轰轰烈烈的救亡运动，这里有必要择其中一段：

"今中国病，外感耳，病喧隔耳，苟有良药，一举可疗，而举国上下，漫然以不可治之一语，养其病而待其死亡。昔焉不知其病，犹可言也，今焉知其病，而相率待死亡，是致死之由，不在病而在此辈之手，昭昭然也。且糜论病之必可治也。即治之罔效，及其死也，犹有衣衾棺椁之事焉，……一人之身且有然，而况国之存亡，其所关系所牵率，有百倍于此者乎！……执豕于牢，尚狂掷而怒噪，今数万里之沃壤，固犹未割也，数万万之贵种，固犹未絷也，而已俯首帖耳，忍气吞声，死心塌地，束手待亡，斯真孟子所谓是自求祸也。……使吾四万万人者，咸知吾国处必亡之势，而必欲厝之于不亡之域，各尽其聪明才力之所能及者，以行其分内所待行之事，人人如是，而国之亡犹不能救者，吾未之闻也！"[1]

梁启超的演讲动于情、拨之理，赢得了许多人的赞赏。在国破家亡临近

---

[1]《饮冰室合集·文集》第3，第27—28页。

之时，民族感情是最易调动人们的爱国热情的。4月25日，保国会又在贵州会馆第三次集会，救亡图存、变法维新的声浪越来越高。康有为居住的南海会馆更是高朋满座，议论风生，康梁师徒激情满怀，高谈阔论，宣传他们的变法主张。在梁启超的一生中，这是最痛快的时期之一。

在保国会的影响下，保川会、保浙会、保滇会相继成立，保国会的东风大有吹遍全国之势，这引起了守旧派的恐慌。在后党官僚的授意下，浙江的孙灏写了一篇《驳保国会章程》，极尽攻击谩骂之能事，说梁启超一伙人是"地方大光棍"，旨在"邪说诬民"，犯上作乱，如依其行，必全国大乱。还说什么外患内忧，"犹未可危"，即使危险，也用不着保国会去多管闲事，康梁的"变成法以从海西"，是"客强而非自强"，根本不可能保国。[1] 紧接着，御史潘庆澜、黄桂鋆又上奏，要求立即查禁保国会等小团体，还说什么今日民主民权之论"日益猖獗，若准各省纷纷立会，恐会匪闻风而起，其患不可胜言。"[2] 荣禄更对保国会极端仇视，扬言清廷大臣都还"未死"，"即使亡国"也不用康梁这些人去"保也"！康有为等人"僭越妄为，非杀不可"！如果有人敢入保国会，"小心首领可也"。[3] 在一片攻击声中，刚毅[4]已作好准备去查禁保国会。但是，据梁启超所记，光绪帝对保国会很有兴趣，根本不理荣禄一伙人的大肆攻讦，严正指出："会能保国，岂不大善，何可查禁耶？"[5] 当御史文悌出面诋毁保国会"名为保国，势必乱国"之时[6]，光绪帝不由生怒，痛斥文悌不负责任，还革了文悌的职。有了皇帝的从中保护，保国会就没有蹈强学会被查禁的覆辙，康梁等人继续进行活动。

然而，令人遗憾的是，保国会本身并不坚强。一是人员复杂，组织不严密，官僚、政客、无耻文人都混了进来，各有各的企图，意见难于统一。还

---

1 《驳保国会章程》，《觉迷要录》卷4。
2 《禁止莠言折》，《觉迷要录》卷1。
3 《清廷戊戌朝变记》，《戊戌变法》第1册，第350页。
4 刚毅（1837—1900年），字子良，满族，历任江西按察使、山西巡抚、江苏巡抚，甲午战后以候补侍郎入值军机大臣，思想守旧，反对变法维新，义和团运动时期病故于山西侯马。
5 《饮冰室合集·专集》第1，第76页。
6 《戊戌变法》第2册，第485页。

有不少人是"逐队观光",本无"所谓政治思想",无非看看热闹。[1] 二是只会作表面文章,不能作扎实而有效的工作,将会务推开,满足于大轰大嗡,只有几天的热度。三是后党势力强大,许多人知道光绪帝的权力有限,一旦守旧派发起了攻势,便为了保住自己,反戈转向,不但脱离保国会,而且比守旧分子还起劲地攻击保国会。例如,李盛铎还是保国会发起人之一,当得知荣禄等人的态度后,立即退会,并上奏折,弹劾保国会。不少人一见风向不对,纷纷退出,甚至攻击康有为、梁启超"居心狡诈,行同诳骗。"[2] 在这种情况下,保国会形同虚设,已无法实现康梁"保国、保种、保教",促进维新变法的宏愿。

但是,多年的磨难,使康有为、梁启超完全经得起失败的考验。而且,保国会对激扬民气,团结维新志士,宣传救亡图存和维新变法起了很大的推动作用,为光绪帝新政的颁布奠定了基础。康有为、梁启超从中受到了莫大的鼓舞。当1898年北京春夏交接的时候,梁启超变法的热情极其旺盛。

全力推进新政

1898年5月,在维新派和光绪帝的努力下,变法的开台锣鼓已经敲响。梁启超联合在北京会试的100多名举人,上书请变通科举,废除八股取士制度,引起了朝野的震动。这份上书曾在天津的《国闻报》刊出,既讲清了废除八股的理由,也提出了具体办法。梁启超认为:

"废八股首先是救亡的需要:"顷者强敌交侵,割地削权,危亡岌岌,人不自保。皇上临轩发叹,天下扼腕殷忧,皆以人才乏绝,无以御侮之故。然尝推求本原,皆以科第不变之故也。"

其次是科举本身的弊病所致:科举制培养出的人才,于"内政外交,治

---

[1] 《梁启超年谱长编》第112页。
[2] 《缕记保国会逆迹》,《申报》1898年11月1日。

兵理财，无一能举者，则以科举之试，以诗文楷法取士，学非所用，用非所学故也。"

第三是国际竞争的制约："夫当诸国竞智之时，吾独愚其士人，愚其民，愚其王公，以与智敌，是自掩闭其耳目，断刖其手足，以与乌获离娄搏，岂非自求败亡哉！"

第四是开办新式学堂的需求："夫易尚穷变，礼观会通，今臣工频请开中西学堂，皇上频诏有司开京师大学矣，然窃观直省生童之为八股以应科举，一邑百千，皆非郡邑教官教之者。"

这四条理由，具有较强的说服力，按理应该顺利通过。而且，梁启超还具体建议1898年会试之后，即停止"八股试帖，皆归并经制六科举行"，这非常符合实际，便于推行。[1]但是，任何一项政策的变革，都意味着损害一部分人利益和保护另一部分人的利益。废除八股取士等于砸掉了靠此吃饭的文人墨客的饭碗，必然引起那些不明大义的知识人士的强烈反对，也会使靠八股考取官吏的一些权贵们不满。梁启超描述当时的境况时云："书达于都察院，都察院不代奏；达于总理衙门，总理衙门不代奏。当时会试举人集辇毂下者，将及万人，皆与八股性命相依，闻启超等此举，嫉之如不共戴天之仇，遍播谣言，几被殴击。"[2]可见反对派势力之大，维新变法之难。

1898年6月11日，光绪帝"诏定国是"，宣布变法，"百日维新"正式开始。这道谕旨出自翁同龢之手，洋洋洒洒，颇有一点气魄，其中讲道：

"数年以来，中外臣工，讲求时务，多主变法自强。迩者诏书数下，如开特科、裁冗兵、改武科制度、立大小学堂、皆经再三审定，筹之至熟，甫议施行。惟是风尚未大开，论说莫衷一是，或托于老成忧国，以为旧章必应墨守，新法必当摈除，众喙哓哓，空言无补。试问今日时局

---

[1] 《国闻报》，光绪二十四年五月十三、十四日。
[2] 《梁启超年谱长编》第114页。

如此，国势如此，若仍以不练之兵，有限之饷，士无实学，工无良师，强弱相形，贫富悬绝，岂真能制梃以挞坚甲利兵乎？……嗣后中外大小诸臣，自王公以及士庶，各宜努力向上，发愤为雄，以圣贤义理之学植其根本，又须博采西学之切于时务者实力讲求，以救空疏迂谬之弊，专心致志，精益求精，毋徒袭其皮毛，毋竞腾其口说，总期化无用为有用，以成通经济变之才。"[1]

这里的变法指导思想虽然还是"中学为体、西学为用"，但对守旧官僚进行了抨击，强调了实实在在、讲究应用地努力学习西方，尤其以上谕的形式要求"博采西学"，具有重大的社会影响和现实意义。梁启超读到此谕后，欣喜若狂，认为"一切维新，基于此诏，新政之行，开于此日。"[2] 随后，翰林院侍读学士徐致靖[3]上奏，认为康有为、梁启超等人"忠肝热血，硕学通才"，希望光绪帝重用，推进维新变法。6月16日，光绪在颐和园勤政殿召见了康有为。

光绪讲："今日诚非变法不可。"

康有为道："近岁非不言变法，然少变而不全变，举其一而不改其二，连类并败，必至无功。"光绪点头称是。

康有为接着讲："今数十年诸臣所言变法者，率皆略变其一端，而未尝筹及全体，又所谓变法者，须自制度、法律先为改定，乃谓之变法。今所言变者，是变事耳，非变法也。臣请皇上变法，须先统筹全局而全变之，又请先开制度局而变法律，乃有益也。"光绪觉得颇有道理。[4]

这次对话持续了数小时，时间之长，在光绪接见臣僚上是破纪录的。随

---

[1]《德宗景皇帝实录》卷418。
[2]《戊戌政变记》第22页。
[3] 徐致靖（1826—1900年），字子静，江苏宜兴人，主张变法，有改革精神，戊戌时期举荐康梁等人，力主改革科举制度，一度任礼部侍郎，政变后被革职入狱，1900年获释后，旋卒。
[4]《康有为自编年谱》,《戊戌变法》第4册，第145—147页。

后，康有为被命为总理衙门章京[1]行走，特许专折奏事。从此，康有为多年思考的变法主张，通过一道道奏折，飞进皇宫，成为光绪帝变法的重要参考资料。

7月3日，光绪召见梁启超。谈话的内容及召见时的情形，不得而知。梁启超在《戊戌政变记》中仅轻描淡写地说了一句："上命进呈所著《变法通议》，大加奖励。"按梁启超的一贯作风，如果这次召见谈话内容广泛并十分投机，他一定会大书特书，作形象而生动的描述。梁启超一直少言此事，说明并不得光绪赏识。王照的分析是颇有道理的：

"清朝故事，举人召见，即得赐入翰林，最下亦不失为内阁中书。是时梁氏之名，赫赫在人耳目，皆拟议必蒙异数。及召见后，仅赐六品顶戴，是仍以报馆主笔为本位，未得通籍也。传闻因梁氏不习京语，召对时口音差池，彼此不能达意，景皇帝不快而罢。"[2]

语言的障碍使梁启超失去了大胆建言的可能，这确令他抱恨终身。后来梁启超请夫人教他学习"官话"（普通话），大概和此事有极密切的关系。

梁启超被召见的当天，即被清廷赏给六品衔，办理译书局事务。至此，梁启超的变法总算取得了合法地位。7月间，梁启超草就了《恭拟译书局章程并沥陈开办情形》，由孙家鼐代奏，具体规定了开办译书局的经费、条例，并呼吁速购图书，广译西书。接着，他又要求清廷开设编译学堂，广召生员，培植翻译人才，还请求这些学生毕业后同样给予出身，和科举生员待遇相同。这些举动虽影响不了"百日维新"的全局，但也是变科举、兴学堂的一个重要组成部分。

8月间，严复、谭嗣同、林旭、刘光第、杨锐等人也先后被光绪召见。变法的声浪与日俱增。9月5日，谭嗣同、林旭、杨锐、刘光第被任命为军机四卿，直接参与光绪的变法事宜。许多维新的诏旨，都出自谭嗣同等人之

---

[1] 章京，官名，为满语的音译，清代文武办事的官员多惯称章京。在满族官员中，又用于下级对上级的自称。
[2] 《戊戌变法》第2册，第573页。

手。梁启超等维新派的不少政治主张这时通过光绪的名义，得以伸张。无怪乎梁启超曾自豪地讲："新政来源，真可谓尽出我辈。"

百日维新期间，光绪发布的新政命令达一百多件，涉及政治、经济、文化、教育、军事等各个方面，概括起来，主要是：

1. 改革官制，裁撤通政司、光禄寺、詹事府、太仆寺、大理寺、鸿胪寺等无用衙门，裁掉广东、云南、湖北的巡抚（因督、抚同城）及东河总督，淘汰各衙门冗员，删订各部院办事则例。

2. 废除八股，改革科举考试制度，讲求实学。

3. 取消各地书院、祠庙，改做学堂，广译西方图书。准许民间创办学会、报馆。

4. 准许平民上书言事，官吏不得阻碍。

5. 改革财政制度和国家预算。

6. 开办邮局，推进通讯事业。

7. 鼓励开矿和修铁路。

8. 振兴农工商业，中央设农工商局，地方设分局，鼓励私人兴办实业，设立商会、农会等民间团体。

9. 仿效西方，训练近代化的军队。

10. 取消旗人特权，许其自谋生计。

这些条款，和康有为、梁启超的总体设想有很大的差距，但毕竟在"祖宗之法不可变"的坚冰上打开了一个缺口，在向西方学习的道路上迈出了一步。梁启超每读到一道上谕，都喜形于色。然而，即使这微小的一点改革，守旧派都是无法容忍的。"百日维新"的过程变成了新旧争斗的过程。梁启超虽涉足不多，但耳闻目睹，感慨尤深。

激烈的新旧之争

任何改革，说到底，是一场无法调和的新旧之争。维新派取胜，意味着改革的成功；反之，则标志着变法的失败。戊戌时期的清廷内部，存在着三股政治势力。一是以慈禧太后为核心的守旧派，他们视康梁维新派为大逆不道，反对任何改革，企图在保持旧事物的基础上维护手中的权力。这一派势力很大，中央的许多大员和各省的多数督抚都在其列。光绪帝"诏定国是"宣布变法之后，他们或袖手旁观，敷衍搪塞，推托了事；或公开反对，抵制变法；或静观时局，以求一逞。这批人握有大权，像荣禄掌有军权，慈禧太后更不可一世。慈禧之所以在变法之初采取克制和容忍的态度，是因为《马关条约》之后民族危机太严重，不满清廷的情绪增大，试图让光绪折腾一阵子，缓解全国情绪，同时也想等光绪闹出"乱子"之后，找借口将其打下去。许多守旧官僚是了解慈禧这种叵测居心的。于是对光绪千方百计对付了事。而且，守旧派还握有用人大权，许多官吏的调任，光绪是无能为力的。诚如梁启超所言："督抚皆西后所用，皇上无用舍之权，故督抚皆藐视之，而不奉维新之令也。"[1] 在这种情况下，守旧派从总体上占了优势。

第二种政治势力是洋务派官僚，可谓中间派。康梁的不少变法主张和洋务派有共鸣，光绪的变法诏旨有许多是洋务派多年一直主张的，所以洋务派官僚对变法并不全持反对态度。李鸿章对康有为的不被重用曾表示不满，还想加入强学会，只是因签订《马关条约》名声太臭才被拒绝。袁世凯和强学会有一定关系，一度博得了维新派的好感。张之洞对康梁的活动进行了有限的支持，扶植过强学会，也为湖南的变法打过气，使不少维新分子对他产生了不切实际的幻想。但洋务派的改革要求是有限的，他们对康梁的许多主张如开议院等都持反对态度。从整体上看，他们只能是维新派的同情者，而不是志同道合者。特别是这批富有政治经验的圆滑官僚在权衡政治力量的消长和窥测慈禧太后的走向之后，就逐步滑向了守旧派一边，成了变法维新的反对者。张之洞著《劝学篇》，从思想理论上宣传自己的主张，阻挠维新思想的传播，他还在行动上为维新派设置重重障碍，梁启超、谭嗣同等人对其极

---

[1] 《戊戌政变记》第40页。

为痛恨。军机大臣王文韶则对变法上谕"敷衍而行之"。刘坤一则说什么："时事之变幻，议论之新奇，恍兮惚兮，是耶非耶，年老憒乱，不知其然，"新政上谕，"可办办之，否则静候参处！"[1] 洋务派官僚实际上对光绪的新政采取各取所需的对抗态度，这实际上和守旧派混在了一起。在政治斗争中，中间派的走向具有关键作用。洋务派在观潮之后的倒向守旧派，无疑促进了维新派的迅速垮台。

第三种政治势力是光绪帝为代表的帝党，可以看作康梁维新派的同路人。这一派人数不多，势力较小。在中央，官位较高的只有翁同龢少数几个，多数是地位不高但思想较开明的小官或文职官员。地方官员中除湖南巡抚陈宝箴支持光绪变法外，几乎难找出第二个。所以，倾向康梁的官僚虽想变法，但无能为力，常处于被动地位。光绪也只是极有限地行使自己的权力，时常是看慈禧太后的眼色行事，"百日维新"期间他曾12次往颐和园为慈禧请安和听取"教导"。康梁等人开始并不相信光绪的傀儡地位，但经过一段观察后，信以为真。这样，和维新派暂时结合的帝党就很难在和守旧派的斗争中取胜。随着变法的深入，其厄运就伴之降临。

1898年6月15日，即光绪下诏变法的第四天，慈禧太后为了制约光绪，即以办事不妥、"揽权狂悖"为借口，革除了协办大学士、户部尚书翁同龢的职，令其速回江苏常熟老家。光绪一见此谕，"战栗变色，无可如何"，内心的悲痛不可用言语来形容。翁同龢是光绪的老师，从童年到青年光绪一直依附其膝下，悉听教诲，而且翁同龢全力赞同和协助他变法，是事业上的知己。翁同龢一去，等于拆了他变法的顶梁柱，于是才演出了光绪帝挥泪送师傅、依依惜别、情断肝肠的动人一幕。紧接着，慈禧又逼迫光绪发布上谕，今后凡二品以上新官的任命必须到慈禧那里谢恩，这等于削去了光绪一部分用人权。与此同时，荣禄出任直隶总督，统帅北洋三军（董福祥的甘军、聂士成的武毅军、袁世凯的新建陆军），光绪帝无法左右军队。

---

[1]《刘坤一遗集》第5册，第2220页。

但是，光绪在向守旧派被迫让步的同时，也利用手中有限的权力进行了反击。6月20日，维新官僚宋伯鲁、杨深秀弹劾总理各国事务衙门大臣、礼部尚书许应骙，得到了光绪帝的首肯。据理驳斥了许应骙对康有为及新政的攻击，批评了许应骙的办事不力。这打击了守旧派的嚣张气焰，给康梁等维新派以巨大的鼓舞。7月8日，御史文悌不甘心许应骙的失败，又上奏攻击康有为、宋伯鲁和杨深秀，认为许应骙的奏折句句在理，宋伯鲁和杨深秀的上奏"诬罔荧听"，并将长期刺探到的康有为的"犯上作乱"的活动一并上报，不料遭光绪帝严厉批驳，以失败而告终。

8月下旬，主事王照上奏，请光绪帝"巡视中外"，以广见识，特别应往日本汲取变法经验，并请设立商部、教育部等。礼部尚书怀塔布、许应骙认为有背祖训，坚决反对，不予代递，王照据理力争，但仍不上递，于是王照又上奏弹劾怀塔布等人阻挠新政。不得已怀塔布等答应上递光绪，但又弹劾王照"咆哮堂署"，无理取闹，甚至说什么日本刺客极多，王照让光绪帝游历日本是"置皇上于险地"，"居心叵测"。9月1日，光绪发布上谕，斥责怀塔布等阻塞"言路"，"著交部议处。"大学士徐桐见势不妙，上奏为怀塔布等人辩护。9月4日，光绪又发布上谕，一方面批评怀塔布等礼部堂官与新政作对，一方面称颂王照"不畏强御，勇猛可嘉。"同时革去礼部尚书怀塔布、许应骙，左侍郎堃岫，署左侍郎徐会澧，右侍郎溥颋，署右侍郎曾广汉职，赏给王照三品顶戴，以四品京堂候补。这就是著名的革礼部六堂官事件，博得了维新派的齐声喝彩，引起了守旧派的极大愤怒。

事实上，从8月下旬，慈禧太后已经在暗地策划政变，推倒光绪。在守旧派看来，由于各种新政条款的颁布，已经引起了社会的普遍不满，即如荣禄所讲的康梁已"天下共愤，罪恶贯盈。"[1] 例如废除八股取士，使遍布全国各地靠八股升官发财的士人丢掉了饭碗，他们从自身的利益出发，拼命反对

1　转见《戊戌政变记》第63页。

新政；改革官制、删定则例，又触犯了一批官僚的既得利益，为了保官、保权、保私利，他们对变法恨之入骨；光绪斥责许多官僚举办新政不力，敷衍应付，当然使这些人耿耿于怀；允许一定的言论、结社和出版自由，必然不利于贪官污吏和专制集权，当官者多数持反对态度；让旗人自谋生计，削掉了他们两百年来享有的特权，他们肯定拼死命去抗争；至于发展私人企业、开矿山、修铁路、办邮政这些具体事务，表面上和人们的权和利无关，但实质上也有个利益再分配的问题。因此，"百日维新"期间自然在社会上就出现了一个强烈的反对派。守旧派本能地就把这个反对派视作可利用的力量。9月初，慈禧等守旧分子认为废掉光绪的时机已经成熟，迫光绪发布上谕秋季往天津阅兵，好借机行动。光绪帝也闻到了一点火药味，自感力量单薄，难以对付。于是在9月15日让杨锐带出"密诏"。康有为、梁启超读后，失声痛哭。

"有心杀贼，无力回天"

关于杨锐带出的两道"密诏"的时间和内容，说法不一，但中心无非是光绪帝皇位难保，请康梁设法相救。梁启超等人本一介书生，又少政治斗争经验，只是靠光绪帝才得以在北京指手画脚，倾吐志向。光绪位不保，他们自然遭杀身之祸。想到维新事业功败垂成，自己生命又危在旦夕，25岁的梁启超嚎啕大哭。大哭一阵之后，他们还是想作最后的努力。这就是请谭嗣同和湖南的唐才常、毕永年等人联络，动员会党和绿林好汉进京，捕杀慈禧太后；设法和袁世凯联系，请他利用武力保护光绪帝，支持变法。唐才常是谭嗣同的好友，素主革新，具有反清思想；毕永年也思想开明，富有民族主义倾向，和会党关系密切，请这两人帮忙去击杀慈禧是顺理成章的。但康梁等人为什么还要找袁世凯出力相救呢？表面上令人困惑不解，实际上也是有原因的。

袁世凯，字慰亭，河南项城人，地主官僚出身。先为吴长庆手下的幕僚，后拜张謇为师，曾出使朝鲜，对外国也有所了解。甲午战后，开始在天津小站编练新军，聚集了像段祺瑞、冯国璋、徐世昌、王士珍这样的一批军阀头目，练成新建陆军2000人。从此有了政治资本，为朝野人士所侧目。戊戌维新运动兴起后，他出于政治投机，加入强学会，伪装赞成变法。康有为、梁启超等对他印象很好，赞扬他"讲变法"，通外情，是难得的"将才"。当维新运动出现危机的时候，康梁感到需要调军队来支持变法，自然就想到了袁世凯。康有为派自己的亲信门徒徐仁禄到小站去试探袁世凯，虽然没有见到，但通过徐世昌的传话，袁世凯还是吹捧了康有为，并表示效忠光绪帝。于是，康有为、梁启超向光绪密荐起用袁世凯，以对付守旧派，"制止反动派对于维新的一切障碍。"[1]光绪帝采纳了康梁的意见，9月16日就召见了袁世凯，详细询问了情况，夸奖袁世凯忠心可嘉，赏以侍郎衔，专办练兵事宜。当晚8时许，梁启超和康有为等人正在用餐，忽听到光绪发上谕重用袁世凯，不禁破愁为喜，拍案叫绝，认为"天子真圣明，较我所献之计尤觉隆重，袁必更喜而图报矣。"[2] 17日，光绪又召见了袁世凯，要他和荣禄互不掣肘，各办各的事，并授意一有"意外之变"，即带兵入京师。这显然是让袁世凯不去买荣禄的账，而支持光绪。袁世凯深知他已经陷入了政治斗争的漩涡，稍一不慎，官丢命危。所以他在被召见后故意在北京遍访达官贵人，探听风声，测试内情。富有政治经验的袁世凯这时已经断定光绪帝的力量远远敌不过慈禧。与其效忠光绪送死，不如投靠后党升官。他征求幕僚们的意见，一致认为："光绪脆弱，廷臣将帅均为慈禧心腹，成败之数，可以预知。与其助光绪而致祸，莫若附慈禧而取功名。"[3]于是袁世凯谒见了刚毅、王文韶、荣禄等慈禧的亲信，借机暗示自己绝不会倒向光绪帝一边。但是，在公开场合，袁世凯不露风声，既看不出他与光绪帝为敌，也绝无投向慈禧、荣禄一伙的表象。天真的光绪帝和康梁等人还误认为袁世凯

---

1 《留华四十年纪》，《戊戌变法》第3册，第563页。
2 转见杨天石：《康有为谋围颐和园捕杀西太后确证》，《光明日报》1985年9月4日。
3 窦宗一：《李鸿章年谱》，香港友联出版社1975年版，第382页。

是他们队伍中的一员,尤其在无计可施的情况下,更把全部希望寄托在袁世凯这位拥有军事实力的人物上。于是就出现了谭嗣同出访袁世凯的动人场面。其间的详细情况,梁启超在《谭嗣同传》里有形象逼真的记述:

9月18日深夜,谭嗣同急冲冲来到北京西郊法华寺袁世凯的住所,开口便道:

"君谓皇上何如人也?"

"旷代之圣主也。"袁随口回答,知道谭嗣同来者不善。

"天津阅兵之阴谋,君知之乎?"

"然,固有所闻。"

谭嗣同一边拿出光绪帝给他们的密诏请袁世凯看,一边说:

"今日可以救我圣主者,惟在足下,足下欲救则救之。"到此,谭嗣同用手砍了一下脖子,以示杀头之意,接着道:"苟不欲救,请至颐和园首仆而杀仆,可以得富贵也。"

话音刚落,袁世凯便十分严肃地答道:

"君以袁某为何如人哉?圣主乃我辈共事之主,仆与足下同受非常之遇,救护之责,非独足下,若有所教,仆固愿闻也。"

谭嗣同一本正经地说:

"荣禄密谋,全在天津阅兵之举,足下及董、聂三军,皆受荣所节制,将挟兵力以行大事。虽然,董、聂不足道也,天下健者,惟有足下。若变起,足下以一军敌彼二军,保护圣主,复大权,清君侧,肃宫廷,指挥若定,不世之业也。"

袁世凯见谭嗣同"衣襟高起,似有凶器,知其必不空回"。只好言不由衷地答道:

"若皇上于阅兵时疾驰入仆营,传号令以除奸贼,则仆必能从君子之后,竭死力以捕救。"

"荣禄遇足下素厚,足下何以待之。"谭嗣同反问道。

袁世凯极力表白他和荣禄并非同党,断言:

"若皇上在仆营,则诛荣禄如杀一狗耳!"

至此,谭嗣同完全相信了袁世凯的谎言。他和袁世凯详细商定了救光绪的办法,一直到深夜3点钟,才离开了法华寺。梁启超听了谭嗣同的讲述后,也极其兴奋,认为光绪有救了。

袁世凯虽然已决定不帮光绪皇帝的忙,但毕竟事关重大,涉及他的前程,所以谭嗣同走后"反复筹思,"彻夜不眠。最后还是决定告密,用谭嗣同等人的鲜血,换取自己的高升。9月20日,他返回天津,立即把和谭嗣同的谈话情况告诉了荣禄。荣禄当夜进京,报告了慈禧太后。

9月21日凌晨,光绪往中和殿批阅礼部所拟"祀社稷坛祭文",刚一出门,荣禄的一队卫兵和几个太监蜂拥而来,将光绪团团围住。连推带搡,光绪被兵士带到了中南海的瀛台。不一会儿,慈禧在李莲英等的陪同下,气势汹汹地赶来了。接受一顿训斥之后,光绪帝被关在了瀛台,来往的板桥全被拆掉。光绪帝只能在这个孤岛上望天长叹。随后,步军统领衙门和护军营调兵遣将,守住紫禁城及颐和园等京城要害部门。顿时,"京都大乱,人人谣言不一。"[1]

这时的梁启超正在南海会馆和谭嗣同对坐在床上,高谈阔论,策划袁世凯杀荣禄后他们将如何行动。不料传来了清军查抄南海会馆和康广仁被捕的消息(康有为已于9月20日出逃)。接着火车停开,侦探密布,他们知道大势不好。谭嗣同从容不迫,对梁启超说:"昔欲救皇上,既无可救,今欲救先生,亦无可救,吾已无事可办,惟待死期耳!"[2] 梁启超劝他逃走,谭嗣同坚决不肯,梁启超在谭嗣同的劝告下,逃往日本使馆,惶恐不安。驻华代理公

---

1 《国闻新语录》卷2,第77页。
2 《戊戌政变记》第108—109页。

使林权助曾写过一本《我的七十年》，其云：

"梁启超跑到公使馆来，说一定要会见我，这时正是午后二时，我和伊藤公（即日本首相伊藤博文，时正在华访问，引者注）吃完饭正在谈话，无论怎样，让梁到另室会面。一见，他的颜色苍白，漂浮着悲壮之气，不能不看出事态之非常。梁直截地说请给我纸。马上自己写出下面的文字：

'仆三日内即须赴市曹就死，愿有两事奉托。若君犹念兄弟之国，不忘旧交，许其一言。'"

"我决断地说：'可以，君说的二事，我的确承担。'我又说：'你为什么要去死呢？试好好想一想，如果心意改变，什么时候都好到我的地方来。我救你啊！'"

"梁听了我的话，暗暗落泪，同时仓皇而去，……到了夜晚，公使馆门口骚闹着。我正在奇怪的一刹那，梁飞快地跑了进来，那么这个问题便搁在我们身上了。我无论如何，把梁放进一个屋子里。"[1]

当晚，梁启超借宿日本使馆，辗转反侧，一夜未眠。22日，梁启超昏昏沉沉，正在闷坐，突然谭嗣同来了。谭嗣同劝梁启超赶快出逃，并说："不有行者，无以图将来；不有死者，无以酬圣主。"显然，梁启超是谭嗣同的希望所在。23日，为了救光绪，梁启超和谭嗣同一起拜访了英国传教士李提摩太[2]，商议通过外交途径解决问题。于是决定由李提摩太去见英国公使，容闳去求美国公使，梁启超劝说日本公使。不料，这时美国公使在西山避暑，英国公使在北戴河疗养，这一着又失败了。9月25日，谭嗣同、杨锐、林旭同时被捕，刘光第闻讯，亦自投入狱。加上先前被捕的康广仁和杨深秀，人称"戊戌六君子"。

1　转见《戊戌变法》第3册，第571—572页。
2　李提摩太（Timothy Richard，1845—1919年），1870年来华，曾在山东、山西、东北传教，结交清廷官僚，主持广学会，有较大影响。1895年会见康有为，参加强学会，同情变法。晚年死于英国。著有《留华四十五年记》等。

谭嗣同在狱中从容自若,"神采飞扬",[1] 常写一些诗留在墙上,其中一首云[2]:

> 望门投止思张俭,忍死须臾待杜根,
> 我自横刀向天笑,去留肝胆两昆仑。

28日,33岁的谭嗣同被清廷杀害了。临刑前,他高声吟道:"有心杀贼,无力回天,死得其所,快哉!快哉!"[3]康梁这些君子们由于缺乏"回天之力",只好使戊戌变法在慈禧等守旧派的武力压迫下悲壮地失败了。

---

[1] 《近代湘贤手札》,台湾文海出版社印行。
[2] 台湾黄彰健著《戊戌变法史研究》中讲谭嗣同的这首诗曾被梁启超所篡改,其据《康梁演义》所录,该诗应是:"望门投趾怜张俭,直谏陈书愧杜根,手掷欧刀仰天笑,留将公罪后人论。"另外关于诗中"两昆仑"的含义,目前有各种不同解释:一种说法是指康有为和王五;第二种认为是王五和胡七;第三种解释为谭嗣同的两个奴仆胡理臣和罗升,古语称奴仆为"昆仑奴";第四种说法是指唐才常和王五。以上诸说,有待进一步考证。
[3] 《谭嗣同全集》上册,第287页。

III

七 亡命与奋进

忍泪逃出国门

梁启超逃到日本使馆后,心情极度紧张。他不懂日语,只能和林权助等人笔谈。这时的北京街头,一片混乱,捕人的叫喊声令人毛骨悚然。日本大使馆周围更是人声嘈杂,梁启超心惊肉跳,不知何时能逃出虎口。为了离开北京这个是非之地,9月22日晚,梁启超剪掉辫子,着上西装,进行了一番巧妙的化装,在日本友人的保护下,逃到了日本驻天津领事馆。郑永昌领事迅速将梁启超隐藏起来。

天津是直隶总督兼北洋大臣荣禄的地盘,戒备森严。据说梁启超一下火车,就被盯梢的暗探发现。只因他们行动迅速,才没落入敌手。一连数天,日本驻天津领事馆前暗探密布,梁启超无法脱身。9月25日晚9点,趁暗探不备,梁启超等四人化装成猎人,偷偷潜出,钻进海河上的一艘日本船内,急向塘沽驶去,准备乘商船玄海丸,逃往日本。1小时后,忽听岸上马蹄声响,20多名清廷巡警气势汹汹赶来,不让该船行进。原来,清廷暗探还是发现了梁启超的行踪,并误认梁启超是康有为。巡警以船上藏有康有为为名,逼迫该船回驶,日人则拒不听命,双方展开激烈的争辩。这些巡警惧怕惹出中外交涉等麻烦,两小时后,决定分一半回津向荣禄请示,一半随船监视日人的行动。不料日人迅速开航,26日晨7点即抵达塘沽,恰巧旁边停有一艘日本军舰。日人挥帽联络,梁启超等人迅速逃入军舰。清廷巡警一不敢和日军舰发生冲突,二也没有接到上司的命令,干瞪双眼,让梁启超逃之夭夭。

9点半,直隶提督聂士成、亲兵营总教习王得胜、天津县知事吕宗祥30余人,飞奔塘沽车站。当得知逃犯已躲于日本军舰后,聂士成暴跳如雷,一定要上舰抓人。王得胜、吕宗祥二位苦苦相劝,以防引起中日冲突。不得已,聂士成方息怒而归。随后,荣禄又派人往日舰交涉,要求放人,被日方一口拒绝。26日午后,日军舰启航,梁启超才放下心来。同逃的还有维新志士王照。[1]

几小时后,军舰越过大沽口,在浩瀚无际的渤海中航行。梁启超步出舱外,尽情欣赏大海的风姿,不时回头张望,眷念着妻子和父亲、兄弟,惦记着维新志士的安危,回想着出逃时的险情,痛定思痛,潸然泪下。为什么正义的事业遭涂炭?爱国的志士被屠杀?天理何在?正义何存?思前想后,心乱如麻。梁启超又回到舱中闷坐。一日本友人见他心绪不佳,送给他一本《佳人奇遇》,因不通日文,梁启超根本看不懂。由此他认定到日本后首先要过语言关。

梁启超这时刚25岁,血气方刚,富于激情。当他再次步出船舱,面对海上落日的余晖,眼观碧波翻滚的海浪,不禁诗兴大发,写下了著名的《去国行》[2]:

呜呼,济艰乏才兮,儒冠容容,佞头不斩兮,侠剑无功,君恩友仇两未报,死于贼手毋乃非英雄,割慈忍泪出国门,掉头不顾吾其东。

东方古称君子国,种族文教咸我同,尔来封狼逐逐磨齿瞰西北,唇齿患难尤相通,大陆山河若破碎,巢覆完卵难为功,我来欲作秦廷七日哭,大邦犹幸非宋聋。

却读东史说东故,三十年前事将毋同,城狐社鼠积威福,王室蠢蠢如赘痈,浮云蔽日不可扫,坐令蝼蚁食应龙,可怜志士死社稷,前仆后继形影

---

1 《日本外交文书》第31卷第1册有林权助给日外务大臣的英文电报:There are two political refugees 梁启超 and 王照 on board 大岛舰 It is impossible to transfer them to merchantman in Chinese waters, and it is necessary to keep the fact secret. It is desirous, therefore, that 大岛舰 should be allowed to sail for Japan and be instructed accordingly, and another vessel be dispatched to 天津 as soon as possible.
大意是"两个亡命者,梁启超和王照同乘大岛舰,已无法在中国水域移送他们至商船。请允许大岛舰驶往日本,并速派他舰来天津"。由此可见梁启超和王照是一块逃出国门的。
2 《饮冰室文集类编》下册,第757页。

从。一夫敢射百决拾，水户萨长之间流血成川红。尔来明治新政耀大地，驾欧凌美气葱茏，旁人闻歌岂闻哭，此乃百千志士头颅血泪回苍穹。

吁嗟乎，男儿三十无奇功，誓把区区七尺还天公。不幸则为僧月照，幸则为南洲翁。不然高山蒲生象山松阴之间占一席，守此松筠涉严冬，坐待春回终当有东风。

吁嗟乎，古人往矣不可见，山高水深闻古纵，潇潇风雨满天地，飘然一身如转蓬，披发长啸览太空，前路蓬山一万重，掉头不顾吾其东。

这首长诗反映了梁启超激愤、忧虑、奋进的复杂心情。"君恩"、友仇未报，含泪逃跑，令人于心不忍；国破家亡，虎狼当道，爱国有罪，卖国有功，正义不伸，清廷危亡在即，使人担忧；是七尺男儿就要献身祖国，即使困难如万重山，也决不却步，竭力奋斗，披发长啸，一往无前。这种心境使流亡海外14年的梁启超不但没有倒下去，反而在逆境中成长壮大，在中国人心目中的地位一天天提高。

梁启超抵达日本东京后，住在牛达区马场下町，生活极为方便，加上他出逃时带了不少钱财，一切都应付自如。这时，康有为在英国人的协助下，从香港转至日本。师徒相见，热泪盈眶，难用语言描述彼此的心情。从康有为那里，梁启超得知其家被清廷查抄，父亲和妻子携全家逃往澳门，还算没出大乱。梁启超在致李蕙仙的信中，极力安慰贤妻，其云：

"南海师来，得详闻家中近状，并闻卿慷慨从容，词色不变，绝无怨言，且有壮语。闻之喜慰敬服，斯真不愧为任公闺中良友矣。大人遭此变惊，必增抑郁，惟赖卿善为慰解，代我曲尽子职而已。卿素知大义，此无待余之言，惟望南天叩托而已。令四兄最为可怜，吾与南海师念及之，辄为流涕。此行性命不知何如，受余之累，恩将仇报，真不安也。"[1]

---

[1]《梁启超年谱长编》第166页。

患难之情，真金难买。李蕙仙与梁启超政治上的一致与互相支持，加深了他们的感情。读李蕙仙赴日前双双往来的封封书信，充满着理解、支持、勉励与奋进的精神。这也是梁启超没有倒下去的一个原因。

为了安全和行动方便，梁启超起了一个日本名字叫吉田晋，康有为称夏木森。利用一切可能的条件，师徒二人在经历了一场戏剧性的逃难之后，又继续为他们的政治目标而奋斗。他们广交朋友，与犬养毅、高田早苗、柏原文太郎、志贺重昂等频繁来往，希望得到日本政府的支持。他们也千方百计从国内获取情报，了解清廷的动向和下层社会的呼声。与此同时，他们也同美洲、澳大利亚和南洋华侨联系，试图取得更多的海外华侨和国际友人的支持。流亡海外的梁启超较戊戌变法时更成熟和富于独立个性。

经过近半年的努力，梁启超的日文基本过关，可以较顺利地阅读报刊、图书。他在《论学日本文之益》一文中兴奋地写道：

"哀时客既旅日本数月，肄日本之文，读日本之书，畴昔所未见之籍，纷触于目，畴昔所未穷之理，腾跃于脑。如幽室见日，枯腹得酒，沾沾自喜，而不敢自私。乃大声疾呼，以告同志曰：我国人之有志新学者，盍亦学日本文哉。日本自维新三十年来，广求智识于寰宇，其所译所著有用之书，不下数千种，而尤详于政治学、资生学（经济学）、智学（哲学）、群学（社会学）等，皆开民智、强国基之急务也。吾中国之治西学者固微矣。其译出各书，偏重于兵学、艺学，而政治、资生等本原之学，几无一书焉。……使多有政治学等类之书，尽人而能读之，以中国人之聪明才力，其所成就，岂可量哉！"[1]

一年后，梁又写道：

---

[1]《饮冰室合集·文集》第4，第81页。

"自居东以来,广搜日本书而读之,若行阴山道上,应接不暇,脑质为之改易,思想言论与前者若出两人。"[1]

梁启超这位敏锐的思想家,在接触新资料后,又开始了新的思维。

支持自立军起义

梁启超初到日本之后,思想面貌异彩纷呈,显示了青年人独有的活力。但在1900年前后,就政治思想而言,还没有完全突破康有为的框架,形成独立的观点。他的基本思路仍是设法救出光绪皇帝,借光绪的力量击败慈禧太后等守旧派,实现变法维新。唯一不同的是,他这时更注重使用武力,试图用枪杆子去杀仇敌,救"圣上"。于是就出现了一场极为矛盾的"武装改良"的自立军起义。

1899年3月,出于清廷的压力和本国的利益,日本政府逼迫康有为离日。7月22日,康有为在加拿大成立了保皇会(又称中国维新会,Chinese Empire Reform Association),在美洲、澳大利亚和南洋华侨中发展组织,随后康有为坐镇新加坡,通过在日本的梁启超来指挥在国内的唐才常,发动武装起义。

唐才常是谭嗣同的挚友,和谭嗣同有着相近的政治主张。戊戌时期湖南的维新运动,唐才常有一定的贡献。政变发生时,他应谭嗣同之邀,赴京增援,行至汉口,闻京已变,只好折回湖南,后往上海,再赴香港、新加坡、日本等地,苦苦思索,不得要领。1899年秋,唐才常再次赴日,通过毕永年,见到了孙中山。孙中山这时正在策划广东惠州起义。唐才常大受启发,试图利用他联系较密的会党,动用武力,来"行大改革"。同年冬,唐才常在上海成立正气会,其宗旨一方面讲"非我同类,其心必异",具有反清色

---

[1] 《饮冰室合集·专集》第22,第186页。

彩；一方面又强调"爱国忠君"，仍对清廷抱有幻想。这时的唐才常处于革命和改良的矛盾之中，从动用武装去对抗清廷来讲，是革命的；从忠于光绪皇帝，以"救上"为行动目标讲，又是"忠君"和改良的。这反映了戊戌变法失败后，一批资产阶级、小资产阶级知识分子从改良向革命转变时期的特殊心态，是改良、武装改良再到武装革命的一个中间环节。因此，唐才常的行动既受到了康梁的大力支持，也受到了孙中山和许多兴中会员的赞许。而唐才常为了扩大队伍，对康梁强调"勤王"，对孙中山则多言"保国保种"。但就其主要倾向来讲，还是偏向康梁。因此，康有为、梁启超把唐才常的举动视为他们东山再起的关键，千方百计，全力支持。

经过一系列的策划，康梁决定把起义的总指挥机关设在澳门，由何穗田、韩文举、欧榘甲、王镜如等负责。国内的主要事务由唐才常负责；唐才常和狄保贤偏重于上海和武汉，梁炳光和张学璟运动于两广。日本的组织联络工作由麦孟华、麦仲华、叶湘南、罗普、黄为之牵头。南洋一带命徐勤出面运动。梁启超则一方面负责筹款和大政方针的设计，一方面还要往美洲一带活动，以扩大影响，争取支持者。为了壮大势力，康有为、梁启超、唐才常经过认真思考，将正气会改为自立会，积极发展会众，四处联络会党，并派林圭、秦力山等人在长江中下游各省接交会党头目，演说自立会宗旨，策划行动方案。他们设立富有山堂，发行富有票，响应者云集。康有为、梁启超为表示与会党的真诚合作，还加入了三合会，现存的富有山堂的名单中有记载：康有为任副龙头；梁启超任总堂负责人。

名单中所显示的康梁的地位虽然较低，但由于其名望和学识很高，这些文化程度极低的会党"哥们儿"实际上听康梁的摆布。梁启超被会党视为"智多星"，许多事由梁启超出谋划策。当时各路会党虽通过富有山堂暂时统一起来，但政见不同，行动歧异。"有主张民主者，有主拥帝者，有主挟天子令诸侯者，有谓必杀南皮者，亦有谓宜拥南皮以号召者，言人人殊。"[1]另有

---

1 《梁启超年谱长编》第 245 页。

一批会众，则"仇外"心理极重，呼吁"灭洋"。梁启超针对这种情况，以"心理不可违"，"情理亦不可悖"为原则，大力作思想统一工作。为求外人支持，梁启超极力反对"灭洋"。他在致函狄楚青时称：

"来函所论甚当，吾辈宗旨既专在救国，会名既已定，改为自立甚好。其票间宗旨下，原只灭洋二字者可易以自立或救国二字；至其四字八字者，则于救国自立等字外，加用作新保种等字，均可请兄等酌定可也。"[1]

正是在梁启超的全力劝导下，自立军起义没有打出"灭洋"的旗号，对外采取妥协的方针。可见，梁启超的确在自立军起义中有着"军师"效应。现存的梁启超在1900年前后的书信中，自立军起义方面的占相当比重。有关起义的宗旨、方略、部署、口号、筹款、意义、目的等差不多都涉及到了。在梁启超的心目中，"圣主之生死，中国之存亡，"全在此一举。

1900年春，由于帝国主义的侵略和清廷的媚外，在山东、天津、北京爆发了规模宏大的义和团运动。清廷举棋不定，剿抚两难，外国列强陈兵大沽口，剑拔弩张。一些地方督抚，如李鸿章、刘坤一、张之洞等又不完全听从清廷的指挥，拥兵自重，我行我素。清廷内部亦政见分歧，矛盾重重，相互拆台。内外交困，危机四伏，清政府正如孙中山所形容的那样是一座朽木难支的危房。面对这种局势，梁启超信心百倍，认定自立军起义必然胜利。同时又和康有为联系，取得英国的支持，试图说服时任两广总督的李鸿章脱离清廷，自组政府，建立"自立国"，拥光绪帝复辟。4月12日，梁启超给康有为写了一封洋洋洒洒的长信，希望康有为赶往广州，借用外国军队，尽快起事。一旦成功，大权在握，即可向全国发展。这时的孙中山也在向李鸿章暗送秋波，企图使李鸿章搞两广独立。为了和孙中山竞争，梁启超更起劲

---

[1]《梁启超年谱长编》第245页。

地鼓动康有为抢先一步，在广东站住脚跟。梁启超这时对形势的估计过于乐观了。在他看来，自立军在长江中下游举起义旗，康有为在广东占下地盘，南半个中国既入其手，清廷就不攻自灭了。可是，实际并非如此。

1900年6月，八国联军发动侵华战争，天津失陷，北京危在旦夕。英国从自身的在华利益考虑，对康梁和自立军起义逐步疏远。李鸿章这位富于政治经验的老官僚，虽然在甲午战争后失宠，对清廷不满，在戊戌变法中对改良派表示过同情，对孙中山也态度灵活，但绝不会背叛清政府。当慈禧太后命他北上议和时，他虽然不情愿，但还是被迫动身。梁启超拥"广东自立"的如意算盘打错了。7月里，炎热的气候还可以使梁启超忍受，事与愿违的局势则使他"忧思如结"，夜夜不安。康梁于是不愿将筹到的30多万巨款用到自立军身上，便采取了敷衍应付的拖延办法。

唐才常等人并未意识到梁启超态度的变化，他们联络10多万会党群众，积极谋划起事。7月26日，唐才常在上海联合社会名流80多人，成立中国国会，推举容闳为会长，严复为副会长，唐才常为总干事，负责日常事务。同时向海内外发表政治宣言，主张"保全中国自主之权，创造新自立国"，"不认满清政府有统治中国之权"；"请光绪帝复辟"。这完全是自立军的政治宗旨。既否定清廷，又拥护光绪，自相矛盾。但是，这毕竟是中国有史以来的第一个国会，虽不完备，然而有那么多名流参加，其意义和社会影响还是很大的。8月初，自立军要起事的消息已风传开来。张之洞等清廷官员已加强了防备。唐才常等本想立即起义，但康梁的筹款一直汇不来。7日，大通的自立军在机密泄露的情况下，仓促起事，很快失败。于是，唐才常决定无论如何，23日发难。不料，22日，唐才常等20多人被张之洞侦之逮捕，壮烈牺牲。自立军起义被血腥镇压了。

自立军的鲜血使许多人猛醒，一批有为的热血青年放弃改良幻梦，步入孙中山的反清革命阵营。梁启超也开始了自己的思索，"一腔热血千行泪"，致力于力所能及的办学和办报之中，以开民智。

办学和办报

梁启超虽然有较强的活动能力，但其兴趣和所长在言论方面。在支持自立军起义的同时，他已尽最大努力筹办学校，发行报刊，开展了颇有成效的教育宣传活动。

横滨的大同学校，由华侨邝汝磐和冯镜如于1897年冬创办，当时即邀梁启超出任文士，梁启超曾建议定名中西学校。后康有为反对，力主称大同学校，并不准梁往横滨任教。梁启超亡命日本后，大同学校名义上徐勤为校长，实际一切大政方针皆出梁启超之手，梁启超对此校有许多特殊的贡献。与此同时，梁启超在1899年春，又在神户创办了同文学校，招收华侨子弟入学，效果极佳。紧接着，梁启超经过多方筹集经费，又设立了东京大同高等学校，他陈述了建校理由：

1. 横滨学校开设既已经年，生徒精进，成就者不少。而地方有限，教师有限，未能多分班数。故当设高等学校，使高才生依次递升，则教者不易太劳，而学者亦易获益。

2. 神户及南洋、美洲各埠，学校相继踵设，其规模与横滨略同，一二年后卒业生徒，皆尚递进，不可无一校以容之。

3. 政变以后，内地新设之学校，多就停废，其中生徒志士不少，半途弃置，殊可悼叹。今宜设一总区，选其英才，俾得卒业。

4. 内地俊秀子弟怀奇才抱远志，自备资斧游学海外者，不乏其人，此辈大率皆已通中国学问及寻常普通学者，必有专门高等学校乃能助其大成。[1]

以上4条，核心是为留学日本的中国青年和各地华侨子女提供一个进一步深造的场所，以培植人才，推进维新事业。这是富有远见而易有成效的

---

1 《清议报全编》第15卷，第24—26页。

设想。1899年9月，东京高等大同学校正式开学，招收子弟30多人，校址在东京牛込区东五轩町，梁启超任校长，日人柏原文太郎任总干事。讲课之人，除梁启超、徐勤等人之外，还有6位日本教师。所开课程，有世界文明史、政治学、伦理学、泰西学案、人群发达史、中外哲学、中外时事、日本语言文字学、诸生劄记、日本各学校讲义等，内容颇新。和湖南时务学堂相比，东京大同高等学校较注重传播西洋文化，什么卢梭、孟德斯鸠、赫胥黎等，成了青年学子研究的热门，这和梁启超赴日后眼界的开阔有非常密切的关系。这些学生当中，有11人就是梁启超在湖南时务学堂教过的学生。[1] 其条件虽较在国内艰苦一些，但志气极为高昂，梁启超在回忆蔡锷时讲道：

"戊戌政变，时务学校解散，我亡命到日本。当时那些同学，虽然受社会上极大的压迫，志气一点不消极。……其后我接到他们的来信，凑点盘费，让他们到日本来。但是我在那个时候，正是一个亡命的人，自己一个钱都没有，不过先将他们请来，再想方法。他们来了之后，我在日本小石川久坚町租了三间房子，我们十几个人打地铺，晚上同在地板上睡，早上卷起被窝，每人一张小桌，念书。那时的生活，物质方面虽然很苦，但是我们精神方面异常快乐，觉得比在长沙时还好。"[2]

如此强烈的求知欲望和梁启超的热心教诲，使东京大同高等学校办得有声有色。梁启超曾归纳了四大优点：一、不出门可知天下事；二、除乡村之愚昧无知；三、用费少，收效大；四、精选日本和西洋文化之精华。这种概括虽不能说完全准确，但在介绍世界最新知识和启迪学生新思维方面，东京大同高等学校是有独特功效的。该校培养的不少学生后来成为政坛的风云人物，有一些则背叛改良而转向革命，成了孙中山革命事业的中坚。例如秦力

---

[1] 这11位学生是蔡锷、秦力山、范源濂、林圭、李炳寰、田邦璿、周宏业、陈为益、朱茂云、李渭贤、唐才质。
[2] 转见《梁启超年谱长编》第186页。

山,"日读法儒福禄特尔、卢骚等学说,及法国大革命史,……渐心醉革命真理。"[1] 这种"种瓜得豆"的情形在梁启超办报的过程中更为突出。

早在1898年12月,梁启超就创办了《清议报》,宗旨是:一、维持支那之清议,激发国民之正气;二、增长支那人之学识;三、交通支那、日本两国之声气,联其情意;四、发明东亚学术,以保存亚粹。所开栏目分支那人论说;日本及泰西论语;支那近事;万国之近事;支那哲学、政治小说;杂文;诗文等,内容充实,形式活泼,每10天出一期,每期40页,发行量在3000册以上,行销日本、南洋、朝鲜、欧美及澳大利亚等,清廷虽屡禁,但中国本土的销售量一直居首位。该报共出100期,梁启超发表的文章在100篇之上,《清议报》完全反映的是梁启超亡命日本后头三年的精神风貌。梁启超这时对清廷极力抨击,除光绪帝之外,对统治集团的腐朽、昏庸、卖国、独裁揭露得淋漓尽致,入木三分。冯自由称其"除歌颂光绪圣德及攻击西太后、荣禄、袁世凯诸人外,几无文字。"[2] 与此同时,梁启超大谈民权,介绍西方资产阶级民主学说,讲破坏,谈"革命",论时事,紧紧抓住了一群刚刚崛起的资产阶级、小资产阶级青年知识分子的心理。梁启超自己认为《清议报》有四大优点:

一曰倡民权。"始终抱定此义,为独一无二之宗旨。虽说种种方法,开种种门径,百变而不离其宗,海可枯,石可烂,此义不普及于我国,吾党弗措也。"

二曰衍哲理。"读东西诸硕学之书,务衍其学说,以输入于中国,虽不敢自谓有所得,而得寸则贡寸焉,得尺则贡尺焉。《华严经》云:未能自度,而先度人,是为菩萨发心,以是为早,国民责任于万一而已。"

三曰明朝局。"戊戌之政变,己亥之立嗣,庚子之纵团,其中阴谋毒手,病国殃民,本报发微阐幽,得其真相,指斥汉奸,一无假借"。

四曰厉国耻。"务使吾国民知我国在世界上之位置,知东西列强待我国

---

[1] 《革命逸史》初集,第107页。
[2] 同上书,第63页。

之政策，鉴观既往，熟察现在，以图将来，内其国而外诸邦，一以天演学、物竞天择、优胜劣败之公例，疾呼而棒喝之，以冀同胞之一悟。"

"此四者，实惟我《清议报》之脉络神髓，一言以蔽之曰：广民智，振民气而已。"[1]

梁启超的概括简明而准确，《清议报》大体上突出了上述四个方面的宣传。这和当时多数中国人尤其是知识界的心态息息相联，因而博得"海内外有心人称许。"不少青年，通过读《清议报》获取了西方的进化论、天赋人权论和资产阶级的国家学说，产生了反清革命思想。在客观上，《清议报》的开民智、倡民权有为孙中山的革命事业造舆论的一面。这一点，梁启超"言者无意"，而"读者有心"，走到了梁所期求的另一面。

1901年，梁启超写了《自厉》诗两首，其中一首云[2]：

> 献身甘作万矢的，著论求为百世师。
> 誓起民权移旧俗，更研哲理牖新知。
> 十年以后当思我，举国犹狂欲语谁。
> 世界无穷愿无尽，海天寥廓立多时。

诗言志。这时的梁启超不仅对《清议报》的成功心满意得，而且要继续前进，大干十年，以求百世之师。

1902年元旦，梁启超在《清议报》停刊后又创办了《新民丛报》，更上一层楼。

梁启超在该报第1期发布了三条宗旨：一、本报取《大学》新民之义，以为欲维新吾国，当先维新吾民。中国所以不振，由于国民公德缺乏，智慧不开，故本报专对此病而药治之，务采合中西道德以为德育之方针，广罗政

---

[1] 《饮冰室合集·文集》第6，第54页。
[2] 同上书，第45，第11页。

学理论，以为智育之原本。二、本报以教育为主脑，以政论为附从，故于政治亦不得不详。惟所论务在养吾人国家思想，故于目前政府一二事之得失，不暇沾沾词费也。三、本报为吾国前途起见，一以国民公利公益为目的。持论务极公平，不偏于一党派，不为灌夫骂坐之语，以败坏中国者，咎非专在一人也。不为危险激烈之言，以导中国进步当以渐也。综观1902至1907年的《新民丛报》[1]，大致是按这三条原则办的。但内容要更广泛一些，立论更尖锐一些，所谓"不偏于一党派"之说则没有贯彻执行，在和孙中山为代表的革命党人的大论战中，《新民丛报》是保皇派的喉舌，立场极鲜明。梁启超左右了《新民丛报》的方向。

《新民丛报》每半月出一期，遇朔望日发行，专栏多达25个，有图画、论说、学说、时局、政治、史传、地理、教育、宗教、学术、农工商、兵事、财政、法律、国闻短评、名家谈丛、舆论一斑、杂俎、问答、小说、文范、绍介新著、中国近事、海外汇报、余录。这些栏目虽中间多有变动，但具有新颖、广泛、生动、吸引人等特点，一册在手，获益无穷。因此，《新民丛报》出版后，一时供不应求。梁启超在致康有为的信中称：该报"销场之旺，真不可思议，每月增加一千，现已近五千矣，似比前此《时务报》，尚有过之无不及也。"[2]1903年又增到9000份，后又达14000多份，仅国内就有发行点97个，遍布49个县市，西南、西北、东北等边远地区都有人在传阅《新民丛报》。梁启超备受鼓舞，为《新民丛报》撰稿不遗余力，有时一天写5000多字。客观地讲，梁启超的名望和学术地位和办《新民丛报》有很大的关系，直至今天，人们一提梁启超自然就想到了《新民丛报》。

和《清议报》相比，《新民丛报》一是时间长，二是内容广，三是思想新，四是政治色彩浓，五是形式活泼。《新民丛报》反映了梁启超在"而立"之年思想和学术的渐趋成熟，表明了梁氏在独立地创造自己的文化体系。他

---

1 《新民丛报》共出96期。
2 《梁启超年谱长编》第272页。

在该报发表的一系列论著，虽说在政治上逐步站到了孙中山等革命派的对立面，但在思想文化方面仍闪烁着熠熠光辉，代表着中国传统文化在20世纪初年新生的方向。

几乎和《新民丛报》同时，梁启超又创办了中国第一份专门刊登小说的杂志——《新小说报》。梁启超十分重视小说在启迪民智中的特殊作用，他在该刊第1期即明确指出："欲新一国之民，不可不先新一国之小说；欲新道德，必新小说；欲新宗教，必新小说；欲新政治，必新小说。"又称"吾中国人状元宰相之思想何自来乎？小说也。吾中国人佳人才子之思想何自来乎？小说也。吾中国人江湖盗贼之思想何自来乎？小说也。吾中国人妖巫狐兔之思想何自来乎？小说也。"[1] 在梁启超的心目中，小说是左右人们思想意识的重大武器，是促进民智开化的主要途径。因此，梁启超在《新小说报》刊发了各种各样的小说作品，连他自己也动手写起小说来了。但是，这些作品文学性并不高，是道地的政治小说，从中一眼就能看出晚清中国社会的影子。然而在20世纪初年，小说并不普及，人们的欣赏水平不高，梁启超刊出的那些小说作品还真吸引了众多的读者。从这个意义上讲，《新小说报》既有开创之功，又有一定的文学价值。10多年后，梁启超著《清代学术概论》，写到《新民丛报》和《新小说报》时，其得意之情不觉溢于朴实流畅的文字之中，其云：

"自是启超复专以宣传为业，为《新民丛报》、《新小说》等诸杂志，畅其旨义，国人竞喜读之，清廷虽严禁不能遏。每一册出，内地翻刻本辄十数。二十年来学子之思想，颇蒙其影响。启超夙不喜桐城派古文，幼年为文，学晚汉、魏、晋，颇尚矜炼，至是自解放，务为平易畅达，时杂以俚语韵法及外国语法，纵笔所至不检束，学者竞效之，号新

---

[1] 《新小说报》第1期。

文体。老辈则痛恨，诋为野狐。然其文条理明晰，笔锋常带情感，对于读者，别有一种魔力焉！"[1]

这种"魔力"，使梁启超成为"言论界之骄子"。

"言论界之骄子"

在1903年前后，梁启超是中国舆论界的"执牛耳者"。他那新颖的理论、少见的知识、严密的推理、扣人心弦的评述，富有情感的文字，使一大批青年倾倒。生活在20世纪初年的中国公民，多数受到了梁氏文字的洗礼。说梁启超的文章教育过整整一代人，是不过分的。黄遵宪在给梁启超的信中称：

"《清议报》胜《时务报》远矣，今之《新民丛报》又胜《清议报》百倍矣。惊心动魄，一字千金，人人笔下所无，却为人人意中所有，虽铁石人亦应感动，从古至今文字之力之大，无过于此者矣。罗浮山洞中一猴，一出而逞妖作怪，东游而后，又变为《西游记》之孙行者，七十二变，愈出愈奇。吾辈猪八戒，安所容置喙乎，惟有合掌膜拜而已。"[2]

黄遵宪是当时著名的诗人和文学家，他能看得上的文学巨子是不多的。这里如此称誉梁启超，说明梁启超确在知识界影响巨大。黄遵宪在致梁启超的另一信中，又对其宣传事业作了中肯的评论，其云：

"茫茫后路，耿耿寸衷，忍泪吞声，郁郁谁语，而何意公之新民说遂陈于吾前也。罄吾心之所欲言，吾口之所不能言，公尽取而发挥之，公

---

[1]《饮冰室合集·专集》第34，第62页。
[2]《梁启超年谱长编》第274页。

试代仆设身处地,其惊喜为何如也。已布之说,若公德,若自由,若自尊,若自治,若进步,若权利,若合群,既有以入吾民之脑,作吾民之气矣;未布之说,吾尚未知鼓舞奋发之何如也。此半年中中国四五十家之报,无一非助公之舌战,拾公之牙慧者,乃至新译之名词,杜撰之语言,大吏之奏折,试官之题目,亦剿袭而用。精神吾不知,形式既大变矣;实事吾不知,议论既大变矣。嗟乎,我公努力努力,本爱国之心,绞爱国之脑,滴爱国之泪,洒爱国之血,掉爱国之舌,举西东文明大国国权民权之说,输入于中国,以为新民倡,以为中国光。此列祖列宗之所阴助,四万万人之所托命也。以公今日之学说,之政论,布之于世,有所向无前之能,有惟我独尊之概,其所以震惊一世,鼓动群伦者,力可谓雄,效可谓速矣。然正以此故,其责任更重,其关系乃更巨,举一国材智之心思耳目,专注于公,举足左右,更分轻重。"[1]

这段朴实流畅的文字,一方面说明了梁启超的学说打动了亿万人的心,使其一往无前,一方面叮嘱梁启超责任重大,继续努力,是知心朋友间的肺腑之言。

在晚清文坛上,严复是自信而傲视一切的,但他在和梁启超的诘难中,也承认其重大的社会影响,在致友人的信中称梁启超"主暗杀,则人因之而倜然暗杀,主破坏则人又群然争为破坏。"[2]胡适在梁启超办《新民丛报》时恰是翩翩少年,他后来回忆说:"梁先生的文章,明白晓畅之中,带着浓厚的热情,使读的人不能不跟着他走,不能不跟着他想。"[3]《新民丛报》第16期发表过一首读该报有感的自由体诗歌,其中言道:"喜我脑筋之中日日涌新知,开辟心球理想古无之,生平读书枉千卷,何如一篇饷我神魂飞。乃想古来学界之士如烟海,纷纷孔见不足供葫芦,陆王黄颜亦杰出,凤毛麟角无乃稀,

---

[1]《梁启超年谱长编》第306页。
[2] 见李剑农:《中国近百年政治史》卷上,第220页。
[3]《四十自述》第50页。

其余汉学宋学清学书充栋，盘旋奴界守步不能逾。世界思潮至此忽大变，冲突网罗决藩篱，犁庭扫穴争倡大革命，打破学界奴性独立而不羁。"由此不难断定，梁启超的言论在20世纪初年起着反传统，思未来，冲决网罗而独树一帜的"洪水猛兽"的功用，是一大批初涉尘世又渴望有所作为的青年学子"智慧的源泉"。

梁启超的一支笔为什么会有如此大的"神力"呢？

一般来讲，一位宣传家的成功必须具备两条：一是有敏锐的思维和洞察一切的能力，认清时代的方向和人民群众特别是知识界跳动的脉搏，出一言而为千百万人热情高呼，发一论而使全国人赞不绝口；二是具备深厚的文化根底和压倒一切的表达能力，能够用大众喜闻乐见的表现形式吸引读者，成为读者心目中的"上帝"。这两条，梁启超在当时都是具备的。

19和20世纪交替的数年中，随着新学堂的兴办和科举制的废除，产生了资产阶级、小资产阶级知识分子群。这批人20岁上下，血气方刚，志向不凡，他们忧国忧民，不满清廷的专制统治，反对帝国主义的入侵，向往西方的资产阶级民主政治，痛惜国家的日益沉沦，希望振兴中华，建立一个独立、民主、富强的新中国。但他们经验不足，新知贫乏，旧的东西不屑一顾，新的知识不知何处去寻，彷徨犹豫，上下求索。谁能满足这批人的需求，谁就抓住了中国的未来，谁就可以成为言论界的伟人。梁启超恰好看中了这一点，既给这批人提供了精神食粮，又通过《新民丛报》等喊出了他们的心声。

戊戌变法时期的梁启超虽然已名声卓著，为众多学人所敬仰，但他并没有独立的思想见解，基本跟在康有为的后面摇旗呐喊，"无一字不出于南海"。亡命日本后，梁启超努力攫取世界最新知识，刻苦思考中国的现实问题，开始越出康有为的思想框架，而自构思想体系。世界风行的政治学、经济学、法学、社会学、人类学、文学艺术等，他都认真涉猎，广取博收，并通过自己的文章向国内介绍。梁启超当时的论著贯穿了一个"新"字，就是用新的现代意识、现代理论去阐发自己的政治见解。他认为："今日之世界，新世界也，思想新，学问新，政体新，法律新，工艺新，军备新，社会新，人物新，凡全世界有形无形之事物，一一皆辟前古所未有，而别立一新天地。美哉，新法！盛哉，新法！人人知之，人人慕之，无俟吾论。"[1] 这种新知识、新理论、新人物正是1900年前后的中国青年所渴求的。梁启超的新追求和青年学子的向往一旦沟通起来，《新民丛报》自然供不应求了。

1901年前后，梁启超的政治观点也发生了很大的变化。他不像康有为，死抱住过去的观点，一成不变。在初期《新民丛报》的许多著述中，梁启超适合广大中国人的口味，对清廷及慈禧太后不遗余力地进行鞭挞，对专制政治无情地加以批判，有时还呼吁"大破坏"，礼赞武装革命。康有为责难他，他也不在乎，反自称"为国而善变，就是磊磊落落的大丈夫。"[2] 他在《拟讨专制政体檄》中写道：

"起起起！我同胞诸君！起起起，我新中国之青年！我辈实不可复生息于专制政体之下，我辈实不复生息于专制政体之下！专制政体者，我辈之公敌也，大仇也，有专制则无我辈，有我辈则无专制。我不愿与之共立，我宁愿与之偕亡！使我数千年历史以脓血充塞者谁乎？专制政体也。使我数万里土地为虎狼窟穴者谁乎？专制政体也。使我数百兆人民向地狱过活者谁乎？专制政体也。……专制政体之在今日，有百害于我而无一利！我辈若犹靦然恭然，与之并立于天地，上之无以对我祖宗，中之无以对我自己，下之无以对我子孙。我辈今组织大军，牺牲生命，誓剪灭此而后朝食。壮行何畏，师出有名，爰声其罪，布告天下，咸使闻知。"[3]

如此痛快淋漓、热情奔放的评述，凡有血性之中国儿女，读后没有不热血

---

[1] 《清议报》第85期。
[2] 《自由书》，《饮冰室合集·专集》第2。
[3] 《梁启超选集》第380页。

上涌、拍案而起的。梁启超成为当时追求进步的青年崇拜的偶像是顺理成章的。

客观地讲，在1903年之前，梁启超的思想激进程度几乎可以和革命派划等号。他讲"革命"，谈破坏，较那时的革命党人的影响面还要大一些。他甚至认为救中国的唯一出路就是大革命、大破坏。其在东京高等大同学校讲课时称："今日之中国，又积数千年之沈疴，合四百兆之痼疾，盘据膏肓，命在旦夕者也。非去其病，则一切调摄、滋补、荣卫之术，皆无所用。故破坏之药，遂成为今日第一要件，遂成为今日第一美德！……破坏主义者，实冲破文明进步之阻力，扫荡魑魅魍魉之巢穴，而救国救种之下手第一著也。"[1] 在1901年前后那种"国将不国"的日子里，梁启超这种言论是大快人心的，其在国人心目中的地位自然与日俱增。

可贵的是，梁启超在介绍西方新文化和宣传自己的政治主张时，创造了一种通俗流畅、热情奔放、脍炙人口的"新文体"，非常适合中下层知识分子尤其新兴青年学子的口味。这就使梁启超的文章产生了新的魅力，像一轮初升的红日，给人们带来勃勃生机。我们不妨先读其《少年中国说》中的一段文字：

"欲言国之老少，请先言人之老少。……老年人如夕照，少年人如朝阳；老年人如瘠牛，少年人如乳虎；老年人如僧，少年人如侠；老年人如字典，少年人如戏文；老年人如鸦片烟，少年人如泼兰地酒；老年人如别行星之陨石，少年人如大洋海之珊瑚岛；老年人如埃及沙漠之金字塔，少年人如西伯利亚之铁路；老年人如秋后之柳，少年人如春前之草；老年人如死海之潴为泽，少年人如长江之初发源。此老年与少年性格不同之大略也。梁启超曰：人固有之，国亦宜然。"[2]

这样一连串的排比、形象而生动的比喻、优美而富诗意的文字，对读者

---

[1]《清议报》第84期。
[2]《清议报》第35期。

有巨大的感染力。请再读《说希望》中的一段：

"希望者，制造英雄之原料，而世界进化之导师也。……希望者，人类之所以异于禽兽，文明之所以异于野蛮，而亦豪杰之所以异于凡民者也。亚历山大之远征波斯也，尽斥其所有之珍宝以遍赐群臣。群臣曰：'然则王更何有乎？'亚历山大曰：'吾有一焉，曰希望。'夫亚历山大之丰功盛烈，赫然照烁于今古，然其功烈之成立，实希望为之涌泉。宁独亚历山大而已，摩西之出埃及也，数十年徘徊于沙漠之中，然卒能脱犹太人之羁轭，导之于葡萄繁熟蜜乳馥郁之境。摩西之能有成功，迦南乐土之希望为之也。……自古之伟人杰士，类皆不肯苟安于现在之地位，其心中目中，别有第二之世界，足以饷人类向上求进之心。既悬此第二之世界以为程，则萃精神以谋之，竭全力以赴之，日夜奔赴于莽莽无极之前途，务达其鹄以为归宿，而功业成就之多寡，群治进化之深浅，悉视其希望之大小为比列差。盖希望之力，其影响于世间者，固若是其伟且大也！"[1]

这种政论文章，掺入典故、名人轶事、半文半白、深入浅出，绝无板起面孔训人之意，使读者在轻快自如当中接受了梁启超的观点，给人以美的享受。

晚清文坛，是一个多变而争雄的时代。桐城派文体曾风行过一阵，严复的汉魏风格也有一定的市场，章太炎古典而儒雅的风度也博得不少文人的喝彩，但相比之下，都较梁启超稍逊风骚。对此，亲临其境的吴其昌有一段中肯而富有诗情画意的评述，非读不可：

"当年一班青年文豪，各家推行着各自的文体改革运动，如寒风凛冽中，红梅、腊梅、苍松、翠竹、山茶、水仙，虽各有各的芬芳冷艳，但在我们今天立于客观地位平心论之，谭嗣同之文，学龚定庵，壮

---

[1]《饮冰室合集·文集》第14，第18—20页。

丽顽艳，而难通俗。夏曾佑之文，杂以庄子及佛语，更难问世。章炳麟之文，学王充《论衡》，高古淹雅，亦难通俗。严复之文，学汉魏诸子，精深邃密，而无巨大气魄。林纾之文，宗诸柳州，而恬逸条畅，但只适小品。陈三立、马其昶之文，桃祢桐城，而格局不宏。章士钊之文，后起活泼，忽固执桐城，作茧自缚。至于雷鸣怒吼，恣睢淋漓，叱咤风云，震骇心魄，时或哀感曼鸣，长歌代哭，湘兰汉月，血沸神销，以饱带情感之笔，写流利畅达之文，洋洋万言，雅俗共赏，读时则摄魂忘疲，读竟或怒发冲冠，或热泪湿纸，此非阿谀，惟有梁启超之文如此耳！即以梁氏一人之文论，亦惟有戊戌以前至辛亥以前（约1896—1910年）如此耳。在此16年间，任公诚为舆论之骄子，天纵之文豪也。革命思潮起，梁氏之政见既受康氏之累而落伍，梁氏有魔力感召的文章，也就急遽的下降了。可是就文体改革的功绩论，经梁氏十六年来的洗涤与扫荡，新文体（或名报章体）的体制、风格、乃完全确立。"[1]

这段评论，妙在能从晚清的大文学环境中，通过众多文豪的比较，既说明了梁启超新文体的特点和地位，又指出了政治上的激进与落伍和实际的社会影响有极密切的关联。事实上，梁启超在1903年漫游新大陆后，随着其政治上的滑坡，其言论界的执牛耳地位即一天天下降。再好的文体，如果失去了反映民众呼声的精神支柱，也就黯然失色了。

漫游新大陆

梁启超赴日后的四五年中，先后出访了檀香山、澳大利亚和美国，由一南国边远地带之"乡人"变成了"世界人"。

---

[1] 转见孟祥才：《梁启超传》第86—87页。

1899年12月20日，梁启超由日本横滨乘船，奔赴美国之檀香山，目的是发展自己的组织，推进变法维新。这时的梁启超，英姿勃发，颇有一番干大事业的雄心。他在船中写下26首诗，名曰《壮别》，又作有"二十世纪太平洋歌"，读后令人热血沸腾。

《壮别》的第一首诗云：

"丈夫有壮别，不作儿女颜。风尘孤剑在，湖海一身单。天下正多事，年华殊未阑。高楼一挥手，来去我何难。"

"二十世纪太平洋歌"称：

"亚洲大陆有一士，自名任公其姓梁，尽瘁国事不得志，断发胡服走扶桑。扶桑之居读书尚友既一载，耳目神气颇发皇；少年悬孤四方志，未敢久恋蓬莱乡。誓将适彼世界共和政体之祖国，问政求学观其光；乃于西历一千八百九十九年腊月晦日之夜半，扁舟横渡太平洋。其时人静月黑夜悄悄，怒波碎打寒星芒，海底蛟龙睡初起，欲嘘未嘘欲舞未舞深潜藏。其时彼士兀然坐，澄心摄虑游窅茫，正住华严法界第三观，帝网深处无数镜影涵其旁。蓦然忽想今夕何夕地何地，乃是新旧二世纪之界线，东西两半球之中央；不自我先不我后，置身世界第一关键之津梁。胸中万千块垒突兀起，斗酒倾尽荡气迴中肠；独饮独语苦无赖，曼声浩歌歌我二十世纪太平洋。……"[1]

这首太平洋歌很长，2000多言，涉及梁启超的身世、心态、历史进化、文明演变、世界局势、进化理论、四大自由（思想、言论、行为、出版）、未

---

[1] 《新大陆游记及其他》，《走向世界丛书》第596、600—601页。另见《新大陆游记》，商务印书馆2014年版。

来展望等,是梁启超政治追求和复杂情感的集中抒发。从诗歌中可以看出,梁启超写作时恰值午夜星空,饮酒消愁,思潮起伏,欲睡不能,直至黎明,"酒罢,诗罢,但见寥天一鸟鸣朝阳。"如此浪漫,在梁氏一生中是有纪念意义的。

梁启超在檀香山停留半年,除集会、演讲,宣传其救国的改良主义主张,考察当地的风土民情之外,没有什么特殊的进展。1900年7月,他本想往美国一游,不料国内义和团风暴突起,清政府方寸已乱,自立军起义又一触即发,再加上清廷驻美公使的阻拦,于是返回日本,密赴上海。这时唐才常等人已被捕,梁觉形势危急,赶往新加坡请康有为示以方略。9月,澳大利亚的保皇会邀请梁出访,梁启超遂取道印度,风尘仆仆来到了澳洲。梁启超在澳大利亚8个多月,大部分时间住在悉尼。他每日不是郊游,就是演讲,或者组织会众,或者向大亨筹款,十分忙碌。许多华侨,尤其是青年也把梁启超当作崇拜的偶像。梁启超这时的名声更大了。梁启超29岁生日时(虚岁),澳洲的《东华日报》专发一则消息,还刊出了大照片,并配有《像赞》诗云:"天生俊杰,拔萃超常;学问渊海,才德圭璋。君国筹救,民权扩张;志节耿介,文采飞扬。荦荦名世,誉播万方;经纶雷雨,应运斯臧。仰瞻颜色,邦家之光;猗欤休哉,同胞不忘。"[1] 面对这些赞誉,梁启超信心百倍,决心一展宏图。从这时期写的一些诗歌中可以看出,梁启超思想激进,挥斥方遒。他在答吴济川的赠诗中称:"年来志气尚峥嵘,欲絜民权朝玉京。君看欧罗今世史,几回铁血买文明。"[2] 显然,梁启超这时不惧怕"铁血",极力主张"民权"。1901年5月,他返回日本后,这种思想又进一步发扬光大。

1903年2月20日,梁启超由日本横滨启航,开始了他梦想已久的美国之行。他先到加拿大之温哥华,后至满地可(蒙特利尔),再驶往美国的纽约,随后游览哈佛、波士顿、华盛顿、费城、必珠卜(匹兹堡)、先丝亨打(辛辛那提)、纽柯连(新奥尔良)、圣路易、芝加哥、舍路(西雅图)、钵仑(波

---

[1] 《新大陆游记及其他》,《走向世界丛书》第630页。
[2] 同上。

特兰)、旧金山、罗省技利(洛杉矶)。10月29日,返回温哥华,31日离加拿大归日本。历时近9个月,初步了解了美国的政治、经济、社会、文化、人情、习俗以及华侨的衣食住行,在梁启超的一生中占有一定的历史地位。

梁启超回到日本后,将日记加工整理,辑为《新大陆游记》,除一部分风景描述外,主要是政治性的。综合提炼,最突出的有两点:

其一,详细考察美国的社会政治状况,旁及经济、文化,流露出无限崇敬的心情。

梁启超的政治追求,是美国那样的资本主义社会。这次有机会亲临考察,其视角自然不在繁华闹市,而在政治及社会构架。从其《新大陆游记》的目录可以清楚地看出,有关美国的41个目录中,涉及社会政治的占一半以上,诸如:美国之外交政策、美国之大统领、美国之政府、美国之社会、美国之移民、美国建国之历史、美国之两大政党、美国政俗述略等。梁启超亲自调查过美国的议会、政党,研究了美国的宪法和选举制,还走访了各类的政治家、思想家、教育家和一般平民,并考察了美国的人口、财政、移民、社会分配、学校、军队、民间团体等,有些资料,随着时间的推移,其价值十分珍贵。从总体上看,梁启超对美国无限赞美和崇敬:

他描写踏上美国后之观感称:

"从内地来者,至香港、上海,眼界辄一变,内地陋矣,不足道矣。至日本,眼界又一变,香港、上海陋矣,不足道矣。渡海至太平洋沿岸,眼界又一变,日本陋矣,不足道矣。更横大陆至美国东方,眼界又一变,太平洋沿岸诸都会陋矣,不足道矣。"

他描述纽约时云:

"纽约当美国独立时,人口不过2万余(其时美国中1万人以上之都市仅五处耳)。迨19世纪之中叶,骤进至70余万。至今20世纪之初,更骤进至350余万,为全世界中第二之大都会(英国伦敦第一)。以此增进速率之比例,不及十年,必驾伦敦而上之,此又普天下所同信也。今欲语其庞大其壮丽其繁盛,则目眩于视察,耳疲于听闻,口吃于演述,手穷于摹写,吾亦不知从何处说起。"

他参观华盛顿后,心情激动,赋诗一首:

琼楼高处寒如许,俯瞰鸿濛是帝乡。
十里歌声春锦秀,百年史迹血玄黄。
华严国土天龙静,金碧山川草树香。
独有行人少颜色,抚阑天末望斜阳。[1]

类似这样的文字,在《新大陆游记》中随处可见。在梁启超的笔下,美国繁荣富强、民主自由、蒸蒸日上。原因何在?梁启超认为是有一部完美的宪法、运行良好的国会、完备可行的制度、颇有威力的精神指导。"成功自是人权贵,创业终由道力强。"梁启超的这些评述,一方面是借美国宣传自己的政治理想,一方面在说明中国变革的必然性和迫切性。[2]

其二,关心和了解华人社会。

为了在美洲发展维新社团,梁启超对华侨、留学生、旅美华人等十分关心。他拜访过容闳,接见了不少留美生,和华侨代表讨论问题,到华人家里做客,尤其对华人聚居较多的旧金山,他有过极为详细的考察,包括华人的政治地位、经济收入、税收状况、衣食住行、思想追求、文化教育、生活习惯等。华人自发组织的一些社团,梁启超重点作过解剖。《新大陆游记》中记有旧金山各类华人团体,公立团体有:中华会馆、三邑会馆(南海、番

---

[1] 《新大陆游记及其他》,《走向世界丛书》第459、438、483页。
[2] 梁启超也看到了美国社会的一些问题,如贫富悬殊,阶级矛盾尖锐,分配不公,官场营私舞弊,选举时勾心斗角,有才华者不能当总统等,他都有评论。

禺、顺德）、冈州会馆（新会、鹤山）、宁阳会馆（新宁）、合和会馆、肇庆会馆、恩开会馆、阳和会馆、人和会馆、六邑同善堂。广东各县的慈善团体有：南海之福荫堂、番禺之昌后堂、顺德之行安堂、东莞之保安堂、香山之福善堂、新会之同德堂、新宁之余庆堂、增城之仁安堂、恩开之同福堂等。文明团体有：保皇会[1]、学生会、青年尚武会、各教会、同源总局等。秘密团体有：致公堂、保安堂、聚良堂、秉公堂、秉安堂、安益堂、瑞端堂、群贤堂、俊英堂、协英堂、昭义堂、仪英堂、协胜堂、保善社、协善堂、合胜堂、西安社、敦睦堂、萃胜堂、松石山房、安平公所、萃英堂、华亭山房、洋文政务司、保良堂、竹林山房。此外还有不少慈善团体和按姓氏组织的族姓社团。[2] 这些团体层次不齐，格调高的不多，不少是同乡会或家族式的一般结社，缺少社会公德和国家、民族意识，甚至打架斗殴，相互仇杀，梁启超想加以改造、为其所用非常困难。他引用法国一位学者的评论称："国民之心理，无论置诸何地，皆为同一之发现，演同一之式。吾观于中国之秘密结社，而不禁长太息者矣！"[3] 随后，梁启超在肯定华人社会努力奋斗的进取精神的同时，又指明了他们的四大缺点：一曰有族民资格而无市民资格；二曰有村落思想而无国家思想；三曰只能受专制不能享自由；四曰无高尚之目的。梁启超形象地指出："西人行路，身无不直者，头无不昂者。吾中国则一命而伛，再命而偻，三命而俯。相对之下，真自惭形秽。……西人数人同行者如雁群，

---

[1] 梁启超记述的保皇会在北美的总部有11个：1. 加拿大部，所属12支会，以温哥华为部长；2. 美国加辣宽尼部，所属6支会，以旧金山为部长；3. 美国西北部，所属9支会，以钵仑为部长；4. 美国东部，所属6支会，以纽约为部长；5. 美国中部，所属13支会，以芝加哥为部长；6. 美国南部，所属4支会，以纽柯连为部长；7. 墨西哥部，所属9支会，以莱苑为部长；8. 美国汶天拿部，所属12支会，以气连拿为部长；9. 中亚美利加部，所属4支会，以巴拿马为部长；10. 南亚美利加部，所属3支会，以秘鲁之利马为部长；11. 檀香山部，所属8支会，以汉挪路卢为部长。参见《走向世界丛书》第553—554页。
[2] 华人所组的族姓社团，有单姓，也有联姓。单姓的如：陈姓之颍川堂、李姓之陇西堂、黄姓之江夏堂、梁姓之忠孝堂、何姓之庐江堂、马姓之马家公所、林姓之西河堂、朱姓之沛国堂、伍姓之胥山堂等20多个；联姓的如：龙冈公所（刘、关、张、赵）、至德堂（吴、周、蔡）、溯原堂（雷、方、邝）、邻德堂（卢、罗、劳）、世泽堂（邓、岑、叶、白）等。梁启超对联姓的社团很感兴趣，认为这是一"不可思议之现象"。
[3] 《新大陆游记及其他》，《走向世界丛书》第552页。

中国人数人同行者如散鸭"[1]。这种评论，有一定的合理因素，表明梁启超充分认识到了中国社会改造和国民素质提高的艰巨性。但他看问题的角度不准确。中国人为什么不能昂首挺胸，根源在封建专制统治，是皇权把中国人的腰"压弯了"；中国人为何合群力较差，归根结底，还是专制集权的结果，过分压制的反面就是过分散漫，物极必反。梁启超摆现象，恨铁不成钢。遗憾的是，由国民素质低下，梁启超又引申到了中国不能行革命，建共和，只能实行开明专制，从而发出了"共和、共和，吾与汝长别矣"的哀叹。

和孙中山的交往

梁启超比孙中山小七岁，又是同乡，都希望在中国建立资产阶级的民主政治。但由于所选择的道路不同，二人除在1901年前后有一定的交往外，最终分道扬镳。

对康梁这一派革新势力，孙中山一向十分关注。早在1892年，孙中山在广州、澳门借行医进行革命斗争时，就注意到了在万木草堂讲学的康有为，并提出与康有为联合。不料康有为目中无人，定要孙中山具门生帖拜他为师，大伤了孙中山的自尊心，遂失败。1895年，孙中山在广州创农学会，又邀康有为、梁启超、陈千秋等维新志士加入，由于康有为不点头，不果。孙中山亡命日本从事反清活动时，深感缺少一批有一定文化学识的"文士"，就联合华侨创办了一所学校，并举荐梁启超来主持校务。康有为以梁启超办《时务报》为名，不许赴日。但孙中山和梁启超的来往并没有中断。1898年，孙中山和日本友人宫崎寅藏等笔谈，交换政治见解，曾把梁启超当作同志，称他们之间"另有秘语，非局外人所能知"。还说："弟近欲发信上海，请梁启超或其他亲信一人到此一游，同商大事。"[2] 这表明，孙中山是十分器重梁启

---

1 《新大陆游记及其他》，《走向世界丛书》第562页。
2 《孙中山全集》，中华书局1981年版，第179—180页。

超的。1898年戊戌政变后，康梁亡命，孙中山曾设法相救。康梁逃到日本后，孙中山更珍惜他与梁启超的友谊，派人去看望康梁，又通过宫崎寅藏、平山周等人转达他的问候，还"拟亲往慰问，借敦友谊。"[1]许多日本友人也认为康有为定会从戊戌政变中吸取教训，放弃改良主义，与孙中山合作进行反清革命。犬养毅、宫崎寅藏、平山周等积极找康有为做工作，最后在犬养毅的早稻田寓所，举行了孙中山、梁启超的合作会谈。由于康有为从不松口，梁启超亦不敢自行做主，所以没有谈出什么结果。随后，孙中山又派陈少白拜访康有为，陈苦口婆心，反复规劝康有为，而康有为却要报光绪帝的"圣恩"，始终不肯投入正在崛起的革命洪流。但梁启超和康有为有一定的区别，试图与孙中山携手。

1899年3月，康有为离日，梁启超和孙中山的交往进一步深化了。日本冈山县博物馆所藏的梁启超致犬养毅的信中，更说明了这一点，其中写道：

"孙逸仙近曾见先生乎？仆等之于孙，踪迹稍疏耳，非有他也。而横滨之人，或有与孙不睦者，其相轧之事，不知如何，而极非仆等之意矣。孙或因滨人之有违言，而疑出于仆等，尤非仆所望矣。敝邦有志之人既苦希（稀），何可更如此相仇！仆欲一见孙、陈而面解之，先生有暇日，约见于此间可乎？至仆等与彼踪迹不疏之故，仆见彼当面解之也。"[2]

从信中可以看出，梁启超对康有为、孙中山不和有不满之处，并认为此事由康有为做主，与己无关，希望见到孙中山、陈少白详细解释。同时要通过犬养毅等人约时间与孙中山见面。

事实上，在梁启超赴檀香山之前，他和孙中山有多次交谈，商讨合作，双方私人交往也密，用梁启超的话讲是"已订交"。章太炎认识孙中山，也

---

1 《孙中山全集》，中华书局1981年版，第179—180页。
2 转见《近代史资料》第74辑。

是通过梁启超介绍的。《太炎先生自订年谱》中称："时卓如在横滨，余往候之。……香山孙文逸仙时在横滨，余于卓如坐中遇之，未相知也。"冯自由亦记云：章太炎"由梁介绍，始识孙中山于横滨旅次，相与谈论排满方略，极为相得。"[1]孙中山、梁启超这时多函电往来，讨论一些重大问题，可惜存留下来的极少。

孙中山1899年3月2日和4月2日曾致宫崎寅藏两封信，从中透露出他对梁启超的信任：

其一云："兄果知其人诚实，可请于明日午后五时来见也。"

其二云："弟病气已消，今日已出外游行，以吸清气而抒体魄。某君前日来见时，弟已应言尽言，倘能如弟云去办，则于中国前途大有补益也。余则非弟力所能及，似可毋容再见。"

从当时的客观情况和信的内容来分析，这里的"其人"、"某君"当指梁启超无疑。《中华民国开国前革命史》中录有这时梁启超给孙中山的两封信，同样反映了孙梁之间的交往。

一为："捧读来示，欣悉一切。弟自问前者狭隘之见，不免有之，若盈满则未有也。至于办事宗旨，弟数年来，至今未尝稍变，惟务求国之独立而已。若其方略，则随时变通。但可以救我国民者，则倾心助之，初无成心也。与君虽相见数次，究未能各倾肺腑。今约会晤，甚善甚善！惟弟现寓狭隘，室中前后左右皆学生，不便畅谈。若枉驾，祈于下礼拜三日下午三点钟到上野精养轩小酌叙谭为盼。"

二是："前日承惠书，弟已入东京，昨日八点始复来滨。知足下又枉

---

[1]《革命逸史》第2集，第36页。

驾报馆，失迎为罪。又承今日畅馈，本当趋陪，惟今日六点钟有他友之约，三日前已应允之，不能不往。尊席只能恭辞，望见谅为盼。下午三点钟欲造尊寓，谈近日之事，望足下在寓少待，能并约杨君衢云同谈为妙。"[1]

孙中山、梁启超这种书信往来，不仅使他们之间的合作出现了可能，而且使革命派和维新派之间的关系日趋融洽。正在步入革命队伍的唐才常、毕永年等时常拜会孙中山，请求救国方略，孙中山亦极诚恳地表示："倘康有为能皈依革命真理，废弃保皇成见，不独两党可以联合救国，我更可以使各同志奉为首领。"[2] 这时，唐才常等人正在发动自立军起义，孙中山也表示支持。"当时自立会一面接受康梁领导，一面又遥戴中山先生，称之为'极峰'，均系通过容闳进行联络。"[3] 唐才常、林圭等人由东京返国举事时，梁启超在艺红叶馆设宴饯行，孙中山、陈少白等革命党人也出席，"各举杯庆祝前途胜利，大有风萧萧兮易水寒之概。"林圭于行前，亲往"中山请益，中山为之介绍于汉口某俄国商行买办兴中会员容星桥。其后林在汉口大得容助。"[4] 这种相互支持的情况，连清廷亦有所闻。杨崇伊在密上慈禧太后的奏折中称："康梁避迹，必依孙文，此人不除，中华无安枕之日。"[5] 亲身经历当时境况的冯自由曾有一段较客观的描述，其云：

"己亥夏秋间，梁启超因与中山往还日密，渐赞成革命。其同学韩文举、欧榘甲、张智若、梁子刚等，主张尤形激烈。于是有孙、康两派合并之计划。拟推中山为会长，而梁副之。梁诘中山曰：'如此则将置康先生于何地？'中山曰：'弟子为会长，为之师者，其地位岂不更尊'。

---

1 转见《梁启超年谱长编》第181—182页。
2 《革命逸史》初集，第74页。
3 《中华民国开国前革命史》第1册，第44页。
4 同上书，第66—67页。
5 《戊戌变法档案资料》第481页。

梁悦服。是年梁至香港，尝访陈少白，殷殷谈两党合办事，并推及徐勤起草联合章程。独徐勤、麦孟华暗中反对甚力，移书康有为告变。谓卓如渐入中山圈套，非速设法解救不可。时康在新加坡，得书大怒。立派叶觉迈携款赴日，勒令梁即往檀岛办理保皇会事务，不许稽延。梁不得已，遵命赴檀。临行约中山共商国事，矢言合作到底，至死不渝。以檀岛为兴中会发源地，力托中山为介绍同志。中山坦然不疑，乃作书为介绍于其兄德彰及诸友。"[1]

由此可知，梁启超和孙中山的合作虽然遭到了康有为等人的反对，但仍没有中断。梁启超到檀香山后，还和孙中山书信往来，希望彼此不要"故画鸿沟"，并对孙中山表示"弟甚敬兄之志，爱兄之才。"[2] 1902年后，康有为对梁启超的压力增大，梁启超一惧老师的威严，二对"革命"和破坏主义逐步持否定态度，遂背叛了和孙中山"合作到底"的诺言，在1903年底与孙中山彻底决裂了。遗憾的是，梁启超为了扩大自己的"地盘"，用革命和保皇同出一途的"理论"去欺骗华侨，把孙中山在海外辛辛苦苦建立的一些革命团体变成了保皇组织。孙中山察觉后，十分不满，于1903年冬赴檀香山等地，发表演讲，撰写文章，揭露了梁启超的所为，发展了革命队伍。从此，孙中山、梁启超成了政治上的仇敌；一直到谢世，也没有握手言和。

孙中山和梁启超是20世纪初年最有世界知识和思想建树的两位"巨人"。但侧重点不同，孙中山政治敏锐，遂领袖群伦；梁启超政治上虽不如孙中山激进，却在思想文化方面非孙可比，遂成为创造中国新文化的新星。

---

[1] 《革命逸史》初集，第50页。
[2] 《梁启超年谱长编》第258页。

八　构筑新文化的新星

新星的崛起

20世纪最初的数年，是梁启超文化创作的黄金时期。从《饮冰室合集》看，政治、经济、思想、学术方面的论著共718篇，1911年以前的为431篇，占一半以上；合集的总字数约920万，1911年前的有453万，占近50%。从文化建设的角度着眼，梁启超较孙中山的贡献要大，较章太炎也略胜一筹，是地道的文化新星。这是20世纪初年特定的社会环境和梁启超特殊的才华相结合的产物。

中国传统文化的大一统地位在鸦片战争之后已发生动摇，个别有头脑的知识分子如魏源等从反侵略的政治要求出发，竟然提出了"师夷之长技"，但太平天国时期曾国藩的理学思想广为流传，传统的封建文化并未出现大的缺口。洋务运动的"求强"、"求富"，引进了西方的武器、弹药、军舰以及各种先进的机器设备，资本主义的物质文明冲击着中国的传统文化，洋务教育和洋务新知识分子的涌现，使传统文化出现了一个洞，失去了往日的威严。戊戌新文化运动，使资产阶级的新文化在教育、科技、文学艺术以及思想等方面有了某种发展，封建文化传统在人们心目中的地位下降了。20世纪的帷幕拉开后，随着清廷的破败和中外交往的增大，人们对旧的东西已失去信心；科举制的废除，留学生的大批出洋，各类大中小新式学堂的建立，一支新知识群体的形成，更将旧的传统文化抛而远之。但是，旧的文化虽然在人们心中失去了地位，新的文化则还没有占领市场，在新旧交替的夹缝中呈现出暂时的"真空"。这种特殊的时代，必然造就出填补"真空"的文化伟人。于是，梁启超应运而出了。

1903年前后的梁启超，恰好30岁左右，又经历过戊戌变法血雨腥风的政治实践，相对成熟，且才思敏捷，旧学深厚，到日本后更有机会较广泛地接触刚传入日本的各种西洋文化，主观和客观条件都较优越。这时的梁启超已非戊戌变法时期可比，他不满足于在老师康有为的理论和学术框架中打转转，要跳出康有为的模式去独立创造自己的学术体系和思想格局。这种独立发展的要求使他急于标新立异，如饥似渴地汲取各种文化营养，为其成长为文化新星奠定了思想基础。诚如他在《清代学术概论》中所言："启超自三十以后，已绝口不谈'伪经'，亦不甚谈'改制'。""启超学问欲极炽，其所嗜之种类亦繁杂，每治一业，则沉溺于焉，集中精力，尽抛其他，历若干时日，移于他业。"[1] 如此广博而浓厚的兴趣，使梁启超广种博收，变为当时少有的多产作家和难得的通才。政治、经济、思想、文学艺术、法学、地理学、社会学、哲学、伦理学、教育学、史学、图书馆学、文化人类学、宗教学等，梁启超都有所涉猎。这种广博的特点，虽然使梁启超的新文化创造有不大精深的缺陷，但总体上给中国人以新的精神食粮，初步满足了当时一代青年的新知需求，而使自己成为新文化的旗手。20世纪初年的中国社会，普遍需要的还并不是精深的理论和堂皇的学术著作，而是有一定新意和见解的普及与专论相结合的雅俗共赏的作品。这种社会需求恰好合乎梁启超的特点，为其迅速崛起提供了社会舞台。同时，梁启超思想敏锐，求新，善变，能够捕捉新的思想火花，惯于介绍最新的文化知识，自然博得一大批青年学子的信赖，变为许多人崇拜的文化偶像。诚然，梁启超的求新和善变使他的一些论著前后矛盾，缺乏系统性和一些学者所要求的"深度"。他自己曾讲："启超与康有为最相反之一点，有为太有成见，启超太无成见。其应事也有然，其治学也亦有然。有为常言：'吾学三十岁已成，此后不复有进，亦不必求

---

[1]《饮冰室合集·专集》第34，第63、66页。

进'。启超不然，常自觉其学未成，且忧其不成，数十年日在彷徨求索中。"又称：启超"保守性与进取性常交战于胸中，随感情而发，所执往往前后矛盾。尝自言曰：'不惜以今日之我，难昔日之我'。"[1]一般情况下，人的优点和缺点是相通的。梁启超的变，使他不像康有为那样停滞不前，更不会固守一种文化而没有求。客观地讲，梁启超文化上的善于自我否定，为他成为20世纪初的文化新星创造了条件。

总之，梁启超的文化品格与当时社会需求的结合，造就了其文化上的伟人地位。

梁启超的新文化建设是通过他文化结构的更新，即较广泛地介绍西方社会政治学说来完成的。他流亡日本后，对传播欧美的各种学术流派特别感兴趣，希望通过这种方法，"抉破罗网，造出新思想。"他在《清代学术概论》中称："启超平素主张，谓须将世界学说为无限制的尽量输入。"又云："壬寅癸卯间，译述之业特盛，定期出版之杂志不下数十种。日本每一新书出，译者动数家。新思想之输入，如火如荼矣！"[2]在这种方兴未艾的翻译大潮中，梁启超以特有的文化素养和机敏的洞察力，独占鳌头。西方的众多思想和学术流派由他介绍过来，不少有名的大学问家他都有专文评说。在《饮冰室合集》中，他涉及的欧美、日本有影响的文化名人有50多位，择其要者如：

1. 卢梭。梁启超在《卢梭学案》中，系统介绍了卢梭的生平和政治主张，详细评述了《民约论》的基本观点，字里行间不乏溢美之词，表现了他对卢梭的无限崇爱。他的文章文字优美，对读者产生了强大的感染力。

2. 培根（Bacon）。在梁启超的著述中，多处论及培根。1902年，他专门写有《近世文明初祖二大家之学说》，简明而富有见地地评述了培根的一生和学说宗旨，并视其为近世文明理论的奠基者之一。梁启超认为培根的研究方法，不外两途，一曰物观；二曰心观。精炼而透彻地介绍了培根的认识

---

[1] 《饮冰室合集·专集》第34，第63、65—66页。
[2] 同上书，第65、71页。

论，这在20世纪初年是不多见的。

3. 笛卡儿（Descartes）。梁启超对笛卡儿的怀疑精神、科学态度以及剖析、综合、计算的研究方法极为赏识。他评论说："笛卡儿之后，距今至二百余年，其所谓'非见之极明者勿下断语'一言，自今日观之，几陈腐不足道矣。而所以能开出近二百余年之新学界者，实自此一语启之。盖自中世纪以来，学者惟倚傍前人，莫能自出机杼，前哲所可彼亦可之，所否彼亦否之，不复问事理之如何，附和而雷同之，所谓学界之奴隶也。及笛卡儿兴，始一洗奴性，而使人内返本心，复其固有之自由。笛氏之功，不在禹下矣。"[1]

4. 达尔文（Darwin）。早在洋务运动时期，已有人开始介绍达尔文及其学说，戊戌变法中又进一步扩大。梁启超的贡献在于一般地介绍达尔文及其"物竞天择、适者生存"的理论学说的过程中，融会贯通，较广泛而准确地运用达尔文的进化论观点和方法去分析各种社会问题，写下了一系列的论著，感人至深。如果说严复在介绍达尔文的进化论方面是一块奠基石，那么梁启超则是推广和应用达尔文进化论的辛劳的农夫，既有耕耘，也有收获。

5. 康德（Kant）。1903年，梁启超发表了《近世第一大哲康德之学说》，介绍了康德的生平和时代，评述了康德哲学的主要观点，从道德和智慧两方面论述了康德哲学的内涵和社会影响，并给予极高的评价。可贵的是，梁启超的介绍不仅全面、深入，而且形象、生动，颇能吸引读者。

6. 亚当·斯密（Adam Smith）。梁启超对亚当·斯密的经济学理论佩服之至，将其《原富》一书和美国的《独立宣言》相提并论。他在简略介绍亚当·斯密的生平和主要观点之后，重点评述了《原富》的一些章节，并加按语，发表了许多深入浅出的心得体会。梁启超对《原富》在中国的不普及深表遗憾，认为这是中国民智低下的一大原因。正是为了改变这种局面，梁启超才大力介绍亚当·斯密。其现实针对性极其鲜明。

7. 孟德斯鸠（Montesquien）。梁启超把孟德斯鸠称为法理学家、近代三

---

[1]《饮冰室合集·文集》第13，第9页。

权分立理论的奠基者。在梁启超看来，"孟氏之学，以良知为本旨，以为道德及政术，皆以良知所能及之至理为根基。……《万法精理》、《论法的精神》全书之总纲，盖在于是。"[1]在20世纪初年一大批知识青年热心研读孟德斯鸠《万法精理》的时候，梁启超在评介孟德斯鸠能作出如此中肯的评述，自然起着启迪和引导作用。

此外，梁启超还较多地介绍过亚里士多德（Aristotle）、柏拉图（Plato）、苏格拉第（Socrates）、霍布士（Hobbes）、斯拼挪莎（Spinoza）、陆克（Locke）、黎普尼士（Leibniz）、休谟（Hume）、倭儿弗（Wolff）、伯伦知理（Bluntschili）、边沁（Bentham）、颉德（Benjaman Kidd）、哥白尼（Copernicns）、瓦特（Watt）、牛顿（奈端）（Newton）、斯宾塞（Spencer）、富兰克林（Franklin）、福泽谕吉等，涉及哲学家、政治学家、科学家、经济学家、社会学家、伦理学家、文学家等许多方面。希腊的古典学术、英国的经济学说、法国的民主政治理论、德国的哲学流派等，在梁启超的笔下都有生动的描绘和评说。试一翻《新民丛报》，各种新人物、新学说、新思潮、新名词、新理论迎面而来。就是欧美蔚然而起的社会主义理论，梁启超也不遗余力地加以介绍。[2] 1903年前后，梁启超以《新民丛报》为阵地，根据自己的理解对马克思、恩格斯以及圣西门、傅立叶的生平和政治主张作过评述。他敏锐地预感到"社会主义为今日全世界一最大问题。"[3]他还善于研究社会主义的发展历史，给社会主义下各种不科学但又有一定合理成份的定义。梁启超认为

---

[1] 《饮冰室合集·文集》第13，第19页。
[2] 从目前接触到的资料来看，早在洋务运动时期中国人就注意到了欧洲的社会主义运动。当时一些出国人员的游记中记述了巴黎公社和欧洲工人运动的情况，还把社会主义者（socialist）译作"平会"。例如1877年随郭嵩焘出使英国、法国的黎庶昌在《西洋杂志》中记称："索昔阿里斯托（socialist）译言平会也，意谓天之生人，初无歧视，而贫贱者乃胼手胝足，以供富贵人驱使，此极不平之事，而其故实由于国之有君，能富贵人、贫贱人。故立党为会，……冀尽除各国之君使国无主宰，然后富贵者无所恃，而贫贱者乃得以自伸。"此后，上海《万国公报》在1899年第121至123期连续刊出了由李提摩太译、蔡尔康撰文的《大同学》的文章，其中提到欧洲"百工领袖著名者德人马克思也。"又讲："近世学派，有讲安民新学之一派，为德国之马克偲，主于资本者也。"
[3] 《新大陆游记及其他》第105页。

社会主义是一种"迷信"，其目的"在救自由竞争之弊而已。"[1] 德国的马克思，"社会主义之泰斗也。"[2] 在 1905 年前后，梁启超的社会主义知识是最丰富的，他也常常自诩为"社会主义"的理论家。当孙中山等革命党人著文去论述社会主义时，他讥之为"吠影吠声，""未识社会主义之为何物也。"[3] 当然，在 20 世纪初年，无论是梁启超，还是孙中山，都不真正懂得社会主义的科学内涵，他们无非是从各自的政治需要出发，各取所需，为其所用。但是，从另一方面看，梁启超极力关注欧美的社会主义运动，并力所能及地加以介绍，这不仅说明他对西方文化的强烈追求，而且显示出他在文化建设上兼收并蓄的博大胸怀。这也是 20 世纪初年他在文化方面成绩优异的重要原因之一。

1901 年后的 10 年间，虽然是西方资产阶级新文化在中国广泛传播并逐步成长和发展的重要时期，但在政治、思想和学术界并未形成"全盘西化"的不良倾向，占统治地位的思想文化主张是"中西并重"。梁启超也是这样，他在刻意介绍西方新文化的过程中，努力用最新意识去重新认识中国传统文化，弘扬中国优秀文化的合理内核。1903 年前后，梁启超写了一系列评论中国古代政治、经济、文化典籍、学术流派的文章，既指明了其封建的落后性，也论述了其在新形势下的适用性和可取性，为民族文化的再生进行了许多有益的尝试。同时，梁启超也极力反对"全盘西化"的"欧化主义"，抨击歪曲西方文化和贬斥中国民族文化的各种不良倾向。他在《新民说》第 18 节《论私德》中曾明确指出：

> "五年以来，海外之新思想，随列强侵略之势力以入中国，始为一二人倡之，继焉千百人和之。彼其倡之者，固非必尽蔑旧学也，以旧学之简单而不适应于时势也，而思所以补助之，且广陈众义，促思想自

---

[1] 《杂答某报》，《新民丛报》第 86 期。
[2] 《进化论革命者颉德之学说》，《新民丛报》第 18 期。
[3] 《杂答某报》，《新民丛报》第 86 期。

由之发达，以求学者之自择。而不意此久经腐败之社会，遂非文明学说所遽能移植。于是自由之说入，不以之增幸福，而以之破秩序；平等之说入，不以之荷义务，而以之蔑制裁；竞争之说入，不以之敌外界，而以之散内团；权利之说入，不以之图公益，而以之文私见；破坏之说入，不以之箴膏肓，而以之灭国粹。"

梁启超的这段话，是他"中西并重"的文化观的典型说明。他既呼吁介绍西学，以补中国文化的不足，也反对拾西方文化的牙慧去排斥中国民族传统。这反映了中国社会和文化发展的历史特点，也合乎多数中国人的心理。近百年文化变迁的历史表明，顽固抱着传统文化不放和用西方文化全盘置换中国旧文化的人，都没有太大的市场，都不可能成为新文化建设的领袖人物。梁启超介于上述两种人物的中间状态，中学、西学皆可驾驭，在政治文化、经济文化、宗教文化、学术文化等多方面都有一定的建树，其作为文化新星而在20世纪初中国大地上的崛起就势所必然了。

政治观：国家公有、公理、共和

政治文化是以制度为核心并围绕国家制度而辐射的各种文化理论和文化现象，其关系一个国家的走向和民族的命运。梁启超自然对此十分关心。早在戊戌时期，他就发表过不少论著，但并未形成较系统的政治文化格局。流亡海外后，梁启超眼界日开，涉猎日广，对国家的前途、民族的命运提出了自己一系列的看法，形成了带有理论意义的政治文化体系，给中国文化注入了生机。

梁启超政治文化的理论指导是西方资产阶级的进化论和天赋人权论，实际研究对象是现实的中国问题。在他看来，资产阶级的国家学说、政治学理论是历史的一大进步，反映了社会前进的步伐。19世纪末和20世纪初，世界各国制度只能在专制和民主中进行抉择，而资产阶级的立宪制必然置换专制政体而傲然突起。他在《立宪法议》一文中指出："抑今日之世界，实专制、立宪两政体新陈嬗代之时也。按之公理，凡两种反比例之事物相嬗代必有争，争则旧者必败，而新者必胜。故地球各国，必一切同归于立宪而后已，此理势所必至也。"[1] 从这种历史演进的必胜的认识出发，梁启超刻苦研究并大力宣传西方的政治学理论和国家制度，1903年前后发表的有见地的论文不下20篇。在梁启超的笔下，立宪政治反映了人争自由、求发展的本质，是天赋人权论的具体体现。他明确指出："自由者，权利之表证也。凡人所以为人者，有二大要件，一曰生命，二曰权利，二者缺一，时乃非人。故自由者，亦精神界之生命也。"[2] 他在《新民丛报》中还称："幸福生于权利，权利生于智慧。……一群之人，其有智慧者少数，则其享幸福者少数；其智慧者多数，则共享幸福者多数；其有智慧者最大多数，其享幸福者亦最大多数。其比例殆有一定，而丝毫不能差忒者。故言治者，必非可漫然曰：吾予国民以最大多数最大幸福而已。"[3] 将这些论述归结到一点，梁启超的国家学说是自由为体，智慧为用。为构筑这种思想基础之上的天赋人权的政治文化，他从三个大的方面进行了较全面的论述。

首先，国家是公有的。

戊戌时期，梁启超已提出了国家公有论，但没有进行系统的论述。1903年前后，他结合西方资产阶级的国家学说，在不少文章中反复强调国家的公有性，人民的决定性，并鞭笞"父传子家天下"的反动性。他明确指出："一国之土地，一国人所公有也。无论何人，不得以私诸一己。"[4] 他曾系统研究了国家思想变迁的历史，发表了《国家思想变迁异同论》，将古代、近代，中国、欧洲在国家问题上观念的演变作了透彻的说明，结论是：古代是家族主义、酋长主义，帝国主义时代，近代是民族主义、国家公有主义时代，国家

---

1 《清议报》第81期。
2 《十种德性相反相成义》，《清议报》第83期。
3 《最大多数最大幸福议》，《新民丛报》第18期。
4 《拟讨专制政体檄》，《梁启超选集》第381页。

由私有向公有的转化是任何人都无法阻挡的。为阐明这一历史大趋势,梁启超列了一张简明而富有说服力的表,试一观之:(见下表)

欧洲、中国新旧国家思想比较

序号	甲　欧洲旧思想	乙　中国旧思想	丙　欧洲新思想
1	国家及君主、人民,皆为神而立者也,故神为国家之主体。	国家及人民,皆为君主而立者也,故君主为国家之主体。	国家为人民而立者也。君主为国家之一支体,其为人民而立,更不俟论。故人民为国家之主体。(19世纪下半纪之国家主义,亦颇言人民为国家而立,然与旧思想有绝异之点,另详)
2	人民之一部分,与国家有关系。国家者半公私之物也,可以据为己有,而不能一人独有。	国家与人民,全然分离。国家者,死物也,私物也,可以一人独有之,其得之也,以强权以优先权。故人民之盛衰,与国家之盛衰无关。	国家与人民一体。国家者,活物也(以人民非死物故),公物也(以人民非私物故),故无一人能据有之者。人民之盛衰,与国家之盛衰,如影随形。
3	治人者为一级,被治于人者为一级,其地位生而即定,永不得相混。	治人者为一级,治于人者为一级,其级非永定者,人人皆可以为治人者。但既为治人者,即失治于人之地位;既为治于人者,既失治人者之地位。	有治人者,有治于人者,而无其级。全国民皆为治人者,亦皆为治于人者。一人之身,同时为治人者,亦同时即为治于人者。
4	帝王代天临民,帝王之权即神权,几与神为一体。	帝王非天之代理者,而天之所委任者,故帝王对于天而负责任。	帝王及其统治权,非天之代理;而民之代理;非天之所委任,而民之所委任;故统治者对于民而负责任。
5	政治为宗教之附属物。	宗教之为政治之附属物。	政治与宗教,各有其独立之位置,两不相属。
6	公众教育,权在教会。	无公众教育。	公众教育,权在国家。
7	立法权在少数之人(君主及贵族),其法以神意为标准。	立法权在一人(君主),其法以古昔为标准。(或据先哲之言,或沿前期之制,或仍旧社会之习惯)	立法之权在众人(全国民),其法以民间公利公益为标准。

续表

8	与中国旧思想略同。	无公法、私法之别。国家对于人民，有权利而无义务，人民对于国家，有义务而无权利。	公法、私法，界限极明。国家对于人民，人民对于国家，人民对于人民，皆各有其相当之权利义务。
9	全国人皆受治于法律，惟法律有种种阶级，各人因其身份而有特异之法律。	惟君主一人立于法律之外，其余皆受治于法律，一切平等。	全国人皆受治于法律，一切平等，虽君主亦不能违公定之国宪。
10	政权分散，或在王，或在诸侯，或在豪族，或在市府，无所统一。	政权外观似统一，而国中实分无量数之小团体，或以地分，或以血缘分，或以职业分。中央政权，谓之强大也亦不可。	政权统一，中央政府与团体自治，各有权限，不相侵越。
11	列国并立，政治之区域颇狭，且有贵族阶级，故人民常不得自由。	庞大一统，政治之区域寥阔，且无贵族阶级，故政府虽非能予民以自由，而因其统治力之薄弱，人民常意外得无限之自由（亦意外得无限之不自由）。	政府为人民所自造，人民各尊其自由，又委托其公自由于政府，故政府统治之权甚大，而人民得有限之自由。

此表要说明的观点是：一、国家为人民而立；二、国民一体化；三、统治权非天所授，而掌握在人民手中；四、国家和人民各有自己的权利和义务。从这种思想指导出发，梁启超有力地批判"私天下"的思想理论体系，抨击清政府的封建独裁。他写的《拟讨专制政体檄》，用交织着愤怒与抗击的情感，列举了专制政体的十大罪状，并号召人们奋力讨伐。他发表的《中国积弱溯源论》，拨之历史，着眼现实，旁征博引，历数了"私天下"给中国带来的祸患，指明了"公天下"的历史必然。梁启超把帝王视为"民贼"，认为中国"数千年民贼既以国家为彼一姓之私产，于是凡百经营，凡百措置，皆为保护己之私产而设，此实中国数千年来政术之总根源也。"一部二十四史，就是"民贼"之间的争夺史，又是他们保存自己"私天下"的卑劣史。梁启超指出，这些"民贼"为了保守自己的"产业"，"盖其治理之成绩有三：曰愚其民，柔其民，涣其民是也。"[1] 如此尖刻的抨击，表明梁启超急

---

1 《清议报》第80期。

切希望中国变"私有"为公有、变专制为民主。为了保证国家的公有性,梁启超还特意写了《论政府与人民之权限》,把政府和人民视作国家的两个基本的组成部分,政府可以更迭,人民可以变迁,而国家的超然的"公有"不能改变。他认为:"天下未有无人民而可称之为国家者,亦未有无政府而可称之为国家者,政府与人民,皆构造国家之要具也。故谓政府为人民所有也不可,谓人民为政府所有也尤不可,盖政府、人民之上,别有所谓人格之国家者,以团之统之。国家握独一最高之主权,而政府、人民皆生息于其下者也。"[1] 这里把国家在公有前提之下"人格化"、神圣化,自然是为了说明国家的卓然独立性和公有性。此论一出,"家天下"的国家理论不攻自破,专制独裁亦变为反动,中国封建的国家观念从根本上动摇了。

其次,国家是公理的。

从"公天下"的理论出发,梁启超认为国家应是"公理"的象征,而不是个人意志的体现。具体讲则是国家应是法制的,讲道理的,而不是随意的。体现国家意志的是法,而不是个别"英雄"人物。他指出:"国家者人格也。凡人必有意志然后有行为,无意志而有行为者,必疯疾之人也,否则其梦呓时也。国家之行为何?行政是已。国家之意志何?立法是已。"梁启超的观点是:"两平等者相遇,无所谓权力,道理即权力也;两不平等者相遇,无所谓道理,权力即道理也。"[2] 由此推论,法是国家的意志,是人与人平等的根本保证。有了这个法,国家就有元气,人民就能争取到平等。这个体现国家公理和意志的大法是什么呢?梁启超的回答是:"宪法"。"宪法者何物也?立万世不易之宪典,而一国之人,无论为君主、为官吏、为人民,皆共守者也,为国家一切法度之根源。此后无论出何令,更何法,百变而不许离其宗者也。西语原字为'The Constitution',译意犹言元气也。盖谓宪法者,一国之元气也。"[3] 梁启超眼中的宪法不仅是左右一国面貌的指挥棒,而且

---

[1] 《新民丛报》第3期。
[2] 《国家思想变迁异同论》,《清议报》第95期。
[3] 《立宪法议》,《清议报》第81期。

是民权的集中体现。由宪法来代表民意，由民权来制约宪法。他曾讲："宪法与民权，二者不可相离，此实不易之理，而万国所经验而得之也。"[1] 如果有了民权左右下的宪法，一可杜绝为争皇权而造成的社会大动乱，改变中国数千年历史所反复出现的"一治一乱"，而达到长治久安；二可消除个人独裁，使民主参政成为现实，"人人皆可为尧舜"；三可充分发挥各级官吏的才华，集思广益，为国献策，充满活力；四可使国家有统一意志，统一行动，统一秩序；五可开发全民智力，人才辈出，国民素质与日俱增。在梁启超看来，宪法是一国昌盛的灵丹妙药，有了它一切皆生机勃勃；没有它，国家就一天不如一天。用这种思想认识绳之以清廷，梁启超感到其衰败的根源就是没有像欧美发达国家那样有一部良好的宪法。以致皇帝专权，人民反对，各级官吏亦如木偶，无血无气，难以为国家效力。

这种批评，可谓入木三分。专制政体下的官吏，由于无法可依，唯皇帝之命是从，当然如"死物"，毫无生气。但是，有了宪法，是否能从根本上解决类似的许许多多的问题，确也未必。梁启超关于以宪法为纲达到公理的、法制的国家的设想是美好的、积极的、进步的，但也带有几分书生气。晚年梁启超参政过程中的到处碰壁，才使他认识到制定宪法不易，实施宪法更难。梁启超留给后人的仅是实现公理的国家的愿望。

第三，国家是共和的。

何为国家？梁启超曰："有土地、人民立于大地者谓之国。"[2] 何为政府？"代民以任群治者也。"何为政府之组织原理？"在民约。人非群则不能使内界发达，人非群则不能与外界竞争，故一面为独立自营之个人，一面为通力合作之群体。"[3] 这种以"民约"为基础所组织的政府就是梁启超所追求的共和制。其主要思路是："国家之所以成立，乃由人民合群结约，以众力而自保

---

1 《立宪法议》，《清议报》第 81 期。
2 同上。
3 《论政府与人民之权限》，《新民丛报》第 3 期。

其生命财产者也,各从其意之自由,自定约而自守之,自立法而自遵之,故一切平等。"[1]这种理论自卢梭倡导之后,已风靡于欧美,并按孟德斯鸠所创立的立法、行政、司法三权分立的原则,建立了许多共和政府。梁启超认为这是当时世界上最美好的政府组织,至少有五大优点:一、养成国民之自觉心,使人自知其权利义务,且重名誉也;二、使人民知人道之可贵,互相尊重其人格也;三、以选举良法,使秀俊之士,能各因其才以得高等之位,而因以奖励公民之竞争心也;四、凡有才能者,不论贫富贵贱,皆得自致通显,参掌政权,以致力于国家也;五、利导人生之善性,使国民知识,可以自由发达,而幸福日增也。梁启超还把共和政体分为两类:一为民主立宪,一为君主立宪。他认为:"民主立宪政体,其施政之方略,变易太数,选举总统时,竞争太烈,于国家幸福,未尝不间有阻力。"而君主立宪政体,既保证了立法、行政、司法三权的顺利实施,又不致造成重大的社会动荡,"故君主立宪者,政体之最良者也。"[2]至此,梁启超的政治文化追求落到了实处,即在中国实现君主立宪。

但是,梁启超的君主立宪式的共和制有两个前提条件:一是反对通过大革命的方式推翻旧的封建王朝,梦想用不流血的改良的方法取得成功;二是通过教育广泛地提高国民素质,待民众达到作共和国民的资格之后,再建立共和制。如此设想不能说不好,更不能说没有道理,问题在于不符合中国国情。长期的封建专制,使中国缺少民主和法制,政权的更迭基本上都是通过武装斗争来实现,试图不用武装斗争来解决共和制代替封建制的重大历史转变,是绝对行不通的。中国民众在专制体制的压抑下,素质不高,离标准的共和国民有较大距离,但只能一边争民主,一边去提高,梁启超那种等民众提高了素质之后再争共和的设想是不现实的。在这两个大问题上,梁启超进入了误区。所以他在对中国的客观现实作了一番认真思索之后,深感共和在

---

[1] 《论学术之势力左右世界》,《新民丛报》第1期。
[2] 《立宪法议》,《清议报》第81期。

中华开花结果之难，遂决定暂时收起共和的论调。他颇有感情地写道："呜呼痛哉！吾十年来所醉所梦所歌舞所尸祝之共和，竟绝我耶？吾与君别，吾涕滂沱。……呜呼，共和共和，吾爱汝也，然不如其爱祖国！吾爱妆也，然不如其爱自由！吾祖国吾自由其终不能由他途以回复也，则天也；吾祖国吾自由而断送于汝之手也，则人也。呜呼，共和共和，吾不忍再污点汝之美名，使后之论政体者，复添一左证焉以诅咒汝。吾与汝长别矣！"[1]这种如泣如诉的自责，说明梁启超由于某些思维上的失误而产生了无法解脱的矛盾和痛苦。所以，梁启超以共和为核心的政治文化在理论上、学术上是上乘的、积极的，在实际推行上是困难的、消极的，走入现实中的误区。

经济观

1903年前后，梁启超陆续发表了《中国改革财政私案》、《生计学学说沿革小史》、《二十世纪之巨灵托拉斯》、《外资输入问题》、《中国货币问题》等，初步形成了以西方资产阶级的经济学理论去研究中国经济问题的新型文化思想，为一批注重经济学研究的青年学者所倾倒。

西方古典的经济学理论在第二次鸦片战争后已有零星的介绍，但真正研究者极少。中日甲午战争之后，随着严复翻译的《原富》等一批英国经济学论著的印行，一些学者才对政治经济学发生了兴趣。20世纪初年，大批青年负笈日本留学，对日本流行极广、研究极热烈的经济学理论大为惊叹，不少青年潜心钻研，试图用新的经济学说去解决中国的实际问题。由于刚刚起步，对Economic的中文译名都吃不准。有人称"计学"，亦有叫"生计学"、"资生学"，"经济学"一词则是后来从日本引进的。鉴于这种勃兴期的不成熟状况，梁启超充分发挥其见识广、善提炼的优势，努力介绍西方的经济学理论（梁启超称之为生计学理论）。他根据英人英格廉（Ingran）、意大利人

---

[1]《政治学大家伯伦知理之学说》，《新民丛报》第38期。

科莎（Cesa）和日本学者井上辰九郎所写的西方经济学史，编辑了《生计学学说沿革小史》，简明而较全面地介绍了欧美经济学说的发展历史和基本观点。梁启超认为生计学"为今世最盛之学，其流别最繁，其变迁最多，其学科之范围最广，其研究之方法最赜，非专门名家，莫能测其涯矣。"他还认为欧美经济发达的一个重要原因在于生计学理论的丰硕高深。其称：

"西国之兴，不过近数百年，其所以兴者，种因虽多，而生计学之发明，亦其最要之一端也。自今以往，兹学左右世界之力，将日益大。国之兴亡，种之存灭，胥视其焉。呜乎，是岂畸处岩穴高语仁义之迂儒所能识也？兹学始盛于欧洲，仅150年以来，今则磅礴烨灿，如日中天，支流纵横，若水演派，而我中国人非惟不知研此学理，且并不知有此学科，则其丁兹奇险而漠然安之也，又何怪焉！"[1]

这种认识，极为正确。它促使梁启超刻苦努力、千方百计去研究和介绍西方的经济理论，这主要是：

1. 经济学理论在西方的产生。梁启超认为经济学说产生于古希腊，主要散见于当时的政治、历史、哲学、法律等著作中，贡献最大的是希罗多德（Herodotus）、条斯大德（Thucydides）、柏拉图（Plato）、芝诺芬尼（Xenopbon）、亚里士多德（Aristotle）等人。不过，那时的所谓经济学仅是一般地涉及商业、农业、货币、市场等，还未形成独立的经济理论。从英国的亚当·斯密开始，经济学才形成为一门完整的科学，其主要标志是《原富》一书的出版。梁启超认为："亚氏实千古之大儒也，凡名学、数学、伦理学、心理学、物理学、天文学、政治学等，无一不仰为开山之祖师，而生计学亦其一端也。亚氏实总古代兹学之智识，而集其大成贻来哲者也。治兹学者，乌可不薰沐而崇拜之。"[2]

---

[1] 《饮冰室合集·文集》第12，第1、5页。
[2] 同上书，第10页。

2. 经济学理论演变的历史。梁启超将亚当·斯密之前划为一大时期，这主要是第一阶段的上古生计学（希腊、罗马）、中古生计学；第二阶段的16世纪生计学、重商主义、17世纪生计学、18世纪上半期生计学、重农主义。亚当·斯密之后为第二大时期，有影响的学派有亚当·斯密派（亚当·斯密学说、厌世主义学说、乐天主义学说、门治斯达派、约翰·穆勒及其前后之学说）、非亚当·斯密派、新学派（历史派、国群主义派）。经济学理论发展过程中的特点、影响、各派的基本主张和优缺点，梁启超都有简略的概括和说明，对初学经济学的人来说，真是恰到好处，求之不得。

3. 重要的经济思潮。梁启超把评述西方的各种经济思潮作为他传播资产阶级理论的重点。如17世纪出现的重商主义（Merchantile System），梁启超着重分析了其出现的历史背景，主要观点和流派，实际作用和存在的问题，并结合中国的现状提出了自己的见解。他认为重商主义在16世纪以后之欧洲，"诚不免阻生计界之进步，若移植于今日之中国，则诚救时之不二法门。"[1] 再如18世纪兴起的重农主义，梁启超用较大篇幅论述其在法国产生的过程，分析代表人物的代表论著，考察重农主义的内涵和外延，评述其客观社会效果，历史地指出其积极的一面和消极的后果等。至于以亚当·斯密为旗手的资产阶级的自由经济学思潮，梁启超则反复加以评述，有关代表作品的主要章节都有详细介绍。

4. 最新经济学说。19世纪末20世纪初，随着资本主义自由竞争经济的高度发展，出现了垄断资本主义集团，其主要标志就是托拉斯（trust）的大量产生。当时中国人并不知托拉斯为何物，对垄断经济理论也很陌生。梁启超则对此有一定的研究，发表了《二十世纪之巨灵托拉斯》，推进了人们对欧美最新经济学说的了解。梁启超深入浅出，议论风生，首先分析了托拉斯出现的社会经济背景，指出这是自由竞争高度发展后的一种"反动之过渡"，是资本家相互兼并的必然结果。接着，他又介绍了美国等国托

---

[1] 《饮冰室合集·文集》第12，第21页。

拉斯集团的基本情况。然后，他论述了托拉斯的优点，如可得廉价之原料，可充分发挥机器的效能，分工更细更精密，原料利用和管理等更科学化等；但也有严重的缺点，如规模太大，尾大不掉，缺少竞争机制，人的积极性难以发挥，压制小资本家，失去平等原则等。总之，梁启超较客观、公正地分析了垄断资本主义的内涵和主要特征，使闭塞的中国思想界得到许多新的信息，新的学说。

值得一提的是，梁启超对西方经济理论的介绍并不是简单的拿来主义，而是带有较多的创造性，而且善于用中国人所喜欢的语言深入浅出地表达出来。再深奥难懂的高深理论，经他一描述，就通俗易懂，令人一目了然。这自然经过了梁启超的深思熟虑。同时，梁启超关于欧美经济学说的文章，多为评述，叙中有论，论中有叙，掺杂了许多自己的看法。虽然还不能说梁启超当时对西方经济学已融会贯通，但大体上是吃透了，基本掌握了其主要倾向。因此，梁启超介绍西方经济学说的过程也是自己独立创造新的经济文化的过程，尤其是在运用亚当·斯密的经济学说探讨中国的经济问题中，提出了一系列的经济改革设想，大致完成了其经济文化构想。其要点是：

以竞争求发展。梁启超总的目标是在中国建立新型的资本主义工商业发展体系，有广阔的市场，充足的劳动力，富有活力的民族工业、商业和近代化的农业，和世界沟通的外贸和各种技术合作。所有这一切，都要在平等、自由的竞争中取得。所以梁启超经济主张的理论基础是英国近代自由竞争学说。对此，他曾有过详细的评说：

"百年以来，自由竞争（Free Competition）一语，几为计学家之金科玉律，故于国际之通商，自由也；于国内之交易，自由也；于生产、制造、贩卖种种营业，自由也。劳力以自由而勤动，资本家以自由而放资，上自政府，下及民间，凡一切生计政策，罔不出于自由。斯密氏所谓供求相济，任物自己，而二者常趋于平。此实自由竞争根本之理论也。故此竞争行,则生产家不得不改良其物品,低廉其物价,以争贩路。以是之故,不得不求节俭其生产费,扩充其生产力。复以是故,新式机器之发明,技术意匠之进步,相缘而生焉。以物价之低廉也,增加需用者之购买力;以物品之改良也,增加其物之利用价值;以汲汲谋扩张贩路也,故交通机关(即轮船、铁路等)随而扩张,而供给日以普及。复以是故,生产家之规模愈大,其所需劳动力愈多。劳力愈多,则庸率愈腾;庸率腾而劳动社会之精神形质,俱以进步。复以是故,制造家之需原料品也愈渴,竞于购买,故原料价腾;价腾,故农虞诸业皆食其利。如此,则于全国全社会种种方面,互添活力,而幸福遂以骤进。"[1]

梁启超虽然也多次指出自由竞争的种种弊端,但就总的倾向来看,尤其是就中国当时的现状去思考问题,他是要将竞争的理论和运行机制引进中国,创建竞争制约下的资本主义经济体制。

合理利用外资。梁启超曾发表过一篇《外资输入问题》,针对当时大多数中国人对外资的困惑和忧虑,提出了较正确的看法。他认为,外资输入中国,有利亦有弊。利在补充中国资金短缺,促进财政周转,激发工商业的发展;弊在外人利用外资干涉中国内政,排挤中国民族工业,影响国民经济的独立发展。梁启超还研究了外资在中国演进的历史,论述了欧美、日本利用外资的方法,分析了外资和中国劳动力市场、土地、商品流通和工厂企业发展的关系。他的结论是,外资在中国出现的问题主要是政府引导不得力,不能制订出有力的政策,为我所用。如果能像欧美那样,"以本国公债券",自由引进外资,则有无穷之好处。因此,梁启超的设想是首先创设一有能力有眼光的新政府,若国内资金足,则暂不引进外资,若资金困难,则大力引进。但资金"无国界",想闭关绝市是不可能的,只能因势利导,合理使用。

建立银行制度。梁启超曾明确指出,"银行为国民经济之总枢纽,所关

[1]《饮冰室合集·文集》第14,第35页。

者不徒在财政而已。然国民经济不发达，则财政亦无可言。故言财政必推本于银行也。"[1] 为了在中国建立合理的银行制度，梁启超介绍了欧美、日本的银行布局和内部运行机制，还提出中国政府除建立中央银行等国家银行外，应大力发展私人银行。为刺激私人办银行的积极性，要允许其在"一定条件之下有发行钞币权。"与此相联系，梁启超提出要改革中国的货币制度。这主要是，货币发行以金本位制，根除货币混乱状况，掌握货币控制主动权。梁启超的这些主张，基本来自西方，在中国实行起来有较大难度。但中国如不仿效梁启超的方案作一些改进，又困难重重。所以当局对梁启超的建议是受之不情愿，不受又不行。这种矛盾，反映了中国改革的艰难。

进行财政改革。梁启超流亡日本之后，对财政格外关心。结合西方财政的变化情况，针对清廷所面临的严重问题，梁启超提出了一系列的财政改革方案。诸如改革田赋、变革盐税制度、慎重对待关税、发行公债、统一货币、划定中央和地方的财政权限等。他的基本思路是，国家愈进步，所需经费愈增加，而国家财源之大宗要在税收上作文章。他建议清政府增加一些税，如房屋税、营业税、酒税、烟税、糖税、各种登录税、印花税、交通税、遗产税等；裁掉一些税，如厘金、常关税、茶税、赌博税、牙税、当铺税、猪捐、渔捐、船捐、车捐等；同时争取对官地征税、国有森林征税、邮电和官办铁路征税。照此改革下去，梁启超初步测算，清廷的财政收入可由原来的1.3亿两增加到7亿两。梁启超的用意是好的，措施也是积极的。但清廷无法大力促进工商业发展，仅在税收上作文章，结果是税上加税，捐上加捐，中间的许多贪官污吏再借收税巧立名目，敲诈勒索，老百姓的负担不知增加几倍。封建专制制度不从根本上改造，一切改革只能是越改越乱，捉襟见肘。在这方面，梁启超也曾想到了，但估计不足。民国初年他一度任财政总长时的窘况，有力地证明了这一点。

从总体上看，梁启超的经济文化不及其政治文化那样成熟而有一定的深

---

[1]《饮冰室合集·文集》第8，第41页。

度，带有起步阶段那种随意、不协调和顾此失彼等。但是，他的经济文化新颖、深入浅出，又带有民族特色，生命力较强。而且，他从不间断，在1909年前后和民国初年进一步广泛而深入的研究，从而使他的经济思想逐步丰满和形成风格，在近百年经济文化发展史上占有较重要的历史地位。

法律观：法律进化、法治主义

法学，非梁启超之所长。但从总体上改造中国的大计划出发，他从中西法律比较的角度，以最新意识，认真审视中国历代的法律制度和法律思想，评判其得失，呼吁创造以法治为核心的中国法律新文化。他根据二十四史中的刑法志和艺文经典志、通典、续通典、皇朝通典、文献通考、续文献通考、皇朝文献通考、唐六典、唐律疏义、大清律例、唐会要，日人织田万的《清国行政法》，浅井虎夫的《支那法制史》，广池千九郎的《东洋法制史序论》、田能村梅氏的《世界最古之刑法》、穗积陈重的《法典论》[1]、奥田义人的《法学通论》、梅谦次郎的《民法原理》等，论述了从战国到明清的各项法律条文，指出了其优点和不足。为寻求中国法律思想变迁的特点和规律，他写了《中国法理学发达史论》，评述了儒家、道家、墨家、法家及其代表人物的法律主张，曲折地表达了自己的法律思想。在20世纪初期那种法学启蒙法律进化年代里，梁启超这种法律文化具有开拓意义。

梁启超把有史以来的法律变迁分为三级：

第一级："人类之始为社会，其间固自有种种惯习以为之制裁，是即法律之所由起也。故法律之起，可谓之先于国家。及社会既形成国家，而前此所谓制裁力者，渐以强制执行之，主治者与受治者之关系既确定，惯习变为惯习法，主治者复以其意之所是非，制为禁令，而一国人皆有服从之义务。"

第二级："惯习虽经承认，禁令虽经厉行，而或仅从实际方面，遇事而发表

---

[1] 李求轶译，商务印书馆2014年版。

其权力作用，而未尝以文句泐为一定之科条，使国中以共守，或虽有文句，而以隐而秘之为政治上之妙用，故法律之为用，属于理官之所专有，而人民莫能睹其端倪，其意盖为法律者统治之要具也。为主治者而立，非为受治者而立，而主治者惟常示民以不可测，乃能威天下而善其治，故有法而不公诸民，与无法同。及夫统治作用渐进步，主治者以种种原因，不得不取前此惯习及禁令，泐为条文，而特命之以法律之名，使一国知所守，于是所谓成文法者见焉。"

第三级："成文法之初起，不过随时随事，制定为多数之单行法，及单行法发布既多，不得不最而录之，于是所谓法典者见焉。然法典之编纂，其始毫无组织，不过集录旧文而已，及立法之技量少进，于是或为类聚体之编纂，画然成一体裁。及立法之理论益进，于是根据学理以为编纂，凡法律之内容及外形，皆一定之原理、原则以组织之，而完善之，法典始见"。[1]

梁启超在这里实际按法的习惯性、神秘性、公开性划分了法律演进中的三个等级。用这三级去考察中国法学史，梁启超认为中国仍处于第二级，而且不是在发展，而是一天天倒退。他认为中国自三代以来，纯以礼治为本，春秋战国之间才产生了法治思想，此后经多次反复，礼治逐步占上风，和礼治相联系的人治成为法界的主导。于是中国的所谓法律，实际成了专制独裁者手中的玩物。为了说明这种变化的前因后果，吸取有益的经验教训，梁启超首先论述了法学在中国的起源，考订了"法"、"刑"、"律"、"典"、"则"、"范"各字的出现、演变和内涵以及与此相关联的法的观念变迁。接着，他重点探讨了法家产生前这些旧学派的法律观和法家这种新学派的法律观，同时分析了法治主义、放任主义、人治主义、礼治主义、势治主义的基本倾向及其相互的关系，粗线条地勾勒出了中国法文化的变革曲线。

梁启超把旧学派的法律观分为儒家、道家、法家三个层次，认为他们有一致性，也存在着差异。他认为儒家所谓的法，本质是崇尚"自然法"。例如其称："乾元用九，乃见天则"；"天生烝民，有物有则"；"民受天地之中以

---

[1] 《饮冰室合集·文集》第16，第4页。

生，所谓命也，是以有动作威仪之则，以定命也。"这种自然法则是由"天"所定，"天人合一"，由"命"主行。这样，天所决定的自然法则非一般人所能知也。因此，只能由天委任少数代言人，即所谓的"圣人"、"英雄"。梁启超指出："儒家言人民法不可不根本于自然法，顾自然法本天，非尽人所能知也。则其道将穷，于是有道者使自然法现于实者，曰圣人。圣人之言，即自然法之代表也。圣人之言何以能为自然法之代表，儒家谓圣人与天同体者也，否则直接间接受天之委任者也，否亦其智足以知天者也。"[1]儒家自然法的推理显然是：天→自然法→圣人→百姓服从。他们用"天"作为无法认识的幻觉，以圣人来作为自然法则的化身，说到底是神秘化的所谓"圣人"治天下，法即圣人，圣人即法。这里的法，变成了"圣人"为所欲为的工具。

道家也是自然法的推崇者，但在考订自然法的起源、应用上和儒家不同。老子曾明确声称："人法地，地法天，天法道，道法自然。"又谓："功成事遂，百姓皆谓我自然"。道家的理论千条万条，最终以阐明自然为归宿。但他们反对上天支配自然说，认定自然高于一切。人只能认识自然，服从自然，绝不能以人去定法，更不能由圣人去制定什么法则。这样，道家就把自然法抽象化了，失去了具体而独立存在的价值，实际是"无为而治"，推崇一种放任主义。梁启超指出："儒家所以营营焉，经画人定法者，亦曰惟信有自然法故；道家所以屑屑然，排斥人定法者，亦曰惟信有自然法故。故道家对于法之观念，实以无法为观念者也。既以无法为观念，则亦无观念之可言。"[2]事实上，儒家和道家各走一个极端，前者以圣人代天，统治百姓；后者以无为适从自然，实质还是让老百姓静听支配。二者在神秘的所谓自然法的大旗下，派生出来的都是统治者就是法。

墨家的自然法观念较模糊，但也是倡导一种神秘主义的法律观念。他们反对无为而治，主张有法。墨子称："天下从事者不可无法仪，……百工从事，

---

1 《饮冰室合集·文集》第15，第57页。
2 同上书，第67页。

皆有法所度。"但墨子反对儒家的所谓"圣人"代天立法，认为自然较天要高，"自然法先于万有而存在"，一切法律应适合人民即百姓的正义要求，以人民的总意去立法，逐步使法接近和反映自然。何谓"人民总意"呢？墨家搞得既神秘又混乱，实际上就是由天子代表人民的意向。他们认为天子能代表"总意"者天下治，否则天下大乱。这又回到儒家的老路上去了，只不过用抽象的"总意"换成了具体的"天子"，法还是个人的意志。

总之，儒家、道家、墨家的法观念表现方式虽然不同，但本质上都是用一种神化的自然法加以推导和演绎，用"圣人"、"无为"、"总意"去伸张所谓的"正义"、"民欲"，达到天下大治。他们并不明白法的本质，更不是以天赋人权的平等原则去论述法学理论。他们对法的理论探讨随意、多变，最后都走进了"以人代法"的误区。梁启超对儒、墨、道皆持批判态度，并在剖析其谬误的过程中，阐述了自己天赋人权的法理观念。

梁启超主张法治，反对人治，因而对战国时期的法家较为赏识。他认为法家顺乎时代，适乎潮流，是中国历史前进中的必然产物。法家所倡导的法治，则是富国强兵之本。他明确指出：春秋战国交替时期，"交通既开，兼并盛行，小国寡民，万不足以立于物竞界。故大政治家，莫不取殖产主义、军国主义，即所谓富国强兵者是也。而欲举富国强兵之实，惟法治为能致之。盖非是而国家外部之膨胀，将不可望也。由是观之，则法治主义者，实应于当时之时代的要求，虽欲不发生焉，而不可得者也。"[1] 李悝、商鞅、吴起、韩非正是顺应时代的佼佼者，他们的理论和实践为中国法律文化增添了光辉的一页。

但是，一种新文化的发生，除了本身的适时性和进步性外，还要战胜与之相竞争的对手，排除各种阻力。法治主义同样是在击败一系列劲敌之后，才取得统治地位。对此，梁启超作过深刻的阐述。

法治主义遇到的第一个劲敌是春秋时期有一定影响的放任主义。这种理论

---

[1]《饮冰室合集·文集》第15，第92页。

主张无为而治,"不治为治",也即前面所提及的道家的法律观。其思想指导一是使民"清心寡欲"乃至消灭一切欲望,只要人的欲望降低了乃至消灭了,社会就安定了;二是以所谓的"良心"、"道德"治天下,要使人人有善良的心,遵守约定俗成的伦理道德规范,天下就有治了。梁启超认为这些主张的主观愿望是美好的,但是不现实和不可能的。因为人不可能无欲,民不可能不争,竞争是生物的天性也是人的本性之一。管子讲得好:"贫者非不欲夺富者财也,然而不敢者,法不使也;强者非不欲暴弱也,然而不敢者,畏法诛也。"假如不取法治,单纯消极地说教人们消除"欲望",勿争财富和地位,社会将失去安定而大乱不止。至于以道德代替法治,更不足取。梁启超认为:"道德者,只能规律以内不能规律以外;只能规律一部分之人,不能规律全部分之人。故所以标以律民者,非道德而法律也。"[1] 这些看法,虽然是重复战国时期法家的某些论述,但梁启超是针对清末的现实的,仍有重要意义。

法治主义的第二个劲敌是儒家的人治主义。人治主义的理论基础是"圣人"或"英雄"主宰历史,其在中国有最广泛的思想根基。尤其在古代,"崇拜英雄之念特甚",一切祸福皆由"英雄"所定,"英雄"甚至是"上天"的代表,"真龙天子"就是这种思想指导的具体化。所以梁启超认为,"英雄"越多,则社会越不民主;"英雄"观念不改变,则无"法治",更无民主。战国时期的法家当然没有梁启超这样高深的见解,但都驳斥人治主义的虚伪性和不可行性,认为法由"圣人"或"英雄"去定,就掺入了个人意志和私见,可能一时使国家昌盛,但不会长治久安。梁启超指出:"专制国虽或偶得英明神武之主,行开明专制国运骤进,然不能以此自安,以其不能常也。法治国虽进不必骤,而得寸得尺,计日程功。两者比较,惟法治可以为安也。故法家之论,谓人主无论智愚贤不肖,皆不可不行动于法之范围内。此至精之论也。"[2]

法治主义的第三个劲敌是礼治主义。礼治的核心是用忠孝节义等一系

---

1 《饮冰室合集·文集》第15,第72页。
2 同上书,第75—76页。

列礼节去维持社会的稳定，确保国家的有序。儒家所谓"礼者，天地之序也；""礼，众之纪也"，就是这个意思。但法家对此持否定态度，认为只讲礼，没有法，国家既得不到治理，也无法繁盛。梁启超当然是赞同法家的观点。他在列举了法家对儒家礼治主义的抨击后，作了极精辟的总结，其云："礼固为一种制裁力，不可诬也。虽然，此社会的制裁力，而非国家的制裁力也。既名之曰国家，则不可无强制组织，而礼制之所取，则劝导之谓，而非督责之谓也。语人以礼当率循，其率循与否，惟在各人之道德责任心。若其责任心薄弱，视礼蔑如者，为之奈何！法家则认人性为恶，谓能有完全之道德责任心者，万不得一，故礼治不足为治之具也。又以为人类当其以社会的分子之资格立于社会之下，则社会所以制裁之者，不得不专恃道德责任心。若当其以国家的分子之资格立于国家之下，则国家所以制裁之者，于道德责任心外，尚可以有他力焉。而道德责任心之制裁，实不完全之制裁也。社会之性质，不能为强制的，故不得不以不完全之制裁自满足；而国家既有强制的性质，可以行完全制裁。故不可徒恃道德责任心为国民行为之规律。非惟不可恃，抑亦不必恃也。"[1]

礼治和法治的争论实质上是对人性和国家职能的争论。法治在战国时期之所以能代替礼治而勃兴，关键是法治能富国强兵。战国以后的中国历史证明，梁启超在这里所提出的社会应是礼治的，国家应是法治的观点，是有科学道理的。它是对法家理论的一种补充和提高。

法治主义的第四个劲敌是势治主义。所谓"势治"就是以势压人，绝对的强制，先有权后有法。法家虽然也主张强制，但程序是先有法，后有权；权力受法律制约，法律通过相应的权力得到贯彻。梁启超指出："势也者，权力也，法治固万不能舍权力。然未有法以前，则权力为绝对的；既有法以后，则权力为关系的；绝对的固无限制，关系的固有限制。权力既有限制，

---

[1]《饮冰室合集·文集》第15，第87—88页。

则受治于其权力下者，亦得确实之保障矣。"[1] 可见，法治和势治的根本区别点是权力是否有限制。在这方面，法家是正确的。

总起来看，"法治主义对于放任主义，则彼乃不治的，而此乃治的也；其对于人治主义，则彼乃无格式的，而此乃有格式的也；其对于礼治主义，则彼乃无强制力的，而此乃有强制力的也；其对于势治主义，则彼乃无限制的，而此乃有限制的。此法治主义之位置也。"[2] 梁启超这段总结符合历史的实际，触及了问题的本质。

回顾历史正是为了说明现实。梁启超如此认真地解剖法家的思想和理论，深刻地分析法治主义和其他流派的分歧及是非得失，旨在表明他不满清廷的专制集权，呼吁创造新的法律文化，建立真正的法治国家。梁启超的法律文化是以历史来表达现实，用现实去追述历史，在现实和历史的沟通中，表述自己的法律观。在他看来，法治主义在战国虽一时取得了胜利，但秦统一中国后，一则天下一统，失去竞争；二则保守势力抬头，难以革新；三则法家理论被片面的发展，所以儒家的人治加礼治逐步占统治地位，所谓的"法"仅是表面文章。梁启超对此哀叹不已，并试图从根本上进行改革。1905年后的几十年间，他一直关心并促进法律文化的建设，发表了不少论著，成为近代中国法律新文化的辛勤耕耘者。[3]

宗教观

梁启超本不喜欢宗教，认为其"偏于迷信"，影响思想的解放和真理的传播。戊戌变法失败的切肤之痛以及流亡海外之后对西方和日本社会的考察，他逐步认识到宗教在统一民众，维系特定的社会群体和增强人们的信仰

---

1 《饮冰室合集·文集》第15，第89页。
2 同上书，第92页。
3 《梁启超论宪法》，商务印书馆2012年版。

等方面的巨大作用。晚清民众之所以对康梁变法不理解，一个重要原因是缺乏统一的宗教信仰，无法以宗教的狂热，团结一致，与反动势力相对抗。从合群的愿望出发，梁启超在1902年前后对宗教予以极大的关注，并潜心钻研，提出了自己一系列的看法，形成了梁氏宗教文化观。

梁启超认为宗教以"治事"为主，重在实行；哲学以"言理"为轴，多为启蒙。古今中外的干大事业之人，都是本人有一种宗教式的迷信，跟随者为"大人物"或"大人物"所倡导的宗旨所迷信，否则一事无成。梁启超称："非以迷信之力，不能夺人生死之念。"[1] 可见他十分重视宗教的力量。他曾具体将宗教的作用归纳为五条：

一曰"无宗教思想则无统一"。梁启超觉得，大千世界，芸芸众生，必有一超然的东西，界乎其上。"人人自由之中，而有一无形之物位于其上者，使其精神集结于一团。其遇有不可降之客气也，则此物足以降之；其遇有不可制之私欲也，则此物可以制之；其遇有不可平之党争也，则此物可以平之。"[2] 此物为何？宗教是也。梁启超认为宗教可以是"军魂"，可以为"民志"，尤其在相对落后的国家，"宗教遂为天地间不可少之一物。"[3]

二曰"无宗教思想则无希望。"梁启超一向重视"希望"，把希望看作人生的动力，一切事业成功的灵魂。有希望，则精神振奋，百折不挠；无希望则萎靡不振，一败涂地。但希望太具体，太近视，则常常由于碰壁而灰心丧气。如果希望遥远，比较抽象，则往往使人有持久的奋斗精神。宗教给人指出的希望，一般是无形的、遥远的，一旦信之，则使人毕生追求而永无止境。他说："宗教则无形之希望也。此七尺之躯壳，此数十寒暑之生涯，至区区渺小不足道也。吾有灵魂焉，吾之大事业在彼不在此。故苦我者一时，而乐我者永劫，苦我者幻体，而乐我者法身。得此希望，则有安身立命之地，

---

1 《饮冰室合集·文集》第9，第46页。
2 同上书，第46页。
3 同上书，第10，第45页。

无论受何挫折，遇何烦恼，皆不至消沮，而其进益厉。"[1]

三曰"无宗教思想则无解脱。"梁启超认为许多人之所以成不了大事业，主要是被金钱、功名、利禄、权势、家庭等牵连，无法超脱。而宗教教导人们"四大皆空"，超出"凡俗"，并造出种种幻觉，导引善男信女"舍身救世"，一往无前，这自然将人们从声、色、货利、妻子儿女、名誉地位中解脱出来，变为追求事业成功的"自由人"。

四曰"无宗教思想则无忌惮"。针对晚清社会混乱、道德低下、伦理被破坏的客观现实，梁启超急切呼吁伦理道德的重建。但这单靠一般的宣传和学校教育还不足以解决问题，必须使人能自觉地约束自己，自觉地去遵守一种约定俗成的规范。这就要靠宗教的力量。梁启超认为宗教有许多教规，又设置各种偶像，可以使信仰者自觉地去遵守，而不会为所欲为。所以，宗教能使社会安定，道德日进。

五曰"无宗教思想则无魄力。"这是因为，宗教一般都宣传"去生死"，破"畏怯"，要"大无畏"、"奋迅勇猛"。而人之最怕者，莫过于死；死且不畏，任何事都可办成。梁启超指出，如果"真有得于大宗教良宗教之思想者，未有不震动奋厉而雄强刚猛者也"。[2]

概而观之，梁启超的宗教观有三个特点：一是就宗教论宗教，并未考虑到宗教作为一种工具被某些人利用后的变形，更未想到宗教与统治者之间的相互利用关系，梁启超眼中的宗教是一种"纯宗教"；二是只看到宗教的优点，大力夸张，忽略了宗教麻痹人民、阻碍社会进步的消极方面，梁启超的宗教观是"一点论"；三是从真信宗教的角度去谈宗教的巨大作用，没有顾及许多人奉宗教但并不真信的复杂局面，更没涉及宗教之间的矛盾以及不少信教者表面一套、背后一套的伪善面目，所以梁启超的宗教观未免过于天真。

梁启超并不钟情于某一宗教。他认为什么民族、什么人、什么时期信什

---

1 《饮冰室合集·文集》第9，第47页。
2 同上书，第48页。

么宗教，是不一定的。时间不同、地域不同、民族的文化素质不同、各国的历史人文传统差异，都可导致对不同宗教的选择，因此，他主张"信教自由"。只要人们真信某一宗教，就能发挥难以想象的功用。

信则灵。梁启超讲宗教并未超越中国人宗教迷信的这种传统的思维方式。而且，梁启超的所谓宗教，是广义的，包括人的一切信仰、信念和欲望，将人的着了魔的追求都用宗教一以概之。这就无法看到宗教的阴暗面，具有美化和臆测的倾向。事实上，梁启超的鼓吹宗教，虽有其寻求精神寄托的一面，但最主要的是从宗教那里寻找力量，寻找实现其政治目标的理论和方法。康有为、谭嗣同、章太炎等一批资产阶级思想家对宗教的狂热吹捧和苦苦钻研，正是这种客观现状的必然反映。20世纪初年，一些资产阶级知识分子为在中国掀起"宗教热"，甚至提出立孔学为"孔教"，还有的孜孜以求于佛学，希望佛教发扬光大。对此，梁启超都明确表明了自己的意见。

1902年，梁启超发表了《保教非所以尊孔论》，提出孔学并非孔教，反对立孔教为国教。他认为："西人所谓宗教者，专指迷信宗仰而言，其权力界范围，乃在躯壳界之外，以灵魂为根据，以礼拜为仪式，以脱离尘世为目的，以涅槃天国为究竟，以来世祸福为法门。诸教虽有精粗大小之不同，而其概则一也。故奉教者，莫要于起信，莫急于伏魔。……孔子则不然，其所教者，专在世界国家之事，伦理道德之原，无迷信，无礼拜，不禁怀疑，不仇外道。……质言之，孔子者，哲学家、经世家、教育家，而非宗教家。"[1]"孔教者，教育之教也，非宗教之教也。其为教也，主于实行，而不主于信仰。"[2]如果以孔子为教主，再辅以各种礼仪、条规、说教，甚至建教堂，招信徒，这是对先圣的巨大诬蔑，对孔学的一种践踏，于国无益，于民有害。梁启超指出，如果真正忠于孔子，就不应立孔教，更不必保孔教，而应当认真研究孔学，发扬孔学，发展孔学，尤其要将佛教、基督教、伊斯兰教等宗教

---

[1]《饮冰室合集·文集》第9，第52页。
[2] 同上书，第45页。

的精华吸收过来，使孔子学说进一步丰富多彩，并具有20世纪初年所特别的现代意识。梁启超这种认识，应当说是正确而富有创见的。孔子作为中国文化的重要奠基人之一，确有一种宗教式的社会威力，但绝非宗教。科学地、合理地从孔子那里汲取现实所需要的营养是应该的，妄图作为一种宗教去顶礼膜拜就走到了正确的反面。

梁启超对佛教有所偏爱。他认为佛教的主旨是积极向上的，既是一种高层次的富有哲学气质的学问，又是有利于社会进步的良好的信仰。中国要好好治理，就应该推崇佛教；谭嗣同之所以舍生取义，赢得人们的尊敬，和信佛有很大的关系。1902年，梁启超发表了《论佛教与群治之关系》，列举了佛学的六大优点：1. 佛教之信仰乃智信而非迷信；2. 佛教之信仰乃入世而非厌世；3. 佛教之信仰乃兼善而非独善；4. 佛教之信仰乃无量而非有限；5. 佛教之信仰乃平等而非差别；6. 佛教之信仰乃自力而非他力。梁启超总是从积极的、正确的、合理的角度去解释佛教，宣传佛教，提倡佛教。

19世纪末20世纪初，积极进取的中国民族资产阶级不仅谋求经济发展和社会变革，而且试图创设自己的哲学体系、思想风范、理论格局，建设反映其政治走向的新文化。这促使他们广取博收，研究各种思想文化遗产。梁启超关于宗教文化的说教，正是民族资产阶级这种动向的典型反映。梁启超的宗教观，与其说是一种信仰，不如说是一种政治需求。他总是从政治和社会的框架去阐释宗教，总是试图将宗教作为他改造社会的工具。因此，梁启超所表述的宗教文化是一种受其政治追求所制约的政治宗教。20世纪初年是这样，民国时期的佛学研究也没有显著的变化。

社会观

梁启超的社会文化以改造国民性、提高全民族的文化素质、培养新国民为中心内容。其出发点有二：

其一，从物竞天择、适者生存的社会竞争理论去看问题，梁启超认定一个民族的优劣、一个国家的强盛，起决定作用的是其人民程度的高低。国民性决定着民族的前途和国家的面貌。中国是世界文明古国，在古代曾称雄世界，为各国所尊重，根本原因是民众基础好、文化发达，民族素质领先于世界。但后来不求进取，闭关锁国，西方国民大大超越了中国，当欧美列强入侵中国后，只能节节败退，无力捍卫自己的家园。许多人因此指责政府腐败，奸臣误国，这当然不无道理，但知其然，而不知其所以然。落后的民族自然无法建立强盛的国家，也就不可能在世界各民族竞争中取胜。因此，中国在近代的落伍和受欺凌，从根本上讲是国民素质低下所造成的。为民族计，为国家计，非提高中华民族的文化素质不可。梁启超指出："国也者，积民而成，国之有民，犹身之有四肢、五脏、筋脉血轮也。未有四肢已断，五脏已瘵，筋脉已伤，血轮已涸，而身犹能存者；则亦未有其民愚陋、怯弱、涣散、混浊，而国犹能立者。故欲其身之长生久视，则摄生之术不可不明；欲其国之安富尊荣，则新民之道不可不讲。"[1] 梁办《新民丛报》从根本上讲，就是要造新民，强民志，培植新国民。这是从世界各民族竞争的大趋势而想出的救国良策。

其二，制度、方针、圣君、贤相是国民素质的集中反映；好制度是好国民的一种选择，好的方针政策同样是国民程度高尚的必然结果。梁启超这种逻辑推理，使他确信国民品格决定国家的大政方针。他曾断言："国民之文明程度低者，虽得明主贤相以代治之，及其人亡则其政息焉，譬犹严冬之际，置表于沸水中，虽其度骤升，水一冷而坠如故矣；国民之文明程度高者，虽偶有暴君污吏，虔刘一时，而其民力自能补救之而整顿之，譬犹溽暑之时，置表于冰块上，虽其度忽落，不俄顷则冰消而涨如故矣。然则苟有新民，何患无新制度，无新政府，无新国家。非尔者，则虽今日变一法，明日易一人，东涂西抹，学步效颦，吾未见其能济也。"[2] 从理论推导上去观察，梁

---

[1] 《饮冰室合集·专集》第4，第1页。
[2] 同上书，第2页。

启超这段话是很精彩的。戊戌变法为什么不成功，国民程度不高是最根本的原因；义和团运动所暴露出的种种问题，也是乡村社会民众整体水平所决定的。中国民众习惯于"明君贤相"来拯救自己，今日盼"好皇帝"，明日求"清官"做主，本身就是文明程度低下的一种反映，缺乏自主意识和国家思想。梁启超不仅全力抨击这种坏习惯，而且和欧美对比，把国民不靠"君相"当作国民素质提高的一个标志。梁启超痛心指出："中国所以不能维新之大原，我责人，人亦责我，我望人，人亦望我。是四万万人，遂互消于相责相望之中，而国将谁与立也？"[1] 所以从国家的振兴，维新大业的成功出发，非改造中国的国民品格不可。

要改造首先要找问题。梁启超在众多的文论中，抨击中国人的缺点，评论中华民族的不足。诸如爱国心之薄弱、独立性之柔脆、公共心之缺乏、自治力之欠缺、团结力之相差等，梁启超都有极中肯的分析。他把世界各国的国民分为三等：一、受人尊敬之国。"其教化政治卓然冠绝于环球，其声明文物，灿然震眩于耳目，一切举动，悉循公理，不必夸耀威力，而邻国莫不爱之重之。"二、受人畏惧之国。"教化政治非必其卓绝也，声明文物非必其震眩也，然挟莫强之兵力，虽行以无道，犹足以鞭笞群雄，而横绝地球。若是者，邻国虽疾视不平，亦且侧目重足，动色而群相震慑。"三、不能自立之国。"坐听他人之蹴踏操纵，有他动而无自动，其在世界，若存若亡矣。"[2] 中国本一等文明古国，但至晚清已降为三等，亡国灭种的危险随时都有。这种危机感，促成梁启超重视和迫切要求对国民性的改造。

梁启的国民性改造，从总体上讲，是通过教育、法律、制度、科技、文化等种种方式，使旧有的优点发扬光大，存在的缺点不断克服，并将原来所缺少的品质努力增补，吸收世界一切民族的长处，变旧民为新民。梁启超心目中的新民必须具备十二条：

---
1 《饮冰室合集·专集》第4，第3页。
2 同上书，第14，第1页。

1. 公德。所谓公德即维护群体和国家的利益，"人人相善其群。"梁启超认为，人有公德是与其他动物最根本的区别；人之所以能合群，能组织为民族，能建立国家，关键是有公德相维系。公德者，群体之灵魂，国家之元气也。公德是一个历史概念，不同时期有不同的内容，不同的标准，原始社会有自己的公德，封建社会、资本主义社会又有另外的公德；公德又受地域所限制，民族习惯不同，各国的传统和中心任务不同，公德也不同；但无论如何变化，其核心是利群利国，为群体的利益做贡献。20世纪的中国，应据这一原则确立中国人的公德观，使人人为民族、国家而献身。

2. 国家思想。梁启超归纳为四层：一是对于一身而知有国家，这就是一个人的言行必须从国家出发，有利于国家的进步和发展；二是对于朝廷而知有国家，即从爱国家的角度去爱朝廷，朝廷如一公司管家，其好，则爱之，其坏，则反抗之；三是对于外族而知有国家，若外族入侵，誓死反抗，为民族为国家不惜牺牲一切；四是对于世界而知有国家，这是从世界各国竞争的角度出发，时刻想到祖国要在竞争中取胜，要自立于世界民族之林。有了这四层，梁启超认为就有了国家思想，就能克服一些人"只知有天下而不知有国家"、"只知有一己而不知有国家"的错误倾向。

3. 进取冒险精神。梁启超认为冒险进取是社会发展的动力，人类文明的保证。"人有之则生，无之则死；国有之则存，无之则亡。"欧美之所以在近代突飞猛进，中国之所以在明清之后一天天落伍，其根源在有无冒险进取精神。欧美的哥伦布、麦哲伦、华盛顿、拿破仑、克伦威尔、林肯、富兰克林，都是敢于冒险，执意进取，才取得了事业的成功。冒险者，成功之母也。进取冒险精神为什么有如此巨大的威力呢？原因是，一曰生于希望；二曰生于热诚；三曰生于智慧；四曰生于胆力。四者交相辉映，相互促进，遂产生无穷之动力，助事业之成功。晚清的中国人，恰恰缺少这种决定事业成败的进取冒险精神，所以梁启超破嗓裂喉，大力呼喊，在这方面用力最多。

4. 权利思想。梁启超的用意是贯彻天赋人权，使人人知自身之权利，争取和保护自身之权利。按天赋人权的理论，每个人都有自己特有的权利，这种权利得到充分的发挥和保障，则社会就自然平等和发展。人的权利应由人的能力来决定，由不同的智慧来分高下，由强弱来评判分寸。梁启超指出："权利何以生，曰生于强。"[1]对于中国人来讲，梁启超认为首先要有应享的权利观，每个国民要敢于认定自己的权利，敢于争取自己的权利。作为朝廷或国家，必须承认国民的权利，保护国民的权利。只有这样，国家才能兴旺，人民才能富足。不懂权利的国民，只能当奴隶；权利不公正的国家，永远受人欺压。因此，梁启超的结论是，欲振兴中华，普及权利思想为第一义。

5. 自由思想。作为一名新国民，必须具备科学的自由思想，为自由而生，为自由而死。这是梁启超的基本思路。他在《论自由》中指出："自由者，天下之公理，人生之要具，无往而不适用者也。综观欧美自由发达史，其所争者不出四端：一曰政治上之自由；二曰宗教上之自由；三曰民族上之自由；四曰生计上之自由（即日本所谓经济上之自由）。"[2]这四大自由，在晚清都极缺乏，所以中国人争自由的任务是非常迫切和沉重的。但梁启超所争的首先不是个人的自由，而是民族的自由，国家的自由，团体的自由。没有集体的自由，个人自由则无法存在。所以，个人自由的原则是不违反集体自由，不侵犯他人自由。然而作为个人，必须有争自由的勇气，为自由而奋斗的决心，否则不仅得不到个人自由，而且也不会有团体自由。为此，梁启超极力抨击奴隶主义。他呼吁：一不要为古人之奴隶；二不要为世俗之奴隶；三不要为境遇之奴隶；四不要为情欲之奴隶。概而言之，梁启超的自由观以自由奋斗、努力进取为轴心。

6. 自治思想。梁启超一向主张国家自治、地方自治，也就是以法治国。其中首要一条是国民必须知法、依法，有自治思想，有自治能力。所以梁启超的自治包含了国民自治能力的培养和提高，也就是对国民进行民权、自

---

[1]《饮冰室合集·专集》第4，第31页。
[2] 同上书，第40页。

由、平等、法制等方面的教育。他曾深入研究过中国人的自治能力，并找出国民无力自治的原因有五条：一是大一统而缺乏竞争；二是交通不发达；三是文字久无更新；四是"专制久而民性离"；五是无思想和学术自由。这种概括虽然有商榷处，但反映了梁启超努力改造国民性而争取中国人自治力提高的美好愿望。尤其在20世纪初年，这种国民自治的呼喊，一方面具有争民主、反专制的意义，一方面也和提高民族素质结合在了一起。

7. 自尊。梁启超指出："自尊者，本人道最不可缺之德。"[1] 对于个人，只有自尊，才能自爱，才能自强，才能发奋向上，才有生机；对于国家，只有自尊自爱的国民，才能养成国家的自尊。为了改造晚清国民中散发的奴隶主义的"劣根性"，梁启超才这样急切地呼吁"自尊"。

8. 合群。这主要指团结力和组织力。从物竞天择、社会进化的观念出发，梁启超认为只有能"合群"的民族可以腾飞世界。中国要想自立，要走向世界民族之林，必须增强凝聚力和团结力。这种团结当然不是专制威力下的被迫服从，更不是强奸民意式的皇帝集权，而应有规则、有法律、合民意、有秩序、讲道德。所以梁启超的合群是"契约"所指导下的合群，是争取自由、独立、平等、博爱等民主权利的合群。他认为，专制之国，其元气在威力；立宪之国，其元气在名誉；共和之国，其元气在道德。将来中国的新国民，则懂得宪法、共和、民权，以此为准绳集合起来。

9. 毅力。目标确定之后，毅力则是成功与否的关键。梁启超认为："志不足恃，气不足恃，才不足恃，惟毅力者足恃。"[2] 而且，目标越大，事业越大，其成功越难，阻力越大，费时越长，毅力越重要。人们的才气的差别往往不是事业成败的决定因素，有无毅力则带有根本意义。从一个民族讲，有艰苦奋斗、不屈不挠的创业精神者，其气盛，其雄姿勃发，反之则萎靡不振。因此，梁启超把培养毅力作为改造国民性的重要一环。

---

[1] 《饮冰室合集·专集》第4，第75页。
[2] 同上书，第97页。

10. 义务思想。"义务与权利对待者也,人人生而有应得之权利,即人人生而有应尽之义务,二者其量相适均。……世界渐趋于文明,则断无无义务之权利,亦断无无权利之义务。"[1]梁启超的这种看法,具有辩证的思想。人不尽义务,则国家无法立足;国不立,则人民之权利也成了一句空话。既享权利,又尽义务,是新国民必须遵循的一条原则。

11. 尚武精神。面对鸦片战争以来中国受列强欺压的惨状以及世界上流行的"强权政治"、"铁血主义",20世纪初年的中国思想界兴起了尚武主义思潮。许多人呼吁重视军事,尊重军人,开展军国民教育,增强国人身体素质。梁启超也大力提倡尚武精神,主张国民要强心力、壮胆力、增体魄,身强体壮,一展雄风。他急切指出:"合四万万人而不能得一完备之体格,呜呼,其人皆为病夫,其国安得不为病国也!以此而出与狞猛枭鸷之异族遇,是犹侏儒以斗巨无霸,彼虽不持一械,一挥手而我已倾跌矣。呜呼,生存竞争,优胜劣败,吾望吾同胞练其筋骨,习于勇力,无奋然颓惫以坐废也。"[2]梁启超的尚武,与增强国民体质结合在一起。

12. 自我修养。梁启超称其为"私德"。对于个人,自我修养不好,无法自立于人群;对于民族,私德不高,不可能自立于世界民族之林。梁启超把私德比作食粮,一刻也不能离开。他认为中国人自我修养不高,这既有政治的、社会的原因,也有文化的、传统的因素。梁启超还列了一张详尽的中国私德升降原因表,表明他对增强国民自我修养的重视。为了提高私德,他提出要"正本"、"慎独"、"谨小"等,使国民具备完美的道德水准,适应生存斗争的需要。

梁启超提出的这十二条,反映了当时追求完美人格的客观要求,具有极大的进步性和一定的可行性。今天看来,当然有许多不足和不合适的地方,但国民的标准是一个历史的概念,它受特定历史时期的经济、政治、文化和

---

1 《饮冰室合集·专集》第4,第104页。
2 同上书,第117页。

道德水准所制约，不同年代有不同的客观标准。梁启超所提出的问题是在20世纪初年，当资本主义的工商业初步发展、西方资产阶级的思想文化有较广泛的传播以及封建专制的旧传统日益遭到人们批判的历史背景下，按照进化的理论、共和的标尺、天赋人权的思想指导，审时度势，带有理论、道德、人伦、自我修养等多方面综合性的新国民。从本质上讲，他顺应近代中国的历史发展，提出了一个人的近代化问题。

鸦片战争前的中国人，了解世界不多，中外交往较少，也不曾将中国人和西方人进行比较，并没有自卑感，更少提及国民性的改造和人的素质的提高。1840年后，西方的物质文明首先压得中国人喘不过气来，多次战争的失败又使中华民族到了亡国灭种的边缘，于是出现了对中华民族本身的反思。戊戌变法后，随着西方精神文明的不断渗透，西方人和中国人的差异逐步形成，一些有识之士还常常用共和国民来考察中国人，不断哀叹华人素质的低下，抨击专制集权对人民的摧残，提出按民主共和的标准去进行国民性的改造。20世纪初年，铸造新国民成了人们津津乐道的"热门"话题，各种改造方案纷纷出台，不少批判文章扣人心弦。梁启超正是适应这种潮流，集合众人的智慧，结合自己的体会，反复思辨，写出了《新民说》、《十种德性相反相成义》、《新民义》等论著，成为国民性改造的号角。

但是，梁启超的国民性改造不无偏颇之处。他把中国一切问题的根源都归之于国民素质的低下；把中国的根本出路寄托在新国民的形成。这就把问题绝对化了。国民问题虽带有全局意义，但与制度等其他因素相辅相成。从一定意义上讲，有好国民才会有好制度、好国家；但从另一个角度讲，有好制度、好国家才有好国民。晚清的中国人虽然素质不高，但流落欧美的不少华侨、华裔学者却大有可为，成绩斐然。所以，像梁启超那样单纯将"民智"作为第一位的东西去分析讨论，有时会出现"悖论"，令人费解。他的《新民说》发表后，《浙江潮》第8期曾刊一篇《近世二大说之评论》（署名飞生），批评梁启超有新国民就有新政府的观点，指出待国民改造好后再变制度是一种不切实际的幻想。梁启超不服气，又撰文反驳。但平心而论，飞生的文章是有道理的，它弥补了梁氏新民说的不足。

在近代中国，社会文化方面的成果相对不多。梁启超能以"人"的改造为核心，提出有见解、成系统的社会文化主张，具有开创意义；其中暴露出的问题，也是拓荒者前进中的问题。"五四"时期，鲁迅等人重提国民性的改造，则在梁启超的基础之上，将中国社会文化的研究推向了一个新阶段。

学术观：历史学、文学、地理学

梁启超的学术文化研究受其政治向往所左右，往往政治亦学术，学术亦政治，很难截然分开。前面评述的政治、经济、法律、宗教、社会等方面梁启超的文化建树，既可称政治，亦不能说不是学术。下面只能从模糊意义上，提纲挈领地介绍梁启超对中国学术思想变迁、史学、文学、地理学、科学史等领域的学术观点，一睹其敏锐而富有创见的学术文化风姿。

学术变迁分为七个时期。1902年，梁启超发表了《论中国学术思想变迁之大势》，高屋建瓴地评述了中国两千年的学术变迁。他分七个时期：1. 春秋以前的胚胎期；2. 春秋末至战国的全盛期；3. 两汉的儒学统一期；4. 魏晋的老学昌盛期；5. 南北朝和唐代的佛学一统期；6. 宋元朝的儒佛混合期；7. 清以后二百多年的衰落期。这种划分大致符合中国的历史实际，"五四"以后的众多学术思想史，基本是按梁启超的框架去增删补缺的。

梁启超论学术的主要思维方式是，以时代考察学术，用学术验证时代；学术是特定时代的产儿，又是这个时代精神文明的标尺。他认为中国胚胎时期的学术文化，由于受生产水平的制约和人民素质、政治生活的影响，处于一种发萌时的低水平。但它是中华民族"一切道德、法律、制度、学艺之源泉。"中经"黄帝而一变，至夏禹而一变，至周初而一变，至春秋而一变"，呈上升趋势。这期间的学术问题多集中于"天道"、人伦、"天人相与之际"，都是围绕生活实际和当时较突出的社会问题而展开的。梁启超指出,"胚胎时代之文明,以重实际为第一义。重实际,故重人事,其敬天也,皆取以为人伦之模范也;重实际,故重经验,其尊祖也,皆取以为先例之典型也。于是乎由思想发为学术。"但这种学术"为贵族所专有,而不能普及于民间是也。"[1] 这种评论,可谓入木三分。远古社会的学术文化多从直观和经验出发,朴实而少系统性,也缺乏高深的哲学思考。

全盛时期的学术文化发生于春秋、战国之交。原因是西周前后长期的文化积累为高潮的到来奠定了基础;奴隶社会向封建社会的转化提供了学术文化发展的动力,言论自由创造了良好的学术环境;交往广泛促进了学术沟通;一批新型学者的涌现准备了众多人才;文字的发展保证了语言的畅通;讲学风之盛促进了百家争鸣。梁启超概括的这七条,的确抓住了问题的要害,战国时期的学术空前繁荣是多种因素交织推动的结果,绝非偶然。处于20世纪初年的梁启超不仅能敏锐地去分析战国时期百家纷呈的原因,而且能切实感觉到那时活跃的气氛,他写道:"全盛时代,以战国为主,而发端实在春秋之末,孔北老南,对垒互峙,九流十家,继轨并作,如春雷一声,万绿齐作于广野;如火山乍裂,热石尽飞于天外。壮哉!盛哉!非特中华学界之大观,抑亦世界学史之伟绩也。"[2] 如此繁盛的学术界,给研究者带来许多困难。梁启超则以南派、北派为重心,以老学、孔学、墨学为三宗,一目了然地描绘出战国时期的学术文化格局。所谓南派,以老子为正宗,庄子、列子、杨朱为门徒,许行、屈原为支流;北派以孔子为正宗,孟子、荀子为门徒,又有管子、邹衍等齐派,申不害、商鞅、李悝、韩非等秦晋派,墨翟、邓析、惠施等宋郑派。三宗以孔学最大,内有小康派、大同派、天人相与派、心性派、考证派、记纂派;老学次之,内分哲理派、厌世派、权谋派、纵乐派、神秘派;墨学最小,有兼爱派、游侠派、名理派。两派、三宗最后

---

1 《饮冰室合集·文集》第7,第8、10页。
2 同上书,第11页。

发展为六家：儒家、墨家、名家、法家、阴阳家、道家。这些学派和印度、希腊同时期的学术研究相比，其优点在于注重实际问题和人事问题的研究；缺点是理论深度不够、物理实验缺乏、无抗论别择之风、门户之见、崇古保守、师徒界限太严。梁启超的这些观点，有独到之处，自成一家之言。

战国时期的百家争鸣，随着秦始皇的统一中国和两汉封建专制的巩固，终成历史，而代之而起的是儒学大一统时代。梁启超哀叹说："泰西之政治，常随学术思想为转移，中国之学术思想，常随政治为转移，此不可谓非学界之一缺点也。是故政界各国并立，则学界亦各派并立；政界共主一统，则学界亦宗师一统。"这样，学术受政治所左右，没有独立、自由、竞争、健康发展的条件，自然失去了它内在的光辉，无法起到社会精神灵魂的功用。所以，"儒学统一者，非中国学界之幸，而实中国学界之大不幸也。"[1] 儒家占统治地位后，其他各派即无法向前发展，人们只能在儒学的大框架中去思考，去研究学问。因此，秦汉时期，儒学得到了进一步的完善和发展，博大精深，家喻户晓。那时的儒家学者主要有两种：一为说经派，一为著书派。说经者以传授儒家经典为己任，述而不作，是口头宣传家，其又可分四种：一曰口说家，专务抱残守缺，传与其人，家法谨严，发明颇少；二曰经世家，以儒学为现实的帝王统治进行说教；三曰灾异家，以自然现象阐述儒家观点，宣传封建主义；四曰训诂家，注释前代经典。其实，训诂家亦是著书家，他们虽少独立的思想，但也是一种创作。梁启超将他们也列入说经者之中，忽略了其校勘诂释中的艰辛劳动。秦汉的著书家，梁启超列了董仲舒、司马迁、刘向、扬雄、王充、王符、仲长统七人，肯定了他们的学术成就。儒学的发展和普及，也产生了强大的社会效应。诸如："名节盛而风俗美也"，主要指封建的伦理道德得到了发扬；"民志定而国小康也"，意思是社会比较稳定；"民权狭而政本不立也"，是说秦汉专制独裁，没有民主；"一尊定而进化滞也"，意为儒家一统，学术失去了竞争，不能广为发展。总之，

---

[1]《饮冰室合集·文集》第 7，第 38—39 页。

梁启超把秦汉的儒学统一看作学术专制时代。

秦汉之后的三国六朝时期，道家取代了儒家，中国学术发生了大转折。这期间，怀疑主义、厌世主义、破坏主义、隐诡主义盛行，佛学也开始萌发。其原因，梁启超归之为社会动乱，霸主争雄，人们的生命财产没有保证，刑名之学广泛传播，迷信和阴阳五行被人提倡。老子被许多人尊崇，钻研其学术者数不胜数，出现了所谓的玄理派、丹鼎派、符箓派、占验派。总之，"当时道家独占之时代也。其文学亦彪炳可观，而发挥厌世精神亦最盛。所谓'对酒当歌，人生几何，譬如朝露，去日苦多'等语，其代表也。此皆老子'刍狗万物'、杨朱'奚遑死后'之意也。虽我国两千年文学，大率皆此等音响，而魏晋六朝为尤甚焉。曾无雄奇进取之气，惟余靡靡颓惰之音。老杨之毒焰使然也。其时治经学者，虽有若王肃、杜预、虞翻、刘焯、刘炫、徐遵明之流，然曾不能于东京学风之外，有所建树，徒咬文嚼字，破碎逾甚。《北史》儒林传谓：'南学简约得其精华，北学深芜，穷其枝叶。'两派之概象虽不同，要其于数千年儒学史，无甚关系一也。虽谓其时为儒学最消沉时代可也。"[1]梁启超这段评论，表明了他对三国六朝时期学术状况的总体看法。

佛学自东汉传入中国后，迅速发展，至隋唐达到了高峰。唐代的学术史，成就最大的是佛学，韩愈、柳宗元等儒生，于学术思想上建树不多，仅在文学上放一异彩。因此，梁启超把唐代归之为佛学统一时代。他将六朝至隋唐时期的佛学派别列了一个详细的表格，指明流行较广的十三宗的衍化过程，论述了最后仅十宗发扬光大的情形，并指明了十宗中的三大派，即小乘教（俱舍宗、成实宗）、权大乘教（律宗、法相宗、三论宗）、大乘教（华严宗、天台宗、真言宗、净土宗、禅宗）。梁启超认为中国佛教富有创新精神，独具特色，诸如大乘教在中国极发达、自创众多宗派，具有哲学气质等。佛教对中国学术尤其是哲学方面的影响是巨大的。梁启超指出："佛教之哲学，又最足与中国原有之哲学相辅佐也。中国之哲学，多属于人事上、国家上，

---

[1]《饮冰室合集·文集》第7，第62页。

而于天地万物原理之学，穷究之者盖少焉。英儒斯宾塞尝分哲学为可思议不可思议之二种。若中国先秦之哲学，则毗于其可思议者，而乏于其不可思议者也。自佛学入震旦，与之相备，然后中国哲学乃放一异彩，宋明后学问复兴，实食隋唐诸古德之赐也。"[1] 这种评说，具有历史眼光，合乎实际。

宋元明时期的学术思想，梁启超称之为儒佛混合时代，但不知何因，未作具体阐述。明末和清代的学术，他则论述甚详。梁启超把明末至康熙年间视为学术发展的第一期，中心是程朱陆王问题；雍乾嘉为第二期，中心为汉宋问题；道咸同是第三期，中心是今古文问题；光绪年间为第四期，中心为孟荀和孔老墨问题。梁启超概括说"由此观之，本朝200年之学术，实取前此2000年之学术，倒影而缫演之，如剥春笋，愈剥而愈近里，如啖甘蔗，愈啖而愈有味，不可谓非一奇异现象也。"[2] 这种看法，梁启超一生都没有变，晚年著《清代学术概论》、《中国近三百年学术史》，就是这种观点的具体化。

20世纪初年，梁启超看作是中国学术文化的大变革时期。西方文化尤其是由日本输入的新文化，必将刺激中国学术的发展，影响一代人思维方式的改变。他指出："戊戌庚子以还，日本江户，为欧迁新思想之一孔道，逾海负笈，月以百计，学生麇黉塾，译本如鲫鱼，言论惊老宿，声势慑政府。自今以往，思想界之革命，沛乎莫之能御矣！"[3] 思想界的变迁，中西文化的交流，正是中国学术新文化发展的源泉。请听梁启超绝妙地评说：

"生理学之公例，凡两异性结合者，其所得结果必加良，此例殆推诸各种事物而皆同者也。大地文明祖国凡五，各辽远隔绝，不相沟通，惟埃及、安息，藉地中海之力，两文明相遇，遂产出欧洲之文明，光耀大地焉。其后阿拉伯之西渐，十字军东征，欧亚文明，再交媾一度，乃成近世震天铄地之现象，皆此公例之明验也。我中华当战国之时，南北

---
1 《饮冰室合集·文集》第7，第76—77页。
2 同上书，第102页。
3 同上书，第104页。

两种文明当初相接触，而古代之学术思想达于全盛，及隋唐间与印度文明相接触，而中世之学术思想大放光明。今则全球若比邻矣，埃及、安息、印度、墨西哥四祖国，其文明皆已灭，故虽与欧人交，而不能生新现象。盖大地今日只有两文明，一泰西文明，欧美是也；二泰东文明，中华是矣。二十世纪，则两文明结婚之时代也。……彼西方美人，必能为我家育宁馨儿以亢我宗也。"[1]

这段言论，集中反映了梁启超对中国两千年来学术变迁大趋势的总体看法，也是他研究中国学术变迁史的宗旨所在。发扬国学传统，吸收西洋文明，在中西文化的交融中创造新的学术文化，这就是梁启超对中国学术变迁史的客观总结。

如果说梁启超对中国学术史的评说还停留在粗线条的勾勒和经验的总结，那么，他在史学的评论上则提出了一系列新观点，成为中国史学革命的主要奠基者之一。

梁启超十分重视历史学，认为在世界所有的学问当中，只有史学"最博大而最切要者也"；只有史学是"国民之明镜也，爱国心之源泉也。"[2] 欧美所以振兴，史学发达是主要原因之一；中国将来要增强爱国心和民族团结力，必须大力发展和普及史学。但中国传统的史学，陈陈相因，缺少生机，必须来一个根本的变革。梁认为，中国旧史学，至少有四大问题：1.知有朝廷不知有国家。二十四史实际成了二十四姓的家谱，国家的命运和前途被置之不顾。2.知有个人而不知有群体。历史成了少数英雄活动的大舞台，变成了个别人物的兴衰史，百姓和群体被排除在外。3.知有陈迹而不知有今务。所有的史书只是为死人作"纪念碑"。不能察古知今，为现实服务。4.知有事实而不知有理想。旧史书只注重于单纯的纪事，不能从史实中总结出规律，上

---

[1] 《饮冰室合集·文集》第7，第4页。
[2] 同上书，第9，第1页。

升到理性，然后开民智，益国民。这四大问题又引申出两大弊端：即写史"能铺叙而不能别裁"；"能因袭而不能创作"。于是，中国古代的史书难懂、难选择、无启发、少情感，不能起到开启民智，教育国民，服务国家的功用。中国传统史学已经落后于时代，不能适应近代社会发展变革的需求。梁启超指出："史也者，记述人间过去之事实者也。虽然，自世界学术日进，故近世史家之本分，与前者史家有异。前者史家，不过记载事实，近世史家，必说明其事实之关系，与其原因结果；前者史家，不过记述人间一二有权力者兴亡隆替之事，虽名为史，实不过一人一家之谱牒，近世史学，必探察人间全体之运动进步，即国民全部之经历，及其相互之关系。"[1] 按旧史学与近代史学的这种区别，中国传统史学必须作如下革新：

一是历史学必须叙述进化之现象。梁启超从进化论出发，认为宇宙间的万事万物都在变化，自然界在变，人类也在变。历史学的任务就是研究"时间之现象也。"宇宙间的一切，"有生长发达有进步者，则属于历史之范围。"历史研究者从表面看是研究过去的静态事物，实际则要将已往进化的事物讲清楚，是已故的动态。不用进化的观念去研究历史，就不可能触到历史的真谛。"吾中国所以数千年无良史者，以其于进化之现象，见之未明也。"[2] 梁启超还特别反对中国史学界流传极广的"一治一乱"的历史观，认为这是只见树木，不见森林，为表面现象所迷惑。如果"一治一乱"的理论能够成立，则历史学就没有必要存在了。

二是历史学必须叙述人群进化之现象。梁启超认为人是宇宙进化的主体，不知人的变迁，则无法写历史。而人的变化，又是以群体展开的。群体发展了，人类文明才一步步提高。群体之间，既有一致性，又存有差异。历史学既要讲明人类群体的变化，也应解释清楚群体间的不一致。用群体去解释历史，是梁启超的一大创新。这虽然还不是用阶级或阶层的观点去研究历

---

[1] 《饮冰室合集·文集》第6，第1页。
[2] 同上书，第9，第8页。

史,却是进入这一科学层次的第一步。可贵的是,梁启超还用群体论反对"英雄史观",反对以少数英雄人物去代替人类文明史。

三是历史学要叙述人群进化之现象而研究其"公理公例"。梁启超把历史视为客体,研究者称作主体,史学研究就是通过主体去反映客体。因此,需要哲学的头脑,思辨的能力,举一反三的创造精神。和自然科学相比,历史这种客体无法再现,又存有假象和资料残缺不全,所以难度极大。要察古今之变,发现"公理公例",是相当不容易的。梁启超认为,这首先要有全局观念,善于从人类文明史的整体去考察个别现象,在整体中认识一般。他说:"欲求人群进化之真相,必当合人类全体而比较之,通古今文野界而观察之,内自乡邑之法团,外至五洲之全局,上自穹古之石史,下至昨天之新闻,何一而非客观所当取材者。综是焉,以求其公理公例,虽未克完备,而所得必已多矣。"其次,要吸收各种学科的理论和方法,进行综合研究。梁启超指出:"夫地理学也,地质学也,人种学也,人类学也,言语学也,群学也,政治学也,宗教学也,法律学也,平准学也(经济学),皆与史学有直接之关系。其他如哲学范围所属之伦理学、文章学及天然科学范围所属之天文学、物质学、化学、生理学,其理论亦常与史学有间接之关系。……诸学之公理公例,而参伍钩钜之,虽未尽适用,而所得又必多矣"[1]。这些话,直到今天,人们仍在历史研究中努力贯彻。但十分困难。史学研究者既要成为通古今之变的通才,又要变成了解文学、哲学、经济学、社会学、文化学乃至自然科学的全才,一般人望尘莫及。梁启超也深知这一点,认为讲起来容易,作出成就则"至难"。

梁启超一生的学术研究,于史学最有兴趣,成就亦最大。20世纪初年,随着资产阶级史学理论的萌发,一批有见识的学者如夏曾佑、章太炎等人开始批判旧史学,创立新史学。梁启超不仅随波而起,而且高人一等,在批判传统史学中创立了新的史学理论,为史学革命奠定了思想理论基础。尽管他

---

[1]《饮冰室合集·文集》第9,第10、11页。

对旧史学的批判有不科学的过头之处,对新史学理论的阐述也存在不准确的地方,但毕竟开了创立资产阶级新史学的先河。梁启超在1904年前后,曾计划用资产阶级的新史学理论写一部中国通史,但由于活动频繁,急切干预政治斗争,一直未变成现实。所以,梁启超在20世纪初年于史学方面的贡献,主要在理论方面,而不是具体问题的研究。这种不足,在晚年得以弥补。

梁启超在文学方面的建树和史学大体相近,他虽然主办《小说林》,写过不少诗词乃至小说,还翻译了《佳人奇遇》、《经国美谈》等书,但其突出的进展是从政治和社会的角度,肯定了小说的崇高地位,论述了小说的社会效应,成为"小说界革命"的领袖。

中国传统的文学观念是"文以载道"、"诗以言志",诗文是"治国平天下"的上乘之作,小说则是下流作品,"诲淫诲盗",不足挂齿。中国古代,直至鸦片战争后的几十年间,小说毫无政治地位。1902年,梁启超发表了《论小说与群治之关系》,向传统的文学观发起了挑战。他从造就新国民,革新旧政府,创建新道德等方面,形象而生动地分析了小说的巨大功用,认为"小说有不可思议之力支配人道"。他用"熏"、"浸"、"刺"、"提"四字来概括小说的神奇效应。所谓"熏",就是小说如烟雾一样,无孔不入,使人处于其包围之中,无法逃脱其感染;所谓"浸",就是读小说者被其浸润,与主人公同欢乐,共悲哭,无法逃脱;所谓"刺",就是受小说中的人物、事件、社会境况所刺激,当头棒喝,意味无穷;所谓"提",就是通过读小说提神,提高思想认识,领略人生哲理,顿悟经国治世之道。"此四力者可以卢牟一世,亭毒群伦,教主之所以能立教门,政治家所以能组织政党,莫不赖是。文学家能得其一,则为文豪,能兼其四,则为文圣。有此四力而用之于善,则可以福亿兆人;有此四力而用之于恶,则可以毒万千载。……可爱哉,小说!可畏哉,小说。"他甚至认为,中国要想新民,创造"新宗教"、"新道德"、"新政治"、"新风俗"、"新学艺"、"新人心"、"新人格",首先必须"新小说"。其结论是,"今日欲改良群治,必自小说界革命始,欲新民必自新小说始。"[1]

梁启超的这种以小说改良社会的观点，在晚清有较大的影响。一些有地位的评论家和创作家纷纷发表文章，肯定小说的社会作用，呼吁大力创作新小说。夏曾佑发表的《小说原理》、徐念慈的《余之小说观》、吴趼人的《月月小说序》、天僇生的《论小说与改良社会之关系》、《中国历代小说史论》、严复的《译印政治小说序》以及黄摩西的《小说林发刊词》是当时典型的代表。这些论著在发挥梁启超观点的同时也有某种创新，有的还提出加强小说语言、构架和艺术方面的研究。真正对小说进行理论上的探讨，应该说始于20世纪初年梁启超这批激进的青年学者。在他们的大力推进下，1905年前后出现了一批职业的小说作者，涌现了不少专刊小说的杂志，翻译了大量外国文学作品，一时呈现出小说繁荣的喜人景象。理论上的开拓，在现实中产生了无法估量的影响。

值得一提的是，梁启超对小说理论的探讨受日本明治维新之后"文学改良"思潮的影响颇深。日本在19世纪80年代前后，一批思想家和文学家大力倡导文学改良，尤其倡导小说、戏剧的革新，希望通过典型活泼的人物形象和富有感染力的艺术形式，普及自由民权思想，抨击封建专制主义，改变人们的思想观念和价值取向，建立资本主义的精神文明。他们认为小说是最理想的"教育工具"，既可"启其蒙"，又能"破其陋"，是播植"自由种子"的"良好手段也"。[2] 在这种思想指导下，日本文艺界一方面大力从政治上考察小说的社会功能，一方面大力翻译西方的政治小说，并创作了一批吸引读者的新作品，作者把政治见解寓于小说之中，有很好的宣传效用。梁启超评论说："于日本维新之运有大功者，小说亦其一端也。明治十五六年间，民权自由之声，遍满国中。于是西洋小说中，言法国、罗马革命之事者，陆续译出，有题为《自由》者，有题为《自由之灯者》，次第登于新报中。自是译

---

[1] 以上引文均见《饮冰室合集·文集》第10，第6—10页。
[2] 参见吉田精一、浅井清编的《近代文学评论大系》第1卷，日本角川书店1979年版。

泰西小说者日新月盛。"[1] 这种欣赏和赞美的口吻反映了梁启超从日本以小说为中心的"文学改良"中受到了启发。他的以小说改造中国的政治学术观点的提出，正是这种启发的能动性升华。

梁启超的地理学研究也是从改造社会的愿望出发，从人类文明和社会进步等方面提出问题和解答问题，他研究的是政治地理和人文地理。在《地理与文明之关系》一文中，梁启超从世界地理的自然布局和人类文明的发展变化两方面，深入浅出地分析了地理与历史变迁的内在联系，指出了高原文明、平原文明和海洋文明的不同特点。他认为高原文明难以巩固和发展，具有短暂性；平原文明易于一统而自固，缺少开放性；海洋文明则完美而开阔，最富活力。

照梁启超的推论，东西方社会、政治、经济、文化的差异是由于地理状况的不同，是平原文明和海洋文明的落差。梁启超认为亚洲虽文明发生最早，但"以地理不便故，无交通；无交通故，无竞争；无竞争故，无进步。"于是进取开拓性弱，守成保守性强，独尊狂妄性大，自然就逐步落后于欧洲。所以亚洲"有创生文明之力，无发扬文明之力。"[2] 欧洲则以地中海为文明发源地，以海洋为扩张的大战场，日新月异而成"开辟新世界之伟业。"但是，地理对文明的制约是随着生产力的水平而变迁的。亚洲虽然缺乏欧洲地理的许多优越条件，但地广、山高、河流纵横，潜力大，态势雄，将来随着世界的连成一片和亚洲人征服自然力的提高，必将超越欧洲文明。因此，梁启超认为："亚洲者，不在现在而在未来也。"[3]

关于中国地理，梁启超写过一篇《中国地理大势论》，从地理的角度去解释中国的许多历史现象，并预测将来的走向。文章一开头即称："中国者，天然大一统之国也。人种一统，言语一统，文学一统，教义一统，风俗一

---

[1] 《文明普及之法（传播文明三利器）》，《清议报全编》卷6。
[2] 《饮冰室合集·文集》第10，第110页。
[3] 同上书，第70页。

统，而其根源莫不由于地势。中国所以逊于泰西者在此，中国所以优于泰西者亦在此。"[1] 从这种思想指导出发，梁启超论述了中国地理格局和大一统的关系，论述了黄河文明和长江文明在中国历史发展中的核心地位，分析了鸦片战争之后珠江流域文明的突起和长江三角洲在近代中国社会文明中的领先地位。梁启超认为，由于地域的制约和历史变迁的差别，中国南方和北方有较大的不同。这不仅表现在生活、思想和行为方式上，而且在哲学、文学、经学、佛学、词章上有种种区别，在风俗上更难一致。梁启超认为，在习俗上，"北俊南孊，北肃南舒，北强南秀，北僿南华"。[2] 文人学士，南北也不一样，"燕赵多慷慨悲歌之士，吴楚多放诞纤丽之文。"这是南北自然环境、江河山川和气候、谋生条件所制约下的人的特性在文学和道德等方面的反映。但是，这种南北的差异并没有影响中国的大一统。几千年来，多次出现南北大战，也一度有过纷争割据的局面，但最终都趋以统一。这是因为，从地理分布上讲，中国除四川、广东具有相对独立性外，其余皆有利于大一统。梁启超指出：

"中国为天然一统之地，固也。然以政治地理细校之，其稍具独立之资格者有二地，一曰蜀，二曰粤。此二地者，其利害常稍异于中原。蜀，扬子江之上游也，其险足以自守，其富足以自保，而其于进取不甚宜。故刘备得之以鼎魏吴，唐玄幸之以逃安史，王建孟知祥据之以数世。然蜀与滇相辅车者也。故孔明欲图北征，而先入南，四川、云贵，实政治上一独立区域也。粤，西江流域也，黄河、扬子江开化既久，华实灿烂，而吾粤乃始萌芽，故数千年来未有大关系于中原。虽然，粤人者，中国民族之最有特征者也。其言语异，其习尚异，其据大江之下流而吸其菁华也。与北部之燕京、中部之金陵，同一形胜，而支流之纷错过之。其

---

[1] 《饮冰室合集·文集》第10，第77页。
[2] 同上书，第87页。

两面环海，海岸线与幅员比较，其长率为各省之冠。其与海上各国交通，为欧罗巴、阿美利加、澳斯大利亚三洲之孔道。五岭亘其北，以界于中原。故广东包括广西而以自捍，亦政治上一独立区域也。他日中国如有联邦分治之事乎，吾知为天下倡者，必此两隅也。"[1]

既然四川、广东这类在地势相对独立的地区还只有在将来才可能"自治"，那么中国古代的大一统就不难理解了。

创新是学术研究的生命。像梁启超这样较全面地从政治地理的角度来论述欧亚和中国大趋势的实属首创。尽管他的理论和某些具体论点有待提高和深化，但开拓者的贡献总是具有里程碑的意义。其对格致学术史的评说也是如此。

格致学是洋务运动时期对传入中国的声光化电等西方自然科学的总称。梁启超称之为形而下之学，其云，"学问之种类极繁，要可分为二端：其一，形而上学，即政治学、生计学、群学等是也；其二，形而下学，即质学、化学、天文学、地质学、全体学、动物学、植物学等是也。吾因近人通行名义，凡属于形而下学皆谓之格致。"[2] 戊戌变法前后，谈格致者不乏其人，但对西方自然科学变迁的历史却知之甚少。鉴于此，梁启超发表了《格致学沿革考略》，分上古、中古、近古三个时期简明扼要地评述了化学、物理学、生物学、医学、地质学、数学、天文学、机械学等演进的历史，涉及牛顿、哥白尼、亚里士多德、培根、哥伦布、托卜勒等百余名科学家，令人眼界大开。但梁启超不精通自然科学，其评论就不像讲社会科学那样运用自如，妙趣横生，也存在一些明显的错误。不过，他的本意并非写一部博大精深的自然科学发展史，而是唤起人们重视科学，发扬科学精神，投身社会改造。从这方面去看问题，其目的是达到了。梁启超的格致学术史研究仍然是服务于其政

---

[1]《饮冰室合集·文集》第10，第84页。
[2] 同上书，第4页。

治的需要。

总起来看,梁启超学术文化的灵魂是政治需求。政治一旦和学术结合在一起,尤其是进步的政治渗透进学术当中,就充满了生机,并发生难以想象的社会效应。梁启超的政治文化、经济文化、宗教文化、社会文化以及学术文化等之所以有创造性并赢得了一代青年的崇拜,其根本原因是注入了新的政治内涵以及由此制约的学术因子。他的变革中国的政治要求与其广博而新颖的文化科学知识的有机结合,便产生了崭新的富有时代气息的新文化。

九　反对暴力革命

固守改良道路

梁启超在文化上全力创新、独树一帜的同时，在思想理论和政治追求上也奋力搏击，不仅系统地推出了较戊戌变法时期更完整深入的改革方案，而且通过反对孙中山为代表的革命派的暴力革命和推进宪政运动，形成了自己的特色，并联络了一批人马，逐步取代其师康有为，跃居为改良派的领军人物。可以说，20世纪的最初10年，是梁启超名声大噪的黄金10年。

亡命日本后，梁启超的言论和行动一度颇为激进，尤其是1902年前后，几乎看不出他和革命党有何异样，他号召"排满"，呼吁"破坏"，礼赞"革命"，不遗余力。梁启超甚至扬言："中国实舍革命外无别法！"[1]尽管梁启超对"革命"的理解和运用是广义的，几乎把改变现状和传统的一切做法都视为"革命"，[2]但他并没有排斥暴力革命，也没有责难革命派的武装斗争。然而，

---

1 《梁启超年谱长编》第318页。
2 "革命"一词，源于西周，《周易·革卦》云："天地革，而四时成；汤武革命，顺乎天而应乎人"。这里的"革"指变化，"命"即天命，革命就是秉承天意的变化。中国人向来崇拜天命，视帝王为"天子"，代天立言、立行，皇帝就是"天命"的化身，所以就把王朝的鼎革，政权的更替，称作"革命"，代代因袭。近代意义的革命一词，来自西方，1871年王韬著《法国志》时，首次以西方革命的理念去评述法国的大革命，但并未对"革命"作严格意义的学理阐释。稍后，日本人以由中国输入的"革命"一词，对译英文的"revolution"，专指西方的暴力革命。19世纪末传入中国后，知识界一些风云人物开始谈论和歌颂近代含义的"革命"，中国古代所特指的"王朝更替"的"革命"，渐渐淡化、忘却。但就总体而言，国人对革命的准确含义还比较生疏，至于如何发动革命，更无从谈起。孙中山1895年在广州发动反清的武装起义时，还自称"造反"，不知"革命"为何物。这次起义失败后，孙中山等人亡命日本，日本的各大报纸却称他们是"革命党"，孙中山觉得称"革命"比叫"造反"好，对陈少白等人讲："革命二字，出于

自1903年底漫游美洲新大陆归来后,他宗旨顿改,言论大变,开始了政治立场上的一次重要转化:这就是义无反顾地回归改良,坚定不移地反对暴力革命,不遗余力地抨击孙中山为代表的革命党人。还在游美途中的1903年6月,梁启超就对昔日曾与己关系较密的革命党人表示了不满,认为"中国之亡,不亡于顽固,而亡于新党",声称自己数月来"惩新党梦乱腐败之状,乃益不敢复倡革义矣。"[1] 返回日本后,他连续发表了《敬告吾国民》、《论俄罗斯虚无党》、《新大陆游记》、《答和事人》、《中国历史上革命之研究》等文章,旁征博引,议论纵横,反复申述了如下思想:

其一,中国国民素质太差、程度太低,还不具备享受民主自由的资格,"只可以受专制,不可以享自由"[2]。梁启超断言:即使有朝一日旧政府顺利被推翻,清朝已经垮台,国民能否"组织一完备之国家",仍然是值得怀疑的事情。他的结论是:革命是不必要的,而且是有害的,"吾辈今勿徒艳羡民权,而必当预备其可以享受民权之资格"。[3]

其二,就目前的状况而言,革命党基本是乌合之众,力量有限,困难重重,内部又不团结,和清政府的力量不在一个水平线上,清政府完全有能力将革命镇压下去。革命党要造清朝的反,无异以卵击石,是决不会成功的。

其三,一旦革命,必至天下大乱,民不聊生,百害而无一利。从历史上

《易经》汤武革命,顺乎天而应乎人一语,日本人称吾党为革命党,意义甚佳,吾党以后即称革命党可也"。从此,孙中山等反清志士在自称革命党的同时,全力宣传革命。被誉为革命马前卒的邹容著《革命军》,对革命进行了前所未有的热情洋溢的歌颂;一心为革命献身的陈天华写出了通俗易懂的说唱本《警世钟》和《猛回头》,把革命传播到了千家万户。可以说,辛亥革命发生、发展和推翻清朝的过程,就是"革命"一词宣传、普及的过程。经过辛亥革命,"革命"被赋予了正义、进步、神圣等多重含义,革命被看作非常光荣的事情。但严格来讲,这时的"革命"一词还主要集中在武装推翻腐朽的清朝统治上,基本限定在暴力夺取政权的狭义范畴。梁启超当时曾专门写有《释革》一文,对革命一词的中译过程进行了考察,并强调改革和革命的同一性,认为一切改变现状的行为都可称"革命",于是就有了"史学革命"、"文学革命"等词汇的流行。梁启超这样阐释革命,在模糊革命和改良的对立的同时,客观上也消除了一些人对暴力革命的恐惧。此文写于1902年,表明他还没有旗帜鲜明地反对孙中山的暴力革命。

1 《梁启超年谱长编》第328页。
2 《新大陆游记》,《新民丛报》1904年2月临时增刊。
3 《敬告我国民》,《新民丛报》第25期。

看，中国只有"私人革命而无团体革命"，只有"有野心的革命而无自卫的革命"，只有"上等下等社会革命，而无中等社会革命"，只有"复杂革命"，而无"单纯革命"。因此，"中国无革命则已，苟其有之，则必百数十之革命军同并起，原野厌肉，川谷阗血，全国糜烂，靡有孑遗"，可怕至极。而且"中国每当革命时代，则外族势力侵入之时代也"。所以可以预料，倘若"中国革命，则被革命之祸者全国，而食其利者并不得一方面"[1]，革命的危害极大。

在此，梁启超完全放弃了先前大肆鼓吹的"破坏主义"和"革命排满"主张，全然站到革命的对立面上去了。1906年11月，梁启超致其师康有为的一封长信中，将他反对暴力革命的态度表露到极致：

"革党现在东京占极大之势力，万余学生从之者过半，……近且举国若狂矣。真腹心之大患，万不能轻视者也。……今者我党与政府死战，犹是第二义；与革党死战，乃是第一义。有彼则无我，有我则无彼"[2]（加重号为引者所加）。

将革命党作为头号敌人加以反对，其立场之坚定，旗帜之鲜明，态度之坚决，使他取代康有为成为改良派与革命派论战的主将。

梁启超在改良与革命的抉择中何以会最终地迈向改良？对这一点，他自己曾言："吾之思想退步，不可思议，吾亦不自知其何以锐退如此其疾也。"[3]所谓"不可思议"，其实不尽然。1925年11月梁启超在北京《晨报副镌》上发表一篇题为《国产之保护及奖励》的文章，道出其中的原委，其云：

"我在国内政治党派分野里头，向来属于渐进派。我对于现状不满

---

1 《中国历史上革命之研究》，《新民丛报》第46—48期合刊，商务印书馆2014年版。
2 《梁启超年谱长编》第373页。
3 《政治学大家伯论知理之学说》，《新民丛报》第38—39期合刊，《梁启超论宪法》，商务印书馆2014年版。

足,认为必要改革乃至必要革命。但我无论何时何事,对于那些暴力的无理性的无效率的革命论及革命手段,总是要反对"[1]。

这是他作为一个温和的资产阶级改良派的最好自白。这段话为我们分析和理解 20 世纪初年梁启超的政治立场提供了一把钥匙。它告诉我们,梁启超在一生的政治活动和思想认识中,都表现出其固持改良之见的一面,惟其如此,他才一面热情礼赞革命,一面又对革命深怀戒惧之心;一面说革命是救时良药,一面又说革命会损伤国家元气;既热情地伸张民权,又不敢全盘否定君权;既颂贺自由竞争,又鼓吹强权政治。可以这样说,梁启超从不曾对革命怀有由衷的信仰,即使在他鼓吹革命最激烈的时候,其言论和思想也是与革命派有区别的。

自由权利是梁启超政治思想中的重要组成部分。在 20 世纪最初几年里,梁启超对自由的涵义、内容、来源、界限、意义等各方面进行了详尽的阐述,形成他反对封建专制主义和蒙昧主义的较为完整的理性认识。然而,自由与平等是西方资产阶级民主思想的两大支柱,论自由必然离不开谈平等。而在他当时的宣传文字中,"自由"二字比比皆是,"平等"二字较少言及。他从单纯否定世袭等级的狭隘内容理解平等,认为中国早已废除"世卿之制",消灭了"阶级陋习",不存在四民平等问题。[2] 注重自由而忽略平等,使梁启超的思想从一开始就与资产阶级革命民主派存在着差异。[3]

梁启超一度深信并主张"中国之万不能不革命",与之相呼应,梁启超也大力鼓吹过破坏之说。但值得注意的是,在他的头脑里,馨香而祝、顶礼膜拜的却是"平和的自由,秩序的平等,无血的破坏"[4](加重号为引者所加)。他曾对康有为说:"先生惧破坏,弟子亦未始不惧"[5],破坏实在是不得已而为

---

[1] 1925 年 11 月 17 日北京《晨报副镌》。
[2] 《新民说》,《饮冰室合集·专集》第 4,第 44 页。
[3] 参见王好立《从戊戌到辛亥梁启超的民主政治思想》,《历史研究》1982 年第 1 期。
[4] 《新中国未来记》,《新小说》第 3 号。
[5] 《梁启超年谱长编》第 286 页。

之的。他对破坏一直怀有畏惧之心,认为如果上下交乱,一味破坏,势必赍敌以粮,后患无穷,故"非有不忍破坏之仁贤者,不可以言破坏之计;非有能回破坏之手段者,不可以事破坏之事"。[1] 在梁启超那里,对破坏的忧虑与畏惧,是和他对革命的态度密不可分的。

梁启超是一个思想家和学者型的政治家,实践未动,理论先行,理论指导实践,是他的一贯特色。思想理论观念中的激进因素可以一度把他推向革命,而其中的保守因素则亦可将他拉回改良。有了消极保守的思想基础,再加上客观形势的推动,梁启超固守改良主义就顺理成章了。具体可以从以下三方面来解读:

其一,日渐高涨的革命形势使他产生了忧虑。1903 年,正是中国革命走向高潮的一年,就在这一年,留日学生运动迅猛发展,不仅人数大为增加,各种宣传新思想的刊物也大量涌现。在此基础上,留日学生中的爱国运动迅速高涨起来。与此同时,在国内民族资本主义力量最集中的上海等沿海地区和长江流域,资产阶级爱国民主运动也不断高涨。宣传革命的刊物纷纷涌现,学界风潮风起云涌。资产阶级、小资产阶级知识分子公然鼓吹反清革命,颇有"山雨欲来风满楼"之势。孙中山等革命党人形容当时的状况是"革命风潮一日千丈。"此外,《辛丑条约》订立后,由于清廷对外赔款数额极大,转嫁于人民头上的负担已超越极限,全国各地反赔款、抗捐税的斗争频繁发生,有力地推进了革命形势的日益高涨。在此基础上,革命党渐趋成熟,阵营逐步扩大,舆论宣传盛极一时。是随着时代的发展而前进,摆脱徘徊,完全站到革命的立场上来,还是迈向改良,回归保皇立场,梁启超必须作出明确的抉择。关于自己的这段转变,他在民国元年的《鄙人对于言论界之过去及将来》的演说中曾说了如下一段话:

"……其后见留学界及内地学校,因革命思想传播之故,频闹风潮,

---

[1] 《新民说》,《饮冰室合集·专集》第 4,第 65 页。

窃计学生求学，将以为国家建设之用，雅不欲破坏之学说，深入青年之脑中。又见乎无限制之自由平等说，流弊无穷，惴惴然惧。又默察人民程度，增进非易，恐秩序一破之后，青黄不接，暴民踵兴，虽提倡革命诸贤，亦苦于收拾。加以比年国家财政国民生计，艰窘皆达极点，恐事机一发，为人刦持，或至亡国……自此种思想来往于胸中，于是极端之破坏不敢主张矣。故自癸卯甲辰以后之《新民丛报》专言政治革命，不复言种族革命，质言之，则对于国体主维持现状，对于政体则悬一理想，以求必达也。"[1]

这段话是可信的。从错误地看待形势和革命运动，到否认在中国实行革命的必要，梁启超的转变自在情理之中。

其二，师友的影响。中国传统教育的信条之一是：敬爱导师，不违师道。梁启超虽自称在年30岁以后持论"屡与其师不合"，对其师的言论"屡起而驳之"[2]，但在总体上尤其在坚持改良上仍没有下决心和康有为决分两途。相反，康有为的思想，其作为导师的威严和在改良派同党中的领袖地位，都对梁启超产生无可怀疑的影响。故此，对于为师的批评和责备，梁启超时常是俯首以承，"得书则怦怦自省"，"熟诵数次，汗流浃背甚矣"[3]。他曾虔诚地表示，对为师的"一切严责之语"，"皆乐受"，对自己的"悖谬之处"，愿意"诚心悔改"[4]。可见，这时他还远未做到自己后来所宣扬的"吾爱吾师，吾更爱真理"。关于康有为对他转变的影响，他后来曾作过如下叙述："启超既倡革命排满共和之论，而其师康有为深不谓然，屡责备之，继以婉劝，两年间函札数万言。启超亦不慊于当时革命家所为，惩羹而吹韭，持论稍变矣。"[5]

---

1 《庸言》第1卷，第1号。
2 《清代学术概论》，《饮冰室合集·专集》第34，第63页。
3 《梁启超年谱长编》第319页。
4 同上书，第325页。
5 《饮冰室合集·专集》第34，第63页。

在同辈学友中，对他影响最大的要算黄遵宪了。黄遵宪是改良派的重要人物和清末"诗界革命"的重要倡导实践者。他和梁启超关系甚密。梁启超自称"国中知君者无若我，知我者无若君"[1]。在戊戌以后的六七年间，黄遵宪和梁启超通信十万言以上，其中大谈"20世纪中国之政体，其必法英之君民共主"，对"近年以来"遍海内外的"民权自由之说"颇不以为然，主张"奉王权以开民智，分官权以保民生，及其成功则君权民权两得其平"[2]。对梁启超的一度倡破坏主义，他以为"中国之民不可无此理想，然未可见诸行事也"，因为中国之民无权利思想，无政治思想，无国家思想，倘"率之以冒险进取，耸之以破坏主义"，无异于"八九岁幼童授以利刃，其不至引刀自戕者几希"，所以坚决反对梁"以非常可骇之义，破腐儒之胆汁，授民贼以口实也"[3]。黄遵宪这种典型的君宪思想和渐进论对一度感情激昂的梁启超无异当头一瓢冷水，其警醒作用和康有为的呵责效果毫无二致。

其三，游历美洲的实地考察。被称作新大陆的美国，无论其政治制度、经济状况、思想文化、社会风俗，都曾激起梁启超极大的向往，"誓将适彼世界共和之祖国，问政求学观其光"。但在美国10个月的游历，也使他看到美国社会各方面的弊端，这促使他重新估量民主共和制的利弊，尤其是共和政体对当时的中国是否适用。他的结论是："共和政体，不如君主立宪者之流弊少而运用灵也。"他断言，以当时中国人的素质，若行共和制度，"无异于自杀其国也"，必须"陶冶锻炼吾国民二十年、三十年乃至五十年"后，再"与之谈华盛顿之事"[4]。由此不难看出，美洲游历促梁启超彻底放弃了其革命主张。

总起来说，在革命与改良的抉择中，在回归改良的过程中，在与革命派的抵牾和激烈的论争中，梁启超总的观点是：在当时的中国，最重要的不是

---

[1]《梁启超年谱长编》第352页。
[2] 同上书，第289—290页。
[3] 同上书，第301—303页。
[4]《新大陆游记》，《新民丛报》1904年2月临时增刊。

改变现行专制制度，而是锻炼国民资格；不是进行轰轰烈烈的革命，而是搞切切实实的改良。尽管他的变专制制度为宪政制度的根本目标并未遗弃，但是他的思想内容的侧重点和倾向性则发生了明显的变化，首要任务不是抨击清政府而是反对暴力革命；虽然他从未放弃对民主和宪政的追求，但表现得更多的还是对现实的屈从乃至维护。改良主义者向来是矛盾的集合体，其是在维持现状中改变现状，在保持现有政权下变革政府，他们与现状既有矛盾的一面，也有一致的一面。当没有外力动摇现政府时，凸显的是矛盾的一面；当现政府受到威胁的时候，则凸显的是一致的一面。如今革命党要竭尽全力推翻现政权，梁启超依托现政府进行改革的理想就要破灭，所以必须抵制乃至消灭革命党，使光绪帝为代表的清政权不至于灭亡，与革命党之战当然就上升为"第一义"。于是，就掀起了改良派和革命派史无前例的大论战。

早在1903年春天，康有为、梁启超等就在海外华侨中宣扬只可改良、不可革命，只可立宪、不可共和。梁启超则利用其舆论优势，以《新民丛报》为阵地，集中抨击革命党的革命理论。这时，康梁的影响力远大于刚刚兴盛起来的革命党人，所以孙中山等人困难重重。对革命派而言，要推进革命，首要的也是最迫切的就是驳斥康梁，战胜改良，用革命思想陶冶和武装群众。于是，章太炎在5月里发表了《驳康有为论革命书》，孙中山也刊发了《驳保皇派书》《敬告同乡书》。1905年，随着同盟会的创立和三民主义的发布，以及革命党人机关报《民报》的创刊，批驳梁启超的改良主义也日趋强劲。从《民报》创刊号起，汪精卫等人先后发表了《民族的国家》、《论中国宜改创民主政体》等长文，严厉批驳《新民丛报》的一系列论点。梁启超则撰长文逐一反驳。双方针锋相对，寸步不让，一场历时两年多的大论战开始了。

在这场辩论中，革命、改良两派在国内外的20多种报刊先后都投入了论战，辩论文字多达数百万言。1904年4月出版的《民报》第3号专刊"号外"，开列了革命党人和梁启超的《新民丛报》在12个重大问题上的严重分歧[1]，并号召国内外同仁积极参战。而在双方的实际辩论中，远比《民报》所列的12个问题要广泛得多，不过最迫切、最集中的也就是三个问题，即围绕三民主义而展开。这就是：1.要不要进行种族革命，即要不要推翻清政府；2.要不要进行民权革命，即要不要建立民主共和国；3.要不要进行社会革命，即要不要"平均地权"，解决土地问题。为了能在辩论中取胜，双方不得不结合现实，列举论据，直至引经据典，以为说辞。他们搬出了古今中外的著名学者为各自助阵，什么霍布斯、卢梭、孟德斯鸠、斯宾塞、亚当·斯密、边沁、伯伦知理，什么牛顿、瓦特、马克思，等等，都来到他们的笔下。他们还大量引用了日本学者笕克彦、穗积八束、美浓部达吉、小野塚等人的学说以为佐证，各取所需，以古人驳今人，以今人斥古人，让古今中外的学者在他们的文章里交战。1905年到1907年两年多的论战进行得尖锐激烈、有声有色、精彩纷呈，对思想启蒙和资产阶级理论学说的传播，以及三民主义的宣传，起了重要的推动作用。同时，对梁启超改良主义政治思想理论学说的系统化、理论化，也收益良多。为更清楚地说明梁启超在与革命派论战中所展现出的思想理念和政治追求，下面分类加以评说。

---

[1] 12个问题是：1.《民报》主共和，《新民丛报》主专制；2.《民报》望国民之民权立宪，《新民丛报》望政府以开明专制；3.《民报》以政府恶劣，故望国民之革命，《新民丛报》以国民恶劣，故望政府以专制；4.《民报》望国民以民权立宪，故鼓吹教育与革命，以求达其目的，《新民丛报》望政府以开明专制，不知如何方副其希望；5.《民报》主张政治革命，同时主张种族革命，《新民丛报》主张开明专制，同时主张政治革命；6.《民报》以为国民革命自颠覆专制而观则为政治革命，自驱逐异族而观则为种族革命，《新民丛报》以为种族革命与政治革命不能相容；7.《民报》以为政治革命必须实力，《新民丛报》以为政治革命只须要求；8.《民报》以为革命事业专主实力，不取要求，《新民丛报》以为要求不遂，继以惩警；9.《新民丛报》以为惩警之法在不纳租税与暗杀，《民报》以为不纳租税与暗杀不过革命实力之一端，革命须有全副事业；10.《新民丛报》诋毁革命，而鼓吹虚无党，《民报》以为凡虚无党皆以革命为宗旨，非仅刺客以为事；11.《民报》以为革命所以求共和，《新民丛报》以为革命反以得专制；12.《新民丛报》以为社会主义不过煽动乞丐流民之具。

君主立宪的"政治革命"

1906年，梁启超相继发表了《开明专制论》、《申论种族革命与政治革命之得失》、《答某报第四号对于本报之驳论》、《暴动与外国干涉》等长篇论辩文章，全面而系统地阐发了他近年来反复宣传的"政治革命"思想。

何谓"政治革命"？梁启超明确指出："政治革命者，革专制而成立宪之谓也，无论为君主立宪，为共和立宪，皆谓之政治革命。"[1]而在当日中国，共和必先革命，革命必致专制，所以"政治革命"实指"革君主专制而为君主立宪"[2]，政治革命思想亦即君主立宪主张。

"政治革命"之目的何在？梁启超认为，"政治革命"实为救国之唯一手段，他推论说，"凡可以达救国之目者吾辈所当以为手段者也"，而"政治革命实可以达救国之目的"，故"政治革命吾辈所当以为手段者也"，而"非政治革命更无道焉可以达救国之目的"，故"舍政治革命以外吾辈无可以为手段者也。"非此不可，有此才行，"政治革命"实为救国的充要条件。"盖政治革命之一观念，与救国之一观念，既连属为一体而不可分也。"[3]

"政治革命"既然是救国的不二法门，那么，"政治革命"如何进行？换言之，对待"政治革命"应持怎样的态度？要采取何样手段和方法？这是梁启超"政治革命"思想中着墨最多的地方。值得关注的是，梁启超在全面阐述"政治革命"时，最想表达的一个中心思想是："欲为政治革命者，宜以要求而勿以暴动"。也就是说，实现"政治革命"，只能和平请求，绝对不可实施暴力。具体包含如下三层意思：

第一，"政治革命"的唯一手段是"要求"，此乃"立宪之最高原因也"。在梁启超看来，变专制为立宪，无需武力推翻最高统治者，只能矢志追求、

---

[1]《申论种族革命与政治革命之得失》，《新民丛报》第76期。
[2]《答某报第四号对于本报之驳论》，《新民丛报》第79期。
[3]《申论种族革命与政治革命之得失》，《新民丛报》第76期。

努力要求。用他的话讲，就是："如欲为政治革命也，则暂勿问今之高蹑中央者为谁何，翼其左右者为谁何，吾友也不加亲，吾仇也不加怒，吾惟悬一政治之鹄焉，得此则止，不得勿休。"[1] 既然"政治革命"无须反抗最高统治者，那么立宪为何仍不得实施呢？他认为"君主之所以不肯立宪者，大率由误解焉，以为立宪大不利于己也"，倘若有人"为之委婉陈说，使知立宪于彼不惟无害，而且有大利，则彼必将欣然焉，以积极的观念而欲立宪，于是立宪之几动。"在这种情况下，再借助"国外种种势力之压迫"、"国内种种势力之膨胀"、"人民有所挟而求焉，使知不立宪不惟无所利，而且有大害，则彼必将悚然焉，以消极的观念而不得不立宪，于是乎立宪之局成。""立宪之原因，则君主之肯与不肯，固占一部分，然其肯与不肯，仍在人民之求不求，故人民之求立宪，实能立宪之最高原因也"。[2] 按梁启超的逻辑，能否立宪，全在人民求与不求。

那么，"求立宪"要采取什么方法呢？梁启超指出：（一）国民大多数要"相率以要求立宪"，这是立宪唯一正当的手段；（二）"其所要求者，必须提出条件，苟无条件，微论彼不知所以应，即应矣，仍恐其不正确也"；（三）"其提出之条件，必须为彼所能行，若为彼所必不能行，则是宣战而非要求，以云要求，则等诸无效也。"[3]

第二，既然立宪之本在于人民，那么向人民广泛宣传"政治革命主义"，提高国民"政治革命"的素质和能力，就显得非常必要。梁启超自称，"夫吾之言立宪，非犹夫流俗人之言立宪也。流俗人之言立宪，则欲其动机发自君主而国民为受动者；吾之言立宪，则欲其动机发自国民，而君主为受动者"。既然人民是立宪的根本力量，那么能否立宪乃至"中国之能救与否"，便只有"视人民之能为要求、肯为要求与否以为断"了。这样，"使一国中大多数人知立宪，希望立宪，且相率以要求立宪"就显得至为重要。为此，

---

[1] 《开明专制论》，《饮冰室合集·文集》第17，第74页。
[2] 《申论种族革命与政治革命之得失》，《新民丛报》第76期。
[3] 同上。

就必须大力提高国民的"政治革命"素质和能力。关于这个问题的意义，梁启超说了如下一段话：

"……夫彼毫无政治智识毫无政治能力者，不知要求为何物，不知当要求者为何事，固无冀焉矣。若有稍有政治智识者，又不务自养其政治能力，且间接以养成一般国民之政治能力，而惟醉梦于必不可致之事业，奔驰于有损无益之感情，语及正当之要求，反避之若浼焉，夫是以能要求肯要求者，举国中竟无其人也。夫彼绝无智识绝无能力者，不足责焉；若夫稍有智识者，且可以有能力者，而亦如是，则亡国之恶因，非此辈造之谁造也？"

把"政治革命"素质、能力的培养与运用作为实行"政治革命"、挽救国家的最重要的前提条件，这是梁启超一贯的思想。那么，当前应该做些什么呢？他的主张是："夫使今日中国之多数人皆知政治革命主义，而循吾所谓正当手段者以进行也，其现今在政界地位已高者，陈利害于君主；其次高者，陈利害于上宪及其僚；即其未入宦途者，或其弟兄，或其朋友，苟有可以为陈利害者悉陈之，以浸润移其迷见，其效既可以极速。"[1]

第三，"政治革命"虽不排除暗杀这一"最后之武器"，但绝对不可采取暴动或革命的手段。梁启超在大肆宣传"要求"立宪的同时也注意到，如果最高统治者"冥顽不灵"，拒不立宪，怎么办？他提出的解决办法是："或彼终冥顽不灵，则吾所以待之者，尚有最后之相当的刑罚在，则虚无党之前例是也。"他分析说："夫彼之为梗者，上焉者为权力，下焉者为富贵耳，然若无生命，则一切权力富贵皆无所丽，故此最后之手段实足以寒作梗者之胆而有余也。"这里，他着重强调的是，像俄国虚无党那样搞暗杀，只不过是"济变之手段，最后之武器也"，绝对"不可滥用"，即使用也要"必在要求

---

[1]《申论种族革命与政治革命之得失》，《新民丛报》第 76 期。

而不见应之后,且所施者限于反抗此要求之人,不然,既使彼迷惑,而有罪者反不自知其罪也。"[1]

但是,搞"政治革命",暴动或革命的手段无论如何不可采用。理由是:(一)革命与立宪毫无关系。以君主立宪言之,革命使"生民之祸终不得息",且"流无数国民之血",如此,"则立宪二字,将来能至与否未可期,而君主二字,当下已先受其毒也",故"人民以武力颠覆中央政府,其与君主立宪制,无一毫因果之关系";以共和立宪言之,"最高主权在国民之政治,决非久困专制骤获自由之民,所能运用而无弊也。准是以谈,则虽当革命后新建共和政府之时,幸免于循环反动以取灭亡,而此政体终无术以持久,断断然矣。不持久奈何,其终必复返于专制,然则其去政治革命以救国之目的,不亦远乎!"故"人民以武力颠覆中央政府,其与共和立宪制,无一毫因果之关系。"[2](二)暴动或革命必然会引起帝国主义的干涉,从而招致国家的瓜分和灭亡。梁启超认为,"暴动之革命所以取干涉者有二:一曰对外之乱暴,二曰内部之冲突"。何以会"对外乱暴"?他认为,"革命事业,其与秩序性质,最难相容,虽以素有秩序之民行之,其骚扰混杂,犹常出意计之外,若以素无秩序之民行之,其危险宁更可思议耶?"况且中国国民几千年来素有排外思想,加之近年各帝国主义国家对我的侵略"使我蓄怨积怒而久思一雪",如果再加上革命派的煽动,暴动必然会"诒外国以干涉之口实"。何以会"内部冲突"?梁启超忧虑地说,"吾所以认暴动主义足以亡中国而深怵之者,全以其破坏之后,必不能建设",这样,"中央旧政府既倒,而新共和政府不能成立,或暂成立而旋起冲突,中央纷乱如麻,而各省新经兵燹之后,人民生计颠顿,加以乱机已动,人人以好乱为第二之天性,自然的暴动陆续起……于是秩序一破,不可回复,而外国之干涉乃起"。外国干

---

[1] 《申论种族革命与政治革命之得失》,《新民丛报》第76期。
[2] 同上。

涉的结果，"小之则自取灭亡，大之则灭亡中国"。[1]（三）针对满清专制统治的革命是完全不必要的。梁启超为清政府辩护说："若我中国今日情势，……举国人民，其在法律上，本已平等，无别享特权者；即如某报所举满洲人于公权私权上间有与汉人异者，然其细也甚。"[2]

梁启超的"政治革命"论大体如此。需要进一步思考的是，其究竟表达了怎样的政治诉求？

通过以上简要陈述，已经十分清楚，梁启超在这里讲"政治革命"只是一个挡箭牌，醉翁之意是反对暴力革命，反对革命派武装推翻清政府。为此，他首先把君主立宪能否实现的关节点置于人民身上，将国民的宪政意识与"政治革命"的完成等同起来；然后又把立宪的手段限定在和平请愿，呼吁人民要"要求"、"委婉陈说"、不断"督责"，绝对不能触犯统治者的利益，更不可削弱政府的领导能力；接着就把清政府打扮成可以接受民众要求君主立宪的良善政府，只要人民要求到位，君主立宪立马可以变成现实。难道像梁启超这样极其聪慧者不明白这是在痴人说梦吗？难道他不晓得君主立宪的过程就是限制清政府权力乃至分清政府一部分或更多权力的过程吗？难道他不明白清政府会为权力竭力固守吗？他当然明了。既然明了为什么又如此说呢？这就是因为革命派要推翻清政府，他认为绝对不可推翻。梁启超在这里要通过论述"政治革命"，来阐明保全清政府才是正道，才是实现君主立宪的"政治革命"的坦途。而且，他还一再警告革命党，一旦以暴力推翻清朝，必引起帝国主义列强的干涉，那时不仅革命不能成功，而且将国将不国。梁启超此时比任何人当然也包括革命派，都清楚地看到帝国主义对中国的野心，他呼吁全国团结一致，抵御外侮，不给帝国主义任何干涉中国的借口。为了说明推翻清朝是错误的，梁启超还责难革命派"排满"的"种族革命"是宣扬"民族复仇主义"。他认为，满族早已同化于汉人而成为中华民族的一

---

1 《暴动与外国干涉》，《新民丛报》第82期。
2 《申论种族革命与政治革命之得失》，《新民丛报》第76期。

部分，这个昔日的大敌如今早已不复存在。宣传"排满"是种族歧视，是鼓吹大汉族主义，不利于民族团结。当前，中华民族最大的危险是帝国主义的入侵，不是"排满"，推翻清朝。总之，梁启超苦口婆心反复要说明的是，即使从"政治革命"的角度去看，也没有必要发动"种族革命"。至于把仿效俄国虚无党搞暗杀作为其"政治革命"的"最后之武器"，利用三五匹夫之勇实现他们的君主立宪，则难免空想。梁启超从反对暴力革命、反对推翻清朝的角度去申论"政治革命"，去论辩君主立宪，显然是一大误区。其在反对革命派暴力革命上可能有某种功效，在推进君主立宪政治方面则进展甚微。

立宪预备的"开明专制"

如果说，梁启超的"政治革命"论，主要是针对革命派推翻清朝的"种族革命"；那么，"开明专制"论，则为回击革命派通过武力建立民国的"共和革命"。

所谓"开明专制"，究竟是一种什么样的政治模式呢？梁启超在《开明专制论》中写道："发表其权力于形式，以束缚人一部分之自由，谓之制。据此定义，更进而研究其所发表之形式，则良焉者谓之开明制，不良焉者谓之野蛮制；由专断而以不良的形式发表其权力，谓之野蛮专制，由专断而以良的形式发表其权力，谓之开明专制。"在区分了专制的两种形式之后，他进一步说，"凡专制者，以能专制之主体的利益为标准，谓之野蛮专制；以所专制之客体的利益为标准，谓之开明专制"。这里的"客体"，指"国家"和"人民"。以国家和人民的利益为标准，是梁启超"开明专制"的试金石，也是考察清朝是否野蛮专制的根本标志。

为什么要实行这样的"开明专制"呢？梁启超首先采取了"排妄"的方法加以论证：

第一，中国今日万不能行共和立宪制。这是因为"今日中国国民，非有可以为共和国民之资格者也"。什么是"共和国民之资格"？他认有"共和国民之资格不一端"，而最重要者，"有能行议院政治之能力者，斯有可以为共和国民之资格"[1]。行议院政治是有条件的，他议论说："凡议院政治，恒以议院之多助寡助，黜陟政府，故议院大多数人有批判政治得失之常识，此第一要件也。"但中国的情况是："苟老辈者多数焉，则复八股之议案，可以通过也；苟新进多数焉，则尽坑满洲人之议案，可以通过也。而政府若否认其议案，则顷刻不能安其位，而彼之首领且将代之而实行之也。"这里，梁启超将封建顽固派和革命党一并加以抨击和贬斥，认为如此素质绝不能行议院政治。他还指出，"又议院政治，既恒以议院之多助寡助，黜陟政府，而多寡之数，与党派有密切关系"，故"有发达完备之政党"，实为议院政治的"第二要件"。而中国的情况又怎样呢？梁启超讥讽道，"今之中国，无三人以上之团体，无能支一年之党派。虽今后或者稍进乎，然亦仅矣！"所以议院政治的"第二要件"中国也是不具备的。梁启超的结论是"今日中国国民，未有可以行议院政治之能力者也"，所以"今日中国政治，非可采用共和立宪制者也"[2]。

第二，不仅共和立宪不行，就是君主立宪制也行不通。梁启超毫不隐瞒地表示："君主立宪，固吾党所标政纲，蕲必得之而后已者也。"那为什么说今日"尚未能行"呢？理由是：其一，"人民程度未及格"，主要表现在：开设议院是立宪制的重要纲领之一，议院是一种"有责任之监督"，但中国国民"学识幼稚"，"有权而滥用"，非稍经训练后，绝不能担此责任；议院又有"协赞法律、协赞预算之权，亦当用之于正当"，而当"协赞预算案时，最宜有圆满至密之政治上知识，察社会生计之实情，鉴内外政局之大势，非可先横一成见于胸中以从事也。"但中国国民"程度幼稚，动偏于一端"，"义务思想未发达"，"汲汲以轻负担为务"，故"预算不成立之现象"，

---

[1]《答某报第四号对于本报之驳论》，《新民丛报》第79期。
[2]《开明专制论》，《饮冰室合集·文集》第17，第64—67页。

恐"年年续见";议院内实行自治,"非得议院之许诺,政府不能逮捕议员",这是各国的"通例",但中国国民"程度幼稚,往往因辩论而生意见,因意见而生仇雠",以如此国民程度组织议院能保证议事场避免"动则挥拳拔刀"的"恶剧"吗?一句话,中国国民"苟非养之有素",则组织议院实施立宪制,"利恒不足以偿其害"[1]。其二,施政机关未整备。如国籍法尚未编定,义务教育尚未实行,选举区尚未划定,租税法尚未颁布,地方自治尚未确立,铁路不多,交通不便,刑法、民法、诉讼法尚缺乏,等等。施政机关如此状态,岂能行立宪政治?

共和制万不能行,立宪制尚未能行,那只有行"开明专制"是唯一出路了。实行"开明专制"的好处在哪里呢?梁启超认为,只有通过"开明专制",才能逐步实现宪政,"开明专制"是走向"立宪政治"的必由之路。他借日本学者笕克彦的话称:"夫开明专制,非不美之名词也",它"以发达人民为目的","与立宪同一状况",是"立宪所由之阶级"[2],区别只在于宪法公布与否。如果经过若干年这样的开明专制时代,再"移于立宪,拾级而升",这样既充分准备了立宪制的施政机关,又"缓融"和"减低"了新政体初建时与"旧社会一大部分人"的利害冲突,同时也锻炼和提升了中国国民的宪政意识和"共和之程度",何乐而不为呢?

如同他把"政治革命"的重点放在人民要求上一样,梁启超也把实施"开明专制"的希望寄托于人民的"劝告"上,声称"政府之肯开明与不肯开明,虽属于别问题,而劝告之以开明,则为凡有言责者所应履行之义务,无可疑也"。他还说:"今当外患日侵间不容发之时,而我尚未能建设新政府,一国生命财产犹托于现政府之手。现政府而改良一分,则吾受一分之利,现政府而加劣一分,则吾受一分之害",所以,"劝告现政府之开明专制,实今日独一无二之法门也"[3]。

---

[1]《开明专制论》,《饮冰室合集·文集》第17,第77—81页。
[2]《答某报第四号对于本报之驳论》,《新民丛报》第79期。
[3] 同上。

较之"政治革命"论的那种老调重弹，梁启超的"开明专制"论却颇有创意，是他长期以来对中国由专制转向宪政曲折道路的新思考，给中国社会的民主转型提供了一种崭新的思路。结合历史和现实，梁启超充分考虑到了用宪政制度代替专制制度的艰巨性、长期性和复杂性。谁都清楚，在立宪政治面前，王朝专制者不会轻易放弃权力，国民缺少起码的立宪意识和立宪追求，以及对宪政制度的陌生和缺乏基本的运作手段，等等，都会让宪政难产，甚至引发社会动乱而使宪政夭折。因此，梁启超苦思冥想，发明了一个由专制通向宪政的中间过渡，就是"开明专制"。这种政治，在专制上，虽与封建王朝有相通之处，但不依一家社稷为指归，而以国家、民众利益为宗旨；在开明方面，虽然还难以达到宪政那样民主和法治，但能够体察民意，坚持正义。当这样的"开明专制"政治推行较长一段时间，30年或50年，宪政理念深入人心，国家机器也具备了向政党政治和立宪体制转换的条件，水到渠成，再顺水推舟推行立宪，就实现了没有社会动乱的平稳过渡。梁启超的这种设计，把"开明专制"作为通向民主的一个阶梯、一种过渡，既现实、又美好，确有创新价值。在这方面，梁启超较那时的革命党人考虑得要周全和实事求是。不容否认，孙中山等人那时对如何由王朝专制转向民主共和的问题上考虑得不多，甚至有不少人天真地认为，只要推翻清朝，建立民国，宪政制度就应运而生。后来的历史表明，建立民主共和的宪政制度，极其艰难。民国初年的乱局，无情地宣告了革命党人发动反清革命时的天真和缺少深入谋划。孙中山在辛亥革命10多年后的1924年，也深刻认识到民主宪政创立的艰难，在《国民政府建国大纲》中提出军政、训政、宪政三步走的比较实际的递进战略。这里的"训政"，几乎和梁启超的"开明专制"如出一辙，而且在前面还加了一个军政时期。很显然，梁启超的"开明专制"论确有先见之明。

但是，无论是孙中山的"训政"，还是梁启超的"开明专制"，推行起来实在太困难了，几近于空想。首先，从学理上讲，"开明"和"专制"是相左的，开明者，大凡专制不起来；专制者，也大都不会"开明"。企求一个统治者既开明、又专制，还能逐渐放弃自己的权力，向宪政制度过渡，颇有些天方夜谭。其次，从实际操作看，用怎样的方法产生出既专制又开明的领袖呢？如果这位当权者只专制、不开明，又如何去制约呢？从中国历代的最高统治者看，不乏雄才大略，但一生开明，把国家利益放在第一位者，难以寻觅。往往是开明一段，胡闹一段；开明始，胡闹终；开明是手段，专制集权是根本。再次，就基本理念来讲，"开明专制"说到底还是"人治"，不是"法治"，追求的仍是"圣人治国"、"道德治国"。诚如朱执信所深刻指出的："开明专制者，人治政治也"，所谓"开明专制"或"民主专制"，类同于荀子所说的"道德之威"，只能沦为一种空谈。[1] 也有人批评说："开明专制义如其文，不过以专制之政体行开明之政治而已"，"不能评以为一种善良制度"，因为它没有从制度上改变专制的本质，因而也不可能产生真正进步的政治。[2] 这种批评是一针见血的。所以，这种不是依靠制度设计而是靠"道德良心"来实现社会的大变革，是难以行通的。至于把"开明专制"的实现，寄托于人民对统治者不厌其烦的"劝告"上，更是梁启超如梦如痴的一厢情愿。不过，话又说回来，梁启超能够清醒地看到，在中国由专制转向宪政的过程中，必须经过一个较长的"开明专制"阶段，的确是一语中的，发人深省。

抨击"社会革命"

在竭力鼓吹"开明专制"论和"政治革命"论的同时，梁启超以激烈而尖刻的言辞对革命派所主张的以"土地国有"为主要内容的民生主义的"社会革命"论进行了驳难和鞭笞，宣称"虽以匕首揕吾胸，吾犹必大声疾呼曰：敢有言以社会革命（即土地国有制）与他种革命同时并行者，其人即黄

---

[1] 章士钊：《中国适用共和政治论》，《中华杂志》第1卷第3号。
[2] 《朱执信集》上集，第145、229页。

帝之逆子，中国之罪人，虽与四万万人共诛之可也！"[1]

梁启超对"社会革命"何以火气如此之大？革命派"社会革命论"的主张到底是什么呢？

简而言之，以孙中山为首的资产阶级革命民主派认为，社会革命即民生主义，主要内容是"平均地权"或"土地国有"。具体办法是"改良社会经济组织，核定天下地价。其现有之地价，仍属原主。所有革命后社会改良进步之增价，则归于国家，为国民所共享。"[2] 其实际含义是，通过"核定地价"和"照价纳税"，将使地主失去地租收入，从而在事实上废除了地主土地所有制，直接生产者农民将占有土地（获得土地使用权）进行生产。土地国有即地租国有，平均地权也绝非平分土地。革命派的主观意图是，通过"平均地权"和"土地国有"，解决中国的土地问题，避免欧美在走向现代工业社会时出现的两极分化和不断出现的社会动乱，减少因共和革命给人民带来的灾难，从而防止再次发生革命。革命党人一向奉此为超越西方社会和实现中国长治久安的一剂良药。

梁启超急不可耐地指责"土地国有"的民生主义是"撷拾布鲁东、仙士门、麦喀等架空理想之唾余，欲夺富人所有以均诸贫民"，这不过是"利用此以博一般下等社会之同情，冀赌徒、光棍、大盗、小偷、乞丐、流氓、狱囚之悉为我用"，然后以暴烈的行动"杀四万万人之半，夺其田而有之"。这种社会政策只能引起"下等社会"的骚动，"荼毒一方"[3]。很明显，梁启超把"平均地权"误解为"平分土地"，把孙中山在革命以后才计划实行的政策曲解为马上要推行，并且把这种政策和他最为痛恨的下层群众的暴力革命联系了起来。

基于对革命派社会革命论的这样的理解，梁启超不惜笔墨，长篇大论，详细分析了"平均地权"的"不必行"、"不可行"和"不能行"，指明了社

---

[1] 《开明专制论》，《饮冰室合集·文集》第17，第74页。
[2] 朱执信：《论社会革命与政治革命并行》，《民报》第5号。
[3] 《开明专制论》，《饮冰室合集·文集》第17，第62、74页。

会革命的危害。

梁启超认为,中国和欧洲各国的社会状况不同。欧洲自工业革命后,资本主义经济虽然飞速发展,但并没有达到全民富裕,"雇者与被雇者之间,即资本家与劳动者之间","划然成两阶级而不可逾越";物质财富在"日以增殖",但这是以"牺牲无量数之资本,牺牲无量数人之劳力"为代价的。"一将功成万骨枯,……经济上一将功成以后,处于其下者乃永沉九渊而不能自拔",形成悬殊的贫富差别和尖锐的阶级对立。中国的情况全然不同。我国"现时之经济组织,与欧洲工业革命前之组织"是有差异的:1.无贵族制度,也就无阶级之可言;2.土地较为平均,贫富悬殊自然无从产生;3.赋税较轻,民众自可聊以为生。这样的社会状况,"中产之家多,而特别豪富之家少",所以几无土地兼并之患,即使将来工业发展了,也不会造成欧美那样"贫富相悬"的社会现象[1]。因此,进行"社会革命"是完全不必要的。梁启超还认为,中国的地主之所以占有大量土地,大都非兼并而来,多是由"劳动"或"节约"而获得,他们现在所享有的地租,乃"我或我祖、我父勤劳之结果",完全是"正义之权利"。在这种情况下,革命党如果实行"平均地权"、"土地国有",就是"掠夺人民勤劳之结果","取现今经济组织之基础,破坏其重要之一角"[2]。因此,对改变土地制度问题,梁启超是"寸毫不能让"的。[3]

为说明社会革命的不可行,梁启超进一步论证说:在欧美,"社会革命"是以"分配之趋均"为目的的,质言之,即"抑资本家之专横,谋劳动者之利益"。这在西方是解决社会问题的良药,但"施诸今日之中国,恐利不足以偿其病也"。这是因为,晚清经济的巨大威胁主要来自国外,而不是国内,是帝国主义的经济侵略,而不是资本家的财富积累。对当时的中国来讲,

---

1 《杂答某报》,《梁启超选集》第 502—504 页。
2 《再驳某报之土地国有论》,《辛亥革命前十年间时论选集》第二卷,下册,第 582、589、583 页。
3 《开明专制论》,《饮冰室合集·文集》第 17,第 57 页。

"惟有奖励资本家，使举其所贮蓄者，结合焉，而采百余年来西人所发明之新生产方法以从事于生产，国家则珍惜而保护之，使其事业可以发达以与对抗，使他之资本家闻其风，羡其利，而相率以图结集，从各方面以抵挡外竞之潮流，庶或有济。虽作始数年间，稍牺牲他部分人之利益，然为国家计，所不辞也。"在梁启超看来，从发展民族资本以抵御外来经济侵略的角度讲，首先要奖励资本家，其次再谈保护劳动者，对社会经济起决定作用的是资本而非土地。因此，"欲解决社会问题者，当以解决资本问题为第一义，以解决土地问题为第二义。且土地问题，虽谓为资本问题之附属焉可也"。故不能行社会革命[1]，谁如果坚持"社会革命"，谁就犯下了"亡国之罪"[2]。在此，梁启超充分展示了他一贯主张的发展资本、强国富民立场和始终如一的爱国主义情怀。客观地讲，发展民族资本是中国近代社会发展的中心问题之一，梁启超承认和推动这种发展，就较之革命党人为防止社会两极分化所极力主张的"节制资本"，更具合理性和可行性。在这一点上，梁启超的确高出革命党一筹。革命党人的失误还在于，把没有推行"土地国有"当作欧美社会问题产生的主要根源。他们从亨利·乔治的社会主义理论出发，认为欧美层出不穷的罢工、反抗和游行示威，是"因为没有解决土地问题"。[3] 这显然没有抓住问题的根本。难怪梁启超讥讽说：这是"未识社会主义之为何物也"。[4]

在中国近代历史上，土地问题是一代又一代的革命者企图解决的中心问题，不同的阶级和不同的政治集团都曾以不同的立场和思想学说去诠释，并提出过许许多多的方案。以孙中山为代表的资产阶级革命民主派主张土地国有，希望"举政治革命与社会革命，毕其功于一役"，[5] 其实践意义即是消灭封建的地主土地所有制，为资本主义的发展创造条件和奠定基础。这种考量虽

---

1 《杂答某报》，《梁启超选集》第508—509页。
2 同上书，第505—508页。
3 《孙中山选集》上卷，第77页。
4 《杂答某报》，《梁启超选集》第508页。
5 《民报》发刊词，《民报》第1号。

然有这样那样的不足，虽然并没有真正推行，但毕竟看到了土地问题与近代社会大变革的必然联系，看到了"社会革命"的势在必行，而且苦心设计，提出了他们的解决办法。这种积极进取的精神以及留下的宝贵思想遗产，难能可贵，值得珍惜。梁启超的许多见解虽然不乏高明之处，但他为了反对暴力革命，为了反对革命党人的以土地国有为主要内容的"社会革命"，居然无视业已存在且问题十分严重的封建土地所有制，甚至为晚清的土地制度评功摆好，希望能在不改变现行土地制度的基础上发展资本主义，显然是有问题和不现实的。

泪眼看云

1907年隆冬的一天，阴云密布，寒风瑟瑟，梁启超蛰居横滨乡间，回首经年，神情黯然，感慨万千，提笔写了这样一首诗：

"泪眼看云又一年，倚楼何事不凄然。
独无兄弟将谁怼，长负君亲只自怜。
天远一身成老大，酒醒满目是山川。
伤离念远何时已，捧土区区塞逝川。"[1]

诗言情，诗抒怀。诗中的梁启超因在与革命党的论战中屡屡失利，含泪忍悲、伤心不已，感到既对不起朋友，也辜负了皇上。再看看推翻清朝的武装革命如潮汹涌，更感凄楚悲凉、走投无路。

如果从1905年算起，改良派与革命党的论战已有三年。而在1907年11月，梁启超等藉以"直抒胸臆"的主要舆论阵地《新民丛报》停刊了，这无

---

[1]《饮冰室合集·文集》第45（下），第35页。

疑是梁启超挫败的一个重要标志。

还在 1906 年 11 月，由于无法抵挡革命党气势如虹的攻势，梁启超就通过其同党友人徐佛苏向《民报》表达了停战求和的意向，声称"向与《民报》辩驳之事，亦出于不得已。苟可以调和，则愿不如是也。……可与民报社相商，以后和平发言，不互相攻击可也。"[1] 同年，《新民丛报》第 11 期发表了徐佛苏的《劝告停止驳论意见书》，将梁启超的调和意向委婉曲折地表达了出来。然而，对改良派求和的信号，革命党人却"皆不以为然"。梁启超只得被迫应战。苦苦支撑一年之后，实在熬不下去了，《新民丛报》不得不被迫停刊，单方面停战。

梁启超在与革命党的论战中虽然失败了，但平心而论，也并非一无是处。在某些问题上，梁启超的看法不无正确；他对革命派论点中某些不能自圆其说的地方提出的驳难，往往切中要害，让革命党难以回答。例如，革命派在鼓吹反满、提倡建立民族国家的过程中，常常视满族为外国民族，似乎只有汉族才属中国。对此，梁启超反击说，根据一个民族同气相类的六大要素（即同血系、同语言文字、同住所、同习惯、同宗教、同精神体质），满族现在事实上已同化于汉人而成为中华民族的一个有机组成部分。革命派总把清兵入关视作"亡国"，梁启超则加以反驳。他明确指出，按一般国家定义的三要素，即国民、领土和统一之主权去衡量，清兵入关是改朝换代，绝非"亡国灭种"。"我中国现在之领土，则黄帝以来继长增高之领土也；其国民则黄帝以来继续吸纳之国民也；其主权则黄帝以来更迭递嬗之主权也。"绝不能把满洲入关后的中国看作亡国。满族人当皇帝并未改变中华民族的根本，"爱新觉罗氏亦我固有人民之一分子而已"。"清之代明"，是正常的朝代更替，决不可谓"以一国家踏一国家也。"[2] 梁启超的看法显然是正确的。

---

[1]《梁启超年谱长编》第 363—364 页。
[2]《杂答某报》，《新民丛报》第 84 号。

又如，梁启超在讲到欧美各国研究社会问题的流派时说："虽然，要其大别，可以二派概之。一曰社会改良主义派，即承认现在之社会组织而加以矫正者也……。二曰社会革命主义派，即不承认现在之社会组织而欲破坏之以再谋建设者也……。两者易于混同，而性质实大相反。"[1] 非常清楚，梁启超对欧美社会主义学说流派的了解比孙中山等革命党人要深刻全面得多。他还进一步指出，《民报》的许多作者，并不真正懂得社会主义是什么，把社会改良主义同社会革命主义相混淆，他们所提倡的其实只是社会改良主义。梁启超的批评，极其中肯。

再如，他清醒地认识到，对中华民族来讲，只有帝国主义列强才是真正的危险，为了抵御列强的经济侵略，必须大力发展民族资本，奖励资本家与外资抗衡，而不必节制资本、"防止"资本发展。这种主张无疑更具有现实的合理性。

但是，20世纪初年中华民族面对的具体的历史环境是，一方面在深重的民族危机的制约下，国家独立和民族生存都受到空前严重的威胁；另一方面，统治中国两百多年的大清王朝不思振作，穷奢极欲，专制暴敛，已经穷途末路，无药可治。对这样一个腐败无能的政府，梁启超还主张继续维护它，希望由它来实行根本性的变革，并幻想在不触动它的统治基础的前提下发展资本主义，实行君主立宪，根本原因是因为他错判了形势，站在了时代发展的对面，逆潮流而动。对此，一向富于政治敏感的梁启超后来也有所觉察。他在一篇文章中这样写道："革命党何以生？生于政治腐败。政治腐败实制造革命党原料之主品也。政治不从人民之所欲恶，不能为人民捍患而开利，则人民于权利上得起而革之，且于义务上不可不起而革之。"他也看到了清朝的种族歧视促使了革命的发生，梁启超指出："次于政治现象而起者，曰种族问题。满汉之同栖一国而分彼我，实制造革命党原料之从品也"[2]。

---

1 《杂答某报》，《梁启超选集》第 524 页。
2 《现政府与革命党》，《新民丛报》第 89 期。

令梁启超无可奈何的是，通过这场论战，他所主张的劝说清政府和平改革、创建君主立宪的改良主义学说逐步失去市场，革命党推翻清朝、创建民主共和的革命理论却得到了前所未有的传播。他在写给康有为的一封信中坦承："革党现在东京占极大之势力，万余学生从之者过半，……近且举国若狂矣！"[1]在"死战革命党"后，革命的主张却在广大爱国者，特别是留日学生中取得了明显的优势。亲历这场论战的革命党人胡汉民记云："《民报》既刊行一年，革命思想充满学界，且灌输于内地"。[2]也有人估计，"自甲辰以至丙午（1904—1906年），其间之由恶迁改良出保皇党以入革命党者，不可以千数计"，"响之与《新民丛报》有关系者，莫不倒戈相向而敌国之。"[3]《新民丛报》1907年的一篇文章中提到："数年以来，革命论盛行于国中，……其旗帜益鲜明，其壁垒益森严，其势力益磅礴而郁积，下至贩夫走卒，莫不口谈革命，而身行破坏。……至于立宪政体者，在今日文明诸国中，必流无量之血，掷无数之头颅，乃始得此君民冲突之结果。而在于吾国，似为一极秽恶之名词。"[4]这清楚说明，梁启超的君主立宪已经让位于孙中山三民主义的反清革命了。

那些走向孙中山革命旗帜下的青年学生曾清楚地记述了他们思想转变的过程。在内地求学的青年学生高一涵曾回忆说："我在先总喜欢读梁启超主办的《新民丛报》和《中国魂》之类的刊物的。看到《民报》后，才认识到国家不强是'政府恶劣'，而不是'国民恶劣'，应该建立共和，不应该维持专制，种族革命与政治革命必须同时进行，种族革命绝不会妨害政治革命。"[5]当年正在日本留学的吴玉章对学界状况作过生动描述："当《民报》和《新民丛报》笔战方酣的时候，在日本的中国学生几乎都卷入了这场论战，记得1906

---

1 《梁启超年谱长编》第373页。
2 胡汉民：《湖汉民自传》，《革命文献》第三辑，第16、20页。
3 《民报》第5号。
4 与之：《论中国现在之党派及将来之政党》，《辛亥革命前十年间时论选集》第2卷下册，第607页。
5 《辛亥革命回忆录》第4辑，第434页。

年的冬天，一群四川留日学生在宿舍里展开了争论，绝大多数的人都赞成革命，惟独周先登拥护立宪。"刘回子（庆恩）一怒之下，用火钵向他击去，登时满屋尘土飞扬，真像战场一般，周先登吓得抱头鼠窜而去。""刘的痛击周先登，曾经在留日学生中博得一致的好评，从这件小事情上也反映了改良派在政治上的破产。"[1]

这种情形是梁启超不愿看到的，但形势比人强，梁启超还是得被迫接受。

就在梁启超为论战失败而黯然神伤的时候，国内的立宪运动悄然兴起。梁启超敏锐地意识到，历史的转机到了。

---

[1]《吴玉章回忆录》第41、42页。

十 沉迷宪政运动

立宪风潮

　　1905年以后，中国的政治舞台上出现了一场轰轰烈烈的资产阶级立宪运动，即资产阶级立宪派要求在中国实施资产阶级宪政的运动。这场运动无论其规模和影响，还是内容的深度和广度，都大大超过了19世纪末年康梁所发动的戊戌变法。可以说，资产阶级立宪派在20世纪初年的中国政治舞台上演出的这场有声有色的立宪活剧，将中国的资产阶级改良运动推到了顶峰。

　　严格地讲，梁启超等人在1903年、1904年的舆论宣传以及在和革命党人论辩中着意阐述的政治主张事实上已经拉开这场活剧的序幕。不过，全剧的真正展开则是1905年以后的事情。这就不能不谈到清政府的预备立宪。

　　一向视立宪为"邪说"的大清王朝何以也会举起立宪的旗帜？弄清这个问题，必须看到中国当时的内部和外部环境。就内部环境来说，1905年同盟会的成立，标志着全国规模的资产阶级政党登上政治舞台，从此革命形势愈发显示出勃勃生机，大有一日千里之势。这无疑使统治阶级当权派产生一种危机感。他们似乎感到，照过去的样子统治下去已经不可能了。张謇所说"革命风炽而立宪之说以起"，就是这种状况的典型反映。就外部环境讲，1905年日俄战争以俄国的惨败而告终，这一战争结局是人们事先料想不到的，当然也就引起人们更多的震惊和思考。震惊和思考之余，人们不禁得出这样一个结论，即日本之所以先败中国，再败沙俄，就是因为日本是君主立宪国，而中、俄是君主专制国。与其说中、俄之败于日本，毋宁说专制之败于立宪。

这个论证对当时的统治阶级当权派有着切肤之感。于是，在戊戌维新运动中曾经提出而被视为"布散邪说"[1]的立宪，此时却成了颇具魅力的字眼。在这种形势下宣传立宪显然是一个很好的时机，于是1905年7月，清朝驻法公使孙宝琦及洋务官僚署两江总督周馥、湖广总督张之洞、直隶总督袁世凯等先后奏请立宪，清政府觉察到，在立宪问题上的痛苦让步看来要不得已而为之了。

1905年7月，清政府终于挂出"预备立宪"的招牌，10月便派尚其亨、李盛铎、载泽、戴鸿慈、端方等五大臣联袂出洋考察宪政，11月命政务处五大臣筹定立宪大纲，设立"考察政治馆"。出洋考察宪政的五大臣在欧、美、日转了一圈后，于1906年8月返回国内。9个月的旅程似乎使他们对君主立宪的真谛颇有领悟。载泽在上慈禧太后叶赫那拉氏的奏折中就提出，实行君主立宪有三大好处：一曰："立宪之国君主，神圣不可侵犯"，"相位旦夕可迁，君位万世不改"；二曰："一旦改行宪政，列国之鄙我者，转而敬我，将变其侵略之政策，为平和之邦交"；三曰："政行宪改，则世界所称公平之正理，文明之极轨，彼虽欲造言，而无词可借，欲倡乱，而人不肯从，无事缉捕搜拿，自然冰消瓦解"，达到"内乱可弥"。他还进言说："今日宣布立宪，不过明确宗旨为立宪之预备。至于实行之期，原可宽立年限。"[2] 那拉氏非常赏识载泽的建议，七次召见出洋大臣，并召开"御前会议"反复策划，得出的结论是：预备立宪对维持大清王朝的统治是有裨益的。于是，清政府于1906年9月1日终于发出"预备仿行宪政"的谕旨。谕旨宣布，立宪的原则是"大权统于朝廷，庶政公诸舆论，以立国家万年有道之基"。明白地说，就是人们在法律范围之内，对于国家大事有"建言之权"，即所谓"庶政公诸舆论"。但舆论是否正当，建议是否可行，均要听从朝廷"裁决"，一切"大经大法"要由统治政权来"执行"，即"大权统于朝廷"。即使这样，当前的任务也不是立即实行宪政，而应首先改革官制，整顿法律，广兴教育，清理财政，待

---

1 《清德宗实录》第455卷，光绪二十五年十一月壬戌。
2 载泽：《奏请宣布立宪密折》，《辛亥革命》第4册，第28—29页。

"数年后规模初具"、"养成立宪国民之资格"后方可实施宪政。[1]

清政府的"预备立宪"就这样开场了。尽管清政府把实行君宪政体作为一种"预备",但作为一种国策确定下来,这本身就意味着承认封建君主专制制度是有缺陷的和必须加以改革的。这对于一向视之为神圣不可侵犯的封建专制皇权来说,当然是极其不情愿的。同时,他们提出的"庶政公诸舆论"在一定程度上为人们参与政治活动提供了合法依据;他们在预备立宪过程中通过改革官制、设立资政院和咨议局、推行地方自治等,也为一部分资产阶级挤进统治机构参与政权打开了一道门缝。因此,预备立宪的实施,实际上包含了清政府若干痛苦的让步。这是问题的一个方面。另一方面,清政府在预备立宪中竭力维护封建君主的特权,尽可能地保持专制制度的基本原则,并且把立宪预备之期拖延至遥远的未来,显然是缺乏立宪诚意的。因此,预备立宪的虚伪性和欺骗性也是昭然若揭的。

然而,在很长一段时间内,立宪党人显然没有也不愿看到预备立宪的局限性。他们真诚地欢呼:"伟哉此举!"各地的立宪党人踌躇满志,欢呼雀跃,欣然认为这是自己在政治上的一个胜利,必须"欢喜踊跃",推进立宪。他们与预备立宪相呼应,终于掀起一场轰轰烈烈的立宪运动。运动中,立宪党人建立了名目繁多的立宪组织,广泛宣传立宪主张,开展大规模的国会请愿活动。他们痛哭流涕,捶胸顿足,开会演说,通电请愿,要求迅速实行立宪。他们还绞尽脑汁,通过各种途径,希冀立宪能够按照自己的意愿得以实现。

资产阶级宪政运动就这样紧锣密鼓地迅速开展起来了。

名噪一时的政闻社

清廷下诏预备立宪,使避居海外的梁启超欣喜异常,他一改几年来和革

---

[1]《宣示预备立宪法先行厘定官制折》,1906年9月1日,见《清末筹备立宪档案史料》上册,第44页。

命党论辩中宣扬的开明专制，主张迅速立宪，实施君主立宪制度。在致同党友人蒋智由的一封信中，梁启超写道："今夕见号外，知立宪明诏已颁，从此政治革命问题可告一段落。此后所当研究者，即在此过渡时代之条理如何。"[1]在梁启超等人看来，中国从此将进入一个新的历史时期。在这个新时期，不能再从事热烈的"叫号"、"扫荡"、"破坏"，也无须实践"开明专制"那样的预备宪政，只可以以"静实"的态度，从事"学理"的研究，以监督并参与政府有秩序的变革。[2]

为了更好地监督和参与立宪，梁启超趁机提出组织政党的主张，联合杨度[3]、熊希龄[4]等人进行组党活动。他们计划组成"宪政会"，并拟定在北京创办一种报刊，作为"宪政会"的喉舌。对于组织"宪政会"，康有为、梁启超颇具匠心，这就是：第一，统一立宪派的力量，成一全国性政党，借以"监督政府，且赞助当道之改革"，推动清政府实行宪政。第二，使本派势力成为立宪党人的核心，以争取宪政活动能以他们的意志为转移。第三，张党结势，与革命党争夺国内地盘。梁启超在谈到"宪政会"的任务时表示："今日局面，革命党鸱张蔓延，殆遍全国，我今日必须竭全力与之争，大举以谋进取；不然，将无吾党立足之地。故拟在上海开设本部后，即派员到各省州县演说开会，占得一县，即有一县之势力，占得一府，即有一府之势力；不然者，我先荆天棘地矣。"[5]

在酝酿"宪政会"的同时，康有为、梁启超还变换了保皇会的招牌。1906年12月9日，康有为在纽约《中国维新报》上发表公告，宣布"保皇

---

[1] 《梁启超年谱长编》第365页。
[2] 蒋智由：《变法后中国立国之大政策论》，《政论》第一号，第38页。
[3] 杨度（1874—1931年）湖南湘潭人，字皙子。曾留学日本，主张君主立宪，要求开国会。辛亥革命后依附袁世凯，组织筹安会，为袁帝制出力。后思想转变，投孙中山，拥护联俄、联共、扶助农工三大政策。晚年加入共产党。
[4] 熊希龄（1870—1937年）湖南凤凰人，字秉三。光绪进士，选翰林院庶吉士。维新运动中，在湖南力行新政。1905年任出洋考察宪政五大臣参赞。辛亥革命后曾任财政总长、热河都统，1913年与梁启超等组成"第一流人才内阁"。
[5] 《与夫子大人书》（1906年11月），《梁启超年谱长编》第375、371、372页。

会"更名为"国民宪政会",1907年又改称"帝国宪政会"。他们计划,改名后的保皇会与计议中的"宪政会","名分而实合,始分而终合",后者"专以办实事为主",前者则主要担任筹款应援。[1]

但"宪政会"的招牌终究没有能够挂出来,其中原委恐怕和立宪党人的派系和权力纷争不无关系。1906年12月,张謇等人组建了"预备立宪公会",抢先把国内立宪派集合在自己的旗帜下。1907年春夏间,杨度又与康有为、梁启超间发生会事领导权的争夺,双方发生冲突,以致梁启超愤愤地说:"某君(指杨度,引者注)欲以其所支配之一部分人为主体,而吾辈皆为客体而已。吾辈固非不能下人者,苟有一真能救国之党魁,则投集其旗下为一小卒,固所不辞,但某君果为适当之人物否,能以彼之故而碍党势之扩张否,则不可不熟审耳。"[2] 双方争执不下,只能分道扬镳。为了对付杨度的"着着进行",康有为、梁启超决定"速设一机关",由梁启超、蒋智由、徐佛苏等人大体按照"宪政会"的样式筹划,取名政闻社。

1907年10月7日,作为政闻社喉舌的《政论》杂志公开出版。在《政论》第一号上,梁启超发表了由他执笔撰写的《政闻社宣言书》。在这篇长达数千言的宣言书中,梁启超开宗明义地指出:"今日之中国,殆哉岌岌乎。"如何才能使中国免于危亡?他认为关键在于"改造政府"。但是改造政府不能责望于君主,只有靠国民自身担当起来。而国民要有表示的机关,就必须有团体。这就是政闻社所以发生的原因。接下来,梁启超提出该社的四条政纲:

一、实行国会制度,建设责任政府;

二、厘订法律,巩固司法权之独立;

三、确立地方自治,正中央地方之权限;

四、慎重外交,保持对等之权利。

最后,梁启超郑重宣告:"政闻社所执之方法,常以秩序的行动,为正

---

[1]《梁启超年谱长编》第370、372页。
[2]《致蒋观云书》(1907年),《梁启超年谱长编》第391页。

当之要求。其对于皇室，绝无干犯尊严之心；其对于国家，绝无扰紊治安之举。"[1]

宣言书的发表，堂而皇之地亮出了政闻社的宗旨和方针。

在这篇宣言书中，梁启超把改造政府和实现立宪的责任归诸国民自身，显然是他的国民政治思想和和平"请求"求立宪主张的具体表露。他所表白的政闻社的活动方法，是梁启超等立宪党人反对破坏、反对暴力的一贯政治主张的反映，是他们政治理想和心声的流露，同时也是梁启超等人在没有彻底摸清清政府预备立宪底牌的情况下，为防止其"厉禁"政闻社而采取的一种与清政府为善的姿态。

10月17日上午，政闻社在东京神田区锦辉馆举行了成立大会。会议首先由蒋智由报告本社成立的意图和经过；继而徐佛苏对该社的组织机构作了说明：社长一人，暂缺[2]；总务员一人，常务员两人，总揽社内事务，下设庶务、书记、会计、编纂、调查、交际六科。随即由发起人推荐马良（相伯）为总务员，选举徐佛苏、麦孟华为常务员。

下午，政闻社在锦辉馆继续开会，近2000人出席。梁启超特地从横滨赶来，在会上发表了题为《政治上之监督机关》的演说。他认为，中国今天要救亡，就必须改良政治，建立一个强有力的监督机关。这个机关必须"由选举而成立，非由任命而成立；必当使其权力之渊源在人民，而不在君主。"有了这样一种监督机关，一切问题可以迎刃而解。[3]

就在梁启超口若悬河、慷慨陈词的时候，着意参加这次大会的一些革命党人却听得不耐烦了。随着一句高声喝骂，革命党人跳上台去，与政闻社员展开一场热闹非凡的武斗，把大会搅得大乱。关于两派间的这场冲突，立宪党人和革命派都有侧重点不同和立场情感各异的记述。章太炎在《民报》上发表的《记政闻社员大会破坏状》中写道：

---

1 《政闻社宣言书》，《政论》第1号。
2 清政府此时未解除党禁，康梁一时不便出面担任此职，以免影响政闻社在国内的活动。
3 宪民：《政治上之监督机关》，《政论》第2号。

"阳历10月17日,政闻社员大会于锦辉馆,谋立宪也。社以蒋智由为魁,而拥护梁启超。……革命党员张继、金刚、陶成章等亦往视之。……启超说国会议院等事,且曰:'今朝廷下诏刻期立宪,诸君子亦欢喜踊跃。'语未卒,张继以日本语厉声叱之曰:'马鹿'。起立,又呼曰:'打'。400余人奔而前,启超跳,自曲楼旋转而坠,或以草履掷之,中颊。张继驰诣坛上,政闻社员持机格之,金刚自后揽其肩,格者僵,继得上,众拊掌欢呼,声殷天地。政闻社员去赤带徽章以自明,稍稍引去。"[1]

徐佛苏则这样记叙:

"政闻社于清光绪丙午秋成立于日本东京,……在锦辉馆开成立会,推选职员百余人。梁先生演说约二时余,畅论'世界各地政治革命不注重国内种族问题'之理由及'政党政治'之先例。演说未毕,突遇同盟会人张继氏率廿余人闯入会场,直扑演台。梁先生神容镇静,口不辍演。旋经在场日警劝阻,反对党人出场。顷刻,当地警长复率警卒10余人到场查询敌派扰乱情形,并云政治集会结社是经警署特许者,警署即有保护开会人之责……,特派人来会场调查实情,以便决定是否以法律解决此事。梁先生……乃派会友向日警力白会中之稍稍纷扰,纯系本会中人偶起争论之故,请贵厅勿介意此事。日警唯唯而退。后来日本名流及报纸颇赞美梁先生之有'政治德量'云。"[2]

不管怎么说,这次会议是不欢而散了。

但是开端的不吉利,并没有影响梁启超等人办好政闻社的热情和信心。

---

[1] 《民报》第17号。
[2] 徐佛苏:《梁任公先生逸事》,《梁启超年谱长编》第418页。

1907年12月15日，他们又在东京举行大会，欢迎总务员马良的到来（由上海）。马良此时已年届七十，"40年前毕业于法国大学，邃于哲理、法政诸学，并旁通拉丁、罗马、英、德诸国文字"，[1] 在国内文化教育界有较大影响。政闻社推这个老翁为总务员，就是想利用他的这种影响，加强同国内的联系，逐步推进立宪运动的发展。马良抵日后，积极主持政闻社务，努力开展活动，政闻社党势盛极一时。

与此同时，清政府派遣资政院总裁、贝子溥伦访问日本，梁启超趁此机会以政闻社的名义草拟了一份《论资政院组织权限说帖》，由马良、徐佛苏等人代表政闻社全体社员到横滨离宫向溥伦呈递。在梁启超看来，自己这篇"巧言如簧、易于动听"的呈文，"苟联多人上之"，是"可望其能有影响"的[2]。但令其失望的是，呈文石沉大海，杳无音讯。

政闻社成立后，社员们纷纷被派遣回国活动，广泛联络华侨、士绅、学生等各个阶层，开会演说，通电请愿，大造立宪舆论。他们还试图在汉口创办《江汉公报》和江汉公学，后经再三努力，报纸勉强出版，而创办江汉公学一事，只能是"但闻楼板响，不见有人来"了。

1908年1月，政闻社将总部迁往上海，进一步加强了在国内各地的活动，其中最有声势的便是请愿速开国会。针对清政府预备立宪的缓慢无进，7月2日，政闻社以全体名义致电宪政编查馆，请限期三年召开国会。电文说："开设国会一事，天下观瞻所系，即中国存亡所关。非宣布最近年限，无以消弭祸乱，维系人心。""近闻有主张七年、十年者，灰爱国者之心，长揭竿者之气。需将贼事，时不我留。乞速宣布立宪，期以三年，召集国会。"[3] 他们还联络各地立宪派，发起"国会期成会"，要求清政府速颁宪法，早开国会，组

---

1 《政论》第3号。
2 《致绶卿蜕广两公书》（1907年），《梁启超年谱长编》第428页。
3 《政论》第5号。

织责任内阁。关于政闻社在国会期成会中发挥的作用,正如该社骨干张君劢[1]所称:"国会期成会事所运动省份,以吾社为独多。"[2]就连旗籍士民,也被他们鼓动起来。1908年8月,由政闻社员组成的《大同报》社诸旗人,带头呼号,发起八旗国会请愿,"连日签名者,异常踊跃。"[3]

就在政闻社以其勃勃生机活跃于国内政治舞台的时候,厄运降临了。7月25日,清廷下令将政闻社社员、法部主事陈景仁即行革职,交由所在地方官严加管束。原因是,陈景仁曾电奏清廷,"请定三年内开国会,革于式枚谢天下"。于氏乃清政府的考察宪政大臣、吏部侍郎,曾上书痛诋各国立宪,反对召开国会。这当然会引起立宪党人的愤怒。而清廷认为,"于式枚为卿贰大员","岂该主事等所得擅行请革"?况且立宪的预备期限,"朝廷自须详慎斟酌,权衡至当","该主事等何得臆度率请?"只能给以颜色,"以示薄惩。"[4]

陈景仁是政闻社中一名并不重要的成员,他的上奏也纯为个人自发的行动,清政府抓住这个题目大作文章,显然是借题发挥,向政闻社亮出红灯。果不其然,8月13日,清廷便下旨查禁政闻社,罪名是"内多悖逆要犯,广敛资财,纠结党类,托名研究时务,阴图煽乱,扰害治安"。着各地"严密查访,认真禁止。遇有此项社伙,即行严拿惩办,勿稍疏纵,致酿巨患。"[5]

政闻社成立后不足一年时间便迅速地夭折,根本的原因就在于立宪派的极度活跃引起了统治阶级当权派的严重不安,反映出立宪派对宪政运动的满腔热忱和清政府对预备立宪的缺乏诚意是一对不可调和的矛盾。而清政府此时单单在众多立宪团体中"相中"政闻社,则说明康有为、梁启超和封建顽固派在戊戌变法中结下的宿怨至今没有解决,并且随着梁启超在海外对其的

---

[1] 张君劢(1887—1969年)江苏宝山(今属上海市)人,原名嘉森。先后留学日本、德国。参加政闻社,宣传君宪主张。1915年在上海主编《时事新报》。后成为国家社会党首领。
[2] 《梁启超年谱长编》第453页。
[3] 《中外日报》,光绪三十四年(1908年)七月初四日。
[4] 《申报》,光绪三十四年(1908年)六月二十八日。
[5] 同上,光绪三十四年(1908年)七月十八日。

讽骂批判而逐步加深了。此外，另外两点原因也是值得注意的。

一是康有为、梁启超等人和袁世凯的矛盾。众所周知，戊戌变法的失败使康、梁一派和袁世凯之间结下宿怨。在此之后的数年间，袁世凯坚持戊戌政变时的立场，使康梁感到，"彼等当国，断无开禁之理"。要实现自己的政治理想，不能不"以倒劭（指袁世凯——引者注）为先"。[1]因此，当政闻社迁到国内以后，便开始了倒袁的活动。他们策划联络受袁世凯和奕劻等排挤的肃亲王善耆，通过善耆活动载沣、载泽、世续、铁良等王公亲贵，联合反袁。利用满族权贵对袁世凯的戒心，用挑拨离间和"布谣于内监"的策略，进一步加深慈禧对袁世凯的疑忌[2]。康有为还"私电某当道，请劾奕劻植党缆权"，[3]意欲去掉袁在满族王公中的靠山。对这一切，袁世凯早有察觉，自然要进行反击。于是，他一面面奏慈禧，声称政闻社系康梁等发起，一面"力促张之洞奏请清后举发康、梁乱政秘谋"[4]。这样，本来"见陈电初不甚怒"的慈禧终于震怒，便借要警告各省请愿代表的时机取缔了政闻社。

二是康有为鼓动的海外侨民公开上请愿书引起清政府的恼怒。与政闻社在国内鼓动国会请愿相呼应，康有为于1908年夏天，曾以"海外亚美欧非澳五洲200埠中华宪政会侨民公上请愿书"的名义，上书请愿，提出了比国内立宪派更为广泛的要求，如"立开国会以实行立宪"，"尽裁阉宦"，"尽除满汉之名籍而定名曰中华"，"营新都于江南"，"裁去元、明督抚之制"等。此事立即引起清廷的"骇怪"和恼怒。惩办远在海外的康有为自然鞭长莫及，而取缔国内的政闻社则易如反掌。《申报》曾载：清大吏以为，"中华帝国宪政会远在海外，难于解散，惟沿海各省分设政闻社与梁启超有关系"，于是命"先查政闻社为下手之地。"[5]

政闻社被取缔了，但梁启超并未因此而沮丧消沉。他养晦待时，审时度

---

1 《梁启超年谱长编》第449页。
2 康有为：《与任弟书》（光绪三十四年二月七日），《梁启超年谱长编》第444—445页。
3 徐佛苏：《梁任公先生逸事》，《梁启超年谱长编》第450—451页。
4 同上。
5 《梁启超年谱长编》第473页。

势，运筹帷幄，以极大的热情和旺盛的精力继续关注和遥控着国内运动的发展。运动的进程表明，梁启超已俨然成为这一运动无可替代的灵魂人物。

宪政理论家

还在与革命党人的激烈辩难中，梁启超就全面阐述了他的政治革命主张和预备立宪思想，拉开了清末资产阶级宪政运动的序幕，为这场运动后来的发展提前奠定了一定的理论基础。而梁启超也就以精通宪政的专家广留其名，以至于连清朝考察宪政的五大臣都大慕其名，暗中请求梁启超代为起草呈送清廷的宪政考察报告。不仅如此，在清廷"预备仿行宪政"的谕旨发布之后的第二年春天，法部尚书戴鸿慈为法部与大理院权限事亲自致书梁启超，求教宪政学理，希望梁能"开其鄙塞"。[1] 对于梁启超来讲，能够借清廷大吏之口宣传自己的立宪主张，哪怕这种主张仅仅表达了自己全部思想的微小部分，又何乐而不为呢？徐佛苏在《梁任公先生逸事》中记载：

"……当时清大吏不解宪政为何物，其馆（即清廷的宪政编查馆，引者注）中重大文牍，大率秘密辗转，请求梁先生代筹代庖。尤可笑者，例如当年之法部与大理院两署，常争论权限，又皆无精当之主张，而两署皆分途秘求梁先生代为确定主张及解释权限，甚至双方辩释之奏议公函，均出于先生一人之手，而双方各诩主张之精辟。故先生当年代宪政馆及各衙署各王公大臣所秘撰之宪政文字，约计有廿余万言。"[2]

对此，梁启超颇为自得。他自认为以自己的宪政学识，"中国前途非我归而执政，莫能振救"，其他立宪党人不过是"半桶水"罢了[3]，绝不能指望的。

---

1 戴鸿慈：《致任公先生书》（光绪三十三年二月三十日），《梁启超年谱长编》第381页。
2 《梁启超年谱长编》第500页。
3 同上书，第494页。

梁启超也的确担负起了遥控指挥立宪运动的责任。政闻社刚刚解散,梁启超等人便派"社中同志""分赴各省,劝导各省咨议局联合呈请政府限期召集国会"。[1]1909年12月,各省咨议局代表在上海成立国会请愿同志会,梁启超立即派遣徐佛苏参加这一团体并常驻上海。梁启超为其制定的活动策略是:"注意联络资政院咨议局之各议员,使其一面努力建议发言,一面运动缩短立宪年限。"徐佛苏秉遵梁启超的旨意,向各省议员呈递"条议促进宪政之函牍,日夕发邮,不下数十百通",使议员们对徐所鼓吹的主张"至为信仰"。[2]这无疑扩大了梁启超一派在立宪党人中的影响。不久,徐佛苏北上京城,主持了由各省咨议局议员筹款创办的《国民公报》。梁启超得知此事后,深感欣慰。对于立宪党人这个旨在促进国会请愿活动的喉舌,梁启超寄予了很大希望。针对清廷对国会请愿运动采取高压政策,他客观估计了当时的国内形势,分析了立宪派的力量,与徐佛苏共同制定了"不对政府及私人上条陈","不对革党及他派下攻击",专门"利用革命排满之暗潮,痛诋清政而鼓吹立宪"的办报方针。[3]梁启超还亲自为该报撰文,平均每三四天寄来一篇,"畅论"国民应急谋政治革命之理由,精心指导着国会请愿运动的每一个环节,使该报成为立宪运动的"大本营"。[4]

1910年3月,梁启超等人在上海又创办了《国风报》。该报自称"以忠告政府,指导国民灌输世界之常识,造成健全之舆论为宗旨",成为继《新民丛报》后立宪派的主要舆论阵地。作为该报总撰稿人的梁启超继续发挥以言论影响政治的特长,研讨"各种政治问题","灌输国民以政治常识"[5],为国会请愿活动推波助澜。到1910年夏,立宪派掀起的两次大规模的国会请愿运动高潮,由于清政府的无理拒绝皆宣告失败,这对于满怀激情的立宪党人无

---

1 徐佛苏:《创办政闻社之主义及其源流》,《梁启超年谱长编》第417页。
2 徐佛苏:《梁任公先生逸事》,《梁启超年谱长编》第500页。
3 《梁启超年谱长编》第512—513页。
4 同上。
5 《莅报界欢迎会演说辞》,《饮冰室合集·文集》第29,第3页。

异于当头一棒，其愤怒是可想而知的。8 月 31 日，梁启超在《国风报》上发表了《论政府阻挠国会之非》的长文，对清政府拒绝早开国会深表愤慨。他在文章中用了很激烈的语言写道："使政治现象一如今日，则全国之兵变与全国之民变必起于此一二年之间。此绝非革命党煽动之力所能致也，政府迫之使然也。"他断言："中国而欲有国会者，惟开设于宣统四五年以前方能有之，过此以往，吾中国永远无开设国会之时矣。"[1]

1911 年，对国会请愿日益失望的各省咨议局代表在京成立了宪政团体"宪友会"，徐佛苏被选为总会常务干事之一。宪友会的任务，"第一步系欲团结各省议员及优秀人士，一面对政府呼吁，速开国会；一面对民众培养运用宪政及自治之智识。第二步系拟国会成立之后，即以此会充任政党。"[2]对这样一个立宪团体，立宪党人是寄予厚望，把它作为政党来看待的。所以，从该组织的酝酿、成立到以后的活动，徐佛苏等人无不向其领袖梁启超请教方略，而梁启超也"始终与闻其事"，不仅起草了该会的宣言，审定了其它文稿，"且于会中多撰论著"，[3]热忱支持着该组织的发展。

作为这场运动的灵魂，梁启超不仅精心指导了运动进程的每一个实际环节，而且着意阐发了一系列推动运动发展的宪政理论。1910 年，他一共发表了 66 篇文章，其中直接谈宪政的就有 22 篇；1911 年，他写了 21 篇文章，其中谈宪政的就有 7 篇。像《为国会期限问题敬告国人》、《论请愿国会当与请愿政府并行》、《宪政浅说》、《中国国会制度私议》、《责任内阁释义》等都是其中比较有名的篇章。在这些文章中，梁启超博考欧美各国制度，比照中国固有国情，对资产阶级宪政理论及其在中国的应用作了全面而系统的探讨，为中国规划设计了一幅理想的宪政蓝图。作为其中心环节的国会主张也即成为立宪派的共同呼声。

梁启超认为，立宪政治的实质是政府对国会负责，"有国会谓之宪政，

---

1 《国风报》第 1 年第 17 期。
2 《梁启超年谱长编》第 515 页。
3 同上书，第 514 页。

无国会谓之非宪政，筹办国会谓之筹办宪政，不筹办国会不谓之筹办宪政。"[1] 召开国会是筹办宪政的先决条件。在他看来，开设国会是中国当时最大的政治问题[2]，已成为拯救中国的唯一途径。那么，这种国会是什么样子的呢？梁启超论述道：国会的法律性质，在于"为制限机关以与主动机关相对峙"；国会的政治性质，在于"代表全国人民各方面之势力"；国会的功用，在于"以奖励竞争之形式，行调和竞争之精神"，最终以"国民全体之意思，为国家意思"；国会的组织，以两院制为宜。[3]

在梁启超的笔下，国会的职权受到高度强调。他提出，在法理上，将来的国会应拥有如下权力：1.参预改正宪法之权；2.提出法律、议决法律之权；3.议决预算、审查决算之权；4.事后承诺之权；5.质问政府之权；6.上奏弹劾之权；7.受理请愿之权。他指出，这些权力"苟缺其一，即不成为国会"。从政治上讲，国会最重要的职务"在于代表民意、监督政府"。[4]

关于国会的机构，梁启超主张实行英国式的二院制。他提出，上议院（左院）由皇族议员、敕选议员、蒙古族议员和代表各省的议员组成，其核心应是"代表各省之议员"。这些核心议员由省议员、省教育总会、总商会等民间团体推选，肯定是各省的立宪派人士。可以设想，上议院将由这些立宪派人士控制。下议院（右院）应通过人民的选举而产生。这种选举不是有限的，而是普选的。他反对阶级制限、财产制限和教育程度制限。在他看来，这种经过普选的议员无疑会成为两院议员的中坚力量。

可以看出，梁启超大体是按照西方的模式来规划中国未来的国会建设的。他的意图不外是：国会召开之后，"使于其时而国中有堂堂正正之政党出焉，揭健全之政纲以号召天下，而整齐步伐以从事运动，则国会势力必为所占。以之与无主义、无统一之官僚内阁相遇，其犹以千钧之砮溃痈也，进焉则取

---

1 《宪政浅说》，《国风报》第 1 年第 1 期。
2 《论政府阻挠国会之非》，《国风报》第 1 年第 17 期。
3 《中国国会制度私议》，《政论》第 5 号。
4 《论政府阻挠国会之非》，《国风报》第 1 年第 17 期。

而代之，退焉则使官僚内阁唯唯服从也必矣。"[1] 这就是说，开设国会之后，通过组织政党，发动舆论，取得国会的多数席位，这样就能够操纵国会，控制政府甚至自组政府，从而建立起立宪派所梦寐以求的资产阶级宪政国家。

应该说，梁启超关于中国未来国会的构想对丰富近代资产阶级政治理论宝典是一重大贡献，它标志着立宪派对于资产阶级政治制度及其理论的认识已达到比较成熟的阶段。它反映了立宪派对资产阶级宪政所怀抱的巨大热情。因此，它的提出，理所当然成为立宪派的共同呼声，成为立宪派掀起的轰轰烈烈的国会请愿运动的理论指南。

1911年初，杨度曾上书清政府，请求赦用梁启超，其中一段大颂梁启超反对暴力革命、主张和平立宪之功：

"……近年海内海外谈革命者改言立宪，固由先皇帝预备立宪，与民更始，有以安反侧而靖人心；然天地不以覆载为功，圣人不以成功为烈，则启超言论微劳，不无足录。

……十余年中，（启超）宗旨如一，不为异说所摇，复以负咎之身，忍死须臾，悲号奔走，致皇上为立宪之神圣，国人为立宪之臣民。孤孽之心，亦云苦矣。"[2]

杨度的这段颂词从一个侧面反映了梁启超在清末的资产阶级宪政运动中所发挥的"莫与伦比"的作用。

但是，尽管梁启超作为宪政运动的灵魂为这场运动绞尽了脑汁，费尽了心血，但清政府却并不买账。作为没落的封建专制主义王朝，它无论如何不能接受梁启超等人所热衷的资产阶级宪政方案。因此，资产阶级宪政运动的命运不得不归于失败。这个结局当然是宪政灵魂梁启超极不愿意看到的。

---

1 《读十月初三日上谕有感》，《国风报》第1年第28期。
2 杨度：《奏请赦用梁启超原折》，《梁启超年谱长编》第628页。

但梁启超总希望清廷立宪进程的发展不要竟如所料。因而他总是一而再、再而三地要求立宪派开展"激进请愿",不达目的誓不罢休。然而,事态的发展最终还是使他失望了。这里,国会请愿运动的失败固然使他心灰意冷,而谋求开放党禁的未果而终更使他愤懑。

谋求开放党禁的活动始于1910年的夏秋之间,其目的当然是希望能够获得在国内从事政治活动的自由,省却遥控,更好地发挥直接指挥的效能。他们活动的途径是:梁启超的同学潘博奔走于载涛、载洵和善耆等王公贵族之门,徐佛苏等鼓动于国会请愿代表之中,罗杰、方还提议于资政院。他们希望通过多途径的活动,使清政府大发慈悲,捐弃前嫌,开放党禁,赦免戊戌以后流亡海外的"逋臣"们。由于封建顽固派的极力反对和袁世凯等的从中作梗,这一活动的目的落空了。

1911年5月,清政府裁撤军机处等机构,成立了"皇族内阁",这使清廷借预备立宪集权皇族的阴谋暴露无遗,也使立宪派企图从清政府手中分得权力的愿望终成泡影。梁启超等感到,不消灭清廷中的顽固派,自己的政治理想就无从实现。于是,他们决心利用满族亲贵间的相互倾轧,发动宫廷政变,除掉奕劻、载泽等人。6月,康有为来到日本,与梁启超一起布署政变的实行。正当他们大体上布置就绪,准备旧历九十月间动手的时候,武昌城头响起了革命派起义的枪声。

探讨新领域:财政与外交

梁启超的长处本来在人文方面,但为了配合资产阶级宪政运动的开展,他在辛亥革命前的几年里撰写了大批研究、谈论财政学和清末财政问题的文章,其数量之大,范围之广,在20世纪初期是无可匹敌的。如《中国古代币材考》、《中国改革财政私案》、《地方财政先决问题》、《币制条议》、《节省政费问题》、《外债平议》、《论国民宜亟求财政常识》、《各省滥铸铜元小史》

等,都是其中比较重要的篇章。这些文章倾注了梁启超的大量心血,奠定了他作为资产阶级财政学开创人之一的地位,也构成他的清末宪政理论体系的重要组成部分。

梁启超是把财政问题放在相当重要的位置上来认识的。他认为,国家办一切事业无不需要钱财,"政治上一举手、一投足,无不与财政相丽"。财政问题如此重要,立宪国的国会必须掌有"主持财政"之权,即"协赞预算之权"。有了此权,"则政府凡百施政自不得不取途于预算以受国民之公断"。有了此权,"其于监督政治之大体,则已若网在纲矣"。[1] 将监督、主持财政作为资产阶级国会的主要职权,这几乎是立宪派的共识,而梁启超则论述得更加充分、更加明确。不仅如此,他还认为,并非只有一国之最高财政机关才需要了解财政学。无论担任什么职务,倘若对财政知识一无所知,很难把事情办好。所以"各地方的大小官吏,对于财政学之原则,皆不可以不粗知其概"。[2] 就是一般国民,对于财政的普通常识,也应有所了解,这样,选举理财的人,才能选得恰当;监督财政的事,才能做好。

基于这样的认识,梁启超对财政问题发生了特殊的兴趣,并从爱国的立场出发,对清末的财政问题表示了特殊的关心。他不仅研究了近代财政学的基本理论,西方各国举办公债的经验,还研究了货币的职能和历史,考证了中国古代的币材,而这一切都围绕着一个中心,即研究如何改革中国的财政,用西方资产阶级的近代财政制度来取代中国传统的封建理财术。他的财政改革方案包括如下内容:

一是整顿赋税。在梁启超看来,国家越是向前发展,所需要的经费就越多,而经费的主要来源就是赋税。中国旧时的赋税非常混乱,官吏从中中饱私囊的现象也很严重,因此必须加以整顿。整顿的办法,首先要改正田赋,对土地"进行调查,重新登记",在此基础上,区分宅地和耕地,实行不同

---

[1] 《论政府阻挠国会之非》,《国风报》第 1 年第 17 期。
[2] 《论国民宜亟求财政常识》,《国风报》第 1 年第 6 期。

的税率，这样便可得常年国库收入3亿两以上；其次要整顿盐课，收全国之盐归政府专卖，设提盐使及各级盐务官，分管十盐区，同时，制盐人必须登记，经批准方得营业；再次，裁减旧税目，增加新税目，如厘金、常关税、茶税、赌博税等皆属不合理的税收范畴，理应裁减，而除田赋、盐税、海关税、烟酒糖税、印花税外，遗产税、通行税、登录税和营业税则应开征。经过如此整顿，国家收入既可大增，又堵塞了漏洞，税收也趋合理化。[1]

二是整顿币制，建立新的货币制度。清末的货币制度是相当混乱的。同时流通的货币中，既有外国流入的银元，又有银两、银角、铜元、铜钱，其市价受金融行情的影响一日数变，奸商趁机操纵，贪官污吏插足其间。梁启超认为这种币制的混乱是政治混乱的根源。要建立新政治，就必须执行新的货币政策，建立新的货币制度。这无论从国民生计上，还是财政上、对外关系上都是至关重要的，甚而言之，可以说，"币制之关系于国家存亡也"。[2]在币制与政治的关系上，梁启超显然倒果为因了。但他反复强调改革币制对政治、经济、外交、财政的影响，则是很有眼光的。他还以资产阶级的货币理论批判了封建统治者利用铸币权，把铸币作为增加财政收入的手段，这也是发前人所未发的。

三是节省财政费。梁启超以资产阶级财政学的观点做告了当时财政学上的"浪费"，他说："各国财政学者欲求浪费与非浪费之区别，常主四义以绳之：甲．有劳费而无效果者则为浪费……乙．可以无须尔许劳费而能得同样之效果或更良之效果者，则其额外所用皆为浪费……丙．将以求大效果之劳费而用以易小效果，则为浪费……丁．当用此劳费时预计可得若干之效果，而后此乃反其所期，或绝无效果，或虽有而不逮预计远甚者，则其所用皆为浪费……。"[3]遗憾的是，他用这样有一定意义的财政支用标尺，来考量腐朽到极点的大清王朝，不啻是对牛弹琴。

---

1 《中国改革财政私案》，《饮冰室合集·文集》第8，第1—58页。
2 《币制条议》，《饮冰室合集·文集》第22，第3页。
3 《节省政费问题》，《国风报》第1年第20期。

四是举办和利用公债。公债思想是梁启超财政思想中最为突出的。他认为举办公债为财政伸缩一大妙用，无论什么国家皆应举办。他强调，发行公债不仅以财政用途为限，其尚有促进社会经济的作用。中国的公债之所以难以推行，是因为没有把公债视为有价证券，不准买卖流通。他还指出，国家举办公债绝对不必要还清，因为对近代国家来讲，没有公债不仅不可能，对社会经济也是不利的。在谈到外债问题时，梁启超批评清政府日甚一日地依靠外债度日，无异饮鸩止渴，剜肉饲虎。但他以为，有计划有控制地举借外债仍是必要的，前提必须是建立立宪政体，组织责任内阁。然后借外债，将其用于与国计民生有关的事业。再用发行公债的办法，变外债为内债，以内债的利息偿还外债。

应该说，梁启超关于改革中国财政的许多思想，就其理论意义来讲，在中国的财政思想史上是发前人所未发、无人能望其项背的；但就其实践意义来说，就梁启超热衷于财政问题研究的初衷来讲，既然资产阶级的宪政理想都无从实现，作为他的宪政理论体系重要组成部分的财政改革主张当然也只能流于空想，不可能付诸实施。真所谓"皮之不存，毛将焉附"？

在关注财政问题的同时，梁启超还潜心研究了当时的国际关系及中国在世界格局中所处的位置，设身处地地为清政府设计了一条名之曰"名誉孤立"的外交政策，即对侵华的各帝国主义国家，不结盟，不偏重，以"中立"为原则，以"平衡"为目标，以便在各帝国主义列强的夹缝中谋求自己的生存。

在1910年撰写的《中国外交方针私议》这篇包容其重要外交思想的文章中，梁启超提出，当前国际格局的一个重要特点是各列强对中国的压迫。这种压迫就"现在的方面消极的方面言之，则曰维持现状"，就"将来的方面积极的方面言之，则曰机会均等"。这种"咄咄可畏"的侵略使"我堂堂独立之大帝国"处于"日益岌岌"的地位。很显然，中国是一个典型的弱国，而弱国的外交政策，与强国的外交政策是"不能无异"的。

那么，弱国应持一种什么样的外交策略呢？梁启超认为，"弱国所以能暂存者，以介于列强之间而竞争未有决耳"，就是说，弱国是在列强争斗的缝隙中求得生存的。因此，作为列强竞争之"客体"的弱国，"对于竞争者之两造，决不容以身加入其一，加入其一则均势破，均势破则战争或遂缘之而起也。"在列强的竞争中，弱国要生存，就必须对列强不偏不倚，严守中立，以保持国际格局的均势，此外别无它途。中国外交显然只能走这样的路子。梁启超指出，中国几千年来外交术的金科玉律有两条，一叫"以夷攻夷"，一叫"远交近攻"。近世的李文忠公是此种外交术的力主者，其效果自不待言。质而言之，这种外交策略是以"结盟"为前提的，对于"中立"和"均势"是一种破坏。这种外交策略归根结蒂是"倚赖心而已，不自爱而冀人之吾怜也，不自立而望人之吾庇也"，这对于一个弱国来说，肯定是一种"梦呓"之举。梁启超在批驳了当时人们针对英、法、俄、日协约"以谋我"的状况而提出的联德、联美说之后，为中国的外交方针下结论说：

"我国今日虽积弱矣，然使有非常之才以当外交之冲，则离间群雄以自益，岂曰无术？……虽然，此其人固可遇而不可求，抑其术又非可先事相告语，不得已而思其次，则亦惟效英国前此所谓名誉之孤立而已。盖我国今日所处之地位，第一，当保列国连鸡不并栖之势，毋使得协以谋我；第二，当持五雀六燕之均衡，毋使争我两造有一焉独能得志。是故吾之外交方针，以云进取，则宜离间，以云退婴，则宜中立。若倚于一造，而以身为彼造之的，则计之拙无过是者"。[1]

应该承认，梁启超此时提出这样一条"名誉孤立"的外交改策，其主观动机乃出于反帝国主义侵略的爱国之心是毫无疑义的。外交是内政的延伸，外交服务于内政。这一点，梁启超是看得很清楚的，用他的话讲，他之所以提出

---

[1] 《中国外交方针私议》，《饮冰室合集·文集》第23，第80—104页、105页。

此策，就是为了"卧薪尝胆，以求一脱竞争客体之地位，进而至竞争主体之地位"，[1]最终达到"内治"的目的。可以认为，外交为改良政治服务，为爱国服务，这一点终梁启超一生是坚定不移的，他在分析国际格局及中国在其中所处位置的前提下提出不结盟、自立自强的外交方针，就外交原则讲，可以认为是一种独立自主的主张，和李鸿章们"以夷攻夷"的外交术绝对不可同日而语。当然，在各帝国主义列强不断将自己的意志强加于中国，而中国的统治阶级当权派又不断以帝国主义意志为转移的情形下，所谓"中立"、"均势"、"平衡"只能是一厢情愿，不过幻想而已，清政府是决然不会买账的。

梁启超对财政和外交这些新领域的探讨，一方面开创了其学术研究的新领域，具有很强的创新意义；一方面也为其后来一度出任财政总长和币制局总裁以及外交方面的专家、顾问，奠定了根基。

---

1 《中国外交方针私议》，《饮冰室合集·文集》第23，第80—104页、105页。

IV

十一　结束流亡生涯

武昌起义后的新谋划

辛亥革命是20世纪初年清政府、革命派和立宪派三股政治势力角力的结果。毫无疑问，清政府和革命派是对立的两极，不是你死，就是我活。立宪派则处中间，其和清政府有矛盾的一面，也有一致的一面；其反对革命派暴力革命，但在实现宪政方面则目的相同，也是矛盾与共同点同在，处于两极之中的这种中间派，其走向直接影响着其他两派的成败，往往其倒向哪一边，哪一边就得胜。经过立宪运动，清廷的顽固不化和立宪派利益的受损，使立宪派对清政府非常失望，这在客观上则削弱了清廷而壮大了革命。此时清廷已四面楚歌，摇摇欲坠，犹如朽木支撑的一座大厦，稍有风吹雨打，就迅速垮塌。就在1911年10月10日，一个偶然的机会，则使武昌起义的风暴席卷了全国。

具体而言，这是资产阶级革命党人趁清朝督办粤汉、川汉铁路大臣端方率湖北新军[1]赴川镇压保路风潮、湖北防务空虚之机，毅然发动的一场旨在推翻清王朝的武装起义。经过一夜激战，革命党人攻下了总督衙门，占领了武

---

1 新军：清末编练的近代化陆军。始筹练于1894年，《辛丑条约》签订后，清政府以倡办"新政"的名义，于1903年在中央设练兵处，以奕劻为总理，袁世凯为会办。1905年由练兵处制定陆军军制，各省设督练公所，将新军的编练推向全国。计划在全国编练36镇，每镇包括步、马、炮、工程、辎重等兵种，额设官兵1.2512万人。中下级军官多为国内各武备学堂毕业生充任。新军成为武昌起义和各省光复的主要力量。

昌城。翌日，攻克汉阳；12日，再占汉口，武汉三镇全部解放。

武昌起义迅速波及到全国各地，各省区纷纷举起了响应革命的大旗。到1911年底，湖北、湖南、陕西、江西、山西、云南、安徽、江苏、上海、广东、四川等17省相继宣告独立。与此同时，各地群众自发的反抗斗争风起云涌。中原地区，大批农民军占据着重要城镇，声势浩大；西北地区，黄会、哥老会等农民千余人举行了反清起义；东北地区，一支农民军建立了中华民国军政分府，竖起民主共和的大旗；内蒙古地区，蒙汉各族人民在革命党人的率领下，举行了多次暴动。……就连地处京畿的京、津一带，也不断爆发出起义的枪声。波澜壮阔的反帝反封建的资产阶级民主革命洪流，猛烈冲击着腐朽反动的清王朝。这年年底，资产阶级革命民主派领袖孙中山从海外归来，被齐集南京的17省代表选为临时大总统。与此同时，他们组织了临时政府，于1912年元旦向全世界宣告了中华民国的建立。

辛亥革命的爆发是近代中国民族矛盾、阶级矛盾激化及全国民主革命运动高涨的结果。它推翻了统治中国260余年的清王朝，结束了两千多年的封建帝制，把具有绝对权威的皇帝从神圣的宝座上赶了下来，在中国建立了资产阶级共和国，打击了帝国主义侵华势力，为民族资本的发展创造了一定的有利条件，同时也成为一次伟大的思想解放运动，使民主自由之花一度在古老的中国大地上开放。无疑，这是中国历史上一次破天荒的大变革，一次非同小可的历史转折。在这样的变革和转折面前，各种政治力量无不以自己的政治态度和政治行为决定去取，无不面临着一个怎么办的问题。

先看帝国主义列强。辛亥革命后，列强开动所有的宣传机器对武昌起义进行攻击，诬蔑辛亥革命"荒谬绝伦"、"极端愚蠢"，"肯定不能作为一个健全国家的基础"。与此同时，他们企图通过军事恫吓压革命派妥协，通过财政卡革命派的咽喉，通过压清政府起用袁世凯继续维持在华利益。

再看清政府。他们在武昌起义后完全慌了手脚，从皇室到文武大臣，一片惊悸。许多大臣惊呼"大局岌岌"、危在旦夕，希望清廷采取措施，平定武昌之乱。在皇族内部形成明显的两派，一派主张严申军令，用亲贵督师，以张挞伐；一派主张起用袁世凯。

再看国内立宪派。他们在武昌起义后先是惊恐，但随即来了个180度的大转弯，一反过去叩头请愿、拥护清朝实行立宪、反对革命的姿态，挂起了拥护共和、赞同革命的招牌。他们或和革命派合作，发动起义；或和旧官僚联合，和平光复；或自己组织队伍，宣布独立。

在这种巨大的历史变革和突如其来的斗争形势下，作为矢志追求资产阶级宪政的海外立宪派领袖之一的梁启超，在想些什么、干些什么呢？

辛亥革命的爆发使梁启超坐卧不安，"忧心如焚"。他认定，当前的形势"危急存亡，千钧一发"，必须立即行动，把对局势的主动权先革命党人抢在自己手里。

经过审慎的考虑，梁启超调整了先前拟定的政变部署，精心制定了"用北军倒政府，立开国会，挟以抚革党"的新的行动方针，并立即电告国内同党，相机执行。关于此计划的具体内容，梁启超在武昌起义爆发十几天后致徐勤的亲笔信中作了如下解释：

"今日所欲办之事，则一面勒禁卫军官门，以备非常，即逐庆、泽，而涛自为总理，杀盛以快天下之心；即日开国会，当选举未集时，暂以资政院、咨议局全数议员充国会议员；同时卜罪己诏，停止讨伐军，极言今日时势不容内争，令国会晓谕此意；然后由国会选代表与叛军交涉，……告以国会即揽实权，则满洲不革而自革之义，当能折服，若其不从，则举国人心暂归于平和党，彼无能为力矣；政府一面仍下诏废八旗，皇帝自改汉姓，满人一切赐姓，以消除怨毒。"

按照梁启超的设想，此举若能成功，不但可纾革命之"祸"，而且会使"国会得有实权，完全宪政从此成立"[1]。这样，立宪党人梦寐以求的资产阶级

1　梁启超《与雪公书》，《梁启超年谱长编》第552—554页。

宪政理想就要最终实现了。为了实施此项计划,梁启超等采取了两项措施:

第一,派人回国运动各省独立,抢在革命党之先。他的如意算盘是,"运动各督抚暂倡自立,以杀革党之势。声称不接济北军军饷,如是则革党引以为友,无所用其煽动"。俟各省督抚宣布独立后,"然后稍有时日,足供我布置,布置一定,则各省复合为一,此反掌之功耳"。[1]这样,形势就会朝着有利于立宪派的方向发展。依照梁的部署,其同仁、信徒开始四处奔走、活动。在山东,他派人拉拢第5镇新军中的部分军官,使山东于11月13日宣布独立;在广东,他派麦孟华运动两广总督张鸣岐[2],并通过与岑春煊[3]的老关系,争取第25镇统制龙济光[4]等人,使广东于11月9日宣布独立;在上海,他的同仁、宪友会常务干事雷奋,以"江苏都督代表"的身份,联合"浙江都督代表姚豫桐、高尔登通电,请各省派代表到沪会议,组织临时政府"[5];在西南,他让麦孟华等运动岑春煊、龙济光等人,试图"招集旧部",凑集10万大军,从南方起兵向北,驰骋中原,号召群雄,息兵争而议宪法,执牛耳而为盟主。在他们的活动下,立宪派占优势的省份,纷纷换旗独立,由各省督抚出任都督。这种独立,不论其性质如何,都造成清政府的孤立,沉重打击了清王朝,对结束帝制是有贡献的。

---

1 梁启超《与雪公书》,《梁启超年谱长编》第555页。
2 张鸣岐(1875—1945年)山东无棣人,字坚白,号韩斋,举人出身。曾任岑春煊幕僚,1907年任广西巡抚,1910年署两广总督,次年兼署广州将军,曾镇压广州起义。武昌起义后逃往香港、日本,袁世凯执政后回到北京,挂名为袁的高级顾问,赞袁称帝。
3 岑春煊(1861—1933年)字云阶,广西西林人,光绪举人,先后任广东、甘肃布政使,陕西、山西巡抚,四川、两广总督。1907年调任邮传部尚书,因与奕劻、袁世凯争权,被解职。辛亥革命后被袁世凯任为福建宣慰使、汉粤川铁路总办。"二次革命"前加入反袁行列。护国运动期间,与桂系军阀陆荣廷等谋自成势力,又任军务院抚军副长。1918年参加护法政府,与桂系军阀一起排挤孙中山。1920年后退居上海。
4 龙济光(1876—?)云南蒙自人,字子诚,出身土司。曾任广西右江道、广西提督,后调广东任陆军第25镇统制,"二次革命"期间,奉袁世凯命攻占广州,任广东都督,镇压革命党人。护国战争爆发后,率军进攻云南,至广西被桂军缴械,旋见护国军势大,在广东宣布独立。
5 《民立报》,1912年1月30日,第6页。

第二，运动吴禄贞[1]、蓝天蔚[2]、张绍曾[3]的部队，和载涛、良弼的禁卫军，控制北京，推翻皇族内阁，组织由立宪派掌握大权的新内阁，夺取北方地盘，压迫革命党人妥协投降。为此，他一面选派亲信加紧运动，一面函告徐勤力筹巨款以作联络上述军队的应援。他还亲自修书一封，派人回国面递吴禄贞。信中，梁启超先叙过去之谊，继捧吴禄贞是"瑰伟奇特之军人"，希望吴禄贞能将"国势杌陧不可终日"的中国"起其衰而措诸安"[4]。其实，吴禄贞本系革命党人，虽与梁启超有旧谊，但此时对时局的宗旨却与梁启超绝不相同。武昌起义后，吴禄贞曾与蓝天蔚、张绍曾等商议以武力推翻清廷，并视康梁欲为利用"共勘大难"的袁世凯为"革命之主要障碍"。他这种"实主革命"[5]的政治态度是当时的梁启超无从知晓的。

历史大变革时期的形势发展，瞬息万变，其速度之快，往往超出人们的预料。就在梁启超部署的用北军倒政府的活动刚刚着手，国内局势又出现了新情况。10月29日，驻扎滦州的新军第20镇统制张绍曾和第二混成协协统蓝天蔚约同其他新军将领，通电清廷，提出"请愿意见政纲十二条"，要求在本年内召开国会、组织责任内阁、制订宪法、特赦国犯、削除皇族特权等。电文极其强硬，声称如果清廷不允，就要率军进攻北京。这就是有名的

---

[1] 吴禄贞（1880—1911年）湖北云梦人，字绶卿。曾留学日本，先后参加兴中会和华兴会。历任清练兵处监督、延吉边务帮办和新军第6镇统制。武昌起义后，他密谋举兵反清，赴滦州以张绍曾所部新军为第一军，奉天蓝天蔚所部为第二军，新屯卢永祥所部为第三军，会师丰台，直捣北京。因叛徒告密，运兵失败，急往石家庄与山西革命军联系，策划起义，11月6日被袁世凯派人暗杀。

[2] 蓝天蔚（1878—1922年）湖北黄陂人，字秀豪。早年以湖北武备学堂学生资格送日本留学，入士官学校。回国后，任湖北将弁高等师范学堂教员。不久赴日考察军事，考入陆军大学。1910年归国任陆军第二混成协统领，驻奉天。武昌起义后，与吴禄贞、张绍曾等拟发动北方新军响应。"滦州兵谏"失败后，赴沪任北伐军总司令，南北议和时辞职，出国游历。1912年任鄂西联军总司令，次年被孙传芳击败，逃入四川自杀。

[3] 张绍曾（1879—1928年）直隶大城人，字敬舆，早年留学日本，入士官学校炮兵科。毕业回国后，历任北洋督练公所教练处总办、清贵胄学堂监督。1911年任新军第20镇统制，调驻滦州。武昌起义后，通电清廷，要求立宪，并与吴禄贞等谋联合进兵北京，推翻清廷。1922年，任陆军部总长。次年任国务总理，主张迎孙中山入京协商南北统一。

[4] 梁启超《致吴禄贞寿卿先生书》，《梁启超年谱长编》第562页。

[5] 罗惇曧《致任公先生书》，台湾《近代中国史料丛刊续编》第10辑，第826页。

"滦州兵谏"。同一天，山西省宣布独立，将革命烽火燃烧到清廷脚下。与此同时，三年前被清廷当权派摄政王载沣开缺回籍的袁世凯也提出苛刻的出山条件[1]。清王朝内外交困，举朝遑遑。在各种压力下，10月30日，清廷不得已下诏罪己，并允准组织责任内阁，不任亲贵，同时宣布开放党禁，把"所有戊戌以来因政变获咎与先后因犯政治革命嫌疑惧罪逃匿，以及此次乱事被胁，自拔来归者，悉皆赦其既往，俾齿齐民"[2]。第二天，任命袁世凯为内阁总理大臣，全权筹组新内阁。

几天之后，梁启超见到了清廷的上谕。根据变化了的形势，他再一次调整了行动方案，把"用北军倒政府"的计划进一步发展为"和袁慰革，逼满服汉"八字方针[3]。

阶级斗争的风云变幻，迫使各个阶级和各种政治集团的代表人物不断调整自己的政治策略。八字方针的提出，可以看作辛亥革命后梁启超在政治策略上的重大转变。

戊戌以后10余年的历史轨迹表明，资产阶级改良派和袁世凯始终处于矛盾对立的状态，梁启超对袁世凯当然也恨之入骨，始欲仇之，终欲倒之。现在提出"和袁"，同袁世凯要携手合作了，其中变化不可谓不大。需要明确的是，梁启超此时的"和袁"决定，和稍后一段时间不同，还是基于对袁世凯的错误估计，以为有了清廷的上谕，袁世凯就只能按他们的步调行事。因为，袁世凯虽然很强大（这也是"和袁"的前提之一），但既然他们有了合法参政的地位，资政院里又有许多同党，且"已握有一国实权"[4]，那么，如果袁世凯不肯听话，要"取而代之"是很容易的，"一投票足矣"[5]。

对革命派，从最初的联合，到在改良和革命的夹缝中左右摇摆，再到公

---

1 袁世凯的出山条件有6条：1. 明年即开国会；2. 组织责任内阁；3. 宽容参与此次事件诸人；4. 解除党禁；5. 须委以指挥水陆各军及关于军队编制之全权；6. 须予以十分充足的军费。
2 《申报》，宣统三年九月十二日。
3 梁启超《与勉兄书》，《梁启超年谱长编》第558页。
4 同上。
5 梁启超《与雪公书》，《梁启超年谱长编》第556页。

开大论战，梁启超早已把革命派当成头号政敌加以反对。此时提出"慰革"方针，显然是要缓和敌对情绪，携起手来共同对付清廷。这不能不说是一大变化。这也说明，追求温和改良的资产阶级立宪派和执着于武装斗争的革命民主派虽然斗争的手段、途径迥然有别，但在反对封建专制制度方面是没有根本的利害冲突的。

至于和满清政府的关系，前后变化更不能说不明显。从执着保皇、拒绝反满到热衷立宪，贯穿着一条妥协屈从于现实、对统治阶级当权派既委曲求全又充满幻想的政治路线。即使因国会请愿运动迭遭惨败而不得不痛斥清政府的罪行、愤然发出"推翻此恶政府"的呐喊，充其量也只是希望通过宫廷政变来变更清政府的某些成员而已，和现今提出的"逼满服汉"方针绝不可同日而语。世易时移，武昌起义十几天后，梁启超剖白自己对满清政府的态度，声称"痛恨满人之心，吾辈又岂让革党"？不过"暂借为过渡"，一旦立宪实行、政权归诸国会，皇帝充其量只是"坐支乾修之废物"，存之废之，无关大局[1]。可以看出，在推翻封建君主专制方面，梁启超的立场已变得相当激进。

八字方针是以康梁为首的原海外立宪党人在武昌起义后新的阶级斗争、新的阶级力量对比的形势下提出的新的行动纲领，反映了资产阶级立宪派与地主买办阶级、资产阶级革命党之间错综复杂的矛盾斗争，是资产阶级立宪派在辛亥革命时期的主要策略。它的核心内容，是利用清朝的最大实力派袁世凯的力量，抚慰、分化南方的资产阶级革命派，达到操纵国内局势、"乘此而建奇功"、最终实现君主立宪政治的目的。

此时的梁启超，颇有一点飘飘然。在经过一系列策划后，他怀着"前所布画，今收功将半"[2]的欣喜，扬帆归国，准备亲赴北京，本着新定的八字"大方针"，完成"拨乱反治之大业"[3]。他极度自信地认为，只要自己赴京后一

---

[1] 梁启超《致雪公书》，《梁启超年谱长编》第553页。
[2] 《申报》，宣统三年（1911年）十一月初九日。
[3] 梁启超《与勉兄书》，《梁启超年谱长编》第558页。

周内无事,以后的事情就非常好办了。

在亡命日本 13 年后,1911 年 11 月 6 日,梁启超终于登上日轮"天草丸"号,兴冲冲地启程回国了。

奔赴奉天[1]

茫茫的大海上,烟波浩淼,"天草丸"号缓缓驶向中国北方的大连港。

入夜,冷风习习。就要回到阔别 13 载的祖国了,梁启超思前想后,心潮难平,提笔赋诗,抒发心怀:

其 一

"冷冷黄海风,入夜吹我裳。
西指烟九点,见我神明乡。
昔为锦绣区,今为腥血场。
鸮鸿与封豕,杂侧纷相望。
兹栝安可触,弛恐难复张。
仰视云飞浮,俯瞰海汪洋。
天运亮可知,回向恻中肠。"

其 二

"亭亭须磨月,穆穆双涛园。
地偏适我愿,栖仰费盛年。
我有所爱女,晨夕依我肩。
念我行役劳,送我忍汛澜。
我已身许国,安所逃险遭,
成毁事不期,行我心所安。
天若佑中国,我行岂徒然。

---

[1] 清朝称辽宁省为奉天。

待我拂衣还，理我旧桃园。"[1]

爱国之情，报国之志，宏图大愿，似箭归心，一切皆包含其中了。

11月9日，"天草丸"号顺利抵达大连。梁启超的此次回国，与国内立宪派早有联系。当他从日本启程回国时，蓝天蔚即策划在奉天起事。蓝天蔚积极联络革命党人张榕、咨议局长吴景濂等人，准备占领奉天，驱逐清大吏赵尔巽入关。此时他听说梁启超要归国，竟"额首相庆"，"日望其归"。熊希龄[2]得知梁启超抵达大连的消息后，先派人前去迎接，自己也马上从北京赶回奉天。10日，梁启超赶赴旅顺，当夜乘汽车匆匆抵达奉天郊外，在日本人的保护下进入日驻奉天领事馆。梁启超雄心勃勃，以"君看愚叟志，太行曾可移"的高昂士气，意欲大干一番。谁曾想，当他把双脚刚刚踏上祖国土地的时候，就发现已经失去了其所有计划中所凭借的力量。此时，已被任命为内阁总理的袁世凯正在调动军队猛攻汉口，给革命军以重创的同时，为了稳住北方阵势，派人用重金收买凶手，11月6日在石家庄刺杀了在北方活动多年的革命党人吴禄贞，使梁启超在动身回国的同一天就失去了最寄厚望的力量。此时的袁世凯不仅从清政府手里夺回了以往的全部兵权，而且牢牢控制了禁卫军，使梁启超寄予厚望的载涛、良弼等也无机可乘。与此同时，"都中虚无人焉，旧内阁已辞职，不管事；新内阁未成立，资政院议员遁逃过半，不能开会，亲贵互相阋"[3]，人心惶惶，秩序大乱。梁启超虽然感到形势变化之速，使得"在东时之理想及沿途所策画，大半不能行"[4]，但由于害怕清廷内部发生不利于他们的变化，尤其害怕革命党人乘虚而入，夺取北京，还想

---

1 《饮冰室合集·文集》第45（下），第67—68页。
2 熊希龄（1870—1937年）湖南凤凰人，字秉三，光绪进士，选翰林院庶吉士。曾助陈宝箴等力行湖南新政，任湖南时务学堂提调。1905年任出洋考察宪政五大臣参赞，调任奉天盐运使。辛亥革命后曾任财政总长、热河都统，1913年与梁启超、张謇等组成"第一流人才内阁"，出任国务总理兼财政总长。
3 梁启超《与娴儿书》，《梁启超年谱长编》第560页。
4 同上。

冒险进入首都。他去见日本关东都督，"请其电驻京日使，提议由使团设法维持京城治安"[1]。由于"滦州兵谏"的要求与康、梁的主张颇多一致，又听说张绍曾、蓝天蔚两人"确是可人"，梁启超决定"此行终以见张、蓝为主"，用张、蓝的实力恢复京城秩序，尔后再"与外交团交涉，徐图进取"[2]。他还与时任奉天督练公所总参议的蒋方震[3]"见面数次，似有运动军队之接洽"[4]。蒋方震对梁启超"终身敬之如师"[5]，又与张绍曾、蓝天蔚等过从甚密。因此有人推测，梁启超有可能通过蒋方震沟通张绍、蓝天蔚二人，使之与康、梁合作，或是请蒋设法提供部分兵士，随同梁启超入京。因梁启超等先前有用北军倒政府不遂，即"募壮士数百为之"的打算，梁启超出发后也有"或挟百数十军士往"的考虑[6]。梁启超正抱着一线希望准备离开奉天，在北京活动的汤觉顿、罗惇曧匆匆赶来，报告了"蓝天蔚等将不利于梁"的紧急消息，催促梁启超"即回日本"[7]。原来，袁世凯在派人刺杀吴禄贞后，便将张绍曾解职，并把滦州新军中其他倾向革命的将领或撤职或调离，解除了他们手中的兵权。11月14日，蓝天蔚也接受清政府官僚赵尔巽的免职，被逼往江南进行所谓"考察"。至此，震撼一时的"滦州兵谏"宣告失败。这时，熊希龄在大连也接连几次发电报、打电话给梁启超，急促其赶紧离开，"半日不许逗留"。事已至此，梁启超不得不打消入京计划，黯然返棹东返[8]，折回日本。

初返国土的行动计划，在短短10天内就宣告破产了。

1　杨维新《记辛亥年任公先生归国事》，《梁启超年谱长编》第561页。
2　梁启超《与娴儿书》，《梁启超年谱长编》第560页。
3　蒋方震（1882—1938年）浙江宁海人，字百里，笔名飞生。早年留学日本士官学校步兵科，并主编《浙江潮》，宣传革命。1906年回国后不久，又赴德国学习军事，在德军第7团任实习连长。武昌起义后，曾任浙江都督府总参议、保定军官学校校长，反对袁世凯称帝。1918年随梁启超赴欧洲考察。1920年回国后，从事文化与军事活动，曾任吴佩孚军总参谋长、国民党军事委员会高级顾问、陆军大学代理校长等职。
4　杨维新《记辛亥年任公先生归国事》，《梁启超年谱长编》第561页。
5　陶菊隐《蒋百里先生传》，中华书局1964年版，第14页。
6　《与娴儿书》，《梁启超年谱长编》第558页。
7　杨维新《记辛亥年任公先生归国事》，《梁启超年谱长编》第561页。
8　参见陈长年：《辛亥革命中康梁一派的政治活动》，《纪念辛亥革命七十周年青年学术讨论会论文选》，中华书局1983年版。

思考中国政体

在返回日本的最初日子里，梁启超埋头撰写了一篇关于武昌起义后中国应该采取什么样的政治体制的重要文章，这就是著名的《新中国建设问题》。

该文分上、下两篇，上篇名之曰"单一国体与联邦国体之问题"，下篇名之曰"虚君共和政体与民主共和政体之问题"。在上篇文章中，梁启超扼要阐明了反对联邦制、力主单一国体的理由之后，最后下结论说："要之，吾国今日所要求者，首在得一强固统一之中央政府"，因此，中国实行单一国体是必然的，而联邦制总不能使人"释然"，是不可采纳的。下篇是文章论述的重点，梁启超首先指出："今后新中国所当采用共和政体，殆已成为多数之舆论"。但同是共和政体，种类却千差万别。既有"人民公举大统领而大统领掌行政实权之共和政体"如美国，又有"国会公举大统领而大统领无责任之共和政体"如法国，还有"虚戴君主之共和政体"、"人民选举终身大统领之共和政体"、"不置首长之共和政体"、"虚戴名誉长官之共和政体"等，不一而足。那么，如上六种共和政体（第六种不行于完全之独立国，姑且不论）利弊如何？中国将"何所适从"？梁启超进行了详细的分析比较：

第一，人民选举终身大统领之共和政体，实则共和专制政体，其最后结果，必变为君主专制政体，所谓"果复为因，因复生果，必酿第二次革命"，是"最可厌恶"的。

第二，不置首长之共和政体，"此惟极小国若瑞士者，乃能行之而无弊"，像中国这样一个需有"极强有力之中央政府"的大国，是"不足采"的。

第三，人民公举大统领而大统领掌行政实权之共和政体如美国，这是中国国民"最艳羡"的，也是常人所熟知的。然而，这种政体"可谓诸种共和政体中之最拙劣者，只可以行诸联邦国，而万不能行诸单一国；惟美国人能运用之，而他国人决不能运用"。倘若中国贸然"效之"，"非惟不能致治，而必致于酿乱"。

第四,国会公举大统领而大统领无责任之共和政体如法国,此制优于美制,因为选举大统领不用全国投票,纷争之范围较狭,统领无责任故无权力,人不乐争之,故纷扰之程度减。但此制也有一大缺点,即政府更迭频繁,政见屡屡摇动,又是不足取的。

第五,虚戴君主之共和政体如英国,"虽未敢称为最良之政体,而就现行诸种政体比较之,则圆妙无出其右者"。这种政体"有一世袭君主称尊号于兆民之上,与专制君主国无异也;而政无大小自内阁出,内阁则必得国会多数信任于始成立者也;国会则由人民公举,代表国民总意也。其实际与美法等国之主权在民者,丝毫无异"。那么,君主既然无权,为何还要设此"虚君"呢?他说:最高统治者不用经常竞选,"可以息内争而定民志"。

梁启超的结论是:这种"圆妙无出其右"的"虚君共和"政体是最适于中国的[1]。

可以看出,梁启超这篇长文的核心内容,就是在纵谈世界和中国大势、详细分析比较各种共和政体优劣利弊得失的过程中,充分论证"虚君共和"体制的优良之处。其显著倾向是:贬民主共和,扬"虚君共和"。而所谓"虚君共和",就其理论含义来说,虽与民主共和无大区别,但在梁启超这里却不过是君主立宪的代名词;"虚君共和"主张和先前的"政治革命"论从根本上说是没有大的区别的。

梁启超何以会在辛亥革命后抛出这样一篇宣扬"虚君共和"的文章?

"虚君共和"之说本为康有为所创。武昌起义爆发后,遁居日本的康有为亦惊亦恐,最令他担忧的便是列强的武装干涉。于是,他立即撰写了《革命已成有五难中国忧亡说》、《革命后中国民生惨状说》、《革命由动于感情而无通识说》、《共和政体不能行于中国说》、《立宪国之立君主实为奇妙之暗共

---

[1] 《新中国建设问题》,《梁启超选集》第588—597页。

和法说》、《虚君共和说》等10篇文章,总题为《救亡论》。文中,他怀着"惴惴恐惧,惧中国之亡"的心情对革命进行了攻击,指责革命是根本不应该的,它的爆发"一则易煽动于感情也,一则无通达之深识也",革命会带来动乱、民生惨状和外国干涉,坚持认为"共和政体不能行于中国",只有保存皇位,建"虚君之共和国",才是最好的方案[1]。文章寄到上海,因为"革命之大势若卷潮倒河","无敢刊者"[2]。

不久,清王朝大势已去,革命形势仍高涨不已。此时,康有为又撰写了《共和政体论》,他颇为得意地认为自己发明了一种适合中国的新政体虚君共和:"以共和为主体,而虚君为从体。故立宪犹可无君主,而共和不妨有君主。既有此新制,则欧人立宪、共和二政体,不能名定之,只得为定新名曰虚君共和也,此真共和之一新体也"[3]。那么,谁来做这个有名无实的虚君呢?康有为竟别出心裁地想到,孔子尝有尊号曰素王文宣帝,"素者,空也,素王素帝,真虚君也"[4],公然提出要推举孔子后人衍圣公做"土木偶"式的虚君。

梁启超的文章显然是对康有为的应和。这不仅表现在康梁的信徒在兜售"虚君共和"主张时将康梁相提并论,而且明白提到"虚君共和名称,长者创之"[5],还表现在梁启超在《新中国建设问题》中的论调几乎和乃师的主张一模一样。康有为提出虚君如同禅让,梁启超便主张"但使现皇室能改从汉姓,我国民或许其尸此虚位";康有为推举孔子后人为虚君,梁启超便提出"吾民族中有孔子之裔衍圣公者,举国世泽之延未有其比也,若不得已,而熏丹穴以求君,则将公爵加二级,即为皇帝"[6]。"虚君共和"论的提出,究其实是康梁一派的君宪主张在辛亥革命后的新提法,反映了其在革命大变动时期进退失据的思想状况,是他们解决国内时局危机的药方。

---

1 汤志钧《康有为政论集》(下),中华书局1981年版,第652—678页。
2 《不忍杂志》第7期,1913年8月出版。
3 康有为《共和政体论》,《康有为政论集》(下),第692页。
4 同上。
5 《梁启超年谱长编》第591页。
6 《新中国建设问题》,《梁启超选集》第599页。

《新中国建设问题》发表后，梁启超开始集中力量争取实现"虚君共和"的方针。11月27日，袁世凯出于以战压和的目的，指使清军攻陷汉阳，随即加强了对革命派方面的诱和活动。对此，梁启超既高兴，又担心。他深怕清政府忘乎所以，又庆幸对革命派和袁世凯都有了说教"虚君共和"的机会。因此，他一面致电袁世凯内阁[1]，提醒"人心久变，一胜勿骄"，希望奏请清廷，利用革命军的一时受挫，迅速仿效北魏孝文帝改拓跋氏为元姓的例子，"皇室定姓，改号中国。'清'字只对前朝，不以对外。用孔子或黄帝纪年，立集国会，以顺舆情、定国体"[2]。一面遥控国事，双管齐下，派同党回国，分往南北活动，广泛联络[3]，希冀把清朝的军阀官僚、革命党人都纳入他的"虚君共和"的轨道。

12月初，盛先觉携梁启超致章太炎的长函由日本抵达上海。按照梁启超的指示，他所运动的对象主要是章太炎和宋教仁。这当然不为无因。1906年章太炎主持《民报》后，因嫌胡汉民、汪精卫对梁启超的批判"辞近诟谇"，便降低调子，"持论稍平"。梁启超要求《民报》停止对改良派的攻击，章太炎也"欲为调停"[4]。同样，宋教仁也曾应康梁一派"以后和平发言，不互相攻击"的请求，找孙中山和胡汉民进行过转圜[5]。章太炎、宋教仁过去的态度，使梁启超认为今日可以利用。但结果却很令他们失望。盛先觉两访宋教仁不遇，再访而宋教仁已到南京就职于南京临时政府。章太炎对盛先觉所历述康梁的"苦心孤诣"不仅无动于衷，而且指斥他们关于"虚君共和"才能保中国统一强大一类的说法为"愚者之见"[6]。虽然盛先觉还想转赴南京，继续游说

---

[1] 袁世凯内阁的主要成员是：外务大臣：梁敦彦，次官：胡惟德；民政大臣：赵秉钧，次官：乌珍；度支大臣：严修，次官：陈锦涛；陆军大臣：王士珍，次官：田文烈；海军大臣：萨镇冰，次官：谭学衡；学部大臣：唐景崇，次官：杨度；法部大臣：沈家本，次官：梁启超；邮传部大臣：唐绍仪，次官：梁如浩；农商部大臣：张謇，次官：熙彦；理藩大臣：达寿，次官：荣勋。

[2] 见资料丛刊《辛亥革命》（八），第144页。

[3] 参见陈长年：《辛亥革命中康、梁一派的政治活动》，《纪念辛亥革命七十周年青年学术讨论会论文选》。

[4] 《太炎先生自编年谱》，《近代史资料》1957年第1期，第120页。

[5] 《宋教仁日记》，湖南人民出版社1980年版，第322页。

[6] 章太炎《复梁任公书》，《梁启超年谱长编》第575页。

宋教仁，甚至怀着侥幸心理，拟对黄兴一试；但在行前对梁启超的报告中，已无可奈何地得出"革党万不能就虚君共和之策"的结论[1]。

在北方进行活动的是蓝公武和罗惇曧。他们运动的对象是署邮传部大臣梁士诒[2]和资政院总裁李家驹[3]。梁士诒是梁启超在佛山书院读书时的同学，李家驹于1909年任驻日考察宪政大臣时，曾支持张君劢等人在东京的立宪活动。通过梁士诒和李家驹，蓝公武、罗惇曧二人与袁世凯取得了联系。此时，南北议和已经开始。梁士诒向罗惇曧表示了"君位共和，项城与唐（绍仪）均同此旨"的意思；并将康梁"虚君共和"主张的大意电告议和北方代表唐绍仪[4]，说是"资其议和之材料"；还答应转告唐绍仪，除与南方代表正式谈判外，另将"虚君共和名义""私向彼党秘商"。罗惇曧以为事有可为，立即电告在上海的麦孟华，要他将康、梁的主张火速告唐绍仪，"资其采择"[5]。这消息使梁启超备感兴奋。他打算赶赴上海，亲自游说"虚君共和"的方案，但由于革命派对康梁的敌视，其党徒最终劝阻了梁启超的成行。据罗惇曧对梁启超的报告讲，"所谓虚君共和之制，唐使（绍仪）已据商，伍（廷芳）仍执不允"[6]。其实，借革命派方面之口否定康梁的"虚君共和"方案，本来就是袁世凯打好的如意算盘。袁世凯久蓄废清自代的野心，南北议和之初又得到革命派方面"中华民国大总统一位，断举项城无疑"的明确表示[7]，此

---

1 《梁启超年谱长编》第575页。
2 梁士诒（1869—1933年）广东三水人，字翼史，号燕孙，光绪进士。武昌起义后，署袁世凯内阁邮传部大臣。袁窃取临时大总统后，任总统府秘书长，参预机密，深得袁信任。不久，任交通银行总经理，把持财政，广结党羽，成为交通系首领，为袁帝制筹措经费不遗余力。袁死后被列为帝制祸首，受到通缉，逃往香港。1918年回到北京后继续在北洋政府内充任要职。
3 李家驹（1871—？）汉军正黄旗人，字柳溪，光绪进士，授翰林。曾任湖北学政、京师大学堂监督、考察日本宪政大臣、资政院总裁等职。1914年任参政院参政。
4 唐绍仪（1860—1938年）广东香山（今中山）人，字少川，早年曾官费留学美国哥伦比亚大学。辛亥革命前曾任津海关道、与美国交涉西藏问题全权代表、邮传部尚书等职。武昌起义后任袁士凯内阁全权代表，与民军代表伍廷芳在上海谈判议和。袁成为临时大总统后，被任为第一任国务总理。后加入同盟会，参加护法军政府。1919年充任南方总代表与北洋军阀举行南北议和。1938年在上海被国民党军统特务刺死。
5 《梁启超年谱长编》第568、578页。
6 《梁启超年谱长编》第587页。
7 《申报》，宣统三年十月二十四日。

时更不会有保存清帝名号的热情,他对康梁一派做出的姿态,不过是"别有所图,虚与委蛇"[1]而已。这个时候,袁世凯正以清朝皇位的去留为筹码,操纵和谈,与南方革命党人就同意"共和"一事讨价还价,大搞政治交易。在12月20日南北议和举行的第二次会议上,北使唐绍仪放出风来,说实行共和立宪,"袁氏亦赞成,不过不能出口耳"[2]。1912年1月19日,与康梁周旋的梁士诒伙同民政大臣赵秉钧、外务大臣胡惟德合上了"人心已去,君主制度恐难保全,恳赞同共和,以维大局"的奏章[3]。2月,南北双方达成协议:清帝退位,南京临时参议院选袁世凯做中华民国临时大总统。

至此,梁启超极力主张和多方兜售的"虚君共和"方案,又不得不宣告失败。

借力袁世凯

入京计划的迅速破产和兜售"虚君共和"活动的失败,使武昌起义后一度颇为自信的梁启超不得不认识到,赤手空拳的海外立宪党人要想在激烈的阶级斗争形势下火中取栗,作统一全国的中心点,谈何容易!那么,今后怎么办?是养晦待时、徐观后变?还是联络它党、图谋发展?复杂的形势、冷酷的现实,最终使梁启超作出了联合袁世凯的抉择。所谓联袁,实质是在拥袁的前提下,谋取本派的发展,以取得最佳利益。这一方针的确立,使积怨甚深的梁启超、袁世凯关系,即资产阶级改良派和统治阶级当权派的关系,在一个短时期内发生了戏剧性的质的变化。

回顾历史,改良派和袁世凯开始发生关系,大致在戊戌维新变法时期。早在1895年8月,时任直隶按察使的袁世凯就同康梁拉关系,代康有为把

---

[1] 《梁启超年谱长编》第566页。
[2] 资料丛刊《辛亥革命》(八),第77页。
[3] 《三水梁燕孙先生年谱》(上),1962年版,第105页。

一份万言书呈送荣禄（荣未收）。同月底，康有为发起创立爱国团体强学会，袁世凯亦厕身其间，并捐款500金，以示热忱。1898年3月，当维新变法声浪日益高涨时，他同样不甘落伍，在帝党翁同龢面前"深谈时局，慷慨自誓，意欲辞三千添募之兵，而以筹大局为亟"。并且拿出"瓜分中国画报"给翁看[1]，"切言必亡必分之道，必须大变法以图多保全数省"。[2]话虽不多，表现得却相当激进，蒙蔽了康梁维新派的眼睛。事实上，袁世凯是脚踩两只船，身体的重心始终倾向顽固派一边。因此，当变法的关键时刻，改良派将唯一的希望寄托于他身上时，他却阳奉阴违地出卖了维新党人。

对于袁世凯这个插足维新派又出卖维新派的可耻告密者和导致"戊戌六君子"喋血的历史罪人，不用说，康梁是耿耿于怀、恨之入骨的。在相当长一段时期，他们把倒袁除袁和报戊戌之仇作为己一派的奋斗目标。直至政闻社活动时期，他们仍然坚持要实现自己的政治理想，不能不坚持"以倒劭（即袁世凯，引者注）为先"的既定方针。此时，袁世凯虽然在"丁未政潮"[3]中取胜，但也引起朝野的普遍不安。当时的议论多谓袁图谋不轨、心怀异志；有人甚至上书，将袁世凯同废汉的曹操和篡晋的刘裕相提并论[4]。而此时的满族权要，包括慈禧在内，大都对袁世凯这样的汉族官僚存有戒心。因此，在政潮结束几个月后，清廷将袁世凯从直隶总督兼北洋大臣的任上调入军机处，意在削弱他拥有的实权。对这一点，梁启超等看得很清楚。他们决定利用袁世凯"实在嫌疑之地"的处境，"从宗室、满人下手攻之"。[5]为此，

---

[1]《翁文恭公日记》，光绪二十四年二月十五日。
[2]《袁世凯致徐世昌函》，《近代史资料》1978年第2期。
[3] 丁未政潮：清王朝颁布"预备立宪"上谕后，随即下令改革官制，引起封建官僚间争权夺势的剧烈斗争，史称"丁未政潮"。斗争主要在袁世凯与瞿鸿禨（1850—1918年，湖南善化人，字子玖，同治进士，授编修，后又晋内阁学士。历任工部尚书、军机大臣、政务处大臣、外务部尚书等职。参与筹划预备立宪）、岑春煊之间展开。斗争的结果，袁世凯勾结奕劻，伪造材料，把瞿鸿禨打下台，逐出军机处，岑春煊被开去两广总督之缺。
[4] 杨敬安辑《节庵先生遗稿》，香港1962年版，第13—14页，转引自陈长年《辛亥革命中康、梁一派的政治活动》。
[5]《梁启超年谱长编》第448页。

他们展开了种种活动。然而，一介书生的梁启超等人，如何是深谙政争之道的大政客袁世凯的对手！他们的一切活动，早已在袁世凯的洞察之中。其结果是众所周知的，不是梁启超等人搬掉了袁世凯，而是袁世凯搞垮了政闻社，并使梁启超等人其后谋求开放党禁的活动成为一枕黄粱。

戊戌旧怨、戊申（1908年，政闻社被取缔之年）新仇，使康梁同袁世凯的矛盾极其尖锐，他们对袁世凯的仇恨比对任何人都深。1908年11月，光绪、慈禧在两天内相继死去，引起种种揣测。袁世凯一向被认为是坑害光绪的罪魁祸首，此时又引起种种猜测。虽然这种说法毫无根据，但康梁等人却利用各种谣言，在海外发布檄文，声讨袁世凯，号召"为先帝复大仇，为国民除大蠹"[1]，在朝野间激扬鼓荡起一个倒袁暗潮。光绪之弟、此时的清廷当权派摄政王载沣趁机将袁强行罢官、开缺回河南老家。康梁恨犹未解。梁启超频频致书王公亲贵，建议"明诏宣其罪状"：其一，"甲午战祸，全由彼所酿成"；其二，"戊戌之事无端造出谋围颐和园一语，以致两宫之间常有介介"；其三，义和团在山东兴起，其负有不可推卸的责任。至于"近来植党营私、招权纳贿、虚耗公款等罪状"更不可胜数。建议清政府将袁世凯革职，交地方官严加管束[2]。康有为甚至考虑是否鼓动舆论"迫请杀之"[3]。袁世凯一时臭不可闻。

谁能料想，随着武昌起义一声炮响，袁世凯又时来运转，官运亨通。本来，袁世凯在三年前离开了北洋，但其心腹却仍牢牢控制着北洋大权。袁世凯隐居家乡，却知天下事。辛亥革命爆发后，他利用清廷举朝遑遑、无计可施的有利时机，指使同党和心腹掀起一股拥袁登台的声浪，迫使清廷重新起用他。11月1日，袁世凯被任命为内阁总理大臣，全权筹组新内阁，从昔日的"隐士"一跃成为统治阶级的当权派。袁世凯的地位虽然发生了明显变化，但此时梁启超却并未十分看重他。梁启超之所以在辛亥革命爆发后

---

[1] 《康有为政论集》（上），中华书局1981年版，第639页。
[2] 梁启超《致肃王书》，《梁启超年谱长编》第477—480页。
[3] 康有为《与任弟书》，《梁启超年谱长编》第482页。

把"和袁"作为己派行动方针的重要内容之一，显然是看到在政局急转直下的变化中，在对付清朝统治和革命派力量上与袁世凯有若干共同点，因而感到可以暂相利用，把袁世凯作为平定因革命而动荡起来的中国局势的一支力量。直到他初返国土抵达大连时，仍然认为"入都后，若冢骨（指袁世凯，引者注）尚有人心，当与共戡大难。否则取而代之，取否，惟我所欲耳"[1]。显然没有把袁世凯放在眼里。但从此双方势不两立的关系开始解冻。1911年11月16日，袁世凯内阁组成，其中的重要职位当然都是自己的私党，但为表示他"不遗贤才、共济时艰"的诚意和苦心，也为了笼络它派势力为己用，袁世凯也把张謇、杨度、梁启超等立宪派领袖拉入其中。为了使梁启超能返京入阁、就任法部次官，袁世凯一改先前痛骂康梁为叛国逆臣的辞调，大肆吹捧梁启超。先致电说："公报天下才，负天下望，简命既下，中外欢腾。务祈念神州之陆沉，悯生灵之涂炭，即日脂车北上，商定大计，同扶宗邦"；又致函云："十余年来，执事含忠吐谟，奔走海外，抱爱国之伟想，具觉世之苦心，每读所著文字，未尝不拊掌神往也。……执事热心匡时，万流仰镜。现值国事羹沸之际，民生涂炭之秋，必不忍独善其身，高蹈远行，不思同舟之急难，坐视大厦之就倾。……亟盼驾临，惓惓之忱，期于面罄。"[2] 完全是一副求贤若渴、不计前嫌的样子。而梁启超此时却并不想上钩，原因并非在于"时机不到，以在野为好"云云，实是因为自己热衷的"虚君共和"方案尚在活动之中，袁世凯的前途如何也难以预料。但是，梁启超的许多同党此时却看好袁世凯。他们主张，要想从速出山，借谋发展，必须"早与本初携手，方能达其目的"，催促梁启超"迅赴北都"，就任袁阁，"万不可瞻顾徘徊，又贻后时失机之恨"[3]。这种看法一时成为海外立宪党人的主调。这显然对梁启超有所促动。1912年初，"虚君共和"方案行将泡汤，而袁世凯的势

---

1 梁启超《与娴儿书》，《梁启超年谱长编》第559页。
2 《梁启超年谱长编》第563—564页。
3 同上书，第598页。

力却如日中天，越发耀眼。2月12日，清廷公布退位诏书，宣布退位，袁世凯以南京临时政府首领的名义执掌了大权，15日又当上了中华民国临时大总统。在这种情形下，环顾宇内，梁启超感到目前唯一可行的方针恐怕就是联合袁世凯了。决心已下，梁启超立即行动。他先致电袁世凯，祝贺其被选为临时大总统；继而又给袁世凯写了一封长信。信中，梁启超一改先前对袁的痛恨、贬斥，对袁大肆吹捧：

"欧阳公有言，'不动声色，而厝天下于泰山之安'，公之谓矣。三月以前，举国含生，汲汲顾影。自公之出，指挥若定，起其死而肉骨之，功在社稷，名在天壤，岂俟鲰生揄扬盛美者哉？今者率土归仁，群生托命，我公之所以造福于国家者，实仅发端。而我国民所责望于我公者，益将严重"。

之后，梁启超为袁世凯大献其计：

财政上，大借外债；"合租税政策、银行政策、公债政策冶为一炉，消息于国民生计之微，而善导之，利用之"。

政治上，他分析说当时活跃于政治舞台上的力量有三派，一为旧官僚派，二为旧立宪派，三为旧革命派。他要求袁世凯以旧官僚派为"行政部之中坚"，而以旧立宪党和"旧革命党中之有政治思想者"组成"健全之大党"。他还提出，"既以共和为政体，则非有多数舆论之拥护，不能成为有力之政治家"。而"善为政者，必暗中为舆论之主，而表面自居舆论之仆，夫是以能有成"。他建议袁世凯，"今后之中国，非参用开明专制之意，不足以奏整齐严肃之治。夫开明专制与服从舆论，为道若大相反，然在共和国非居服从舆论之名，不能举开明专制之实"。进一步发展了他的开明专制思想。

这不啻向袁世凯献上了一份治国安邦的厚礼。

最后，梁启超向袁世凯发出了归国合作的讯号：

"数月以来，承我公不以常人相待，国士之报未尝或忘。既辱明问，用竭区区。交本非浅，至不觉言之深也。犹憾所怀万千，非楮墨能罄其一二耳。客冬事变之方启,无日不欲奋飞内渡,以宣力于左右。徒以方处嫌疑之地,为众矢之的,恐进不以时,为知己累。又审我公大计既定,凡鄙见所怀欲陈者,早已次第实行。枘凿旁午之时,绵力亦未由自效。是以履次方命,良用渐增。今感情之时代既去,建设之大业方始,谣诼之集,当不如前。驱策之劳,略堪自贡。亦拟俟冰泮前后,一整归鞭,尽效绵薄,以赞高深,想为大君子所不弃耶?"[1]

此后,梁启超与袁世凯书信、电报往来频繁,梁启超还派汤觉顿到北京面见袁世凯,详述梁启超对时局的看法和建议。资料表明,梁启超、袁世凯双方开始真的携手合作了。

梁启超为何要联合袁世凯?从仇袁、倒袁、和袁一变而为与袁合作,到底说明了什么?1913年4月,早已回国的梁启超在共和党举办的一次宴会上曾演说了一段语意非常明确的话:

"吾党一面既须与腐败社会(指旧官僚派,引者注)为敌,一面又须与乱暴社会(指旧革命派)为敌。彼两大党者,各皆有莫大之势力,蟠互国中,而吾党以极孤微之力与之奋斗,欲同时战胜两敌,实为吾力所不能逮,于是不得不急其所急,而先战其一。……革命之后,暴民政治最易发生,而暴民政治一发生,则国家元气必大伤而不可恢复。……不得不先注全力以遏乱暴派之谋破坏者。"[2]

无疑,在辛亥革命后新的阶级力量对比中,梁启超等旧立宪党人无论从一贯的政治立场和斗争方式出发,还是从自身政治地位考虑,都不能不与旧官僚暂相合作,来对付革命派。而梁启超所谓的旧官僚派的领袖,就是当时

---

[1] 梁启超《致袁项城书》,《梁启超年谱长编》第615—618页。
[2] 梁启超《共和党之地位与其态度》,《饮冰室合集·文集》第30,第20—21页。

的临时大总统袁世凯。因此,联袁决策的作出,是理所当然的。这从一个侧面反映了资产阶级改良派终其身而持之的政治性格:在坚持温和改良的前提下,宁愿依附于统治阶级当权派,也不愿与革命派为伍,无论这个当权派是封建王朝的皇帝,还是旧官僚的代表。

必须指出,联袁、拥袁都有一个基调,那就是:谋取某派的发展,实现自己的政治理想,而不是无条件地投靠、卖身求荣。关于这一点,梁启超自己很清楚,其同党同仁也不糊涂。张君劢说得好:所以要联合袁世凯,在"藉其势力以发展支部于各省",待数年后,"吾党势力必弥漫全国,则左右天下不难矣"。到那时,袁世凯"虽欲不听命于我,安可得焉?"[1]罗惇曧的话也很典型:"所谓联络者,欲其不为我敌,且将改为我用耳。然断无推心置腹听客之所为,……吾党与之联合,当在不即不离之间,断无委身其中之理"。[2]可以认为,梁启超联袁方针的确立,是为其政治目的服务,而不是为袁世凯独裁统治服务。至于说,梁启超在今后的一段日子里充当了袁世凯独裁的不自觉的工具,则又另当别论了。

联袁的大方针确定下来,梁启超归国就只是时机和时间的问题了。在经过一番活动、疏通后,在国内各团体、党派、方方面面的体面电请劝驾之下,梁启超终于 1912 年 11 月初启程回国了。

荣耀归国

1912 年 11 月中旬,梁启超终于回到了阔别十四年的祖国。

11 月 16 日,梁启超到达天津,受到北洋系军政大员张锡銮及唐绍仪等人的欢迎,三天之中,登门拜谒者达 200 人。与此同时,"各省欢迎电报亦络绎不绝"。梁启超兴奋地说:"此次声光之壮,真始愿不及也","此次项城

---

[1] 张君劢《致任公先生书》,《梁启超年谱长编》第 600 页。
[2] 罗惇曧《致任公先生书》,《梁启超年谱长编》第 589 页。

致敬尽礼，各界欢腾，万流辏集，前途气象至佳也"。[1]

11月28日，梁启超离津赴京，受到社会各界极其热烈的欢迎。在给其女儿的信中，梁启超不无得意地描述了他在京期间受到的热情礼遇：

"都人士之欢迎，几于举国若狂。每日所赴集会，平均三处，来访之客，平均每日百人。吾除总统处，概不先施。国务员自赵总理以下至各总长，旧官吏如徐世昌、陆征祥、孙宝琦、沈秉堃之流，皆已至。吾亦只能以20分钟谈话为约，自余则5分钟，自余则旅见而已。"[2]

"日来所受欢迎，视孙、黄过数倍，且其人皆出于诚意，听演说后无不欢欣鼓舞。"[3]

"在京十二日，可谓极人生之至快，……盖此十二日间，吾一身实为北京之中心，各人皆环绕吾旁，如众星之拱北辰。其尤为快意者，则旧日之立宪党也。旧立宪党皆以自己主张失败，嗒然气尽。吾在报界欢迎会演说一次，各人勇气百倍。旬日以来，反对党屏息，而共和、民主两党人人有哀鸣思战斗之意矣。……此次欢迎，视孙、黄来京时过之十倍，各界欢迎皆出于心悦诚服。夏穗卿文引《左传》言，谓国人望君如望慈父母焉，盖实情也"。[4]

这些话固然有些自我陶醉、飘飘然，但大体上是真实的。

在京期间，梁启超与以袁世凯为首的旧官僚广泛联络，握手言欢；为原立宪党人鼓劲打气，诏示方针政策，忙得不亦乐乎。在初归国的日子里，原立宪党人、北洋派军阀官僚及商会、民众团体等，为梁启超举行了一系列的欢迎活动。十余天中，欢迎会、茶话会、宴会即达20多起。在频频举行的

---

1 《梁启超年谱长编》第651、653页。
2 同上书，第654页。
3 同上书，第655页。
4 同上书，第656—657页。

欢迎活动中，梁启超即席演说，慷慨陈辞，拥民国、赞共和、颂扬辛亥革命，仿佛已成为革命的首要功臣和真诚的民主共和派。如他提出，"共和国体"是"神圣高尚"的，"故在今日，拥护共和国体，实行立宪政体，此自理论上必然之结果"。[1] 在这里明确表示拥护共和。他还谈到，"去秋武汉起义，不数月而国体丕变。成功之速，殆为中外古今所未有。南方尚稍烦战事，若北方更不劳一兵不折一矢矣。问其何以能如是？则报馆鼓吹之功最高"。显然是在为自己评功摆好。他甚至认为，改良派和革命派"所用手段虽有不同，然何尝不相辅相成。去年起义至今，无事不资两派人士之协力，此其明证也。……平心论之，现在之国势政局，为十余年来激烈温和两派人士之心力所协同构成。以云有功，则两俱有功，以云有罪，则两俱有罪"。[2]

不仅演说中有如上之论，文章中也不乏同样之辞。在《罪言》一文中，梁启超称辛亥革命"易数千年之帝制以共和，其造端之宏大，非一姓兴亡所能拟也"[3]。充分肯定了辛亥革命的意义。在《中国立国大方针》一文中，梁启超提出，"今日我国以时势所播荡，共和之局则既定矣，虽有俊杰又安能于共和制之外而别得治国之途？"他还驳斥悲观论者："夫谓共和不能行于中国，则完全之君主立宪，其与共和相去一间耳。其基础同托于国民，其运用同系乎政党，若我国民而终不能行共和政治也，则亦终不能行君主立宪政治。若是，则吾洵劣种，宜永为人役者也。"[4]

很显然，梁启超并不反对民主共和。对革命的成功，民国的肇造虽看得过于容易，对己派也颇有饰美之词，但此时对革命、民国还是备加称颂的。然而，如果以此认为梁启超要在民国初年即刻实行民主共和政治，则显然不符合历史真实。说到底，梁启超这时承认和称颂的只是共和体制的形式，这种承认和称颂从他口中说出，乃是对现状的妥协和迁就，也是为了应乎时

---

1 《饮冰室合集·文集》第29，第5页。
2 同上书，第4—5页。
3 同上书，第89页。
4 同上书，第28，第77页。

势、顺乎人心。这时他看到，民国建立的现实已将其争取君宪目标的希望打得粉碎，倘若再坚持保皇立场，公开鼓吹君宪政治，势必失尽人心，被社会淘汰。这个结论仍然可以从梁启超初归国时期的某些言论中得以佐证：

还是在这些演说和文章中，梁启超虽有时也赞美几句共和、民国，但更多的则是对民初政治状况和社会状况的不满。他认为，"方今庶政与前清末年比较"，"不惟不进步，甚且生退步之现象"[1]。对民初政治状况明显表示不满。他甚至说："中国社会最易消磨人物，而丧其英气，自昔有然，今则犹甚。鄙人归国旬余，感此污浊之空气，已在在觉其可危。苟非有自克之毅力，常抵抗社会之恶潮流，则人而与之俱化"[2]。对民初社会极表厌恶。应该说，梁启超的这些言论在一定程度上是符合历史真实的。问题在于，对民初这些混乱和危机现象要站在怎样的立场上进行评说。革命风暴在打碎旧的国家机器的同时也带来暂时的社会混乱，本属正常。更何况，这个革命并不彻底，许多旧的东西仍在生存和发挥作用。因此，"政治财政外交"的"岌岌不可终日"也就可以理解。梁启超却不如此看问题。他把造成这一切混乱和危机状况的原因归诸革命暴力和革命派，进而对其加以诋毁。如他或拐弯抹角地攻击革命派"假托名义希争权利"；[3]或明白无误地指斥革命派为"浮佻少年"，认为他们"比年以来""剽窃彼都粗浅偏至之说，又拾零而不得要领，转相簸扇，蔑弃道原"，致使"全国信仰之中心摇动失坠"[4]。其或直截了当地称革命派为"乱暴派"，是"祸国最烈之派"，必须作为己派之首要的敌人[5]。可以想见，倘若梁启超此时真诚地拥护民主共和制，何至于仍出此与先前毫无二致之言呢？

我们说梁启超不反对民主共和，并不等于说梁启超认为当时在中国就可

1　《答礼茶会演说辞》，《饮冰室合集·文集》第29，第47页。
2　《莅同学欢迎会演说辞》，《饮冰室合集·文集》第29，第23页。
3　《莅共和党欢迎会演说辞》，《饮冰室合集·文集》第29，第8—9页。
4　《欧洲政治革进之原因》，《饮冰室合集·文集》第30，第44页。
5　《共和党之地位与其态度》，《饮冰室合集·文集》第30，第20页。

以实行真正的民主共和制。他自己说得很明白：共和能否行于中国，"此非可以空言折人口也，必有待于他日之试验"。[1] 因为至今中国国民的程度仍然是幼稚的，"持以先进国比较"，还差得远，"无论在政治上，在生计上，其种种设施，类多不能自举"。充其量，中国的国民程度还赶不上日本明治维新时代的国民程度[2]。为政在人，无论哪一种政体，都要以"国民意力构造之"，中国"果适于共和与否"，还要中国人"自求"[3]。而"自求"的手段和途径就是要实行"保育政策"或"开明专制"。

可以认为，梁启超民国初年的政治思想与先前相比，并未发生大的变化。他并不反对民主共和，他的政治理想仍然是要在中国实行资产阶级的立宪政治，这一点是毫无疑义的。但梁启超显然反对马上在中国实行民主共和政治。他主张通过强有力的人物，在共和的形式下，运用专制的手段，把国家逐步引上资产阶级宪政的轨道。在他的心目中，这个"强有力"的人物就是中华民国的临时大总统袁世凯。

在"开明专制"思想的指导下，梁启超开始了和袁世凯的合作。从此，他的政治生涯进入一个新的历史时期。

---

[1] 《中国立国大方针》，《饮冰室合集·文集》第28，第77页。
[2] 同上书，第47页。
[3] 同上书，第78页。

十二　助推袁世凯

张扬"国权"

在一片不绝于耳的欢迎声中，体面归国的梁启超终于和昔日的仇敌袁世凯握手合作了。

不用说，这种合作是以对袁的赞助支持为前提的。对此，善于言论鼓吹的梁启超当然要有一番"理论"去加以说明。这就是"国权主义"。

1912年除夕，初归国的梁启超写了一篇名为《宪法之三大精神》的文章。在这篇文章中，梁启超明确提出了张"国权"、抑"民权"的思想主张。他说："政治无绝对之美，政在一人者，遇尧舜则治，遇桀纣则乱；政在民众者，遇好善之民则治，遇好暴之民则乱，其理正同。若必谓以众为政，斯长治久安即可操券，则天下岂复有乱危之国哉？"对鼓吹"民权"的观点很不以为然。针对民初一部分革命党人积极倡导民权说的现实，他不无忧虑。怎么办呢？只有"稍畸重国权主义以济民权主义之穷。"

很显然，在梁启超看来，"国权"重于"民权"，"民权"必须无条件地服从"国权"，为了维护"国权"，必须抑制乃至牺牲"民权"，而绝不能削弱"国权"以张"民权"。梁启超之所以把"国权"看得如此重要，以至于不惜大肆贬低"民权"，当然和他在20世纪初年形成的国家主权观不无关系。在他的国家学说的天平上，梁启超明显地倒向了国家利益和国民全体利益，而相对忽视了国民个人利益。他指责18世纪西方随着资产阶级革命的深入发展而产生的"主权在民说"及以此为指导的共和政治为"极端之民权主义"，批评它"不过百年前欧洲学者一种空想,按诸真理,揆之事实,其窒碍皆不一而足"。[1]梁启超申斥资产阶级的"主权在民"说为空想,固然反映了一定的历史真实,但也反映了他对这种最初能够动员群众反对封建专制主义的学说的重大历史意义还缺乏足够的认识。

怎样才算重视"国权"呢?这就不能不谈到他在归国前的1912年4月着力撰写的那篇反映其对中国今后政治问题根本主张的《中国立国大方针》。这篇文章为他的"国权主义"理论作了充分的说明。他指出,人们的一切政治活动要以建设一个"世界的国家"为总目标。而这种"世界的国家",其主要标准之一是其人民要"以国家为本位",竭力从事"完全国家"的建设。为此,国家的分子要"调和",其结合要"致密",国家要"持久而不弊"。为此,必须消除个人主义、地方感情、无秩序之自由、无系统之平等、无意识之排外、无计划之改革等,保证国家安定。其标准之二是其国土要统一,政权要集中,绝不可"效颦美国,剖之为若干独立小邦,使各自为政"。否则,"各省既不愿受节制于中央,府、厅、州、县又岂其愿受制于省?势必将粉絮破碎,返于部落政治而已";或将"使国家统治权之行使,随在生障",最终导致民国的分裂。[2]梁启超谈到的这两条"世界的国家"之标准,显然是在为其所倡导的"畸重国权"树立标杆。

那么,为什么要"畸重国权"呢?按照梁启超的思想,所谓"畸重国权"也即实施"保育政策",而所谓"保育政策",就是国家干涉政策。何以要实施此政策呢?他指出,一个国家在多大的程度上实施"保育政策",要根据国民的发达程度。客观来讲,辛亥革命后中国国民的自治事业,无论在政治上、经济上,其种种设施,"类多不能自举",必须有待于国家的"督率"。他还提出,日本之所以有今日的发达,就是因为善用"保育政策"。日本尚且如此,国民程度较低的中国能不择此政策而用吗?此其一。其二,

---

[1] 《宪法之三大精神》,《饮冰室合集·文集》第29,第98—100页。
[2] 《中国立国大方针》,《饮冰室合集·文集》第28,第40—43页。

"保育政策"不单单适用于国民程度幼稚之国,即使那些发达的欧美诸国,也是个人自治与保育政策并举相济。这些国家切实尝到了推行"保育政策"的甜头。他们知道,绝对的自由竞争,必然造成豪强兼并,而使多数国民失去平等竞争的机会。只有依赖一种最高权力"立乎一般人民之上",抑强扶弱,"匡其泰甚","诱掖其不逮",个人能力才能得以平等发挥。先进的欧美诸国尚且如此,何况中国?其三,在当今国际竞争时代,多数事业绝对不能单靠个人之力,必须依赖于国家,"其次者也必须国家为之整备机关,以资人民之利用"。所以,"畸于干涉"是"万国之通义",中国岂能例外?其四,中国政治的弊害不在烦苛而在废弛,而废弛显然是放任造成的。放任造就了革命,革命之后当"药之以保育",这是对症下药,有的放矢。今后的中国,势必要借政治力量将国民凝聚起来,使之如"一军队之军士","一学校之学生",然后才能谈到国家的形成及其在国际上的地位。其五,辛亥革命后,全国秩序受到很大破坏,虽然政府成立后"有形之秩序与一时之秩序"有所恢复,但"无形之秩序与继续之秩序,则非涵养新信条、建设新社会组织,无以致之"。而"下手之方,则首在举整齐严肃之政治,以范铸斯民",一句话,实施"保育政策"迫在眉睫。[1]

那么,"保育政策"又如何贯彻呢?当然要依靠、建设一个"强有力"的中央政府。这种政府的标志有二:一是就地方和中央的关系而论,中央赋权地方,并对地方实行监督,而不是相反;二是就立法机构与行政机构的关系而论,行政人员应来源于立法机构并与其融为一体。为此,宪法中应规定:第一,不可效法美制限制中央集权。"惟有通力合作,酌盈剂虚,建设一健全之中央政府。俟此政府巩固之后,借其力以发达地方,庶几有济"。第二,不可各省自选都督,以免"寡人专制"和唐代藩镇之祸再现。第三,不可把地方分权与中央集权对立起来。第四,不可效颦美国立法、行政绝对分离之法,以免造成政治责任无所归和政府与国会各不相谋、私相交涉的恶果。第五,

---

[1] 《中国立国大方针》,《饮冰室合集·文集》第28,第47—50页。

不可像现行制度那样，内阁总理须由立法部选举，阁员须经立法部一一承认。总之，人民对于政府"宜委任之，不宜掣肘之；宜责成之，不宜猜忌之。必号令能行于全国，然后可责以统筹大局；必政策能自由选择，然后可以评其得失焉。必用人有全权，内部组织成一系统，然后可以观效也"。[1]

可以看出，梁启超所鼓吹的"国权主义"理论是颇为系统的，既阐明了基本概念，列举了重要标志，也分析了实施原因，还提出了实现手段。那么，如何看待他的这一思想主张？

我们注意到，梁启超所鼓吹的"国权主义"的一个最大特点便是强烈的现实色彩。所谓"畸重国权"，直白地说，就是加强中央政府首先是统治阶级当权派袁世凯的权力；他批评民权"钝国权之作用"，乃是针对临时约法较多地限制了政府首先是袁世凯的权力而言的。质而言之，所谓"稍畸重国权主义以济民权主义之穷"，实际上就是迎合袁世凯的专制主义。对此，梁启超并不讳言。早在他回国前致袁世凯的那封建言献策信中，便已经明白无误地鼓励袁氏搞"开明专制"了，他说：

"善为政者，必暗中为舆论之主，而表面自居舆论之仆，夫是以能有成。今后之中国，非参用开明专制之意，不足以奏整齐严肃之治。"[2]

梁启超继续发挥其数年前和革命党人论辩中提出的思想，强调"开明专制"是实现"立宪政治"的必由之路。他还举例说，像英国的克林威尔时代，普鲁士的腓力特烈时代，俄国的大彼得时代，荷兰的阿连治时代，法国的拿破仑时代，奥匈帝国的周瑟夫时代，都是史家所称的开明专制。当代有名的国家，几乎没有不经过开明专制时代而能"径行完全粹美之宪政"的。[3]对于中国来讲，其国民尚属"幼稚之国民"，具有易于动感情、缺乏研究力、

---

1 《中国立国大方针》，《饮冰室合集·文集》第28，第51—62页。
2 《梁启超年谱长编》第617页。
3 《欧洲政治革进之原因》，《饮冰室合集·文集》第30，第43、44页。

推动力、善破坏、行动无规则、好虚荣、好文饰等诸多缺点，更非行"保育政策"或"开明专制"不可。[1]

很显然，梁启超的根本目的在于通过袁世凯这个握有强大实力的统治阶级当权派，在"共和"的形式下，运用专制的手段，把国家引上宪政的轨道。在梁启超的心目中，若无袁氏，则中国现状不能维持，前途不堪设想。他虽也深知袁世凯"其头脑与今世之国家观念绝对不能相容"，属于旧时代的人物，但他看到袁世凯"确在中国有一种大势力，确为中国现时一大人物"，又是"有政治才能之人物"，便仍然希望通过尽自己所知"补助之"，"将现今大势、政治公理灌输其脑中"，能使袁氏脱胎换骨，使国家"更新百度"。[2]

梁启超对袁世凯所抱的政治幻想，还反映在其对革命党人推行的方针上。联袁是与反革联系在一起的。他曾向袁世凯谏言，由"旧立宪党和旧革命党中之有政治思想者"组成一"健全之大党"，通过公正的竞争，去制服以孙中山为首的革命派，使之"自归于劣败"。[3] 在共和党的会议上，他指斥孙中山一派为"乱暴派"，是"祸国最烈之派"，宣称要以之为第一敌，"先注全力以与抗"。[4] 梁启超对革命党的态度与数年前双方论战时毫无二致。他害怕革命运动甚于害怕封建专制势力，他恐惧破坏现存秩序不惜与现存秩序携手。他天真地认为，只要排除了暴烈派，壮大了自己一派的势力，便可以"带着袁世凯上政治轨道，替国家做些建设事业"，[5] 最终实现资产阶级立宪政治。他把这一方针的实现看得过于容易了，认为这不过是"风行草偃，势最顺而效最捷"。[6] 这当然不啻天方夜谭。

当然我们也注意到，梁启超在高倡"国权"的同时，也并没有忘记按照自己的意志对这种"国权"加以某种程度的规范。反革、联袁当然不是目

---

[1] 《欧洲政治革进之原因》，《饮冰室合集·文集》第30，第45—51页。
[2] 《袁世凯之解剖》，《饮冰室合集·文集》第34，第9—14页。
[3] 《梁启超年谱长编》第617页。
[4] 《共和党之地位与其态度》，《饮冰室合集·文集》第30，第20页。
[5] 《护国之役回顾谈》，《饮冰室合集·文集》第39，第88页。
[6] 《时报》，1913年6月19日。

的，而只是用以达到立宪目的的手段。于是，既要支持、赞助袁世凯的专制主义，又要企图使之步入民主的轨道。支持，就要有妥协；规范，就要有斗争。梁启超一再标榜他所指的"强有力"是"善而强"，是"必以得良政府为前提",[1] 也就不是没有来由了。那么，如何体现"善而强"呢？照梁启超的解释，就是建立完全的政党内阁，即内阁由国会多数党组成，使内阁成为国会的指导者，而国会又为内阁的拥护者，阁会融为一体，政府便会强有力；另一方面，政府如以国会为后援恣行秕政，政府党便会失去人民信任，在选举中丧失国会的多数而使内阁不安其位，如此则政府万不能为恶，否则便会因选举大权操诸国民之手而随时被更迭，这样便可得"善而强"的政府。完全的政党内阁又如何实现呢？他认为，这要以健全的政党发生为条件，尤其要有健全的两大政党，一党在阁，一党在野，在强健正当的对抗力下，开展正常的政党政治。

梁启超的确是煞费苦心了。为了实现理想，先要暂时牺牲理想；既要支持强权，又要对强权加以规范。梁启超民初基于"国权主义"主张的一切政治活动无不体现了这一矛盾的心态。遗憾的是，在国家的基本成分军队还操诸以袁氏为首的封建军事政治集团手中，国体问题并未真正解决的前提下，试图通过扩张国权、加强袁氏力量来逐渐走上宪政道路，只能是为虎作伥，结果必然是加强专制主义而削弱民主共和。民国初年的政治演进完全证明了这一点，梁启超"开明专制"的空想性也暴露无遗。

进步党灵魂

辛亥革命带来的民主潮流并未因南京临时政府的夭折而停滞不前，相反却以不可遏抑之势迅捷发展。在革命后一年多的时间里，中国的政治舞台上出现了一段在过去的历史上绝无仅有的较为民主的新生活，出现了一个资产阶级

---

[1]《中国立国大方针》，《饮冰室合集·文集》第28，第63页。

议会政治的新局面，其主要标志就是风靡朝野的政党政治。在这股潮流的推动下，社会各阶级、各阶层的代表人物，无不借机发表政见，组织政团，以求在新的权力分配中争得一席之地。因而随着政治中心由南京到北京的转移，围绕临时参议院和第一届国会的召开，出现了一个组党的热潮。一时间，党派社团林林总总，政纲宣言洋洋济济，党派关系盘根错节，令人眼花缭乱。据统计，自武昌起义至1913年底，新立党会682个，其中政治团体312个，[1]可谓政团林立。这些政团在民初的政治舞台上经过复杂的斗争、较量、分化、组合，到第一届国会选举之前，基本上形成四个较大的政党，即国民党、统一党、共和党、民主党。现分别依其成立时间的先后，将其主要情况列表[2]如下：

民初四大政党基本情况表

党派名称/成立时间	主要构成成分	代表人物/理事	政　纲
统一党 1912年3月	中华民国联合会 预备立宪公会	章太炎 张謇 程德全 熊希龄	巩固全国统一，建设中央政府，促进共和政治。
共和党 1912年5月	统一党 民国公会 民社 国民协进会 国民党（前）	黎元洪 张謇 章太炎 伍廷芳 那彦图	保持国家统一，采取国家主义；以国家权力扶持国民进步；应世界大势，以平和实利立国。
国民党 1912年8月	同盟会 统一共和党 国民共进会 共和实进会 国民公党	孙中山 黄兴 宋教仁 吴景濂 王宠惠	保持政治统一，发展地方自治，厉行种族同化，采取民生政策，维持国际和平。
民主党 1912年8月	共和建设讨论会 共和统一党 国民协会 国民新政社 共和促进会 共和统一会	汤化龙 林长民 孙洪伊	实行保育政策，建设强固政府，采取稳健主义。

1　张玉法：《民初政党的调查与分析》，《中国现代史论集》（4），第35页。
2　据资料丛刊《北洋军阀》"民初政党社团"编制。

这几个政党在相互的斗争中，阵线渐趋明朗，形成两大对立的阵营：一是以孙中山、宋教仁等为代表的原同盟会系统的激进派政党国民党，虽然革命性较前大为削弱，妥协性更为增加，但它积极推行与维护资产阶级共和制度，强调民权，反对专制，公开标榜以"巩固共和，实行平民政治为宗旨"，其进步性是显而易见的；一是以原立宪派为主，包括部分旧官僚、地方士绅及部分革命党人在内的保守派政党，强调国权，拥护或依附政府，力主政治渐进主义，得到袁世凯的鼎力支持，其妥协性颇为鲜明。双方对峙反映在党派斗争上，则是以共和党、民主党及一度与共和党合并后又独立出来的统一党三者的联合，与国民党一党的直接对抗。这种对抗反映了民初三种势力（资产阶级革命派、原立宪派、封建买办性军阀官僚集团）错综复杂的关系。

梁启超和保守派政党有着极其深厚的渊源关系。

早在1912年初，梁启超就主张联合旧立宪派与旧革命党中之"较有政治思想者"组成一"健全之大党"，以与"纯属感情用事"的革命派对抗。当时梁启超滞留日本，对国内原立宪派的活动，尤其是组织政党的活动，非常留意。1912年2月，孙洪伊[1]、汤化龙[2]等原宪友会成员在上海发起共和建设讨论会，梁启超立即由孙洪伊介绍加入该会，并经常与该会负责人书信往还，为其提供政见，指导舆论，负起了全面的指导责任。1912年4月，梁启超撰成《中国立国大方针》，以未署名的形式在共和建设讨论会报上全文刊出，标明了己派的"国权主义"主张，成为该会遵循的政治纲领。1912年8月，该会与国民协进会等小政团合组民主党，它以国民党与共和党之间的第

---

[1] 孙洪伊（1870—？）直隶天津人，字伯兰，立宪运动的重要成员之一。辛亥革命后与汤化龙等组织民主党，并参加进步党，为党魁之一。反对袁世凯称帝。1916年任联合内阁的教育总长、内务总长，并在上海组织"宪法商榷会"，从事宪法事务活动。

[2] 汤化龙（1874—1918年）湖北蕲水（今浠水）人，字济武，光绪进士。立宪运动的重要领袖之一。曾留学日本，归国后任湖北咨议局议长，并参加各界代表的第三次国会大请愿。1912年1月，南京临时政府成立后，与林长民等立宪派要人在上海发起成立"共和建设讨论会"，5月加入共和党，10月组织民主党并被举为干事长。1913年当选为众议院议长，与梁启超等合组进步党并出任理事。曾跻身反袁护国行列，后在梁启超支持下组织"宪法研究会"。1918年在加拿大被国民党籍华侨刺死。

三党姿态出现，标榜自己"主张最公平之言论，不竞争政权，专注全力以普及政治智识，传播政治信条"，[1]但实则和共和党站在一起拥袁拒孙，反对国民党。它的主要成员旧立宪党人虽以汤化龙为干事长，但实宗梁启超。梁启超的《中国立国大方针》仍被该党奉为指导方针。

梁启超不仅是民主党的主脑和幕后主持人，和共和党亦颇有渊源。1912年5月共和党成立时，便欲推梁启超为调查部长，未果。梁启超回国后，为了促进保守派政党的联合，于1913年2月正式加入了共和党。对于这个推崇国家权力、采取国家主义、竭力对抗国民党的"国权党"，梁启超是颇寄厚爱的。还在初归国时共和党为他举行的欢迎会上，梁启超就誉称共和党为"最有历史最有价值之党"，颂扬该党"常出其能力与专制政治奋斗，而著著奏效"，并将辛亥革命、民国创立之功尽归其门下。他说："去年8月，其蹶起以摧破2000年君主专制，使无复痕迹者，共和党首及党员之力也。共和成立迄今一年间，其防御寡人专制政治使不能发生者，亦共和党党首及党员之力也"。[2]1913年4月，共和党理事长黎元洪公宴该党参众两院议员。席间，梁启超慷慨陈辞，作了一篇长达三小时的演说《共和党之地位与其态度》，洋洋洒洒，对共和党今后应持的态度、政治策略和所需注意各事皆作了非常详尽的论述，提出了以"乱暴派"为"第一敌"、"暂主维持政府"的著名方针，受到该党成员的普遍拥护，梁启超也就俨然处于该党无可争辩的指导地位。

因此，称梁启超为民初保守派政党的灵魂是不过分的。

民初保守派政党的发展和袁世凯的赞助支持是分不开的。老谋深算的袁世凯，是深知民主共和形式下政党的妙用的。对于梁启超回国前向他提出的多组政党的建议，[3]袁世凯自有一番打算。因此他在给梁的回信中称梁"所策皆至确不易，中心藏之，何日忘之"。[4]保守派政党兴起后，袁世凯或派亲信

---

1 《申报》，1912年8月25日。
2 《莅共和党欢迎会演说辞》，《饮冰室合集·文集》第29，第8页。
3 《致袁世凯书》，《梁启超选集》第612—613页。
4 袁世凯《致任公先生书》，《梁启超年谱长编》第620页。

党羽加入之，或给予财力上的资助，其目的在于拉拢其为己用。梁启超归国后，袁世凯积极协助他筹组大党，派亲信与其多次接触，并许助20万元，作为民主、共和二党联合后的费用。

1912年12月，正式国会开始初选。为取得国会中的多数席位，各党展开了激烈的竞选活动，其中尤以宋教仁主持的国民党为甚。在他们的大力活动下，国民党在1912年12月国会参众两院的初选和1913年2月的复选中均获得占压倒优势的胜利，成为国会中的第一大党，而共和、民主、统一三党合占席位尚不及国民党的2/3。以专制独裁为目标的袁世凯和视国民党为"乱暴派"的保守派党人都感到了切切实实的威胁。为了对抗国民党，谋组保守派政党的联合就显得十分必要了。在袁世凯的支持和梁启超等人的奔走、筹备下，经过数月的酝酿，1913年5月29日，共和、统一、民主三个保守派政党终于合并组成了进步党。

不用说，进步党是奉梁启超为实际上的领袖的。这不仅在于该党把梁启超选入九人理事，[1]使之成为该党领导成员之一，更在于该党奉行的政纲和大政方针皆是梁启超依据其系统的"国权主义"理论和政党政治的主张、综合各方意见制定的。该党的政纲有三条：一、取国家主义，建设强善政府；二、尊人民公意，拥护法赋自由；三、应世界大势，增进平和实利。其中心和实质乃是他的"国权主义"理论的体现。

以梁启超为首的进步党的成立，使国会内出现了国民党与进步党的对峙局面。虽然进步党自居为国民党和袁氏集团之外的"中间派"，但其理论基础（"国权主义"）和现实基础（袁世凯的支持）都不能不决定了其向袁世凯一方的倾斜和对袁世凯专制主义的迎合。这在处理宋教仁案和善后大借款的问题上反映得极其充分。

宋教仁（1882—1913年）字遯初，号渔父，湖南桃源人。是资产阶级

---

[1] 进步党以黎元洪为理事长，梁启超、张謇、伍廷芳、孙武、那彦图、汤化龙、王赓、蒲殿俊、王印川9人为理事。

革命团体华兴会的发起人之一，同盟会中部总会干事。辛亥革命后任南京临时政府法制局局长、国民党的理事、代理理事长，实际主持国民党工作。他醉心于西方资产阶级的议会政治，力主政党内阁制，反对总统制。在1912年冬举行的第一次国会选举中，为使国民党获得国会中的多数席位，他遍游了长江中下游各省，发表演说，抨击时政，鼓吹政党内阁，号召国民党员积极参加竞选。他甚至还揭露袁世凯，指出他在不久的将来肯定会背叛民国。国民党在选举中获胜后，被选为参议员的宋教仁忘乎所以，跃跃欲试，准备出面组阁。袁世凯侦知宋教仁对自己的揭露，看到大选的结果，他既非常恼火，又深感事态的严重。他绝不允许国民党通过责任内阁与他分享政权。于是，他一方面支持保守派政党的大联合，以在国会中对抗国民党，一方面使用流氓政治手段，于1913年3月20日，派刺客将宋教仁刺杀于上海车站。

宋教仁惨遭刺杀，全国人心鼎沸，国民党人知有政治背景，无比愤怒，一致强烈要求查拿凶手，严惩国贼。袁世凯也煞有介事地命令江苏都督程德全和民政长应桂馨"穷纠主名，务得确情，按法严办"。谁知"穷纠"的结果，宋教仁案的直接指挥者就是民政长应桂馨，而主谋就是堂堂的大总统袁世凯和袁的爪牙内阁总理赵秉钧[1]。一时全国舆论大哗，南方报刊更是纷纷载文揭露袁世凯阴谋颠覆共和制度的罪行。袁世凯恼羞成怒，准备大借外债，以武力消灭南方的国民党力量。1913年4月26日深夜，袁世凯不顾社会舆论的反对和国民党议员们的阻拦，派员与英、法、美、俄、德五国银行团在北京汇丰银行签订了2500万镑的所谓"善后大借款"合同。西方列强攫取了许多特权，进一步控制了袁世凯政府。[2]

本来，梁启超视宋教仁为中国现代第一流的政治家，认为"歼此良人，

---

[1] 赵秉钧（1864—1914年）河南临汝人，字智庵，书吏出身。中日甲午战争后追随袁世凯，历任巡警道、民政部尚书、内务总长、国务总理等职。宋教仁案发生后，袁世凯为掩人耳目，将其调为直隶都督，次年2月被袁世凯毒死灭口。
[2] 合同规定：47年借款期间，不得向银行团以外进行政治借款；借款用途由银行团代表监督；借款以盐税、关税和直鲁豫苏四省中央税抵押。

实贻国家以不可规复之损失"，斥责"暗杀者如驯狐如鬼蜮，乘人不备而逞其凶，壮夫耻之"。[1] 同时也认为"善后大借款"合同丧失主权，是有史以来闻所未闻的奇耻大辱。但是，既然要联袁，就不能不隐忍屈从，不能不采取偏袒袁世凯的态度。于是，在进步党举行的讨论时局的议员会上，梁启超抛出如下三点主张：一、拥袁世凯为正式大总统，为唯一候选人；二、大借款不能反对，只可监督用途；三、宋教仁案纯为法律问题，要靠法律来解决。梁启超的意见在会议上被表决通过后，成为进步党人对时局的主张。梁启超一向以财政和法律专家自命，对政治谋杀宋教仁案和不顾国会反对擅自批准大借款这种践踏约法的横暴行径不可能看不清楚，对全国各地沸反盈天的抗议借款与追究宋教仁案主谋交融在一起的巨大声浪也不可能充耳不闻，但他却不置一词，不表可否，甚至对袁世凯表示拥护。

以梁启超为首的进步党人对袁世凯的鼎力支持，还表现在对"二次革命"所持的态度上。袁世凯获得大借款以后，准备发动内战消灭南方的革命力量。孙中山看清袁世凯的真面目，力主武装讨袁。此时的国民党，严重脱离群众，派系争斗，意志涣散，早已失去同盟会时期的战斗气息。他们在讨袁的问题上，各怀心事，逡巡犹豫，存在严重分歧。当北洋军大举南下，进逼九江时，他们才仓促起兵应战，打响了反对袁世凯的"二次革命"。"二次革命"虽然缺乏广泛的群众基础，缺乏明确的革命纲领，并由于帝国主义列强对袁世凯的支持，而最后失败，但它是资产阶级革命党人反对封建专制主义、维护资产阶级民主共和制度的一次努力，显然具有一定的进步意义。而进步党人却把革命派的武装反袁看作"衅实南成"，[2] 把责任推给革命派，支持袁世凯镇压"二次革命"。梁启超相继发表了《说幼稚》、《革命相续之原理及其恶果》、《共和党之地位与其态度》等文章和演说，对革命和革命派大加挞伐。他一方面攻击国民党发动的"二次革命"是"破坏"行为，是"头

---

[1] 《暗杀之罪恶》，《庸言》第 1 卷第 9 号。
[2] 《近代史资料》，1963 年第 2 期，第 50 页。

脑简单、办事盲动"的幼稚行为[1];一方面说革命之后必然接着革命,其结果只能是"生灵涂炭"、"国事日非",唯一的药方是开明专制。很显然,梁启超为首的进步党人在"二次革命"中采取的立场,仍是为联袁所作的讨好姿态,是为建立一个"强有力政府"而作的曲意迎合袁专制独裁之举。

进步党人对袁世凯的支持,并未换来袁的青睐,这在"二次革命"后的内阁改组中看得很清楚。

进入"第一流人才内阁"

宋教仁案的发生及其败露,使赵秉钧内阁濒于崩溃,而袁世凯却仍企图极力维持。直至进步党因奥国借款参与弹劾政府的活动,袁世凯"始知现时内阁万难保全"[2],不得不作韬晦之计,同意改组内阁。以梁启超为首的进步党人认为这是他们出而组阁的绝好机会,四处奔走,谋求出山。而袁世凯对于政府机构的组成自有安排,尤其对于总理这一重要职位,自然无意让与北洋集团毫无关系的人担任。他曾打算请前清老官僚徐世昌[3]出而组阁,表示"舍徐菊人殆无第二人足以相属",[4]但由于遭到国民党和进步党国会议员的激烈反对,徐世昌又不肯从命,只得作罢。此时,对南方的战争尚未结束,正式大总统的选举也未进行,暂时利用进步党对彻底战胜国民党、攫取专制权力当然不无好处。于是,袁世凯最终选择了进步党人熊希龄。

时任热河都统的熊希龄在7月初得知让他组阁的消息后,颇感意外,忙

---

1 《说幼稚》,《庸言》第1卷第8号。
2 《民立报》,1913年7月9日。
3 徐世昌(1855—1939年)直隶天津人,字卜五,号菊人,又号弢斋。早年结识袁世凯,由袁资助入京应考中举,后成进士,授翰林院编修。1895年袁世凯小站练兵时,他兼管营务处,成为袁的主要策士。后曾任军机大臣、巡警部尚书、东三省第一任总督、邮传部尚书等职。武昌起义后力主起用袁世凯,1914年任国务卿。1918年10月总统冯国璋下台,他由安福国会选为总统。
4 《民立报》,1913年7月5日。

于7月中旬上辞呈说："自揣能力，与现在之暴烈分子、腐败官僚两派绝不相容"，所以总理一职"万难从命"。[1] 与此同时，他迅速入京，与梁启超等进步党领导人筹商进退。梁启超则认为组阁是扩张党势的大好时机，极力怂恿熊希龄就任，并且表示自己愿意入阁担任财政总长，给熊希龄以实际上的支持。在梁启超的热情鼓动下，熊希龄终于答应出任内阁总理，组织一个"第一流人才和第一流经验的内阁"。谁知当他兴冲冲地跑去与袁世凯磋商阁员名单时，袁世凯却把一张早已拟好的内阁总长人选交给他：外交孙宝琦，财政周自齐，交通杨士琦，内务朱启钤，陆军段祺瑞，海军刘冠雄。重要的部皆由北洋派占据，仅剩下农商、司法、教育三个闲曹让熊希龄安排。

梁启超一向对理财之道抱有浓厚的兴趣和宏大的抱负，他满心热望能在财长的位置上挥洒一番，实现自己的财政主张，而袁世凯却认为梁启超乃一介书生，"仅能提笔作文，不能胜任国家重任"，[2] 始终不答应梁启超出任财长，只肯把梁启超放在无关大局的教育总长任上。在这种情况下，梁启超坚辞不就，拒绝入阁，几使内阁筹组破产，急得熊希龄几次三番地跑去给梁启超做工作：

"熊到京后第一目标在任公。其先本以教育部属之，任公坚辞拒绝。……第二次谈判，熊乃出最峻烈之词锋与任公交涉，谓'屡次皆公促我来，属我牺牲。我既牺牲，而公乃自洁，足见熊希龄三字不抵梁启超名字至尊重。'又诘任公，以'公既不出，则张季直、汪伯棠皆牵连不出，熊内阁势将小产，此时进步党持何态度？又如公等均不出，熊内阁纯以官僚组成之，舆论必不满意，此时进步党又将持何态度？故为进步党计，公亦不可不出。'其词恳切，任公无以难之，至此亦改拟任公任司法矣。"[3]

反复斡旋，几经折冲，加之袁世凯的让步（财长的位子让熊希龄兼任），

---

1 《熊希龄集》，湖南人民出版社1985年版，第449页。
2 《梁任公之入阁问题》，《时报》，1913年9月8日。
3 转引自李剑农：《戊戌以后三十年中国政治史》，第187页。

梁启超终于同意入阁。这样,一个由进步党人和北洋派势力联组的混合内阁姗姗于9月11日最后产生:总理兼财长熊希龄,内务朱启钤,外交孙宝琦,陆军段祺瑞,海军刘冠雄,交通周自齐,司法梁启超,教育汪大燮,农商张謇。由于梁启超、汪大燮和熊希龄都是社会名流,张謇是闻名全国的实业家教育家,所以这个内阁便被人称为"第一流人才内阁"。

"第一流人才内阁"的成立使梁启超颇感兴奋。在他看来,自己运动组成的内阁虽不是由进步党独自构成,但毕竟为进步党入阁参政、施展政治抱负提供了一定的舞台;自己虽未当上财长,但财长的位置毕竟还在进步党人手中。因此,他踌躇满志地为内阁立下军令状:"如将来对于党中所提出之政策和主张失败,即行辞职"。[1]

梁启超是"第一流人才内阁"的灵魂。内阁成立后,他亲手起草了《政府大政方针宣言书》,经国务会议讨论通过后成为内阁的施政方针。内阁宣言书洋洋万言,对外交、军政、财政、实业、交通、司法、教育等各项大政皆有论及。叙论中说:民国"破坏之时告终,建设之时方始",然而"今不敢语于建设,但有竭其绵薄,以立建设之基础,为愿已足。"可以看出,试图把国家引向建设,这是宣言书的根本点,也是贯穿宣言书全篇的主旨。

政治上,宣言书强调贯彻资产阶级的法治精神,建设法治国家。宣言书指出:"今之稍知治体者,咸以养成法治国家为要图"。而养成法治国家的办法,非守法之观念普及于社会不可。使人人知法律之可恃,油然生信仰之心,"则自懔然而莫之犯也"。那么,什么是法治国呢?第一,实行完全责任内阁,划清总统府与国务院权限;第二,司法独立,制订切合实际的法律;第三,重视教育;第四,军民分治,废省改道,整顿吏治,严定考试之制;第五,实施县、城镇乡两级地方自治。这个庞大规划,体现了进步党人建立资本主义发展正常秩序、巩固和扩大政治权力的强烈愿望。他们强调责任内阁、划清权限,是希望通过制度使自己已掌握的权力得到确认;他们主张司

---

[1] 《申报》,1913年9月11日。

法独立,是企图利用资产阶级的分权原则对封建权力体制进行瓦解;他们提出重视教育,目的在于养成国民的法治观念,培养实业人才;他们鼓吹整顿吏治,实行考试制度,是要对腐败官僚进行改造;他们宣扬废省改道、军民分治及地方自治,表明他们试图削弱逐渐形成的军阀势力,集权内阁。很显然,他们要建设一个资产阶级共和国。

经济上,宣言书提出了一整套发展资本主义、改善财政、繁荣经济的计划。一是整顿财政,分治标治本两策。治标即节约开支,增加税收,发行公债,量入为出;治本即改正税制,整顿金融,改良国库。二是提倡奖励资本主义实业,对外采取保护主义和开放主义相结合的方针;对内不采取垄断主义,不与民争利。这些方针政策,目的在于解决资本主义发展所面临的重大经济问题。通过整顿财政,增加国库收入,逐步建立适合于国内和国际贸易的资本主义金融体制;通过实业政策,一方面在保护本国工农产品的前提下吸收外资,一方面鼓励和奖励民族资本主义企业,刺激经济的增长。

外交上,宣言书表示抱"开诚布公以敦睦谊"和"审时相机以结悬案"两大方针。"求外交上不复有重大问题发生,乃得集全力以整顿内治。"

军政上,计划练兵50万,"其性质大别分为两种:甲种用陆军编制法,以军长、师长统之,分驻要塞边防,纯由中央节制调遣者;乙种用警备队编制法,归各地方行政长官节制调遣,分配各州县从事捕盗、诘奸,以补行政警察、司法警察所不及者"。

应该说,梁启超为"第一流人才内阁"制订的大政方针,体现了浓重的资产阶级色彩,表明了进步党人建立资产阶级理想王国的热望,不失为一个建设资产阶级共和国的纲领。梁启超、熊希龄、张謇等人的确也想循此方针,有一番作为。但是,这与袁世凯的政策相距太远了,他想要的是扩张官僚资本主义经济势力,建立封建独裁统治。所以,这个大政方针作为"抽象的计划",袁世凯甚为"嘉许",对于责任内阁也表示"绝不掣肘"[1]。而一旦

---

[1]《熊希龄集》第502、560页。

付诸实施，则阻力横生，流弊百出，面目全非。"第一流人才"们"心力虽坚，而能力不足"，想做的既不能做，能做的事，便只有助纣为虐了。这在其对袁世凯攫取大总统职位和解散国会问题所持的立场上表现得极其充分。

镇压了"二次革命"，打败了国民党，扫除了前进路上的一大障碍，袁世凯的野心愈加膨胀，他迫不及待地要变临时总统为正式总统。按规定，正式总统必须在国会制订宪法后依据宪法选举产生，宪法未定之前不能选举。以梁启超为首的少数进步党人原本是坚主此义的。但是，袁世凯为了尽快攫取正式大总统的职位，1913年8月间指使一些议员接连向国会提出先选举总统案，同时策动黎元洪领衔，联合直、鲁、豫、黑、陕、甘、浙、川、黔、滇、闽及新疆等14省都督致电国会，要求速选总统。8月30日，黎元洪又电催梁启超等人，说只有先选总统，"方足以定人心，固国本"。[1]在内外压力下，梁启超等进步党人一反过去先定宪法后举总统的主张，首先赞同先选总统。他们还派人与国会中的国民党议员一再协商，在取得一致意见后，于9月5日的国会会议上通过了选举总统案，附和迁就了袁世凯的违法行为。然而袁世凯对此还不放心，10月6日，当国会正式投票选举总统时，袁世凯派大批荷枪实弹的军警和号称"公民团"的爪牙包围了国会会场，逼迫议员们三次投票，最终选出袁为正式大总统。在袁世凯导演的这出文武大戏中，梁启超为首的进步党人、第一流的人才们满心以为，在给袁世凯戴上正式大总统的桂冠以后，便可以专心制定宪法，把袁氏的权力约束在法律的范围之内，使国家逐渐走上宪政的轨道。谁知袁世凯要的是彻头彻尾的专制权力，他根本不希望任何民意机关或法律对他的权力加以限制。因此，他一当上正式大总统，便毫不掩饰对国会的憎恶，立刻向国会发动进攻。11月4日，袁世凯借口查获李烈钧[2]与国民党议员的往来密电，悍然下令解散国民党，饬令追缴国民党籍议

---

[1]《黎副总统政书》第329页。
[2] 李烈钧（1882—1946年）江西武宁人，字协和，早年留学日本士官学校，后加入同盟会。武昌起义后被推为安徽都督，次年改任江西都督。1913年宋教仁案发生后，力主武力讨袁，7月在湖口起义，掀起"二次革命"，失败后逃往日本。1915年12月到昆明参加护国运动，任护国军第二军总司令。1917年护法军政府成立，任总参谋长。

员的证书、证章。国会从此不足法定开会人数，事实上停止了活动。

民初的国会虽然有种种缺点和不完善，但毕竟是辛亥革命和民初民主共和制度建立的重要成果之一。袁世凯无视资产阶级的革命成果，显然是从复活专制主义的目的出发而实施的一个步骤。果然，在国会停止活动后，袁世凯开始实施下一步骤。12月初他设立了御用的"中央政治会议"，将国会的立法权夺了过来。1914年1月10日，他便公然下令停止全体国会议员职务，饬令回籍。同时他还煞有介事地成立了一个"筹办国会事务局"，声称为将来组织新国会作准备。民国第一届国会就这样被袁世凯葬送了。此后不久，袁世凯又以种种理由解散了省议会，下令停办地方自治。

对袁世凯这一切反民主的粗暴行径，以梁启超为灵魂的"人才内阁"并无反对的表示，相反却予以默认和顺从，他们对袁世凯一系列的非法指令，都毫不犹豫地一一予以副署。本来，在梁启超等人看来，在共和的形式下实施开明专制，控制和利用国会决不是无足轻重的。他曾劝袁世凯说："古之成大业者，挟天子以令诸侯，今欲戡乱图治，惟当挟国会以号召天下，名正言顺，然后所向莫与敌也。"[1]将国会的作用看得相当重要。而当袁世凯决心解散国会，国会危如朝露的时候梁启超则又撰写一篇题为《国会之自杀》的文章，攻击国会"乃自肇建以来，声光销歇，日甚一日，未及三月，而天下之望，殆已尽去。八百员颁，攒动如蚁，汹汹扰扰，莫知所事。两旬不能举一议长，百日不能定一宪法。法定人数之缺，日有所闻，休会逃席之举，成为故实。幸而开会，则村妪骂邻，顽童闹学，框攘拉杂，销此半日之光阴，则相率鸟兽散而已，国家大计，百不及一，而惟岁费六千是闻。"这里，固然有梁启超重政府、轻国会的国权主义理论在作祟，但也看出他对袁专制主义行为的附和迁就已到了无以复加的地步。有的论者曾慨叹："立宪党名流的短视病，还不及半同盟会员唐绍仪的明决。"[2]这个评论应该说是深刻的。

对于以专制独裁为总目标的袁世凯来说，政党、内阁不过是掌中玩物。

---

1 《梁启超年谱长编》第675页。
2 李剑农：《最近三十年中国政治史》，第310页。

在利用政党的过程中解散政党，在运用内阁的过程中踢开内阁，国民党的命运如此，"人才内阁"和进步党也毫无例外。

当"人才内阁"以其勃勃雄心推出他们的大政方针时，梁启超、熊希龄为首的进步党人确实想有所作为，在与袁世凯的合作下，实现政治理想。然而，五个月的内阁生涯使他们失望了。他们看到，他们在内阁大政方针宣言书中所夸下的海口，如划清内阁和总统府的权限、废除省制、整顿财政、实行法治、改良教育等，不过是空头支票，没有一桩能够兑现。不惟没有兑现，而且招致袁世凯及其封建统治秩序的忌恨和反对：责任内阁制为袁所憎恶；军民分治、废省改道将大大降低封疆大吏的权力，严重触犯他们的既得利益；司法独立与专制独裁水火不容；地方自治与封建政权相对抗；整顿财政损害了旧官僚的利益……。凡此种种，决定了"第一流人才内阁"的垮台是必然的。因此，当"人才内阁"副署完袁世凯的一系列命令后，它的使命也就终结了。

1914年初，袁世凯指使各省都督攻击责任内阁制，倡行总统制，使熊希龄内阁的命运岌岌可危。更使其难堪的是，1913年底，陆、海军部及各省都督催请拨款发饷，内阁束手无策，请求交通系垫付，竟遭拒绝，使内阁财政陷于"万难之境"。此时，心怀鬼胎的袁世凯从梁士诒那里拿来300万元交给熊希龄，使熊希龄"自不胜其难堪"，[1]感到事不可为，决心辞职。作为内阁灵魂和司法总长的梁启超也颇愤愤地提出："大政方针本出自予一人之手，前之不忍去者，实待政策之实行，今已绝望，理应辞职。"[2] 1914年2月，仅存5个月的"第一流人才内阁"被迫下台。

左右为难的司法总长

梁启超未能以财长而是以司法总长的身份进入"第一流人才内阁"，对

---

1 《远生遗著》第4卷，第12页。
2 《爱国报》，1914年2月19日。

此，他最初有些遗憾。但不久也就释然了。毕竟，这为他入阁参政、实现其"非国务大臣不做"的志趣提供了难得的良机，更重要的是，也为其实现改良中国司法的理想提供了难得的平台。

民国初年的司法弊端重重，问题成堆。

一是司法不能独立：除设有审判厅的197县以外，全国近2000个县皆由县官兼理审判；在设审判厅的地方，行政官吏干涉司法也极为平常。判决案件不经本地行政官吏认可，不能定谳；军警机关蔑视法律、擅自捕人，司法机关亦不敢过问。

二是司法风纪败坏：法官有不懂法律，"引用条文悖戾原意者"，"有积案多年不予判决者，有任意转移管辖，使当事人疲于奔命者，有设法阻抑上诉，致含冤莫伸者"；检察官"有畏避豪强，坐视罪犯，匿不举发者，有徇庇故纵者，有架诬敲诈者"；法庭书记官"有于书状时勒索规费者，有滥改供词者"，甚或有与"律师朋比阴行苞苴，使当事人饮恨无可陈述者"。[1]

三是司法制度不完整：多年以来，各地无一定之法院，即如京城，法院之建设也不完善。即或有法院，法庭也不公开；有辩护人之制度而无辩护人之设置；监狱内部混乱，案件甚至没有统一登记。[2]

四是司法经费无着落：司法没有一定的预算，"法庭之龌龊，设备之简陋"，令人"嗤之以鼻"。当时法官的薪俸，"一推检之得，尚不及行政机关的最下级普通官吏"；书记官"一月之所得，不及一人力车夫之所入"。司法人员本身自顾不暇，焉能洁身自爱，研求法律，作公正之判决？[3]

针对民初司法界的种种弊政，身为司法总长的梁启超颇欲有所改革，加以振作。于是，他在为"人才内阁"起草的大政方针宣言书中明确提出了改革的总目标：

"今之稍知大体者，咸以养成法治国家为要图。然法治国何由能成？非守

---

1 《令京外各级审判厅》，《饮冰室合集·文集》第31，第18页。
2 汪庚年：《上大总统及司法部条陈励行司法独立书》，《民国经世文编》，法律二，第49页。
3 同上。

法之观念普及社会焉不可也。守法观念如何而始能普及？必人人知法律之可恃，油然生信仰之心，则自懔然而莫之犯也。故立宪国必以司法独立为第一要件。"

如何实现这一目标呢？梁启超认为，养成法治国家实现司法独立的条件，在于有完善的法律及训练有素的司法人员。中国的司法所以"颂声不闻"而"怨吁纷起"，一是由于法律之不足恃，二是由于法官之乏才。因此，人民不感司法独立之利，而对于从前之陋制，"反觉彼善于此"。循此以往，"恐全国之生命财产愈失其保障之具，法庭之信用日坠，而国家之威信随之"。这是一个非常严峻的问题。解决的办法一是必须"参酌法理与习惯，制立最适于各国之法律，使法庭有所遵据"；二是要严定法官考试、甄别、惩戒诸法，以杜滥竽，严肃官纪。[1] 他强调，法律一旦制定颁布，就一定要付诸执行，首先要"上下所共信守，而后能相维系不敝"，特别要"大总统常以法自绳，毋导吏民以舞文之路"，[2] 法律才不致失去效力。

如何体现司法独立呢？梁启超着重指出，"司法独立之真精神，惟在使审判之际，专凭法律为准绳，不受他力之牵制"。为保证这一点，他主张司法官与行政官分开，"法官进退其保障应视他种官吏为尤严"，"以奖不畏强御之风"[3]。

可以看出，上述主张体现了梁启超改革中国司法的理想，反映了他建立资产阶级法治国家的强烈愿望。梁启超的确雄心勃勃。为了实现改革中国司法的宏愿，把民初的司法工作按照资产阶级的法治原则引上正轨，他日以继夜，白天到部工作，夜间则伏案拟撰法案，费尽了心机。

然而，梁启超追求的司法独立毕竟与专制独裁水火不容，它的施行，终会肢解封建政权，这一点，以袁世凯为首的各级旧官僚是看得很清楚的。因此，他们对此是"颇不满意"的。袁世凯就以"与国民需要全不相应"为

---

[1] 《政府大政方针宣言书》，《庸言》第 1 卷第 21 号。
[2] 《上大总统书》，《饮冰室合集·专集》第 33，第 21 页。
[3] 《呈总统文》，《饮冰室合集·文集》第 31，第 21 页。

由，把各级审判厅称为中国三大害之一，力主废止[1]；司法部的旧吏对初任总长的梁启超也"群起谋相窘"[2]；方方面面的旧势力对司法现状大加挞伐，对改革之举投关设卡。加之民初各省、县之法院多为初办，弊病自不能免，"遂贻旧派人口实"。这样，上上下下便形成一股反对司法改革的强大阻力。他们激烈攻击新法院，"欲尽废新立法院，恢复旧制"[3]。在这股强大的阻力面前，梁启超起初还着力对抗，认为对于司法弊害只能整顿，不能"因噎废食"[4]。但是，旧的反对改革的势力太强大了，梁启超纵有再美好的理想，要想有所建树也属枉然。无奈，他只好退而求其次，转而从维持现状上努力。他与部下筹商缩小改革范围，下令将各县初级法院酌量归并，慎选法官，并制定了一些诸如"捕盗专律"那样的专门法。尽管他做了再三的努力，但毕竟与其改革中国司法的初始意图相去太远了！

1914年2月，梁启超怀着遗憾的心情辞去了司法总长。在离任的当天，他把一篇体现其改革中国司法主张的《呈请改良司法文》呈递于袁世凯，再次恳请袁世凯对其建议加以采纳。这篇呈文提出了改良中国司法的十个方面：一、法院之审判宜改为三级三审制，初级审判由县知事兼理；二、轻微案件不必过分注重形式，"遇贤明长官，面谕数语即令了结"；三、案件之审理必须有时限，不使结案稽延，旧日之"片刻玩愒于法庭，十日堵啼于环堵"的情形必须改革；四、上诉必须加以限制，以避免助长"唆讼之风"；五、宜速编制刑律施行法；六、监狱过于拥挤，宜酌为恢复笞杖刺配之刑，轻度人犯，或"笞杖开释，用示薄惩"，或"实行刑事殖民政策"；七、宜设法官养成所，培养司法人才；八、严限律师资格，不使讼棍土豪为害民间；九、劫盗罪犯可以由法庭以外之机关（军警）处理；十、宜有一定经费维持司法业务之推展。[5]

梁启超在这篇呈文中提出的某些建议是洞烛时弊、很有见地的，如讼案

---

[1] 《申报》，1913年12月31日。
[2] 《梁启超年谱长编》第681页。
[3] 同上书，第687页。
[4] 《申报》，1913年12月31日。
[5] 《庸言》第2卷第4号。

不得稽延,宜速编制刑律施行法,设法官养成所培养司法人才,严限律师资格,妥筹司法经费等项建议,应该说抓住了民初司法改革的某些根本问题,对推动中国司法的近代化不无裨益,是值得称道的。但也应该看到,呈文中提到的县令兼理司法、轻微案件不必注重形式、限制上诉、恢复笞杖刺配之刑、盗窃案件由军警机关处理等项改良司法办法,毕竟与近代资本主义的法治精神南辕北辙。因此,在建议上呈袁世凯后的一段时间里,满城风雨,人们议论梁氏恐有推翻司法独立之意,[1]一时梁启超几成司法界罪人。客观地讲,梁启超的《呈请改革司法文》相对于其任司法总长之初提出的改革中国司法的理想不能不说是一个倒退,这种倒退乃是对改革的反动力量、庞大的旧势力的一种无可奈何的妥协,是他的"保育政策"在司法改革上的反映,是对袁世凯专制独裁的某种迁就和让步。梁启超在这篇呈文的最后说了这样一段话:"今司法制度所以蒙诟独甚,皆缘前此改革太骤,扩张太过,锐进之余,乃生反动,今当矫枉,宜勿过正,苟其过焉,弊曰兹甚"。[2]这显然在为自己的妥协退让进行辩解。

一事无成的币制局总裁

梁启超在辞去司法总长后,虽然对自己制定的"人才内阁"的大政方针与改革司法的主张不被采纳而牢骚满腹、怨愤不已,但对袁世凯却仍抱有幻想。他认为,只要袁氏真正实行"开明专制",便不愁没有回旋的余地。因此,对袁世凯委任的币制局总裁这一闲职,他还是欣欣然地接受了。他在致梁士诒的一封信中说:"币制一事,生平既略有研究,颇思乐观其成","离去今职,专志彼事,就可稍获自效"。[3]

---

1 《时报》,1914年4月27日。
2 《呈请改良司法文》,《庸言》第2卷第4号。
3 《致梁士诒:辞司法总长函》,《梁启超遗札十七封》,见《华南师大学报》1989年第1期。

梁启超一向把币制金融改革看得相当重要。在《余之币制金融政策》一文中他曾说："自吾居东时，好扼腕论天下事，辄以为中国救亡图强之第一义，莫先于整理货币、流通金融，谓财政枢机于兹焉丽，国民生计命脉于兹焉托也。"[1]把金融币制改革同中国的独立富强联系了起来。在另一篇文章中他提出了同样的思想，他说："今日国家财政国民生计，均有岌岌不可终日之势。究其原因，虽甚复杂，而币制之紊乱，与夫银行制度之不良，实为其中二大原因。政府苟能以全副精神就此两事力图改良，则一二年后，国家之危险必可去其大半。"[2]在他看来，只要币制金融有所改良，经济状况自然会有所好转，整个国家也会逐渐好起来。他把金融币制改革放到相当重要的地位上加以看待，并基于此种思想提出具体而详细的改革方案，这在近代财政思想史上无疑是有贡献的。

梁启超的确希望能在币制局总裁的任上有所建树。因此，他在接到袁世凯的任职命令后，很快于1914年3月10日欣然就职，同时与当时的财长拟定了币制局简章7条，呈递袁世凯。随后，他又以满腔热情撰写和草拟了一大批改革币制金融的条例、办法和文章：

3月，撰《整理滥发纸币与利用公债》；

4月，拟《银行制度之建设》；

7月，《拟参采国民银行以整顿商票维持金融办法》、《拟整顿东三省纸币办法大纲》；

8月，《拟铸造镍币大纲》、《拟处分旧币施行新币办法》；

9月，《拟推行国币简易办法》；

10月，《整顿造币厂计划纲要》、《拟发行国币汇兑券说帖》。

加上他在此前后创作的《币制条例理由书》、《余之币制金融政策》等文章，构成了他的完整的币制金融改革的理论和设想：

---

[1] 《余之币制金融政策》，《饮冰室合集·文集》第32，第38页。
[2] 《银行制度之建设》，《庸言》第2卷第4号。

关于改革货币制度。梁启超认为，当时的中国存在着无统一货币的乱况。有的地方用库银，有的地方用银元，有的地方用铜元，有的地方用制钱或纸币，就各个地区来说，勉强可算有本位，但就全国来讲则无本位。这显然严重地影响地区之间的物资交流和货币流通，是国民经济发展的极大障碍，必须予以改革，执行新的货币政策，建立新的统一的货币制度。

梁启超指出，要建立新的货币制度，应首先明确，货币之所以需要，是因为它能成为一切物价之尺度。而它所以能成为一切物价之尺度，乃是由于它自身有一定之价值。货币虽以金银为币材，但货币又与金银有着性质上的不同，当金银尚未充当货币时，它和其它物品一样，由货币来度量它的价值；而当它用来制成货币后，则使其有量度其它物品价值的能力。所以，法律不能强定金银之时价，但应该强定金币、银币之比价。

梁启超提出的改革货币的方案是：第一，中国的货币应采用金本位，但在过渡阶段可先采银本位；第二，新货币宜铸一种主币、九种辅币，主辅之间互相统属，实行十进制；第三，主币允许自由铸造，但要收取高额铸费；第四，从前官局所铸一元银币，暂许作为国币使用，旧铸辅币允许暂时按市价流通；第五，钞票的发行量，应限定在不超过一年的赋税收入的范围内，这样才不致出问题。[1]

梁启超还主张改革币制要与货币兑换制度相联系，一面铸造硬币，一面由中国银行发行兑换券以收回旧币交造币厂改铸。而发行兑换券只要有1/3的准备金就够了。因此，改革币制无须用大款，"但得1000万元之铸本"就完全可以了。[2]

关于建立银行制度。建立银行制度和普及银行，在梁启超看来是十分必要的。银行是国民经济的总枢纽，不仅关系到财政问题，而且利国便民。因此，不仅要设立中央银行，还要奖励和发展私立即国民银行。奖励的办法，

---

[1]《币制条例理由书》，《饮冰室合集·文集》第32，第1—8页。
[2] 同上书，第2页。

除了给予银行以货币发行权外,别无它途。因为我国国民生计凋萎,社会余资不多,新式银行不及旧式金融业资本雄厚、信誉昭著,所以业务开展不易,处境困难,若国家给予货币发行权,可扶助和鼓励这些银行发展,以活跃金融繁荣经济。给国民银行货币发行权,并不意味着单纯实行"多数银行发行制",单纯采用"多数银行发行制"与"单一银行发行制"皆不适合我国国情,"惟有折中",二者并行,"最后过渡到单一制",才是最终目的。[1]

梁启超的这些主张,就其财政学上的意义来说,颇有见地、极有价值,如认为货币制度关系到国民生计的命脉,货币应成为价值尺度,重视银行的作用等,即使在今天,也仍是具有参考意义的。

然而,改革之"经"即便再好,统治阶级当权派不念,也不过纸上空谈。梁启超尽管在币制局总裁的任上花费了大量心血,希冀能对中国的币制金融改革有所贡献,进而使中国摆脱危机,走上正轨,但以袁世凯为首的专制独裁势力,如何能理解其苦衷?

颇想有所作为的梁启超最终还是有理想而无建树,有计划而无展布,这不能不令人沮丧、失望和愤懑。梁启超说道:出任币局之职后,"颇奋然思所以自效,其间与各地方事实相接既多,每有触发,以增其所信,窃自谓所孜孜规画,尚不谬于学理,不远于情实,虽然吾竟一无所设施,……吾之政策适成为纸上政策而已。……夫以吾之摇笔弄舌,以论此项政策者垂十年,今亦终于笔舌而已!"[2]1914年底,他不得不呈请辞去了币制局总裁。

观望与失望

辞职后的梁启超,在幽静的清华园里送走了1914年,迎来了1915年的新岁。面对袁世凯的种种倒行逆施,回首自己及进步党人与袁的经年合作,

---

[1] 《银行制度之建设》,《庸言》第2卷第4号。
[2] 《余之币制金融政策》,《饮冰室合集·文集》第32,第38页。

抚今追昔，他感到极度失望。在 1915 年 1 月创刊的《大中华》杂志发刊词中，他指出，全国到处都在复旧，"举国沉沉，悉含鬼气"，"今日之政治，与吾侪之理想的政治甚相远"。[1] 要想带着袁世凯走上政治轨道，实在是"痴心妄想"。[2] 再也不能与袁世凯合作下去了。

此时的梁启超，虽然感到"袁世凯的举动越看越不对了"，但却不想公开反对袁世凯。他出于害怕反袁助长革命兴起的心理，宁肯保持现状。这种苦闷消极的心情，在他闲居清华园写作《欧洲战役史论》后赋就的一首诗中有所反映。诗中云：

"在昔吾居夷，希与尘客接。
箱根山一月，归装稿盈箧。
虽非周世用，乃实与心惬。
如何归乎来，两载投牢筴。
愧怍每颡泚，畏讥动魂慑。
冗材惮享牺，遐想醒梦蝶。
推理悟今吾，乘愿理夙业。"[3]

在此，梁启超深切怀念昔日的写作生涯，对两年来的投笔从政，尤其是合作于袁世凯的政治实践颇为感悔，遂决心弃政从学，重理"夙业"。1915 年 1 月，他发表了《吾今后所以报国者》一文，第一次发出了脱离政治的宣言：

"自今以往，除学问上或与二三朋辈结合讨论外，一切政治团体之

---

[1] 《大中华》第 1 卷第 1 期。
[2] 《护国之役回顾谈》，《饮冰室合集·文集》第 39，第 88 页。
[3] 《饮冰室合集·文集》第 45（下），第 71 页。

关系，皆当中止。乃至生平最敬仰之师长，最亲习之友生，亦惟以道义相切劇，学艺相商榷。至其政治上之言论行动，吾决不愿有所与闻，更不能负丝毫之连带责任。"[1]

梁启超声称自己是理论家而非政治实践家，因而决心脱离政治生活，从事文化教育，专以理论的研究贡献于国民。此时，他不再公开鼓吹先前极力宣扬和坚持的"国权主义"主张和"开明专制"论，而提出了"社会教育"救国的思想。还是在那篇《大中华》杂志发刊词中，梁启超认为"今日之政治"所以令人失望，是因为"社会凡百现象皆凝滞窳败"。而社会之所以颓败，又是由于"举国聪明才智之士，悉萃集于政治"，"既未尝从社会方面培养适于今世政务之人才，则政治历十年百年终无根本改良之望"。因此，救国之道就在于积极从事社会事业。[2]继而他又在另一篇文章中具体地提出，"政治基础在于社会"。实行"现代的政治"必须具备八项条件，主要是：有相当数量的"器量学识才能誉望皆优"的政治家和各类专门家；政治家"皆有相当之恒产"和"水平线以上之道德"；政治家有力量镇压或纠正"特别势力"破坏法制的行为；人民"既能为政治家之后援亦能使政治家严惮"。他认为，中国目前不具备这些条件，因而不可能有良好的政治。要具备这些条件，唯一的办法是进行社会教育。他劝告人们不要去谈政治，那样做有害而无益，而应当全力去进行社会教育工作，这是唯一的出路。[3]所谓"现代政治"必须具备的这些条件，实际上就是资产阶级必须具有相应的政治力量和经济力量，足以镇压封建势力对资产阶级政治制度的破坏，资产阶级的政治制度才能够建立，建立了也才能巩固。梁启超认为"政治基础"在于社会，多少反映了这方面的关系，含有一定的合理性和进步意义。然而，梁启超这种社

---

[1] 《大中华》第1卷第1期。
[2] 同上。
[3] 《政治之基础与言论家之指针》，《大中华》第1卷第2期。

会教育救国论却陷入了某种悖论。资本主义现代政治的确立和发展，离不开与封建主义的对抗和斗争，企图不反对旧势力，不问政治，单纯依靠社会教育就能建立实行现代政治的条件，无异缘木求鱼。面对袁世凯的专制统治，梁启超一时陷入无可奈何的窘境之中。

为兑现其脱离政治的宣言，从1914年冬起，梁启超躲开喧闹的官场，或幽居清华园，或避地天津城，埋头于著述之中。此时，第一次世界大战的硝烟正在远离中国的欧洲战场上滚滚升腾。梁启超每日阅读从欧洲传来的战讯，挥笔疾书，不到一个月便写就了洋洋6万余言的《欧洲战役史论》。作为中国舆论界、知识界有影响的代表人物之一，他通过此书对正在进行的帝国主义战争进行了全面的评述。书中，他简要介绍了战争双方各国的政治、经济、军事和历史情况，预测德国必然取得战争的最后胜利。这个结论和后来的事实大相径庭。但他还预言战争会对中国产生积极的影响，它将刺激中国注意世界形势的变化，对比自己，发现不足，以便积极进取。这一看法则是有见地的。

本来，梁启超还拟编写《世界大战役之中坚人物》、《大战前后欧洲之国际关系》、《战争哲理》等十本和欧洲战事有关的小丛书。然而，中国时局的变化留给他研究世界战局的时间毕竟太短暂了。正当他独居斗室埋头著书的时候，袁世凯掀起的复辟封建帝制逆流甚嚣尘上、猖獗一时。梁启超感到，与其坐而论道、袖手旁观，不如起而行动，奋身反抗。为了自己矢志不渝的政治理想，为了中国那令人牵肠挂肚的前途，梁启超抛开了那张墨迹未干的脱离政治宣言，重新投身于激烈的政治斗争之中，书写了他一生中极有光彩而又风险丛生的一段政治经历——打倒袁世凯。

十三　与袁世凯决裂

"帝制"逆流

辛亥革命虽然推翻了统治中国两百多年的大清王朝，但却未能也不可能立即铲除滋生专制王朝的土壤。民国建立仅仅一年有余，袁世凯及其爪牙就掀起一股猖獗一时的复辟封建帝制逆流。1913年7月至1914年初，袁世凯动用武力打垮了国民党，当上了中华民国的正式大总统，扫荡了作为资产阶级民主象征的国会、省议会和地方自治，踢开了进步党的"第一流人才内阁"。此后，他更是在帝制自为的道路上向前飞奔。到1916年初，仅仅两年时间，他就迈了三大步，登上了专制权力的顶峰。这三大步就是：制定《新约法》，赋予总统新权力；改掉旧官制，作终身、世袭总统；制造舆论，悍然称帝。看看他是如何走过这段路程的。

国会和《临时约法》是资产阶级民主政治的表征，它们的存在，对袁世凯的专制独裁不能不是极大的限制。因此，在解散国会后，袁世凯立即腾出手来，对《临时约法》大开杀戒。1914年3月，在他的授意下，以"改造"《临时约法》为忠实职志的约法会议开幕。不数日，袁世凯便向会议直截了当地提出了增修约法大纲7条，把外交权、财政权、官吏任免权、宪法制定公布权一并揽于总统麾下。由袁圈定的60名约法会议议员焉有不赞成之理？他们以令人吃惊的速度为袁炮制出一部《新约法》，全部同意了袁世凯所提出的各项要求。5月1日，《新约法》由袁正式公布。它规定，总统"总揽统治权"，只对国民全体负责，而不对任何民意机关负责。其实，这等于说，总统只对自己负责，因为总统是国民全体的代表者。《新约法》赋予了袁与皇帝相等的权力，以法律形式肯定了他的专制独裁，这就为他向帝制迈进铺平了道路。至此，辛亥革命后仅存的资产阶级民主制的象征被袁轻轻地一笔勾销了，中华民国只剩下一副徒有其表的空招牌。

接下来，袁世凯开始实施他的下一步计划。1914年5月1日，袁世凯按照《新约法》规定，废除了国务院，在大总统府设立了政事堂，特任徐世昌为政事堂国务卿，襄赞总统处理政事。各部总长除例行公事外，一切事务须经国务卿核阅，转呈总统定夺办理。这样，政事堂便如同过去的军机处，而国务卿和过去的首席军机大臣也没有什么两样。袁世凯的独裁统治得到加强。

为了牢牢控制住军事大权，5月8日，袁世凯裁撤了总统府军事处，成立了"陆海军大元帅统率办事处"，由袁亲自过问，掌管全国军事。这无疑削弱了原陆军部、海军部的权力。不久，袁世凯在军事上又采取一项重大措施，即建立直属于统率办事处的模范团，精选将官学习德国战术和操法，以在军队中缔造一支绝对忠于自己的"御林军"，逐步把段祺瑞在陆军中形成的庞大势力排挤掉，进一步集中了军权。

袁世凯对民国新官制的改组，除了大肆集权外，还处处模仿封建旧制。如将总统府秘书厅改称秘书监；文官分成九等，即上卿、中卿、下卿；上大夫、中大夫、下大夫；上士、中士、下士；省一级官吏，民政长改称巡按使，都督改称将军，等等。如此这般，似乎上边就只缺少一个皇帝了。

5月26日，袁世凯下令设参政院，代行立法院职权，特任黎元洪、汪大燮为正副院长。参政70人全部由袁世凯直接钦定，除了前清遗老和袁的宠贵外，梁启超、熊希龄等进步党人也列名其中。参政院自然也是御用的衙门。不久，它就决定咨请大总统提交约法会议修改《总统选举法》。

8月28日，约法会议通过了《总统选举法》的修正案。29日，袁世凯下令公布了该修正案。此法的颁布，使袁世凯实际上成为终身总统：任期10年，连选连任，如御用的参政院借口"政治上有必要"，可不经选举而留任。

更为荒谬的是，三名继任总统候选人由现任总统提名，总统终身制又成了总统世袭制。总统倘可世袭，和皇帝传子又有何区别？

至此，袁世凯的帝制自为已得其实，而只缺其名了。

1915年8月上旬，袁世凯的宪法顾问美国人古德诺（Goodnow Frank Johnson 1859—1939）率先发表文章《共和与君主论》，为袁世凯迈向帝制的最后一幕敲响了开场锣鼓。文中，古氏诬蔑中国是民智卑下之国，不适于建立共和。他认为，辛亥革命由专制一变而为共和，不可能有好结果。中国与其实行共和制，不如实行君主制[1]。

继而，袁世凯的法律顾问、日本人有贺长雄也抛出一篇文章《共和宪法持久策》，为袁世凯称帝大造舆论。文中，他鼓吹中国只有效法日本实行君主立宪，集权于袁世凯，才不致分裂。

对两位洋顾问的捧臭脚之作，袁世凯怀着欣欣然的心情阅读后，奉若至宝，特意花费巨资买下英国《曼彻斯特卫报》的一个版面，加以刊载，并令人译成中文，交上海《亚细亚报》发表。

与此相呼应，袁世凯通过其心腹授意一贯主张君主立宪、与袁世凯关系密切的杨度网罗了一批名流，组织了一个"以筹一国之安"为名的"筹安会"，为帝制唱赞歌。不久，"筹安会"公然通电各省军政长官派代表来京，组织公民请愿团，由"筹安会"负责起草请愿书。在"筹安会"和袁世凯的心腹爪牙的活动下，北京一下子涌出了形形色色的请愿团。一时间，统一笔调、统一规格的请愿书纷纷扬扬，雪片般飞向参政院。

在"筹安会"极尽谄媚之能事的同时，袁在各地的亲信也闻风而动，直接上书劝进，要袁"速定大计"、"速正大位"。帝制丑剧渐入高潮。

袁世凯深知，帝制的推行，光靠一个筹安会，几个请愿团的推戴不行，必须再为自己披上一件合法的外衣，建立一个民意机构。9月中旬，"全国

---

[1] 白蕉：《袁世凯与中华民国》，上海人文月刊社1936年版，第168—172页。

请愿联合会"成立，并向参政院要求召开国民会议解决国体问题，参政院当即表示同意。此后，各省纷纷召开国民代表大会举行国体投票。11月20日，全国各地投票以赞成君宪国体、一致拥戴袁为皇帝宣告结束。12月，代行立法院的参政院以"全国总代表"的名义向袁两上推戴书，诋毁共和国体不适国情，大肆吹捧袁"至仁覆民而育物"、"神武戡乱而定功"，说袁世凯有大"功烈"，希望袁世凯早登皇位。袁世凯半推半就，终于12月12日悍然宣布接受帝位。1916年元旦，袁正式登基，并改元"洪宪"。

袁世凯是封建专制主义王朝抚育壮大起来的老官僚，又是当时深受帝国主义列强普遍青睐和支持的所谓"强人"。他既了解中国传统，又谙于现在的时势。他深知，帝制的推行，如果没有传统的儒家思想、孔孟之道作旗号和理论武器，如果没有列强的首肯和支持，是绝对行不通的。因此，在积极推进帝制的过程中，他便把倡导尊孔和讨好列强作为必不可少的两大配套工程。

先看尊孔。早在1913年6月，袁世凯就发布尊孔令，宣称"天生孔子为万世师表"，其学说"放之四海而准"，必须举行祀孔典礼，"以表尊崇，而垂久远"[1]。此后，他先后派代表参加了祀孔大会、孔子诞辰纪念会，颁布了《崇圣典例》、《礼孔典礼》，命令在中小学修身和国文课中，一律以孔子之言为指归。1914年12月23日，他头戴平天冠、身穿十二团大礼服，亲率文武百官到孔庙行三跪九叩礼，演出了民国以来的第一次祀孔活剧。袁世凯如此热衷尊孔当然不是出于信仰，而是为帝制逆流制造舆论，寻找根据，与资产阶级民主思想相抗衡。究其实，是为其帝制服务的。鲁迅曾深刻指出："从20世纪的开始以来，孔夫子的运气是很坏的，但到袁世凯时代，却又被从新记得，不但恢复了祭典，还新做了古怪的祭服，使奉祀的人们穿起来。跟着这事出现的便是帝制。"[2]

再看讨好列强。袁世凯在当上总统后，处处讨好外国支配势力，以换取

---

1 《政府公报·命令》，1913年6月23日。
2 鲁迅：《在现代中国的孔夫子》，《且介亭杂文集》，第83—84页。

对他称帝的支持，为此不惜出卖国家民族权益。这在对待日本的"二十一条"上表现得很突出。1914年7月，第一次世界大战爆发，日本趁其它列强忙于战场厮杀无暇东顾之机，参加了协约国集团，并对德宣战，侵入中国领土山东半岛，夺取了德国在山东侵得的权益。对德、日发生在中国领土上的争夺，袁世凯除了空喊几句抗议口号外，别无办法。1915年1月，日本驻华公使日置益觐见袁世凯，进一步提出了严重损害中国权益的"二十一条"要求，包括要求享有德国原在山东的一切权益，中国不得将沿海港口、湾岸及岛屿让与或租与它国，要求聘用日人充任政治、财政、军事顾问，等等。日置益还几次暗示，如果袁世凯接受这些条件，就赞成他搞帝制。对于日本提出的这些蛮横无理的要求，中国完全有理由严词拒绝。但袁世凯为了换取一姓尊荣，结好日本，竟不顾全国人民的反对，除个别条款"容日后协商"外，全部接受了日本的要求。

这就是由袁世凯掀起的近代中国历史上猖獗一时的复辟封建帝制逆流。

袁世凯顺利地唱完了帝制自为的三部曲，完成了与之配套的两大工程，心中好不惬意。然而，也许是应了乐极生悲这句古话，就在他大喜过望地欢庆胜利的时候，却发现自己已经坐到了可怕的火山口上。此时，由各派政治势力和人民大众组成的反袁力量从四面八方汹涌而来，汇成了推翻帝制的巨大漩涡。

在这场轰轰烈烈的斗争中，梁启超扮演了什么角色呢？

抵制"帝制"

从与袁世凯的携手合作，到公开走上反袁道路，这个转变，对梁启超来讲，并不是一蹴而就的。在辞去币制局总裁后长达七八个月的时间里，梁启超对袁的总的态度是批评与不合作，但同时仍心存幻想和希望。和袁世凯公然决裂并打出反袁旗帜，则是杨度等人大搞帝制筹安活动时的事情了。

1915年年初的一天，避地清华园埋头写作的梁启超忽然接到袁世凯的长子袁克定的赴宴邀请。梁启超立即放下手中的笔墨，只身到北京郊外的汤山温泉赴宴。刚刚跨进屋门，就发现杨度已经在此。他觉得事情有些蹊跷，刚要开口，袁克定忙解释说：今天吃便饭，没有邀请外客，我们可以随便谈，不必拘束。席间，袁克定突然发问：近来外间议论纷纷，都说共和制度不合我国国情，对此，卓如先生有何高见？梁启超沉吟片刻，如实道出了自己向往共和，反对帝制的看法。彼此心照不宣，汤山小宴不欢而散。

无疑，这是一次精心安排的密会，其意图很明显，就是要试探梁启超对恢复帝制的态度，并对其进行拉拢。而梁启超的态度很明朗：不赞成。对袁氏父子的苦心孤诣明确表示不合作，这在袁氏权势如日中天，而帝制活动尚未公开化的境地下，是很需要一点勇气的。

对袁世凯由鼎力支持、携手合作和一味妥协退让转而变为拆台、不合作和尖锐批评，汤山小宴显然是一个开端。此后，面对袁氏及其爪牙掀起的复辟帝制恶浪，梁启超都明白无误地表明了反对的观点。

其时，袁氏政权与日本政府关于"二十一条"的谈判正在秘密进行中。双方协定，交涉期间对交涉内容不得透露。然而，天下没有不透风的墙。不久，日本蛮横无理的要求及袁氏拍卖民族权益的事情便被全国人民得悉。各地立即掀起了抵制日货、反对卖国的热潮。避地天津的梁启超在获知"二十一条"的内容后，义愤填膺，拍案而起，奋然通过《京报》、《国民报》和《亚细亚报》等报刊，接连发表了《中日最近交涉评议》、《中日时局与鄙人之言论》、《中国地位之动摇与外交当局之责任》、《再警告外交当局》等八篇文章（后辑为《中日交涉汇评》），驳斥日本侵华罪行，对袁世凯政府提出严厉警告。

针对日本的侵华罪行和谬论，梁启超尖锐指出：第一，日本借口所谓"保持东亚和平"以进兵中国，是趁欧美因战争而无暇东顾之机，"攫取优越之权，使彼等他日立于不能竞争之地位"，是为了"谋蹙我于死地"。这是典型的侵略。任何解释和托辞都是毫无道理的。第二，中国百姓几千年来素有反侵略的传统；绝不可侮。日本如欲求中日"合邦"，同化与灭亡中国，只能是痴心妄想。宁为玉碎，不为瓦全，中国将奋战到底！希望日本撤回那些"伤害我主权为我所不能堪"的条款。[1]

梁启超的驳斥，使日本当局大为恐慌。他们陆续派人来津，对梁启超进行"种种运动"，企图收买之。对此，梁启超一概予以严词拒绝。日本当局恼羞成怒，通过其报纸诬蔑梁启超接受了德国的金钱贿赂，故意袒护德国。有的报纸还指责他"忘恩负义"。对这种毫无根据的造谣之言，梁启超感到又好气又好笑，他回敬道："小鬼含沙之射，吾固不能禁其不射，彼亦终不能禁吾不言也。"[2] 他指出：驳斥日本，质问当局，这是我的权利和责任。我难道因为曾受日本保护十余年，就可以放弃对国家的责任吗？难道日本人要让我"日思引外人以扰乱祖国而始为报恩"吗？他正告日本："凡以正义待我者，无论何国，吾皆友之；凡以无礼加我者，无论何国，吾皆敌之"。[3]

由于种族、文化、历史、地理的关系，梁启超对日本一直怀有一种特殊的情感；又由于戊戌变法失败，忍泪逃出国门之后，长期逋居日本，梁启超更对日本怀有第二故乡之情。但是，这种情感一旦和祖国民族利益发生碰撞，便毫不犹豫地让位于后者。梁启超站在国家的立场上对日本的侵略行径进行的抨击，体现了他那一颗火热的爱国之心。

在抨击日本侵略的同时，梁启超向袁世凯政府发出质问，他说："……若谓任人蹂躏无法抵抗，在他人可作此语，在政府当局诸人绝对不能作此言以卸责任。"他警告说：

"吾以为我政府若承诺日本此次之要求，则当承诺之日，即为我国际上地位动摇之时。此最不可不猛省也"。

"呜呼！我外交当局，其慎思之，今日若以此许日本，将来他国提

---

[1]《中日交涉汇评》，《饮冰室合集·文集》第32，第89—94页。
[2]《梁启超年谱长编》第710页。
[3]《中国时局与鄙人之言论》，《饮冰室合集·文集》第32，第94—97页。

出同等之要求，何词以拒？试问我中国有几个南满？有几个山东？有几个福建？有几个警察权？有几个顾问席？指顾之间，全躯糜碎耳。……愿我外交当局慎思之，勿为祖国罪人！"[1]

面对民族危难，梁启超仗义执言，反对侵略，反对卖国。以他在舆论界的地位，这些言论无疑对袁的称帝配套工程的进行是一个沉重的打击。"二十一条"的最终未能付诸实施，梁启超自然有一份功劳。

在撰写反侵略反卖国文章的同时，1915年2月，梁启超发表了一篇题为《孔子教义实际裨益于今日国民者何在？欲昌明之其道何由？》的文章，对其时甚嚣尘上的复古尊孔思潮进行了批驳。这篇文章，名为讨论学理，实则揭露现实，梁启超认为绝不能把孔子当成西方的教主，更不能借孔子以收一己之私利。这个批驳在当时弥漫全国的尊孔复古大合唱中是一种不和谐音，对反对袁世凯的另一帝制配套工程功不可没。

可以看出，梁启超对袁世凯称帝倾向所持的态度是明朗的，即批评与反对。不仅如此，他对袁世凯还明确表达了不合作的意向：1915年3月12日，袁世凯任命他为政治顾问，他坚辞不就；3月31日，袁世凯派他考察沿江各省司法教育，他也未躬逢其事。

然而，同样比较明显的是，在袁世凯的帝制活动公开化以前，梁启超并未与袁世凯公开决裂。相反，他倒是给袁世凯颇留了些情面。无论是抨击复古思潮还是质问、警告政府卖国，梁启超的言语都是和缓的，并不尖刻；采取的形式是迂回的，并不直截了当；字里行间虽充满了揭露和批判，但也饱含了幻想与希望。一句话，梁启超此时还不愿彻底抛弃袁世凯。相反，他有时甚至仍将袁世凯视作最高的统治阶级当权派，向其邀功请赏。后来发现的一则史料典型地反映了这一点。这是梁启超于1915年2月写给袁世凯的亲信梁士诒的一封短函，函中托请梁士诒为自己父亲的寿日乞求袁世凯封赐：

---

[1]《中国地位之动摇与外交当局之责任》，《饮冰室合集·文集》第32，第106、108页。

"有私事欲一干托。家君寿日福庆，甚思自获一勋位，为娱亲之助。诚知不免世俗之见，然扬显之义，古人盖亦有取焉。十年来文字鼓吹，于新邦肇造，或不无微劳，即两年来与乱党相薄，亦间接为政府张目。若府主录其微庸，援张季老之例，有以宠之，俾得极舞彩之荣，则其感激岂有涯涘？若兄审度，谓为可请，敢乞以尊意婉陈；若谓无取，则请置之。"[1]

一面是批评与不合作，一面是幻想与希望，这种矛盾的心态一直持续到帝制活动公开化前的 1915 年的 6、7 月份。不过，随着时间的推移，这种幻想与希望日渐破灭，而批判与驳斥则日趋尖锐。其时，梁启超撰写了两篇重要文章，一是《痛定罪言》，一是《复古思潮平议》，提出了一些很值得注意的看法：

第一，对袁世凯政府的卖国罪行发出了更为猛烈的抨击。

1915 年 5 月 25 日，在日本的威逼利诱下，袁世凯政府接受了"二十一条"中的绝大部分条款，中日交涉暂时告一段落。为了掩人耳目，政府当局欣欣然地搞起欢庆活动，大肆渲染"元首外交成功"。对此自欺欺人之举，梁启超一针见血地指出："日本要求条件中最苛酷之诸条，今虽暂缓议，然并未尝撤回"；"在人则日日有从容进取之余裕，在我乃无尺寸可据以为退婴之资"。希冀以此等条款的签订便能阻挡列国对我的觊觎，只能是无谓的梦想！"割臂施鹰，舍身饲虎，鹰虎朋集，身肉几何？"那些"以平和解决相庆慰者"，应该想到今后怎么办。

梁启超指出，对于目前这种屈辱局面的造成，政府当局负有不可推卸的责任。他认为，中国国民是世界上最爱国的国民，但长期以来，国民的爱国心却大部分被"鄙劣之官吏所利用"。这些"当道有司"为了"自遂其私"，不惜以"痛哭流涕之语貌责善于人民"，信誓旦旦，陈义侃侃，是极其虚伪的。他

---

[1] 马以君整理：《梁启超佚札 17 封》，《华南师大学报》1989 年第 1 期。

们把现今屈辱局面造成的原因解释为兵力少、械不足和财政窘,显然在逃避责任。试问,练兵数十年、兵力数百万,国家收入用于军事费用者什而七八,"曷为而等于无一兵?曷为而实际无一械?且以中国土宇之广、物力之厚,而财政曷为日以窘闻?"这些极浅显的道理,人们不责问于政府,责问谁呢?[1]

第二,对猖獗一时的复古逆流进行了更为尖锐的批判。

梁启超明确指出:一年以来,统治阶级当权派"有意复古","极端之反动力"猖獗一时,这已成为"章章不可掩"的事实。对此,必须予以揭露和批判。

针对当时复古者将社会混乱落后现象归诸新学新政的谬说,梁启超批驳道:"平心论之,中国近年风气之坏,坏于佻浅不完之新学说者,不过什之二三;坏于积重难返之旧空气者,实什而七八。"造成今日风气败坏、社会混乱的根本原因在于:"自20年以来,彼居津要之人,常利用人类之弱点,以势利富贵奔走天下,务斫丧人之廉耻,使就我范围,社会本已不尚气节,遭此诱胁,盖从风而靡;重以使贪使诈之论,治事者奉为信条,憸壬乘之,纷纷以自跻于青云,其骄盈佚乐之举动,又大足以歆动流俗,新进之俦,艳羡仿效,薪火相续,日以蔓兹。俗之大坏,职此之由。"梁启超抨击说,借自由平等之名以败坏道德者,不过是少数"血气未定"的青年,其力量不足以左右社会;而那些"所谓士大夫居高明之地者,开口孔子,闭口礼教",实是造成风俗败坏的根源。现在,统治阶级当权派正在蹈"20年来之覆辙",只能使社会空气日益败坏。

对袁世凯为攫取专制权力而公然摧毁资产阶级民主政治一切形式的恶行,梁启超表示了深恶痛绝。他斥责说:"既察某制度为今后所万不可不采行,前此行之而有弊,只能求其弊之所在而更张补救之耳。若并制度其物而根本摧弃之,天下宁有此政猷?"他认为,如今"凡百设施,多属创举,既

[1] 《痛定罪言》,《大中华》第1卷第6期。

非夙习,运用倍难,苟诚心以赴,期于必成"。但是,政府当局对于这些新生事物,却"阴摧坏其实而阳涂饰其名",手段是恶劣的,难辞复古之咎。

第三,奉劝袁世凯世凯政府改过自新、好自为之。

梁启超直截了当地说:"吾氏所最耿耿者,最惴惴者,不在前此陈迹之得失,而在后此希望之有无。"政府倘若还要与全国人民"共此国",必须洗心革面,改弦更张,开诚布公,信赏必罚。舍此别无出路。他奉劝政府当局"善思所以自处"![1]

这两篇文章是对袁世凯及其爪牙掀起的复辟帝制逆流的一个总清算,是梁启超与袁世凯彻底决裂,公开走上反袁道路的一首前奏曲,是梁启超对袁世凯寄予希望与放弃希望的一块界标。[2]此后,随着袁帝制自为丑剧的公开化,梁启超对袁世凯完全绝望了。

揭露袁世凯

梁启超与袁世凯携手合作经年,对袁世凯曾寄予真诚的希望。因而,他虽早已敏感地觉察出帝制复辟的端倪,但总希望事情的发展不要竟如所料。1915年4月,梁启超离津南下省亲,为父庆寿。6月,便转到南京,约同冯国璋[3]联袂进京觐见袁世凯。他们向袁世凯面陈了帝制运动的危害,奉劝袁世凯悬崖勒马。袁世凯则严肃地表白自己根本不想称帝,信誓旦旦,言辞恳切,不由人不信。岂料,这次谈话过后仅仅两个月,以洋博士的大作及筹安

---

1 《痛定罪言》,《大中华》第1卷第6期。
2 学术界以往对《异哉所谓国体问题者》的研究是相当重视的,而对此前梁发表的这两篇文章,似嫌重视不足。我们认为,欲弄清梁启超从脱离袁世凯到公开走上反袁道路这段历程的全貌,必须对此两篇文章进行认真的分析。
3 冯国璋(1857—1919年)直隶河间人,字华甫。北洋武备学堂毕业。袁世凯在小站练兵时,他被任为督练营务处总办。1899年随袁至山东,参与镇压义和团。他与王士珍、段祺瑞并称"北洋三杰"。辛亥革命爆发后,率北洋军赴湖北镇压革命,1913年"二次革命"时,奉袁命攻下南京,任江苏都督。他出于个人目的,反对袁称帝。袁死后为直系军阀首领。1917年曾任代理总统,不久下台。1919年病死于北京。

会的活动为标志的帝制公开化运动就粉墨登场了。一时，复辟帝制的言论洋洋盈耳，甚嚣尘上。耳濡目染这一切的梁启超，前思后想，终于忍无可忍，决定公开站出来表明自己的态度。在8月22日写给其女儿的一封信中，梁启超愤然提到："吾实不忍坐视此辈鬼蜮出没，除非天夺吾笔，使不复能属文耳！"[1]在筹安会出场后的第七天，他连夜草就了一篇脍炙人口、令人拍案叫绝的鸿文，反击复辟帝制逆流，揭露袁世凯的称帝阴谋，与袁世凯水火不容，尖锐对立。这就是传颂一时的名文《异哉所谓国体问题者》。

其时，一些参与复辟活动的进步党人还不清楚其党魁对该活动的态度。因此，在筹安会成立之初，他们还要求杨度让梁启超也参与此项活动。杨度当然乐此不疲。他委托与梁启超关系密切的汤觉顿、蹇念益二人，迅速赴津与梁启超协商。然而，令杨度失望的是，汤觉顿、蹇念益二人从梁启超那里带回的不是赞同复辟的意见书，而是写给他的绝交信，及那篇墨迹未干的《异哉所谓国体问题者》。绝交信中说："吾人政见不同，今后不妨各行其事，既不敢以私废公，但亦不必以公害私。"[2]明确表达了反对复辟、拒绝与其合流的态度。

《异哉所谓国体问题者》草出之后，其内容立即被袁世凯得悉。此时的袁世凯虽然飘飘然于帝制运动的顺利进行，但还没有忘乎所以到放松一切警惕的地步。他清楚地知道，这篇文章一旦发表，在反对和阻止自己称帝上的分量绝不亚于一颗巨型精神炸弹。于是，他立即派人给梁启超送来20万元巨款，以此为代价，央求梁启超放弃发表该文。梁启超婉词辞谢，将钱退回，并将该文誊录一份寄与袁氏。与此同时，收悉梁启超的绝交信后仍不死心的杨度，又敦请蔡锷立即赴津，以师生之谊劝梁启超不要发表此文。蔡锷返京后回话说：人各有志，不能相强。在袁世凯看来，这简直是敬酒不吃吃罚酒。很快，他又派人来威胁梁启超说：你曾经"亡命十年，此种况味亦既饱尝，何必更自苦"呢？梁启超谈笑自若，回敬道："余诚老于亡命之经验家也。余宁乐此，不愿苟活于

---

1 《梁启超年谱长编》第721页。
2 转见陶菊隐：《筹安会六君子传》，中华书局1981年版，第135页。

此浊恶空气中也。"[1]来者碰壁，唯唯而退。此后，各种陷害恐吓的匿名信接连飞来，梁启超泰然处之，不为所动。9月3日，北京英文《京报》汉文部将《异哉所谓国体问题者》赫然刊载，在社会上引起轰然震动。当时报载：

> 9月3日的《京报》"即日售罄无余。而凡茶馆、旅馆因无可买得只可向人辗转抄读。又有多人接踵至该报馆请求再版。后因物色为难，竟售至三角，而购者仍以不能普及为憾。及次日《国民公报》转录，始少见松动。然《国民公报》因限于篇幅，不能登完，故四五日每至一机关一社会集合场所，则见彼此见面即问：'君有三号之《京报》否？今、昨之《国民公报》亦可。'于是，此两日《国民公报》之销场比之三号之《京报》又加多。盖传播绍介之力速于置邮。如此直至6日，购者仍接踵而至，而该报实已无余，乃宣言准于今日（7日）将梁氏之文单印发售。此两三日间，《国民公报》销路畅旺为向来北京报纸所未有。"[2]

这段记录，真实生动地反映了梁启超文章发表后的社会反映。

那么，如此一篇文章到底写了些什么，又如何评价呢？

目前，学术界对这篇影响深远的名文大体上有三种认识，一曰它根本没有反对袁称帝，相反，它是梁启超对袁的刻骨镂心的忠谏之书，梁启超也不是什么反帝制派，而是货真价实的、有条件的、倡导袁世凯称帝的新帝制派；二曰从完整的总体角度看，其所表达的反对帝制的思想是鲜明的，不容置疑的，是对共和制度的捍卫，至于文中提到的劝袁"对外一战而霸"之后再称帝的话，不过是当时历史条件下的特殊产物，目的仅仅在劝袁自行停止帝制；三曰该文的结论是反对在现行条件下复辟帝制，但文章中有许多问题和自相矛盾的地方，很不彻底。

---

1 《国体战争躬历谈》，《饮冰室合集·专集》第33，第143页。
2 上海《神州日报》1915年9月11日。

这些看法都不能令人信服。

毫无疑义,《异哉所谓国体问题者》的要害是反对和批判猖獗一时的复辟封建帝制逆流,反对和阻止袁世凯称帝。看不到这一点,就无从理解梁启超为什么要写作此文,无从理解此文为何会在当时引起那样巨大的社会反响,姑且不论梁文原稿有之,后经人劝而删去的那段激烈言词:复辟帝制"就令全国四万万人中,三万九千九百九十九人皆赞成,而梁某一人断不能赞成也!"[1] 明揭此意,就是发表后的文章中也不含糊。梁启超谈道:

"自辛亥八月迄今,未盈四年,忽而满洲立宪,忽而五族共和;忽而临时总统,忽而正式总统;忽而制定约法,忽而修改约法;忽而召集国会,忽而解散国会;忽而内阁制,忽而总统制;忽而任期总统,忽而终身总统;忽而以约法暂代宪法,忽而催促制定宪法。大抵一制度之颁,行之平均不盈半年,旋即有反对之新制度起而推翻之,使全国民彷徨迷惑,莫知所从,政府威信扫地尽矣。今日对内对外之要图,其可以论列者不知凡几,……何苦无风鼓浪、兴妖作怪,徒淆民视听而诒国家以无穷之戚也!"[2]

这显然是对袁氏政权几年来以权弄法的清算和对近年公开复辟封建帝制活动的抨击。针对袁世凯一心梦想作皇帝而又口口声声表白自己无意恢复帝制,梁启超还着实将了袁一军。他说:若改行帝制,则将来谁作皇帝呢?"若欲求诸今大总统以外耶?则今大总统朝甫息肩,中国国家暮即属纩",对得起今大总统吗?此对于国家也是万万使不得的。"若即欲求诸今大总统耶?今大总统即位宣誓之语,上以告皇天后土,下则中外含生之俦实共闻之。年来浮议渐兴,而大总统偶有所闻,辄义形色,谓无论若何敦迫,终不肯以夺志。此凡百僚从容瞻觐者所常习闻,即鄙人固亦历历在耳,而冯华甫

---

1 吴贯因:《丙辰从军日记》,《梁启超年谱长编》第 721 页。
2 《异哉所谓国体问题者》,《饮冰室合集·专集》第 33, 第 95 页。

上将且为余述其所受诰语，谓已备数椽之室于英伦，若国民终不见舍，行将以彼土作汶上。由此以谈，则今大总统之决心可共见也"。而复辟论者竟要举今大总统为皇帝，这简直是"侮辱大总统"。是可忍，孰不可忍？[1] 这段文字对袁世凯极尽揶揄和挖苦之妙，真令袁哭笑不得。

凡此种种，可以明白无误地说，梁启超绝不是倡导袁世凯称帝的新帝制派，而是反对和阻止袁世凯称帝的大功臣。

那么，是否可以说梁启超是反帝制派呢？这个说法显然也失之笼统。作为矢志追求资产阶级民主政治的温和改良派，梁启超的终极政治目标是实现资产阶级的立宪政治。只要有利于建立立宪政治，实行什么样的政治体制，在他看来只是手段罢了。关于这一点，梁启超在文章的开端就标帜说，"吾侪立宪党之政论家，只问政体，不问国体"，因为"国体本无绝对之美，而惟以已成之事实为其成立存在之根源"。所以，"鄙人生平持论，无论何种国体皆非所反对"。他还说："吾侪平昔持论，只问政体不问国体，故以为政体诚能立宪，则无论国体为君主、为共和，无一而不可也；政体而非立宪，则无论国体为君主、为共和，无一而可也。"[2] 这里，梁启超把君主制、共和制视为国体，立宪与非立宪视作政体。但是，这种论调恰恰清楚不过地表明了梁启超并不简单地反对君主制，他反的只是要作封建皇帝的袁世凯，反的只是以拥戴袁称帝为目的的复辟封建帝制逆流。

反对袁世凯称帝自然要有理论依据。梁启超的依据是什么呢？他说，只要能够立宪，实行何种国体都是可以的。但是，"惟在现行国体之下而思以言论鼓吹他种国体"，则无论如何不可以，无论如何都要加以反对。他还说，"常在现行国体基础上而谋政体政象之改进，此即政治家唯一之天职也。苟于此范围外越雷池一步，则是革命家之所为，非堂堂正正之政治家所当有事也。"[3] 这些话是针对古德诺等洋博士和筹安会鼓吹改变国体、恢复帝制而言

---

[1] 《异哉所谓国体问题者》，《饮冰室合集·专集》第33，第96页。
[2] 同上书，第85—86、87页。
[3] 同上书，第86—87页。

的，可见，梁启超反对袁称帝的理论依据是反对变更国体。

为什么要反对变更国体呢？通观梁文全篇，我们注意到，梁启超之所以反对变更国体，是因为在他看来，国体变更一会带来革命和破坏，二会造成君主专制。这两种前途都是他所不能接受的。

梁启超自称，他一向坚决反对变更国体，当初对在君主国体下鼓吹共和者如此，如今对在共和国体下鼓吹君主者也不例外。他举例说，当辛亥革命爆发后自己仍主张维持君主国体，为此还著作了《新中国建设问题》。这在当时是要"冒天下之大不韪"的。自己为什么会这样做呢？因为自己认为，"若在当时现行国体之下，而国民合群策、合群力以图政治之改革，则希望之遂，或尚有其期；旧国体一经破坏，而新国体未为人民所安习，则当骤然蜕变之数年间，其危险苦痛，将不可思议"。在他看来，革命后的种种循环迭生的"恶现象"表明，这种结局不幸而言中了，国体变更危害如此，如今喘息未定，又要第二次变更国体，如何能接受？既有今日，何必当初呢？[1]

可以看出，在辛亥革命发生数年之后，梁启超仍心存芥蒂，尚有微词，其反对破坏、害怕动乱、畏惧革命之心未尝稍减，而且，反对变更国体复辟帝制的主观动机之一乃出自于此种心理，这是值得人们深思的。如下两段话很值得注意：

"鄙人自始不敢妄倡共和，至今仍不敢迷信共和……。顾不敢如公等之悍然主张变更国体者，吾数年来怀抱一种不能明言之隐痛深恸，常觉自辛亥、壬子之交，铸此一大错，而中国前途之希望所余已复无几。盖既深感共和国体之难以图存，又深感君主国体之难以规复……。"吾友徐佛苏当五六年前尝为我言，谓"中国势不能不革命，革命势不能不共和，共和势不能不亡国。吾至今深味其言，欲求祓此妖谶者，而殊苦无术也。"[2]

---

1 《异哉所谓国体问题者》，《饮冰室合集·专集》第33，第87页。
2 同上书，第93—94页。

"夫变更政体，则进化的现象也，而变更国体，则革命的现象也，进化之轨道恒继之以进化，而革命之轨道恒继之革命，此征诸学理有然，征诸各国前事亦什九有然也。是故凡谋国者必惮然革命，而鄙人则无论何时皆反对革命。今日反对公等之君主革命论，与前此反对公等之共和革命论，同斯职志也。"[1]

复辟论者当时有一种论调，即"与其共和而专制，孰若君主而立宪？"言下之意，鼓吹复辟帝制的目的是建立君主立宪政体。对此，梁启超依据自己的国体政体观驳斥道："国体与政体本截然不相蒙，……谓共和决不能立宪，惟君主始能立宪，吾诚不知其据何种论理以自完其说也。"他质问说："且吾欲问论者，挟何券约，敢保证国体一变之后，而宪政即可实行而无障？如其不然，则仍是单纯之君主论，非君主立宪论也。既非君主立宪，则其为君主专制，自无待言。不忍于共和之敝，而欲以君主专制代之，谓为良图，实所未解。"他还质问："论者如诚以希求立宪为职志也，则曷为在共和国体之下，不能就此希求，而必须行曲以假途于君主？吾实惑之。"[2] 这里，梁启超一针见血地揭露了袁氏改行帝制就是恢复君主专制的实质，揭露了复辟者所谓建立君宪政体的骗局。

既反对、批判封建君主专制，又畏惧动乱和反对破坏，梁启超还是梁启超，其作为温和的资产阶级改良派的典型未因辛亥革命而变化，也未因反对袁称帝而转折。通过渐进的改革，在避免动乱、保持和平和秩序的基础上达到最终的立宪，于他是一以贯之的。不过，这种"一以贯之"在辛亥革命之初使他支持了袁世凯，如今又使他要反对袁世凯，这不能不说是一种历史的进步。其实，关于自己的政治态度，他在本文之首就已经向读者告白了：其一，他并不心醉共和，故于共和国体非有所偏爱，而于其他国体也非有所偏

---

[1] 《异哉所谓国体问题者》，《饮冰室合集·专集》第33，第97页。
[2] 同上书，第90页。

恶；其二，他也并非如"老辈墨守家之龂争朝代"[1]。梁启超反对帝制之立场，难道还不清楚吗？！

谈到这里，我们完全可以为《异哉所谓国体问题者》之真义作一结论了，即：梁启超确确实实在反对袁世凯，确确实实在反击猖獗一时的复辟封建帝制逆流，不过这种反对和反击有着自己的逻辑，而非其它各派反袁世凯势力的逻辑。如此看问题，此文何矛盾之有？至于引起人们议论纷纷的那段劝袁世凯励精图治之后再称帝的话，与其说表现了梁启超反袁的不彻底，倒不如说是对袁世凯的一种虚与委蛇。

不管怎么说，《异哉所谓国体问题者》的发表，标志着梁启超公然亮出了反袁世凯的旗帜，公开走上了反袁的道路。一位曾经与袁友好携手、对袁投注无限希望和支持的人，曾几何时，一变而为反袁的国内首倡者，可以想见，这篇鸿文会造成什么样的社会效果。蔡锷曾回忆：

"帝制议兴，九宇晦盲。吾师新会先生居虎口中，直道危言，大声疾呼，于是已死之人心乃振荡而昭苏。先生所言，全国人人所欲言，全国人人所不敢言，抑非先生言之，固不足于动天下也。"[2]

联系到当时的历史情况，这段话是真实可信的。

决裂之原因

梁启超何以要与袁世凯彻底决裂呢？

他的《异哉所谓国体问题者》实际上为我们提供了这样一种解释，即他之所以要反袁世凯，是因为袁世凯要复辟封建帝制，而复辟封建帝制，一会造成君主专制，二会带来动乱和破坏，而这与他的政治理想恰好相反，是绝

---

1 《异哉所谓国体问题者》，《饮冰室合集·专集》第33，第85页。
2 蔡锷：《〈盾鼻集〉序》，《饮冰室合集·专集》第33，卷首。

对不可以接受的。这个解释显然符合他的思想真实。作为一个主张温和改良的资产阶级的典型代表，梁启超毕竟不同于依附权势只求升官发财的官僚政客，他有他的政治理想以及与此理想相应的政治品格：他的终极政治目标是建立资产阶级的民主政治，实现这一理想的途径和手段是渐进的、有秩序的改良，而不是激烈的、暴力的革命；实现这一理想所要依托和利用的对象，不是力量弱小的资产阶级和其它力量，而是强有力的统治阶级当权派。戊戌前的依靠光绪搞改革，辛亥后的与袁世凯合作，无不是这一理想和品格的体现。在他看来，只要能最终实现理想，可以暂时牺牲理想；只要能保持秩序和平与稳定，哪怕实行开明专制。辛亥革命后的几年里，他对袁世凯始终寄予了莫大的希望，也始终给予了全力的支持，他幻想能利用袁世凯通过专制的手段和渐进的改革使中国慢慢走上宪政的轨道，最终实现民主政治。为此，他不惜对袁世凯忍隐屈从、迎合妥协。但是，民国初年的政治实践使梁启超渐渐认识到，牺牲的理想只能是白白牺牲，实行开明专制所换来的也只有专制而没有开明，只要袁世凯还存在一天，资产阶级的民主政治就无从实现。至此，他对袁世凯完全绝望了。他的公然打出反袁旗帜，正是他对袁世凯政治上完全绝望的表现。

  作为资产阶级的代表人物，梁启超从拥袁到反袁的转变，当然也代表了资产阶级的利益。辛亥革命后，资产阶级出于稳定政局，获得相应的政治权力以发展经济的目的，在相当一段时间里是站在袁世凯一边的。他们反对"二次革命"，支持大借款，赞成袁世凯打击国会，无不体现了这一利益诉求。但是，袁世凯过河拆桥，在他运用多种手段迅速强化了他的独裁统治后，对于在镇压"二次革命"、反对共和的斗争中支持过他的资产阶级的意见与要求却不屑一顾，诛求无已，严重损害了资产阶级的经济利益，这不能不引起资产阶级的不满。[1]他们曾质问袁世凯："中国所以弱而致此失败之结果者，其罪果尽由于党人之捣乱否？此后谋中国所以强而挽此失败之耻辱者，其道果尽于惩治党人否？"言外之意，最大的祸国者已不是革命党人而

---

1 参阅徐宗勉：《关于资产阶级从拥袁走向反袁的历史考察》，《社会科学研究》1986年第5期。

是袁世凯了。这种不满最初见之于行动的是抗捐税，而当复辟封建帝制活动公开化以后，便发展到与袁世凯的公开决裂。资产阶级从拥袁转变为起而反袁，正是梁启超从拥袁转而反袁的基础。

谈到梁启超的反袁，我们还不能不看到当时其它主要反袁势力的政治动向。

以孙中山为首的资产阶级革命民主派，虽历尽艰难险阻失败受挫，但革命意志却久而弥坚。二次革命失败后，面对袁世凯的专制独裁和投降卖国，他们高举民主共和的旗帜，进行了坚持不懈的斗争。1914年9月，孙中山鉴于改组后的国民党成员复杂、人心涣散和分崩离析的现象，毅然在东京重新组建了中华革命党，并发出了全面声讨袁世凯的檄文，尽管中华革命党存在着狭隘的宗派性、脱离群众、对列强抱有某种程度的幻想等严重缺点，但它坚持武装斗争的正确道路，是反袁护国运动的一支重要力量。

北洋派内部以冯国璋、段祺瑞为代表的军阀官僚，曾经作为袁世凯的羽翼，极力拥护和支持袁世凯登上总统的宝座。他们可以容忍其攫取和专制皇帝一样的权力，但决不甘心他给自己戴上一顶皇冠。因为帝制的推行最终摧毁了他们继承袁世凯位子的希望而使他们不仅要臣服于袁世凯，还要臣服于他的子孙。这不能不使他们感到愤懑。他们虽然没有开展积极的反袁斗争，但毕竟也是抵制袁复辟帝制的一支消极力量。

帝国主义列强曾视袁世凯为统治中国的"强的人"而对其予以鼎力支持。但是，当他们看到中国高涨的反袁浪潮，便不得不重新考虑他们对袁世凯称帝的态度。他们深知如果继续支持袁，必定会导致中国的内乱，从而失去他们在中国安定的统治秩序和利益。因此，在袁帝制活动进入高潮时，北京公使团便对袁发出警告，原以支持袁称帝换取中国答应"二十一条"为交换条件的日本也拉下脸来，翻手为云，意欲将袁赶下台去。当袁世凯洋洋得意地接受百官朝贺的时候，帝国主义列强突然站到了他的对立面。

总之，当袁世凯处心积虑地加紧复辟封建帝制的时候，反袁称帝的各派政治力量也在迅速地酝酿和积聚之中，袁的垮台是必定无疑的。梁启超自然看清了这种形势。为了自身及进步党的生存和政治前途,他也不能不起而反袁了。对此,他在一封信中谈道:"一旦倡议,全国昭苏,有何危险,更容却顾?况党人谋摇滇桂,惟力是视。自动则皆股肱,被动则我归淘汰。得失之机,间不容发。"[1] 在另一封信中表达得更清楚:

"第一,吾党素昔持论,厌畏破坏,常欲维持现状,以图休养。今以四年来试验之结果,此现状多维持一日,则元气多斲丧一分,吾辈掷此聪明才力,助人养痈,于心何安,于义何取?使长此无破坏犹可言也,此人则既耄矣,路易十四所谓朕死之后,洪水其来,鼎沸之局,既无可逃,所争早暮已耳。第二,吾侪自命稳健派者,失败之迹,历历可指也。曾无尺寸根据之地,惟张空拳以代人呐喊,故无往而不为人所劫持,无时而不为人所利用。今根基未覆尽者,只余此区区片土,而人方日蒸调于旁。当此普天同愤之时,我若不自树立,恐将有煽而用之假以张义声者。我为牛后,何以自存?幸免于此,而为独夫戮力杯酒释兵之事,数月后行且立见,儽然共为一匹夫,以坐待刲割,噬脐何及?"[2]

为了"自存",为了"不落牛后",梁启超鼓励其门生党徒打消对袁世凯的畏惧情绪,"敢为天下先",果断起兵,武装讨袁。

不管怎么说,在袁世凯及其爪牙掀起的复辟封建帝制逆流热火朝天地行动起来的时候,梁启超终于走上了反袁之路!

1915年12月,梁启超在与蔡锷等密谋武装反袁之后,南下上海。行前,他致袁世凯一封长信[3],再一次奉劝袁放弃帝制,不要引火烧身。他说:"启超

---

[1] 《复陈幼苏、籍亮侪(1915年12月19日)》,转引自孟祥才:《梁启超传》第208页。
[2] 《致籍亮侪、陈幼苏、熊铁崖、刘希陶书》,《饮冰室合集·专集》第33,第27—28页。
[3] 关于此信的撰写时间,目前学界说法不一:丁文江、赵丰田编的《梁启超年谱长编》视此为梁启超1915年4月末旬南下省亲前之作;台湾张朋园著《梁启超与民国政治》及李华兴等编《梁启超选集》则认为写于1915年12月16日前后。根据此信的发表时间(1915年12月20日以后)及信中行文的语意,我们认为似后说较妥。

诚愿我大总统以一身开中国将来新英雄之纪元,不愿我大总统以一身作中国过去旧奸雄之结局;愿我大总统之荣誉与中国以俱长,不愿中国之历数随我大总统而斩。"信的最后,他警告袁世凯好自为之,不要逆世界潮流:

"抑启超犹有数言欲效忠告于我大总统者,立国于今世,自有今世所以生存之道,逆世界潮流以自封,其究必归于淘汰,愿大总统稍稍捐复古之念,力为作新之谋。……愿大总统常以法自绳,毋导吏民以舞文之路。……愿大总统建设真实之民意机关,涵养自由发抒之舆论。……愿大总统一面顾念中央威权,一面仍留地方发展之余地。……愿大总统提倡名节,奖励廉隅,抑贪竞之鄙夫,容骨鲠之善类,则国家元气不尽销磨,而缓急之际犹或有恃矣。"[1]

这封信发自武装起兵的前夕,在梁启超看来,自己对袁世凯已经仁至义尽,倘袁世凯再一意孤行,就别怪自己言之不预了。

1915年12月23日,在袁世凯称帝11天后,蔡锷等人在云南誓师反袁,护国运动开始了。

---

[1] 《饮冰室合集·文集》第34,第4页。

十四　发动护国战争

起兵讨袁

所谓"护国战争"意指保卫中华民国的武装斗争。如前所述,袁世凯上台后,千方百计削弱民主共和,渐渐使中华民国只变成了一个有名无实的空壳。但他仍不满足,最后,连这个空壳也不要了,要复辟君主专制,爬上皇帝宝座,于是引起众怒。护国运动就是这样顺应民心、民意,迅速发动。运动的军事领袖无疑是闻名遐迩的蔡锷,但真正运筹帷幄的是他的老师梁启超。

1915年的秋冬之交,随着袁氏帝制自为运动的公开化,以梁启超为首的进步党人也加速了密谋倒袁的步伐。就在"筹安会"发表成立宣言的第二天,即1915年8月15日,寓居天津的梁启超与从北京赶来的蔡锷一同来到汤觉顿的住所,连夜密商了倒袁计划。他们分析了当时的国内形势,认为"旧国民党的人都已逃亡海外,在国内的许多军人、文人都被袁世凯收买得干干净净",只有他们自己才能把"讨贼"的任务承担起来。梁启超指示蔡锷:你是军界很有影响的人,要深自韬晦,勿为所忌,这样乃可成就反袁大业。[1] 蔡锷慷慨激昂地表示:"眼看着不久便是盈千累万的人颂王莽功德,上劝进表,袁世凯便安然登其大宝,叫世界看着中国人是什么东西呢?国内怀着义愤的人,虽然很多,但没有凭借,或者地位不宜,也难发乎。我们明知力量有限,未必抗他得过,但为四万万人争人格起见,非拼着命去干这一回不可。"[2]

---

[1] 《国体战争躬历谈》,《饮冰室合集·专集》第33,第144页。
[2] 《护国之役回顾谈》,《饮冰室合集·文集》第39,第89页。

此后，每隔数日，蔡锷便秘密往来京津一次，与乃师筹商反袁部署。他们计划，袁氏一旦下令称帝，云南即刻宣布独立，贵州越一月后响应，广西越两月后响应，然后以云贵之力下四川，以广西之力下广东，三四个月后会师湖北，底定中原[1]。关于密商反袁计划的这段历史，蔡锷事后曾回忆说："当去岁（即1915年，引者注）秋冬之交，帝焰炙手可热，锷在京师，间数日一诣天津，造先生之庐，咨受大计。"[2]

按照一文一武分头行动的既定方针，梁启超很快发表了以反袁为宗旨的《异哉所谓国体问题者》，为反袁作了舆论上的准备，在国内外引起巨大反响；蔡锷则暗中与京中有关人员联络声气，与西南各省军政人员密电往还，悄然做着武装起义的准备。

蔡锷（1882—1916年）字松坡，原名艮寅，湖南宝庆（今邵阳）人，出身于一个贫苦农民家庭。1898年，他进入长沙时务学堂，以优异的学习成绩得到时任学堂总教习的梁启超的器重和赏识，同时也深受梁启超的维新改良思想的影响。戊戌变法失败后，梁启超忍泪逃出国门，转年秋天，蔡锷也毅然接受梁启超的函招，相继来到日本。在日期间，他参加了唐才常领导的自立军起义，考入了日本的士官学校。1903年11月，他以出色的成绩毕业于士官学校骑兵科，与同班的蒋百里、张孝准并称"中国士官生三杰"。1904年回国后，他先后在江西、湖南军事学堂任教职。1905年，他被调至广西，历任新军教官和长官，对训练新式军队颇负时誉。1911年，他被调任云南新军第19镇37协协统，在武昌起义爆发后参与策划了云南起义，被推为临时革命军总司令和云南军政府都督。1913年5月，进步党成立，已脱离统一共和党[3]的蔡锷被推举为进步党本部的名誉理事和湖南支部的支部长。

作为梁启超的得意门生和进步党的重要成员[4]，蔡锷在民国后与袁世凯的关

---

1 《国体战争躬历谈》，《饮冰室合集·专集》第33，第144页。
2 蔡锷：《〈盾鼻集〉序》，《饮冰室合集·专集》第33，卷首。
3 1912年4月，原同盟会部分成员和部立宪党人组成统一共和党。该党以谷钟秀、吴景濂等为首，提出了期待中央统一、发展民族工商业等12条政纲。同年8月并入国民党。
4 蔡锷在担任进步党湖南支部长后不久，以"军人不隶党籍"之故退出进步党。

系上，和乃师一样，也经历了一个从真诚拥护、真心合作到灰心失望、走上反袁之路的过程。早在1912年3月，他就曾通电全国，主张早定大计，定都北京，使"民国基础得以巩固"。他强调，"非有强健有力之政府，不足以巩固邦基"。他认为，袁世凯是"宏才伟略，群望所归"，袁"大权所在，不能不收归中央"。[1] 此后他还多次表示，"袁是中国的一个人才，能把中国治理好"，"如果袁氏愿意的话，就让他做个终身总统"[2] 国权主义的政治思想溢于言表。"二次革命"发生后，他攻击国民党是暴烈派，支持袁世凯进行镇压。尽管如此，老谋深算、猜忌心极重的袁世凯对他却并不放心。1913年9月，蔡锷奉调来京，被縻以全国经界局督办、陆海军大元帅统率办事处办事员、参政院参政等虚职。虽然他仍然一如既往地身体力行，但政治抱负毕竟难以实现。随着时间的推移，袁世凯的专制独裁和卖国行径暴露无遗，蔡锷对袁氏也逐渐丧失了希望。筹安会出笼后，蔡锷最终看清了袁的庐山真面目，也最后下定了反袁护国的决心。

依照梁启超的指示，蔡锷在京城极力韬光养晦。他一面做着武装讨袁的准备，一面又装得若无其事。梁启超的反袁鸿文发表后，他逢人便说："梁先生是书呆子，不管事实，只顾空论。"[3] 当袁氏党羽拿着帝制意见题名簿向他试探时，他毫不犹豫地立即大书：赞成。不仅如此，为了乔装无所作为，他还故意沉迷于酒色，与云吉班妓女小凤仙打得火热。在这一切做得天衣无缝后，1915年11月中旬，他机警地摆脱了袁氏密探的监视，悄悄离开北京，避居天津租界，与梁启超做了最后的反袁密商，决定梁启超去两广，蔡锷去云南，同时派王伯群[4]、汤觉顿分别先期赴滇、粤准备。

1915年12月2日，蔡锷穿上日本的和服，改变了姓名，与梁启超殷殷话别后，登上日轮东渡日本，然后改乘船经上海吴淞口转赴香港。12月19日，

---

[1]《云南辛亥革命资料》，云南人民出版社1981年版，第146、154、172页。
[2] 赵钟荷：《云南护国前后回忆》，《近代史资料》1957年第5期，第73页。
[3] 梁启超口述、周传儒笔记：《蔡松坡遗事》，见《蔡松坡十周年忌纪念特刊》。
[4] 王伯群（1885—1945年）贵州兴义人，曾留学日本，加入同盟会。辛亥革命后在上海创办《大共和报》，加入进步党。

"定策于恶网密布之中，冒险于海天万里以外"的蔡锷终于辗转到达昆明。

就在蔡锷离津十几天后，梁启超也从天津乘中国新济轮南下，12月18日秘密抵达上海。在沪居住的70多天里，梁启超度过一段非常艰苦的生活。在致其女儿的信中他曾述及："此间之危险，又过于津，大约惟有一步不出，一杂客不见，免使亲爱之人多增悬念而已。"又谈到：家里没有开伙，"每日由远邻送饭两次来，电灯自来水皆未开，……每日茶水之矜贵殆如甘露"。然而，梁启超并不以此为苦，反"颇觉此境甚乐"。[1] 就在这种艰难的环境中，他为云南起义竭心尽智，积极活动。

在蔡锷抵滇之前，云南的一部分中下级军官和反袁的国民党军人李烈钧等，也在积极酝酿武装讨袁。在9月中旬至11月上旬的三次秘密会议上，一大批激烈反袁的中下级军官，已经拟定了反袁的初步军事计划。蔡锷的到来，振奋了人心，鼓舞了士气，使反袁的各派势力联合了起来。他们拟定，1916年初宣布云南起义，护国讨袁。

然而，就在这个时候，形势出现新的变化。袁世凯为了苟且换取日本对他称帝的支持，已决定派周自齐[2]为特使赴日，以向日本天皇赠勋为名，出卖更多的国家权益。梁启超得知这个消息后感到，如果让袁氏与日本的交易做成，将会给护国运动带来更大的阻力。为了抢在日袁交易前行动，他立即通过冯国璋的南京宣武上将军署致电蔡锷，指示他立即发动起义。

12月22日深夜，接到梁启超来电后的蔡锷、唐继尧[3]等云南重要军政将领齐集昆明，通宵会商起义大计。会上，蔡锷发表了慷慨激昂的演说。他说："我们与其屈膝而生，勿宁断头而死！""我们所争者不是个人的权利地

---

[1] 《梁启超年谱长编》第726页。
[2] 周自齐（1871—1932年）字子廙，山东单县人。清末曾任清政府驻美外交官、外务部左丞、袁世凯内阁度支部大臣。辛亥革命后历任山东都督、熊希龄内阁交通总长、陆军总长及孙宝琦、徐世昌、段祺瑞内阁的财政总长、农商总长。支持袁称帝，1916年7月被列为帝制祸首之一。
[3] 唐继尧（1882—1927年）云南会泽人，字蓂赓，毕业于日本士官学校，1911年任云南新军管带，参加了云南辛亥革命起义。此后任贵州都督、云南都督，成为云南地方实力派。参与领导了护国战争。战争结束后，拥兵割据，企图称霸西南。

位，而是四万万同胞的人格。"与会的39名将领歃血为盟，共同发出誓言：

"拥护共和，吾辈之责。兴师起义，誓灭国贼。成败利钝，与同休戚；万苦千难，舍命不渝。凡我同人，坚持定力。有渝此盟，神明共殛。"[1]

12月23日，唐继尧等人以梁启超起草的《云南致北京警告电》、《云南致北京最后通牒电》为基础，向袁世凯发出了云南方面的第一通电报"漾电"。电文指出：

"窃惟大总统两次即位宣誓，皆言恪遵约法，拥护共和。皇天后土，实闻斯言，亿兆铭心，万邦倾耳。记曰：'与国人交止于信。'又曰：'民无信不立。'食言背誓，何以御民。纪纲不张，本实相拔，以此图治，非所敢闻。计自停止国会、改正约法以来，大权集于一人，凡百设施，无不如意。凭藉此势，以改良政治，巩固国基，草偃风从，何惧不给？有何不得以而必冒犯叛逆之罪，以图变更国体？"

电文口气极其强硬，明确指出袁氏是"犯叛逆之罪，以图变更国体"。要求袁世凯立将杨度、孙毓筠、刘师培等12人"明正典刑，以谢天下；涣发明誓，拥护共和"。电文最后警告说："此间军民痛愤已积，非得有中央永除帝制之实据，万难镇劝"，限袁氏25日10时以前答复。[2]

袁世凯当然不可能轻易改变立场。于是，12月25日，唐继尧、蔡锷等联合发出第二次通电，一针见血指出袁氏乃"背叛民国之罪人"，已经丧失了作为总统的资格。他"狡拒忠告，益煽逆谋"，云南方面只有"声罪致讨"，即日宣布独立！

武力讨袁通电的发表，标志着反袁护国战争的爆发。

12月27日，蔡锷等发出讨袁通告，揭露辛亥革命后袁氏的不仁、不义、

---

[1] 云、贵社科院历史所编：《护国文献》，贵州人民出版社1985年版，第72页。
[2] 《历史档案》1981年第4期，第65页。

不智、不信、不让等丑行，证明他是一个"寡廉鲜耻"的窃国大盗，号召全国一致行动打倒他。

12月31日，蔡锷、唐继尧等九人联合发出梁启超起草的《云贵檄告全国文》，历数了袁氏辛亥四年以来操纵党派、蹂躏国会、抛弃约法、出卖主权、叛国称帝等19大罪状，并提出护国军的四条政治纲领：（一）与全国民戮力拥护共和国体，使帝制永不发生；（二）划定中央、地方权限，图各省民力之自由发展；（三）建设名实相副之立宪政治，以适应世界大势；（四）以诚意巩固邦交，增进国际团体上之资格。檄文写得尖锐犀利，正义凛然，无异向袁氏投去的一把锋利的匕首。

1916年元旦以后，在隆隆的炮声中，蔡锷率领护国军主力开赴了四川前线。

护国战争爆发以后，梁启超在远隔千山万水的上海，密切关注和全力推进着战争的进程。在艰难困苦的70个日夜里，梁启超运筹帷幄，指陈方略，实际成为指挥运动的中心。前方的军政将领时常致电梁启超，请教军事方略，请求军政支持；作为这场运动的主帅，梁启超也责无旁贷地筹划了所有的重大问题。他的具体谋划，主要表现在如下四个方面：

1. 筹措财政。云南素为贫瘠之区，承担巨额的起义开支极为困难。梁启超为此"渐汗焦灼，不可言喻"。为了解决财政困难，他曾计划亲赴日本，通过外交途径，筹款购械，但因故未能成行。因此，他主张，第一，先将政府所收盐税全部充作起义费用，并将稽核分所的洋员护送出境。如此，"一则我军可以得大宗收入，一则亦使敌之财政亦陷困难（盐税余款无可提亦略足制彼死命），对外信用亦坠地，斯亦足以速其自毙"。他认为，这是"目前财政救急第一策"，必须"断行勿疑"。[1] 第二，建议护国军扩充富滇银行资本，强劝巨室投资，并以公债形式全部贷与军政府。[2] 因为滇中巨富颇多，倘此时对其晓以毁家纾难之大义，半敦劝，半强迫，并非不可实行。第三，积

---

[1] 《致蔡锷第二书》，《近代史资料》1957年第4期，第65页。
[2] 同上书，第68页。

极筹备资金，在日本定造镍币若干，运回云南，充作护国军的辅币。此外，他还亲派自己的女婿周希哲往南洋募捐，以解护国军燃眉之急。

2. 指导军事。在梁启超与护国军的函电交往中，策划与指导军事是极为重要的内容。他指出，要保证战争的顺利进行，必须做到：第一，明确主攻目标，"全力规复三川"是滇军的第一责任，必须全力以赴。在进军四川时，必须充分注意和谨慎处理蜀中各派纷繁复杂的关系。只要能"助我讨贼"，"自当一视同仁"；而对那些怀有私心、不受节制者，则应惟力是视，不可稍事姑息。他提醒护国军将领："盖必能奠蜀，然后能奠西南；必能奠西南，然后能奠中国。"第二，补充新兵，加以训练编制，乃护国军政府"目前第一大业"。他强调，兵，不能专注重于练，而尤当注重于教；所教者，不能专重于技术，而尤当注重于精神。精神的鼓舞会造就军心的团结，军心团结之真实具体的手段，乃是军官与士兵个人感情上的极端融洽。第三，大敌当前，护国军内部要精诚团结，坚定必胜的信念。梁启超指出，现在四方人士云集昆明，团结问题是"不可不深自警惕"的大问题。他断言，"凡事若不从一身或一党派之利害上打算，则天下断无不可调和之意见"。他希望护国军各方"求精神上之一致结合，分劳赴功"，"勿以一毫将来权利思想杂于其间"，"勿授敌者以丝毫口实"。他为护国军将士打气说："逆贼不患不覆亡"。现在各省诘责护国军的电文很多，但这并不值得忧虑。因为这都是"伪政府拟稿迫令拍发"的，"与前此推戴之电文同一笔法"。真正效忠袁氏的，能有几人呢？多数省份是同情我们的，他们迟早要响应起义。胜利属于护国军。[1] 第四，袁氏对付滇省的方法，既有威压，又有术取。威压固然无效，术取不可不防，尤其要注意，"敌确已派外国侦探数辈前来"，必须慎之又慎。他建议，"凡可疑者，中国人至少予以拘禁，重则除之；外国人至少予以监视，重则遣之。宁我负人，勿人负我，危急之顷，不能空谈仁恕"。[2]

---

1 《致蔡锷第一书》，《梁启超年谱长编》第 738—740 页。
2 《致蔡锷第二书》，《近代史资料》1957 年第 4 期，第 65 页。

3. 运动冯国璋赞助云南起义。江苏将军冯国璋，本是袁世凯的左膀右臂。但随着地位的提高和实力的增强，他已经不满足于只做一省之主，而做上了总统梦。因此，对袁氏的帝制自为，总的说，他是持反对态度的。但他又不主张立即倒袁，而是犹豫观望，处于中间状态。争取他赞助云南起义，无疑会稳定东南，孤立袁氏。于是，梁启超一到上海，即与冯暗通声气，派人持自己的亲笔信面见冯国璋，详述义军情形，揭露袁氏对他的防范，晓以利害。冯国璋表示，决不会与护国军开仗。此后，冯国璋又乘广西独立之机，与江西将军李纯等五将军联名致电袁氏，请速行取消帝制，这对袁的打击很大。

4. 重视舆论。梁启超向蔡锷建议，"将自筹安会以来北京关于选举推戴各项事宜唆使之密电全分录出，交此间机关报发表。"按照他的部署，1916年1月，云南都督府将袁氏帝制活动的有关密电，汇编成册，取名为《民意征实录》，广为散发，有力地揭露了袁氏帝制活动的内幕。与此同时，梁启超还坚持"每日皆竭全力以作文"，"专务鼓吹舆论，联络各省。"[1]

这些精心的策划与指导，对反袁战争的顺利进行，无疑起了无可替代的关键作用。

秘密入桂

蔡锷率领的护国之师兵分三路，迅速向四川前线挺进。1月21日，护国军以锐不可当之势一举攻克川南重镇叙府，全川大震。1月27日，贵州响应滇省起义，宣布独立，给了护国军有力的支援。

西南形势的发展使袁世凯惊骇不已，他立即调兵遣将，以占绝对优势的兵力进行征伐。双方在川南叙府、泸州、纳溪一带展开激烈的战斗。战事进行得相当艰苦，护国军的处境十分困难。

面对护国前线紧张危急的形势，坐镇上海的梁启超焦灼万分，忧心不

---

[1] 《国体战争躬历谈》，《饮冰室合集·专集》第33，第145页。

已。他感到，要改变目前战场上的不利局面，推进战争进程，必须迅速策动广西独立，改变力量对比形势，使滇、黔、桂连成一片。于是，2月25日，他急书广西将军陆荣廷[1]，捧将激将，申大义，剖利害，力劝他打消顾虑，响应云贵，立即宣布起义。在此之前，陆荣廷、梁启超之间虽然从未见过面，但陆对梁却久慕盛名，极为推崇。云南起义之初，蔡锷按照与梁启超事先商定的计划，曾派人赴桂联络，陆表示一定要响应起义。[2]此时接到梁的来信后，陆荣廷立即派心腹军官陈祖虞至上海迎梁入桂，表示梁"朝至，桂夕发"[3]。但陈祖虞来得太突然，陆荣廷的允诺起兵也似乎很轻易，反使梁启超及其同仁心生疑虑，因此拒绝了陈祖虞的请求。

几天之后，陆荣廷又派广西测量局局长唐绍慧至沪面见梁启超，备述陆对梁"仰慕之忱，礼聘之笃"。梁被唐说得"眉飞色舞，喜气洋溢"，可又以退为进地说道："陆干帅兴利除弊提纲挈领，他已使广西全境为之大治，又何须我去帮什么忙呢？"唐绍慧当下答道："陆干帅自诩颇有自知之明，他说他在广西，充其量只可肃清盗匪，保境安民，若论建设之任，还得任公前往施展长才。"一席话说得梁启超心花怒放，他当即"昂然地抬起头来，面现红光，兴奋莫名地说道：'好，我便到广西走一趟'。"[4]

3月4日，在日本驻沪武官青木中将的帮助下，梁启超偕同黄溯初、汤觉顿、唐绍慧等一行七人，乘日本邮船会社的横滨丸号邮船离沪南下。为了防范袁氏密探的侦察，梁启超日夜蛰伏在舱底锅炉旁一间贮邮件的小房中。船外大雪纷飞，舱底小屋中的梁启超却挥汗如雨。只有到了深夜，"群动尽息"，他才能"窃蹑舷栏，一晌凭眺"，饱览夜色中的大海。尽管条件如此艰

---

[1] 陆荣廷（1859—1928年）字干卿，广西武鸣人。父母早丧，沦为游民、绿林。后被清政府招安，任清军管带、统领。因镇压孙中山、黄兴领导的镇南关起义，被提为右江镇总兵、广西提督。辛亥革命后被推为广西都督。支持袁世凯镇压二次革命。对袁的封官不公和企图操纵控制广西不满，遂走上反袁道路。云南起义和贵州独立后不久，宣布广西独立。
[2] 邹若衡：《云南护国战役亲历记》，《云南文史资料选辑》第10辑，第153页。
[3] 《从军日记》，《饮冰室合集·专集》第33，第121页。
[4] 《李宗黄回忆录》，台北，中国地方自治学会，民国六十一年初版，第二册，第135页。

苦,梁启超却笔劳不辍。在溽闷难耐的旅途中,他就广西独立、袁氏劝退、军务院之设置等问题,接连起草了通牒、宣言、公电等文件10余份。

3月7日,横滨丸抵香港。香港巡捕立即登船严加搜查,盘问汤觉顿等人的姓名及来港目的,连行李中包东西的字纸也不放过。可幸者,汤觉顿有一小皮包,包中藏有梁启超所草广西起义后讨袁之檄文及康有为致陆荣廷书等,竟未被搜去,真是有惊无险!为了躲避码头上侦探的搜查,梁启超只得继续隐匿舱底,"四日间竟不敢登舷一步"。更糟糕的是,按照南下前的行程安排,入桂必须绕道越南海防,但现在经越南入桂的道路已被封锁。本来外国人入海防不需护照,但3月3日驻港法领事突然发布新规定,无论哪国人入海防,均须领有护照,每一护照须有两位殷实商家担保,并交相片二张,且须亲盖手模。[1] 梁启超既不能露面,自然弄不到护照,这样,绕道海防入桂的计划终成泡影。这时,广州日本领事又传出消息说,袁军在四川已攻克叙府、纳溪,袁氏在广东的爪牙龙觐光部又攻下剥隘。噩耗传来,梁启超焦虑万分。不得已,他们只有兵分两路,一路,汤觉顿等五人由香港经梧州先期赴南宁,并带去梁启超为广西独立草拟的通电;另一路,则由黄溯初陪同梁启超偷渡海防,再转广西。

3月12日,梁启超和黄溯初装扮成日本人,秘密换乘日本三井洋行运煤船妙义山丸,离开香港。轮船卅足马力,加速行驶,15日,抵海防附近的洪崖。早已等候在那里的日人横山立即用游船将梁启超等接走,装作海上游览,迂回曲折地漂泊了一天一夜,16日晚8时在海防悄然登陆,住进了横山的卧室。当夜,梁启超会见了云南驻海防的秘密代表张南生,"商今后进取之路"。[2] 张转交了唐继尧请梁入滇的三封信,并告知说,陆荣廷已派驻镇南关交涉员欢迎他赴桂。

当时,在越南的法国人受袁氏之托,正严密捕拿梁启超。为了防备不测,

---

1 吴贯因:《丙辰从军日记》,《梁启超年谱长编》第761页。
2 《从军日记》,《饮冰室合集·专集》第33,第126页。

17日清晨，横山用汽车将梁启超亲自送到自己所办的帽溪牧场，深居以待桂使之来。在牧场，梁启超度过了他一生中最为艰辛的10天。这里烟无可吸，书亦读尽，被褥污秽，跳蚤横行。更可怕者，初到帽溪，他未听主人以黑布裹头的劝告，被烈日炙脑，患上当地一种极危险的热病，"子身在荒山中，不特无一家人且无一国人，灯火尽熄，茶水俱绝"，其苦痛"真非言语所能形容"。多亏当地人及时以草药医治，两日而愈。否则，迟延一天，"亦无救矣"。[1]

梁启超的广西之行，历尽千辛万苦，用他自己的话说，真好比"小小一部冒险小说。"[2]黄溯初则称赞他"只身孤行，奔走万里，任公之大勇，于此可见矣"[3]。

早在梁启超抵海防前的14日，汤觉顿一行已经抵达南宁，谒见了陆荣廷。陆得知梁启超已在赴桂途中，遂于3月15日发出了由梁启超代拟的广西独立通电，紧接着又发出由陆荣廷、梁启超联衔的《广西致北京最后通牒电》、《广西致各省通电》，提出"大憝不除，国无宁日"，希望各省"迅举义麾，共犁妖窟"[4]。在宣布独立的同一天，陆荣廷将在柳州的行营改称广西都督府兼两广护国军总司令部，并任命梁启超为总参谋。

梁启超策动的广西独立对整个战局产生了重大影响。它使在四川前线艰苦作战、濒临危境的护国军深受鼓舞，坚定了必胜的信念，同时也有力地瓦解了北洋军的士气。在蔡锷的指挥下，护国军重新发起反击，屡屡得手，极大地改变了战场上的不利形势。从此，滇、黔、桂、川联成一气，护国战争的星星之火已成燎原之势。3月22日，袁世凯被迫取消帝制，北洋军也要求停战议和，护国战争取得阶段性胜利。

广西独立后，陆荣廷派人肃清了桂、越边境的袁氏武装。3月26日，梁启超离开帽溪牧场，躲过"谍骑四布"的越境，经过两天一夜的饥餐露宿，于

---

1 《与娴儿书》，《梁启超年谱长编》第766—768页。
2 《从军日记》，《饮冰室合集·专集》第33，第126页。
3 吴贯因：《丙辰从军日记》，《梁启超年谱长编》第762页。
4 梁启超：《广西致各省通电》，《盾鼻集》第7页。

次日午后3时踏上国土。镇南关大悬国旗，列队肃肃。在激越嘹亮的军乐声中，梁启超被欢乐的人群簇拥入关。在赴南宁的途中，梁启超受到极其热烈的欢迎，居民百姓，"悬旗燃爆，父老相携，迎送十里外。"抵达龙州时，"全城爆竹声，喧天沸地，父老儿童皆感极而泣"。[1] 白天，他接见绅商，赴会演讲；夜晚，则伏案处理文电，"彻夜不寐"。4月4日，梁启超终于抵达南宁。

在离沪南下的整整一个月的时间里，梁启超一面经历着旅途的漫长和艰辛，一面苦中求乐，捉笔为文，起草和创作了大批文电和著作，对推动战争的进程起了十分积极的作用。

在从香港至海防的妙义山丸上，梁启超写了《在军中敬告国人》，回顾了自己辛亥革命后从与袁合作到毅然反袁的过程，检讨了自己的过错，表明了与袁世凯"相见于疆场"的决心。他追述说："当元二年之交，国论纷挐，启超惧邦本之屡摇，忧民力之徒耗，颇思竭其驽骀，翼赞前大总统袁公，亟图建设，以为以袁公之才而居其位，风行草偃，势最顺而效最捷。"这段回顾是实事求是的，道出了民国后拥袁世凯的原因。接下来，梁启超说道："乃与袁公共事数月，渐觉其别有肺腑，非能先公而后私"，袁氏"处今日文明之世，而行中古权谲残刻之政，外袭众建之名，内蹈专欲之实，黜全国之智，箝全国之力，涸全国之资财，摧全国之廉耻，而以资一时便安之计，成一姓篡窃之谋。生于其心，害于其政，取子毁室，率兽食人。循此迁流，更阅年载，则人道且将灭绝于中国，而中国更何自由存于世界者。"对袁的揭露是一针见血的。他表示，在这种情况下，虽然"夙耽溺于平和之梦，"但"几经踌躇审顾，惩前毖后，不得不毅然决然挥泪沥血，从诸贤之后，以与袁公相见于疆场"。最后，他检讨了自己的责任：

"痛念频年以来，颇不免缘党派偏见，误断事理，间接以酿国家隐

---

[1]《与娴儿书》，《梁启超年谱长编》第770页。

患。中间又尝以悲观弛惰，自荒匹夫之责，致国民活力，生一部分之损耗。今以国脉安危，迫于眉睫，不敢不沈痛忏悔，请献此身，以图自赎。微诚所贯，舍命不渝。功不敢承，罪不敢避。"

他希望反袁同仁"相与提挈于前，而督责于其后"[1]，共同完成反袁护国的大业。

这篇文章，无疑是梁启超本人由拥袁转为反袁的一篇告白，也是他号召反袁的一个动员令。

在隐匿帽溪牧场的日子里，梁启超热病初愈，用三天三夜完成一部两万余字的著作《国民浅训》。作为一部通俗的社会政治教科书，《国民浅训》深入浅出地讲解了近代资本主义的许多政治学问题，如何故爱国，何谓立宪、为何立宪，什么叫自治，地方自治的内容，租税及公债、征兵、调查登录是公民应尽的义务，乡土观念和对外观念的关系，什么叫自由平等，什么是真正的爱国，中国的前途，等等，深入浅出地论述了梁启超坚持一贯的社会政治思想和文化思想。

值得注意的是，在这部著作中，梁启超继续发挥了先前对国民性的批判。如他认为："盖我国民事事都不让人，独有视国家事当作闲是闲非不愿多管之一念，实为莫大病根。此病根不除，国家终无振兴之日。国家不振，而欲身家安全发达，此必不可得之数也。"他又阐述说：中国人有一种论调，总认为中国是"文明最古"之国，中国国民是"德性最美"之民，认为"泰西学术多为吾先哲所见及，其大本大原，远不逮我，若夫形而下之技术，则采之易耳。至其礼教风俗，则更一无足取，吾但保存吾国国粹而发挥之，斯足以为治矣"。梁启超批评说，这是一种"虚骄自大苟安自欺之心，实病根所从出也"。他指出："我中国现在社会之人心，实依然为千百年来旧染所固蔽，暮气沉沉，惰力满满，若淤血积于体中，为百病之窟宅。故虽日进甘旨，曾不

---

[1]《饮冰室合集·专集》第33，第115—117页。

足以资荣卫，而徒增其痼疾。积弱大原，实在于此。非我国民痛自警醒，痛自改悔，慊然自知不足，而抑然以人为师，其安能换此颓风一新国命乎？"应该说，梁启超对中国国民性及其危害的分析批判是鞭辟入里，极为深刻的，基于此种批判而对中西两种学术、文化的比较批评也是实事求是的。

然而，在批判国民性的同时，梁启超依旧将国民程度与国家的政治状况联系起来，把政治的不良归诸国民，则显然是荒唐不稽的。如他指出，袁氏称帝就是借口中国人民程度不宜共和。民国成立四年以来实未行一日共和，宜与不宜，本自无从判断。但从此以后中国国民"真要抖擞精神，立稳共和基业"，"常识日增加，公德日发达"，"免致为满洲人及袁世凯之所笑"。他的言外之意是，中国国民的程度之低，适足给袁称帝提供了借口和依据。他还认为，袁氏及其爪牙之所以"敢如此荒唐"，就是因为中国国民不好管国家闲事。反袁战争可能会伤残数十万人之性命，这些性命实"间接"为中国国民所杀[1]。明确提出袁氏称帝乃百姓之责任。我们说，文化道德风尚对政治的作用是微不足道的，而政治却会极大地影响着社会文化道德风尚；不是提高文化道德风尚就必然有良好的政治，而是刷新了政治才能改变人民的陈旧道德习俗。

协调反袁力量

广西的独立和袁世凯的被迫取消帝制，使护国战争的形势继续向好的方向转化。在这种情况下，广东将军龙济光被迫于1916年4月6日宣布广东独立。但是，龙济光并无半点讨袁诚意。作为袁世凯的忠实爪牙，他的"独立"之举，完全是不得已而为之的缓兵之计。对此，广东境内由中华革命党人、国民党温和派组织的反袁武装和其它爱国力量纷纷揭露他"伪行独立"，要求他下台。他们在各地展开反龙的武装斗争，并进逼广州。为了保住自己的地位和权力，龙济光被迫邀请两粤民军和护国军代表入广州城协商解决广东问题。

---

[1]《饮冰室合集·专集》第32，第2—4、6、18—20页。

本来，梁启超是坚持要龙济光退位、广东无调停余地的。但是，碍于陆荣廷的情面，[1]尤其从避免地方"糜烂"以利于组织两粤护国军出师北伐袁世凯方面着想，梁启超最后还是同意以和平方式解决广东问题，并决定派汤觉顿以陆荣廷代表身份先期赴粤协商有关事宜。[2]4月8日，梁启超和陆荣廷应龙济光与讨袁民军各方之请，亲自由南宁起程赴粤，调停广东内部的统一。出发前，他们共同发出了由梁启超起草的《致广州各界电》和《致广东民党领袖电》，一面劝谕广州各官署、团体和报馆"戮力同心，协助各官厅维持秩序"，一面告诫广东各路民军顾全大局，捐弃小忿，勿以"义愤太过，流于躁进"，致"为人借口生事，陷粤境于糜烂"[3]。他们企图以牺牲民军利益来求得广东局势的稳定。

然而，当梁启超、陆荣廷行至梧州时，却听到始料未及的海珠惨案的消息。4月12日，粤军、民军及陆荣廷代表等各方在广州海珠召开联席会议。会上，双方争执不下。龙济光部将颜启汉竟拔枪射击，杀害了汤觉顿等三人。这就是震惊一时的海珠惨案。惨案发生后，各路民军群情激奋，力主驱逐龙济光。原主维持龙济光广东都督地位的梁启超、陆荣廷不得不向龙发出通牒：让出广东都督并率师北伐。龙济光一面表示让步，一面又欺骗舆论，敷衍塞责，并没有履行诺言。

为了尽快结束广东内部的混乱局面，出师北伐，梁启超等又提出成立两广护国军都司令部，并拟推岑春煊为都司令。根据《都司令部组织令》的规定：两广护国军都司令统辖广东、广西两省军队，管理一切军务，兼筹政务、财务。显然，这主要是针对龙济光不肯让出都督一席而设的。有人曾指出："明明都督之任（指广东都督）不能接收，故特设此都司令之名，使都督亦受其节制，此提高一级以图可以驾驭，特一委曲求全之术而已。"[4]龙济光见

---

1 陆荣廷和龙济光是儿女亲家。陆也不愿通过拼掉龙济光而损耗自己的实力。
2 《盾鼻集·电报第三》，《饮冰室合集·专集》第33，第35页。
3 同上书，第38—39页。
4 菊庄通信：《粤省大局糜烂之痛史》，《时报》1916年5月6日。

桂军和广东民军皆赞成此议，大势所趋，不得不表示同意成立都司令部。

5月1日，两广护国军都司令部在广东肇庆正式宣告成立，由岑春煊任都司令，梁启超任都参谋。都司令之下，设有参谋部、秘书厅、参议厅、外交局、财政厅、盐务局、饷械厅、副官处等机关。本部之外，还设有将校团。都司令部直辖军队四师二混成旅一独立团。从此，龙济光虽仍牢牢把持着广东军财大权，与西南护国军貌合神离，并继续与民军发生纠纷和冲突，但名义上毕竟是在都司令部节制之下了。都司令部的积极意义就在于，它壮大了反袁护国力量的声势，继续瓦解了北洋军的士气，更重要的是，它为军务院的成立创造了条件。

早在与蔡锷密谋起义时，梁启超就提出，待云贵两广独立后，根据形势的发展，组织一个临时政府，拥戴黎元洪为总统[1]，这是成立军务院的最初构想。不久，梁启超南下上海。居沪期间，他与滇军驻沪代表李宗黄也谈到这个问题。李宗黄回忆：

"那一天梁启超和我专辟一室，促膝而谈，他侃侃然申论'名不正则言不顺'的大义，然后便倏然转为：'外国人问起护国军讨袁之役究由何人领导、设有何种机构，令我们难以置答'……末后梁氏方始点破了正题说：'当今之计，我们亟应设立一个总其成的机构，或者竟是政府组织亦好。护国讨袁，对外则争取外交同情，对内也有以号召全国军民'。"[2]

云贵起兵后，梁启超南下广西，途经香港，与旧国民党的李根源[3]等人晤谈，正式提出适当时机成立军务院，以统辖南方起义各省。吴贯因在《丙辰

---

1 《国体战争躬历谈》，《饮冰室合集·专集》第33，第145—146页。
2 《李宗黄回忆录》第二册，第165—167页。转引自胡平生：《梁启超与讨袁护国》，《国立台湾大学历史学报》第2期。
3 李根源（1879—1965年）云南腾冲人，字印泉。早年赴日学习陆军并加入同盟会，武昌起义后，在云南与蔡锷发动新军响应。参加了"二次革命"，失败后逃亡日本，与黄兴等成立欧事研究会。1915年回国，反对袁世凯称帝，任军务院北伐联合军都参谋。

从军日记》中记载：

> "当任公至香港时，即谓将来起义诸省，对内对外皆不可无联合的机关，此种机关使以政治命名，恐未起义之省疑为组织政府、有垄断政权之意，不如以军事命名更少窒碍，可即名之曰军务院。"[1]

构想既已提出，梁启超即着手准备工作。在乘妙义山丸偷渡海防的日子里，他在起草各种文电的同时，也草拟了军务院的布告，并让黄溯初起草了军务院的组织条例，接着，他一面派遣黄溯初带着他的"手书与组织临时机关各稿"，前往云南征求唐继尧的意见，一面致电陆荣廷，告知他在沪、港与各方面协商，拟组一军务院，以"执行军国重事"。[2]

两广护国军都司令部成立后，梁启超再一次提出了军务院的组织计划，并就抚军长的人选和军务院所在地问题，与起义各省进行了反复的协商，终于求得滇、黔、桂三省的一致。为了征得广东的首肯，并进一步协调解决龙济光与都司令部及民军的关系，5月5日，梁启超偕李根源等人亲赴广州，企图"靠血诚感动龙济光"。在李根源的伴随下，梁启超跑到观音山与龙济光苦口婆心地谈了十几个小时。翌日晚，龙济光设宴"欢迎"梁启超，几十名龙军将领亦带枪出席。酒过三巡，龙的部将胡令萱破口大骂护国军和护国将领，凶焰毕露。危急时刻，梁启超拍案而起，横眉怒目龙济光等人，说道：

"龙都督，我昨夜和你讲的什么话？你到底跟他们说过没有？我所为何来？我在海珠事变发生过后来，并不是不知道你这里会杀人。我单人独马手无寸铁跑到你千军万马里头，我并不打算带命回去。我一来为中华民国前途来求你们帮忙，二来也因为我是广东人，不愿意广东糜烂，所以我拼着命来换广州城里几十万人的安宁，来争全国四万万人的人格。既已到这里，自然

---

[1]《梁启超年谱长编》第764页。
[2]《盾鼻集·电报第三》，《饮冰室合集·专集》第33，第32页。

是随你们要怎样便怎样！"[1]

梁启超"意气横厉"，声若打雷，一边说一边不停地拍桌子，将桌上的玻璃杯震得叮当乱响。此举果真将龙部悍将的凶焰镇住了，那位胡令萱也悄悄地溜了。不过事情并未到此为止。深夜，几百名兵士包围了梁的住所，喧嚣叫骂，声称要杀掉梁启超和李根源。在与梁启超同行的其他几人的调解下，梁启超趁机溜出了广州城。

"鸿门恶会"着实让梁启超等人吃惊不小。可喜的是，龙济光同意了护国军方面关于成立军务院的构想，也算不虚此行。

5月7日，滇、黔、桂、粤四省都督以护国军军政府名义宣布，为统一对袁军事，筹划建国方策，"特暂设一军务院，直隶大总统，指挥全国军事，筹办善后庶政。院置抚军若干人，用合议制裁决庶政。其对外交涉，对内命令，皆以本院名义行之。俟国务院成立时，本院即当裁撤"。[2]《军务院组织条例》也同时公布，其中规定："军务院置抚军，无定员"，"以各省都督或护理都督，两省以上联合军都司令、都参谋及独立各省确已成军有二师以上之军总司令任之。凡新取得前项资格者，同时取得抚军资格。"[3]

5月8日，酝酿多时的军务院在广东肇庆宣告正式成立。唐继尧、刘显世、陆荣廷、龙济光、岑春煊、梁启超、蔡锷、李烈钧、陈炳焜、戴戡为抚军，唐继尧任抚军长，岑春煊为抚军副长，梁启超为政务委员长。因唐不能驻院，故由岑代行抚军长职权。

军务院成立后，发布了由梁启超起草的一系列宣言。第一号宣言宣布：袁世凯"紊乱国宪，公然倡乱"、"自居皇帝"，根据约法规定，应受弹劾裁判。只因裁判机关久被蹂躏不能行使职权，故决定由军政府督率大军，围捕

---

[1]《护国之役回顾谈》，《饮冰室合集·文集》第39，第95—96页。
[2] 两广都司令部参谋厅：《军务院考实·第一编》，商务印书馆1916年版，第3页。转引自《中华民国史》第一卷下。
[3] 两广都司令部参谋厅：《军务院考实·第一编》，商务印书馆1916年版，第4页。转引自《中华民国史》第一卷下。

该犯，待将来召集国会，依法弹劾，组织法庭，依法裁判。袁氏称帝后，其民国大总统之资格，理应消灭。第二号宣言宣布：前大总统既已犯罪缺位，所遗未满之任期，当听由副总统黎元洪继任。第三号宣言宣布：军务院直隶大总统，代行国务院职权，指挥全国军事，筹办善后庶政。第四号宣言颁布了军务院的组织条例，并规定"军务院俟正式国务院成立时撤废之"。第五号宣言公布了抚军名单及其职务，并决定军务院暂设广东。[1] 此外，军务院还发布了多份布告和致各国公使、领事的通告，详述了军务院的组织宗旨和大政方针。

与此同时，军务院还督率大军，分湘、赣、闽三路，对袁世凯进行北伐。

军务院是由进步党人、国民党人和西南地方实力派组成的临时政府性质的机构。从其酝酿、大政方针的拟定和成立后的情况看，其主要权力集中在以梁启超为首的进步党人及西南地方实力派手中，而梁启超则实际发挥了核心的作用。尽管它自始至终没有提出明确具体的政治纲领，排斥以孙中山为首的中华革命党人，其领导独立各省的功能也未充分发挥，但是，它的成立及其后对袁氏展开的一系列政治、军事、外交攻势，本身就是对袁氏政权的根本否定和沉重打击。它壮大了护国反袁力量的声势，加速了袁氏政权的覆灭。从这个意义上讲，军务院的成立，使护国运动发展到最高潮。

逼袁下台

在反袁护国力量的打击下，仅仅过了83天皇帝瘾的袁世凯，不得不在1916年的3月22日宣布取消帝制。皇帝当不成了，但大总统的位子他却想赖着不放。为此，起初他一方面致电护国军一方，恳求他们"罢兵息民"，停战议和，一方面又急电其在广东的爪牙龙济光及张鸣岐，让他们与陆荣廷等进行斡旋，以期滇、黔、桂三省能够取消独立。在这一切均成泡影后，他

---

[1] 《饮冰室合集·专集》第33，第7—10页。

又通过帝制派首领梁士诒、总统府秘书长张国淦[1]、参政庄缊宽[2]等致电梁启超，以种种理由希望保住权位。

梁启超心里很清楚，袁世凯已经成为封建专制独裁的象征，袁氏一日不除，资产阶级的立宪政治就一日不立，护国战争也就失去其进行的目的。因此，他力主非袁氏退位不可。3月28日，还在赴桂途中的梁启超在得知龙济光、张鸣岐已派人来游说陆荣廷的消息后，立即电告陆荣廷："龙、张来使，所商不知何事。但若以取消帝制为取消独立交换条件，务乞坚拒勿许。袁之无信而阴险，中外共知。若彼仍握政权，将来必解西南诸镇兵柄，再施伎俩行专制。如此非特义军诸将校遭其荼毒，且地方治安亦不克保。"他强调："今日之事，除袁退位外，更无调停之余地。"[3]与此同时，他又分别致电汤觉顿和独立各省都督总司令，要求他们坚持原则，勿言调和。[4]在回复梁士诒、张国淦、庄缊宽的电文中，梁启超揭露袁世凯"专操权术，以侮弄万众，失信天下已久"，今欲以一纸撤销帝制空文，"换已去之人心，云何能济？"他指出：袁氏但凡有一点自知之明，也应知趣引退，赋闲养老，何必非赖着总统的位置不放呢？4月30日，梁启超再一次致电护国军各长官，提出南方的和谈条件："以惩罪魁为停战条件之主眼，以退位为媾和条件之主眼。"他提醒他们："和平保障，惟恃武力"，袁氏正在玩弄停战阴谋，万不可掉以轻心，"堕其术中"。[5] 5月3日，梁启超又致黎元洪及各省军事长官一电，再一次明确表示："国事至今日，舍项城退外，更无弭兵之望。"针对袁氏可以继续做总统的说法，他讥讽道："再醮之妇，更求归奉宗祧，不徒大悖于礼，且亦难以为

---

[1] 张国淦（1876—1959年）字乾若，又字仲嘉，湖北蒲圻人。举人出身。清末在奕劻内阁任统计局副局长，辛亥革命后历任国务院铨叙局局长、国务院秘书长、内务总长、教育总长、农商总长、司法总长等职。晚年从事著述，对地方志、交通史造诣较深。
[2] 庄缊宽（1867—1932年）字思缄，江苏武进人，清末毕业于江苏南菁书院，历任广西浔江书院山长、桂平知县、梧州知州等职。辛亥革命后曾任江苏都督。
[3]《复陆都督电》，《饮冰室合集·专集》第33，第31页。
[4]《饮冰室合集·专集》第33，第32—33页。
[5] 同上书，第44页。

情。"同时，他也驳斥了只有袁世凯才可以统一北方军队的谬论，竭力吹捧冯国璋、张勋、段祺瑞、王士珍等北洋将领，认为他们完全有威望和能力统帅北军，镇抚北方，借以离间他们与袁的关系。他敦促袁世凯赶快下台，以免"遗后患于异日"："要之项城既失威信于中外，其不能不退已成铁案。见机而自退耶，则身名既泰，而人民亦免几分之伤残，国家亦存几分之体面。"最后，他声明，促袁世凯退位，非自己有任何野心。他说："若启超者本为文士，非有政才，投笔已乘，本怀藏山，尚留绝业。皎然此志，无待自明。"[1]

为了迫袁世凯退位，梁启超在三条战线上对袁世凯展开了攻势。一是积极促成两广护国军都司令部和军务院的成立，完善反袁护国力量的组织系统，壮大护国军的声势，表明与袁氏政权的势不两立；二是用自己的犀利之笔，揭露和抨击袁世凯，造成强大的舆论攻势，使其臭不可闻，让人们彻底丢弃对他的幻想；三是努力扩大北洋集团内部矛盾，联冯联段，共同反袁。

在袁氏宣布取消帝制后不久，袁氏党徒伪造民意拥戴袁氏做皇帝的电文，被独立省区汇集影印出版。这无疑是一本暴露袁氏帝制内幕的好教材。为了更好地发挥其舆论功能，在该电文影印出版时，梁启超写了一篇《袁政府伪造民意密电书后》，对袁氏政府弄虚作假，强奸民意的真面目，做了淋漓尽致的嘲讽、揭露和批判。他说：

"自国体问题发生以来，所谓讨论者，皆袁氏自讨自论。所谓赞成者，皆袁氏自赞自成。所谓请愿者，皆袁氏自请自愿。所谓表决者，皆袁氏自表自决。所谓推戴者，皆袁氏自推自戴。"一针见血，点出了问题的主眼。在摘引了袁政府伪造民意的大批密电并加以批判分析后，梁启超指出：

"质而言之，此次皇帝之出产，不外右手挟利刃，左手持金钱，啸聚国中最下贱无耻之少数人，如演傀儡戏者然，由一人在幕内牵线，而其左右十数嬖人蠕蠕而动。此十数嬖人者复牵第二线，而各省长官乃至

---

[1]《饮冰室合集·专集》第33，第46—48页。

参政院蠕蠕而动。彼长官等复牵第三线，而千七百余不识廉耻之辈冒称民国代表者蠕蠕而动。其丑态秽声播于社会者，何啻千百万事！"

寥寥数语，勾勒出袁氏复辟称帝活动的群丑图。梁启超接着指出，中国国民现在已对袁氏深恶痛绝，这不仅由于其在法律上的罪状，更由于其在道德上的无耻，人格上的低下。梁启超揭露道：

"袁氏一生，其言与行，无一不相违；其心与口，无一而相应，彼袁氏盖古今天下第一爱说谎且善说谎之人也。……以前清托孤大臣而盗卖前清，以民国服务之公仆而盗窃民国。既假借外人言论（古德诺）以劫持吾民，复冒用吾民名义以欺罔列国。不自量度而贸然尝试，一遇挫折则靦然乞怜。以总统为未足则觊觎皇帝，若皇帝做不成则又将谋保总统。险诈反覆，卑劣无耻，一至此极。以此等人而为一国之元首，吾实为中国人羞之；以此等人而全世界人类四分之一归其统治，吾实为全世界人类羞之。"[1]

不久，梁启超又发表一篇《袁世凯之解剖》，继上文之后，再一次对袁世凯进行了充分揭露。他讥讽说："袁氏诚不失为一大人物，然只能谓之中世史黑暗时代东方之怪魔人物，而决非十九、二十世纪中有价值的人物。彼善能制造混浊腐败之空气，而自游泳于此空气之中，独擅绝技。"因此，袁氏是中国祸乱的"种子"，他多统治一天，中国的祸乱程度就加深一日。为了进一步解剖袁世凯，梁启超详细列举了袁世凯的七大缺点：一是"其头脑与今世之国家观念绝对不能相容"，缺乏向欧美学习的时代精神，不能"晓解现代文明之真相"。二是"骄慢自大，不能容人之言"。三是顽固不化，主观武断，没有长远规划。四是将法律玩弄于股掌之上。五是事无大小，必欲躬亲，不能

---

[1]《饮冰室合集·专集》第33，第99—100、103—104、106—108页。

依照法律放手让各级官吏办事。六是专任私党、排除异己，不能任用正人君子及有用人才。七是"既揽万事于一身"，又"万事不负责任"。[1]

梁启超的揭露和批判，酣畅淋漓，入木三分，不啻为袁氏本质的一次大曝光，也是对袁氏民国前后五年来言行的一次总清算。这种凌厉的舆论攻势对更多的中外人士认清袁世凯的为人，丢掉对袁的幻想，对动员各种力量最终迫袁退位，起了巨大作用。

在发动舆论攻势的同时，梁启超还着力从北洋集团内部下功夫。运动的重点便是冯国璋和段祺瑞。早在云南起义之初，梁启超就暗中运动冯赞助起义。帝制取消后，袁世凯让冯国璋代表北方负责与南方谈判议和，梁启超便致电冯国璋，恭维他"守正卫国，贤愚无不同仰"，并吹捧说"天下安危，系公一身"[2]，竭力拉他出面调解南北谈判。为了加紧运动冯国璋，梁启超还将进步党骨干籍忠寅从云南财政厅任上调往南京，以便与冯国璋接洽。此后，梁启超还多次致电冯国璋，就袁世凯退位、黎元洪继任总统等事与其磋商，希望他"念外患之易乘，察舆情之难拂，毅然主持，为国家挽此浩劫"[3]。梁启超还与冯国璋约定，待护国军组织系统完善后，梁启超即刻返回上海，筹商解决时局的方法。冯国璋手握重兵，雄踞东南，早欲取袁世凯而代之。梁启超想借助冯国璋的力量逼袁退位，而冯国璋也要挟护国军的力量联络、组织第三势力，增添倒袁世凯的本钱，双方在逼袁退位的问题上暂时联合了起来。5月15日，冯国璋与张勋等人联名发起召集了未独立省区参加的南京会议，会上，冯积极策划迫袁世凯退位，但由于张勋、倪嗣冲[4]等人的极力反对，会议只好草草收场。

梁启超心里也很明白，在北洋集团中，段祺瑞是一个举足轻重的人物，

---

[1]《饮冰室合集·专集》第34，第5—19页。
[2]《复冯上将军电》，《饮冰室合集·专集》第33，第43页。
[3]《致冯上将军电》，《饮冰室合集·专集》第33，第50页。
[4] 倪嗣冲（1868—1924年）字丹忱，安徽阜阳人。曾为袁世凯部属，1913年任安徽都督，支持袁称帝，袁死后拥护段祺瑞，支持段的武力统一政策。

又是袁氏帝制活动的消极抵制派,他和冯一样,早有揽北洋大权于一身的野心。袁取消帝制后,任命他为国务卿,希望他能够扶危济困,与己共渡难关。但段祺瑞并没有真正的实权,相反却被处处掣肘,这就更加深了段的不满。梁启超看到,如果段能够加入到反袁世凯行列中,在逼袁世凯退位的问题上,扮演辛亥革命时袁世凯逼清室退位的角色,那真是妙不可言。于是,5月4日,他致段祺瑞一电,既恭维了段祺瑞,又趁机扩大了段祺瑞、袁世凯的矛盾。他说:"今相持之势已若此,公忍辱负重,出执国命。公不轻出,国人共知,公既出而事犹不济,则国家前途,宁复可问?窃谓今日有公,犹辛亥时之有项城。清室不让,虽项城不能解辛亥之危;项城不退,虽公不能挽今日之局。"他还动员鼓励段祺瑞立即起而反袁:"公之所处,功首罪魁,间不容发。语曰:当断不断,反受其乱。在公断之而已。"[1] 经过一段时期的思量,段祺瑞终于决定:"南军事和则和之,不可和则劝袁退位,以息兵争。"[2] 同意有条件地迫袁世凯退位。

在军务院成立一周后,梁启超离开广东肇庆,前往上海与冯国璋继续商谈迫袁世凯退位问题。临行前,他再一次致电独立各省都督司令,重申非袁退位不能罢兵谈和。他说:"统观半月来黔蜀诸电,意旨联络冯段,趋重和平。此固将来一定办法,惟所争者时间问题。此间及沪同人意,谓北方望和平甚急,我却宜授之以缓。现桂军正大举出湘,西林亦整旅待发,俟湘、赣、闽到手,海军归附,乃议善后,庶均势局成,而共和得确实保证。此间抱此方针,故设军务院,派外交代表,非袁已去国,不肯息兵。"[3] 到达上海后,梁启超立即奔赴南京,与正在召集南京会议的冯国璋进行商谈,并及时将商谈结果告军务院及各都督总司令。正当他在为迫袁世凯退位进行不懈努力的时候,5月30日,其弟梁启勋由港来沪,带来了其父已于3月14日病

---

[1]《致段国务卿电》,《饮冰室合集·专集》第33,第48、49页。
[2]《护国军纪事》第5期,第128页。
[3]《饮冰室合集·专集》第33,第52页。

逝于香港的噩耗，梁启超闻讯，悲痛万分，立即向护国军政府请求辞去所兼各职，闭门居丧，声称不忍复与闻国事。

看好段祺瑞

就在梁启超闭门居丧，迫袁退位暂受影响的时候，6月6日，在反袁护国力量的沉重打击下早已羞愤成疾的袁世凯，终于气绝身亡。护国战争事实上停止了。

此时的国内政局异常复杂，各派系间的矛盾与纷争十分激烈。一方面，南北仍处于严重的武装对峙状态，南方要求北洋军队撤回，恢复孙中山的"民元约法"，而以段祺瑞为首的北京政府却坚持武力统一政策，主张恢复袁世凯的"民三约法"。另一方面，北洋派和南方护国阵营内部也心怀异志，不尽统一。以北洋派而论，袁氏死后，段祺瑞成为最大的实力派之一，他利用身在京城，位居国务卿的有利地位，操纵北方局势，觊觎总统职位。而北洋的另一实力派人物冯国璋则位居东南，拥兵自重。他因为和护国军联系较多，比较倾向于向南方做些妥协。而由"民元约法"规定的总统职位的当然继承人、当时的副总统黎元洪也不愿放过承嗣总统的绝好机会，因此对段祺瑞的专横霸道心怀不满。就护国阵营内部来说，其矛盾和分裂也日趋明显。袁氏刚刚咽气，已经宣布独立的陕西、四川、广东就先后宣布取消独立，"服从中央命令"，退出了护国阵营。以孙中山为首的中华革命党人、以黄兴为首的国民党人和以孙洪伊为首的部分进步党人则主张扫除余孽，免除后患，把护国战争进行下去。而西南地方实力派唐继尧等人则把注意力集中于捞取实地、扩充实力、拥兵割据方面。

面对这种复杂的局势，梁启超总的指导思想是：迅速全面结束战争，统一南北，稳定全局，继续追求资产阶级立宪政治。他的拥黎元洪继位、恢复旧约法、拥段祺瑞统一、迅速撤废军务院以及在惩办帝制祸首问题上的妥协等主张，无不是这一指导思想下的产物。

梁启超是一个温和的资产阶级政治活动家，他的政治理想是要建立资产阶级的立宪政治。他素厌破坏，渴求安定，发动反袁的武装斗争实属不得已而为之。现在，袁世凯已经死去，护国战争已经停止，在他看来，当务之急就是要迅速结束南北对峙局面，恢复战前的统一，逐步实现自己的政治理想。因此，在袁氏死后的第二天，声称不复与闻国事的梁启超，立即分电段祺瑞、冯国璋这两大北洋实力派人物和独立各省都督司令，督促他们速奉黎元洪依法继任大总统。梁启超的意图当然很明显：其一，黎元洪是总统的法定继承人，拥护临时约法，自然就要拥戴黎元洪，这也是自己的一贯主张；其二，黎元洪既不是北军的领袖，也不是南方的象征，双方皆可接受，奉他为总统，有利于统一南北。在致段、冯的电报中，梁启超强调了黎元洪是"依法就职"、"依法继任"，并认为黎继任总统，可使"民志立定，大难可平"。为了防止段祺瑞对总统职位的觊觎，梁在致段的电文中警告段不要"别生枝节"，否则，他"将会为万矢之的"；在致冯的电文中，他也提出，黎元洪继任总统事若出了岔子，"必资野心家之利用，贻多数人以口实"，不点名地抨击了段祺瑞；在致各都督司令的电文中，他明确要求他们，立即分电段祺瑞，速奉"黎即日就职，宣告中外"，目的在给段施加压力。可以看出，力主黎元洪继任大总统，体现了梁启超尊重民元约法、谋求南北统一的愿望。

几天之后，梁启超拟妥了南方五省的和谈条件，立即电告独立各省，予以执行。这些条件是：一、恢复旧约法；二、召集国会；三、惩治祸首；四、南省北军撤还；五、废将军巡按，官制一律改称都督；六、双方要人在南京或武昌开善后会议，直接晤商。为了扩大声势，梁启超一面派黄溯初进京"上谒府院"，陈述意见；一面又电请南京籍忠寅、胡汇源力促冯国璋采取一致态度。这些条件的提出尤其是恢复旧约法、召集国会、改变帝制官制方针的拟定是时局问题的实质所在。此刻，以段祺瑞为首的北京政府正企图以民国三年（1914）的袁记约法代替民国元年的《临时约法》，继承袁世凯的衣钵，混水摸鱼。在招致护国军和全国上下的激烈反对后，他又提出要各省军民长官各派代表三人到北京组织"修正约法委员会"，企图在新旧约法之外产生一个段记约法，以求实现其毁法造法的个人野心。《临时约法》是资产阶级民主政治的象征，它的恢复，并非可有可无，否则，进行护国战争还有什么意义呢？梁启超决心坚持恢复《临时约法》。6月25日，他致段氏一通长电，对段祺瑞的企图进行了充分的反驳。他说，民元约法既经政府公布，就应该矢志遵守。由于袁氏的强制，该法之效力一时中断，现在，这种强制已去，其效力自然恢复。"民三约法"又岂能认作法律呢？"一法不能两容，三年约法若为法，则民元约法为非法"。然而"民三约法"，不仅"国人均不认法，即今大总统之地位，今国务院之地位，皆必不先认为法而始能存在也"。因为国务院是"民元约法"的机关，"三年约法未尝有也"，倘若认"民三约法"为法，那你段祺瑞所在的国务院，又"何由成立"呢？他还指出，召集各省军民长官代表去修改约法，更为不可，因为各省代表无议法之权力。现在，只有恢复《民元约法》，并根据该法第54条之规定产生宪法，传诸无穷，才是唯一正确的道路。最后，他告诫段祺瑞：

"前文所举，皆法律谈耳。若就政治作用论之，则今当风雨飘摇之时，全国视线，以此问题为焦点。政府亦既察舆情之不可终拂，曷为不磊落英断以系物望而定民志？若再迁延时日，诚恐辗转误会，国民不谅政府慎重国法之苦心，或疑为无俯从民望之诚意，则影响所播，殊非国家之福。"[1]

作为护国战争的发动者和决策人，梁启超提出的和谈条件，应该说正是他坚持一贯的政治理想的体现，是坚持了政治原则的。

然而，梁启超毕竟只是梁启超。作为温和的资产阶级政治活动家，他

---

[1]《复段总理电》，《饮冰室合集·专集》第33，第64—66页。

的美妙理想终究是要靠依附或屈从于国内的统治阶级当权派来实现的。因此，在护国战争中止之后，他的行为立刻呈现出这样的矛盾现象：一方面，竭力维护《临时约法》的尊严，求统一，求稳定，希冀继续建设资产阶级民主政治；另一方面，他却把统一、稳定的希望和建设资产阶级民主政治的理想寄托在当时国内最大的统治阶级当权派，以段祺瑞为首的北京政府身上。这样，历史就出现了惊人的相似之处：几年前他附袁，如今他奉段，前后如出一辙。

梁启超既是一个理想主义者，又是一个现实主义者，而为了实现理想，他却不惜屈从于现实。他看得很清楚，从实力上讲，北洋军阀完全超过南方的护国力量。从历史渊源上讲，进步党人和北方政府的关系也更深一些。而就北洋内部来讲，以实力和地位论，段祺瑞无疑是当时的强人。因此，在他心目中，北洋是中央的象征，而段祺瑞则是北洋的旗帜，求统一，自然要统一于北洋，统一于段祺瑞。在这种思想指导下，在护国战争中曾经与北洋军阀分道扬镳的梁启超，在护国战争刚刚停止后，立刻就与北洋军阀握手言欢了。

袁氏死后的第二天，梁启超明确告诫各都督司令："收拾北方，惟段是赖。南方似宜力予援助，毋使力孤。更不可怀彼我成见，致生恶感。"[1] 6月17日，他再一次要求独立各省不可和北方"太取对抗形式"。[2] 他还不止一次地向独立各省保证"段绝无野心"。[3] 很显然，梁启超在极力劝说南方拥护段的统一。与此同时，梁启超还致电黎元洪，要求他让段祺瑞出面组阁。对段祺瑞本人，梁启超更是竭力趋奉。他一方面为段的统一出谋划策，一方面又为段在新旧约法之争中玩弄的花招百般开脱。6月25日，原驻沪海军总司令李鼎新[4]发表脱离北京政府加入护国军的宣言，梁启超一反先前曾盼望海军归

---

[1]《致各都督各司令电》，《饮冰室合集·专集》第33，第54页。
[2] 同上书，第60页。
[3]《护国运动资料选编》，中华书局1984年版，下册，第704页。
[4] 李鼎新（1861—？）字丞梅，福建闽侯人，毕业于福州马尾船政学堂，并赴英国格林威治海军大学留学。1886年回国后曾任海军部军法司司长等职。辛亥革命后任驻沪海军总司令。

附的常态，赶忙向段祺瑞声明："事前既未有闻，骤听不禁失色。默察机兆所趋，愈觉殷忧为极。"[1] 同时，他还致电刘显世等人，嘱咐他们以军务院行将解散为由，"严拒"李鼎新加入抚军。[2] 同一天，他又发出通电，声称海军独立事与己无关。梁启超十分害怕李鼎新的独立给正谋求中的南北统一带来障碍，而此时发生的段祺瑞为要挟各方而提出的辞职事件更使他心悸，于是他赶忙向段发出如下一封电报：

"阅报知公坚求引退。公日来呕心沥血忍气情形，超虽在远，犹能想像一二。公之灰心，固无足怪，但以现状论之，公若不忍辱负重，此国便将瓦解。此非超漫作谀词，实灼见之而深忧之。故无论如何，望公必勉任其难，为国家度此厄运。惟有一义，欲请公深为注意者。现当人心嚣然不靖之时，政府切勿授以可乘之口实，以供煽动之资料，则舆论渐趋平稳，而险关或可望安渡。"[3]

此电口气卑恭，把段祺瑞捧作了救世主，似乎没有段祺瑞，天就要塌下来。6月30日，梁启超又以护国领袖的身份命各都督司令也效法自己，力挽段祺瑞留任。电文吹捧段："宅心公正，持躬清直，维持危局，非彼莫属。"电文还不指名地抨击孙中山、黄兴等革命民主派及部分进步党人"专以排彼为事，无非欲达个人权利目的"。他危言耸听地说："此公若被挤去，北军人人自危，大局将不可问。"[4] 这里，梁启超为求得南北统一，局势稳定而不惜屈从依附于北洋政府的政治态度已表露无遗。

为屈从依附于北洋政府，梁启超在惩办帝制祸首问题上的调子也越降越低，最后干脆不了了之。本来，早在袁氏取消帝制时，梁启超就提出舍袁退

---

1 《致段总理电》，《饮冰室合集·专集》第33，第67页。
2 《护国运动资料选编》，上册，第710页。
3 《致段总理电》，《饮冰室合集·专集》第33，第68页。
4 《致各都督各总司令电》，《饮冰室合集·专集》第33，第70页。

位及惩办罪魁外，无调停之余地。袁氏暴毙后，梁启超又提出"帝制祸首不惩，无以谢天下。"对于南方护国军提出的惩凶名单[1]及将其"明正典刑以谢天下"的要求，梁启超自然也是同意的。但北京政府不同意这个名单，梁启超的态度不得不趋向缓和。此时，一些帝制派人物正借开党禁为名，运动大赦。梁启超得知此消息后，于6月9日电请在津的熊希龄、徐佛苏等人转告段祺瑞："闻有赦帝制祸首明令，时论哗然，恐增口实激大变。虽未得严惩，亦岂可于人心惶惑时，更姑息以危国本？"[2]这就是说，在"惩"、"赦"帝制祸首问题上，要识时机，决不能在"人心惶惑"时谈大赦。可以看出，梁启超在惩办帝制祸首问题上开始退却。此后，梁启超虽一面继续谈惩办祸首问题，一面却又为段祺瑞庇护帝制派进行开脱。在6月19日致贵州都督刘显世并转独立各省的电报中，他更后退一步。电文说："又惩祸首问题，中央极迟疑，即吾辈亦非乐强以所难。但此事若不趁此时急办，以塞民怨，则国会开后，必为第一激烈之议案。其时据法律解决，更无通融余地，且牵连不知所届，大局或陷极险。昨冯商拟以行政处分将13人褫职，永不录用，似亦折衷缓和之一法。冯已函段，松坡亦不妨以私谊警告段，劝速断。"[3]可以看出，梁启超在惩办帝制祸首问题上，已由先前的强硬主张倒退妥协到只要将帝制祸首革职，永不录用以"塞民怨"就可以的地步了。

梁启超对北洋军阀的屈从依附，还表现在主张迅速撤废军务院的问题上。关于军务院的裁撤时限，早在其成立时就曾明确宣布，俟正式国务院成立即行撤废。袁氏死后，南方护国军稍作让步，提出待旧约法恢复、南方同意的临时内阁组成后，即可先行撤消军务院。但是，段祺瑞却借口统一，催促军务院早撤。为了迅速统一于以段祺瑞为首的北洋政府，全面结束战争，梁启超立即改变态度。6月28日，他通电独立各省，主张军务院"宜亟图

---

1 南方护国军提出的惩办帝制祸首名单是：杨度、孙毓筠、严复、刘师培、李燮和、胡瑛、朱启钤、段芝贵、周自齐、梁士诒、袁乃宽、张镇芳、雷震春。
2 《致熊秉三、蹇季常、徐佛苏电》，《饮冰室合集·专集》第33，第55页。
3 《致刘都督电》，《饮冰室合集·专集》第33，第61页。

撤废。"[1] 6月30日，北京政府宣布恢复《临时约法》和国会，第二天，他就致电独立各省，表示"我辈要求已达，军院宜立即宣言撤废"。他还拟好了撤废电文，要求"即日由滇拍发，用抚军全体署名。"[2] 在他的鼓动下，浙江都督吕公望、广西都督陆荣廷、贵州都督刘显世及蔡锷等人于7月上旬先后表示响应。然而，军务院的正副抚军长唐继尧、岑春煊却不同意早撤军务院，为此，梁启超软硬兼施，百般斡旋。他一面亲电岑、唐，做说服解释工作，一面鼓动陆荣廷、刘显世等人向岑、唐施加压力。到7月14日，唐继尧终于以全体抚军名义宣布取消军务院，"其抚军及政务委员长、外交专使、军事代表均一并解除。"[3] 至此，历时半年之久的护国战争以南北双方统一于以段祺瑞为首的北京政府宣告结束。

护国战争是继二次革命后又一次具有一定民主革命意义的战争，它推翻了袁世凯的"洪宪"帝制，埋葬了袁世凯，使《临时约法》和旧国会得以恢复，对此，应该给予积极的评价。作为战争的发动者和主要决策人，梁启超置个人生死于度外，南北奔走，运筹帷幄，鼓吹舆论，完善组织，对推动战争的顺利进行并最终赢得上述胜利，起了别人无法替代的作用，对此，也应给予充分肯定。然而，资产阶级改良派的政治品格却使他在打倒袁世凯的专制独裁后，又将胜利果实拱手让给另一个专制独裁者。这样，护国战争便如同辛亥革命一样，所争得的不过是一块民国的空招牌。所以战争的结局和梁启超在其中的最后表现就又不能不令人扼腕。

轰动一时的护国战争结束了。作为护国战争的主帅、力促南北统一的大功臣，梁启超理所当然受到北京政府的礼遇。7月初，大总统黎元洪致电梁启超，恭维他是"泰山北斗"、"模楷人伦"，恳请他能够"垂念邦国"，进京作他的总统府秘书长。此后，黎元洪又数次致书派人，恳请梁启超入京赞襄一切。他说："国家多故，祸变相寻，赖执事奔走提倡之功，与夫调

---

[1] 《致各都督各总司令电》，《饮冰室合集·专集》第33，第69页。
[2] 同上书，第71页。
[3] 《云南档案史料》第1期，第38页。

护斡旋之力，幸得由剥而复，转危为安。……现在国会在开，人心粗定，而茫茫前路，来日大难，一切建设问题，非得闳才卓识，如执事者，从容坐论，随事谘商，长夜冥行，其何能淑。"[1] 然而，梁启超此刻却不想再卷入政治漩涡。7月6日，他复黎元洪电，声称"自审才器所宜，觉今后报国之途，与其用所短以劳形于政治，毋宁用所长以献身于教育，"[2] 拒绝了黎元洪的邀请。8月10日，梁启超就时事问题答记者问，提出要当"在野政治家"，认为自己"在言论界补助政府、匡救政府，似尚有一技之才，较之出任政局或尤有益也。"[3] 这是他第二次脱离政治宣言。梁启超虽然宣布弃政从教，但飞扬激荡的民国政治风云却不可能使他这位著名的资产阶级政治活动家完全脱离政治。就在他宣布脱离政治不久，扑朔迷离的政潮又将他卷入政治漩涡中去了。

痛哉，蔡锷将军

就在梁启超怀着释然的心情准备弃政从教，希冀通过社会教育确立资产阶级宪政基础的时候，他的得意门生、护国战争的主要军事领导人，讨袁名将蔡锷不幸于1916年11月8日病逝于日本的福冈医院。噩耗传来，梁启超悲痛欲绝。

在为时半年的战争中，蔡锷以抱病之躯始终奋战在护国反袁的第一线。在数倍于己的北洋军面前，他豪情横溢，指挥若定，率领数千护国将士，艰苦奋斗，英勇杀敌，对逼迫袁世凯取消帝制及最终取得护国战争的胜利立下了卓越功勋。他也因此彪炳青史，成为驰名中外的护国英雄。战争结束后，北京政府发布命令，以蔡锷为益武将军，督理四川军务。不久，又任命他为四川督军兼省长。此时，他的喉结核病已经恶化，他多次表示要请假离职，

---

1 黎元洪：《致任公先生书》，《梁启超年谱长编》第790页。
2 《复黎大总统电》，《饮冰室合集·专集》第33，第78页。
3 《与报馆记者谈话》，《饮冰室合集·专集》第33，第132页。

赴日治病，但未获批准。7月1日，蔡锷由永宁到达泸州。梁启超特地电邀在重庆的德籍医生阿斯米先期赴泸等候，为蔡锷治病，而阿斯米却作了错误的诊断与治疗，致使蔡锷病情急剧恶化。在这种情况下，蔡锷仍然在病床上与秘书、参谋长研究重建四川的计划。7月29日，病势沉重的蔡锷到达成都，全城百姓倾城出动欢迎。在成都的十天里，蔡锷一面大力整顿四川军政事务，一面继续要求离川治病。在获准给假两月后，蔡锷于8月9日离开成都，8月28日到达上海。在分别8个月后，梁启超与蔡锷再次相见了。师生二人欷歔相对，追念反袁护国的日日夜夜，不禁感慨万千。此时的蔡锷，病势已相当严重，以至于连至爱的师长梁启超都几乎认不清他的面目，喉咙也哑到一点声音都没有。尽管如此，他仍然力促梁启超把在护国战争中所拟主要文章、函电结集出版，并欣然为这部名为《盾鼻集》的著作作序。序文谈到：

"秋九月，锷东渡养疴，道出沪上，谒先生于礼庐，既欷歔相对相劳苦。追念此数月中前尘影事，忽忽如梦。锷请先生裒集兹役所为文，布之于世，俾后之论史者，有所考镜，亦以著吾侪之不得已以从事兹役者。此中挟几许血泪也。"[1]

此后，蔡锷东渡日本治疗。11月8日，他在日本福冈大学医院与世长辞，享年34岁。

蔡锷的逝世引起全国人民的巨大悲痛。失去爱徒和得意干将的梁启超更有着难言的哀伤。他不会忘记师生20年来的过从交往和亲密友谊，也不会忘记他们为追求共同理想而不懈奋斗追求的日日夜夜，他更寄厚望于这位杰出的军事将领能为他们的共同事业再展宏才。如今，这一切都不复存在，希望也化作一缕炊烟，白发人送黑发人，怎不令人心碎！连日来，梁启超怀着

---

[1] 蔡锷：《盾鼻集·序》，《饮冰室合集·专集》第33，卷首。

无尽的悲伤参加了旅沪人士为蔡锷举行的公祭,并率仲弟梁启勋等亲属为蔡锷举行了私祭。祭文说:

"谁生厉阶,帝制自为,盈廷盈野,走魅奔魖。公既天下物望所集,固宜为彼其所最猜疑。室环谍骑,廷布鉏麑,其影魆魆,其目瞵瞵,公夷然若无事以出入于虎穴者八九十日,而从容部署万里以外之机宜。碧鸡晨号,金马宵驰,万众企溪,百灵护持,飞将军自天而下,千七百父老子弟歌舞而从之。……"[1]

寥寥数语,勾画出蔡锷在护国战争中首举义旗、振臂一呼、响者云集的动人情景,高度评价了蔡锷为反袁护国立下的巨大功勋。

祭文又称:

"呜呼!自吾松坡之死,国中有井水饮处皆哭……。吾松坡宜哭我者,而我今哭焉,将何以塞民怨。君之从我甫总角耳,一弹指而20年于兹。长沙讲舍隅坐之问难,东京久坚町接席之笑语,吾一闭目而暧然如见之。尔后合并之日虽不数数,然书札与魂梦日相濡沫而相因依。客岁秋冬间,灭烛对榻之密画,与夫分携临岐之诀语,一句一字,吾盖宁刻骨而镂肌。三月以前,海上最后之促膝,君之瘖声尪貌与其精心浩气,今尚仿佛而依稀。吾松坡乎!吾松坡乎!君竟中道弃余而君且奚归?呜呼!庚子汉口之难,君之先辈与所亲爱之友聚而歼焉,君去死盖间不容发。君自发愤而治军,死国之心已决于彼日。乙巳广西不死,辛亥云南不死,去冬护国寺街不死,今春青龙咀不死,在君固常视一命为有生之余仂,今为国家一大事而死,死固当其职。虽然,吾松坡之报国者如斯

---

[1] 《公祭蔡松坡文》,《饮冰室合集·文集》第44(上),第11页。

而已耶。………呜呼，吾有一弟，君之所习以知。吾有群雏，君之所乐与嬉。今率以拜君，既以侑君之灵，亦以永若辈之思。心香一瓣，泪酒一卮，微阳丽幕，灵风满旗。魂兮归来，鉴此凄其。"[1]

在此，饱墨浓情，追述了英雄的史迹，表达了对爱徒英年早逝的深切悼念和不尽哀思，也为进步党人失去一位冲锋陷阵的英武将军唱出了一首哀婉动人的挽歌。

在此后的有生之年中，梁启超念念不忘蔡锷的英雄业绩，念念不忘师生亲密无间的情谊，为了缅怀爱徒，他又先后写了《邵阳蔡公略传》、《护国之役回顾谈》、《蔡松坡遗事》等纪念文章，并创办了"松社"，发起倡办了松坡图书馆等文化机构，以志纪念。

---

[1] 《公祭蔡松坡文》，《饮冰室合集·文集》第44（上），第9—10页。

十五　参政尾声

操控研究系：国权主义宪法观

　　护国运动结束后，以"在野政治家"自命的梁启超并不想真地充当在野派。为了实现自己的政治理想，他决定再次和统治阶级当权派携起手来。此刻，军务院已经取消，国会召开在即，为了控制国会并使之成为宣传和实现自己主张的有力舞台，他认为当务之急就是要壮大进步党势力，把各地的进步党人组织起来。7月18日，他在致贵阳进步党人的一封信中谈道："吾党今虽取冷静态度，亦不能长此终古"，明确提出要组织"无形政党"，并让贵州同仁转请蔡锷、刘显世提供组党经费。[1] 为什么要组织"无形"政党呢？因为民初的政党热潮并没有什么好结果，此时的各派政治势力便以"不党主义"相标榜。但"不党"是名，立党为实。在梁启超的号召下，8月下旬，在京的进步党人成立了"宪法案研究会"，与此同时，另一部分进步党人则组成了"宪法研究同志会"。两会名称虽有别，宗旨却无异，都把"精研宪法"作为组党的目的。其实，这不过是表面文章，梁启超早已把组党意图阐述得清清楚楚。他说：

　　　　"今决组强固无形之党，左提北洋系，右挈某党一部稳健分子，摧灭流氓草寇两派。现国会即开始征伐。"[2]

---

[1] 《复熊铁崖、刘希陶电》（1916年7月18日），《护国之役文电稿》。
[2] 同上。

话虽然不多，但已把进步党今后一个时期的行动方针规定了下来。人们都还记得，在民初的几年里，梁启超也曾为本党立下相似的方针，不过那时他所要联络的是"旧官僚派"和"旧革命派中之有政治思想者"，打击的是"乱暴社会"即国民党中的激进派。虽然在反袁世凯的护国运动中，这一方针有所改变，但并没有从根本上放弃。战争一结束，他立即重新拾了起来。可见，梁启超在反袁前及反袁后的政治方针并无实质性变化。

在进步党人组党的同时，国民党人也相继组织起"丙辰俱乐部"、"客庐系"和"韬园系"三个政团，并于9月9日将三政团合组为"宪法商榷会"。[1] "商榷会"集合了参、众两院的国民党议员380余人，是国会中的第一大党。鉴于国民党各派系的合流，进步党人于9月12日宣布将"宪法案研究会"和"宪法研究同志会"无条件合并为"宪法研究会"。"宪法研究会"集合了参、众两院的进步党议员160余人，是国会中的第二大党。这样，昔日国会中的国民党与进步党便演变为今天国会中的"商榷系"与"研究系"。

在进步党人和国民党人积极筹组新政团的前夕，国会已于8月1日在北京举行会议。随后，以段祺瑞为总理包括段系成员、商榷系、研究系议员在内的新内阁也已组成。南北虽然在形式上统一了，但国内的矛盾纷争却更加激烈。在国会内部，研究系与商榷系皆以国会为政治舞台展开了斗争；在国会之外，以张勋为首的北洋地方军阀于9月在徐州召开了第二次会议，组成了"各省区联合会"即"督军团"，他们肆无忌惮地干涉国会、践踏宪法、蔑视内阁，攻击国民党及其议员、阁员，形成军人干政的一股恶势力；在北洋军阀内部，袁世凯时代的大一统已不复存在，北洋集团逐渐分化瓦解为以段祺瑞为首的皖系和以冯国璋为首的直系，双方明争暗斗；在黎元洪的总统府和段祺瑞的国务院之间，围绕着权限问题也展开了激烈冲突。这样，矛盾错综复杂，斗争尖锐激烈，由此演化成的政潮扑朔迷离，此伏彼起：内阁问

---

[1] 不久，"客庐系"分裂为"政学会"、"益友社"两个社团，"丙辰俱乐部"和"韬园系"则合并为"民友社"。故"商榷会"又由"政学会"、"益友社"、"民友社"三个政团组成。

题、对德外交及参战问题、复辟与反复辟问题，等等，不一而足。

以梁启超为首的研究系在扑朔迷离的政潮中，无疑是站在打击商榷系、支持段祺瑞的立场上的。这和它的前身进步党当年打击国民党，支持袁世凯并无二致。让我们首先看看他们在内阁问题和制宪问题上的所作所为。

本来，在护国战争结束后，黎元洪曾盛邀梁启超进京"共商国是"，但梁启超此刻的想法是：在黎、段的重重矛盾中出任黎的总统府秘书长，只能是"作重茧以自缚"、"为恶虎村、水濂洞剧本中凑一脚色"。[1]因此，他婉言谢绝了黎元洪的邀请。黎元洪看到梁启超无意出山，也就没有举荐梁启超入阁。黎元洪哪里知道，梁启超虽本人暂不愿出山，却并不反对甚至鼓励其同党入仕，更不愿意看到国民党人纷纷入阁。在护国战争后的权力分配中，国民党人在国会、内阁中占据了大部分位置，对此，梁启超等进步党人非常不满，但又无可奈何。当他们看到以张勋为首的督军团大肆攻击国民党时，心中的快慰是难以言喻的。

8月初，上海租界英巡捕查获了一批烟土。此事本与国民党人无关，但督军团却抓住大做文章。张勋首先通电，指斥此事乃国民党人士、内阁司法总长张耀曾所为，要求将张耀曾驱出内阁。不久，张勋等地方军阀又对正拟入京就任外交总长的国民党人士唐绍仪发动攻击，要求将他逐出内阁。对督军团蛮横无理的干政恶行，社会各界普遍表示了不满，而以梁启超为首的研究系却无动于衷甚至推波助澜。1916年底和1917年1月初，梁启超两次派其心腹张君劢赴徐州面见张勋，求得其对研究系的支持。1917年初，梁启超离沪赴京，中途在徐州与张勋进行了密谈。抵京后，又两次致信张勋，仍旨在借督军团的力量壮大自己的声威。他在致张勋的第二封信中就说："唯鞭策救济之功，终须随时仰诸疆吏。"[2]

研究系在内阁问题上对国民党人的打击，还表现在对待孙洪伊的态度

---

[1]《梁启超年谱长编》第794页。
[2]《近代史资料》总35期，第22页。

上。孙洪伊原本是立宪派,后成为进步党的一名主要成员,"二次革命"后转向国民党,以至于最终和研究系势不两立。在段祺瑞组成的内阁中,孙洪伊出任内务总长。为整顿内务部,孙洪伊裁减了一部分部员,这本属正常,但段祺瑞及其心腹秘书长徐树铮却不能容忍而呈请罢免孙。这当然不过是国民党人与段系军阀矛盾的反映。研究系坚决站在段祺瑞的一边。9月下旬,研究系机关报《晨钟报》刊载文章,攻击孙洪伊违法;10月,研究系另一首脑人物汤化龙来到总统府,以所谓"舆论"向黎元洪施加压力,要他罢免孙洪伊。与此同时,梁启超则赴南京积极活动,劝说冯国璋与段祺瑞合作,支持研究系。在研究系与段祺瑞的唱和下,黎元洪不得不同意将孙洪伊解职。

研究系与商榷系的争斗,更激烈的还表现在制宪问题上。双方的分歧在于,在国会体制上是搞一院制还是两院制;在地方制度上,省制究竟入宪不入宪,省长要不要民选。在护国战争刚刚结束后,梁启超就几次向新闻界发表谈话,明确提出了国会一院制、省制不入宪、省长不民选的主张。

梁启超认为,就中国的国情而论,实行两院制有害而无利,因为两院议员同在党派的漩涡中,如果两院同以一派占多数,那么两院将同为一派意见所左右,所谓以上院调节下院利益也就谈不到了;如果两院各由一派占多数,那么甲院认可的,乙院否之,乙院认可的,甲院否之,两院意见永远不可能一致,议案无一能成立。因此,他认为中国没有实行两院制的必要。[1]

在同一篇谈话中,梁启超还谈到反对省制入宪的问题。他认为将省制规定于宪法实不相宜,因为"宪法比较的宜含永久之性质","凡制度之常须因时变革者"不宜写入,"以免根本法之常常摇动"。他指出,中国的省制在法律上并不明确,其理想的组织权限也煞费商量,其法制宜含有过渡的精神,以一时权宜之制编入宪法殊为不可。他认为"省制当以单行法别为规定"。[2]

至于省长要不要民选的问题,梁启超更是持否定意见。他的理由是:首

---

[1]《与报馆记者谈话(二)》(1916年8月16日),《大中华》第2卷第8期。
[2] 同上。

先，省长民选可能遇到如下弊端：由于现在政治道德"未臻完粹"而致的省议会选举中的"金钱运动及其他利益交换"；选举竞争中的不正当行为；党派相持不下状态下选出"模棱乡愿或无能力之名宿"；选举中受到武力影响，等等。其次，省长民选是为了防止用人不当，这是以不能得"良政府"为前提的，倘若已不民选的办法得到良政府不是更好吗？第三，民选必有任期，若在任期中发现其人有不胜任之处，中央和省议会都将无能为力。第四，省长既是地方自治团体的首长，又是国家最高行政区域之长官，倘若中央政府绝对无权任免行政区域长官，势必对国家统一有所"窒碍"。总之，省长民选的弊端不一而足。梁启超的主张是："省长任命权，中央仍保留之。惟省长对于执行国家政务有违法溺职等情，国会得为不信任投票或弹劾，对于执行地方政务有违法溺职等情，省议会得为不信任投票或弹劾。此最持平无弊之制也。"[1]

梁启超在制宪问题上的主张实际为"研究系"日后在国会中就宪法问题和"商榷系"展开争论定下了调子。1916年9月下旬，宪法审议会开始审议宪法草案（即《天坛宪草》），研究系与商榷系也就展开了旷日持久的激烈论争。在省制是否入宪问题上，商榷系认为，欧美等共和制国家的宪法中都有关于地方制度的条文，中国既行共和制，当然也可将地方制度列入宪法，实行省长民选，给予地方一定的自治地位。研究系则持其首脑梁启超的观点予以反驳。双方辩论多次，毫无结果；多次投票表决，也因研究系反对而未获通过。12月8日，宪法审议会再次投票表决省制入宪问题，赞成票因差4票不足2/3，提案未获通过。这时，有人检举研究系个别议员持有两张选票，引起商榷系议员的愤怒。研究系则反唇相讥，指摘商榷系无事生非。双方唇枪舌剑，互不相让，竟至大打出手。国会的演讲台变成双方的武斗场。

双方在国会体制上的争论同样十分激烈。

---

[1]《与报馆记者谈话（三）》（1916年9月4日），《饮冰室合集·专集》第33，第141—142页。

很显然，商榷系的目的在于，通过扩大国会权限，加强地方自治，来限制北洋军阀的权力，从而为国民党求得生存和发展；而以梁启超为首的研究系站在商榷系的反对立场上，则旨在通过缩小国会权力，限制地方自治，来迎合以段祺瑞为首的北京政府的专制需要。在这里，梁启超等研究系成员根深蒂固的国权主义思想再次表现了出来。

就在国会中的两大派系争论不休的时候，1917年初，梁启超离沪北上，为国会中的研究系同仁撑腰打气。然而，在修改宪法的这场斗争中，研究系及北洋军阀到底没有取胜，他们的主张最终没有如愿以偿。

研究系在制宪问题上的不如愿，并不妨碍梁启超在其它问题上继续坚持既定的总方针。作为研究系的首脑，梁启超在护国战争后一年多的政潮起伏中，始终奉行了在与段祺瑞合作中推行其宪政理想的方针。这在今后一段时间内看得很清楚。

呼吁对德宣战

护国战争后的政局扑朔迷离，跌宕起伏。研究系与商榷系关于修改宪法问题的争论尚未了结，对德外交问题又成为时局的中心和国内舆论的焦点。

第一次世界大战爆发后，日本和美国都想趁欧洲列强忙于战场厮杀而无暇东顾之机，竭力扩大对华侵略。因此，双方在侵华利益上的矛盾冲突在所难免。1917年初，美国在宣布与德国断绝外交关系并准备对德宣战后，便命其驻华公使运动中国政府与美国政府采取一致行动，其目的就在于借机加强在华影响，左右中国政局。在美国公使的积极活动下，2月9日，北京政府就德国潜艇封锁公海一事向德国政府提出了抗议。日本原本是反对中国参战的，但在获悉美国的企图后，立即改变态度，转而积极支持中国参战。为此，日本政府也展开积极的外交活动，表示如果北京政府立即对德宣战，日本将为之提供参战军费，并同意中国提高关税和减缓交付庚子赔款。日本的意图也很明显，即在对华的侵略中，在与美国的较量中，抢得先手，保持住已占得的原德国在中国山东的全部权益。美国当然不愿意看到日本的举措取得成效，因此，在中国对德抗议的第二天，美国政府即向北京政府表示，美国不愿意看到中国参加世界战争。之后，又提出，在对德宣战问题上，中国政府在与美国协商之前，不要采取进一步的行动。[1]

在半殖民地半封建的中国，政局矛盾的背后总能找到外国支配势力的影响，外国支配势力也总在中国的统治阶级当权派中寻找代理人和支持者。美、日在中国是否参战问题上的立场对立，无疑加剧了中国政局的矛盾冲突。这种冲突首先便反映在黎元洪控制的总统府和段祺瑞掌握的国务院的争执上。黎元洪担心段祺瑞以参战为名扩大权力、进一步加强对国会的控制，因此对美国改变支持中国参战的立场，极表支持；而段祺瑞则希望通过参战解决扩充军队的财源，加强皖系的势力，进一步增强自己左右中国政局的资本，因此对日本的要求表示响应。3月初，他急匆匆在国务会议上通过了对德绝交咨文，送请黎元洪盖印，遭拒，一气之下辞职跑到天津，寻机报复。黎元洪害怕激出事变，不得不向段祺瑞妥协，段祺瑞又返回北京。3月10日、11日，国会参、众两院通过了对德绝交案。此事传出后，国会内外、朝野上下立刻形成强烈的反对参战的舆论。

在国内舆论主流反对中国参战的时候，梁启超则完全站在支持段祺瑞，力主对德宣战的立场上。2月13日，他对《申报》记者发表谈话，明确提出："此次德国布告之潜航艇作战新计划，实属违背公法，蹂躏人道，危害中立国人民生命财产。中国亦中立国之一，乌能隐忍，任其施行。……故政府抗议之举，鄙人认为极正当之办法。"[2] 在国会通过对德绝交案后，梁启超又接连发表了《外交方针质言》《余与此次对德外交之关系及其所主张》等文章，充分阐明了自己的立场。他认为，对德不抗议则已，"既抗议则势必至于绝

---

[1] 参见李新、李宗一主编：《中华民国史》，中华书局1987年版，第二编第二卷，第52—55页。
[2] 《梁启超年谱长编》第808页。

交；既绝交则势必至于宣战"。严守中立是不可能的，须知"抗议发出之一刹那顷，已为我国与德国恩断义绝之时"。[1] 他认为，中国加入协约国集团对德宣战绝不会失败，因此他表示对参战之议"锐意赞成"。[2]

众所周知，梁启超原本是德国必胜论者，对德国是极有好感的。就在他刚刚辞去币制局总裁闲居清华园的时候，曾写作了一部《欧洲战役史论》。在这部书中，梁启超对德国给予了很高的评价。他认为，德国是现代国家的模范，只要"国家主义"存在一天，这个模范国就不会衰亡。不仅如此，他还认为，"以德与英法诸国战，无异于新学术与旧学术战，新思想与旧思想战，新人物与旧人物战，新国家与旧国家战"，德国如果失败，历史的进化原则就将失去其存在的意义。[3] 他预言，欧战德国必胜，英法等协约国必败。如此狂热的德国崇拜者，何以在几年后又变为积极的对德宣战论者呢？仔细考量，梁启超在对德态度上的转变，原因有三。

其一，他看到德国已由欧战初期的胜势逐渐转为败势，而协约国的力量逐渐增强，世界舆论也逐渐倾向于反对德奥同盟国，因此他认为此时主动参战，将有利于增强中国的国际地位，有利于改变中国几十年来外交上的窘境。用他的话讲，即"从积极进取方面言之，非乘此时有所自表见，不足奋进，以求厕身于国际团体之林"。梁启超是一个真诚的爱国者，他一切政治活动的出发点和最高目的乃是为了国家和民族的利益。他的如上言论绝不是装潢门面的豪言壮语。他所说积极参战的根本目的"乃在因应世界大势而为我国家熟筹将来"[4] 当出自肺腑。

其二，梁启超认为，中国几十年来之所以能自存于世界，皆赖于国际间的"均势"。随着德国势力在远东的消退，中国所托命的均势，已转为"英、俄、法、美、日五国均之"。他还认为，"当欧战疲弊之余，能生死我者，尤

---

[1]《余与此次对德外交之关系及其所主张》，《饮冰室合集·文集》第35，第14—15页。
[2]《外交方针质言》，《饮冰室合集·文集》第35，第4页。
[3]《饮冰室合集·专集》第30，第70页。
[4]《外交方针质言》，《饮冰室合集·文集》第35，第5、4页。

莫如美、日。我若能提挈美、日，而自伍于此五国之林，虽进焉无所获，而退焉必足以自保"。这就是他所说的"从消极维持现状言之，非与周遭关系密切之国同其利害，不复能蒙均势之庇"。这里，梁启超并未把话完全说透。固然，他一贯的外交思想是在国际均势间求生存求发展，但这不等于他对所有的国家一视同仁。虽然他自称要"提挈美、日"，但对美、日的感情自然不能同日而语。我们说过，梁启超逋居日本十几年，对日本总有着难以割舍的第二故乡之情。在美、日对中国参战所持的对立立场上，他站在日本一边而力主中国对德宣战也就很自然了。其实，早在去年9、10月间，他就对如何处理中美、中日关系向段祺瑞提出了自己的建议，他说："今日之局，能生我者新亲也，能死我者近邻也，必近邻全释其死我之心（暂不动手），然后生我者乃有所用力。项城联英之政策本不误，其误在挟英以排日。今吾新亲助我之力恐尚不及旧亲，故今虽得新亲，而依赖之程度当审慎，若令近邻窥见我有挟新亲以自重之意，恐外交上之盘根错节，方从此起。"[1] 亲日而疏美之意是很明显的。可以说，力主对德宣战是梁启超重视对日关系的反映。

其三，毫无疑问，梁启超力主对德宣战，重要原因之一还在于对段派势力的支持和希望通过外交问题压倒反对派商榷系。3月初，梁启超致段祺瑞一信，其中提到："绝交既为终不能免之事，早绝一日，则德人及国内捣乱分子即少一部分活动余地，此不可不当机立断者也。"[2] 旗帜鲜明地提出了对付反对派的问题。当段祺瑞2月8日中午电召他入都赞襄对德外交事宜时，他当晚即登车由津赴京。3月初，段祺瑞邀他一同到总统府逼黎元洪赞同对德宣战，他毫不犹豫地加入其中。在对德外交问题上对段祺瑞政府的支持，梁启超本人也不讳言。他自称曾"蒙当局之咨询，有所献替。"[3] 3月上旬，梁启超更是接连不断地致书段祺瑞，为其出谋划策。3月7日的信中提出，在对德绝交的同

---

[1]《致段祺瑞书》，《梁启超年谱长编》第796页。
[2]《致芝老揆席书》，《梁启超年谱长编》第814页。
[3]《余与此次对德外交之关系及其所主张》，《饮冰室合集·文集》第35，第14页。

时，要立即将德、奥商船捕获，以免其爆锁黄浦。3月8日的信进一步提醒段："内部整理，所关紧要"，应更换外交总长，成立一临时国际政务委员会，重用研究系成员。3月上旬一信中提出，立即对德绝交，同时应做好与美国的接洽、联络，万不可冷落美国方面。接洽的措辞应如何如何。3月上旬的另一信建议"宜要求开两院联合会一次报告（对德外交问题），盖既可省捷，且参议院反对派颇占多数，单开会不如联合之较有把握也。"3月10日信则提出了收回德租界的问题。[1] 在短短几天内，梁启超就如何处理好对德外交的内部、外部环境问题向段祺瑞献出了自己的全部锦囊妙计。可以很清楚地看出，梁启超作为研究系的首脑是积极站在支持段祺瑞、反对反对派的立场上的。

为了使自己的主张变为现实，梁启超在向段献计献策的同时，也开始四处活动。2月中旬，他两次致信张勋，并派亲信张君劢前往，申述对德外交之理由，寻求北洋督军的支持。此后，他频繁地出入内阁、相府、国会，阐述主张，接受咨询。他还以在野名流的身份在各国使节间纵横捭阖，与公使团交换意见，竭力宣传研究系和段祺瑞政府的对德外交方针。一时间，梁启超以力主对德宣战的活跃姿态而成为颇引人注目的人物。

梁启超力主对德宣战的立场理所当然遭到反对派的谴责和抨击。2月28日，国会议员马君武等300余人发表了反对对德绝交、参战的通电，抨击以梁启超为首的研究系是"阴谋小人"，说他们欲借对德外交问题"在国内滋生事端，耸情政府"。通电断言研究系此举将遗祸无穷[2]。3月27日，国民党人士、外交总长伍廷芳致信梁启超，婉劝他放弃参战主张。该信指出，自梁启超主张从速与德、奥宣战以来，"国中人心汹汹，皆反对此事"，而把矛头对准梁一人，使其"20年来之名誉今遂顿减"。该信谈到，目前国内的政治局面极为恶劣："府院之争"日烈，阁员用心不一，政府与国会不相融洽，中央对地方指挥不灵，地方混乱，军队混乱，党人各怀野心。"内乱之生，即

---

1 《梁启超年谱长编》第812—816页。
2 同上书，第811页。

在目前",如此糟糕的国内政局,"岂能战德"呢?与德、奥宣战的唯一结局是内战的爆发,而内战将导致中国灭亡。伍廷芳诘问梁启超:"兄数十年惓惓爱国之心,其结果则中国乃亡于兄手,兄纵不爱惜其名誉,独不爱惜国家乎?"他最后婉劝梁启超改变其参战立场,不要感情用事。[1]

对反对派的批评,梁启超很不以为然。他回答说:"颇闻反对派言论,以兹事集矢于鄙人之一身,目为主动,斥为阴谋",这是地道的诽谤,与事实大相径庭。他声明,在对德宣战问题上,自己是赞成派,但绝非力主宣战的第一人。将来如果此事误国,自己不敢"辞罪";而倘若此事利国,自己也不敢贪功。如此而已![2]

尽管以梁启超为首的研究系尽全力支持段祺瑞政府,但由于总统黎元洪和国会中的第一大党商榷系坚主对德方针只能做到绝交为止而反对参战,故段政府与德、奥宣战的意图很难实现。如此结局段祺瑞岂肯善罢甘休。1917年4月,他召集各省督军在京开会,首先赢得了各省督军对参战的支持。5月,督军团策划组织的各种"公民请愿团"包围了国会,要求即日通过对德宣战。他们叫嚣:"倘不通过参战案,一个议员也别想出去!"这仿佛是当年"选"袁世凯为大总统一幕的重演。而国会议员们却不买这个账,他们没有讨论对德宣战问题。为抗议"公民团"包围国会事件,商榷系阁员相继辞职,国会则以内阁阁员多数辞职、内阁已无法负责为由,以多数票通过了改组内阁的建议,这实际上构成了国会对内阁的不信任。段祺瑞针锋相对,决心解散国会。5月19日,在京开会的北洋督军们联名呈请黎元洪解散国会,黎元洪则以罢免段祺瑞的国务总理和陆军总长职务作答。段祺瑞不甘示弱,立即通电煽动督军团反对黎元洪。5月29日,皖、奉等八省督军宣布独立。继而,研究系另一首脑人物汤化龙辞去众议院议长,研究系议员也纷纷辞职南下。北京政府陷入瘫痪状态。黎元洪孤立无援,一筹莫展,只好拉徐世昌

---

[1] 《梁启超年谱长编》第816—817页。
[2] 《外交方针质言》,《饮冰室合集·文集》第35,第13页。

和王士珍[1]代替段祺瑞出任国务总理，收拾局面，但遭到拒绝。无奈，他不得不向张勋发出进京调停的邀请。于是，张勋率4300余辫子军向北京进发。如此，则中华民国史上第二次复辟丑剧——张勋复辟就开演了。

助段挫败张勋复辟

复辟专制王朝的丑剧在民初的政治大舞台上共上演了两次：一次是袁世凯搞的洪宪帝制，另一次就是张勋等人掀起的清室复辟。

复辟清室的活动由来已久。辛亥革命后，爱新觉罗王朝虽已退出历史舞台，但北京紫禁城里的封建小朝廷却依然存在，它已成为前清王朝的象征和复辟势力的精神寄托。在它周围，麇集着各种复辟势力，既有前清的王公贵族和大批遗老，也有张勋、康有为这样的反动将弁和顽固文人。这些复辟分子成立组织，出版刊物，诋毁共和，鼓吹复古，为复辟前清大造舆论。不仅如此，他们还利用民初的混乱形势，多次策划武装复辟。洪宪帝制的失败不仅没有给他们敲响警钟，倒使他们得出相反的结论。他们认为，袁世凯之所以身败名裂，是因为悖逆了大清正统而误入歧途。只要抓住时机，复辟大清王朝即唾手可得。

在这出复辟清王朝的丑剧中，张勋无疑是一个主要角色。

张勋（1854—1923年）字绍轩，江西奉新人。兵痞出身，曾参与袁世凯的小站练兵，辛亥革命前官至清朝的提督和江防大臣。武昌起义爆发后，他在南京与起义新军展开激战，失败后退守徐州，被清政府任命为江苏巡抚兼署两江总督、南洋大臣。民国以后，其所部改称武卫前军，驻扎兖州。此刻，他虽然作了民国的官，但却无时不以前清的忠臣自居，无时不在做着复辟前清的准备。为了表示忠于清室，他的脑后仍留着一根摇摇晃晃的大辫子，他

---

[1] 王士珍（1861—1930年）直隶正定人，字聘卿，毕业于北洋武备学堂，曾投袁世凯参与小站练兵，与冯国璋、段祺瑞同为北洋军骨干，并称"北洋三杰"。辛亥革命前历任统制、提督、陆军部大臣，革命后曾任袁世凯的陆海军大元帅统率办事处坐办和陆军总长。是北洋派元老。他

率领的军队也被严禁剪发,因此,他被人称为"辫帅",其所部则被称为"辫子军"。他利用镇抚使、都督、巡阅使等民国官衔的合法地位,在徐州、兖州一带,拼命招兵买马,不长时间便扩展到两万人,为复辟清室准备了一笔不小的本钱。护国战争结束前后,他连续召开由各地军阀参加的徐州会议,组成了"十三省区联合会"即督军团,干涉时政,打击国民党,加紧复辟活动。1917年5月底,在"府院之争"中束手无策的黎元洪邀请他进京"调停国事",在他看来,这真是绝好的复辟良机。于是,他当即率兵北上。6月8日至13日,他在天津用5天时间逼迫黎元洪解散了国会,14日便驱车来到北京。

进京后的张勋第二天便身着前清朝服、头戴红顶花翎,到清宫养心殿谒见了溥仪。在跪拜大礼和山呼万岁中,复辟丑剧拉开了序幕。王公贵族、遗老遗少和保皇分子闻讯纷纷拥来,开始了他们梦寐以求的"复辟大业"。7月1日,张勋通电各省,攻击和咒骂辛亥革命,宣称中国只有实行君主制才能享数百年之幸福。同一天,复辟分子从故宫中簇拥出了清废帝溥仪,宣布恢复大清帝国,并大肆封官授爵。张勋因"拥戴有功",被封为内阁议政大臣,康有为被授为弼德院副院长,其他复辟分子也都各得其所。复辟清室的丑剧正式开场了。

张勋等复辟势力的倒行逆施,立即遭到全国人民的激烈反对。在资产阶级革命党人的推动下,南方各城市掀起声讨复辟的强大舆论,复辟分子成了人人喊打的过街老鼠。

张勋复辟的消息使在津的段祺瑞跃跃欲试。老军阀的政治嗅觉使他直觉地认为,这一事件对于他重新登台执掌北京政权不啻一绝妙良机。他决心打出反复辟的旗号。

此刻,在津的梁启超得知张勋复辟的消息,当即放下手头的其它事务,率研究系同仁追随段祺瑞反对复辟。张勋复辟的第二天,梁启超随段祺瑞从天津赶往第八师驻地马厂[1],组织武力,讨伐张勋。当天,段在马厂召集了军

---

[1] 马厂:河北青县运河东岸的一个小村落,津浦铁路通过其间。因清光绪初年兴筑兵营于此,而成驻兵之地。

事会议，组成了"讨逆军总司令部"，自任总司令，梁启超则作了司令部的聘任参赞。这一时期段向外发布的重要文电，都出自梁的手笔。梁启超以其出众的才华为段出谋划策，摇旗呐喊，成为段的高级幕僚。

在马厂誓师的同时，梁启超代段祺瑞起草了讨伐张勋复辟的通电，7月3日向全国发出。电文指出：

"天祸中国，变乱相寻。张勋怀抱野心，假调停时局为名，阻兵京师，至七月一日遂有推翻国体之奇变。窃谓国体者，国之所以与立也，定之匪易。既定后而复图变置，其害之中于国家者，实不可胜言。况以今日民智日开民气日昌之世，而欲以一姓威严，驯伏亿兆，尤为事理所万不能致。民国肇建，前清明察世界大势，推诚逊让。民怀旧德，优待条件，勒为成宪。……若曰为国家耶？夫安有君主专制之政，而尚能生存于今日之世者？其必酿成四海鼎沸，盖可断言。而各友邦之承认民国，于兹五年。今翻云覆雨，我国人虽不惜以国为戏，在友邦岂能与吾同戏者？内部纷争之结局，势非召外人干涉不止，国运真从兹斩矣。若曰为清室耶？清帝冲龄高拱，绝无利天下之心。……今兹之举，出于逼胁，天下共闻。……祺瑞罢斥以来，本不敢复与闻国事，惟既已服劳于民国，不能坐视民国之颠覆分裂而不一援。且亦曾受恩于前清，更不忍听前朝为匪人所利用，以陷于自灭。情义所在，守死不渝。"[1]

电文字里行间透出的政治格调并不高，它过多强调了复辟既非清室所愿，当然也就对不起清室的思想，而没有突出强调维护民主共和这面反复辟的旗帜。但据以论断电文反映出梁启超仍是一个保皇党，论断电文反映了梁启超的"先朝旧臣"本色，则期期以为不可。毕竟，这是代人作文，它包容了段祺瑞及其主要策士的意见、思想在内，是显而易见的。就是电文本身，

---

[1] 1917年7月4日天津《大公报》。

也体现出梁启超反君主专制的资产阶级民主思想和民国后坚持始终的国体观,不是"先朝旧臣"就能概括了的。

为了能更旗帜鲜明地表达自己反复辟的态度,梁启超在代人作文的同时,以自己的名义起草和发表了一份《反对复辟电》。在这份电报中,梁启超一针见血地指出:"此次首造逆谋之人,非贪黩无厌之武夫,即大言不惭之书生,于政局甘苦毫无所知。"批判的锋芒直指张勋、康有为等复辟势力,对乃师也毫不留情面。针对复辟分子指责共和政治成绩不佳,梁启超驳斥道:"倡帝政者,首借口于共和政治之不良。夫近年政治不良,何容为讳,然其造因多端,尸咎者实在人而不在法,苟非各界各派之人,咸有觉悟,洗心革面,则虽岁更其体,而于政治之改良何与者。若曰建帝号,则政自肃,则清季政象何若,我国民应未健忘。今日蔽罪共和,过去罪将焉蔽?"针对复辟势力又以"党派轧轹"为复辟的口实,梁启超回答:政党是宪政的标志,既行宪政,政党活动就无可逃避。党派纷争是令人痛心的,但这绝不能成为限制和取消政党政治的借口。政党政治的特点是:"容之则渐纳于轨,蹙之则反扬其波。"他断言,复辟逃脱不了失败的命运。他说:"就外交论,就财政论,就军事论,此滑稽政府皆绝无可以苟延性命之理。虽举国人士噤若寒蝉,南北群帅袖手臂上,而彼之稔恶自弊吾敢决其不逾两月。"可以看出,这通电报的基本立场是维护民国,反对复辟;维护资产阶级立宪政治,反对君主专制。从总体上讲,其政治格调要比代段祺瑞起草的通电高得多,反映了梁启超反复辟的真实政治态度。

当然,我们也注意到,梁启超至此仍超不出他的温和资产阶级政治活动家的本色。他害怕革命,反对破坏,担心专制复辟会产生革命,而革命闹大了将会出现北洋政府控制不了的局面,天下大乱,这是令人畏惧的。因此,他在批判复辟派的同时,仍忘不了捎带上对反对派商榷系的抨击。他说:"一年以来,党派主奴之见,其诡谲变幻,出人意表,启超深痛极恻,向两方要人苦心劝告,劝其各自觉悟,勿驰极端,以生反动。在吾则既竭吾才,声嘶力尽，曾不蒙省察，而急进派之策士，惟日从事于挑拨构煽，引甲抵乙，谓可以操纵利用，以遂其排挤之私，而结果乃造成今日之局。"[1]把复辟局面的形成一古脑推给了激进的国民党人，这显然有失公允。

马厂誓师之后，讨逆军立即开始了讨伐复辟的军事行动。辫子军不堪一击，节节败退。龟缩在北京城内的复辟集团动摇瓦解，纷纷外逃。7月8日，康有为化装逃入美国公使馆；7月12日，张勋抵抗无望，在外国人保护下逃往荷兰公使馆。文、武二"圣"遛之乎也，其他复辟分子更是作鸟兽散。至此，溥仪不得不再次宣布退位。复辟丑剧仅仅上演了12天，便以彻底失败告终。张勋复辟的失败如同袁世凯皇帝梦的破产一样，都说明经过辛亥革命的洗礼，中国传统的皇权思想和家天下的观念已发生了前所未有的动摇，大大失去了市场，谁如果再想建立一家一姓的小朝廷，谁就会遭到人民的强烈反对而无法避免失败的命运。正是从这个意义上说，反张勋复辟的胜利是资产阶级民主思想的胜利。然而，梁启超却不能如此看问题，他把反复辟的功劳统统归诸段祺瑞的讨逆行动。他说：

"复辟之变，浃洵即定。某党人或妒其侥幸。由今思之，倘非纪明有马厂之行，则今日正不知成何世界。马厂出兵倘稍迟三日，则大江以北，称臣者从风而靡矣。次者亦观望中立耳。南省万里远讨，越境假道，所至冲突，其必四海鼎沸，劳外人之戡定明也。纪明以匹夫，闻变之次日，单身驰入军中，提一旅一起，在今日共羡其成功之易，曾亦思其当时冒险犯难之状为何如者。其人短固所不免，然不顾一身利害，为国家勇于负责，举国中恐无人能比。"[2]

客观地说，段祺瑞利用全国各阶层人民反复辟的有利时机，赶跑了张勋，

---

[1] 1917年7月3日天津《大公报》。
[2] 《致广州梁季宽先生漾电》，《梁启超年谱长编》第837页。

结束了复辟丑剧,这不能不说是一明智之举,其影响也是不可忽视的。但同样值得注意的是,在他反复辟的背后也掩藏着重新执掌北京政权、维护皖系军阀集团利益的根本目的。梁启超撇开此点不谈而大颂其反复辟之功,显然是个人英雄史观作祟,也反映了他对统治阶级当权派根深蒂固的依赖和推崇。

不管怎么说,讨伐张勋取得了彻底胜利。梁启超在这场反复辟的斗争中,站在维护民国的立场上,躬入段军,参赞其事,自然功不可没。曾在清华研究院作过梁启超研究生的周传儒老先生评价说:陈寅恪[1]先生在一次茶话上送梁先生一副对联,说:"'旧时龙髯六品臣,新跻马厂元勋列',十分客观地概括梁先生是进步的。后来这句话被人误解为是讽刺梁先生,这是不对的。"[2] 这个评价显然是客观公允的。

与康有为分道扬镳

人们在谈论近代中国历史的时候,往往喜欢将康有为、梁启超并称为"康梁"。这当然在于二人曾有过的极其亲密的师生关系,也在于他们曾以共同的奋斗追求开辟了近代中国新的历史时期。然而,正如我们看到的,在这场复辟与反复辟的较量中,师生站在了截然不同的立场上:康有为搞复辟,梁启超反复辟,往日亲密无间的师生、战友形同冰炭,势如水火。这种对立局面是怎样形成的呢?我们不能不回溯一下历史。

康梁关系的演变,大体经历了如下几个时期:

1. 从梁启超入康门为弟子到戊戌变法,康梁关系的基本格局是:"梁启超是康有为的得意门生和助手,是康有为早年思想的服膺者和政治追随者"[3]。和

---

[1] 陈寅恪(1890—1969年),著名史学家。江西修水人。曾任清华大学、西南联大、岭南大学教授。建国后任中山大学教授、中央文史馆副馆长。对魏晋南北朝史、隋唐史、蒙古史及梵文、突厥文、西夏文等古文字和佛教经典均有精深研究。著有《隋唐制度渊源略论稿》等论著多部。
[2] 《周传儒先生访问录》,转引自董守义:《梁启超民初时期的宪政思想与保卫共和制度的斗争》,《辽宁大学学报》1984年第5期。
[3] 参见李侃:《康梁思想同异述论》,《近代史研究》1989年第2期。

康有为的结识，对梁启超走上维新改良之路起了决定性作用。在此后长达七八年的时间里，梁启超对乃师是基本认同和尊崇敬佩的。他协助康有为校勘了《新学伪经考》，参加撰写了《孔子改制考》，分担起草了《公车上书》并组织举人签名，参与组织强学会，为康创办的报纸撰写文章。……梁启超以惊人的才华和勤奋的工作赢得了康有为的赏识和器重。梁启超在这个阶段撰写的为数不多的文章中，显然在复述和阐释康有为的思想，他还没有真正形成自己独立的思想体系。在维新变法活动中，梁启超固然以极其活跃的姿态引起世人的瞩目，但总体上讲，此刻他仍旧被笼罩在康有为的巨大光环之下。

2. 从遁居日本到辛亥革命爆发，师生双方无论在学术思想还是政治思想上都产生了明显分歧，但康有为的思想，其作为导师的威严和久已形成的在改良派同党中的领袖地位，仍然对梁启超产生着无可怀疑的影响。但分歧越来越大，康对梁的影响也就愈来愈小。

变法失败后，康梁流亡日本。从此，双方的分歧开始出现。日本是一个后起的资本主义国家，那里的"欧风美雨"对来自古老中国的青年学子有着异乎寻常的冲击力。然而这种冲击对以"帝师"自居的康有为似乎没有产生什么影响。他抱着保皇保教的宗旨，思想日益僵化保守。他除了宣扬保皇救主、勤王复辟、尊孔保教等老一套主张外，再也提不出什么新东西了。相比之下，梁启超则有了突飞猛进的变化。赴日后，他广泛搜集阅读有关西方思想文化的书籍，大开了眼界，思想观念为之一变。他自称赴日后"肆日本之文，读日本之书，畴昔所未见之籍，纷触于目，畴昔所未穷之理，腾跃于脑。如幽室见日，枯腹得酒，……"[1]。获益之大是前所未有的。这样，师生双方的分歧开始显露。在学术思想上，梁启超既不谈"伪经"，也不谈"改制"，对康有为倡设孔教会，定国教、祀天配孔诸义，更是"屡起而驳之"。他尖锐提出："欲救今日之中国，莫急于以新学说变其思想，然初时不可不有所破坏。孔学之不适于新世界者多矣，而更提倡保之，是南行北辕也。先生

---

[1] 《梁启超年谱长编》第 176 页。

所示自由服从二义，弟子以为行事当兼二者，而思想则惟有自由耳。……弟子意欲以抉破罗网、造出新思想自任！"[1]在如何对待中国传统文化上，他持论"屡与其师不合"，和康有为俨然成了两个学派。他倾慕的文化宗师，不再是孔、孟、陆、王、康，而是西方的约翰·弥勒、孟德斯鸠和卢梭。在政治思想上，他由先前极力主张的维新变法保皇救主一变而为颂扬民权，高倡自由，大谈"破坏主义"和"扑满革命"。他一度和革命党人频繁接触，政治上倾向革命。在这样的思想基础上，1899年夏秋之交，乃有了梁启超联合韩文举、欧渠甲、唐才常等"康门十三太保"，致书康有为，劝其退出政坛、主张共和之举。该信直言不讳地提出：

"因国事败坏至此，非庶政公开、改造共和政体，不能挽救危局。今上圣明，举国共悉，将来革命成功之日，倘民心爱戴，亦可举为总统。吾师春秋已高，大可息影林泉，自娱晚景。启超等自当继往开来，以报师恩。"[2]

梁启超向革命的转变，理所当然引起康有为的强烈不满。他以为师的身份和尊严对梁启超进行了尖锐批评和严厉责备。而此时的梁启超，并没有把脚步真正迈向革命。思想观念中的消极保守因素使他对革命派之所为颇有保留。因此对乃师的批评责备还是俯首以承了。师生思想上的严重分歧还没有最终导致政治上的完全分裂。此后，梁启超以"舆论界骄子"的威风和革命派进行了长达数年的政治大辩论，鼓吹改良，反对革命，稍后一段时间又策划组党，组织政闻社，他俨然已取代康有为而成为改良派的主帅。康有为则似乎成了被改良派架空了的精神偶像和名义上的领袖。

3. 辛亥革命的爆发最终使康梁在政治上分了手。武昌起义的爆发使康有

---

[1]《与夫子大人书》，《梁启超年谱长编》第278页。
[2]《梁启超选集》第113页。

为惊惧万分,对他来说,清王朝如果被推翻,也就无皇可保了,这当然令人难以容忍。于是,他当即撰写了《救亡论》10篇,攻击民主共和,鼓吹"虚君共和"。1913年初,他又创办了一份名为《不忍》的杂志,连篇累牍地发表文章,抨击民国以来的社会是"人心堕落"、"纪纲亡绝"、"政治窳败"、"教化陵夷"。他抨击国会、政党,斥责自由平等,讥讽代议政治。康有为对民初政治与社会的抨击,固然符合某些事实,但他绝不是站在维护民国、反对袁世凯统治的立场上来说话的。他的立足点是否定资产阶级的民主共和,鼓吹尊孔保教,宣扬他的"虚君共和"理想。他对已退出历史舞台的清逊帝充满眷恋之情,时刻梦想着恢复前清的帝制。

对康有为发明的"虚君共和",梁启超在辛亥革命之初完全接受了下来并作为海外立宪党人的政治方针加以贯彻。但在民主共和的潮流下,他很快放弃了这一方针。虽然他不是一个真诚的民主共和派,但他对既成的民主共和的政体形式还是默认了。虽然他对民初的某些政治社会混乱现象亦心怀不满,但他的立足点是要建立一个平和的、有秩序的民主政体。他追求的是资产阶级的立宪政治,他在民初的一切活动无不贯彻了这一理想。他反对复古,批判倒退,这与康有为形成鲜明的对照。这样,师生间再也谈不到一块了。清帝逊位前夕(1912年2月7日),康致梁一函,示意"联镳骖靳,同拯日于虞渊"[1]。梁启超则表示,绝不再为"虚君共和"这一毫无前途的主张而去与袁世凯、北方军人及各省督抚周旋,更不屑与那些满清亲贵合作。他劝康有为道:"藉连鸡之势,或享失马之福,则竭才报国,岂患无途。"否则,"趋舍异路,怆恨何言"[2],只好各行其是。不久,梁启超致函康有为,再次尽情发泄了对乃师的不满:

"数月来谈事,动生扞格,……每谈一次,归则患首痃。师所持论往

---

[1] 《康南海文集》(上海,民国三年),第5—7页。
[2] 《致康有为书》,《梁启超选集》第607—609页。

往不能领略，而终无由尽其言，卒面从而已。以后亦往往如是。大抵与师论事，无论何人决不能自申其说。……师平昔事无大小，举措乖方之处，不一而足，弟子亦不能心悦诚服，无如何也。"[1]

不同的政治追求，最终导致师生政治上的分裂。这年的四五月间，在多数立宪党人的赞同支持下，梁启超再次提议请康有为退出政坛，不要再过问政治。这当然是为以梁启超为首的海外立宪党人能回国接近政权作铺垫。这一举动引起康的另两名弟子的不满。徐勤明确表示对此事"极不以为然"，认为这会"令海外同志无所适从，起点既异，必无再合之理"[2]。麦孟华也提出，这一举动将"尽失天下人之望"，将使"海外党人""立时溃散"。如果非要分手，也不可"作张皇之举动"[3]。徐勤、麦孟华两人都反对康梁两派公开分手。这样，在后来的几年里，康梁关系便出现这样的局面：分道扬镳、异途而趋，但仍然保持了藕断丝连的师生关系。

4. 在护国战争爆发后的年代里，围绕着复辟与反复辟的问题，康梁公开站在相互反对的政治立场上，师生二人水火不容。

作为护国运动的主帅，梁启超领导发动和组织了反袁护国的所有重大行动，对推翻袁世凯的洪宪帝制起了无可替代的重要作用。康有为也赞成讨袁，并且屡发通电，主张罢兵统一。但他反袁的基点是为了恢复自认为被袁世凯悖逆了的大清正统。因此，当梁启超1916年3月潜入广西前因出于礼节而派汤觉顿前往康处辞行时，康有为便赫然提出复辟清室的要求。梁启超记载：

"（南下讨袁）最费踌躇者，则告南海先生与否也……仍使觉顿往谒将意，南海深嘉许，固在意中，然有意外者，则正色大声疾呼以主张其平昔之复辟论也。且谓吾辈若不相从，从此恐成敌国。其言甚长而厉，

---

[1]《致康有为书》，《梁启超选集》第624页。
[2] 徐勤：《致南海夫子书》，《梁启超年谱长编》第627页。
[3] 麦孟华：《致任公先生书》，《梁启超年谱长编》第620—621页。

觉顿咋舌，唯唯而已。"[1]

袁世凯取消帝制后，康有为公开了他的复辟主张。1916年4月4日，《上海周报》刊登了他的《为国家筹安定策者》，公开鼓吹清室复辟。

面对这种情况，反对复辟封建专制的梁启超当然不能保持沉默，他要站出来表明自己的立场。5月4日，梁启超在《时事新报》上发表了《辟复辟论》，对乃师进行了无情的抨击。他讥讽康有为等人道：

"当筹安会炙手可热、全国人痛愤欲绝时，袖手以观成败；今也数省军民为'帝制'二字断吭绝胆者相续，大憝尚盘踞京师，陷贼之境宇未复其半，而逍遥河上之耆旧，乃忽仰首伸眉，论列是非，与众为仇，助贼张目。吾既惊其颜之厚，而转不测其居心之何等也！"[2]

在这篇文章中，梁启超固然提出了复辟会带来革命的隐忧，反映了他的改良派本色，但他的着眼点是反对清室复辟，维护民国以来的既行政体，最终实现他的宪政理想，这显然是无可怀疑的。在此文发表后不久，为了进一步打击康有为等人的嚣张气焰，梁启超又为滇、黔、粤、桂四省都督起草了一份反复辟的通电，其中谈到："国体不许变更，乃国民一致之决心，岂有不许袁贼，独许他人之理？""如有再为复辟之说者，继尧等即视为蔑弃《约法》之公敌，罪状与袁贼同，讨之与袁贼等！"态度之严肃，口气之严厉，立场之鲜明，无异于与康有为公开决裂、正式断交。

然而，康有为在复辟前清的问题上却毫不敛迹，他时刻梦想着再演当年顶戴花翎，参与皇朝机要的好戏。1917年6月，在接到张勋的电召后，他立即化装成一个老农民，兴冲冲地登上北上的列车，于6月27日来到北京。他与

---

[1] 《从军日记》，《饮冰室合集·专集》第33，第122页。
[2] 《饮冰室合集·专集》第33，第117页。

张勋等人密谋了复辟计划，为清室起草了一道道上谕，并和复辟分子拥出前废帝溥仪，演出了一幕令人作呕的复辟丑剧。康有为以主张复辟有功，被任命为弼德院[1]的副院长，并赏给头品顶戴加恩在紫禁城内赏坐二品肩舆。官虽不是大官，衔也是虚衔，但毕竟"皇恩浩荡"，康有为一时志得意满，趾高气扬。

面对复辟分子的丑行，梁启超一面躬入段军参赞其反复辟，一面挥笔疾书，发表反复辟的通电。在那篇讨伐复辟的檄文中，梁启超指责康有为"首造逆谋"，是"大言不惭之书生"，对乃师进行了无情的批驳。对于梁启超这种不为其师留丝毫情面的行为，时人表示惊讶。有人问梁："足下上马草檄，诚为文士得意之笔，然昔日庾公子之期于子濯孺子，不忍以夫子之道反害于夫子。今令师南海先生从龙新朝，而足下露布讨贼，不为令师留丝毫地步，其于师弟之谊何？"梁启超义正辞严地作答："师弟自师弟，政治主张则不妨各异。吾不能与吾师共为国家罪人也！"[2]10年之后，梁启超还旧事重提："复辟之役，世多以此为师诟病，虽我小子，亦不敢曲从而漫应。"[3]

短暂的复辟丑剧还未最后闭幕，康有为便又化装成老农民逃入了美国公使馆。北京政府明令通缉康有为等五名复辟分子。惨败的康有为不但毫不自省，反而把失败的一肚子怨气发泄于反复辟的梁启超。他写诗咒骂梁启超："鸱枭食母獍食父，刑天舞戚虎守关。逢蒙弯弓专射羿，坐看日落泪潸潸。"[4]指责梁启超违背伦常、禽兽不如。从此，康有为对梁启超恨之入骨，凡梁所主张和赞成的，他皆极力反对。昔日亲密的师生，至此已势不两立。

康梁关系的演变是耐人寻味的。应该说，康梁二人都曾是近代中国历史上向西方寻找真理的先进人物，都曾为中国的进步做出过自己的贡献。然而，在历史的转折和大变革面前，一个固步自封，僵化保守，拒绝接受新事物和新文

---

[1] 弼德院：官署名。1911年清政府仿日本枢密院设立，为顾问国务的机关，设院长、副院长各一人，顾问大臣32人。成立不久清朝灭亡，未发挥任何作用。
[2] 经堂：《康有为与梁启超》，《古今月刊》创刊号（上海，1942年3月）。
[3] 《公祭康南海先生文》，《饮冰室合集·文集》第44（上），第30页。
[4] 杨复礼编：《康梁年谱稿》（油印本），下篇，第41页。转引自张朋园：《梁启超在民国初年的师友关系》，《梁启超传记文学资料》第14。

化，一个善于吸收，因时而变，努力挣脱传统事物与文化的束缚，师生的分歧乃至最后分裂是理所当然的。康有为至死都抱着自己那套过时的"虚君共和"主张，以不变应万变，和辛亥革命后的社会现实格格不入，"拉车前进的好身手"变成"拉车屁股向后"（鲁迅语）；梁启超虽未成为革命民主派，但他能勇敢放弃过时的君宪主张和"虚君共和"思想，默认民国后的既行政体，试图以自己的主张引导统治阶级当权派走上资产阶级宪政轨道，相对于自己来讲，是随着时代前进了。应该说，在历史的变革面前，学生超过了先生。这里，梁启超身上体现出的"吾爱吾师，吾更爱真理"的精神是至为可贵的。

出任财政总长

张勋复辟失败后，梁启超随段祺瑞一同回到北京。在此之前，冯国璋已在南京就任了代理大总统，并正式任命段祺瑞为国务总理。因此，段在回京前后即开始了组阁活动。以梁启超为首的研究系因一贯坚持拥段祺瑞立场并赞襄反复辟而成为段氏新内阁的重要组成部分，而国民党人则因张勋复辟解散了国会而被排除在内阁之外。这样，段祺瑞、梁启超回京不久便组成包括段派官僚及研究系成员在内的混合班子：

内务：汤化龙；财政：梁启超

司法：林长民；外交：汪大燮

农商：张国淦；教育：范源濂

交通：曹汝霖；海军：刘冠雄

陆军：段祺瑞（兼）

在九名阁员中，研究系占得六席，这不能不说是研究系的鼎盛时期。对于梁启超来讲，能够出任财政总长，实现自己的理财抱负，更是梦寐以求的。一时间，梁启超踌躇满志，雄心勃勃，准备和段祺瑞公开携手，大干一场。在接到任职命令的第三天即1917年7月19日，梁启超便致代理总统冯国璋一电，宣布就职：

"南京大总统钧鉴：七月十七日敬承策令，俾长财政，感悚莫名。启猥以疏才，膺兹重寄，艰虞所迫，义不容辞，已于效日就职，顾念邦基再奠，国计维艰，此后因时阜用，端秉训谟，敢竭股肱，以期康济。"[1]

与此同时，他又通电各省督军省长，自称"自顾辁才，惭膺艰巨，国基再奠，筹济攸资，伏盼中外一心，共支危厦，尽言匡诲，时贲良规，俾启超得以罄智效忠，借纾国计。"[2] 护国战争后以在野政治家自命的梁启超，此时何以又要入阁参政了呢？7月30日他在研究系的一次大会上讲的一段话很说明问题。他指出：他及研究系同仁采取"入阁主义"，旨在"树政党政治模范，实现吾辈政策，故为国家计，为团体计，不得不牺牲个人，冒险奋斗，允宜引他党于轨道，不可摧残演成一党专制恶果"。[3] 很清楚，梁启超企图通过研究系的入阁参政，引导与改造段祺瑞，使中国政治逐步走上资产阶级的宪政轨道，实现自己的政治理想。这和当年与袁世凯携手合作的宗旨毫无二致。

上台伊始，梁启超首先延揽了张君劢为他推荐的王克敏作他的次长。梁启超很懂得，在北洋政府做官，最难办的是如何应付北洋军阀头目。不光是段祺瑞，凡拥有地盘和武力的北洋军阀，香都要烧到，否则就没你的好果子吃。而这位王克敏，手头阔绰，擅长交际，既熟识外国银行，又能奔走于冯国璋、段祺瑞及地方军阀之间，恰是财政次长的极好人选。

有了能打通各路关系的得力助手，还要有一套能遵照执行的大政方针。因此，梁启超上台之初就提出了"改革币制，整顿金融"的八字方针。

北洋政府的财政部，历来是债台高筑的烂摊子，梁启超有何锦囊妙计能解忧济困呢？应该说，梁启超的运气还是不错的。张勋复辟前，国会虽然通过了对德绝交案，但由于当时的大总统黎元洪及商榷系议员的反对，对德参

---

[1] 《梁启超年谱长编》第830页。
[2] 同上。
[3] 《申报》，1917年7月30日。

战案一直未获通过。段祺瑞重掌北京政权后，利用当时的有利时机，于 8 月 14 日公布了由梁启超起草的对德、奥宣战的布告，这样，中国就成为第一次世界大战的协约国之一。因此，协约国一致决议，将中国每年偿付给他们的庚子赔款，暂缓五年。这就是说，在五年之内，中国可以免付赔款。每年减少 1300 多万元的支出，也就等于每年增加了 1300 多万元的收入。这笔意外之财如果能用在币制改革上，虽然远不敷用，但也能起些作用。此外，梁启超还把眼光瞄向了日本，希望能从那里获得一笔贷款用来改革币制。当他获悉他在日本结识的好友犬养毅已出任日本外相时，当即给犬养毅写了一封信，希望日本朝野能对币制借款一事给予"考量"，"使此举得以实现"。[1]在他的积极活动下，对日借款一事终得落实。8 月 28 日，梁启超代表北京政府与日本签订了第一笔 1000 万日元的"善后大借款"；10 月 21 日，梁启超和曹汝霖又代表北京政府和日本签订了第二笔 450 多万元的借款。与此同时，梁启超还采纳了熊希龄的建议，拟利用缓付庚子赔款，在国内发行公债 5000 万元，加上日本借款，彻底地改革币制，整顿金融，把北洋政府的财政引上良性循环的轨道。为此，他命令财政部公债司拟定利用缓付赔款办法，整理中国、交通两行的钞票暂行法和整理币制办法大纲。

然而，尽管梁启超心志高远，并使出了浑身解数，但改革币制的理想仍成泡影。因此刻段祺瑞政府的军政费用开支急剧增加，正常的国家收入不足 6000 万元，远不敷用。梁启超只得违背初衷，忍痛将那笔 1300 万元的意外之财拿出来充作了军政开支。釜底抽薪，还何谈币制改革呢？

此时的国内政局异常混乱。随着辛亥革命的爆发和中华民国的建立，国会开始成为政治生活中的一件大事。尽管它还不是完全意义上的资产阶级国会，但它毕竟是辛亥革命的产物，是资产阶级民主的象征。1914 年，袁世凯为了专制独裁的需要，违反约法解散了国会，护国战争结束后，国会才得以恢复。然而，仅仅 10 个月后，黎元洪在张勋的胁迫下再次违背约法解散了国

---

[1]《致犬养毅书》，《梁启超年谱长编》第 840 页。

会。张勋复辟很快失败了，但重掌北京政权的段祺瑞却不打算恢复碍手碍脚的国会。他玩弄花招，企图先召集所谓的"临时参议院"代替旧国会，待国会组织法和选举法重定后，再行召集为其服务、令其满意的新国会。梁启超既然采取拥段立场，站在段祺瑞的麾下，自然要随着段祺瑞的鼓点跳舞。因此，他对段祺瑞违反约法的粗暴无理举动完全采取了支持纵容的立场。7月24日国务院通电各省，征求对于成立临时参议院的意见。第二天，梁启超便对记者发表谈话，力主必须召集临时参议院，为段祺瑞的说法开脱辩解。段、梁之举立即引起社会舆论的不满。有人致信梁启超，一针见血指出召集临时参议院取代旧国会，是"徇一部分之利益与感情，置国家根本法于不顾"，"于法律时势均不许可"。该信诘问梁启超："前筹安会发生时，执事曾以贤者不得逾法律而为善，责问杨晳子，今如报载，执事意在改良约法与国会组织法、议员选举法种种，故有此举，岂今日则贤者可逾法律而为善乎？"[1]

张勋、段祺瑞违反约法的行为引起国民党人士和南方各省的竭力反对。张勋复辟前后，孙中山频频致电西南各省要人和国会议员，揭露抨击北洋军阀首要们解散国会违背约法的恶劣行径，号召两院议员全体南下，准备成立护法政府；南方的国民党领袖和各督军省长也发表宣言通电，主张恢复旧国会。7月19日，孙中山从上海抵达广州，通过津、沪各报邀请国会议员南下护法，召开国会，以行"民国统治之权"。[2] 在孙中山护法的号召下，原海军总长程璧光和第一舰队司令林葆怿7月21日在沪发表了《海军护法宣言》，率舰队从吴淞口开往广东，极大鼓舞了西南各省护法的决心和热情。8月下旬，南下国会议员150余人在广州召开了国会非常会议，通过了《中华民国军政府组织大纲》，决定为戡定叛乱、恢复《临时约法》，特组织中华民国军政府。会议选举孙中山为护法军政府大元帅。从此，南北两个政权的公开对立和相互征战开始了。

---

[1] 姚雨平：《致任公先生书》，《梁启超年谱长编》第832页。
[2] 孙中山：《致津沪国会议员电》，《孙中山全集》第4卷，第118页。

段祺瑞自恃北洋武力雄厚，决心发动第二次南北战争，将西南的护法运动扼杀掉。为了增强实力，段祺瑞拼命扩编军队，到南北战争爆发前夕，北京政府陆军部直辖的部队，已由袁世凯死前的13个师32个混成旅（团）增加到17个师43个混成旅（团），总兵力达47万多人（尚不包括警备、巡防部队）。[1] 段祺瑞的内战战略是：对湖南用兵以制两广，对四川用兵以制滇黔，双管齐下，以咄咄逼人的气势向南方发动进攻。

在段祺瑞的武力统一政策面前，梁启超"改革币制，整顿金融"的理想彻底破灭了。他出任财长后不久，在编制中央收支概算表（1917年10月至1918年6月）时，已无可奈何地放弃了这一改革财政的美妙幻想。

财政改革难以实现，梁启超不得不退而求其次，转寄希望于中央政府的收支能够平衡，财政现状能得以维持。因此，他屈指算了如下一笔收支账（1917年9月至1918年6月）[2]：

收入：中央解款600万元；中央专款约672万元；盐税余款3000万元；烟酒公卖收入504万元；印花税100万元；常关税320万元；津浦货捐84万元；官产收入425万元；官业收入及矿务报效约30万元；关税余款两个月600万元；缓付赔款1300余万元，共计7000余万元。

支出：陆海两部所属军政费4900余万元；其余各部所属2000余万元；到期应付的各种内外债2400余万元，共计9300余万元。

入不敷出，"到期万不能缓"的内外债2400余万元丝毫无着，这使梁启超在失望之余，又非常紧张。他绞尽脑汁，无以为计，最后只得把海关余款和两笔日本借款也搭上，并寄希望于再募集一些国内公债，以解燃眉之急。尽管是拆了东墙补西墙，但总算收支相抵，梁启超在紧张之余，不觉松了一口气。不料，收支概算刚刚编好，讨伐张勋复辟时的讨逆军总司令部便送来一份账单，请梁启超照付。

---

[1] 参见《中华民国史》第二编第2卷，第156页。
[2] 《梁启超年谱长编》第848—849页。

1. 讨逆军总司令部经费：70万元；

2. 直隶垫拨讨逆总司令部经费：15万元；

3. 讨逆军总司令士兵犒费：10万元；

4. 陆军部收束临时增加军队经费：70万元；

5. 遗留东厂胡同卫队及冯德麟部下用款：20万元。

在讨伐张勋复辟的战事中，段祺瑞实际所出动军队不过两师一混成旅共两万多人，战事进行也不过四五天，居然一开口就要185万元！更可笑的是，讨逆军总司令部不过屈指可数的一点人，办事也不过十几天，竟然狮子大开口，报了85万元的账。这笔账多数落入军阀首要的腰包是肯定无疑的。梁启超啼笑皆非，急不得也恼不得，只得让财政部按单照付。然而，既然段祺瑞开了要钱的先例，其他军阀岂能不照此办理？一时间，各种军费开支账单如雪片般飞向财政部：什么陆军部特别经费，外交军事用款，川、湘用款，江西督军临时军费，湖南督军费，督军临时军费，海军特别犒费，……不一而足。梁启超估计，到1918年6月，经常费用不敷已达5000余万元，再把已经垫付的各种临时军费加上，总赤字将超过6000余万元。梁启超煞费苦心编制的财政预算全面崩溃。一气之下，他把全部账本抱到了10月25日举行的国务会议上，把账算给与会的全体阁员。谁知，在此次会议上，段祺瑞竟然不顾面临通货膨胀、金融全面崩溃的危险，再次命财政部将四国银行团垫款日元1000万，折合银元600余万，提出其中的600万，分存中国、交通两行，供陆军部随时支用。梁启超摇头叹息，还有何话可说呢？会后，他立即向代总统冯国璋提出辞呈。他说："以私意言之，将来欲筹有救济之方，惟有以军界尊宿或与军界密切能指挥之人掌理财政，取其能洞悉军事用费内容，令出法随，庶可以收指臂之效，为补牢之计，舍此殆无他途希望"。至于自己，"此次入阁，竭智殚诚，以谋整理，不幸事与愿违"，只能"负疚引退"[1]。

在梁启超看来，财政理想暂时不能实现也罢了，但连财政现状都难以维

---

[1]《梁启超年谱长编》第851页。

持，自己这个财长还有什么干头呢？更令他寒心的一层是，作为财长，他竟连自由支配用人之权都没有！就任财长后，他曾试图将各省盐运使、税关监督、烟酒公卖局长等职掌握在财政部直接控制之下。岂料各省军阀自恃武力在手，军政一身二任，哪里把财政部放在眼里。因此他先后派往各地的财政长官因地方军阀的抵制始终不能就任。官派不下去，事情也就办不了，还有什么比这更令人难堪的呢？

辞呈递上之后，代总统冯国璋坚意慰留，梁启超只得收起辞呈继续维持。此时的国内政局对段祺瑞政府极为不利：冯国璋上台后，直皖两系的矛盾冲突公开化，出现了新的府院之争。为了倒段祺瑞，冯国璋提出了"和平统一"的政策，和段祺瑞的"武力统一"政策相对抗。由于冯国璋的从中作梗，段祺瑞派往湖南、四川作战的北洋军皆告惨败。此刻，直系将领曹锟、李纯、王占元、陈光远四督又通电主和，更使段祺瑞感到雪上加霜。看到"武力统一"政策业已破产，段祺瑞于11月15日向代大总统冯国璋提出辞职。总理已经辞职，阁员焉能不辞？梁启超及其他阁员全体递上了辞呈。冯国璋继续慰留，但梁启超辞意已坚，18日单独再上辞呈。22日，冯国璋准段内阁全体辞职。至此，段祺瑞第二次内阁宣告倒台，财长梁启超在走马上任不足4个月后也悄悄离开了北京。

在护国战争后一年多的时间里，梁启超不改旧念，热衷政治，寄希望于在和统治阶级当权派的合作中推行他的宪政理想。然而，一年多的政治实践表明，段祺瑞和袁世凯并没有什么两样，依附他们并进而改造引导他们走资产阶级民主政治的路根本走不通。在专制独裁当道、军阀武人干政的恶劣政治环境下，在半殖民地半封建的社会秩序下，任何一种改良现存秩序的举动都会碰得头破血流，尽管这种举动有时还要对现存秩序作出妥协和让步。和袁世凯、段祺瑞的数年共事如此，此前十数年的政治实践又何尝有例外呢？梁启超的政治迷梦彻底破灭了，他决心脱离政坛，告别仕途，从此专心致力于思想文化教育事业。

V

十六　欧游心影录

迈步近代西方文明的发源地

　　从19世纪末参与维新变法，到20世纪初广泛宣传资产阶级民主政治，开启民智，再到民国初建后与统治阶级当权派合作，在几十年的生涯中，梁启超始终以一个资产阶级政治活动家的面目出现在社会大舞台上。尽管他屡遭挫折，参与政治的热情却丝毫不减。他自称"好攘臂扼腕以谭政治"，一切活动皆以政治为中心[1]。然而，在经历了与袁世凯、段祺瑞两次合作的失败、政治理想终成泡影后，他对当时的政治终于失望了。1917年底，他辞去了出任仅仅四个月的段内阁财长，决心脱离官场。他对研究系同仁讲："此时宜遵养时晦，勿与闻人家国事，一二年中国非我辈之国，他人之国也。"[2]梁启超在此明显表示了对政治的冷淡。1918年10月，他对《申报》记者发表谈话，自称"心思才力，不能两用，涉足政治，势必荒著述，吾自觉欲效忠于国家社会，毋宁以全力尽瘁于著述，为能尽吾天职，故毅然中止政治生涯，非俟著述之愿略酬，决不更为政治活动。"公开宣称要告别政坛而埋头于著述。在这篇谈话中，他对南北战争双方各打50大板，皆做了尖锐抨击。他认为战争双方，"甲主威信，乙言护法，皆欲自占一好名目"，"皆有不可告人之隐"，是欺世盗名。他还抨击说："我国之为军国主义，乃由少数蠢如豕贪如

1　《吾今后所以报国者》，《大中华》第1卷第1期。
2　《与亮兄书》，《梁启超年谱长编》第862页。

羊狠如狼之武人，窃取名号以营其私，若此者无南无北，无新无旧，已一邱之貉也。"他认为"现在拥兵弄兵之人，实我国民公敌，其运命与国家之运命不能并存！"[1] 以政治理想的失败作代价，梁启超最终认清南北军阀的真面目并揭露之，这自然是好的。但因之一并将以维护约法、反对北洋军阀为职志的护法战争全部否定掉，却反映了梁启超即使在退出政坛后，也仍对原先的政治反对派国民党人耿耿于怀，时刻不忘鸣鼓攻之。

退出政坛的梁启超，开始了他最后10年的文化教育生涯。

1918年3月，梁启超着手中国通史的创作。他完全沉浸在著书立说的乐趣中。每天他黎明即起，一天的大部分时间用来写作，日成书两千言以上。与此同时，他还为儿女们讲述国学源流，洋洋洒洒。由于著述用功太过，到八、九月间，他染上了肋膜炎，发烧咯血，不得不中止了通史的写作。

在著书讲学的同时，梁启超与其研究系同仁开始筹划漫游欧洲的活动。1918年底，第一次世界大战结束，巴黎和会即将召开。梁启超何以要在此刻欧游呢？他自称出游的目的，"第一件是想自己求一点学问，而且看看这空前绝后的历史剧怎样收场，拓一拓眼界。第二件也因为正在做正义人道的外交梦，以为这次和会真是要把全世界不合理的国际关系根本改造，立个永久和平的基础，想以私人资格将我们的冤苦向世界舆论申诉申诉，也算尽一二分国民责任。"[2] 这个叙述显然是真实的。对梁启超来说，由于几十年来矢志追求的资产阶级宪政理想前景暗淡，救国之志难以实现，思想上正陷入极度的苦闷与无可奈何中。在他看来，欧洲是近代西方文明的发源地，到那里进行一下社会考察，"求一点学问"，也许能真正寻找到疗救国家之方。况且，欧洲刚刚结束的举世瞩目的大战争，肯定会给世界带来不小的影响，实地考察战争的结局、影响和战后社会局势，开阔眼界，增长见识，当然不无好处，此其一。其二，战争结束后，总要开一个所谓的"和平会议"，以进行物质

---

[1] 《申报》，1918年10月26日。
[2] 《欧游心影录·欧行途中》，《饮冰室合集·专集》第23，第38页。

利益的重新分配和国际政治力量的重新组合。为了能在战后的"和平"会议中攫取更多的好处，各国都组成空前强大的外交阵容，准备在会上大干一场。而作为协约国的中国，却只派出一个由五人组成的代表团[1]，人数少，力量弱。梁启超虽已退出政坛，但在国内政治舞台上仍是很有影响的人物。因此，他虽拟以私人资格游欧，但国内舆论仍希望他能"化私为公"，在巴黎和会上为中国的外交出力。作为一个真诚的爱国者，梁启超对于国内所请求，当然觉得责无旁贷。因此，游欧不仅仅为了社会考察，还有在巴黎和会上为中国声援的外交意义。

经过一段时间的苦心经营，梁启超筹措了10万元经费（北京政府出6万元，朋旧馈赠4万元），精选了一批学有专长的名人（外交刘崇杰，工业丁文江，政治张君劢，军事蒋百里，经济徐新六，多对梁执弟子礼）作为随员，准备动身。1918年12月初，梁启超从天津来到北京，拜谒了当时的大总统徐世昌，与驻京各国公使进行了必要的斡旋，于12月9日返回天津。12月下旬，梁启超由天津赴上海，准备从那里漂洋过海。临行前的一个晚上，梁启超和张东荪、黄溯初等同仁、学生聚集在一起，回顾过去，展望未来，决定从此告别官场，致力于文化教育事业。梁启超记载：

"是晚我们和张东荪、黄溯初谈了一个通宵，着实将从前迷梦的政治活动忏悔一番，相约以后决然舍弃，要从思想界尽些微力。这一席话要算我们朋辈中换了一个新生命了。"[2]

12月28日晨，梁启超携蒋百里、张君劢、刘崇杰、杨鼎甫（负责行中后勤）等四人（因为船位紧张，丁文江、徐新六乘另船经太平洋大西洋前往）在上海登上了日本邮船会社的横滨丸号船，开始了长达一年之久的欧洲游历的航程。

---

1 代表团成员是：首席代表陆征祥、驻英公使施肇基、驻荷公使魏宸組、驻美公使顾维钧、南方代表王正廷。
2 《欧游心影录·欧行途中》，《饮冰室合集·专集》第23，第39页。又见商务印书馆2014年版。

详察战后欧洲

横滨丸号船在海洋上缓缓行驶。

浩瀚无垠的大海波平如镜，而登舟后的梁启超却感慨万端。两年以前，在反袁护国的紧张日子里，为了策动广西独立，扩大反袁战线，自己曾冒险潜入广西，当时乘坐的就是这艘"横滨丸"，藏匿的就是那间储煤仓。不过，如今的"横滨丸"，早已油漆一新，储煤仓也改作了理发室，当年的船上"执事"也已易人。更令人惆怅的是，当年一同登舟南下的爱徒汤觉顿、黄孟曦皆已作古。循览前尘，人去物非，怎不叫人感慨系之呢！

不过，这种惆怅的情绪很快被旅行的快乐所冲淡。每天，他们早早地爬起来，到甲板上看日出。之后，便学起外语来："通英文的学法文，通法文的学英文，每晨8点钟，各人抱一本书，在船面高声朗诵，到12点止，彼此交换着当教习。"午餐后，梁启超还要和蒋百里下几盘棋，傍晚则打一打球。晚饭后，他们或围拢一起谈诗论文，或向隅而坐撰文读书，日子过得既充实又快乐。梁启超高兴地称"舟行之乐，为生平所未见"。[1]

很久未在大海上航行了，梁启超游兴颇浓。在他看来，蓝天、白云、大海给人的感觉是那样美妙。他描写道："在舟中日日和那无限的空际相对，几片白云，自由舒卷，找不出他的来由和去处，晚上，满天的星，在极静的境界里头，兀自不歇的闪动。天风海浪，奏那微妙的音乐。"不知不觉来到了斯里兰卡。在这块美丽的土地上，他们喝着清凉可口的椰汁，观赏着漫山遍野的槟榔。他们游览了坎第的大湖，和土著的年轻女子合影留念。梁启超赋诗记道："戴盆姹女黑可鉴，缭树高花红欲然。处处榕阴堪憩马，家家椰树不论钱。"几天后，船到了红海，在这里，他们看日出，观日落，盛称那是

---

[1]《与娴儿书》,《梁启超年谱长编》第876页;《欧游心影录·欧行途中》,《饮冰室合集·专集》第23，第43页。

"生平未见的奇景",认为连韩昌黎的南山、陆浑山两首诗所描绘的"奇特事象"都写不出此景的百分之一。又过几日,船渡过了苏伊士运河。在那里,他们第一次见到了欧战的遗迹,留下难以忘怀的印象。[1]经过45天的缓慢航行,他们终于到达欧洲的第一个目的地伦敦。

到达伦敦后,首先映入眼帘的便是战后惨淡凄凉的景象。梁启超记述说:"所居虽一等旅馆,每日恒不饱,糖为稀世之珍,吾侪日进苦荞耳,煤极缺,室中苦寒。"[2]物质生活的艰苦丝毫没有影响他们的游兴。放下行装后,他们立即到伦敦的大教堂——威士敏士达寺观光。这座教堂既是英国王室和国家的大礼堂,也是一般百姓公共礼拜祈祷之所,同时它还是英国的国葬之地。教堂内埋葬了英国几百年来的名人,既有生前高高在上的国王,又有声名显赫、于国家功德无量的政治家、学者和文学艺术家。梁启超慨叹:"这就是一种极严正的人格教育,就是一种极有活力的国民精神教育。"观光了伦敦大教堂,梁启超一行又到英国的国会下院旁听。他用新奇的目光搜寻了国会的座次规模和内外环境,更怀着感佩的心情旁听了下院多数派和少数派的演说辩论。他称赞说:"我听了双方辩论两点多钟,真是感服到五体投地。他们讨论国家大计,像似家人妇子围在一张桌子上聚谈家务,真率是真率到十分,肫诚是肫诚到十分,自己的主张虽是丝毫不肯放让,对于敌党意见,却是诚心诚意的尊重他。"联系到国内几年来的政治状况,梁启超议论道:"我想一个国民若是未经养成这种精神,讲什么立宪共和,岂非南辕北辙。……我劝我国民快些自觉罢!从这里下一番苦工啊!不然,我们要应那组织国家的试验,便换了一百个题目,也是要落第哩。"[3]

旅居伦敦一周后,梁启超和几名随行者动身前往巴黎。在那里,讨论战后问题的所谓国际和平会议正在举行。梁启超抵达后,立即以中国在野名

---

[1]《欧游心影录·欧行途中》,《饮冰室合集·专集》第23,第40—46页。
[2]《欧游心影录·伦敦初旅》,《饮冰室合集·专集》第23,第47页;《梁启超年谱长编》第878页。
[3]《欧游心影录·伦敦初旅》,《饮冰室合集·专集》第23,第50—51,57—60页。

人的身份活跃在和会内外，为中国的外交进行舆论鼓吹。从3月7日起，利用"和会"休会期间，梁启超和随行者对欧战期间的西部战场进行了为期一个多月的考察。由于考察团一行都是中国的名流学者，法国政府特派官员护送随行。他们从巴黎出发，由马仑河经凡尔登入洛林、亚尔萨士州，折而至莱茵河右岸联军阵地，再到比利时，循着缪司河穿过兴登堡线一带，返回巴黎。他们看到，战后的欧洲遍体鳞伤，过去的繁华早已被炮火吞没。到处是断壁残垣、荒烟蔓草，"绝好风景的所在，弄成狼藉不堪了"。梁启超感叹："自然界的暴力，远不及人类；野蛮人的暴力，又远不及文明人哩。"在凡尔登战场，他们看到，满地焦枯，一根草也没有，这里一个坑，那里一个洞，德军溃败时遗弃的钢盔、军服、炮弹、指挥刀，到处都是，当年战火之猛烈可想而知。更令人触目惊心的是，战场周围遍布着林林总总的新坟，坟头上插着密密麻麻、成千上百的十字架，和那残破凌乱的铁丝网互相掩映。此时的天空阴霾四合，细雨蒙蒙，更为战地平添了一种肃杀凄凉之气。面对此情此景，梁启超不由地悲叹："现在所谓光华灿烂的文明，究竟将来作何结果，越想越令人不寒而栗哩！"[1]战地考察毕，梁启超撰写了一篇《西欧战场形势及战局概观》，并请擅长军事的蒋百里撰写了一篇《德国战败之诸因》，为他们先前服膺过的德国唱了最后的挽歌。

此次游历，梁启超的足迹遍及欧洲的大部分国家，而居留时间最长的还是在法国。在这块资产阶级启蒙运动的发祥地，曾产生过许许多多近代文明巨人的国度上，梁启超流连忘返，带着探寻的目光，贪婪地吮吸着一切在他看来有益的东西。在几个月的时间里，他广泛接触了法国著名的政治家、外交家、文学家和其他学者。在接触的这些名士中，他最感得意的是见到了"新派哲学巨子"、著名的唯心主义哲学家柏格森和"三国协商主动人、大外交家笛尔加莎"。此二人早为梁启超所服膺，梁启超的出色才华也为他们所

---

[1]《欧游心影录·战地及亚洛二州纪行》，《饮冰室合集·专集》第23，第105—110页。

佩服，因此双方一见如故，"皆成良友"。此外，他还参观了法国著名的资产阶级启蒙家卢梭的故居，浏览了巴黎的博物馆、图书馆、美术馆，观看了西方的戏剧。梁启超生平本不喜观剧，但"至此乃不期而心醉，每观一次，恒竟夕振荡不怡，而嗜之乃益笃"。在有限的时间里，梁启超极为广泛地考察学习了西方的社会、政治、经济、财政、军事、文学艺术和社会科学，一分一秒的光阴也不敢荒废。经过几个月的考察，梁启超自感收获颇丰。在1919年6月9日寄与其弟的一封信中，他谈到了这种收益：

"数月以来，晤种种性质差别之人，闻种种派别错综之论，睹种种利害冲突之事，炫以范象通神之图画雕刻，摩以回肠荡气之诗歌音乐，环以恢诡葱郁之社会状态，饫以雄伟矫变之天然风景，以吾之天性富于情感，而志不懈于向上，弟试思之，其感受刺激，宜何如者。吾自觉吾之意境，日在酝酿发酵中，吾之灵府必将起一绝大之革命。"[1]

6月初，梁启超一行离开巴黎，前往英国游历。在英国，他们出席了英国皇家、伦敦市长、各大银行、商会、文学会为其举行的宴会、茶会，参观了著名的剑桥大学、牛津大学，访问了英国古典经济学家亚当·斯密和大文学家苏噶特、莎士比亚的故居，游览了爱丁堡的名胜，考察了伯明翰等城市的工厂，参观了英国的海军。在短短的一个月中，他们广泛接触了英国的社会与文明。

7月中旬，梁启超一行离开伦敦，返回巴黎，参加了法国的国庆和凯旋典礼。之后，开始游历比利时；8月1日，游荷兰；8月21日，游瑞士；9月11日，游意大利；10月7日自意大利复返巴黎，居留两月后，出发考察德国。在德国，他们充分领略了战败国的惨状。梁启超向其弟介绍说："昨今两日

---

[1]《与仲弟书》，《梁启超年谱长编》第880—883页。

（即12月18日、19日——引者注），柏林全市饭馆罢业，旅馆亦不设食，吃饭问题闹得狼狈万状，闻铁路又将罢工，果尔吾侪将困饿此间矣。"[1] 他的结论是："全欧破产，于兹益信。"[2]

在为期一年的欧游中，梁启超及其随行者把巴黎作为大本营。他们居住在离巴黎不远的白鲁威，这里风景优美，夏日清凉，巴黎人把它作为避暑之地。但到了冬季，这里的气候就很难挨了，再加上战后燃煤极缺，他们只有靠半湿不干的木柴和煤气厂里蒸取过煤气的煤渣来取暖。在这个冰冷的世界里，在游历归来的间隙，他们"镇日坐在一间开方丈把的屋子里头，傍着一个不生不灭的火炉，围着一张亦圆亦方的桌子，各人埋头埋脑，做各自的功课。"[3]

一年的欧洲考察游历很快就结束了。1920年1月初，梁启超一行由德国返回巴黎，匆匆打点了行装，于1月18日赴马赛，在那里登上了法国的邮轮，起程回国。

在巴黎和会伸张正义

解决战后国际问题的巴黎和会于1919年1月18日在巴黎的凡尔赛宫隆重开幕。27个国家的代表共一千余人参加了会议。和会表面上是要起草和签订对第一次世界大战战败国的和约，但实际上每个帝国主义列强都有自己的掠夺计划，都想趁机在会议上捞一把。巴黎和会实质是列强的分赃会议。远东问题是会议的议题之一，而远东问题最主要的，就是中国的山东问题。因此，巴黎和会为全国所瞩目。梁启超欧游的目的之一，就在于应全国舆论之请，拟在和会上以私人资格为中国作舆论上的鼓吹，希望能对中国的外交有

---

1 《与仲弟片》，《梁启超年谱长编》第892页。
2 《与周夫人片》，《梁启超年谱长编》第892页。
3 《大战前后之欧洲》，《饮冰室合集·专集》第23，第1—2页。

所尽力。由于战后海上交通的不畅，横滨丸号船足足走了45天，当梁启超一行抵达巴黎时，和会开幕已经整整一个月了。梁启超立即以中国在野名人的身份活跃在和会内外。

还在欧游前，梁启超就向总统徐世昌建议，成立了以政界元老、前外交总长汪大燮为委员长，进步党重要领袖、前司法总长林长民为理事长的外交委员会，负责巴黎和会特定时期的外交事务。临行时，梁启超与委员会成员详细讨论了包括收回租借地和铁路附属地、取消领事裁判权等维护中国正当权益的提案，以便与出席和会的代表统一主张。不久，日本代理公使芳泽宴请梁启超，席间谈到中国山东问题，梁启超当即表示，中国是对德宣战国，中德条约自当废止，中国理应收回其在山东权益，日本在山东继承德国权利之说是没有任何根据的。而芳泽却表示：我们日本人不是这样解释。梁启超反击说："中日亲善的口头禅已讲了好些年了，我以为要亲善就今日是个机会，我很盼日本当局要了解中国国民心理，不然恐怕往后连这点口头禅也拉倒了。"[1]

抵达巴黎后，梁启超先后会见了美国总统威尔逊及英、法等国的代表，请他们支持中国收回德在山东的权益。威尔逊等人表面答应从旁协助，但终究于中国外交丝毫无补。这令梁深感遗憾。

此次和会关系到国际政治力量的重新组合和各种实际利益的重新分配，因此与会各国大多非常重视，都组织了空前强大的外交阵容。如美国代表团连专家顾问在内，人数多达1300多人。日本力图通过和会将霸占中国山东的现实合法化，因此更进行了充分的准备。他们起用曾任日本首相的政界元老西园寺公望任首席全权代表，拟在会上大干一场。比较起来，中国只派出一个由五人组成的代表团，且多数代表平庸无能。北洋政府之短见，由此可见一斑。

---

[1] 《欧游心影录·欧行途中》，《饮冰室合集·专集》第23，第38—39页。

本来，中国代表团的力量已够微弱了，而北洋政府事先与日本订下的密约就更使代表团无所作为。1918年9月，段祺瑞为了实现南北统一的梦想，以牺牲山东权益为交换条件，与日本签订了借款2000万元的秘密合同。该密约规定，日本有权在山东筑路，有权驻军青岛、济南。根据此规定，日本不仅继承了原德国在山东之所得，而且大大超过了德国的势力。这个密约成为和会上日本强占中国山东的借口。梁启超事先并不知道中日之间有此密约，因此对中国外交尚抱有希望。抵巴黎后，闻知此丧权辱国的密约，梁启超于愤怒之余，只得向国内如实报告情况。1919年3月，他从巴黎致电外交委员会的汪大燮、林长民，揭露北洋政府恶行，力主维护中国的正当权益。电文如下：

"查自日本占据胶济铁路，数年以来，中国纯取抗议方针，以不承认日本继承德国权利为限。本去年9月间，德军重败，政府究用何意，乃于此时对日换文订约以自缚。此种密约，有背威尔逊14条宗旨，可望取消，尚乞政府勿再授人口实。不然千载一时良会，不啻为一二订约人所败坏，实堪惋惜。"[1]

汪大燮、林长民等人接梁电后，异常愤怒。他们立即联合张謇、熊希龄、范源濂、王宠惠、庄蕴宽等人，组成了国民外交协会，旨在对北洋政府施加压力，同时希望对中国外交有所支援。协会成立后，立即致电该会理事梁启超，称赞他为国家利益"鼓吹舆论，扶助实多，凡我国人，同深倾慕"，委托他为协会代表，向巴黎和会请愿，力争山东主权。

梁启超既然受了委托，当然力图有所作为。无奈中日间的一纸密约使日本有恃无恐，他们在和会内外大肆活动，并以退出和会，不参加国际联盟相威胁。由于英、美、法、意、俄等列强早在1917年即与日本签订了承认其

---

1 《梁启超年谱长编》第879页。

继承德在山东权利的秘密谅解,故此时站在日本一边。4月30日,美、英、法三国会议置中国利益于不顾,公然议定了巴黎和约关于山东问题的第156、157、158条款,将原德在山东的权益全部让与日本。对于如此丧权辱国的条款,北京政府的外交代表竟也考虑签字。[1]面对此种状况,梁启超忍无可忍,他立即致电国民外交协会,建议发动不签字运动,抵制卖国条款:

> "汪、林两总长转外交协会:对德国事,闻将以青岛直接交还,因日使力争,结果英、法为所动,吾若认此,不啻加绳自缚,请警告政府及国民严责各全权,万勿署名,以示决心。"[2]

接到梁启超的电报,林长民立即撰写了一篇《山东亡矣》的新闻稿,如实介绍了和会情况,惊呼"国亡无日",呼吁"愿合四万万民众誓死图之"。该文刊登在5月2日的《晨报》上,立即掀起北京各大学学生的示威活动。五四运动爆发了。6月中下旬,北京、上海、山东等地展开了各种形式的拒签和约斗争,在巴黎的中国代表团收到7000封国内警告电。而北京政府却一意孤行,仍命巴黎代表在和约上签字。在此形势下,梁启超又将国内情况和北京政府准备签字的消息通知了在巴黎的中国留法学生。中国留法学生早就密切关注着和会的进程,此刻接到梁启超的通知,更加义愤填膺。6月28日(预定和约签字日),他们会同中国留法工人包围了中国代表的住地,声言谁要出门,就杀死谁。在国内舆论的坚决反对和留法学生、工人的拼死斗争面前,中国代表被迫拒签和约。

在这场妥协与反妥协、卖国与爱国的斗争中,梁启超旗帜鲜明,表现了高度的爱国热情。他虽未直接参加五四运动,但却是五四运动的间接推动者。

和会开会期间,东道主法国曾先后宴请了各国政界首要和新闻界人士。

---

[1] 王芸生:《六十年来中国与日本》第7卷,第321页。
[2] 《梁启超年谱长编》第880页。

梁启超作为中国名人，受到了法国方面的热情礼遇，被作为第四次宴请的主客。席间，梁启超就《凡尔赛和约》中关于中国山东的不平等条款发表了慷慨激昂的演说。他指出："若有别一国要承袭德人在山东侵略主义的遗产，就是为世界第二次大战之媒，这个便是和平公敌！"[1] 梁启超的演说赢得在场各界人士的热烈掌声，对争取国际舆论的支持起了一定作用。

巴黎和会签订了《凡尔赛和约》，通过这个和约，列强宰割了约有1300万居民和300万平方公里的殖民地和战败国领土，并且埋下了第二次世界大战的伏线。中国人寄予希望的收回山东主权，改变不合理国际关系的愿望终成泡影。和会结束了，中国人所作的"正义人道梦"也彻底醒了。会后，梁启超撰写了《巴黎和会鸟瞰》一文，对巴黎和会的本质作了一针见血的揭露：

> "……总之那时我们正在做那正义人道的好梦，到执笔著这部书时，梦却醒了。擦擦眼睛一看，他们真干得好事，拿部历史一比，恰好和百年前的维也纳会议遥遥相对，后先辉映。维也纳会议由几个大国鬼鬼祟祟的将万事决定，把许多小国牺牲了，供他们的利益交换，这回还不是照样吗？维也纳会议过后有个俄普奥三国同盟，这回有个英法美三国同盟。维也纳会议后，大家都红头胀脸的来办法国革命的防堵，这回又有个俄国过激派，供他们依样葫芦的材料。"[2]

应该说，梁启超的认识是相当深刻的，他以史学家的睿智揭示了巴黎和会的分赃本质和侵略性后果，为人们如实看待此次会议提供了有益的借鉴。

在揭露巴黎和会骗局的同时，梁启超提醒国内要充分注意到列强对中国的觊觎。他指出："环顾宇内，就剩中国一块大肥肉，自然远客近邻，都

---

[1]《欧游心影录·巴黎和会鸟瞰》，《饮冰室合集·专集》第23，第83页。
[2] 同上书，第84—85页。

在打我们的主意,若是自己站不起来,单想靠国际联盟当保镖,可是做梦哩。"[1] 1920年3月5日,梁启超一行返抵上海。针对当时国内流行的与日本直接交涉山东问题的说法,梁启超下船后即对《申报》记者发表谈话,指出:"余初履国土,即闻直接交涉之呼声,不胜骇异。夫既拒签于前,当然不能直接交涉于后,吾辈在巴黎时对于不签字一层,亦略尽力,且对于有条件签字说,亦复反对,乃有不签字之结果,今果直接交涉,不但前功尽失,并且前后矛盾,自丧信用,国际人格从此一隳千丈,不能再与他国为正义之要求矣。"[2] 他认为,就公理而言,日本的强权外交"虽胜利而实失败",而中国"虽失败而实胜利"。中国应该有自信心,要自强。不久,他亲自致信徐世昌,请他释放因参加五四运动而被捕的青年学生。

反思西方文明[3]

欧游归来后,梁启超发表了一部重要著作《欧游心影录》。这部著作比较全面地论述了梁启超对战后欧洲的考察过程和心得,集中反映了梁启超对西方文明的态度和看法,也阐述了他对中西两种文化的总体认识。因此,这部著作是研究梁启超晚年政治、文化和思想走向的重要资料。

毫无疑问,通过 年来的游历考察,梁启超对战后欧洲的混乱社会状况,对西方文明所遭受的灾难有了一个清晰的认识。他看到,战后的欧洲,物质生活极端贫困:生活必需品匮乏,通货膨胀严重,生产力大幅度下降,他慨叹:"那富人便有钱也没处买东西,那穷人从前一个钱买的东西如今三五个钱也买不着,这日子怎么能过呢?"他也看到,战后的欧洲社会两极分化现象极为严重:"富者益富,贫者益贫,物价一日一日腾贵,生活一日一日

---

[1] 《欧游心影录·欧游中之一般观察及一般感想》,《饮冰室合集·专集》第23,第20页。
[2] 《梁启超年谱长编》第899页。
[3] 此段文字的引文除标明的以外,皆引自《欧游心影录·欧游中之一般观察及一般感想》,《饮冰室合集·专集》第23,第1—38页。

困难。"工人劳动所得，连温饱尚不能解决，更不用说休养生息和接受教育了。而资本家呢，"今日赚5万，明日赚10万，日常享用，过于王侯"。因此，劳资斗争、罢工风潮、社会革命成为战后欧洲极为平常的事情。他还看到，西方文明所遭受的灾难和混乱不仅表现在物质贫困和社会矛盾尖锐，还表现在社会思潮的矛盾与冲突，表现在全欧洲笼罩着的"世界末日"、"文明灭绝"的悲观主义情绪。应该说，梁启超的考察是比较全面和准确的。

那么，欧洲社会与文明的混乱、灾难是怎样造成的呢？梁启超认为，"现在贫富阶级的大鸿沟，一方面固由机器发明，生产力集中变化；一方面也因为生计上自由主义成了金科玉律，自由竞争的结果，这种恶现象自然会演变出来呀。这还罢了，到19世纪中叶，更发生两种极有力的学说来推波助澜，一个就是生物进化论，一个就是自己本位的个人主义。……所以就私人方面论，崇拜势力，崇拜黄金，成了天经地义；就国家方面论，军国主义、帝国主义，变了最时髦的政治方针。这回全世界国际大战争，其起源实由于此"。他还认为，欧洲人之所以失去"安身立命"的所在，之所以陷入悲观主义境地，就在于过于相信"科学万能"。很显然，梁启超把批评的矛头对准了曾为自己早年服膺过的社会庸俗进化论，对准了以自我无限扩张为特征的极端利己主义，反对把科学、物质生活凌驾于一切事物之上。

梁启超对西方文明的考察与批评，绝不意味着他从此开始彻底抛弃西学而回归传统，更不能说它标志着梁启超政治、文化思想的倒退。这仍然可以从《欧游心影录》中找到充足的论据：

其一，他对西方文化观念的核心"自由精神"仍然是认同和推崇的。就在这部书中，他明确讲道：

"欧洲现代文化，不论物质方面、精神方面，都是从'自由批评'产生出来，对于在社会上有力量的学说，不管出自何人，或今或古，总许人凭自己见地所及，痛下批评。批评岂必尽当？然而必经过一番审择，才能有这批评，便是开了自己思想解放的路；因这批评，又引起别人的审择，便是开了社会思想解放的路。互相浚发，互相匡正，真理自然日明，世运自然日进。倘若拿一个人的思想做金科玉律，范围一世人心，无论其人为今人、为古人、为凡人、为圣人，无论他的思想好不好，总之是将别人的创造力抹杀，将社会的进步勒令停止了。……我国千余年来，学术所以衰落，进步所以停顿，都是为此。"

理性思维、思想自由是走出中世纪愚昧天地的指南，也是判别一个时代或民族现代化程度的标志。梁启超显然看到了这一点。他对中国传统文化缺乏自由传统的批评，从一个侧面映衬出他对西方文化可贵之处的赞叹。

在同一段文字中，梁启超还谈到，思想解放可能会带来道德条件的动摇和社会罪恶的出现。但是，就算把思想完全封锁起来，所谓道德就人人奉行吗？至于一些坏人借思想解放做护身符，公然作恶，也不能算思想解放不好。梁启超的结论是："思想解放，只有好处，并无坏处。"他还反问那些"国中老师宿儒"："若单靠禁止批评，就算卫道，这是秦始皇'偶语弃市'的故技，能够成功吗？"可以看出，梁启超对压制批评，扼杀自由的文化专制是深恶痛绝的。

梁启超曾于1902年写作了《论中国学术思想变迁之大势》，在这篇文章中，他用比较中西学术思想的方式，实际指出了中国文化缺乏理性精神和思想自由条件的传统；欧游归来后，他又创作了《清代学术概论》，要求创造思想自由的条件。联系他前后20年的文化、学术思想，不难看出，他对西方文化观念的核心"自由精神"的认同和推崇是一如既往的。

其二，他虽然反对西方文化把物质生活、科学凌驾于一切事物之上的超越性内涵，但并不反对科学，更不是要放弃高度发展的资本主义物质文明。

出于国内意识形态斗争的需要，梁启超把反对的矛头对准西方重物质的超越性内涵，主张向西方推广重视精神生活的东方文化。如此并不是要反对近代科学的实践及其成果。他承认科学的价值，重视科学的方法。他认为西方讲客观科学，非我们所能及；他们的科学方法，也实在精密，这都是值得我们学习的。欧洲战争虽然打破了科学万能的梦，但科学仍将在自己的范围内继续进步。他指出"这回战争中各种发明日新月异，可惜大半专供杀人之用。经此番大创，国际上总有三几十年平和可望，好好的拿来应用，物质文明一定更加若干倍发达"。他还说，他虽然反对科学万能，但绝不承认科学破产，更不会菲薄科学。

19世纪初年生物学方面的进化论所造就的世纪中叶的社会庸俗进化论，曾为早年的梁启超所服膺。第一次世界大战以后，资本主义世界的混乱状态和社会主义新世界的曙光，使梁启超产生了资本主义末日的错觉，并将之归咎于物质文明的过度发展。在这种心态下所发出的"现在点电灯、坐火船的人类所过的日子，比起从前点油灯、坐帆船的人类，实在看不出有什么特别舒服处来"这类议论，自然不能将之看作一种真实的历史观。实际上他不是要放弃这种物质文明，而是在担心"这些物质文明是否得着了过后再不会失掉"[1]。这类议论充其量只是挽歌，而不是降幡，对以下这段著名的议论也应作如是观：

"当时讴歌科学万能的人，渴望着科学成功，黄金世界便指日出现。如今功总算成了。百年物质的进步，比从前三千年所得还加几倍。我们人类不惟没有得到幸福，反带来许多灾难，好像沙漠中失路的旅人，远远望见个大黑影，拼命向前赶，以为可以靠它向导；哪知赶上几程，影子却不见了。因此，无限凄凄失望。影子是谁？就是这位科学先生。欧洲人做了一场科学万能的大梦，到如今却叫起科学破产来。"

其三，他仍然倡导个体本位的资产阶级文化伦理观。

资产阶级向封建主义进行攻击，总是由文化伦理观方面的个性解放呼声

---

1 《研究文化史的几个重要问题》，《饮冰室合集·文集》第40，第6页。

打头阵，近代欧洲如此，近代中国也不例外。梁启超在 1902 年创作的《新民说》就是近代中国提倡个性解放的著名作品。在这部著作中，梁启超依据西方资产阶级的社会有机体论，认为中国所以贫弱不振，乃是因为中国人素质太差。所谓素质差，包括民德、民力、民智三方面。中国要走向富强，必须提高国民素质，来一番自新、改造，其中的关键是新民德，即培养国民新的思想意识，树立新的道德观念。在他看来，新的思想意识和道德观念的中枢就是"自由"，即个性的解放。他非常强调人的自尊和独立人格，认为有独立的人格才会有独立的国家。中国缺乏独立人格，原因就在于国民缺乏以个人为中心的观念。因此，他表示推崇个体本位的资产阶级文化伦理观念。

20 世纪初年是如此，欧游后又怎样呢？我们注意到，在《欧游心影录》中，他仍然突出强调发挥人的个性，即他所谓的"尽性主义"。他说："这尽性主义，是要把各人的天赋良能，发挥到十分圆满。就私人而论，必须如此，才不至成为天地间一赘尤，人人可以自立，不必累人，也不必仰人鼻息；就社会国家而论，必须如此，然后人人各其用所长，自动的创造进化，合起来便成强固的国家、进步的社会。……今日第一要紧的，是人人抱定这尽性主义，……将自己的天才尽量发挥，不必存一毫瞻顾，更不可带一分矫揉，这便是个人自立的第一义，也是国家生存的第一义。"这段论述和梁启超 20 世纪初年的思想是一致的。

较之后来一些只知宣扬自我、使自我无限扩张的自由主义者要高明的地方，则是梁启超同时强调个人自由不能侵犯他人自由，个人、群体要相结合。他指出："想自己的人格向上，唯一的方法，是要社会的人格向上；然而社会的人格，本是从各个'自己'化合而成，想社会的人格向上，唯一的方法，又是要自己的人格向上"。

其四，从总体上讲，他对欧洲文明的前途是乐观的。

梁启超看到欧洲物质界的贫困，也感受到其精神界的混乱，但他对欧洲文明的前途并不悲观。他认为欧洲文明绝不会破产、灭绝。从精神文明上讲,"他的文明是建设在大多数人心理上,好像盖房子从地脚修起,打了个很结实的桩儿,任凭暴风疾雨,是不会动摇的"。他认为,"真正安心立命所在",如今已被他们找着了,这就是社会互助学说,哲学上人格的唯心论和直觉的创造论。从此,欧洲多数人的人生观将打开一个新局面。从物质文明上讲,战后欧洲固然"枯窘",但只要精神生活不枯,物质生活自然不成问题。财政生计上的困难完全可以变害为利,"赢得意外发达"。梁启超的结论是,"我对于欧洲,觉得他前途虽然是万难,却断不是堕落"。

梁启超对西方文明前途的估计,当然不是完全建立在科学的基础上的。但重要的是,此后西方文明所表现出的活力恰恰在一定程度上证实了梁启超的结论本身。

梁启超对西方文明的态度和看法既如此,他对中西两种体系文化的总的看法又如何呢?

还是在这部《欧游心影录》中,梁启超响亮地提出了中西文化融合的观点。他讥讽思想文化上的顽固保守派所主张的"西学中源说"是固步自封,夜郎自大,荒唐可笑;也批评全盘欧美化论者"沉醉西风","把中国甚么东西都说得一钱不值,好像我们几千年来,就像土蛮部落,一无所有"是一种民族虚无主义,同样无知可笑。他提出,"要发挥我们的文化,非借他们的文化做途径不可。因为他们研究的方法,实在精密,所谓'工欲善其事,必先利其器'"。很显然,他是要用西学作为整合手段,达到复兴或改造中国文化的目的。如果再看到此时他所主张的文化价值观、文化伦理观,则我们完全可以说,他倡导的是一种中西文化融合,而不是复古或"全盘西化"。

在近年的学术研究中,梁启超的"多变"似乎已被普遍认可。这当然包括政治观念和文化观念。实际上,梁启超的政治和文化观念还是有基调可寻的。这个基调就是:"心醉西风",但并不蔑弃"吾数千年之道德、学术、风俗,以求伍于他人"[1]。这一基本态度在文化观念上显然有别于"中学为体,西

---

[1] 《新民说》,《饮冰室合集·专集》第4,第7页。

学为用"和"全盘西化"的文化理论模式,早年是如此,《欧游心影录》所反映出的晚年文化观仍然如此。

至于他在本书及其后的一系列论著中所讲的诸如中国文明担负着"超拔"、"救拔"西方的历史责任一类话,也不可误解此时的梁启超已经背离资产阶级的文化方向,回到封建主义阵营中来。因为中国文明,包括中国的传统文化,并不就等于封建主义意识形态,他为什么不可以要求一种具有中国特色的资产阶级文明呢?梁启超是近代中国的新型知识分子,他清醒地看到西方近代文化即"西学"的优势和中国传统文化即"中学"的弊端,因此他主张学习、接受西学,革新和改造中学。但作为一名真诚的爱国者,他在感情上更是传统文化的继承者,他希望在用西学革新、改造它的基础上发扬光大,使它成为一种新文化。值得首肯的是,他在对传统文化的取舍上,态度是清醒的。他说:

"须知凡一种思想,总是拿他的时代来做背景,我们要学的,是学那思想的根本精神,不是学他派生的条件,因为一落到条件,就没有不受时代支配的。譬如孔子,说了许多贵族性的伦理,在今日诚然不适用,却不能因此菲薄孔子。柏拉图说奴隶制度要保存,难道因此就把柏拉图抹杀掉吗?明白这一点,那么研究中国旧学,就可以得公平的判断。"

这一看法是很有见地的,对如何吸收不同时代、不同民族的文化为今所用、为己所用也是颇有价值的。

十七　难舍政治

接办《改造》杂志

带着对中国前途的乐观情绪，带着即将致力于社会文化教育事业的巨大热情，1920年3月，梁启超风尘仆仆地回到国内。此时，中国的国内政局风云变幻、扑朔迷离。一方面，受帝国主义列强操纵控制的各派军阀相互争斗，混战不已，中国陷入更大的动荡和不安之中；另一方面，新文化运动的浪潮正在中国的大地上飞扬激荡，经过五四运动的洗礼，文化领域出现了百家争鸣的新局面，各派政治力量组织团体，创办报刊，提出了拯救中国的各种方案。面对着这种新旧杂陈、专制与启蒙并存的纷纭气象，梁启超尽管事先早已声言不问政治，但参政热情是无法改变的；尽管在有生之年中，他基本上未再介入上层的政治活动，但通过社会改革最终建设资产阶级民主政治的理想并未放弃。就在回国后不到半年，他便把其研究系同仁创办的一份杂志接了过来，以此为工具，宣扬自己及同仁们的社会改革思想。

这份杂志原名为《解放与改造》，乃是张东荪、俞颂华等研究系成员于1919年9月以"北平新学会"[1]的名义创办的。该杂志为半月刊，32开本，已出两卷24期。该刊在创刊号宣言中对其办刊宗旨做了如下阐述：

"今天的世界虽不是以前的世界，然而以前世界的'残余'（Residuum）

---

[1] 北平新学会由梁启超、张君劢、蒋百里、张东荪等人发起，其宗旨是从学术思想上谋根本的改造，以为将来中国的基础。

尚在那里支配现在的世界。今天的自我虽不是以前的自我，然而以前自我的'残余'尚在那里蒙蔽现在的自我。所以我们当首先从事于解放，就是使现在的自我从以前的自我解放了出来，同时使现在的世界也从以前的世界完全解放了出来。……

但解放不是单纯的脱除，乃是替补（Complement）。替补就是改造，所以一方面是不断的解放，他方面是不断的改造。综合两方面来看，就是不断的革新。……"

很显然，研究系创办《解放与改造》的根本之义乃是依据他们的立场和观点，谋求社会的改革。在它出版的两卷24期中，讨论社会主义的文章和译文占了绝大部分，因此，该刊成为新文化运动中介绍和引进社会主义思想流派的杂志之一。

1920年9月，《解放与改造》从第三卷第1期起，更名为《改造》，由欧游归来的梁启超担任主编。该刊改为16开本，每卷12期，出至四卷10期（1922年9月）停刊。

《改造》的基本倾向和先前完全一样。梁启超在《改造》发刊词中标明该刊"精神犹前志也"。在这份发刊词中，梁启超提出了该刊的16点主张，[1] 实际上确定了研究系同仁今后一个时期政治、经济和文化思想的纲领性方针：

1. 政治上，谋求国民在法律上的"最后之自决权"，国家体制主张"以地方为基础"，缩小中央权限，实行地方自治。

2. 经济上，"确信生产事业不发达，国无以自存"，因此要"力求不萎缩生产力且加增之"，发展资本主义；同时"确信社会生计之不平等，实为争乱衰弱之原"，因此要"力求分配平均之法"，竭力消除资本主义发展中暴露出的弊端。

---

1 《改造》第3卷第1号。

3. 思想文化上，反对大一统主义，主张引进和吸收"对于世界有力之学说"，同时整顿发扬中国的传统文化，融合中西，成一新文化系统，以贡献于世界。

4. 废除常备的国防军，实行兵民合一制度。

5. 实行强迫普及教育，此乃民治之根本。

这些主张在该刊的创办时期都有所体现。在此后的两卷中，研究中国现实问题的文章大大增加，出版了"废兵问题研究"、"自治问题研究"、"联邦研究"、"社会主义研究"、"教育问题研究"、"军事问题研究"、"制定省宪问题"等特辑；这些主张也贯穿在梁启超今后几年的文字宣传和奔走演说中，成为其关注和参与现实政治问题的指导思想。

欧游归来的梁启超，开始把主要精力投注于办学讲学，促进中外文化交流和著书立说等文化教育事业上。然而，梁启超毕竟不满足于埋头故纸堆中，也绝不满足于只做一个坐而论道的教书先生。他的最终理想是要在中国实现资产阶级的民主政治。虽然自己倡导的国权主义道路走不通了，自己所依靠的统治阶级当权派靠不住了，但这并不妨碍自己改换达到理想的新路，不妨碍自己倡导和实施新的改革方案。在此后的几年中，我们看到，梁启超继续充分发挥了舆论宣传家和天才著作家的本领，提出了一系列改革中国社会的思想，这就是：经济上的社会改良思想，政治上的分权主义思想，文化上的自由主义思想。他的对抗马克思主义思潮、鼓吹国民运动、呼吁联省自治、调和科学与玄学的论战及幻想组织第三党，无不是这些思想主张的具体反映。

翻开梁启超晚年活动的历史，我们看到的是一个既致力于文化教育事业、又不忘情于现实政治的资产阶级学者和社会活动家的忙碌身影。而在他看来，文教事业恰恰是为改革社会，刷新政治作铺垫。他在为文化团体共学社拟定的宗旨中，明确把"培养新人才，宣传新文化，开拓新政治（加重号为引者所加）"[1]作为自己一派人的奋斗方向；他在1922年9月对武汉报界所

---

[1] 《梁启超年谱长编》第909页。

发表的演说词中，也把监督政治、指导社会作为言论界关注的重点加以提倡。[1] 在晚年，他自称"政治兴味"丝毫不减；[2] 也述及他对于"政治上责任"不敢放弃，因此在办学讲学中关于"政治上的论文和演说也不少"。[3] 即使在晚年的多病之秋，他也念念不忘对现实政治的关注，声称"病全好之后，对于政治不能不痛发言论了"。[4] 可以说，无法改变的政治热情贯穿了梁启超的一生。

评析马克思主义思潮

五四运动前后，中国知识界掀起了一场对中国历史产生深远影响的新文化运动。在这场运动中，一大批先进的知识分子围绕着民主与科学两大主题，向封建主义展开了猛烈抨击，新、旧思潮的大激战充斥了整个思想文化领域，中国的思想界出现了从未有过的百家争鸣的启蒙运动新局面。在这场新旧思潮的大激战中，旧的文化阵营节节败退，新的文化阵营逐渐占了上风，尤其经过五四运动的洗礼，各种新的思想流派、学说体系更以锐不可当之势席卷中国大地。百说杂陈，百家争鸣，既有民主主义，也有社会主义；既有马克思主义，也有修正主义；既有国家主义，也有无政府主义。而科学社会主义——马克思主义则在思想领域内逐渐占据了主导地位，一批介绍和传播马克思主义的激进革命民主主义者如李大钊、陈独秀等也转变为马克思主义者。他们把马克思主义和中国的工人运动相结合，创建了中国的马克思主义政党，中国近代社会从此进入新民主主义革命的新时期。

对五四运动前后在中国广泛传播的社会主义思潮，梁启超并不漠视。早在戊戌变法前的1896年，他就读了美国著名空想社会主义者贝拉米的《回头看》，并在他任主笔的《时务报》上刊登了当年第二国际伦敦代表大会的消

---

[1] 《梁启超年谱长编》第962页。
[2] 同上书，第1052页。
[3] 同上书，第1064页。
[4] 同上书，第1087页。

息和西班牙社会主义者、德国社会党的有关情况。流亡日本后，梁启超广泛接触了包括马克思主义在内的各种欧美思潮，并在自己创办的《新民丛报》上对马克思及其学说进行了片断的零碎的介绍。他称马克思是社会主义的泰斗、鼻祖，认为社会主义是近百年资本主义社会贫富分化的结果，称道社会主义是将来世界最高尚最美妙之主义，预言其必将磅礴于20世纪。由此可见，梁启超是近代知识分子中较早注意并介绍社会主义的人。但是，在马克思主义思潮广泛传播之前，梁启超对社会主义的了解与认识既不系统，也不准确。他主要是以中国传统的大同思想和均贫富的观念来看待社会主义的。他不认为社会主义是无产阶级反对资产阶级统治的学说，只认为"社会主义即救私人之过富过贫之目的者也"。[1]他还认为，"社会问题不当专以现在贫者一阶级之利益为标准。盖社会者，全社会人之社会，固非富者阶级所得专，亦非贫者阶级所得专"，"社会问题之真意，要以分配趋均为期，以使全国中各社会阶级（不论贫富）皆调和秩序以发达而已"。[2]在他看来，社会主义不过是一种分配方法，不过是均贫富以缓和社会矛盾、稳定社会秩序的学说罢了。正是在这样的理解基础上，他才认为社会主义"吾中国固夙有之"，"中国古代井田制度，正与近世之社会主义同一立脚点"；[3]也才得出社会主义在中国"万难实行"[4]，"即行亦在千数百年之后"[5]的结论，延缓并反对在中国实行社会主义。因为在他看来，中国面临的主要问题是生产而不是分配，中国很久以来便没有阶级，当然也就没有欧美那样尖锐的贫富悬隔和社会矛盾。[6]

俄国十月革命的爆发，使社会主义成为世界上最时髦的学说，它在中国的介绍与传播，也愈加广泛和深入。在这样的背景下，梁启超到欧洲游历，自然不会放过对欧洲社会主义的悉心考察。在一年的游历中，他考察了欧洲

---

[1]《再驳某报之土地国有论》，《新民丛报》第91期。
[2] 同上。
[3]《自由书·中国之社会主义》，《新民丛报》第46—48期合刊。
[4]《外资输入问题》，《新民丛报》第52—54期。
[5]《杂答某报》，《梁启超选集》，第502页。
[6] 同上书，第507页。

各国的社会矛盾状况，接触了一些国家的社会党人士，对风行欧美的社会主义思潮进行了仔细研究，对俄国的十月革命进行了深入了解，在此基础上形成的社会主义观较之20世纪初年，更系统，也更准确。这里，有两点是值得注意的：

第一，他进一步认识到社会主义流行于欧洲的不可避免性，对欧洲社会主义的前途表示了一定程度的乐观，对俄国的十月革命给予了较高评价。

欧游归来后，梁启超写了一篇《欧游中之一般观察及一般感想》，作为《欧游心影录》的首篇。在这篇文章中，梁启超介绍了战后欧洲社会极度的物质贫困、严重的两极分化和尖锐的社会矛盾，从而得出结论，认为"社会革命恐怕是20世纪史唯一的特色，没有一国能免"，并说社会主义是欧美的"救时良药"。[1]很显然，他看到了社会主义流行于欧洲的不可避免性。这种认识应该说是有见地的。他还谈到："劳工问题，我想不出数年，……定要告一段落。或是社会党柄政实行了社会主义几个根本大原则，气象自然一新；或是有些国家，竟自俄国之后，做一番社会革命，虽一时大伤元气，过后反赢得意外发达，也未可定。"[2]对欧洲的社会主义运动表示乐观。最足以表现此时他对社会主义所持态度的，是他对俄国十月革命的看法，他说："俄国过激派政府居以成立，居然过了两年，不管将来结局如何，假定万一推翻，他那精神毕竟不能磨灭。从前多数人嘲笑的空想，却已结结实实成为一种制度，将来历史价值最少也不在法国大革命之下。"[3]很显然，他对十月革命及布尔什维克政府的评价是比较高的。由此对俄国革命领袖列宁的评价也是充分肯定的，他称道说："以人格论，在现代以列宁为最，其刻苦之精神，其忠于主义之精神，最足以感化人，完全以人格感化全俄，故其主义能见实行。"[4]这完全证明他对流行于欧美的社会主义思潮及运动是有一定程度好感的。

---

1 《饮冰室合集·专集》第23，第8、33页。
2 同上书，第19页。
3 同上书，第20页。
4 《在中国公学之演说》，《申报》，1920年3月15日。

第二，他认识到社会主义有激进与缓和的派别之分。

在《欧游心影录·〈国际劳工规约〉评论》一文中，他把社会主义定义为"社会主义，是要将现在经济组织不公平之点，根本改造"，又说："改造方法，虽然种种不同，或主共产，或主集产，或主生产事业全部由能生产的人管理，或主参加一部分，或用平和渐进手段。要之，对于现在的经济组织，认为不合人道，要重新组织一番，这就是社会主义。"[1] 这个定义较之20世纪初年他对社会主义的看法，显然更准确，也注意到了欧洲社会主义的各种流派。在《欧游中之一般观察及一般感想》一文中，他明确把社会主义区分为两大流派："有一派还承认现存的政治组织，说要把生产机关收归国有；有一派连现在国会咧、政府咧，都主张根本打破……。各国普通社会党大半属前一派，俄国过激党便属后一派。"[2] 这种区分对梁启超日后提倡经济改良主义奠定了认识基础。

尽管如此，梁启超却并不打算甚至反对在中国实行社会主义，还是在那篇《欧游中之一般观察及一般感想》中，他明确讲道：

"讲到国民生计上，社会主义自然是现代最有价值的学说。国内提倡新思潮的人，渐渐的注意研究他，也是很好的现象。但我的意见，提倡这主义，精神和方法不可并为一谈。精神是绝对要采用的，这种精神，不是外来，原是我所固有。……至于实行方法，那就各国各时代种种不同。……应该采用哪一种，采用的程度如何，总要顺应本国现时社会的情况。欧洲为什么有社会主义？是由工业革命孕育出来。……在没有工业的中国，想要悉数搬来应用，流弊有无，且不必管，却最苦的是搔不着痒处。……又如马克思一派倡导的生产机关国有论，在欧美岂非救时良药，若要搬到中国，就要先问什么是生产机关，我们国内有了不

---

1 《饮冰室合集·专集》第23，第151页。
2 同上书，第8页。

曾？就算有了罢，说要归到国家，我头一个就反对。"[1]

至此，我们已经看得很清楚，梁启超的社会主义观颇有叶公好龙的味道。对社会主义，他是抽象的肯定，具体的否定。肯定欧美国家实行的社会主义的不可避免性，否定中国实行社会主义的必要性，尤其对把科学的社会主义——马克思主义搬到中国更是竭力反对。理由是中国没有近代工业，当然也就没有劳资两大阶级及其矛盾，也就没有实行社会主义的必要性。他的这一观点和20世纪初年几乎没有什么两样，此后一段时间更是以此为基础做了详尽阐发。

1920年3月，梁启超回到国内。此刻，由于十月革命影响的扩大，谈论马克思主义已成为国内思想文化界的潮流和时尚，更由于各地共产主义小组的相继出现和早期马克思主义者的努力工作，信仰马克思主义的人愈来愈多。科学社会主义运动在中国的蓬勃开展，梁启超及其同仁是切实感到了的，他们站在怀疑马克思主义的立场上，觉得不能对此表示缄默。这年9月，他们以讲学社的名义邀请英国著名学者、思想家哲学家罗素来华讲学。此举对促进中外文化交流有重要意义。但罗素在华宣扬的中国实业不发达、不存在阶级差别，当然也无须进行阶级斗争的观点，则把矛头指向了刚刚传入中国的马克思主义，这给梁启超及其同仁提供了批评马克思主义的有力武器。因此，他们紧跟着罗素的言论，发动了对马克思主义的批评。12月，张东荪在《改造》杂志上发表了《现在与将来》一文，系统阐述了反对社会主义的观点。时隔一个月，梁启超也在《改造》杂志上发表了一篇文章，题为《复张东荪书论社会主义运动》，与张东荪相唱和，全面阐述了他反对马克思主义的观点。[2]

梁启超的一个总论点即：中国的社会主义运动不能兴起，其原因就在于中国没有劳动阶级。他认为，中国的国情不同于欧美。欧美面临的迫切问题

---

[1] 《饮冰室合集·专集》第23，第32—33页。
[2] 以下资料除标明的以外，皆引自《复张东荪书论社会主义运动》，《改造》第3卷第6号。

是改善多数劳动者的地位，中国的迫切问题则是使多数人民变为劳动者，因为中国人民中的十之八九，处于"欲求一职业以维持生命，且不可得"的悲惨境地，国民的多数属于游民阶层。他解释说，他所说的劳动阶级，是"专指在新式企业组织下佣工为活的人"，这些人是"社会运动之主体"。他还认为，中国之所以多数人失去劳动地位，一方面在于国内政治混乱，另一方面更重要的是因为深受外国资本的剥削压迫。梁启超的推理是，既然没有工人阶级，当然同时也没有资产阶级，那么工人运动也就无从产生，社会主义的开展也就成了无的放矢。这个公式显然是建立在忽视工人阶级存在这个错误的前提上的。历史情况是：五四运动前夕，中国的产业工人已经达到两百万人，成为一支日益重要的社会力量，劳资矛盾等新的社会问题已越来越引起人们的关注，这为马克思主义思潮的传播和马克思主义政党的建立提供了客观的社会基础。梁启超能够看到外资侵略造成中国产业落后，这是有识见的；但据以说明中国没有近代工业，没有近代工人阶级和资本阶级则未免夸大其词，是对中国阶级关系的一种曲解。

那么，如何解决中国面临的迫切社会问题，使中国的多数国民即游民成为劳动者呢？梁启超在文中提供了如下答案：

"舍生产事业发达外，其道无由。生产事业发达，凡吾国人消费所需，皆由吾国人自生产而自供给之，……。我之需要品，不必仰给于伦敦、纽约、巴黎、大阪，然后我多数人之职业，不致为伦敦、纽约、巴黎、大阪之劳动者所夺，然后我之游民可以减少，而我之劳动阶级可以成立。劳动阶级成立，然后社会运动得有主体，而新社会可以出现。社会主义运动不可逾越之阶段，殆如此。"

梁启超的意思很清楚，中国要造就产业工人，推行社会主义运动，必须发展资本主义，这不仅是抵御外资侵略、富国强民的唯一前途，也是社会主义运动的必由之路,不能超越的。应该先资本主义,后社会主义。这里,梁启超避免谈"资本主义"一词,而仅用发展"生产事业"字样,但其含义是很明显的。依靠谁来发展生产事业呢?梁启超明确提出:"现在为振兴此垂毙之生产力起见,不能不属望于资本家"。即使资本家的"掠夺行为与欧美资本家相等,或且更甚,然最少总有一部分得丐其余沥以免死。"他认为依靠资产阶级发展资本主义经济,这是无法避免的。

对欧美社会状况及社会思潮的考察,对欧洲社会主义的悉心研究,都使梁启超清楚地意识到,资本主义的发展必然带来难以克服的"罪恶"及社会弊端,如资本家对剩余价值的残酷掠夺,劳资双方的尖锐矛盾,等等。但他认为,绝不能因为"资本阶级所随带之罪恶"而扼杀生产事业、"抗阻"资本主义经济的发展。他明确说:"将来勃兴之资本家,若果能完其'为本国增加生产力'之一大职务,能使多数游民得有职业,吾辈愿承认其在社会上有一部分功德,虽取偿较优,亦可容许。"至于资本主义的罪恶及弊端,则完全可以通过采取"矫正态度与疏泄态度"加以克服。所谓"矫正态度",即"奖诱资本家,唤起其觉悟,使常顾及劳动者之利益,以缓和劳资两级之距离";所谓"疏泄态度",即"设法使生产事业,不必专倚赖资本家之手,徐图蜕变为社会公共事业"。这里,梁启超实际提出了解决资本主义社会矛盾与问题的两条办法:一是缓和劳资矛盾,搞阶级调和;二是成立各种"协社",对资本主义经济进行改革,使之逐渐成为公共经济。这完全是一种社会改良政策。对此,当时的马克思主义学者李达曾批评说:这种先发展资本主义再行社会政策的方案,"无论其道迂不可言,即故意把巧言饰词来陷四百兆无知同胞于水火之中而再提倡不彻底的温情主义,使延长其痛苦之期间",也等于庸医杀人。况且资本家决不能靠空话"劝诱"就会有所觉悟的;又由于"国家是受资本家维持的,绅士式的知识阶级是受资本家豢养的",所谓"矫正"的空言也于事无补。按照梁启超的办法,劳动者的斗争热情将被"温情主义缓和"。所以,"疏泄"和"矫正"只能对资本家有利,是为资产阶级利益服务的。[1]李达的批评是一针见血的。

在《复张东荪书论社会主义运动》这篇文章中，梁启超充分发挥了先前提出的中国无阶级、无近代工业的观点，以此为基础，认为中国的迫切问题是先发展资本主义经济，然后再对其进行改良。这套观点的根本宗旨是资产阶级的改良主义。

在此后的有生之年，梁启超又相继发表了《历史上中华国民事业之成败及今后革进之机运》、《无枪阶级对有枪阶级》、《先秦政治思想史》、《国产之保护及奖励》等演说和著作，重弹中国社会"久无阶级"、"中国火烧眉毛的只是生产问题"等老调。

钟情"国民运动"

欧游归来后，梁启超对中国资产阶级先前走过的政治道路进行了一番反思：

"从前有两派爱国人士，各走了一条错路。甲派想靠国中固有的势力，在较有秩序的现状之下，渐行改革。谁想这主意完全错了，结局不过被人利用，何尝看见什么改革来。乙派要打破固有的势力，拿什么来打呢？却是拿和他同性质的势力，……谁想这主意也完全错了，说是打军阀，打军阀的还不是个军阀吗？说是排官僚，排官僚的人还不是个官僚吗？……你看这几年军阀官僚的魔力，不是多谢这两派人士直接间接或推或挽来造成吗？两派本心都是爱国，爱国何故发生祸国的结果呢？原来两派有个共同谬见，都是受了旧社会思想的锢蔽，像杜工部诗说的：'二三豪杰为时出，整顿乾坤济时了。'哪里知道民主主义的国家，彻头彻尾都是靠大多数国民，不是靠几个豪杰。从前的立宪党，是立他

---

[1] 李达：《讨论社会主义并质梁任公》，《新青年》9卷1号。

自己的宪，干国民什么事？革命党也是革他自己的命，又干国民什么事？……这是和民主主义运动的原则根本背驰，20年来种种失败，都是为此。今日若是大家承认这个错处，便着实忏悔一番，甲派抛弃那利用军人、利用官僚的卑劣手段，乙派也抛弃那运动军人、运动土匪的卑劣手段，各人拿自己所信，设法注射在多数市民脑子里头，才是一条荡荡平平的大路，质而言之，从国民全体上下工夫，不从一部分可以供我利用的下工夫，才是真爱国，才是救国的不二法门。"[1]

这里，我们姑且不论梁启超的批评与自我批评是否对头，值得注意的是，他否定了自己先前走过的依附于统治阶级当权派，以此进行社会改革的道路，提出了一条新的救国思路：国民运动。这一思想在他欧游归国后的两三年中得到了充分鼓吹。在这一时期中，他先后发表了《国民自卫之第一义》、《主张国民动议制宪之理由》、《军阀私斗与国民自卫》、《对于北京国民裁兵运动大会的感想》、《无枪阶级对有枪阶级》、《外交欤内政欤》等一系列文章和演说，全面阐述了他的国民运动观。

何谓国民运动呢？梁启超定义说："市民的群众运动，是把专门家对于某种问题研究之结果，……由种种方法，向一般没有研究的人说明，质而言之，就是把专门知识成为通俗化。"又说："市民的群众运动，是学校以外的一种政治教育"，"是表示国民意识的最好法门"。[2] 他所说的市民即各界人民、国民，市民的群众运动即国民运动。在另一篇演说中，他更明确地表述说："国民运动，是由少数弱者的自觉，唤起多数的自觉；由少数弱者的努力，拢成多数的努力，"国民运动的性质是"多数共动，不是一人独动"。他强调说，"运动主体要多方面，……纵然不能办到'全民的'，总须设法令他近于'全民'的"。[3] 梁启超表达得很清楚，国民运动即是由多数人民参加的群众性政

---
1 《欧游心影录·欧游中之一般观察及一般感想》，《饮冰室合集·专集》第23，第22—23页。
2 《对于北京国民裁兵运动大会的感想》，《饮冰室合集·文集》第36，第20—23页。
3 《外交欤内政欤》，《饮冰室合集·文集》第37，第46—47，55—56页。

治运动。

那么，开展国民运动有什么意义呢？在梁启超看来，国民运动从总体上说，意义有三：第一，"使多数人懂得政治是怎么一回事，懂得什么叫政治问题。"第二，"使多数人认识且信任政治生活之'改造可能性'"。第三，"使多数人养成协同动作之观念及技能"。他总结说："上文所说三项，第一项是从智的方面说，第二项是从意的方面说，第三项是从情的方面说。所以，我觉得国民运动的价值在政治本身是可限量的，在国民教育上是无可限量的。一个个政治问题的运动，虽有成败之可言，从政治教育的意味来看，无成败之可言。……所以国民运动只有成功，没有失败。"[1] 从具体的现实的方面来看，国民运动也是大有裨益的。梁启超认为，共和政治是建立在国民觉悟的基础上的，没有国民的参与与建设，就不会有真正的中华民国。中国十年前就成立了所谓"民国"，但结果如何呢？专制独裁，军阀混战，经济落后，民生凋敝，政治还是没有"上轨道"。什么原因呢？关键就在于民国以来的政治没有建设在国民意识之上，中国百姓对政治表现出一种事不关己，高高挂起的"旁观态度"，政治意识麻木。梁启超还回顾说，清末的立宪运动和革命运动虽具有一定的国民运动的意义，但由于"那时言论集会太不自由，到底的秘密运动多，公开运动少"，所以"中华民国并未能建设在民众意识的基础之上，换一句话说，这中华民国的建设，并非由全国民认识共和政治之价值，协同努力去建设他，不过极少数人用'催生符'的方法，勉强得这意外的结果"。可以说，"中国做政治活动的人——无论何党何派——都完全没有了解民主政治的真意，所走的路都走错了。"如何扭转这种状况呢？靠的就是国民运动。国民运动是唤起国民意识的好方法，是使中国政治走上民主轨道的唯一途径。为了说明国民运动的现实政治意义，梁启超特别树起欧美国民运动的榜样。他说："欧洲一百多年来种种有主义的政治，都是

---

[1] 《外交欤内政欤》，《饮冰室合集·文集》第37，第46—47页。

从这种市民的群众运动制造出来，……不经过这种运动而主义能够实现的，到底没有。……所以他们的政治是天天进步的，他们将来进步到什么田地虽不敢说，然而一百多年的成绩，也就可观了。"又说："一部西洋史，一言以蔽之，就是国民运动史。"他介绍说，欧美的政治运动大致有两种，一种是"法定的"，即选举运动；一种是"特别的"，即"拿来要求某种应得而未得的权利，来处分某种应解决而未解决的问题。"他们运动的结果，"从前的空想，渐渐的都变成事实了。"[1] 他认为中国应好好地向欧美学习。

开展国民运动有什么要注意的呢？梁启超认为国民运动的条件有十：一、要积极的，不要消极的；二、要公开不要秘密；三、要对事的不要对人的；四、要在内地不在租界；五、问题要大而普遍；六、问题要简单明了；七、要分段落；八、运动主体多方面；九、运动不妨断续但要继续；十、不要问目前的成败。

开展国民运动，总要有一个明确的主题。梁启超认为目前的国民运动不妨选择如下两个主题：

1. 国民制宪运动。梁启超认为，宪法是国家的根本大法，"无宪法无以为国"。民国以来，国民深受无宪法之苦，这种状况再也不能继续下去了。"宪法早一日出现，吾民总可以得一分之保障。"那么，如何造就一部宪法呢？他认为，"欲宪法出现"，"舍从事于国民制宪运动，其道无由"，也就是说，国民运动是制宪的唯一途径。

什么叫国民制宪？梁启超解释道：国民制宪即"以国民动议（Initiative）的方式得由有公权之人民若干万人以上之连署提出宪法草案，以国民公决（Referendum）的方式，由国民全体投票通过而制定之"。

这里，梁启超否定了先前所主张的国会制宪的方法。他认为，民国以来历次制宪所以不成，关键原因是"制宪权本非国会所宜有"，制宪问题上的

---

[1] 《外交欤内政欤》，《饮冰室合集·文集》第37，第43—45、48—50页；《对于北京国民裁兵运动大会的感想》，《饮冰室合集·文集》第36，第21—23页。

"议员溺职与政府牵制"皆出于此。新、旧国会都不是国民的代表。事实上,新、旧国会目前既不能开会,今后也没有再行开会之希望,故"责望现存之国会以制宪"也是不可能的。宪法与国会的正常关系应是:由宪法产出选举法,由选举法产出国会,必先有宪法而后有国会,而不是相反。[1]

国民动议制宪绝非易事,但是经过这样一场国民运动,就算动议终不能以付国民公决,其对国家前途的影响也是好的:它可以使国民了解宪法的意义、内容及运用方法,知晓自身与制宪的关系,从而爱护珍惜宪法。"质而言之,则国民动议制宪者,无异联合多数人公开一次'宪法大讲习会,'无异公拟一部'共和国民须知'向大会宣传。"[2] 梁启超突出强调了国民制宪运动的教育功能。

2. 国民废兵运动。梁启超明确提出:"目前最痛切最普遍最简单的,莫如裁兵或废兵这个大问题,我们应该齐集在这面大旗底下,大大的起一次国民运动。"国民废兵运动有什么意义呢?梁启超认为,中国目前不存在欧洲那样的阶级分野,中国的阶级划分只是无枪阶级对有枪阶级。军阀混战遍及全国,与之俱来的便是百姓的痛苦与呻吟。因此,"倘若兵不能裁,只怕我们更没有日子可过了。"他又说:"几百万兵放在国里头,什么事都没有办法。拿这几百万兵变回人民,这笔养兵费省下来,什么事都有办法。"因此,废兵运动的意义极为显著。他号召全体国民行动起来,改掉不爱管事、不会管事的旧习惯,成立一个"国民废兵运动大同盟",协同动作,探究、宣传废兵运动的原因和结果,举行"一次或数次公开的联合的大运动",即"示威运动"。如此坚持做下去,兵一定会变为民,无枪阶级对有枪阶级的分野将不再存在,废兵运动也就不成其为问题了。[3]

如何看待梁启超的这些思想呢?

我们注意到,梁启超在上述鼓吹中突出强调了国民运动的教育功能和教育

---

1 《国民自卫之第一义》,《东方杂志》第17卷第17号。
2 《主张国民动议制宪之理由》,《饮冰室合集·文集》第36,第36页。
3 《无枪阶级对有枪阶级》,《饮冰室合集·文集》第36,第21、24—25页;《外交欤内政欤》,《饮冰室合集·文集》第36,第57页。

价值。他明确承认他所主张的国民运动,"纯然带'国民政治教育'的意味",是一种政治教育,认为它的最大目的在于培养和锻炼国民的政治意识、宪法观念和民主思想,认为这是使中国政治走上真正共和政治轨道的唯一方法。

20世纪初,梁启超写作了一部《新民说》,倡导国民树立新的思想意识和道德观念,提高国民素质,认为这是使中国走向民主富强的根本前提。为此,他在20世纪初的几年中做了大量有益的资产阶级启蒙宣传工作。遗憾的是,在民国后的几年里,他虽然没有放弃先前的"新民"思想,但更多的则是强调国权主义,强调依靠统治阶级当权派进行自上而下的改革。事实证明,这条道路行不通。教训迫使他对救国之路重新进行思考。他所鼓吹的国民运动显然就是这种思考的结果,表明他开始把实现政治理想的着眼点从上转移到下,从统治阶级当权派转移到普通国民。因此,可以说,他的国民运动思想是新时期的一种新民思想,是对20世纪初年新民观的发展。它实际提出了使国民意识、国民心理和国民精神摆脱中世纪桎梏的问题,即人的近代化问题。而人的近代化是国家近代化必不可少的因素,是近代化政治、经济赖以长期发展并取得成功的先决条件。因此,相对于梁启超自己来说,这一思想的提出是一个进步。用他自己的话讲,即摆脱了先前脱不掉的"贤人政治"旧观念。[1]

但是,"贤人政治"是一种行而不通的幻想之路,此时鼓吹的"国民运动"又何尝不是呢?他把国民运动限定在和平的示威请愿范围内,要求"运动的目的,全在表示意思,说不上有什么行为,一切法律外的行动万不可有";并提出"运动的手段如罢市、罢课自然要用,但是一天便了,断不能因此荒废本业"。[2]这充其量只是一种极有限度的与政府不合作运动。希冀用这种办法反军阀、反官僚、改革社会、建立资产阶级民主政治很难达到目的。几百万军阀武装绝不是靠几次和平的示威请愿就能废掉或裁掉的;在军阀官

---

[1] 《外交欤内政欤》,《饮冰室合集·文集》第36,第59页。
[2] 同上。

僚当道的恶劣政治环境下，要确立一部完善的资产阶级宪法，也不是仅靠"国民动议"就能奏效的。即使确立了一部宪法，又于中国的社会现实何补呢？

对自己鼓吹的国民运动的效果，梁启超不久也丧失了信心。不仅国民废兵运动不再提，先前否定的国会制宪也重新拾了起来。1922年6月，旧国会第二次恢复，9月，他便写了一篇《哀告议员》的文章，建议国会恢复后的主要任务就是制宪，别的问题都可以"等到宪法制成之后再说。"[1] 1925年，段祺瑞出任执政，梁启超便又寄希望于段所搞的宪法起草会。此刻，梁启超早已把自己倡导的国民运动抛到了九霄云外。

幻想"联省自治"

在20世纪20年代初的两三年里，中国出现了一股声势浩大的"联省自治"浪潮。所谓"联省自治"，即由各省制定本省宪法，依省宪组织省政府，实行省自治；在此基础上召开联省会议，制定联省宪法，成立联省自治政府，使中国成为统一的联邦制国家。鼓吹"联省自治"的大体上有两部分人，一部分是各地的当权派即地方军阀，一部分是文化教育界主张温和改良中国政治的知识分子。如此不同政治属性的两部分人何以会卷到同一个浪潮中来呢？

当时的国内政局是：护法战争后，直、皖两系军阀的矛盾公开化且愈演愈烈，终于导致了1920年7月的直皖战争。直系联合奉系及西南军阀，打败了皖系军队主力，攫取了北京政权。不久，直奉之间又爆发战争，奉军失败后撤回关外，这样，北京政权便由直系独据。曾以"和平统一"的旗帜与皖系"武力统一"政策相对抗的直系军阀，此时却打起"武力统一"的旗帜。他们从英、美列强那里借来了大批款项，购置了大批军火，企图用武力扫荡，实现统一。在这样的背景下，各地军阀嚷嚷起"省自治"和"联省自

---

[1]《饮冰室合集·文集》第38，第2—3页。

治"，显然是对付直系中央军阀武力统一政策的一种手段和办法，其目的就在于保住自己的地盘和势力，而绝不是为了建设一个联邦制的资产阶级民主国家。1920年7月，湘军总司令谭延闿在湖南民众赶走张敬尧之后，以避免卷入南北战争为借口，通电号召"湘人治湘"，实行自治。11月，又通电主张联省自治。接着省议会选举了省长，正式宣告"自治"。此乃地方军阀鼓吹"省自治"和"联省自治"之始。继湖南之后，各地军阀也纷纷宣布自治和鼓吹联省自治。1921年2月，四川军阀刘湘通电宣告"川省完全自治"；4月，贵州军阀卢焘通电主张"由各省自治，进而为联省自治"；5月，奉系军阀张作霖宣布东三省自治；6月，浙江督军卢永祥通电主张各省制定省宪法，实行地方自治，以此为基础组织联省自治政府。此外，广东的陈炯明，云南的顾品珍等也都通电表示响应联省自治主张。一时间，省自治和联省自治似乎成为各地解决时局问题的良方。其实，他们高唱的"联省自治"，并无任何民主的内容，不过是为军阀割据寻求一种法律的外壳，藉以保障自己的地盘。

文化教育界主张温和改良中国政治的知识分子，则期待通过联省自治，增加地方权限，消除军阀、官僚当道的恶劣政治环境，建设资产阶级的民主政治。章太炎就认为，"近世所以致乱者，皆由中央政府权藉过高"，引发军阀争夺总统、总理位置所致。救治之法便是由各省自制省宪法，文武大吏及地方军队皆由本省人充之。中央政府"但令有颁给勋章、授予军官之权；其余一切，毋得自擅"。这样，"自无争位攘权之事"，"内乱庶其弭矣"。他认为此"联省自治虚置政府"的办法再适宜于中国不过了。[1] 胡适也提出中国不适宜单一的国家组织。军阀的权限所以很大，是因为地方没有权，中央虽有权却无力制裁军阀。制裁军阀与打倒军阀的一个重要武器就是建立在省自治基础上的联邦制。[2] 熊希龄也大力提倡湖南实行自治，进而实行联省自治。这显然是一种分权主义，是针对军阀官僚的擅权专制的。其实，这种主张并

---

[1] 章太炎：《联省自治虚置政府议》，《益世报》，1920年11月。
[2] 胡适：《联省自治与军阀割据》，《努力周报》第19期，1922年9月10日。

非自现在始,鼓吹联邦制的舆论早在辛亥革命前就有人提出,其后也从未间断。不过这种舆论远未像现在这样风靡一时并付诸行动。在这股浪潮的冲击下,1920年以后,各地成立了许多自治运动的团体,其中多数成员便是文化教育界主张温和改良中国政治的知识分子。

可见,20年代初鼓吹联省自治者,并非出自同一目的。各地的当权派即地方军阀是以自治之名行割据之实;文化教育界主张改良中国政治的知识分子则是联省自治的真诚拥护者和鼓吹者。

梁启超显然是站在资产阶级分权主义立场上,主张改良中国政治的联省自治派。

谈到梁启超的联省自治主张,我们不能不回顾一下他自清末以来地方政制观的发展情况。早在戊戌变法时期,梁启超就提出了地方自治的概念,不过那时他所说的自治,主要还是"兴绅权"、"办学会",尚不具备真正近代意义上的分权含义。戊戌变法的失败,尤其是逋居日本后对西方思想文化如饥似渴的学习吸收,使他对封建专制主义的地方政制产生了怀疑。在《新民说》中,他把地方自治喻为民众参政的试验场,是"宪政之基"。他说:"国有宪法,国民自治也;州郡乡市有议会,地方自治也,凡善良之政体,未有不从自治来也。"强调了"自治"的重要性,并明确把地方议会作为地方组织机构的主干。在他起草的《政闻社宣言书》中更把确立地方自治,正中央地方之权限作为海外立宪党人的政治主张之一。他是希望按西方资产阶级的分权原则设置地方政权组织,选举地方官员,发挥地方活力。[1] 辛亥革命后,梁启超默认了民主共和的政体形式,回国参政。他先合作于袁世凯,再联手于段祺瑞,出发点和归宿都是要在中国建立资产阶级的民主政治。因此,他在为"第一流人才内阁"起草的《政府大政方针宣言书》中,仍然把实施县、城镇乡两级地方自治作为政府的政治方针之一,目的就是为了削弱军阀官僚势力。在反袁护国的紧张日子里,梁启超反思自己拥袁的思想基础,提

---

1 参见丁旭光:《略论多变的梁启超地方政制观》,《广州研究》,1987年第6期。

出划定中央地方权限,促进各省民力之自由发展的政治主张,作为护国军的四大纲领之一。接着,他在《国民浅训》一文中,论述了自治团体的多级性,指出自省至道、至县至城镇乡,皆可为自治团体。应该认定,梁启超在20世纪初年形成的分权主义的地方政制理想并未根本放弃。然而,在资产阶级宪政理想与专制独裁政治现实的冲突面前,梁启超更多地还是妥协屈从于现实。因此,虽然他为"人才内阁"制定了包括地方自治在内的资产阶级共和国的方针,但更多地还是强调中央集权、国权主义;虽然他倡导了划定中央地方权限,图各省民力之自由发展的政治主张,但却鼎力拥护段祺瑞的北洋统一,而把地方分权的主张束之高阁。他希望先集权,后分权,在与统治阶级当权派合作的基础上,慢慢引导中国政治走上资产阶级的宪政轨道。这当然是一种无可奈何,也是一种毫无前途的幻想。实践表明,依靠国内的统治阶级当权派行中央集权,建设民主政治的道路是一条死胡同。在经历了数年的政治曲折后,梁启超不得不再次打出分权主义的地方政制的旗帜。

湖南宣布自治后,梁启超及研究系同仁欢呼雀跃,他们欣然参加了湖南的制宪工作。梁启超是闻名遐迩的宪政专家,更以一代文宗饮誉海内外。因此,1921年3月,湖南督军赵恒惕便就该省宪法问题致书并派人向梁启超请教。赵吹捧梁"政学澜海,国家桢榦,流风所被,中外具瞻,必有擘画鸿谟,堪赍借镜。……湘士承教十公,尤不胜偻指,盱衡所及,必能洞悉湘情。晓畅民俗。以是湘人仰望于公益非寻常可拟。"热切希望梁启超能对湖南的制宪予以指导。[1]梁启超立即高兴地为湖南起草了《省宪法大纲草案》,作为湖南制宪的依据。同年8月,他又起草了《代赵恒惕发起联省会议宣言》,其中提出四点主张:(1)各省同时制宪;(2)在武昌或南京召开联省会议;(3)不承认此前一切法律为有效;(4)宣布南北两政府皆非合法统治者。该宣言强调:联省自治是今后解决时局的唯一方法。[2]梁启超在公开鼓吹联省

---

1 《梁启超年谱长编》第930页。
2 梁启超遗稿,转引自孟祥才著:《梁启超传》第272页。

自治的同时付诸了实践。此时，吴佩孚为了实现"武力统一"的迷梦，正率领直系军队在湖南战场上与湘军开战。倡导联省自治的梁启超对"武力统一"很不以为然，他希望掌握北京政权的直系与湖南军阀携起手来，以联省自治谋求国家的安定统一。于是，他亲致吴佩孚一信，向吴佩孚提出了如下建议：

> "执事不尝力倡国民大会耶？当时以形格势禁，未能实行，天下至今痛惜。今时局之发展已进于昔矣，联省自治舆论望之若饥渴，颇闻湘军亦以此相号召，与执事所凤倡者，形式虽稍异，然精神则吻合无间矣。执事今以节制之师，居形胜之地，一举足为天下轻重，若与久同袍泽之湘军，左提右挈，建联省的国民大会之议，以质诸国中父老昆弟，夫孰不距跃三百以从执事之后者。如是则从根本上底定国体，然后蓄精养锐以对外雪耻，斯真乃爱军国人所当有事，夫孰与快阋墙之忿，而自陷于荆棘以终也。"

梁启超还颇自信地说："吾频年来向人垂涕以进忠告，终不见采，而其人事后乃悔言之不用者，盖数辈矣。"[1]他的言下之意是：你吴佩孚若采纳了我的联省自治主张，肯定不会后悔。

与此同时，梁启超还为吴佩孚起草了《联省会议宣言》，内容与代赵恒惕起草的宣言大致相同。在梁启超看来，如果有了吴佩孚这样势力庞大、掌握军政大权的当权派的参与，联省自治一定会大有成效。

然而，除了梁启超、胡适等无职无权的新知识分子笃信联省自治，希望在中国建立联邦制的资产阶级国家外，又有谁真正拿它当作一回事呢？不但吴佩孚对此敷衍塞责，其他地方军阀也是醉翁之意不在酒。因此，联省自治

---

[1]《饮冰室合集·文集》第36，第71页。

虽然嚷嚷了两三年，而实际效果却只是湖南、浙江、广西、四川等几个省份公布了省宪法，算是实行了所谓的"自治"。但"自治"带来的不是和平与安定，而是战乱与纷争。在帝国主义列强分割操纵中国、军阀武人割据称雄的社会前提下，建立联邦制的资产阶级共和国只能是梁启超等人的一厢情愿，各地军阀高喊联省自治，也只能是自欺欺人而已。

评判"科学与人生观"之争

1923年春夏间，中国的思想文化界出现了一场关于"科学与人生观"的大论战。问题的缘起是这样的：

1923年2月，张君劢在清华学校作了一次题为《人生观》的演说。在这次演说中，张君劢并未阐述他所主张的人生观是什么，却大谈科学与人生观的迥然不同。他认为，科学是客观的，人生观是主观的；科学为理论的方法所支配，人生观则起于直觉；科学从分析方法入手，人生观则是综合的；科学为因果律所支配，人生观则为自由意志的；科学起于对象之相同现象，而人生观则起于人格之单一性。因此，人生观没有客观标准，人生观与科学是不相容的，科学解决不了人生观问题。科学可以说明自然现象，却管不着人类的精神现象。人生观问题的解决，只有赖诸人类之自身。

张君劢否定科学的言论并不是没有来由的。此刻，马克思主义的唯物论正在中国广泛传播。它认为客观的物质的原因可以变动社会、解释历史、支配人生观。人生观是客观的社会环境造成的，而不是主观意志造成的，人文社会科学完全可以加以完整的说明。张君劢对西方鼓吹直觉和自由意志、反对科学的生命哲学和现代非理性主义极为服膺，他曾随梁启超到欧洲游历考察，对西方物质文明破产和科学非万能的说法，也极表赞同。因此，他演说的矛头是针对方兴未艾的唯物论，企图遏止这一新兴的思想潮流。

出人意料的是，张君劢的演说却意外地受到丁文江的反驳。丁文江是中国近代著名的地质学家,也曾随梁启超赴欧洲考察。1923年4月,他在《努力周报》上发表了《科学与玄学》一文,为科学辩护,说玄学鬼附在张君劢身上,要打倒这个玄学鬼。他认为,"凡是心理的内容,真的概念推论,无一不是科学的材料"。人生观要科学理论学说的公例、定义、方法的支配。他还认为科学方法不但是求真理所必需,也"是教育同修养最好的工具"。他下结论说:"人类今日最大的责任与需要是把科学应用到人生问题上去。"丁文江坚持一切物质与非物质的学问,皆可用科学的方法加以分析研究。他的用意也很明显:维护五四运动以来提倡和发展的科学。然而,丁文江毕竟不是历史唯物主义者,在他看来,物质并不是客观存在,而是感觉的集合。科学所研究的,也只是这种感觉所组成的概念和推论。因此,他的驳论显得苍白无力,并没有切中要害,真正阐明问题的本质。

丁文江、张君劢的辩论引起思想文化界的一场大讨论。胡适、吴稚晖等人支持丁文江的观点,张东荪、林宰平等人赞成张君劢的看法,陈独秀、瞿秋白等人则站在马克思主义的立场上阐明问题。这场辩论规模之大,卷入人数之多,在中国近代思想史上是少见的。因辩论的主题围绕着"科学"与"人生观"的关系问题,因此称为"科学与人生观"的论战,或"科学与玄学"的论战。

当论战正酣的时候,梁启超正在翠微山中养病。他看到,交战双方都是对自己执弟子礼的挚友,担心论战伤了双方的和气,于是便于5月9日发表了一篇《关于玄学科学论战之"战时国际公法"——暂时局外中立人梁启超宣言》,希望双方平心静气地加以讨论,万不可有"越轨的言论"。他为交战双方拟定了两条"战时国际公法":

第一,问题一定要集中,针锋相对,剪除枝叶。倘若因一问题引起别问题,宁可别为专篇,更端讨论。

第二,措词一定要庄重恳挚,万不可有嘲笑或谩骂语。倘若一方面偶然不检,也希望他方面不要效尤。[1]

---

[1] 1923年5月9日北京《晨报副镌》。

之后不久，梁启超便加入了这次论战。5月29日，他发表了一篇题为《人生观与科学——对于张、丁论战的批评》的文章，全面阐述了他对"科学"与"人生观"的看法。

在这篇文章中，梁启超极力标榜自己不偏不倚的中间立场。他声称："我不是加在那一造去'参战'，也不是想斡旋两造做'调人'，尤其不配充当'国际法庭的公断人'。我不过是一个观战的新闻记者，把所观察得来的战况随手批评一下便了。……我所批评的一点不敢自以为是。"接下来，他对张君劢、丁文江双方进行了批评。他认为张君劢所说"不能用科学方法解答者，依我看来什有八九倒是要用科学方法解答"。他还认为，"君劢尊直觉，尊自由意志，我原是赞成的，可惜他应用的范围太广泛而且有错误"。他批评丁文江"过信科学万能，正和君劢之轻蔑科学同一错误"。他指出："在君那篇文章，很像专制宗教家口吻，殊非科学者态度，这是我最替在君可惜的地方。"

那么，他自己是如何看待"科学"与"人生观"的呢？梁启超首先为这两个概念下定义说：

"（一）人类从心界、物界两方面调和结合而成的生活，叫做'人生'。我们悬一种理想来完成这种生活，叫做'人生观'。

（二）根据经验的事实，分析综合，求出一个近真的公例，以推论同类事物，这种学问叫做'科学'。"

用这种概念看待科学与人生的关系，梁启超的答案是："人生问题，有大部分是可以，而且必要用科学方法来解决的。却有一小部分，或者还是最重要的部分是超科学的。"换言之，"人生关涉理智方面的事项，绝对要用科学方法来解决；关涉情感方面的事项，绝对的超科学"。他认为，"情感表出来的方向很多，内中最少有两件的的确确带有神秘性的，就是'爱'和'美'。'科学帝国'的版图和威权无论扩大到什么程度，这位'爱先生'和那位'美先生'依然永远保持他们那种'上不臣天子，下不友诸侯'的身份"[1]

---

[1] 1923年5月29日北京《晨报副镌》。

既批评了张君劢，也批评了丁文江，梁启超似乎提出自己折衷主义的观点。但是，他把人的理智与情感截然分开，认为理智受科学支配，情感超科学，否认科学是对客观物质环境的反映，情感也不是脱离社会而凭空产生的，却恰恰反映了他的观点的主观唯心色彩。在同张、丁的关系上，虽然张君劢、丁文江二人都对梁启超执弟子礼，但张君劢同梁启超的关系显然更亲密；在哲学思想上，张君劢、梁启超都对西方倡直觉和自由意志的生命哲学极感兴趣，因此，梁启超比较倾向于玄学派的立场并不是没有来由的。后人在谈论这场辩论的时候，更多地把梁启超列入玄学派的行列，也就可以理解了。

梦想独立组党

1924年，中国革命的先行者孙中山先生在中国共产党的帮助下，确立了联俄、联共、扶助农工的三大政策，重新解释了三民主义，改组了国民党，实现了国共双方的第一次合作。此后的几年，中国的革命形势从南到北不断高涨。一方面，工农群众运动蓬勃发展，在共产党的领导下，先后爆发了"五卅运动"和省港大罢工等革命群众运动，掀起群众性的革命高潮；另一方面，广东国民政府组织了国民革命军，先后进行了东征和南征，统一了两广，随后出师北伐。在国民革命军的有力打击下，盘踞湘、鄂、豫、陕、冀一带的军阀吴佩孚主力和盘踞苏、皖、浙、闽、赣五省的军阀孙传芳主力先后被击溃，革命势力迅速发展到长江、黄河流域。第一次国内革命战争轰轰烈烈，成就灿然。

对如此高涨的革命形势，梁启超却表达了强烈的不满情绪。1925年夏，他作了一首《沁园春·送汤佩松毕业游学》词，其中写道："今忽七年，又何世界？满眼依然鬼魅场！"[1] 发泄了对时局的极端不满。这种不满情绪虽然没

---

1 《梁启超年谱长编》第1039页。

有见诸公开发表的文章，但在给儿女们的信中却比比皆是。反对的矛头既对准了共产党及其领导的工农群众运动，也对准了改组后的国民党。

1925年7月10日，梁启超写给其女儿一封信，其中把帝国主义制造的"五卅惨案"完全归罪于共产党，认为这"纯是共产党预定计划"。[1]9月3日又致其女一信，其中谈到："共产党横行，广东不必说了，各地工潮大半非工人所欲，只是共产党胁迫。……现在到处发现工人和共产党闹事，实是珍闻。"[2]1927年1月2日的信中说："尤其可怕者是利用工人鼓动工潮，现在汉口、九江大大小小铺子什有八九不能开张，车夫要和主人同桌吃饭，结果闹到中产阶级不能自存。"[3]1月18日、25日的信中认为共产党"最糟的是鼓动工潮，将社会上最坏的地痞流氓一翻，翻过来做政治上的支配者，安分守己的工人们的饭碗被那些不做工的流氓打烂了。商业更不用说，现在汉口、武昌的商店，几乎全部倒闭。"又说："党军所至之地，即是共产党地盘，所有地痞流氓一入党即为最高主权者，尽量的鱼肉良善之平民。"[4]5月5日的信中再次谈道："所谓工会、农会，等等，整天价任意宣告人的死刑，其他没收财产等更是家常茶饭。而在这种会中主持的人，都是社会上最恶劣分子。""这种罪恶当然十有八九是由共产党主动"[5]3月30日的信中甚至说："若共产派胜利，全国人真不知死所了。"[6]在此，梁启超站在资产阶级改良派的立场上对共产党及其领导的工农群众运动、对迅猛发展的革命形势表示了强烈的愤怒，也流露出无可奈何的哀伤和恐慌。

与此同时，梁启超基于同样的立场对改组后的国民党也表示了厌恶和不满。他认为，"共产党早已成了国民党附骨之疽，或者还可以说是国民党的灵魂，所以国民党也不能不跟着陷在罪恶之海了。"又说："近年来的国民党

---

1 《梁启超年谱长编》第1048页。
2 同上书，第1055页。
3 同上书，第1107页。
4 同上书，第1110、1112页。
5 同上书，第1126、1127页。
6 同上书，第1122页。

本是共产党跑入去借尸还魂的。民国十二三年间,国民党已经到日落西山的境遇,孙文东和这个军阀勾结,西和那个军阀勾结,如段祺瑞、张作霖等,依然是不能发展。……孙文晚年已整个做了苏俄傀儡,没有丝毫自由",国民党已经失去了指导民众的目标。还说:"北军阀固然不要脸,南党阀也还像个人吗?……所谓什么为主义而战,都是骗人。"[1]

作为主张温和改良中国政治与社会的资产阶级代表人物,梁启超一向渴求在稳定平和的社会秩序下建立资产阶级的民主政治,而畏惧和敌视群众运动。这种立场于他来讲是一以贯之的。说到底,他是害怕工人运动伤害和剥夺了"中产阶级"的利益,葬送了他及研究系同仁企图建立资产阶级社会秩序的美妙理想。正是在这样的立场上,他宁可与军阀势力为伍,为反共力量唱赞歌,也不愿对时局保持缄默。1926年北伐战争开始后,他及研究系同仁便完全站在军阀一方。丁文江、张君劢、刘厚生等人都在孙传芳幕下参与机要。梁启超将此举看成是对付共产党力量的有效手段,认为如果孙传芳能按照他们的主张行事,打败北伐军,"便将开一崭新局面",国事将"大有可为"。[2] 不料,孙传芳主力很快被北伐军消灭,依靠军阀反共的幻想破灭了。于是,他又把反共的希望寄托在国民党中的右派势力蒋介石身上。他曾说:"蒋介石辈非共产党,现已十分证明,然而他们压制共党之能力何如,恐怕连他们自己也不敢相信。"[3] 他虽然对蒋介石发动的"四·一二"反革命大屠杀感到残酷,但又认为蒋介石的反共是因为"不堪共党的压迫"。[4] 他还认为,"以现在局势论,若南京派得势,当然无避地之必要",[5] 对蒋介石充满了幻想。然而,随着蒋介石的血腥统治的建立,梁启超对蒋的幻想很快就破灭了。

为了阻遏国民革命的浪潮,对抗蓬勃开展的工农群众运动,梁启超决心

---

1 《梁启超年谱长编》第1127、1128、1129页。
2 同上书,第1093页。
3 同上书,第1122页。
4 同上书,第1128页。
5 同上书,第1147页。

亲自上阵，组织自己的联盟，树起自己的旗帜。还在1925年，研究系干将张君劢就曾致信梁启超，恳请他们的领袖制定本派的政纲。梁启超虽未对此事做出积极反应，但却表示对时政不能袖手旁观[1]，并做好了一旦蒋百里协助孙传芳作战胜利，自己就恢复政治生涯的准备。[2]1926年，梁启超身染疾病，即便如此，他也表示病好之后要对国内政局"痛发言论"。[3]1927年初，他表示"不能不为多数人自由"与"党人"一拼，并说"若我们稳健派不拿起积极精神往前干，非惟对不起国家，抑亦自己更无立足地了。"[4]这年的初夏，梁启超与清华学校研究院的学生同游北海，更透露出参与政治、改造社会的雄心。他说："现在的社会，是必须改造的；不改造他，眼看他就此沉沦下去，这是我们奇耻大辱。但是谁来改造他？一点不客气，是我辈。我辈不改造谁来改造？"[5]此刻国家主义派、国民党右派及部分工商界成员，想与研究系联合，试图拥戴梁启超作领袖，组织一个反共大同盟。梁启超审度时局，虽然感到"时机未到"，不能答应此要求，但又认为不能听任这些反共的非国民党团体"散漫无纪"。他决定开展一个"党前运动"，拟设一个"虚总部"，为反共的上述团体居间联络，为最终成立国、共两党之外的第三党作准备。[6]但此举终于没有变成现实。

梁启超一生都在希冀在中国建立资产阶级的民主政治，无论在戊戌时期追随康有为搞变法，民国时期服务于袁世凯、段祺瑞，还是在新民主主义革命兴起、中国共产党领导工农群众运动的历史潮流下幻想组织第三党，这个根本的政治目标始终没有放弃。然而，正如他先前的政治道路已被历史证明走不通一样，在共产党领导的民主革命与国民党新军阀的专制独裁之外，寻求一条中间的政治道路，仍然是行不通的。

---

1 《梁启超年谱长编》第1048页。
2 同上书，第1055页。
3 同上书，第1087页。
4 同上书，第1107、1112页。
5 同上书，第1143页。
6 同上书，第1158页。

十八　致力于文化教育

办学与讲学

欧游归来后，梁启超开始致力于文化教育事业。这时，历史的时针已指向1920年。

反思自己往日的政治生涯，梁启超感慨颇多。为什么一生孜孜以求的政治理想终归失败？为什么依靠统治阶级当权派而行政治理想的道路走不通？他认为最大的教训之一，就在缺乏人才，知己太少。因此，欲想东山再起，完成自己和同仁梦寐以求的组党计划，必须从培植人才着手。而人才培养的最佳途径就是全力推进文化教育事业。于是，欧行前他便决定今后"决然舍弃"政治活动，专"从思想界尽些微力"。[1] 后来，在给同仁的信中他更明确表述了这样一个意向，即："培养新人才，宣传新文化，开拓新政治"，实"为吾辈今后所公共祈向"。[2]

梁启超的想法得到同仁的普遍首肯和拥护。有人寄书梁启超，认为"宜以此时结合少数同志，授徒讲学，摒弃一切机权术数，急切近名之说，一以扶植人类信义为归，合古今中外道德家言一炉而治之，庶已救已死之人心，存未亡之国脉，其功当不在禹下"。[3] 也有人希望他"摆脱政治之泛运动"，全力从事于教育事业，认为"此为吾辈文化运动、社会事业、政治运动之重

---

[1]《饮冰室合集·专集》第23，第39页。
[2]《梁启超年谱长编》第909页。
[3] 同上书，第871页。

要基本，应早筹备"[1]。舒新城[2]则认为如果梁启超及同仁在天津、上海、南京等几所学校办好学、讲好学，则"举足可以左右中国文化，五年后吾党将遍中国，岂再如今日长此无人也？"

既然办学以培养人才势在必行，于是，欧游归来后，梁启超等人立即着手承办学校教育。

在梁启超晚年从事的学校教育活动中，最令他关注的便是上海的中国公学。这所学校原为收容反对日本取缔留学生规则的归国学生而设，成立于1906年。它之得以维持，完全靠王敬芳、王家襄、胡汝麟等私人解囊相助。1919年，公学董事会改组，其正副会长和常务董事多为这些旧日的立宪派和进步党人，与梁启超关系较密，故梁启超欧游归来，一到上海便被公学请去演讲。公学校长王敬芳身兼河南福中煤矿公司的总经理，无暇两头兼顾，欲将公学校长一职相让于梁启超，梁启超跃跃欲试，只因考虑到公学的财务尚须王敬芳这个阔财东支持，才暂且作罢。但关注和承办中国公学则成为梁启超晚年时刻挂心的一件事情。他认为倘"以此为终身事业，必能大有造于中国"[3]。所以在致友人的信中他表示：既然"将此校作为终身事业"，"我们自然是要尽其力所能及，将此校办好"[4]。

办好公学的第一件事就是让执弟子礼的张东荪出任公学教务长。梁启超既然不能当校长，只有变通办法，让张东荪出任教务长，代理校长，王敬芳挂着校长的名，继续在财力上支持公学。

第二件事就是确定公学的改制方针。经过一年多的争论，至1922年初改制方针始确定下来，即：改制大学，添办高中，高深与普通兼顾。

第三件事便是办学经费的筹措。最初，梁启超曾将经费来源寄希望于冯

---

[1] 《梁启超年谱长编》第922页。
[2] 舒新城（1893—1960年）湖南溆浦人，著名出版家、教育家。曾在上海中国公学中学部主持校务，后在东南大学等校任教。曾主编《辞海》，著有《近代中国留学史》等著作。
[3] 《梁启超年谱长编》第912页。
[4] 同上书，第944页。

国璋,请他解囊支持。无奈,冯国璋于1919年冬去世,这一希望遂告破灭。之后,梁启超又转而寻求华侨林振宗的支持,并且表示:"彼若捐巨款,自必请彼加入董事,自无待言,此外当更用种种方法为之表彰名誉,且令将来学生永永念彼也。"[1] 可惜,这一筹划也没有结果。这样,当张君劢1922年初出任大学筹备主任时,除王敬芳每年从自己掌管的河南福中公司拨款2万元外,公学并无其它经济来源。于是,梁启超在承办中国公学的数年间,"进退两难"、"不知如何维持"。梁启超和同仁多次书信往还,磋商资金筹措办法,可谓惨淡经营,煞费苦心。最后,他们想出两条办法:一是发起募捐,希望在私人捐助上有所收获,但数目很不理想。二是希望得到当时政府所发行的民国元年(1912年)公债200万元的利息(每年16万元)为经常费。为此,梁启超会同王敬芳与当时的政府财长王克敏多次交涉,一无所得。关于这段史实,梁启超曾无可奈何地记述道:

"公学保息,依现在情形,恐难办到(往后希望亦甚少),吾为此事……与叔鲁(即王克敏,引者注)三度言之,毫无着实结果。搏沙(即王敬芳,引者注)为公学事几与彼挥拳矣!仰面求人,总不足恃,徒呕气,奈何!"[2]

军阀把持政府,争权夺利,混战不已,让他们关心教育,当然是无谓的幻想。这件事无形中给梁启超及其同仁上了生动的一课。

在接收和承办公学的过程中,梁启超等人曾两次遇到公学发生的风潮[3],以致张东荪、舒新城等人一度对承办公学丧失信心。在这种情况下,梁启超坚忍不拔,不为形势所动,几次致书张东荪、蒋百里、舒新城等人,鼓励他

---

[1] 《梁启超年谱长编》第912页。
[2] 同上书,第1016页。
[3] 公学风潮内情不详。据台湾学者张朋园先生讲,此盖与派系之争有关。"公学之上层人士虽然以旧立宪派人为主,教员及学生多倾向于南方政府,此或为张东荪遇阻的原因。"(张朋园:《梁启超与民国政治》)此说当可信。

们"但使勉强可办得下去，则此校断不宜舍弃。……最多再闹风潮一两次，愈闹一次则阻力愈减一分，在吾辈持之以毅而已"[1]。力陈自己"所最感苦痛，是吾党人材缺乏"，殷切期望他们将公学作为终身事业，坚持办下去[2]。在梁启超的斡旋下，中国公学的两度风潮得以和平解决。

承办和改制公学的最初计划虽然由于经费的困难和风潮的发生而未完全实现，但部分改制专科和添设高中则成为定局。

中国公学在梁启超一派人手中一直维持到1927年。关于承办中国公学的业绩，梁启超自己曾总结道：公学办理近10年间，"毕业学生数千人，或留学欧美，或服务社会，成绩称优越。"[3]

在承办中国公学的同时，梁启超还把关注教育的目光投向南开大学和清华学校。还在1921年秋，梁启超应聘在南开大学主讲中国文化史，受到该校张伯苓校长的极力推崇。张伯苓欲将南开的整个文科交梁启超主持，梁启超闻此欣喜异常，决心将南开经营为自己的大本营。1921年底，他致书蒋百里、张东荪等人，反复申明："要之清华、南开两处必须收作吾辈之关中河内"，"南开之局，非赶紧成就之不可"[4]。同一时期，梁启超再次清楚地表达了力图南开的宏愿：

> "……若将文科全部交我，我当负责任，……鄙意先将此文科基础立定后再图进取，……鄙意君劢当主任，百里、东荪、宰平各任一门，能找得梁漱溟最佳，更辅之以我，吾六人者任此，必可以使此科光焰万丈。……我辈对于此科之关系愈深，而基础愈固，此将来之关中河内也。……南开文科办三年后，令全国学校文史两门教授皆本科供给，其所益不已益耶？"[5]

可惜的是，上述计划并未完全实现。原因之一在于此计划与上海中国公

---

1 《梁启超年谱长编》第938页。
2 同上书，第944页。
3 《吴淞公学改办大学募捐启》，《饮冰室合集·文集》第35，第42页。
4 《梁启超年谱长编》第943页。
5 同上书，第945—946页。

学的计划有所冲突；原因之二是梁启超关注的焦点不久即转移到北京的清华学校。

清华学校是一所用庚子赔款建立的学校，经费充足，力量雄厚。正当梁启超讲学并力图全力"打进"南开的时候，清华校长一职出缺，此一变动立即引起他的注意，便欲将此校作为除中国公学、南开大学和南京东南大学之外的"另一窟"，和南开并列为"吾辈之关中河内"，并断言"此窟作用之大乃不可思议也"[1]。但终因心余力乏，缺少人才，此一计划亦作罢。1925年秋，梁启超只身就任清华国学研究院导师。

与在南开、清华等院校长期讲学的同时，梁启超在全国各地作巡回演说，其次数之多，地域之广，题材之博，听众之多，影响之大，在近代中国的学术演讲史上是空前的：1921年10月10日至12月21日，应京津各学校之邀，公开演讲达7次之多；1922年4月1日至1923年1月13日，应各地学校和团体之邀，先后公开演讲50余次。现将其1921年底至1923年初的主要演讲列表如下：[2]

梁启超各地巡回演讲情况表（1921年底至1923年初）

时间	地点	演讲题目
1921.10.10	天津学界庆祝会	辛亥革命之意义与十年双十节之乐观
1921.11.12	北京国内法政专门学校	无枪阶级对有枪阶级
1921.11.21	天津南开大学	市民与银行
1921.11.26	天津青年会	太平洋会议中两种外论辟谬
1921.12.17	北京朝阳大学经研会	续论市民与银行
1921.12.20	北京高师平民教育社	外交欤内政欤
1921.12.21	北京哲学社	"知不可而为"与"为而不有"主义

---

1 《梁启超年谱长编》第943页。
2 据《梁启超年谱长编》编制。

续表

1922.4.1	北京女子高师	我对于女子高等教育希望特别注意的几个问题
1922.4.10	直隶教育联合研究会	趣味教育与教育趣味
1922.4.15	北京美术学校	美术与科学
1922.4.16	北京哲学社	评非宗教同盟
1922.4.21	北京诗学研究会	情圣杜甫
1922.5	北京法政专门学校	先秦政治思想史
1922.6.3	北京心理学会	佛教心理学浅测
1922.7.3	济南中华教育社	教育与政治
1922.8.5—8.6	南京东南大学	教育家的自家园地 学问之趣味
1922.8.13	上海美术专门学校	美术与生活
1922.8.14	上海中华职业学校	敬业与乐业
1922.8.18	南京科学社生物研究所	生物学在学术界之位置
1922.8.20	南通科学社	科学精神与东西文化
1922.8.31	湖南长沙一中	什么是新文化
1922.9.1	长沙	湖南省宪之实施 奋斗之湖南人 湖南教育界之回顾与前瞻
1922.9.10	武昌	无业游民
1922.10.10	天津青年会	市民的群众运动之意义与价值
1922.11.3	东南大学文哲学会	屈原研究
1922.11.6	南京女子高师	人权与女权
1922.11.10	东南大学史地学会	历史统计学
1922.12.25	南京学界	护国之役回顾谈
1922.12.27	苏州学生联合会	为学与做人
1922年	北京大学哲学社	评胡适之《中国哲学史大纲》
1922年	金陵大学第一中学	什么是文化 研究文化史的几个重要问题

续表

1923.1.9	东南大学国学社	治国学的两条大路
1923.1.13	东南大学	课毕告别辞
1923.1	金陵大学	教育应用的道德公准

可以看出，从 1921 年底至 1923 年初，一年多里，梁启超巡回讲学的足迹贯穿了整条京沪线。

在几年时间里，他顶酷暑、冒严寒，不辞劳苦，频繁奔波，到处演讲，像一台开足马力的机车，劲头十足，有时一周内天天有演说，以至于张君劢不得不时时告诫他："铁石人也不能如此做"。

梁启超的讲学是极为认真的，称得上是诲人不倦。他的每篇讲稿都认真准备，绝不马虎。凡已定好的演讲，即便遇到自己身体状况不佳，亦绝不停讲或改变日期。如一个时期他的心脏不好，医嘱多休息，但他"并未依医生的话行事"，相反却"大讲而特讲"[1]。还有一次，他坐马车在马路交叉处被电车撞上，"车撞坏了，人马俱倒在地上"，他的头部和腿部均负有轻伤。但当天他"仍在南开讲演"[2]。一旦因病误了学生的功课，他便惴惴然，觉得很有点"对不住学生们"[3]。

他的讲学又是充满感情，颇具声色的。有人回忆说，梁启超讲学时，"眼睛奕奕有神，讲起来有许多手势表情，笑得很爽朗。他引书成段背诵，背不下去的时候，就以手敲前额，当当作响，忽然又接下去。"[4] 另一位当年曾亲耳聆听他讲演的人追述道：

"先生的演讲，到紧张处，便成为表演。他真是手之舞之足之蹈之，有时掩面，有时顿足，有时狂笑，有时叹息。听他讲到他最喜爱的《桃

---

[1]《梁启超年谱长编》第 982 页。
[2] 同上书，第 989 页。
[3] 同上书，第 1073 页。
[4] 台北《新生报读书周刊》第 37 期。

花扇》，讲到'高皇帝，在九天，不管……'那一段，他悲从中来，竟痛哭流涕而不能自已。他掏出手巾拭泪，听讲的人不知有几多也泪下沾巾了！又听他讲杜氏讲到'剑外忽传收蓟北，初闻涕泪满衣裳……'，先生又真是于涕泗交流之中张口大笑了"。[1]

正因为他的学术讲演认真而又极为生动，所以当时的青年学子受其影响之大也就可想而知。有人说，能在"万声欢呼中亲聆伟论，如慰饥渴"[2]；也有人分析，"那时候的青年学生怀着无限的景仰，倒不是因为他是戊戌变法的主角，也不是因为他是云南起义的策划者，实是因为他的学术文章确有启迪领导的作用"[3]。看来，梁启超不仅号为"新民体"的文章"颇具魔力"，他的讲学也是极为感人，影响颇大的。

综而言之，他晚年的巡回讲学内容大致可分为如下几类：

一是简谈时政。说是脱离政治，但梁启超一刻也没有忘怀对政治的关注。在晚年的巡回讲学中，时政是他谈论的话题之一。如《辛亥革命之意义与十年双十节之乐观》、《无枪阶级对有枪阶级》、《太平洋会议中两种外论辟谬》、《市民与银行》、《湖南省宪之实施》、《市民的群众运动之意义与价值》，等等。在这些演说中，他发挥了用言论影响政治的特长，抨击军阀混战，反击侵华论调，鼓吹市民运动，启发国民觉悟，其中不乏值得称道之处：

如他说："在这种无监督机关的国家之下，无论中国官吏、外国官吏，总是一邱之貉，……外国人（对中国）无论是独吞还是共管，总之他们有许多事不能直接办去，十有八九是间接假手于中国人，用中国的干员去搜刮脂膏，派中国的悍兵去弹压反侧，那时最得力的人还不是这群恶官僚、恶军阀吗？"[4]

这里将封建官僚、军阀和外国侵略者一并加以抨击，言辞尖锐，极其深刻。

---

1 台湾《梁启超传记资料》（十三）。
2 《梁启超年谱长编》第986页。
3 梁实秋：《记梁任公先生的一次演讲》，《秋室杂忆》，台北传记文学出版社1978年版，第93页。
4 《太平洋会议中两种外论辟谬》，《饮冰室合集·文集》第37，第19页。

又如他说："我奉劝全国中优秀分子，要从（重）新有一种觉悟：'国家是我的，政治是和我的生活有关系的。谈，我是谈定了；管，我是管定了。'多数好人都谈政治，都管政治，那坏人自然没有站脚的地方。"[1]

尽管对所谓"好人"、"优秀分子"、"坏人"缺乏明确的界定，但他这种启发国民觉悟，号召人们关心、参与政治的言论，却反映了中国知识分子一贯与闻国事的优良传统。

当然，这些演讲中也有可商榷之处，鼓吹民主在中国古已有之，把市民运动看成是挽救中国时局的唯一良方，对资产阶级革命尚有微词，等等。

二是阔论文化。文化问题是梁启超晚年讲学中的重头戏。其中，既有对文化观的哲学意义上的阐述即理论界定，又有对中西两种文化形态的比较，也有对文化（尤指狭义文化）各分支如宗教、哲学、史学、科学、教育等的详尽阐述，颇具真知灼见，是中国近代文化史上的一笔宝贵财富。

在演说中，梁启超从哲学的高度出发，用佛家的术语，对文化的概念、特点及判断标准作了简要的阐述，认识和判断是深刻的。需要指出的是，他对文化的理论界定，多是从广义的范畴出发，涵盖了人类所创造的物质文化和精神文化的全部，而在谈及具体的文化观和比较中西文化时，更多的则是从精神文化即狭义文化范畴的角度加以论证。

梁启超在晚年讲学中对中西两种文化形态的比较则反映出他在中西文化观上仍坚持了原来的中西文化融合的观点。

在对文化各分支的论述中，梁启超也提出一些很有见地的观点。如他在《教育与政治》的演说中提出教育不能脱离社会，也不能脱离政治，教育的重要任务之一就是"养成青年的政治意识"、"政治习惯"、"政治判断能力"，这一切都归本于一个中心，即培养学生适应资产阶级民主政治的能力。在当时的形势下，呼吁资产阶级民主是有一定进步意义的。在《治国学的两条大路》中讲到历史遗产的研究，他认为应该"求真"、"求博"、"求通"。这作

---

[1]《辛亥革命之意义与十年双十节之乐观》，《饮冰室合集·文集》第37，第11页。

为方法，是有普遍意义的。在《人权与女权》中承认资产阶级人权平等的进步意义，承认当时的中国妇女是无权的，这也是实事求是的。

三是漫谈文学艺术。如《情圣杜甫》、《屈原研究》、《中国韵文里头所表现的情感》等多属这一类。在这类演说中，梁启超将历史的眼光和文艺的情调相结合，提出一些很有价值的见解。如《情圣杜甫》誉杜甫为"情圣"，说他的诗情感内容十分丰富，真实而深刻，"表情的方法"又"极熟练"，中国文学界写情圣手，"没有人比得上他"。他还认为杜甫的诗有极高的史料价值，"能确实描写出社会状况"，"能确实讴吟出时代心理"。[1]这些看法对今人研究杜甫及其作品无疑仍有借鉴意义。又如《屈原研究》考证了屈原的身世，探讨了这位伟大诗人出现于楚国的历史原因，高度评价了屈原的人格和诗作。这些见解显示了他不凡的眼光和极深的学术造诣。

共学社与讲学社

推进中外文化交流是梁启超晚年极为热衷的一件事情。他的具体做法就是创办共学社和讲学社。

梁启超向来是位文化融合论者。他曾宣扬，欲弘扬中国文化，非拿西方文化"做途径不可"。又说：要拿西方文化"补助"中国文化，双方"起种化合作用"，成"一个新文化系统"。他还主张"泰西文明"与"泰东文明"要"结婚"。这些思想着着实实体现在他欧游归来后所热衷从事的文化交流事业中，而这种事业的推进与展开主要是通过他组织的两个学术团体——共学社与讲学社进行的。

共学社成立于1920年4月，这是梁启超欧游归来后立即开展的一项活动。为何要成立共学社？他在给友人的一封信中说得很明白："培养新人才，宣传新文化，开拓新政治，既为吾辈今后所公共祈向，现在既当实行着手，

---

[1] 1922年5月27、28日北京《晨报副镌》。

顷同人所成立共学社即为此种事业之基础。"[1]

共学社的发起人，除首脑人物梁启超外，尚有对梁执弟子礼的蒋百里、张君劢、张东荪等人，蔡元培、张謇、张元济、胡汝麟等社会名流亦列名其中。

发起人也是经费的捐助人。如同办学一样，经费仍是令梁启超颇费脑筋的问题。为了获得足够的活动资金，他一方面身体力行，将自己出版新著《欧游心影录》一书的稿费4000元全部捐出，一方面大印募捐启，派弟子们"分途往募"，寄希望于有所收获。在他的带动和感召下，凡加入共学社者均有所赞助：王敬芳捐3000元，胡汝麟2000元，蹇念益、蓝公武、向构甫等各捐1000元。此外，共学社将编译新书交商务印书馆出版，以此为条件，商务印书馆出资3万元作为共学社开支。

共学社的主要工作一是出版杂志，将《改造》作为共学社的主要舆论工具，发挥其以言论影响社会的功效；二是倡导图书馆事业，将为纪念蔡锷而设立的松社迁至北京，扩大规模，并正式更名为松坡图书馆，梁启超自任馆长；三是选派留学生；四是编译新书出版。其中，编译新书成为共学社的最大成就。

共学社所印行的丛书共分10类，即时代、教育、经济、通俗、文学、科学、哲学、哲人笔记、史学、俄罗斯文学。选书的标准，"以浅近简明为主"，但遇有"特别需要之名著"，则亦可由共学社评议会议定后，"交译员译出"[2]。据统计，共学社总计印行上述类别图书100余种，现择其要者列表如下：[3]

共学社编辑的西方著作

译者	作者及其作品
陈震異	罗利亚：《社会之经济基础》 A. Loria, The Economic Foundations of Society
刘延陵	麦罗格：《社会心理学绪论》 William McDougall, An Introduction to Social Psychology

---

1 《梁启超年谱长编》第909页。
2 同上书，第908页。
3 转摘于张朋园：《梁启超与民国政治》。

续表

李凤亭	拉尔金：《马克斯派社会主义》
郭梦良	柯尔：《基尔特社会主义与劳动》 G.D.H.Cole, Labour in Commonwealth
张东荪 吴献书	柯尔：《社会论》
郭梦良 黄　卓	柯祖基：《人生哲学与唯物史观》 Kart Kautsky, Ethics and Materialist
瞿世英	顾西曼：《西洋哲学史》 Herbert E.Cushman, History of Western Philosophy
冯承钧	勒朋：《政治心理》 G.Le Bon, La Psychologie politique et La Defense Sociale
梁思成	韦尔斯：《世界史纲》 H.G.Wells, The Outline of History
杨熙初	易卜生：《海上夫人》（戏剧）　H.Ibsen, The Lady from the sea
俞　忽	雨果：《活冤孽》　V.Hugo, Notre Dame de paris
常道直	杜威：《平民主义与教育》　John Dewey, Democracy and Education
闵　齐	施密特：《相对论与宇宙观》 H. Schmidt, Das Weltbild de Relativität ts Theories
王星拱	罗素：《哲学中之科学方法》 B.Russell, The Scientific Method in Philosophy
程振基	罗素：《政治理想》　B.Russell, Political Ideals
耿济之	屠格涅夫：《父与子》　I.S.Turgeney, Fathers and Sons

　　从共学社组织翻译的上述书籍来看，其所选书目，多是与梁启超这一派人的思想文化倾向相近的。如哲学、社会学、政治理论等，多选译倾向于唯心论的著作。20年代初正是各种社会主义思潮在中国广为传播和盛行的时期，因此，他们这时也选择了一些介绍克鲁泡特金的互助论、基尔特社会主义、无政府主义的书籍。当然，马克思主义也有介绍。可以说，共学社在主要翻译西方的哲学社会科学书籍的同时，兼及其它，其影响是多方面的。

　　共学社的另一项中外文化交流活动是选派留学生。梁启超曾经说，培植人才，以了解世界大势为主，而了解世界大势，自以留学为最佳途径。其时，留法勤工俭学之风正盛，梁启超及其同仁深受其影响，亟欲与其一竞高低，[1] 便发起留学补助活动，有志留学者，由共学社负担部分费用。只是因为共学社自身财源有限，此计划未获理想结局，不久即告停顿。获补助者多为与共学社有关系的人物，如杨维新、石陶钧、吴统续、毛以亨等人即因社员关系而获留学补助。这些人前往德国、苏联等国学习，对中外文化交流起了良好作用，有的成了马列主义者[2]。

讲学社成立于1920年9月。该社带有半公半私的性质。言其为公，是因为教育部每年补助2万元；言其为私，概因私人提供的财力也不小，如商务印书馆以出版讲学社所延聘之欧美名人在华演讲稿为条件，"每年岁助讲学社5000元，专为聘员来华之用"[3]。该社有一董事会，任董事者皆有所赞助。又如罗素来华讲学，王敬芳、胡汝麟便负担了大部分费用。但该社名义上仍是私人组织。这也是梁启超发起该社的初衷。

讲学社的宗旨是聘请"国外名哲"来华讲学，每年一人。

讲学社聘请的第一位"国外名哲"为美国著名哲学家、实用主义者杜威（John Dewey，1859—1952年）。杜威是实用主义的主要流派芝加哥学派的主要创始人。他主张用科学来建立哲学，注重实效，推崇经验，特别强调观念或经验的效用、功能或活动。他的实用主义哲学的要点是：强调立足现实生活，把确定信念当作出发点，把采取行动当作主要手段，把获得效果当作最高目的，而且还不讳言可以把资产阶级处世秘诀当作普遍的认识和行为准则。他的实用主义的哲学，几乎成为美国的官方哲学。

杜威来华，最初是北京大学邀请的。1920年讲学社成立时，杜威在华已一年有余，第二年名义上由讲学社续聘，但翻译仍由时在北大任教授的杜氏弟子胡适担任。

杜威来华后，先后在北京、天津、太原、济南各地巡回讲演，历时两年

---

[1] 张君劢曾说："李石曾留法勤工俭学会以招致万人为度，吾侪并此不图，尚何新人才之可言！"（《梁启超年谱长编》第897页。）
[2] Garsun chang, "The Third Force in China"，转自张朋园：《梁启超与民国政治》。
[3] 《梁启超年谱长编》第926页。

零两个月，走了 11 个省，大小讲演 200 多讲，其中长篇的重要讲演就有《教育哲学》、《试验伦理学》、《哲学史》、《社会哲学与政治哲学》等。在华两年，杜威把他的实用主义哲学观、方法论及其社会政治理论、教育思想全部搬到了中国。在杜威讲学的推动下，实用主义在中国形成一股新思潮。

尽管杜威实用主义有着这样那样的局限，但他从人类思想发展轨迹的角度强调科学的怀疑精神，从思维方法的角度强调假设在科学发展过程中的作用，从检验真理的角度强调实践的作用和意义，这对于中国思想文化界当时否定旧思想、旧礼教、否定旧的社会秩序从而适应当时思想解放运动的需要，无疑有着一定的积极意义。作为五四新文化阵营的重要成员，梁启超对杜威评价甚高，认为"自杜威到中国讲演后，唯用主义或实验主义（Practicalism）在我们教育界成为一种时髦学说，不能不说是很好的现象"，[1]并且把杜威比作中国的颜元、李塨。这说明，杜威的言论说到了他的心坎上，和他的思想脉搏跳在了一处。

讲学社聘请的第二位"国外名哲"即英国著名哲学家、科学家和政治社会历史评论家罗素（Bertrand Russell，1872—1970 年）。在哲学上，罗素主张中立一元论，认为构成世界的材料既不是纯粹的心，又不是纯粹的物，也不是心物的二元对立，而是一种非心非物，对于心物都取中立态度的东西。在政治上，他鼓吹洛克的自由主义，宣扬民主个人主义，把斯巴达主义、法西斯主义和苏联的社会主义政治制度放在一起，认为代表组织与独裁的传统，从而加以抨击和排斥；把雅典的民主政治、洛克的自由主义和欧美资产阶级自由放任主义放在一起，认为代表自由主义传统，从而加以礼赞和提倡。他一生出版了百余种专著，学术成就灿然。

1920 年 10 月下旬，罗素偕情人陶娜抵达上海，开始对中国近一年的学术访问。他在上海逗留三天后，始游杭州，继转到南京，沿长江逆流而上，

---

[1] 梁启超：《颜李学派与现代教育思潮》，《东方杂志》第 21 卷第 2 号。

经汉口，到长沙。在那里，他参加了教育会议，会见了正在中国讲学的杜威。之后，开始北上，抵达北京时，已是数九隆冬了。在北京，罗素先后在北大、师大举行了五次正式学术演讲：即哲学问题、心的分析、物的分析、数理逻辑、社会结构学。除了这"五大演讲"以外，他还发表了一些单篇演讲，并与一些学术研究者及研究班学生多次座谈。

罗素的到来，使中国学术界掀起一股罗素热。他们组织了专门的"罗素研究社"，发行了《罗素月刊》，讲学社还组织翻译了"罗素丛书"，罗素的在华学术演说也多次结集出版。他主张中国改变贫穷的唯一途径在于发展生产，主张中国应有一个强有力政府的观点，深得梁启超等的服膺。梁启超称他的思想"有化万物为黄金的能力"。

罗素对中国之行也留下极为深刻的印象。他称赞中国"比意大利更古老、更富有人情味，这里风景如画，人民乐观，和蔼可亲，比任何我知道的国民更爱笑。他们像18世纪的法国人那样机智"[1]。他喜欢中国，热爱中国文化，也深深惋惜中国的落后，分析了落后的原因，并提出改变这种落后的途径。

1921年7月，罗素结束在华访问，绕道日本、加拿大回国。

罗素的访华，对中外文化交流的意义不可低估。他传播了现代英国与西方大量的科学知识与哲学思想，给五四时期渴求新知、向往西学的中国知识界带来丰富的养料，注入了新鲜活力。

讲学社聘请的第三位"名哲"是德国哲学家杜里舒（Hans Driesch）。杜里舒属于生命派哲学家，他所宣扬的动力生命说与柏格森[2]的主张相近。他们这一派的哲学对梁启超等人影响甚深。1922年杜里舒来华后，进行了长达一年的学术演说，在学术界影响较大。

讲学社聘请的第四位"名哲"是印度文学家、著名诗人泰戈尔

---

1 转引自高宣扬：《罗素传略》，南粤出版社1979年11月版，第129页。
2 柏格森（H. Bergson，1859—1941年）法国唯心主义哲学家，生命哲学和现代非理性主义的主要代表。他把生命现象神秘化，反对科学，提倡直觉。主要著作有《时间与自由意志》、《物质与记忆》、《创造进化论》等。

（Rabindranath Tagore）。梁启超对泰戈尔来华倾注了极大的热情。还在泰戈尔来华前，梁启超便为泰氏来华后的住所问题颇费心思[1]。1924年4月下旬，泰戈尔抵达北京，梁启超携蒋百里、胡适等北京文化界人士数十人在天坛草坪举行了隆重的欢迎仪式。首先，梁启超致了热情洋溢的欢迎词，接着，鬓发斑白、睿智大度的泰戈尔由林徽因[2]和徐志摩[3]搀扶上台演说。在此之后的一个月里，泰戈尔在北师大等处发表了数篇演说，如《中国与世界文明》、《文明与进步》、《真理》等，轰动一时。梁启超对泰戈尔痛斥西方思想沉沦于物质主义、排他主义、征服主义的观点推崇备至。当这些演说结集出版时，梁启超把对泰戈尔的欢迎词放在卷首作为该书的序言。在这篇题为《印度与中国文化之亲属关系》的序言中，梁启超如数家珍，畅谈了古代中印关系。他谦恭地提出，印度"的确是我们的老哥哥，我们是他的小弟弟"，印度"曾带给我们极为贵重的礼物"，即"一教给我们有绝对的自由"即"得大解脱"的"根本心灵自由"和"精神自由"，"二教给我们有绝对的爱"。此外尚有诗歌、音乐、绘画、医学等十二件"副礼物"。接着，他盛赞泰氏其人其诗都是"'绝对自由'与'绝对爱'的权化"，声称"我们不能知道印度从前的诗人如何，不敢妄下比较，但我想泰戈尔最少也可比两千年前做佛本行赞的马鸣菩萨"[4]。

1924年5月18日是泰戈尔64岁生日，这天晚上，讲学社在北京协和大礼堂为他举行了盛况空前的祝寿大会。梁启超、胡适致祝词后，骤然间，舞台帷幕前大放光明，聚光灯的光圈里矗立着一座灿烂的"浮雕"：一位玲珑娇媚的古装少女和一个稚气天真的幼童，正仰望着一弯冉冉升起的新月。这幅艺术造型取意于泰戈尔的名诗《新月集》，优美典雅，如诗如画，赢得全场雷鸣般的掌声。继而，用英语演出了泰戈尔的著名诗剧《齐德拉》，把祝寿晚会推向高潮。会上，梁启超还赠与泰氏一中文名字：竺震旦，以表征中

---

1 《梁启超年谱长编》第1010页。
2 林徽因：现代著名建筑学家，进步党重要领袖林长民之女，梁启超之长媳。
3 徐志摩：现代著名诗人。
4 1924年5月3日北京《晨报副镌》。

印文化关系源远流长。

由于当时的北京政府未能继续拨款，讲学社财源趋窘，邀请"国外名哲"来华讲学之举在泰戈尔离华后不得不告停顿。尽管讲学社先后仅邀请四位"名哲"来华，历时不长，人数有限，但由于他们都是名重一时的哲学家和文学家，其对当时中国思想文化界的影响至为深远。

潜心著述

在梁启超一生的旅途中，从告别官场到离开人间不过短短的10年。然而正是这10年，成就了他的学术大业，使他成为成绩卓著、蜚声中外的著名学者。因而，这10年也就成为梁启超学术上的一座光辉夺目的巍巍高峰。

这样讲并非意味着在此之前梁启超就没有留下学术方面的著作。相反，向以言论关注政治的梁启超，学术研究恰恰成为他政治活动的先导。在他服务于政治斗争的许多政论文章中，充满了学术上的真知灼见。在20多年里，他结合政治斗争，以"百科全书"般的气派，写了数量相当可观的介绍外国政治、经济、财政、历史、哲学、文学、法学、社会学、宗教学等方面的文章，同时也撰述了一批涉及中国古代历史、哲学、法学、文学的论著。这些著述时间上贯穿古今，地域上包含中外，使他成为构架新文化的新星。然而，由于一直置身于政治斗争的漩涡之中，他无暇集中精力，进行系统的学术研究。因而，1920年前也就没有像后来那样拿出更多的有分量的学术著作。

欧游归来后，梁启超摒弃上层的政治活动，勉力从事著述。直到1929年辞世，10年间，他手不释卷，笔耕不辍，创作了一大批影响深远的学术论著：

1920年梁启超以神来之笔，用一周时间创作了后来久负盛名的《清代学术概论》。这部著作系统评述了明末至梁启超以来两百多年中国学术思想发展的概况，就有清一代的哲学、经学、史学、考古学、地理学、文献学、美术、佛学、诗歌等人文、社会科学及历法、算学、水利等自然科学进行了全面的论列。它把每一时代的学术作为思潮进行总的历史考察，探讨其起因，分析其特点，剖析其衰落的根源，并且对各个时代每一学科的代表人物及其著作详加阐述，不失为研究清代学术思想的开拓性著作、近代学术史上的一件珍品。

在这一年中，梁启超倾力较多的还有对先秦诸子和佛学的研究。春夏之季，作《佛典之翻译》；隆冬时节，写《佛教东来之史地研究》。此外尚有《佛教与西域》、《说"六足""发智"》、《那先比丘经书》、《说华严经》、《中国佛法兴衰沿革说略》、《印度佛教概观》、《佛教教理在中国之发展》。是年，在先秦诸子方面，撰写了《老子哲学》、《孔子》、《老墨以后学派概观》、《论孟子稿》等。

此外尚有其它论著多篇。

1921年在先秦诸子方面撰写了《墨经校释》、《复胡适之论墨经书》、《墨子学案》、《墨子讲义摘要》、《慎子》、《诸子考证及其勃兴之原因》。在佛学方面，写了《翻译文字与佛典》、《佛学之初输入》、《读异部宗轮记述记》。此外，尚有《从发音上研究中国文字之源》、《阴阳五行说之来历》等学术论著多篇。

1922年梁启超将上一年在南开大学主讲的中国文化史稿整理出版，这就是在中国近代史学史上产生过深远影响的皇皇巨著《中国历史研究法》。这部书可称是梁启超史学理论的代表作，也是"中国近代资产阶级的史学理论宝典"。在这部书中，梁启超揭示了历史研究的目的，批判了封建主义史学，探索了历史因果律，研讨了历史与英雄的关系，纵论了历史方法论。其中阐述的史学研究方法留给后人许多可资借鉴的东西。

是年，梁启超还将在东南大学等校讲授的《先秦政治思想史》整理出版，成为他研究先秦思想史的代表作。这部书对考察他晚年的文化观和政治思想不可多得。

此外，他还创作了《佛教心理学浅测》、《说大毗婆沙》、《大乘起信论考证》等佛学论著和多篇学术演讲稿。

1923年撰《清初五大师梗概》、《颜李学派与现代教育思潮》、《朱舜水先生年谱》、《清代学者整理旧学之总成绩》等学术论著多篇。

1924年梁启超整理出版了《清代学术概论》的姊妹篇《中国近三百年学术史》。这部名著虽然和《清代学术概论》一样,都是关于从明末到民初的中国学术发展史,但侧重点各有不同。前者侧重于"论",内容精炼;后者侧重于史,材料翔实,都反映了梁启超潜心于清代学术研究的真知灼见,是近代文化史上同享盛名的大作。

此外,还创作了戴东原研究数篇和其它学术论著多篇。

1925年写作了《中国文化史——社会组织篇》、《桃花扇注》、《指导之方针及选择研究题目之商榷》、《佛陀时代及原始佛教教理纲要》等学术论著多篇。

1926年作《汉书艺文志诸子略考释》、《史记中所述诸子及诸子书最录考释》、《先秦学术年表》、《历史研究法补编》和先秦诸子研究多篇。

1927年撰著《儒家哲学》和目录学著作《中国图书大辞典簿录之部——官录与史志》。

1928年病中作《辛稼轩先生年谱》。

以上摘录只是梁启超晚年卷帙浩繁的著述的择要,远非其全部。但仅就这些著述而言,我们仍然可以说,梁启超不愧是天才的著作家和伟大学者。

可以看出,梁启超是个百科全书式的学者。他的学术著作涉及到哲学、史学、文学、图书馆学、社会学、经济学、财政学、法学、教育学、宗教学等诸多学科,视野之宽,涉猎范围之广,求知欲之旺,思想之敏锐,在近代文化、思想史上几乎无人能望其项背。尤其在先秦、明清和近代的思想文化研究方面,留下一大批颇有见地的论著,对研究中国思想文化史起了劈山开路的作用。应该说,梁启超是近代中国学术研究的卓有成就的先驱。

梁启超有着卓越的秉赋,才华横溢。他创作《清代学术概论》(本为人写序),仅用一周时间,可谓神来之笔;他撰写《陶渊明年谱》,"三日而成";《戴东原先生传》,是用一昼夜作成的;《戴东原哲学》,是接连34小时不睡觉赶成的[1]。他"埋头著书","平均每日五六千字"[2],每年的著述总量平均近达40万字。著述如此之速、之丰,在近代中国的著作家和学者中,实为罕见。

梁启超又是极其勤奋、相当用功的,全身心地投入,几达忘我的程度。他著述《中国通史》时,因劳累过度,患呕血病甚久,但仍然苦读[3]。一段时间,因病"医者力戒静摄",但却"发愤自撰"《陶渊明年谱》,"虽号称养病,亦颇以镂刻愁肝肾矣"[4]。有的时候,他"每日埋头埋脑著书","差不多夜夜都做到天亮"[5]。对于梁启超来讲,最大的痛苦莫过于手下无笔,眼中无书,他认为,这无异于叫他过"老太爷的生活",让他"成了废人",而这于他"精神上实在不能受此等痛苦"[6]。1928年,他在医院养病期间,"仍托人觅关于辛稼轩材料,忽得《信州府志》等书数类,狂喜",于是不等病体痊愈,立即"携书出院","驰回天津",一面服药,一面"继续《辛稼轩年谱》之著作"[7]。梁启超的长子梁思成曾追忆其父:"先君子曾谓'战士死于沙场,学者死于讲座'。方在清华、燕京讲学,未尝辞劳,乃至病笃仍不忘著述,身验斯言,悲哉!"[8]可以说,梁启超是在学者的岗位上活活累死的。

---

1 《梁启超年谱长编》第988、1009页。
2 同上书,第1014页。
3 同上书,第866页。
4 同上书,第988页。
5 同上书,第1014页。
6 同上书,第1163页。
7 同上书,第1119页。
8 同上书,第1200页。

十九　流传千古的学术成果

治史以求新为本：历史研究法
中国史、世界史、人物传

梁启超一生尤其是晚年的学术研究，纵论古今中外，探测人生社会，广博丰硕，新论迭出，自成风格，为人称道。但其轴心是历史学。编辑《饮冰室合集》的林志钧在自序中称："知任公者，则知其为学虽数变，而固有其坚密自守在，即百变不离史是观已。其髫年即喜读《史记》、《汉书》，居江户草《中国通史》，又欲草世界史及政治史、文化史等，所为文如《中国史叙论》、《新史学》及传记学案，乃至传奇小说，皆涵史性。"作为深知梁启超的好友，林志钧的这段评论是极深刻而准确的。梁启超无论是研究哲学、文学、佛学、教育学，还是政治学、经济学、文化学、新闻学、图书文献学，都以史为经，广取博收，了解梁的史学是探讨其学术成果的一把钥匙。梁启超治史以求新为本，力图开辟一新的理论体系和新的研究方法，并设想编著新的中国通史、世界通史、文化史、政治史、经济史、宗教史、学术史、断代史、地方史、人物传等。惜计划太大，精力不足，又英年早逝，宏大的计划未能完成。但作为中国史学的主要奠基者，他于历史研究法、中国史、世界史、民族史、人物传等方面建树颇多，其具有开创意义的史学成果，有很大的参考价值。

1.历史研究法

梁启超的历史研究法是在批判地吸收中国传统的治史方法，大胆地借鉴西方资产阶级的理论体系和研究手段，中西结合，深入思考后逐步形成的。早在20世纪初年，他即以"史学革命"的姿态，淋漓尽致地批判中国的旧史学，信心十足地呼吁建立新的史学体系。但毕竟年轻而缺乏深入的研究和审慎的思考，破坏有余，建树略逊，未形成严密的体系。1921年，他在天津南开大学讲授《中国历史研究法》；1923年，他又在清华大学开《中国历史研究法补编》的课，进一步完善了他早年的看法，并有所修正和发展，自成一家之言。梁启超的历史研究法，以历史为被认识的客体，以史学工作者为要认识的主体，从研究的目的、史学工作者的素养、研究的手段、得出的结论和通史、专门史的具体作法等方面，论述客体和主体之间的辩证关系和一般的认识规律，曾为众多的史学工作者所推崇。

梁启超十分重视历史研究的目的即指导思想。他认为目的正确而高尚，则事半功倍，于学术、于社会都有益；反之，则费尽心力，不会有好效果。他明确指出："无论研究何种学问，都要有目的。甚么是历史的目的？简单一句话，历史的目的是在将过去的真实事实予以新意义或新价值，以供现代人活动之资鉴。假如不是有此种目的，则过去的历史如此之多，已经足够了。在中国，他种书籍尚不敢说，若说历史书籍，除二十四史以外，还有九通及九种记事本末等，真是汗牛充栋。吾人做历史而无新目的，大大可以不作。历史所以要常常去研究，历史所以值得去研究，就是要不断的予以新意义及新价值以供吾人活动的资鉴。"[1]这段话以今人的口气去说，就是历史研究为现实服务。这是梁启超一向主张的用历史教育国民，用历史指导现实的史学思想的高度概括。梁认为以往许多历史研究不是为今人，而是为古人；不是为生人，而是为死人。这种历史研究以宫廷为中心，以帝王将相为主轴，目的是续"家谱"，隐恶扬善，欺世骗人。这种"就史言史"的历史研究，"费天地间无限缣素，乃为千百年前已朽之骨较短量长，"真令人痛心。为了让历

---

[1]《饮冰室合集·专集》第99，第5页。

史在提高国民的政治和文化素质,给社会进步提供宝贵经验方面发挥功用,梁启超首先提出"以生人为本位的历史,代死人为本位的历史。"[1] 也就是说历史研究的目的应着眼于现实,而不是过去。作为史学工作者,必须明白自己所肩负的社会责任,能引导人们向前看,而不是向后看。"好像一幅影片,能教人哭,能教人笑。影片而不能使人哭,使人笑,犹之历史不能增长知识,锻炼精神,便没有价值一样"。[2] 总之,梁启超所规范的历史研究的价值,以对现实社会所发生的作用为标尺。

在梁启超之前,还没有人这样明确提出历史研究的目的就是获取新意义、新价值。所以,梁启超的见解具有划阶段的创造意义。但是,由此必须解决两个重大问题:一是历史本身的价值问题;二是历史和现实的关系问题。就历史而言,过去的死的东西,其活力何在,意义何存,应该说是由现实的需求来决定。当现实的发展提出了一些新问题,回顾历史,才会从过去死的东西中找到新意义、新价值。于是历史和现实的关系就成了史学工作者老生常谈的大问题。是现实规范历史研究,还是超越现实进行"纯史学"探究,始终难以科学地解答。梁启超在论述历史研究的目的中,实际触及到了这些问题,遗憾的是没有进一步展开论证。

在强调历史研究的目的性的同时,梁启超极重视史家的自我素质。在他看来,如果研究者不具备德、学、识、才四种修养,就不可能获取有价值的学术成果。在这点上,他继承和发展了刘知几、章学诚的基本思想。刘知几提出史家必须有才、学、识,章学诚后来又加了一个"史德"。可惜他们缺乏详细而深刻的论证。梁启超在讲历史研究法中,不仅作了详尽的发挥,而且将顺序改为德、学、识、才,说明和刘知几、章学诚还是有不尽相同的见解。

所谓"史德",就是心术端正,忠于史实。梁认为这一点最重要。如果对于历史不能公正、客观、准确地去记述,对于历史人物和历史事件不能真实地去评论,则失去了历史研究的意义,而且有害社会。作为史家,公正的

---

[1] 《饮冰室合集·专集》第73,第29页。
[2] 同上书,第99,第11页。

良心，求实的态度是起码的要求。要做到这一点，很不容易。梁启超说："忠实一语，说起来似易，做起来实难，因为凡人都不免有他的主观。这种主观，盘踞意识中甚深，不知不觉便发动起来，虽打主意力求忠实，但是心之所趋，笔之所动，很容易把信仰丧失了。完美的史德，真不容易养成。"[1]史家常犯的毛病，如夸大、附会、武断等，首先必须去掉，然后逐步克服主观主义，像天平一样的史德才可慢慢养成。

所谓"史学"，指史家的学问，即治史需广博的知识。梁启超认为研究历史所需知识太广，类凡哲学、文学、经济学、社会学、地理学、科技、法学等都须融会贯通。但运用广博的知识去从事历史研究时，还应求专、求精，力戒大而杂，最好先做专门史，再逐步扩大，循序渐进。平时还要勤于抄录、注意练习、逐类搜求、下苦功夫，这样才能日见成效。

所谓"史识"，"是讲历史家的观察力。做一个史家，……观察要敏锐，即所谓'读书得间'。旁人所不能观察的，我可以观察得出来。"[2]梁启超认为，自然科学注重的是实验的观察，历史科学追求的是事实的关联。一般的历史观察法是从全部到局部，再从局部到全部。同时要有怀疑精神，不要为传统所制约；要有自知之明，不要为个人成见所左右；要敢于自我否定，发现错了就更正。这样，天长日久，就会形成超出一般人的观察历史的能力。

所谓"史才"，指治史的技巧，偏于写作方法。梁启超注重的是论著写作中的组织，包括剪裁、排列等，还有文字功夫，即文采、简明、准确等。一般人认为养成好的"史才"要多读、多写、多改，梁启超则倡导"多读、少作、多改"。一字之差，反映了梁启超求精的写作愿望。这是对他数十年创作生涯的一种反思。

史学工作者有了明确的目的和基本的素养之后，还必须运用科学的手段，否则也难以取得理想的成果。梁启超认为最重要的一是求史料，二是出

---

[1] 《饮冰室合集·专集》第99，第14页。
[2] 同上书，第20页。

论点。求得真实而丰富的史料是历史研究的基础。史料缺乏，巧妇难为无米之炊，一切都无从谈起；史实错了，被假象所迷惑，南辕北辙，费力不讨好。因此，从某种意义上讲，科学的史料是历史研究的生命。所谓史料，梁启超认为有两种，一是文献资料；二是文字记述以外的史料。无文字记述的史料，如古迹、石碑史料、出土文物等，有时极为重要，它可以解决许多悬而未决的难题，史家必须下大气力去搜集和研究。文献资料，种类繁多，如旧史书、档案文件、有关记述、大型的资料集、金文、甲骨文等，是史家从事研究的基本素材。如何搜集和鉴别史料，梁启超在《中国历史研究法》中有详细说明，这里从略。

　　如果说求得真实的史料很难的话，那么从纷繁复杂、变化多端的历史表象中得出科学的论断就更难。所以，梁启超颇注重史家如何获取科学论点的研究。在他看来，一个好的史家，不仅要说明历史事件和众多人物之间的关联，而且要讲清历史变化的因果关系和为什么出现这样的因果关系，特别要注重社会特性、社会心理和个人性格原因的分析。梁启超指出："吾以为历史之一大秘密，乃在一个人之个性，何以能扩充为一时代一集团之共性；与夫一时代一集团之共性，何以能寄现于一个人之个性。申言之，则有所谓民族心理或社会心理者，其物实为个人心理之扩大化合品，而复借个人之行动以为之表现。史家最要之职务，在觑出此社会心理之实体，观其若何而蕴积，若何而发动，若何而变化，而更精察夫个人心理之所以作成之表出之者，其道何由。能致力于此，则史的因果之秘密藏，其可以略睹矣。"[1] 梁启超之所以如此重视人的心理和社会变化的关系的探讨，是他的"心力史观"所决定的。梁启超认定历史是人类活动的轨迹，人的活动受心力支配，人类永不满足的追求绘出了多彩的历史画面。人的心力是永不消灭的一种动力，一代一代反复出现，历史不会中断；人的心力又极自由而难以捉摸，所以历史现象极为复杂；人的心力同时受到环境和社会关系的制约，往往不能随意表现，

---

[1]《饮冰室合集·专集》第73，第114—115页。

主观愿望和客观效果时常矛盾；人的心力又总是活的、跳动的，历史则总不会僵化和停止。心力的多变性、复杂性决定了历史研究的思辨性和反复性，一步到位的史学研究是不存在的。所以梁启超总是强调历史研究的难度，总是提出许多难点、疑点或焦点，总是倡导先分专史深入研究，然后触类旁通，步步扩展。他在清华大学讲课时，专门论述了众多专史的做法，如人的专史，包括个人传记、合传、年谱等；文物的专史，包括政治史、经济史、文化史以及文字史、神话史、宗教史、文学史、美术史、自然科学史等；此外还有事的专史、地方史、断代史的写作规律等。与此同时梁启超十分强调理性思考和总体把握，要求史家能从历史的演变中寻找规律。[1]他坚持用进化的理论研究历史，希望将一些自然科学的理论引入于历史研究，强调对历史背景即时势的分析，注重英雄和时势关系的探讨，特别热心于"心"与"物"历史的辩证关系的研究。在梁启超看来，"史之开拓，不外人类之改变其环境，质言之，则人对物之征服也。心之征服的可能性有极限耶，物之被征服的可能性有极限耶。通一穷的宇宙为一历史，则此极限可谓之无。若立于'当时'、'此地'的观点上，则两者俱有极限明矣，在双极限之内，则以心的奋进程度与物的障碍程度强弱比较判历史前途之歧异"。[2]人在征服自然的过程中，形成各种关系，如集团、阶层、阶级、民族、党派、国家等，这些相互关联和影响的社会势力，梁启超也一再呼吁从理论上找出因果关系，加以科学的说明。总之，梁启超的史学理论是多元的，广泛的、开放的。梁启超的历史研究法的最大贡献是清楚地论述了史家这个主体与历史这个客体之间的特殊关系，分析了人创造历史过程中的一般特性，较系统地构筑了历史研究的要点和基本程序（见下表）[3]。这在中国学术史上，尚属罕见。

---

[1] 梁启超早年特别强调因果规律和进化理论，但到晚年有所变化。例如他在南京金陵大学一中讲演时就提出"历史现象最多只能说是'互缘'不能说是因果"，并认为进化也不一定是绝对的。有人据此讲梁已经退步。其实不然。梁早年对进化等问题过分强调，后经过其潜心研究，尤其是政治上的沉浮及对人事和对社会认识的深化，修正了过去的观点，是新形势下的进步。同时，梁对进化论等的怀疑也说明这种理论不能解释全部历史，有变革的必要。

[2] 《饮冰室合集·专集》第73，第122页。

[3] 参见胡逢祥：《梁启超史学理论体系新探》，《学术月刊》1986年第12期。

史家与历史关系

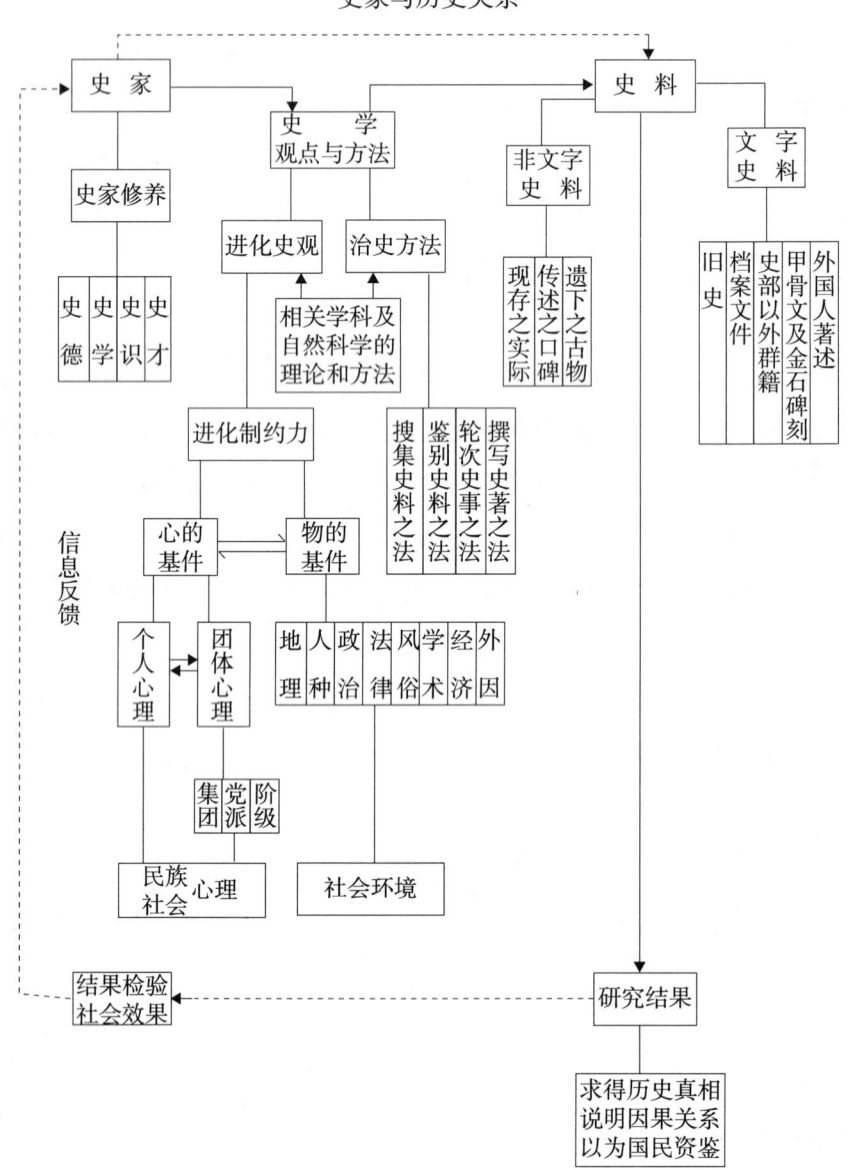

```
                    史家 ────────→ 史料
                     │              │
         ┌───────────┼──────┐    ┌──┴──────┐
       史家修养    史学观点与方法  非文字史料  文字史料
         │         ┌────┴────┐    │         │
     ┌─┬─┬─┐     进化史观  治史方法
     史 史 史 史                  遗 传 现      旧 档 史 甲 外
     德 学 识 才   相关学科及      下 述 存      史 案 部 骨 国
                  自然科学的      之 之 之      　 文 以 文 人
                  理论和方法      古 口 实      　 件 外 及 著
                     │            物 碑 际            群 金 述
                  进化制约力                          籍 石
                     │                                  碑
                 ┌───┴───┐                              刻
               心的     物的      搜 鉴 轮 撰
               基件     基件      集 别 次 写
                 │       │        史 史 史 史
             ┌───┴─┐  ┌──┴──┬──┬──┬──┬──┐  料 料 事 著
           个人  团体  地 人 政 法 风 学 经 外  之 之 之 之
           心理  心理  理 种 治 律 俗 术 济 因  法 法 法 法
                 │
              ┌──┴──┐
            集团  党派 阶级
              心理
                │
            民族社会        社会环境
```

信息反馈

结果检验 ←------- 研究结果
社会效果   │
                   求得历史真相
                   说明因果关系
                   以为国民资鉴

2. 中国史

在学术研究上，梁启超言行一致。他在讲解中国历史研究法过程中所表现的那种批判和创新的精神，基本都贯彻于他的中国史研究。梁启超的主观愿望是按照他的设想,写一部新的中国通史。所以他一有机会,就抓紧著述。他在清华大学一面讲授中国历史研究法(补编),一面撰述"五千年史势鸟瞰"。现存的《中国历史上民族之研究》、《太古及三代载记》、《春秋载记》、《战国载记》等,就是当时的讲课记录。梁启超还试图将中国历史研究法列入他将来的中国通史的绪论。无奈事不遂人愿,其宏伟蓝图仅存于心中。但从现有的有关论著中,也可以看到梁启超研究中国史的大体思路和鲜明特色。

注重民族史研究,此其特色之一。

梁启超研究中国史,首先从民族史开始,目的是提高中国人的民族意识,扩大史学的研究领域。何为民族意识?梁启超认为"谓对他而自觉为我","中国人"的观念永远铭刻心中。梁启超根据神话传说和文献资料,认为"中国人"的观念早在上古就已形成,而且是多民族的集合体。他明确指出:"吾族自名曰'诸夏',以示别于夷狄。诸夏之名立,即民族意识自觉之表征,'夏'而冠以'诸',抑一多元结合之一种暗示也。此民族意识何时始确立耶?以其标用夏名,可推定起于大禹时代。何故禹时能起此种意识,以吾所度,盖有三因:第一,文化渐开,各部落交通渐繁,公用之言语习惯已成立;第二,遭洪水之变,各部落咸迁居高地,日益密结,又以捍大难之故,有分劳协力之必要,而禹躬身其旁而集大勋,遂成为民族结合之枢核;第三,与苗族及其他蛮夷相接触,对彼而自觉为我。自兹以往,'诸夏一体'的观念,渐深入于人人之意识中,遂成为数千年来不可分裂不可磨灭之一大民族。"[1]华夏民族意识形成后,并没有自我封闭,而是逐步和其他民族相融合、同化,最后形成一较和谐的民族大家庭。梁启超曾考察了上古时代的苗族、蜀族、巴氏族、徐淮族、吴越族、闽族、百粤族、百濮族等民族的地理分布、语言特点、生活习性及相互融合于中华民族大家庭的过程。其结论是:"中华民族自始本非一族,实由多数民族混合而成。"[2]在此研究基础上,

---

[1] 《饮冰室合集·专集》第42,第4页。
[2] 同上书,第41,第4页。

梁启超对欧洲一些学者所提出的"华人外来说"进行了有理有据又十分友善的批驳。他说："中华民族为土著耶，为外来耶，在我国学界上，从未发生此问题。问题之提出，自欧人也。欧人主张华族外来者，亦言人人殊，或言自中亚细亚，或言自米梭必达美亚，或言自于阗，或言自外蒙古，或言自马来半岛，或言自印度，或言自埃及，或言自美洲大陆。吾以为在现有的资料之下，此问题只能作为悬案。中国古迹所记述，既毫不能得外来之痕迹，若撷拾文化一二相同之点，攀引渊源，则人类本能，不甚相远，部分的暗合，何足为奇！我非欲以故见自封，吾于华族外来说，亦曾以热烈的好奇心迎之，昔诸家所举证，未足以起吾信耳。"[1]

为了说明中华民族繁衍和一体化的过程，梁启超专写了《中国历史上民族之研究》，从地理、社会、自然、心理等多种因素论述中华民族的子系统及其相互关系。他的总体看法是：一、中华民族为一极复杂而一极巩固之民族；二、此极复杂巩固之民族，乃出极大之代价所构成；三、此民族在将来，绝不至衰落，而且有更扩大之可能性。后来梁著《太古及三代载记》、《纪夏殷王业》等又进一步丰富和完善了这种看法。这种中国史研究较以往就开了一个好头，后来许多人著述中国历史，都继承了梁启超这一传统。

注重地理、年代及文化的考察，此其特色之二。

梁启超将地理和年代视为历史的"空际"和"时际"，即历史变迁的两坐标。他的中国史论著，都贯穿了地势及自然环境的分析，有明确的时间概念和阶段划分。他著《纪夏殷王业》，不仅详细考察了其地理状况，而且附录了《论后代河流变迁》和《禹贡九州考》，将地理和夏殷王业开拓的关系讲得清清楚楚。黄河流域为什么会成为中华民族和中华文化的发祥地，梁启超从地理的角度一下子讲了十八条理由。诸如："中国黄河流域，原大而饶，

---

[1] 《饮冰室合集·专集》第42，第2—3页。主中亚细亚说者为英人 Robinson；主米梭必达美亚说者为法人 Lacuperie；主于阗说者为德人 Rechtofen；主印度说者为英人 Davis 和法人 Panthier；主埃及说者为法人 Deguignes；主美洲说者为法人 Gobineau。

宜畜牧耕稼，有交通之便，于产育初民文化最适，故能于邃古时即组成一独立之文化系；该流域为世界最大平原之一，千里平衍，……气候四时寒燠俱备，然规则其正，无急剧之变化，故能形成一种平原的文化，其人以尊中庸爱平和为天性；以地形平衍且规则正故，其人觉得自然界可亲可爱，而不觉其可惊可怖，故其文化绝不含神秘性；……天惠比较的丰厚，不必费极大之劳力以求克服天然，但能顺应之已得安适，故科学思想发达甚缓；……以全势论之，则此一片大地，最不宜于国家主义之发育，故吾族向不认国家为人类最高团体，而常以'修身'为出发点以'平天下'为究竟义，全部文化，皆含此精神，故其历史或不在过去而在将来也。"[1] 这样由地势推及社会，再引申至道德伦理、思维定式和文化氛围，令人眼界开阔，遐思无限。虽然其中有地理决定一切的不科学之处，但为历史研究打开了一扇充满阳光的天窗。可贵的是，除了地理这一角度外，梁启超还善于从语言文字、宗教礼俗、人物心理、年代更迭等多元的文化视角去全方位的透视历史。他的中国史论著，从一定意义上讲，也是中国文化史论著。

注重当代史研究，此其特色之三。

梁启超研究中国历史，善于古今贯通，以今论古，察古知今。他的很多著述，着重记载鸦片战争之后特别是他本人参与的史事。无论是太平天国、洋务运动、中日甲午战争、戊戌变法、义和团运动，还是辛亥革命、五四运动等，他都有极中肯的评论。戊戌政变发生后一年，他就出版了《戊戌政变记》，详细论述了变法的历史背景、原因、过程、政治倾向和成败得失，是难得的研究专著和史料书。1922年，他应《申报》之约，写了《五十年中国进化概论》，十分精辟地论述了19世纪70年代到20世纪20年代政治、经济和文化演变，可以说是这半个世纪历史研究的总纲，其中许多观点为今天的历史研究者所采用。这里不妨抄录一段他关于近代思想文化变迁的评述：

---

[1]《饮冰室合集·专集》第47，第2—5页。

"古语说得好：'学然后知不足'。近五十年来，中国人渐渐知道自己的不足了。这点子觉悟，一面算是学问进步的原因，一面也算是学问进步的结果。第一期先从器物上感觉不足。这种感觉，从鸦片战争后渐渐发动，到同治年间借了外国兵来平内乱，于是曾国藩、李鸿章一班人，很觉得外国的船坚炮利，确是我们所不及。对于这方面的事项，觉得有舍己从人的必要。于是福州船政学堂、上海制造局等等渐次设立起来。但这一期内，思想界受的影响很少。其中最可纪念的，是制造局里头译出几部科学书。这些书现在看起来很陈旧很肤浅，但那群翻译的人，有几位颇忠实于学问。他们在那个时代能够有这样的作品，其实是亏他。因为那时读书的人都不会说外国话，说外国话的都不读书，所以这几部译本书，实在是替那第二期'不懂外国话的西学家'开出一条血路了。第二期是从制度上感觉不足。自从和日本打了一个败仗下来，国内有心人，真像睡梦中着了一个霹雳，因想到堂堂中国为什么衰败到这田地，都为的是政制不良。所以拿'变法维新'做一面大旗，在社会上开始运动。那急先锋就是康有为、梁启超一班人。这班人中国学问有底子的，外国文却一字不懂，他们不能告诉人'外国学问是什么，应该怎么学法'。只会日日大声疾呼说：'中国旧东西是不够的，外国人许多好处是要学的'。这些话虽然像是囫囵，在当时却发生很大的效力。他们的政治运动，是完全失败，只剩下前文说的废科举那件事，算是成功了。这件事的确能够替后来打开一个新局面，国内许多学堂，外国许多留学生，在这期内蓬蓬勃勃发生。……第三期便是从文化根本上感觉不足。第二期所经过时间，比较的很长——从甲午战役起到民国六七年间止，约二十年的中间，政治界虽变迁很大，思想界只能算同一个色彩。简单说，这二十年间，都是觉得我们政治、法律等等，远不如人，恨不得把人家的组织形式，一件件搬进来，以为但能够这样，万事都有办法了。革命成功将近十年，所希望的件件都落空，渐渐有点废然思返，觉得社会文化是整套的。要拿旧心理运用新制度，决计不可能，渐渐要求全人格的觉悟。恰值欧洲大战告终，全世界思潮都添许多活气。新近回国的留学生,又很出了几位人物,鼓起勇气做全部解放的运动。所以最近两三年间,算是划出一个新时期来了。"[1]

梁启超用器物、制度、文化三个递进的层次来概括近代中国人思想认识的变化过程,是十分深刻和准确的,这为后来的研究者提供了良好的框架和有益的借鉴。应该说,梁启超对中国当代史研究的贡献较其古代史的研究要大一些。其亲身经历和敏锐的观察力结合在一起,自然有独到之处。如果一个大学问家,不能将其经历的这段历史上升到理性,并著书立说,传之后人,将是一种无法弥补的损失。由此可见,大学者应该效仿梁启超,为当代历史立言。

善于综合研究,此其特色之四。

现存的梁启超的中国史论著,既非章、节体的较严肃的教科书,也非专门的政治史、经济史或文化史,而是形式活泼,叙述流畅,内容广博的综合性的史著。他的《春秋载记》或《战国载记》,熔地理、社会、政治、经济、人物、宗教、文学以及一些年代、史实的考证于一炉,夹叙夹议,娓娓道来,给读者以多种启示。梁启超的史学论著,总是给人一种跳跃的活力,既在讲史,又像在论今;既讲朝代兴亡,社会沿革,又涉及人生、风俗和文化。这种综合分析力,一般人望尘莫及。他一向反对把历史写成干巴巴的政治史,反对为写史而写史,反对用历史引导人们向后看。1922年,他对中学历史教科书提出了尖锐的批评,认为只讲政治史较少讲其他,将历史割裂开了,即使有一点社会及文化事项,也极简略,不联贯。这样,学生学完中国历史,不能有全面深刻的历史印象,不能对祖国"发生深厚的爱",所学知识更凌乱不系统,可能还会导致学生的保守性和片面性。因此,梁启超提出:一、以文化史代政治史;二、以纵断史代横断史。也就是加强历史研究的综合性和系统性。他还草拟了一个192课时的中学历史教科书目录,分年代、地理、民族、政治、社会及经济、文化六大部分,颇有创见。遗憾的

---

[1] 《饮冰室合集·文集》第39,第43—45页。

是，这种设想并未变为现实。改变一种教育模式或治学模式是相当困难的。

总之，梁启超的中国史研究（不包括思想史和学术史）虽然没有留下鸿篇巨著，但其开创了一种与以往不尽相同的治史方法。这种进取精神是难能可贵的。

3. 世界史

梁启超曾有著世界通史的雄心，但未真正付诸实践，现仅存残稿 15 页。他的有关世界历史的评论，多散见于一些札记、短文和某些专题研究当中。其出发点一是针对中国的现实问题，唤醒国人，奋起救亡；二是抒发他的观点，不改革就要亡国，不向西方学习，中国不可能起死回生。由此，他的世界史论著贯穿了强烈的政治色彩和现实感，时代性多于学术性。具体内容大体包括弱国救亡史、当代史和典型人物评述三方面。

从 1897 年到 1911 年，梁启超先后写了《波兰灭亡记》、《朝鲜亡国史略》、《越南小志》、《越南亡国史》、《朝鲜灭亡之原因》、《日本并吞朝鲜记》等，以血泪交织的语言，痛心疾首的情调，通过描述这些弱国的亡国史，来唤醒中国人的民族意识和救亡决心。他在著《越南亡国史》的前言中写道："痛莫痛于无国，痛莫痛于以无国之人而谈国事。吾欲草此文，吾泪尽血枯，几不能道一字。……我国今如抱火厝积薪而寝其上，犹举国酣嬉若无事，语以危亡之故，藐藐听之而已。吾子试为言越亡前事，或我国大多数人闻而自惕，因蹶然起，有复见天日之一日。"[1] 19 世纪末 20 世纪初，亡国灭种的惨祸威逼到了几乎每一个中国人，梁启超抓住这一主题，去评论世界一些国家的灭亡史，教育国民，奋起抗争，是有强烈的现实意义的。而且，他在讲救亡时，引申一步讲清怎样救亡；说爱国时，深入一层说明如何爱国。他曾著《斯巴达小志》和《雅典小史》，从历史的评述中论证中国救亡图存的唯一出路是向西方学习，建立资产阶级的民主政治。其在《斯巴达小志》的前言中称：

---

[1]《饮冰室合集·专集》第 19，第 1 页。

"凡世界之文明国,未有不为'法治国'(Constitutional state)者也。但其民智开民德盛者,则其民不假他力而能自范于法之中,故监督之责可以稍杀。其民智稚民德弱者,则其民未能由自力以与法相浃,故监督之权不得不严。但其法为众人而立,经众人所认,而与众人共守之,则以专制之手段行法,乃正所以进其民而成就其可享自由之人格而已。中国以专制闻于天下,然专制尚非所患,所患者,彼非有法之专制,而无法之专制也。故四万万人,若散沙然。暴君污吏,得以左右其手;强邻外敌,得以吮剥其肤。然则救今日之中国,莫急于纳一国国民于法之中。夫古今中外之'法治国',其整齐严肃,秩然不可乱,凛然不可犯者,孰有过于斯巴达乎!斯巴达实今日中国之第一良药也。作《斯巴达小志》。"[1]

其在《雅典小史》中又云:

"史家常言,古代希腊者,今世欧洲之缩本也。吾以为古代希腊之雅典,又今欧洲之英国之缩本也。其为海国也相类;其以商务致富强也相类;其思想发达也相类;其民以自由为性命也相类;其由专制政治进为贵族政治,由贵族政治进为完全之人民政治也相类;其进之以渐也相类。雅典之视英国,殆所谓具体而微者也。雅典立国之精神,历数千年继续不断以传至今日,虽其间或少销歇,要不过如黄河之有伏流,蓄其潜势力于历史之纸背,及其一出积石,则千里一曲,沛然莫之能御也。19世纪正雅典文明出伏流之时代也。岂唯英国,即今日世界上诸有名誉之国,皆移植雅典之花以自庄严者也。作《雅典小史》。"[2]

这种"以史言志"的写作方法,几乎贯穿于梁启超的所有历史著述,只是在世界史论著中更突出而已。1914年,第一次世界大战刚刚爆发,他就

---

1 《饮冰室合集·专集》第15,第2页。
2 同上书,第16,第2页。

着手著《欧洲战役史论》。当时他杂事繁忙，难于集中精力，于是在西郊清华园寻一静室，由女儿梁令娴搜集资料，梁启超终日写作，最后成书，并在清华大学演讲，大受欢迎。当时，面对欧洲战火，国人急切想了解战争的起因、布局、参战国的实力、战略及对中国的影响等，梁启超则在书中对这些问题作了十分透彻的分析，自然成了国人最欢迎的论著。这样的历史研究，将历史和现实沟通起来，以古喻今，古今一体，具有较强的生命力。

为了提高国人献身祖国的勇气和增强民主自由意识，梁启超还从欧美近现代史上选择一些伟人，为其作传。如《匈加利爱国者噶苏士传》、《意大利建国三杰传，玛志尼、加里波的、加富尔》、《近世第一女杰，罗兰夫人传》、《英国巨人克林威尔传》等。这些传记的共同特点是，叙述生动，选材典型，评论深刻，立意明确，读后给人一种热血上涌、奋起救国的冲动。请读《罗兰夫人传》的开头一节：

"'呜呼！自由，自由，天下古今几多之罪恶，假汝之名以行'。此法国第一女杰罗兰夫人临终之言也。罗兰夫人何人也？彼生于自由，死于自由；罗兰夫人何人也？自由由彼而生，彼由自由而死；罗兰夫人何人也？彼拿破仑之母也，彼梅特涅之母也，彼玛志尼、噶苏士、俾士麦、加富尔之母也。质而言之，则19世纪欧洲大陆一切之人物，不可不毋罗兰夫人；19世纪欧洲大陆一切之文明，不可不母罗兰夫人。何以故？法国大革命，为欧洲19世纪之母故，罗兰夫人，为法国大革命之母故"。[1]

这种极富感情色彩和煽动性的评述，虽然从学术角度看不免有偏颇之处，但带来的政治效果是难以估量的。所以从总体上讲，梁启超的世界史研究，在政治上是成功的，在学术上则并不圆满。这种状况，在他写的一系列中国历史人物传记中虽有所克服，但没有本质上的转化。

4. 人物传

梁启超所著的中国历史人物传记，影响较大的有：1901年的《南海康先

---

[1] 《饮冰室合集·专集》第12，第1页。

生传》和《李鸿章：中国四十年来大事记》、1902年的《张博望班定远合传》和《黄帝以后第一伟人：赵武灵王传》、1904年的《明季第一重要人物：袁崇焕传》和《中国殖民八大伟人传》、1905年的《祖国大航海家，郑和传》、1908年的《王荆公》以及1911年的《管子传》。这些传记，在写法上有重大突破：一、不求全，突出重点，择取历史人物一生中几个闪光点或最有影响的事件，或带有开创意义的思想，深入评判，详加论证；二、叙论结合，叙中有议，议中叙事，既可了解人物的活动，又能悟知其为什么有这样的思想和行动；三、不是为了写人而写人，而是知人论世，将历史人物放在特定的时代即特定的社会、经济、文化背景中加以分析，并触及其个性、思维、家庭、人际关系等等，把人与社会及家庭沟通起来，使历史人物不仅有历史感，而且栩栩如生。总之，梁启超笔下这些历史人物都各有个性，自成一体，读来有思想性、哲理性、趣味性和形态逼真之感。这种历史人物研究，在今天也有许多可借鉴的地方。

梁启超之所以在历史人物研究上如此成功，主要是他通过分析考察熟悉的历史资料，将历史人物"吃透了"，他可以把握每个人物的脉搏，掌握其特性，了解其走向；同时他是借历史人物来抒发自己的思想，寄托自己的向往，"用死人抒情"，自然就热情奔放，议论风生，不会像挤牙膏式的一点一点挤出来、缺少连贯性、思想性和情感。主体意识和现实性，是梁启超从事人物研究的活的灵魂。

将梁启超的这些人物传略作爬梳，即可发现其大致分两类：一类是弘扬中华民族的民族精神和进取精神，如《张博望班定远合传》、《郑和传》、《袁崇焕传》等；一类是宣传社会改革，振兴祖国，如《南海康先生传》、《王荆公》、《管子传》等。

19世纪末20世纪初，欧美等西方列强为了侵略中国，大谈什么"白种人"优于"黄种人"，中国人一遇其他民族"辄败北"等。在列强的心目中，华人没有向世界开拓进取的光荣历史。梁启超对此极不服气，一方面著文加以反驳，一方面以史为据，宣传古人在世界各民族竞争中的开拓精神。他首先以张骞、班超通西域为例，说明中华民族曾对世界文明作出过巨大贡献。在《张博望班定远合传》中，他详述了张骞与大宛、康居、月氏、大夏、乌孙、安息、罽宾、奄蔡、身毒等人民的交往和文化交流；记述了班超出使西域的历史背景和在于阗、疏勒、鄯善、尉头、姑墨、乌孙、莎车、月氏、龟兹等地的活动；并对张骞、班超二人的功绩作了实事求是的评价。其称：

"汉之通西域，凡以弱匈奴也。匈奴与汉不两盛，而皆以西域为重。前汉有然，后汉亦有然。自超既定西域，北匈奴之势顿衰，诸国乘之，南匈奴伐于前，丁零寇其后，鲜卑击其左，西域犄其右，北虏急困。故和帝永元元年，汉遂率大军北伐，降其20余万人，至燕然山泐石而还。三年，遂复再举大破之，单于率其余众，远遁于今里海之北岸。北匈奴之地遂空，其众人留故土者，皆臣服鲜卑。自是以往，匈奴不复能为吾患矣！……论者或以归功于卫青、霍去病、窦宪诸人，而不知其赖张、班之谋勇，以坐收其成者也。故黄族之威，震于域外者，以汉为最，而博望始之，定远成之。二杰者实我民族帝国主义绝好模范之人格也。"[1]

梁启超评论历史人物，惯于从时势、因果、中外比较等多方面交汇观察，所以常有独到之处。他将张、班通西域视为汉击匈奴的一个组成部分，又视为弘扬"黄族之威"的大英雄。但令他失望的是，张骞、班超这样的"伟业"，后人没有给予高度的重视，他们的进取冒险精神没有得到发扬光大。最不幸的是张骞、班超二人未再西进以达地中海岸，与西洋文明相通。在梁看来，海洋文明是大陆文明的高层次发展，殖民事业与海洋连在了一起。中国人不重视海上扩展，所以落后于西方。为唤起近代中国人的海洋意识，他撰著了《郑和传》和《中国殖民八大伟人传》。梁笔下的所谓八大

---

[1] 《饮冰室合集·专集》第5，第13页。

伟人，都是在南洋各地艰苦奋斗而成绩斐然，诸如：三齐国王梁道明、三佛齐国王张琏、婆罗国王某、爪哇顺塔国王某、暹罗国王郑昭、戴燕国王吴元盛、昆甸国王罗大、英属海峡殖民地开辟者叶来。他们大多为广东、福建人，流落南洋后，传播中国文化，进行社会革新，创造人类文明。梁启超认为他们最富"时代精神"。但这些辛勤的海外开拓者一不为中国政府所支持，孤军奋战；二不为中国民众所崇拜，知之者甚少。这反映了长期受儒家文化所统治的中国人的价值取向——不在海洋，而在陆地。这恰是中国由先进倒退为落后的主要病因。在《郑和传》中，梁启超进一步发挥了这一论点。

梁启超认为郑和是与哥伦布、麦哲伦、维嘉达哥马并驾齐驱的伟人，具有世界意义。而且，郑和下西洋较哥伦布发现美洲早60多年，比维嘉达哥马抵达印度早70多年。令人费解的是西方自"哥伦布以后，有无量数之哥伦布；维嘉达哥马以后，有无量数之维嘉达哥马；而我则郑和以后，竟无第二之郑和"。原因何在？梁启超答曰：

"天下事失败者不必论，其成功者亦不必与其所希望之性质相缘，或过或不及，而总不离本希望之性质近是。此佛说所谓造业也。哥氏之航海，为觅印度也，印度不得达而开新大陆，是过其希望者也。维氏之航海，为觅支那也，支那不得达，而仅通印度，是不及其希望者也。要之，希望之性质，咸以母国人满，欲求新地以自殖，故其所希望之定点虽不达，而其最初最大之目的固已达。若我国之驰域外观者，其希望之性质安在？则雄主之野心，欲博怀柔远人万国来同等虚誉，聊以自娱耳！故其所成就者，亦适应于此希望而止。何也？其性质则然也。故郑和之所成就，在明成祖既已踌躇满志者，然则此后虽有无量之郑和亦若是则已耳。呜呼，此我族之所以为人下也。我昔为张博望班定远传，既言之有余慨矣。"[1]

---

[1]《饮冰室合集·专集》第9，第11—12页。

梁启超这种解释，角度新，说理透，令人信服。郑和与麦哲伦是东方文化与西方文化的两种典型，也是大陆文明与海洋文明所创造的价值取向不同的典型反映。郑和受明成祖的封建独裁者好大喜功、虚骄自狂、扬威四海的思想格局所制约，并不想海外殖民，更不会为经济利益而大力扩展，于是于中华民族除增荣誉外，无什么经济利益；麦哲伦辈则不然，其受资本家发财致富、资本主义的原始积累、开拓市场所驱使，在扩展资本主义文明的同时，进行掠夺财富和建立殖民地，为西方列强的突飞猛进提供了必要的条件。以郑和辈与麦哲伦辈去竞争，其成败早已判定。梁启超所扼腕叹息的恰是中国人没有形成麦哲伦辈的价值取向，没有在近代世界民族的大竞争中取胜。他觉得中国人在陆上的民族竞争中有可骄傲的地方，他写《袁崇焕传》、《赵武灵王传》等正是为了赞颂这种进取精神；但中华民族在近代海上的竞争中，软弱无力，被动挨打。因此必须从根本上改造中国的民族精神，改造中国的社会经济。他为历史上的改革者立传，其用意即在这里。

梁启超最崇拜的改革者是他的恩师康有为。1901年，当康有为43岁时，他就写出了《南海康先生传》。虽然由于梁启超对康有为的偏爱，其中充满不切实际的吹捧和令人难以接受的溢美之词，但毕竟梁启超对康有为最了解，对其思想、活动及政治追求较一般人体会深刻，梁启超的评论自然有独到之处，《南海康先生传》遂成为后人研究康有为的第一参考书。梁启超著此书，无一定格式，自由驰骋，随想随写，由康有为写到人物和时势的关系、岭南文化的特点、广东大人物产生的条件、近代思想、古今学术等。内容之丰富，议论之广泛，远非一康有为传所包容。而对康有为的幼年成长、家庭教育、教育主张、宗教学说、改革理论、哲学构思及在中国思想界、政治界、学术界的地位等，则有系统而较深入的评说，成一家之言。梁启超还对康有为的思维个性和学术个性作了中肯的论述，认为康有为达观好思、主观自信、办事认真又雷厉风行；康有为治学，"以历史为根底，其外貌似急进派，其精神实渐进派也。"梁启超预言："自今以往，新学小生，必愈益笑先生为守旧矣！"¹ 从总体上讲，梁启超对康有为的评价是："康南海果如何人物乎？吾以为谓之政治家，不如谓之教育家；谓之实行者，不如谓之理想者；一言蔽之，则先生者，先时之人物也。如鸡之鸣，先于群动；如长庚之出，先于群星。故人多不闻之不见之，且其性质亦有实不宜于现时者乎！故动辄得咎，举国皆敌，无他，出世太早而已。"² 这种结论，入木三分，发人深思，从情和理的结合上道出了康有为思想深处的哀怨。

中国的改革者多具悲剧色彩。悲剧人物往往更动人心弦。如果说梁启超写康有为传时仅倾注了一星半点儿的叹息的话，那么他著李鸿章传时则倾注了无穷的哀思，给读者以更多的为弱者扼腕叹息的感染。在梁启超的心目中，李鸿章虽然与康有为有本质的不同，但也是一位失败了的变革者。梁启超认为，鸦片战争之后，清廷遇到了几千年未曾遇到过的"大变局"，这种变局必然产生其代表人物，这就是李鸿章。李鸿章是"为时势所造之英雄，非造时势之英雄也。"即使在顺应时势这方面，李鸿章也缺乏勇猛的进取特性，而是修修补补，维护残局，在各方阻力的牵制下，无可挽回的失败了。梁启超指出：

"史家之论霍光，惜其不学无术。吾以为李鸿章所以不能为非常之英雄者，亦坐此四字而已。李鸿章不识国民之原理，不通世界之大势，不知政治之本原。当此19世纪竞争进化之世，而惟弥缝补苴，偷一刻之安，不务扩养国民实力，置其国于威德完盛之域，而仅撷拾泰西皮毛，汲流忘源，遂乃自足，更挟小智小术，欲与地球著名之大政治家相角，让其大者，而争其小者，非不尽瘁，庸有济乎！……凡人生于一社会之中，每为其社会数千年之思想习俗义理所困，而不能自拔。李鸿章不生于欧洲，而生于中国，不生于今日而生于数十年以前，先彼而生并彼而生者，曾无一能造时势之英雄导之翼之，然则其时其地所孕育之人物，

---

1 《饮冰室合集·文集》第6，第88页。
2 同上书，第6，第87页。

止于如是。固不能为李鸿章一人咎也。而况乎其所遭遇，又并其所志而不能尽行哉。吾故曰：敬李之才，惜李之识，而悲李之遇也。但此后有袭李而起者乎，其时势既已一变，则其所以为英雄者亦自一变，其勿复以吾之所以恕李者而自恕也。"[1]

1901年，李鸿章谢世后，慑于清廷淫威，朝野上下一片颂词。梁启超在缺少资料的情况下，一反国内的歌功颂德，从时势与人品、学识、才能等方面，如此深刻地评价李鸿章，在当时确是独树一帜。梁启超还具体分析了李鸿章在清廷统治集团的地位、李的军事实力、洋务企业、外交活动及晚年之悲哀等等。在他的笔下，李鸿章既令人同情，又遭人痛恨。梁的结论是，李鸿章"有才气而无学识"，"有阅历而无血性"，只能"当一天和尚撞一天钟"。作为第一部研究李鸿章的传记，不能说梁启超的观点完美无缺，但在研究李鸿章方面，梁启超是站到了顶峰。

梁启超的《王荆公》和《管子传》虽不如康有为及李鸿章传写得深入浅出，评论深刻，但却重点突出，注重中外比较，仍有一种强烈的时代感。梁启超认为王安石是中国难得的大政治家，不仅有抱负、有才气，而且有胆识、有治术、有成就。宋代及以后的一批儒生之所以大肆诋毁王安石，原因是王安石反传统，搞改革。梁启超作为一个改革者去写王安石的改革，自然心心相印，感触良多，许多分析也颇有见地。令人叹服的是，梁启超还从王安石的用人、交友、家庭生活、学术特点和文学修养等方面，论述其思想倾向和行为格局，扩大了历史人物的研究领域。对于王安石研究中的一些学术观点和资料谬误，梁启超也提出了商榷和进行了订正。梁启超的王安石传，不仅观点上自成一体，而且有一定的学术价值。

《管子传》的主题是研究其在政治领域和经济方面的法治主义。梁启超认为管子是以法治国的典范，其既是了不起的政治理论家，又是善于谋略的

---

[1] 《饮冰室合集·专集》第3，第3—4页。

实行家，在这点上较王安石都略胜一筹。梁启超具体研究了管子的立法过程、经济政策、奖励和消费、军事与外交、官制、教育和政术等，并与欧美的一些政治家作了比较，认为管子是了不起的伟人，是中华民族的骄傲。他引述司马迁的话评论道："管仲之为政也，善因祸而为福，转败而为功，将顺其美，匡救其恶，故上下能相亲也。"[1] 这就是说，管仲善于按客观规律行事，故为大政治家也。梁启超自创的新史学理论，在他的人物传研究中大都得以应用。从某种意义上讲，梁启超的这些富有现实感的人物传，其最大的贡献是提供了新理论、新方法和新观点。他的整个史学研究也大致如此。

刻意发展新文学：诗歌、小说、文学史

1. 诗歌创作

梁启超的文学成就虽较史学要逊色得多，但其基本格局和主要贡献则大体一致。从总体上讲，梁启超一是注重从理论和社会功能尤其是小说的社会政治效应（本书第八部分已有专门论述）的角度，探讨文学的一般规律，呼吁更新文学理论，发展资产阶级的新文学；二是身体力行，在繁忙的社会活动之余从事创作，在诗歌、小说、文学史等方面留下了一批成果，在近代文坛占有一席之地。

在诗歌方面，梁启超追求的也是理论的突破和具体的写作。他厚今薄古，不满中国传统的诗词格律，提倡"诗界革命"。他在《饮冰室诗话》中明确指出："中国结习，薄今爱古，无论学问文章事业，皆以古人为不可几及。余生平最恶闻此言。窃谓自今以往，其进步之远轶前代，固不待著龟，即并世人物亦何让于古所云哉？"[2] 这种自信，推进着他不断创新。1894年中

---

[1] 《饮冰室合集·专集》第28，第85页。
[2] 《饮冰室诗话》，人民文学出版社1959年版，第4页。

日甲午战争之后,梁启超、黄遵宪、谭嗣同等人即发起了一个不大不小但颇有影响的诗界改革运动。他们的基本观点是:一、诗要为现实的社会政治服务,要反映新事物、新思想、新生活,要抨击旧事物、坏传统,成为引导人们奋发上进的号角。那些泥古守旧、无病呻吟、咏花歌月的诗歌,不应提倡。二、形式要自由活泼,"我手写吾口",不拘一格,不专一体。形式要由内容所决定,不要有固定模式。三、诗歌创作要敢于吸收新传入的外来文化,从形式和内容都要大胆引进。在这种诗歌创作理论的指导下,戊戌维新时期的诗坛上涌现了一批反映民族危亡、歌颂民族英雄的爱国主义诗篇;创作了不少反映社会矛盾、民间疾苦、批评当道、呼吁改革的批判现实主义诗篇;还发表了一批反映西方资产阶级社会政治学说和思想文化的诗歌,其中有不少新名词、新意境。从中国诗歌发展史的轨迹去看问题,梁启超等人倡导的这场诗界改革运动,其成果是主要的,开创了中国诗歌发展的新篇章。晚年梁启超著《饮冰室诗话》,对"诗界革命"的重大意义给予充分的肯定,认为是中国"有诗以来所未有",同时对当时有影响的诗人如黄遵宪、谭嗣同、夏曾佑、严复、吴德潇、蒋观云、林旭、刘光第、汪笑侬、丁叔雅、康同璧等作了详细评述,并收录有代表性的诗歌,逐一介绍。梁启超认为戊戌时期的诗歌改革最成功的是反映现实,影响社会,推进了政治上的变革。这当然符合他的一贯主张。梁启超不遗余力地去评介戊戌前后的各种诗歌,为其作史,大力表彰,最主要的是合乎他的文学口味。即使是曾志忞创作的那些富有激情的校园诗歌,梁启超也兴奋地作了介绍。请看梁录的一首小学儿歌:

蚂　蚁

蚂蚁蚂蚁到处有,成群结队满地走。米也好,虫也好,衔了就往洞里跑。谁来与我争,一齐出仗,大家把命拼。不打胜仗不肯回,守住洞口谁敢来?好好好!他跑了。得胜回洞好。有一处,更好住,要做新洞大家住。莫说蚂蚁蚂蚁小,一团义气真正好。人心齐,谁敢欺?一朝有事来,大家都安排。千千万万都是一条心，邻舍也是亲兄弟，朋友也是自家人。你一担，我一肩，个个要争先。你莫笑，蚂蚁小，义气真正好。

再看一首中学校歌：

　　黄河黄河出自昆仑山，远从蒙古地，流入长城关。古来圣贤，生此河干。独立堤上，心思旷然。长城外，河套边，黄沙白草无人烟。思得十万兵，长驱西北边。饮酒乌梁海，策马乌拉山。誓不战胜终不还。君作铙吹，观我凯旋。

这种通俗流畅、生动逼真、动人肺腑的歌词，对处于水深火热的中国人有极大的感染力。梁启超所欣赏的正是诗歌这种强大的社会效益，一部《饮冰室诗话》，中心就是要说明诗歌和现实的关系。政治上有强烈追求的梁启超，在诗歌理论上也以政治为灵魂。

随着时间的推移和认识的深化，辛亥前后的梁启超对戊戌诗歌改革运动越来越不满足，尤其对过分注重形式上的变化持否定态度，并提出内容新、形式旧即以"旧瓶装新酒"的改革公式。其称："过渡时代，必有革命。然革命者，当革其精神，非革其形式。吾党近好言诗界革命。虽然，若以堆积满纸新名词为革命，是又满洲政府变法维新之类也。能以旧风格含新意境，斯可以举革命之实矣。苟能尔尔，则虽间杂一二新名词，亦不为病。不尔，则徒示人以俭而已。"[1] 梁启超还声称，写诗应"熔铸新理想以入旧风格。"很清楚，梁启超在不少人包括康有为在内对其戊戌诗歌变革提出批评以后，认为内容的革新是根本，新形式和新名词的追求没必要，新内容和旧格局可以统一。这诚然有其合理的地方。试一观中国诗歌发展史，用旧形式表现新思想、新意境极为流行，传统的诗词格律一直流传至今。但是，形式的改革也是必要的，它不仅能推进

---

[1]《饮冰室诗话》第51页。

诗歌的发展，而且有助于内容的更新。只求内容变，不研究格式翻新，就不会有真正的"诗界革命"。晚年梁启超总结早年诗歌改革中的问题是真诚的。

总之，梁启超的诗歌理论虽有创新，但不像其史学理论那样系统、深刻、高人一筹。用这种理论指导其诗歌创作，自然成就一般，缺少有口皆碑的力作。

梁启超一生创作的诗词近200首（《饮冰室合集》收录诗147首，词43首），抒情是其灵魂。当他思念亲人的时候，当他忧国忧民又无计可施的时候，当他政治上遭受挫折的时候，当他置身美好的大自然而心旷神怡的时候，当他踌躇满志、发愤为雄的时候，……他定以诗歌抒发他的情趣。1924年，其爱妻不幸仙逝，梁启超痛不欲生，想以诗消愁，但又乏诗句，他就以古人的诗联句而成对联，来转移他的情思。有趣的是，他还让好友挑选，以增友谊。胡适选的一联是：蝴蝶儿，晚春时，又是一般闲暇；梧桐树，三更雨，不知多少秋声。丁文江选的则是：春欲暮，思无穷，应笑我早生华发；语已多，情未了，问何人解连环。徐志摩、蹇季常、林宰平、梁启勋等都各选一联。如此高雅的情调，显示梁启超高深的文化修养。梁启超虽多情，但他不到激情满怀时不作诗。他自称绝不为写诗而写诗，自讨苦吃，他作诗完全是"陶写吾心"。这样，梁启超的诗歌虽然赶不上黄遵宪，但却情深意浓，富有时代气息。这主要表现在三个方面：

一是诗中有国、有民、有政治，反映了梁启超救国救民和对真理的追求。

梁启超的诗，多是政治诗，这要占其全部诗歌的一半以上。从这些诗中，读者可以看到他对祖国是如何地热爱、惦念和盼望其腾飞于世界；他对封建清王朝是如何地愤恨、不满和无情鞭挞；他对西方民主又是如何地崇拜、敬仰和热切希望植根于中国大地；他又是如何为实现其政治理想而百折不挠、竭诚奋斗。从热情奔放的诗句中，不仅可以知道梁启超的追求，而且可窥见戊戌之后30多年中国的政治演变。梁启超的诗具有"诗史"的特点。他写的《记事二十四首》，记述了戊戌变法的许多史事，研究这段历史的人不可不读。他写的《壮别二十六首》，则再现了他海上的流亡生涯。至于他一生中几个关键阶段的心绪变化，从其诗歌中完全可以寻出轨迹。他的变法要求、立宪计划、民主追求、兴民权的主张、与一些政治派别的关系、热恋祖国的激情，都留下了可信的诗句。这里不妨欣赏一首《爱国歌四章》：

> 泱泱哉，我中华，最大洲中最大国，二十二行省为一家，物产腴沃甲大地，天府雄国言非夸。君不见英日区区三岛尚崛起，况乃堂矞吾中华。结我团体，振我精神，二十世纪新世界，雄飞宇内畴与伦。可爱哉，我国民，可爱哉，我国民！
>
> 芸芸哉，我种族，黄帝之胄尽神明，寝昌寝炽遍大陆，纵横万里皆兄弟，一脉同胞古相属。君不见地球万国户口谁最多，四百兆众吾种族。结我团体，振我精神，二十世纪新世界，雄飞宇内畴与伦。可爱哉，我国民，可爱哉，我国民！
>
> 彬彬哉，我文明，五千余岁历史古，光焰可相续何绳绳，圣作贤述代之起，浸濯沈黑扬光晶。君不见揭来欧北天骄骤进化，宁容久局吾文明。结我团体，振我精神，二十世纪新世界，雄飞宇内畴与伦。可爱哉，我国民，可爱哉，我国民！
>
> 轰轰哉，我英雄，汉唐鉴孔县西域，欧亚搏陆地天通，每谈黄祸我且栗，百年噩梦骇西戎。君不见博望定远芳纵已千古，时哉后起吾英雄。结我团体，振我精神，二十世纪新世界，雄飞宇内畴与伦。可爱哉，我国民，可爱哉，我国民！

这里以浅显、上口、流畅的诗句，从地域、物产、种族、文化、英雄、业绩等方面概述了中华民族的优秀传统，呼吁同胞为20世纪中国雄飞而献身，具有强烈的感染力。以情感人，是梁启超政治诗的一大优点。

二是以诗鞭策和激励自己，使梁启超在生活的海洋里永远迎浪搏击。

梁启超兴趣广泛而多变,感情落差较大,有时在严酷的现实包围下不知所措,甚至打退堂鼓。但他能极敏锐地意识到其中的危害,立刻觉醒,重新振作,知难而上,并以诗言志,激励自己。这样的诗篇虽不算多,但反映了梁启超一生中的人生追求和献身精神,读之令人鼓舞。先观其《自励二首》:

> 平生最恶牢骚语,作态呻吟苦恨谁。
> 万事祸为福所倚,百年力与命相持。
> 立身岂患无余地,报国惟忧或后时。
> 未学英雄先学道,肯将荣瘁校群儿。
>
> 献身甘作万矢的,著论求为百世师。
> 誓起民权移旧俗,更研哲理牖新知。
> 十年之后当思我,举国犹狂欲语谁。
> 世界无穷愿无尽,海天寥廓立多时。

再看其《志未酬》:

> 志未酬,志未酬,问君之志几时酬?志亦无尽量,酬亦无尽时。世界进步靡有止期,吾之希望亦靡有止期。众生苦恼不断如乱丝,吾之悲悯亦不断如乱丝。登高山复有高山,出瀛海更有瀛海。任龙腾虎跃以度此百年兮,所成就其能几许?虽成少许,不敢自轻。不有少许兮,多许兮自生!但望前途之宏廓而寥远兮,其孰能无感于余情。吁嗟乎,男儿志兮天下事,但有进兮不有止,言志已酬便无志。

梁启超这一代人,恰值近代中国最混乱的年代。混乱的社会、混乱的思维、混乱的选择,困惑、失意、幻梦是许多人经常遇到的。碰壁后的振作和灰心后的立志是必须有的。梁启超的自励和鞭策不仅是必要的，而且是可敬的。它是梁启超迎合时代大潮不断上进的心理写照。

三是写诗表达对亲人、朋友的恋情，或赞颂大自然的质朴美，寄托自己的向往。

梁启超对妻子、儿女、挚友常常一往情深，反映这方面情趣的诗也有一些。他在《寄内四首》中，饱含爱意，表述了对妻子的脉脉柔情，其中一首称："一缕柔情不自支，西风南雁别卿时。年华锦瑟蹉跎甚，又见荼蘼花满枝。"他由广东北上经上海遇雪，情景交融，想及爱妻，不禁赋诗云："春寒恻恻逼春衣，二月江南雪尚霏。一事生平忘不得，京华除夜拥炉时。"梁启超与李蕙仙在京完婚时的美景是铭刻心头的。对于春光、秋月、岁暮、初冬，甚或雨、雪、海浪、奇山、异景，梁往往由景生情，赋诗抒情。他写的《人日立春》、《元夕》、《庚戌岁暮感怀》、《游春杂感》、《春朝漫句》、《感秋杂诗》、《独夜》、《莱园杂咏》、《相思树》、《归舟见月》、《题越园画双松》等，多是情景一体，将人与自然沟通起来，自然人格化，人情自然化，做到了自然美和人格美的统一。梁启超在《太平洋遇雨》一诗中称："一雨纵横亘二洲，浪涛天地入东流。却余人物淘难尽，又挟风雷作远游。"这里既是写雨、写洋、写地理分布、雷和电，又是抒发作者乘风破浪，不怕失败，一往无前的雄心。

如果说多情的梁启超写下的多为多情的诗，那么，崇尚自由的他，在诗的风格上则追求一种自由体。他有时按传统的诗词格律作句；有时则以新体诗自由写来；有时用词典雅深奥；有时则全是大众的语言；有的诗词多达千言乃至数千言，像一篇小论文；有的则只有数句，是古代绝句的再现。梁启超是诗词的主人，绝非其奴隶。这种诗歌创作自然赋予了一种新意。

2. 小说成就

梁启超的小说成就甚微。《饮冰室合集》所收录的创作和翻译的小说作品仅有《佳人奇遇》、《新中国未来记》、《世界末日记》、《俄皇宫中之人鬼》、《十五小豪杰》几种，篇幅都不大，当然谈不上长篇巨著了。但是，梁启超的小说有自己独特的风格，就是以小说发表政见，具有浓厚的政治倾向。这是他以小说宣传社会、教育国人的文学主张的具体反映。所以，梁启超的小说皆为政治小说，政治性强，艺术性差。这一点，他在译《佳人奇遇》时，借日人柴四郎之口，有极明确的表述：

"政治小说之体，自泰西人始也。凡人之情，莫不惮庄严而喜谐谑，故听古乐则惟恐卧，听郑卫之音则靡靡而忘倦焉。此实有生之大例，虽圣人无可如何者也。善为教者，则因人之情而利导之。故或出之以滑稽，或托之于寓言。孟子有好货好色之喻，屈平有美人芳草之辞。寓谲谏于灰谐，发忠爱于馨豔，其移人之深，视庄言危论，往往有过，殆未可以劝百讽一而轻薄之也。……识字之人，有不读经，无有不读小说者。故六经不能教，当以小说教之；正史不能入，当以小说入之；语录不能谕，当以小说谕之；律例不能治，当以小说治之。"[1]

政治小说既然有如此巨大的社会效益，又是欧美社会进步所证明了的一大动力，梁启超自然不会放弃，而想方设法为我所用。早在他办《新民丛报》时，就不断发表一些政治小说，借以表达其政治追求。其中最有代表性的是梁积五年宿愿而写的《新中国未来记》。梁启超政治小说的来龙去脉，于此可见大概。

现存的《新中国未来记》仅有四回，和梁启超原来的计划相差很大。但其总体走向已基本清楚。该书以1962年的春节为起点，断想这一天为中国维新成功50周年纪念日，各国使节，包括英国、日本、俄国、匈牙利等都来南京庆贺，并在上海开办世界博览会。这个博览会不仅物品丰盛到极点，而

---

[1]《饮冰室合集·专集》第88，第1页。

且有学术文化博览,各种学术报告会接二连三,"也有讲中国政治史的,也有讲中国哲学史、宗教史、生计史、财政史、风俗史、文学史的,亦不能尽表。"其中有一位孔觉民,曾留学日本及欧美,参加过戊戌变法,献身于教育事业,年已76岁,专讲"中国近60年史",即从1902年到1962年中国政治变迁史。梁启超由此引申,想一回一回写下去,记述他的经历和未来的设想。《新中国未来记》实质上是梁氏政治理想的幻想表述。

通过孔觉民的演讲,引出全书的主人公黄克强。黄是广东琼山县人,书香门第,学问精深,思想新,爱国心强,因受新思潮影响,出国留学,立志改造中国,参加各种政治活动。这显然是康有为、梁启超、严复、谭嗣同等一班改良人士的化身。这位黄克强还组织了一个宪政党。其党章、条例、内部组织,梁都一一作了叙述。在讲到该党行动计划时称:一要扩张党务,二是教育国民(广立学校、预备师范、编教科书、译书出报、实业教育、补习教育、改良文字、派遣游学),三要振兴工商,四要调查国情(调查地理、调查户口、调查政弊、调查国计、调查民俗、调查民财、调查民业、调查物产、调查商务、调查军政、调查会党、调查教育),五要练习政务,六要养义勇,七要扩大外交,八要编著法典。这显然是梁启超的政治宣言书。

有趣的是,主人公黄克强与好友李去病从欧洲留学归国后,面对八国联军战争后日益破败的中国现实,就中国的前途和救亡的道路展开了长时间的辩论。李去病思想激进,疾恶如仇,认定中国不进行革命,是死路一条;黄克强则自持老谋深算,从中外历史的变迁中得出结论:中国只能改良,不能革命。这恰是梁启超等改良派和孙中山为首的革命派当时争论的问题,李去病代表的是革命派,黄克强则成了梁启超的代言人。李去病慷慨陈词,一波三折,从民族危亡、清廷腐败、人民困苦以及欧美民主制度的建立,论证革命是救中国的良药;黄克强则心平气和,娓娓解释,从革命会遭外国列强干涉、会血流成河、天下大乱以及光绪帝仁慈开明等方面,说明改良比革命好。黄克强并指明李去病富于空想,不切实际,其称:"天下事那理想和那事实往往相反。你不信,只看从前法国大革命时候,那罗拔士比丹顿一流人,当初岂不是都打着这自由、平等、亲爱三面大旗号吗?怎么后来弄到互相残杀,尸横遍野,血流成渠,把全个法国都变做恐怖时代呢!当18世纪的末叶,法国人岂不是提起君主两个字,便像喉中刺眼中钉一般,说要誓把满天下民贼的血,染红了这个地球吗,怎么过了不到十几年,大家却打着伙,把那皇帝的宝冠,往拿破仑第一的头上奉送呢!可见那一时高兴的理想,是靠不住的哩。"这就是说,革命反而有可能引出专制;改良则有希望实现民主政治。梁启超的观点于此宣泄得淋漓尽致。

李去病和黄克强的驳论几乎持续了一个通宵,激战了39个回合。可见梁启超对革命派与改良派论战的高度重视。

任何一种小说,都受特定的社会文化生活所制约,都或多或少地透露出那个时代的各种信息,包括政治状况。从某种意义上讲,所有的小说都具有政治色彩。但是,小说反映政治,应该是艺术化的再现,是形象而意念中的政治,似曾相识,但又不全识,也就是对生活的折射,而不是直射。伟大的不朽的小说是通过活生生的人物、逼真的生活氛围,使你"真实"但又非原封不动的去理解、认识那个时代及生活于那个时代的人和社会。梁启超的《新中国未来记》则过分政治化了,其不是用艺术再现政治,而是用政治图解艺术,用政治摆弄小说。这部小说实际是20世纪初年某些政治斗争的翻版。这一点,梁启超自己也清楚,他在"绪言"中称:"此编今初成两三回,一复读之,似说部非说部,似稗史非稗史,似论著非论著,不知成何种文体,自顾良自失笑。虽然,既欲发表政见,商榷国计,则其体自不能不与寻常说部稍殊,编中往往多载法律、章程、演说、论文等,连篇累牍,毫无趣味,知无以餍读者之望矣。"[1]

梁启超试图用小说来发表政见,商榷国计,自然就政治性强,文学性差了。从总体上看,梁启超的政治小说创作很不理想,是失败中的探索。

---

[1]《饮冰室合集·专集》第89,第2页。

梁启超翻译的小说虽较《新中国未来记》有一定的文学水平，但影响也不大。《佳人奇遇》译自日本的柴四郎，其中不少政治、外交的说教，不能吸引读者；《世界末日记》原著为法国的佛林玛利安，带有科幻小说色彩，又太短，无故事情节，很难引人入胜；《俄皇宫中之人鬼》，由法国驻俄公使所写，具有寓言色彩，也无动人的情节，自然少欣赏价值；《十五小豪杰》的作者为法国的焦士威尔奴，后译为英文，森田思轩又由英文译为日文，梁启超据日文译成中文，书中虽有一些故事情节，但像儿童读物，也就限制了读者面。总之，梁译小说和他的小说创作大体一致，读者少。

3. 文学史研究

梁启超对中国文学史研究有浓厚的兴趣。但由于他政务繁忙和学术活动缠身，从来没有抽出较多的时间去系统地钻研中国文学史，只是在闲暇的时候，偶有涉足。现存的《中国之美文及其历史》、《陶渊明》、《辛稼轩先生年谱》、《桃花扇注》等，多为他休息中的乘兴之作，感情充沛而真诚，议论风生而缺少深思熟虑。但有不少精辟论断，为治中国文学史的学者所称道。

凭着梁启超丰富的历史知识和高深的文学修养，他很想写一部中国诗歌发展史。《中国之美文及其历史》就是其实施这一计划的第一步。遗憾的是，就是这第一步都不大完整，该文只略及唐宋就戛然而止了。但就唐宋以前的诗歌变迁而言，梁启超论述得十分透彻。他认为其变化曲线大体是：先秦之前的歌谣、两汉的乐府、唐宋的诗词，它们之间虽有起承转换的关系，但各有其兴盛的特殊原因，都是各个特定时代的产物。一定的诗歌是一定的时代的心声。

歌谣和诗词，既有区别又有联系；歌谣是诗词的基础，诗词是歌谣的升华；歌谣是自然美，诗词是人工美。梁启超指出：

"韵文之兴，当以民间歌谣为最先。歌谣是不会做诗的人（最少也不是专门诗家的人）将自己一瞬间的情感，用极简短极自然的音节表现出来，并无意要他流传。因为这种天籁与人类好美性最相契合，所以好的歌谣，能令人传诵历几千年不废，其感人之深，有时还驾专门诗家的诗而上之。诗和歌谣最显著的分别，歌谣的字句、音节是新定的，或多或少，或长或短，都是随一时情感所至，尽量发泄，发泄完便戛然而止。诗呢，无论四言、五言、七言，乃至楚骚体，最少也有略固定的字数句法和调法，所以词胜于意的地方多少总不能免。简单说，好歌谣纯属自然美，好诗便要加上人工的美。但我们不能因此说只要歌谣不要诗。因为人类的好美性决不能以天然的自满足，对于自然美加上些人工，又是别一种风味的美。……诗的命运比歌谣悠长，境土比歌谣广阔。都为此故，后代的诗，虽与歌谣画然异体，然歌谣总是诗的前驱。一时代的歌谣往往与其诗有密切的影响。所以歌谣在韵文界的地位，治文学史的人首当承认。"[1]

除了从美学的角度评论诗歌之外，梁启超还十分注重时代环境对诗的内容和形式的制约。他认为，中国歌谣虽发生很早，但在春秋、战国那种特定的文化氛围和国民素质的影响下，虽有一些诗在文坛崛起，而占统治地位的仍是歌谣。先秦时代是歌谣纵横的时代，其代表是诗三百篇。秦汉之交，歌谣向乐府转化，个别歌谣亦在前代发展的基础之上，成为千古绝句。如《史记》所记荆轲之"风萧萧兮易水寒，壮士一去兮不复还"，流传至今。再如项羽的垓下歌（力拔山兮气盖世，时不利兮骓不逝；骓不逝兮可奈何，虞兮、虞兮奈若何），更令人拍手称绝。梁启超指出："这位失败英雄写自己最后情绪的一首诗，把他整个人格活活表现，读起来像看加尔达支勇士最后自杀的雕像。则今两千多年，无论哪一级社会的人几乎没有不传诵，真算得中

---

[1] 《饮冰室合集·专集》第74，第1—2页。

国最伟大的诗歌了。"[1] 刘邦的大风歌（大风起兮云飞扬，威加海内兮归故乡，安得猛士兮守四方），也是著名的歌谣。梁认为："这首诗和项羽垓下歌对照，得意失意两极端，令人生无限感慨。诗虽不如垓下之美，但确表现他豪迈的人格，无怪乎多年传诵不衰。"[2]

秦汉以降，乐府代替歌谣[3]而极盛一时。其外在因素是官方的提倡，专设一机构名乐府，"乐府"之名即由此而来；内在的原因则是两汉经济和社会的繁荣与发展，人们对音乐和诗歌美需求的增大，将歌谣和音乐有机地结合在一起，便出现了乐府的"天下"。梁启超认为由西汉源起的乐府可分为两类："其一，郊祀房中诸歌，歌词与乐谱同时并制，性质和诗经的三颂略同；其二，即乐府所采之民谣，其中大半是'徒歌'，而乐官被之以音乐。"[4] 这两类乐府构成了两汉时代诗歌的主体。在梁启超看来，乐府和诗歌，尤其与五言诗并没有本质的不同，他在行文中常常是乐府和诗歌并用。但如果仔细去考究乐府和五言诗的差别，梁启超认为有三点：第一，诗的字数、句法、用韵的所在，都略有一定的格式，乐府则绝对的自由；第二，诗贵含蓄、婉转，乐府则多为热烈的直透的表现；第三，诗必专门文学家乃能工，乐府则一般民众往往有绝妙的作品。总之，乐府是自由、热烈、雅俗共赏的带有大众色彩的作品，诗则是有严格章法、人工美较强的较高层次的文艺。

关于两汉的乐府，梁启超在《中国之美文及其历史》一文中评论甚详，涉及其源流、产生、发展、变迁、种类、代表作评析、有名作者介绍、特点、社会影响、文学价值及必要的考订等。研究两汉乐府，梁启超的论述是必须参阅的。

东汉之后，虽然在汉哀帝时废掉了乐府的官职，但由于广泛的社会影响及西汉时扎下的根基，乐府仍在勃然兴盛。梁启超指出："至汉哀帝时，罢乐

---

[1] 《饮冰室合集·专集》第74，第14页。
[2] 同上书，第15页。
[3] 歌和谣细分起来还有一些区别，歌是指可以唱的民谣，而谣一般只能诵不能唱的"徒歌"。
[4] 《饮冰室合集·专集》第74，第2页。

府官，东汉一代，此官存置无考，然民间流行之歌谣，知音者则被以乐而制为谱，于是乐府日多。汉魏禅代之际，曹氏父子兄弟祖孙——魏武帝操、文帝丕、陈思王植、明帝叡——咸有文采，解音律，或沿旧谱而改新辞，或撰新辞而并创新谱，乐府于兹极盛矣。"[1] 但是，事物的顶点往往是其走下坡路的起点，极盛时期意味着向其反面及由新的力量来取而代之的发展转化期。三国两晋之后，五言诗逐步发展，隋唐出现了中国律诗的黄金时代。可是，唐中叶后，词逐步萌发，渐取而代之，至宋极盛一时。对于这种演变轨迹，梁启超都作了简明深刻而发人深思的评述。个别地方，如对词的起源的几种流行说法（陆游的晚唐说、沈括的中唐说、李清照的盛唐说），梁启超还作了有说服力的考订，提出了自己的见解。但，梁启超关于唐诗宋词的论述太简略，不及对两汉乐府、先秦歌谣的研究具有较高的学术价值。

梁启超研究文学史还注重典型作家的解剖，他明确指出："欲治文学史，宜先刺取各时代代表之作者，察其时代背景与夫身世所经历，了解其特性及其思想之渊源及感受。"[2] 从这种思想指导出发，他身体力行，撰著了《陶渊明》和《辛稼轩年谱》。这两部作品，量不大，后者又是未完之作，但集中反映了梁启超研究文学家的方法和基本框架。辛弃疾年谱史料丰富，考订之处亦多，字里行间不乏画龙点睛的中肯评价，还注重从时代、社会和作家文化素养多方面去揭示辛弃疾的个性。《陶渊明》则既有总体评述，又有年谱，还附有关文集的考订。时代特征和作家个性，是梁启超研究古代文学家的两大重心。他在《陶渊明》中专列一章"陶渊明之文艺及其品格"，从众多的文学家的比较中，透视陶氏的个性，不仅显示了梁启超丰厚的文学知识，而且表明他以个性去评判文学家的新型价值取向。这里有必要摘一段他的评述：

"批评文艺，有两个着眼点：一是时代心理；二是作者个性。古代作家能够在作品中把他的个性活现出来的，屈原以后，我便数陶渊明。

---

[1]《饮冰室合集·专集》第74，第24页。
[2] 同上书，第96，第1页。

汉朝的文学家——司马相如、扬雄、班固、张衡之类，大抵以作'赋'著名，最传诵的几篇赋，都带点子书或类书的性质，很难在里头见什么性灵。五言诗和乐府，虽然在汉时已经发生，但那些好的作品，大半不能得作者主名，李陵、苏武倡和诗之靠不住，固不消说；《玉台新咏》里头所载枚乘、傅毅各篇，文选便不记撰人名氏，可见现存的汉诗十有九和诗经的国风一样，连撰人带时代都不甚分明。我们若贸然据后代选本所指派的人名，认定某首诗是某人所作，我觉得很危险。就令有几首可以证实，然而片鳞单爪，也不能推定作者面目。所以两汉400年间文学界的个性作品，我虽不敢说是没有，但我也不敢说有哪几家我们确实可以推论。诗的家数应该从'建安七子'以后论起，七子中曹子建、王仲宣作品比较的算最多，往后便数阮嗣宗、陆士衡、潘安仁、陶渊明、谢康乐、颜延年、鲍明远、谢玄晖……。这些人都有很丰富的资料供我们研究。但我以为想研究出一位文学家的个性，却要他作品中含有下列两种条件：第一要'不共'。怎样叫做不共呢？要他的作品完全脱离摹仿的套调，不是能和别人共有。就这一点论，像'建安七子'，就难看出名人个性，曹子植子建兄弟、王仲宣、阮元瑜彼此都差不多（也许是我学力浅，看不出他们的分别）。我们读了，只能看出'七子的诗风'，很难看出哪一位的诗格。第二要'真'。怎样才算真呢？要绝无一点矫揉雕饰，把作者的实感，赤裸裸的全盘表现。就这一点论，像潘陆鲍谢，都太注重词藻了，总有点像涂脂抹粉的佳人，把真面目藏去几分。所以我觉得唐以前的诗人，真能把他的个性整个端出来和我们相接触的，只有阮步兵和陶彭泽两个人，而陶尤为干脆鲜明。"[1]

这段话出自《陶渊明》一书的卷首，反映出梁启超评判古代文学家的大体思路是：由作品个性去窥视作者个性，再由作者个性去反思作品内涵，个

---

[1] 《饮冰室合集·专集》第96，第1—2页。

性是作品的生命，也是评价一个作家地位的客观尺度。平心而论，梁启超的这种思路是有道理的，也是公允的。中国历史上文学家多如牛毛，为什么受人肯定和尊重的仅那么屈指可数的几十位，奥妙就在于有无开创意义的独特个性。但是，作品的个性或作家的个性是不易形成的，除了个人的天赋和进取精神外，还要有催生的外部条件，这一点梁启超顾及不够。

1925年夏，梁启超在北戴河避暑期间，对孔尚任及其名著《桃花扇》发生了浓厚兴趣。积一月之功，他一方面研究了孔尚任的生平、个人修养、为人、对文学及诗词、音乐的爱好等，写下了孔的简历；一方面钻研《桃花扇》，运用其丰富的历史知识，进行注释，撰著了《桃花扇注》一书。梁的注释涉及剧中人物、历史背景、掌故三个方面，同时对个别史实、曲牌作了考订。这无疑是梁启超在研究中国文学史方面的又一贡献。

构筑自身的哲学流派：哲学理论、人生哲学、哲学史

1. 一般哲学理论

在哲学领域，梁启超并没有皇皇巨著，也没有创立独特的哲学体系，但他是一位极富哲学气质的思想家，其许多论著都具有哲理性、思辨性，都有意无意地宣传了一种哲学理论，独特的人生观和自成一家之言的哲学史研究，从而构成了梁启超自身的哲学流派。

梁启超既不是唯物论者，也绝非唯心论者。他反对标榜一种绝对的"主义"，反对用"唯"字来表述某种哲学主张。在他看来，"真理是不能用'唯'字表现的，凡讲'唯什么'的都不是真理。"[1]他曾发表过一篇《非"唯"》，对唯心主义和唯物主义都作了无情的抨击，其云："心力是宇宙间最伟大的东西，而且含有不可思议的神秘性。人类所以在生物界占特别位置者

---

[1]《饮冰室合集·文集》第41，第82页。

就在此。这是我绝对承认的。若心字头上加一个唯字，我便不能不反对了。充'唯心论'的主张，必须将所有物质的条件和势力一概否认，才算贯彻。然而事实上哪里能做到。自然界的影响和限制且不必论，乃至和我群栖对立的'人们'，从我看来，皆物而非心。我自己身体内种种机官和生理上作用，皆物而非心。总而言之，无论心力如何伟大，总要受物的限制，而且限制的方面很多，力量很不弱。所以唯心论者若要贯彻他的主张，结果是非走到非生活的——最少也是非共同生活的——那条路上不可，因为生活条件的大部分是物质。……物的条件之重要，前文已经说过，所以关于遗传咧、环境咧种种影响，乃至最狭义的以经济活动为构成文化的主要要素，这些学说，我都承认他含有一部分真理。若在物字头上加一个唯字，我又不能不反对了。须知人类和其他动物之所以不同者，其他动物至多能顺应环境罢了，人类则能改良或创造环境。拿什么去改良创造？就是他们的心力。若不承认这一点心力的神秘，便全部人类进化史都说不通了。若要贯彻唯物论的主张吗，结果非归到'机械的人生观'不可。"[1]

梁启超左右开弓，对唯心论和唯物论各打五十大板。那么，他是什么观点呢？概而观之，梁启超是一个客观唯心论者。

梁启超十分重视客观的物质的力量，尤其注重近代科学技术的决定性功用。他经常用自然科学的发展去论述社会进步和人类的进化，用最新的科技进步去解释他的社会理论，用声光化电等科学知识去说明新陈代谢是宇宙的根本规律。总之，他承认没有物质就没有生活。但是，客观物质的第一性和决定性作用，梁启超持否定态度。他认为客观环境是通过人的心理、大脑而反映其存在，人的大脑不存在了，这些客观物质也形同虚幻了。他曾写过一篇短文名《惟心》，认为"境者，心造也。一切物境皆虚幻，惟心所造之境为真实。"中秋明月，清歌妙舞，观赏者的心情不同，反映出的境界绝异；"月上柳梢头，人约黄昏后"，与"杜宇声声不忍闻，欲黄昏，雨打梨花深闭门"，都

---

[1] 《饮冰室合集·文集》第41，第82—83页。

是写黄昏的感受，则一喜一悲；"桃花流水杳然去，别有天地非人间，"与"人面不知何处去，桃花依旧笑春风"，一为清净，一为爱恋，又截然不同；"舳舻千里，旌旗蔽空，酾酒临江，横槊赋诗，"与"浔阳江头夜送客，枫叶荻花秋瑟瑟，主人下马客在船，举酒欲饮无管弦，"同一江也，同一舟也，同一酒也，而一为雄壮，一为冷落，其境绝殊。由此，梁启超叹曰："天下岂有物境哉！但有心境而已。戴绿眼镜者，所见物一切皆绿；戴黄眼镜者，所见物一切皆黄；口含黄连者，所食物一切皆苦；口含蜜饴者，所食物一切皆甜。一切物果绿耶，果黄耶，果苦耶，果甜耶？一切物非绿、非黄、非苦、非甜，一切物亦绿、亦黄、亦苦、亦甜，一切物即绿、即黄、即苦、即甜。然则绿也、黄也、苦也、甜也，其分别不在物而在我。故曰三界惟心。"[1] 按照这种逻辑，客观事物的存在与否、其性质与特征，都是由"人心"即人脑来决定的，客观不是第一性的，主观才是决定一切的。

由于梁启超相信"惟心所造之境为真实"，所以他特别强调"心力"的作用，反复呼吁人们注重自身的修养，要具备高尚的气节，"勇猛无畏"，还必须"无大惊、无大喜、无大苦、无大乐、无大忧、无大惧，"时刻除去"心中之奴隶"，而成为"豪杰"。这种说教，和康有为、谭嗣同等一脉相承，旨在造就改革者的献身精神。

应该进一步指出的是，梁启超这种客观唯心主义，并非其个人意志，而是他赖以生存的那种物质力量即与之相应的阶级力量的必然反映。近代中国的民族资产阶级，是在帝国主义和封建主义双重压迫的夹缝中艰难生长起来的。对近代工业和科技文化的渴求，使其承认并追求物质的进步，在哲学上承认物质的力量；但经济力量的严重不足，自身队伍的弱小，又使他们缺少自信和勇猛精神，其思想文化界的代言人自然去寻求"心力"，试图以主观的超自然的力量去改变他们的命运，"心力论"自然成了梁启超这些人高举的一面旗帜。从某种意义上讲，梁启超的客观唯心主义是近代中国民族资产

---

[1]《饮冰室合集·专集》第2，第45页。

阶级特定的政治、经济和思想风貌的合理的哲学升华。

客观唯心主义者在认识论上,虽然也承认实践的重要性,承认真知来源于实践,但却更多地强调人的聪明才智和灵感,强调闭门苦思而达到认识的飞跃。梁启超一向认为世界可分为蛮野之人、半开化之人、文明之人,这种智商的差异决定着对客观事物认识水平的高低,也决定着一个国家政治、经济和社会道德的走向。他明确指出:"国之治乱,常与其文野之度相比例,文野之分,恒与国中全部之人为定断。"[1] 文明人可以举一反三,以小见大,通观达变,触类旁通,发现高深莫测的自然科学和社会科学规律,为人类造福;野蛮人则机械地生活,缺乏思想,不能积极主动去认识自然和自身,更不可能有重大发明创造。梁启超曾形象地说过:

"人谁不见苹果之坠地,而因以悟重力之原理者,惟有一奈端;人谁不见沸水之腾气,而因以悟汽机之作用者,惟有一瓦特;人谁不见海藻之漂岸,而因以觅得新大陆者,惟有一哥仑布;人谁不见男女之恋爱,而因以看取人情之大动机者,惟有一瑟士丕亚;无名之野花,田夫刈之,牧童蹈之,而窝儿哲窝士于此中见造化之微妙焉;海滩之礓石,渔者所淘余,潮雨所狼藉,而达尔文于此中悟进化之大理焉。故学莫要于善观。善观者滴水而知大海,观一指而知全身,不以其所已知蔽其所未知,而常以其所已知推其所未知。是之谓慧观。"[2]

这里的所谓"慧观",就是智慧地观察事物,以达到理性的飞跃。梁启超认识论的核心即是这种以灵感识真理。这当然有其合理的地方。人类的智商不能说没有差异,每个人认识事物的能力绝非在一个水平线上,强调人的智力的提高以及在运用这种智力过程中的自我提高和积极训练是十分正确

---

1 《饮冰室合集·专集》第2,第9页。
2 同上书,第47—48页。

的。但是，梁启超忽略了这种训练的前提是实践。牛顿发现万有引力定律之前已有长期的实际研究，苹果落地只是起引发作用；瓦特发明蒸汽机同样和他的多年钻研分不开，水壶蒸汽之冲盖仅是一种导向力；同样，哥伦布发现新大陆，莎士比亚的戏剧创作等，都是长期实践努力的飞跃。如果不研究和重视这些名人的实践认识过程，只强调其一时的灵感，就会滑向唯心主义的认识论，就是只见树木，不见森林，使人的认识过程残缺不全。所以，梁启超的认识论是只重视灵感的妙用，忽略了产生灵感的客观实践当中艰辛的劳动，将认识的全过程给腰斩了。

用梁启超这种客观唯心主义的认识论去观察社会，考察历史，就形成了有条件的英雄史观。有些论者断言梁启超是纯粹的英雄史观，原因是忽略了梁启超曾承认时势、社会、民众对英雄的制约，也没有注意到梁启超对英雄的作用是历史的有限制的肯定和发展的、从总体上的否定。科学地讲，梁启超的英雄史观带有客观主义的色彩，和他的客观唯心论是统一的。这可从以下三方面表现出来：

首先，梁启超认为英雄是一定历史时期产物，历史越发展，英雄的市场越小。他明确指出："英雄者，不祥之物也。人群未开化时代则有之，文明愈开，则英雄将绝迹于天壤。故愈在上古，则英雄愈不世出，而愈见重于时。上古之人之视英雄，如天如神，崇之拜之，以为终非人类之所能及。若此者，谓之英雄专制时代。"但随着经济的发展，思想文化的提高，社会的进步，人类自治能力渐趋完美，英雄渐无用武之地，古代所谓"全知全能之英雄，自不可复见。"如果是这样，则"世界之无英雄，实世界进步之征验也。一切众生皆成佛，则无所谓佛；一切常人皆为英雄，则无所谓英雄。古之天下所以一治一乱如循环者，何也？恃英雄也。其人存则其政举，其人亡则其政息，即世界藉英雄而始成立之说也。故必到人民不倚赖英雄之境界，然后为真文明，然后以之立国而国可立，以之平天下而天下可平。"[1]这段论述入情

---

[1] 《饮冰室合集·专集》第2，第85、86页。

入理，极为精辟，揭示了英雄和历史发展的辩证关系，反映了梁启超的最终目标是消灭所谓的"英雄"，这不能说不是历史唯物主义的观点。

其次，在英雄和时势的关系问题上，梁启超持调和主义。他既承认英雄造时势，亦不否认时势造英雄，"英雄与时势，二者如形影之相随，未尝少离。既有英雄，必有时势；既有时势，必有英雄。"[1]

第三，梁启超认为过去的历史就是一场英雄争斗史。其称："英雄者，人间世之造物主也。人间世之大事业，皆英雄心中所蕴蓄而发现者。虽谓世界之历史，即英雄之传记，殆无不可也。"又称："世界者何？豪杰而已矣。舍豪杰则无有世界。一国虽大，其同时并生之豪杰，不过数十人乃至数百人至矣，其余四万万人，皆随此数十人若数百人之风潮而转移奔走趋附者也。"还称："世界果藉英雄而始成立乎？信也。吾读数千年中外之历史，不过以百数十英雄之传记磅礴充塞之，使除出此百数十之英雄，则历史殆黯然无色也。"[2] 讲来讲去，还是英雄创造历史，左右方向，掌握人类的命运。

总之，客观唯心主义是梁启超哲学理论的主线，"慧观"的认识论、有条件的英雄史观等只是主线制约下的派生物。

2. 人生哲学

梁启超在中年时期，尤其是晚年，根据自己的阅历，时常谈论人生问题，从而形成了自成体系的人生哲学，给后人留下了一份值得珍视的思想遗产。概而观之，梁启超的人生哲学包括科学加情感的人生观、社会责任感和趣味人生三个相互关联又彼此协调的组成部分。

人为什么要活着，是梁启超时常思考的一个问题。是为求衣求食吗？不全是；是为子孙后代吗？也非如此；是为功名利禄吗？更不准确；是为社会、国家和人类吗？绝不尽然。于是梁启超发生了极大的疑问，上求先哲的

---

[1] 《饮冰室合集·专集》第2，第10页。
[2] 同上书，第9、33、84页。

宏论，下察实际的社会生活，试找出一科学的结论。经过多年的研讨，梁启超认为古往今来，在回答这一问题上无非有三种看法：一派认为人生如梦，毫无意义，只有纵欲，追求享受才合乎情理；另一派认为人生本身就是一种罪恶，应竭诚奋斗，洗刷自身的一切污垢，清除社会上的一切毒素，达到一超越现实的新境界，安身立命，颐养天年；第三派则认为人生下来就被赋予了一种天职，就在纷繁复杂的社会关系网中承受了一份职责，为完成这种职责即达到一定的目的，努力生活，奋斗终生。梁启超比较同意第三派意见，但也有一定的修正。他认为人的普遍心理和相通的道德及行为规范有知、情、意三部分，也就是古人所称的智、仁、勇。孔子称："知者不惑，仁者不忧，勇者不惧。"要达到三者的完美统一，才能形成高尚的人生观，才能完成各自的社会天职。何为人生观呢？梁的回答是："人类从心界、物界两方面调和结合而成的生活叫做'人生'；我们悬一种理想来完成这种生活，叫做'人生观'（物界包含自己的肉体及已身以外的人类乃至已身所属之社会）"。完美的人生观的真正确立，梁启超认为"有大部分是可以，而且必须用科学方法来解决的，却有一小部分，或者还是最重要的部分是超科学的。"[1] 这就是说，理智方面的东西可以通过科学的教育和引导来解决，情感方面的东西则不是科学所能解决的。梁启超把感情的陶冶视作超自然的难寻其规律的神圣的自我建树，他既重视情感，又涂上了一层神秘色彩。请看梁启超的高论：

"天下最神圣的莫过于情感。用理解来引导人，顶多能叫人知道哪件事应该做，哪件事怎样做法。却是被引导的人到底去做不去做，没有什么关系，有时所知的越发多，所做的倒越发少。用情感来激发人，好像磁力吸铁一般，有多大份量的磁，便引多大份量的铁，丝毫容不得躲闪。所以情感这样东西，可以说是一种催眠术，是人类一切动作的原动

---

[1] 《饮冰室合集·文集》第40，第23页。

力。情感的性质是本能的，但他的力量，能引人到超本能的境界；情感的性质是现在的，但他的力量，能引人到超现在的境界。我们想入到生命之奥，把我的思想行为和我的生命迸合为一，把我的生命和宇宙和众生迸合为一，除却通过情感这一个关门，别无他路。所以情感是宇宙间一种大秘密。"[1]

情感确实有其超理智的特殊的一面，但梁启超这里讲的未免夸大其词了。事实上，梁启超的人生观绝非他声称的大部分是科学的，小部分是情感的，而是情感左右下的科学人生观。

梁启超所谓的"科学人生观"核心是明白自己的社会责任心。他十分同意罗素的观点，人的本能一是有强烈的占有欲，二是有无法压制的创造性。但是人的占有和创造欲的实现，一是受本人能力的制约，二是受社会方方面面所左右。如果从宇宙的角度来考察人的地位和作用，则更表明个人的微不足道和明白自己责任的重要性。在梁启超看来，个人只有科学地审视出自己的社会位置，天天干事，矢志不渝，才能有所作为。一个不明白社会天职的人，只能庸庸碌碌地虚度年华。一旦"责任"压在了肩上，才能产生干事业的雄心，才能有益于社会。1927年他在给儿女的信中称："各人自审其性之所近何如，人人发挥其个性之特长，以贡献于社会，人才经济莫过于此。"他在北京一次演讲中又称："各人地位不同，能力不同，甲所能做的，乙未必能做，所以甲应做的是这件，乙应做的却不是这件而是那件。真正的国民运动，并不是某人指挥某人去做，乃是要人人自动的去做。自动的去做，便要各人经一番反省之后，知道'我'能做哪件，'我'该做哪件，然后各用其长，各尽其才，庶几可以收互助的效果了。"[2]1927年夏，梁启超在北海的一次谈话中进一步指出："你无论在甚么地方，总是社会的一分子，你也尽一

---

[1] 《饮冰室合集·文集》第37，第71页。
[2] 同上书，第58页。

分子的力，我也尽一分子的力，力就大了。将来无论在政治上，或教育上，或文化上，或社会事业上，……乃至其他一切方面，你都可以建设你预期的新事业，造成你理想的新风气，不见得我们的中国就此沉沦下去的。"梁启超在给爱女梁思顺的信中讲得更明确："人生在世，常要思报社会之恩，因自己做得一分是一分，便人人都有事可做了。"将梁启超的这些言论综合起来，可以清楚地看出，他是一个社会合力论者，是一个奉献人生论者。既要奉献，就应该不计报酬，不计成败，拼命干下去。他曾说："常人每做一事，必要报酬，常把劳动当做利益的交换品，这种交换品只准自己独有，不许他人同有，这就叫作'为而有'。如求得金钱、名誉，因为'有'，才去为。有为一身有者，有为一家有者，有为一国有者。在老子眼中看来，无论为一身有，为一家有，为一国有，都算是为而有，都不是劳动的真目的。人生劳动应该不求报酬，你如果问他'为什么而劳动'，他便答道：'不为什么。'再问'不为什么为什么劳动'，他便老老实实说：'为劳动而劳动，为生活而生活。'"[1]梁启超转来转去，最后归结为毫无生气的"为生活而生活"，他的人生哲学产生出一个模糊的"怪圈"。这是梁启超不敢正视现实尤其是不能毫无保留地泄露自己的生活目的的必然结果。其实，梁启超从来不是"为劳动而劳动，为生活而生活，"他干的任何一件事都有明确的目的和追求。儒家的虚伪使梁启超由具有积极意义的"社会责任论"开始，到以十分消极的"为生活而生活"结尾。

梁启超的"社会责任论"以趣味主义作基础。他认为人生应以趣味来统帅，办事要有兴趣，生活要乐在其中，天天快乐，无一点儿烦闷。如果一个人忧愁忧思，得过且过，得不到人生的欢乐，还不如早日告别这个世界。梁启超在东南大学讲课时称："我是个主张趣味主义的人。倘若用化学化分'梁启超'这件东西，把里头所含一种原素名叫'趣味'的抽出来，只怕所剩下的仅有个零了。我以为，凡人必常常生活于趣味之中生活才有价值。若哭丧

---

[1]《饮冰室合集·文集》第37，第66页。

着脸挨过几十年，那么，生命便成沙漠，要来何用？中国人见面最喜欢用的一句话：'近来作何消遣？'这句话我听着便讨厌。话里的意思，好像生活得不耐烦了，几十年日子没有法子过，勉强找些日子来消遣他。一个人若生活于这种状态之下，我劝他不如早日投海。我觉得天下万事万物都有趣味，我只嫌24点钟不能扩充到48点，不够我享用。我一年到头不肯歇息，问我忙什么，忙的是我的趣味，我以为这便是人生最合理的生活。我常常想运动别人也学我这样生活。"[1] 梁启超因趣味而生，由趣味而死，积极在趣味中寻求人生的价值，这当然是一种奋发向上的人生观。但是，人的情趣受生理、自然、社会、文化、家庭、婚姻等众多因素所制约，不可能永远的妙趣横生，更不会天天乐。忧和乐是矛盾的统一，无聊和兴趣也会交替出现，聪明的人在于善于调节，梁启超也明白这一点，承认人生与忧患俱来，承认趣味的不时转换乃至消失。为求积极的兴趣，梁启超提出一要劳作，二要游乐，三爱艺术，四研究学问。而且要持之以恒，不患得患失，深入考察，反复磨练。他认为趣味如电，越磨越多。特别是，人要敢于承担责任，责任压身，看来很苦，但一旦完成，由苦变乐，趣味无穷；人还要敢于迎战阻力，阻力看起来可怕，但都可以克服，而且事业越大，阻力越大，解除大阻力能成大事业，解除小阻力只能有小乐趣。这中间充满了辨证法，值得后人借鉴。

梁启超的人生哲学是其长期生活的结晶，其理论渊源则取于佛学和儒学。他认为佛学和儒学有两点是相通的，也是为人者要借鉴的。一是人是社会的细胞，不能单独存在。孔子讲"毋我"，佛学称"无我"，都是这个道理。人的物质构成和自然界许多动植物相联系；人的精神组合则又和许多人的思想息息相通。因此，每个人必须承担社会责任，有"责任心"。二是宇宙发展永无完结，人们改造宇宙的活动永不会停止，美好的天堂世界只是相对而言，绝对好的极乐世界永远是一种理想。这样，人的活动就极微小，无所谓成功或失败，也不必希望太过，野心太狂，宇宙和人类的进步绝非一步"可升天

---

[1]《饮冰室合集·文集》第39，第15页。

的"。所以忧虑是不必有的,愁思是非科学的,趣味人生是最可取的。

1921年,梁启超在北京哲学社演讲时说:"诸君读我的近二十年来的文章,便知道我自己的人生观是拿两样事情做基础:一、责任心;二、兴味。人生观是个人的,各人有各人的人生观,各人的人生观不必都是对的,不必于人都合宜。但我想,一个人自己修养自己,总须拈出个见解,靠他来安身立命。我半生来拿'责任心'和'兴味'这两样事情做我生活资粮,我觉得于我很是合宜。"[1]这是梁对自己人生观的高度概括。

3. 哲学史研究

梁启超从来没有想写一部中国哲学史,但他对古代中国的哲学家、哲学流派及其是非得失有浓厚的兴趣,时常在讲演和论著中加以评论,提出了不少新见解,丰富了中国哲学史的研究。

(一)关于儒家哲学

1927年,梁启超在清华大学讲课时,全面论述了儒家哲学的内涵、沿革、代表人物和研究方法等。讲演一开始,他就讲述了哲学一词的来历和中西哲学的不同。其称:"哲学二字,是日本人从欧文翻译出来的名词,中国人沿用之,没有更改。原文为 Philosophy,由希腊语变出,即爱智之意。因为语原为爱智,所以西人解释哲学,为求智识的学问,求的是最高的智识,统一的智识。西方哲学之出发点,完全由于爱智。所以西方学者,主张哲学的来历,起于人类的好奇心。古代人类,看见自然界形形色色,有种种不同的状态,遂生惊讶的感觉,始而怀疑,既而研究,于是成为哲学。……中国学问不然,与其说是知识的学问,毋宁说是行为的学问。中国先哲虽不看轻知识,但不以求知识为出发点,亦不以求知识为归宿点,直译的 Philosophy,其涵意实不适于中国。若勉强借用,只能在上头加上个形容词,称为人生哲学。中国哲学以研究人类为出发点,最主要是人所以为人之道,怎样才算一

---

[1]《饮冰室合集·文集》第37,第60页。

个人，人与人相互有什么关系。"[1] 儒家哲学恰好代表中国哲学的灵魂，其功用如《论语》所讲的一句话，"修己安人"，其学问的最终目的是使人达到"内圣外王"，"修己"的最高标准为"内圣"，"安人"的理想境地是"外王"。也就是后人进一步发挥的："修己"——"格物致知诚意正心修身"；"安人"——"齐家治国平天下"。梁启超这种认识，的确抓住了儒家哲学的核心和中西哲学的根本区别。

儒家哲学由孔子创立，春秋战国时期已有较广泛的市场，后经许多哲人的研讨、传播，不断丰富，自成独立体系。两千多年中这种变化曲线以及秦汉、魏晋、隋唐、两宋、明清之际的儒家哲学的风格、特点、关键人物，梁启超都给予清晰而有独立见解的评述。他讲的《两千五百年儒学变迁概略》，俨然是一部儒家哲学史纲要，为后学者提供了可贵的教科书。梁启超认为儒家哲学虽经历了两千多年的变迁，但研究的核心问题没什么变化，无非是性之善恶问题、仁义之内外问题、理欲关系问题、知行分合问题、心体问题等。这些问题的提出与回答，都是为了解决现实问题，都是为了调和人与人之间的关系，为了某种政治的推行寻求哲学依据。一部儒家哲学就是人生哲学、政治哲学。

儒家哲学还要不要研究？还有没有现实意义？梁启超都作了肯定的回答，并对"五四"以来"打倒孔家店"等反儒学思潮作了批驳。他认为："儒家与科学，不特两不相背，而且异常接近。因为儒家以人作本位，以自己环境，作出发点，比较近于科学精神。至少可以说不违反科学精神。所以我们尽管在儒家哲学上，力下功夫，仍然不算逆潮流，背时代。"[2] 很显然，梁启超讲解儒家哲学，除了研究学术之外，还为了回击"五四"新思潮、保卫儒家传统文化。

（二）关于老子哲学

老子的《道德经》虽仅五千言，但立论高深，道理深奥，真正研究透彻并理解准确的为数甚少。梁启超也酷爱老子哲学，常看《道德经》，并著

---

[1] 《饮冰室合集·专集》第103，第1—2页。
[2] 同上书，第10页。

《老子哲学》一文，表明了他的基本观点。梁启超对老子评价很高，认为其独有哲学体系，自创学术流派，是中国哲学最伟大的奠基者之一。他明确指出："老子的大功德，是在替中国创出一种有系统的哲学。他的哲学，虽然草创，但规模很宏大，提出很多问题供后人研究。他的人生观，是极高尚而极适用。庄子批评他，说道：'以本为精，以末为粗，以有积为不足，澹然独与神明居。……常宽容于物，不削于人，可谓至极。关尹老聃乎，古之博大真人哉！'这几句话可当是老子的像赞了。"[1]从这一总体看法出发，梁启超极力推崇老子哲学。他反对认为老子哲学是厌世哲学的传统观点，认定老子是直面人生，积极进取，"无为"中"有为"，后退中猛进，让人明智而辩证地去处理生活中的问题，使社会和谐，争斗减少，创造性日增，国家逐步强盛。梁启超分本体论、名相论、作用论三个方面去评析老子哲学的精华，认为其核心是一个"道"字，让人明白宇宙、社会、人生之道，操练世人的"心境"。所谓"本体论"，是分析宇宙万事万物的起源和相互关系，老子曾云："天法道，道法自然"，大意是由自然生出道，由道产生一定的人类社会规范。梁启超认为这是很正确的。但老子又讲"上士闻道，勤而行之；中士闻道，若存若亡；下士闻道，大笑之，不笑不足以为道也。"意思是了解"道"的人必须具有超人的知识，一般的"上士"、"中士"、"下士"是不可能的。这就使宇宙的本体不可思议了，无法认识了。因此梁启超认为老子的本体论是"不许思议的东西。"但是，梁启超认为老子的名相论则是十分具体的，含有许多哲理。例如老子讲"道可道，非常道；名可名，非常名；无名天地之始，有名万物之母。"又云："天下万物生于有，有生于无。"这些都具有相对性和辩证法，都是人类认识事物的普遍规律。老子的作用论，是名相论的进一步发展和具体化，其中含有较多的人生哲理。梁启超认为其主体是"常无为而无不为"，其理论基础是自然主义，其最终目的是人应按自然

---

[1]《饮冰室合集·专集》第35，第23页。

法则行事。总之，老子哲学极符合梁启超的口味。无怪他一再呼吁人们要反复琢磨，细心品味，将老子哲学作为研究学问和为人的"本钱"。

（三）关于戴东原哲学

1923年，恰值戴东原出世两百周年，梁启超一面四处活动，组织纪念会；一面加班加点，赶写论文。他原准备写五篇文章：1. 戴东原传；2. 东原著述考；3. 东原哲学；4. 东原治学方法；5. 颜习斋与戴东原。但由于忙乱，后两篇没有完成。从前三篇论文看，梁启超对戴崇拜之至，认为戴东原是"科学界的先驱者"、"哲学界的革命建设家。"东原先生的最大贡献，一是创立了和近世科学精神相一致的研究方法，用"去蔽"和"求是"两大主义研究问题；二是倡导情感哲学，一反宋明理学的空谈"性理"，而注重情感和社会实际，在反驳旧理学家说教的过程中，创立了自己的哲学理论，成为中国哲学建设中一个重要阶段。梁启超认为，东原哲学的代表作品是《孟子字义疏证》。这部看起来是考证性的著作，实际则一面揭露宋明理学的伪善面目，一面探讨社会和人生的哲理，给后人以启迪。理学家倡导"存天理，灭人欲"，戴东原则认为天理存于人欲之中；理学家称"理在人心"，戴东原则认为"理在事中"；理学家将人欲分为物质的（恶的）和理性的（善的），戴东原则认为二者是统一的。总之，戴东原是从情欲出发，驳斥宋明理学，构架自己的哲学体系。梁启超将其概括为情欲主义是很科学的。梁启超以赞赏的笔调写道：

"东原以为宋儒辩理欲之说，可以生出三种大毛病：头一件，令好人难做。有生命的人类，总是要生活的，生活自然离不了物质的条件。一切行为，都起于欲望，有欲望，才有行为，才说得到行为之合理不合理。无欲无为，还有什么理。圣人教人，只要人的欲望行为皆在合理的范围内活动。所以只讲无私，不讲无欲。至于'饥寒愁怨饮食男女常情隐曲之感，'虽君子也如何免得掉。辩理欲的道学先生们，专拿这些东西来挑剔，这样'责备贤者'法，一定闹到满天下没有一个够人格的人了。第二件，养成苛刻残忍的风俗。说无欲便是君子，那些君子自命的人，一点也不体贴人情，专凭自己的'意见'就说是'理'，种种横谬举动，自己觉得不出于'欲'，便说是问心无愧。凡自己意见所认为是非的，便说这个人是'自绝于理'。这是多么残刻啊！第三件，迫着人作伪。……辩理欲的先生们，把理和欲认为不相容的两件事。自己修养，以'不出于欲'为合理，治人当然也以'不出于欲'为合理。举凡人类物质生活极重要的事项，轻轻拿'人欲'两字抹杀去，一切不在意。专讲什么'天理'、'公义'，……除却以欺伪相应，更有何法，这不是率天下跑到作伪那条路吗？东原提倡情欲主义的理由，大略如此。简单说一句，东原所以重视情欲，不过对于宋儒之'非生活主义'而建设'生活主义'罢了。"[1]

理欲问题是中国哲学界争论不休的一个老问题。统治者从维护自己的政权出发，总是虚伪而又残忍的标榜和推行"天理"，抑制"人欲"；而求进步的人们总是反"天理"，倡"人欲"，以争取人生应有的权利。在特定的封建时代，情欲主义是带有反传统意义的推进社会变革的一面旗帜。戴东原举起了这面旗帜，令人敬佩；梁启超也试图接过它，摇旗呐喊。可谓心有灵犀一点通。

（四）关于王阳明的"知行合一"论

知和行，是哲学界搅不清的一个老问题。有人讲先知后行，有人则称行而后知。梁启超比较同意知行合一。因此他十分推崇王阳明的"知行合一"论，专做一篇《王阳明知行合一之教》，加以发挥。梁启超把他的学说归之为三点：1. 未有知而不行者，知而不行，只要未知；2. 知是行的主意，行是知的工夫，知是行之始，行是知之成；3. 知行原是两个字说一个工夫，知之真切笃实处便是行，行之明觉精察处便是知。梁启超认为这三点中最重要的

---

[1] 《饮冰室合集·文集》第40，第66—67页。

是第三点，前两点只是讲知和行的关系，第三点才论证了知行合一的真正含意。据梁启超的体会，王阳明讲知行合一，主要是反对空谈"性理"，不重实际，希望在社会上形成务实的风气。梁明确指出，王阳明之所以苦口婆心讲"知行合一"，着眼点就在于从实际求真知。"我们的知识从哪里得来呢？有人说，从书本上可以得来；有人说，从听讲演或谈论可以得来；有人说，用心冥想可以得来。其实都不对。真知识非实地经验之后是无从得着的。你想知道西湖风景如何，读尽几十种西湖游览志便知道吗？不；听人讲游西湖的故事便知道吗？不；闭目冥想西湖便知道吗？不，不。你要真知道，除非亲自游历一回。常人以为，我做先知后行的工夫，虽未实行，到底不失为一个知者。阳明以为这是绝对不可能的事。"[1] 显然，王阳明和梁启超都主张实践出真知。但是，何谓"真知"呢，也就是什么是王阳明所称的"致良知"呢？王称："无善无恶心之体，有善有恶意之动，知善知恶为良知，为善去恶是格物"，格物致知，"心之本体便是知"。且不讲善和恶的标准极难确定，就是"心之本体"，谁也讲不清楚。王阳明由实践第一的唯物认识论出发，最后走入了"心"为体的唯心主义的殿堂。其认识论显然属于客观唯心主义的范畴。梁启超一针见血地指出"阳明的知行合一说，是从他的'心理合一说'、'心物合一说'演绎出来。拿西洋哲学的话头来讲，可以说他是个绝对的一元论者。'一'者何？即'心'是也。他根据这种唯心的一元论，于是把宇宙万有都看成一体，把圣贤多少言语都打成一片。所以他不但说知行合一而已，什么都是合一。孟子说：'夫道一而已矣'。他最喜欢引用这句话。"[2] 这种评说，触到了王阳明"知行合一论"的本质，一直为后人所参阅。

此外，梁启超还用近代科学技术重新解释阴阳五行说，虽然也有一些新见解，但缺少创造性。

---

[1] 《饮冰室合集·文集》第43，第30页。
[2] 同上书，第37页。

评议圣贤思想：先秦政治思想、孔子、墨子

1. 先秦政治思想

一般来说，具有较高价值的思想都以丰厚而奇特的哲学为基础；但并不是所有的思想都可以升华到哲学的高度，五光十色的思想界较典雅迷离的哲学界要广阔而诱人得多。所以，思想史和哲学史既有必然的联系又有一定的区分。梁启超在从事中国哲学史的研究中，既包容了一些思想史，又独立撰著了几部思想史的专著，显示出思想史和哲学史即合即离的特殊关系。不过，梁启超的思想史研究多集中于政治思想；政治思想又限于先秦时期。其原因，一是他认为"政治是国民心理的写照"，好的国民政治心理会造就好的社会，好的国家；坏的国民政治心理则有害社会，贻误国家。既然政治心理决定着社会和民族的走向，研究思想变迁史首先须考察政治思想。二是他觉得春秋战国时期是决定中国思想面貌的关键阶段，这期间"百花齐放，万壑争流，后来从秦汉到清末，两千年间，都不能出其范围"。"若研究过去的政治思想，仅拿先秦做研究范围，也就够了"。[1]

1922年春，梁启超应北京政法专门学校之邀，讲演先秦政治思想史，虽仅四讲，但集中了他的主要观点，很有见地。同年秋冬，他又往东南大学讲课，将原有的四讲扩编，授课两月有余，虽大大丰富了先秦政治思想的内容，但基本框架未变。梁对先秦政治思想的总体描述是：四家（儒家、道家、墨家、法家）、四大潮流（无治主义、礼治主义、人治主义、法治主义）、四个共同点。所谓"四家"、"四大潮流"的共同点，梁启超认为这就是"中国人政治思想的特色"，也就是：一、中国人深信宇宙间有一定的自

---

[1]《饮冰室合集·专集》第50，第186页。又见梁启超：《先秦政治思想史》，商务印书馆2015年版。

然法则，把这些法则运用于政治领域，便是最理想最圆满的政治理想。"自然法则"的代名词是"天"，老子讲"道法自然"，孔子称"天垂象，圣人则之"，墨子谓"立天志以为仪式"，都是呼吁顺天行事。二、君权神授、君权无限。无论道家、墨家，还是儒家、法家，在叙述国君的权限和职责上虽有这样那样的差异，但都认定皇帝的绝对权威，并披上一层神秘的外衣。三、中国人对理想中的国家、社会都有美好的描写，"从小康"到"大同"，无不令人神往，但如何达到这一境地，并无具体的方法步骤，所谓的政治理想、国家建设都变成了可望不可即的"乌托邦"。四、中国人讲政治，总以"天下"为最高，国家只是受其制约下的某个朝代，"天下"又是何物，抽象而不可即，最后还是落到为现政权效劳。儒家讲的"以天下为一家，中国为一人"，以及"平天下"；道家宣扬的"以天下观天下"；法家声称的"为天下治天下"；墨家所说的"天兼天下而爱之"；都是"以天下为己任"。这四条原则，犹如四条绳索，紧紧地捆绑着中国人的思维。

这四条政治行为模式的形成，并非偶然，除了中国特定的社会经济因素之外，先秦四大潮流的相互冲击和熔铸，具有关键意义。对此，梁启超有极中肯的分析。

道家虽讲无为，但十分关心政治，一部《老子》有1/3是论政治的。其所宣扬的无治主义，表面看是国君不要干涉民众，让其自由放任，为所欲为。"我无为而民自化，我好静而民自正，我无事而民自富，我无欲而民自朴。"但实际上，它并非要人们实行"自治"，更不是像英国亚当·斯密所主张的那样推行绝对自由，而是在"无为"中求"治"，在消除老百姓的"欲望"中相安无事，前提是民不"乱"、"不求"。一旦老百姓要有所为、不听话，国君为代表的统治者就可以动"甲兵"了。说到底，道家的政治理想是在被统治者不反对统治者的条件下，互不干涉，使天下太平。其立场自然站在皇帝一边。

人治主义是儒家和墨家的共同主张，也就是实行"贤人政治"。孔子称："为政在人"。又称"其人存则其政举，其人亡，则其政息；"墨家呼吁"尚贤"、"尚同"；孟子讲"法先王"；荀子讲"法后王"；都是由一个"至仁至圣"的"王"来治理国家，统治百姓。他们的指导思想是社会复杂，百姓相争，一旦有一"贤人"秉政，国家就会安宁，生活就有保证。而且，一切法令、政策皆由"贤人"来制定，一切百姓都要听从"贤人"的指挥，"国君之所是，必皆是之，国君之所非，必皆非之"。这显然是一种个人独裁。无论儒家还是墨家，都未免太天真了。他们总是设想一个无私无畏、智慧超群、为民而生、为民而死的"圣人"、"仁君"来治理国家，来实现人治主义。但他们没有料到这个"圣人"如何选出呢？一旦"圣人"不"圣"不"仁"之后，又如何去掉呢？梁启超抨击墨子时称："墨子的主张，要有一个先决条件，倘若国君一定是一国的仁人，天子一定是天下的仁人，那么，这种学说，还可以有相对的成立余地。试问墨子有何方法能够保证呢？墨子说，'选举天下贤者可立以为天子'。不错，选举是好极了。由什么人选举呢？怎样选举法呢？选举出来的人何以靠得住是'天下贤良圣知辩慧'呢？可惜，墨子对于这种问题，都没有给我们满意的答复"。[1] 中国两千年的人治主义的具体实践证明，梁启超的驳难是极正确、极深刻的。

礼治主义为儒家所独创，是"贤人政治"的一种补充。儒家认为人都有各种不可遏制的欲望，欲望的发展变成各种追求，追求过程中人与人便相互争斗，一争斗就天下大乱，人民不得安宁。为克制人的不合理的欲望和追求，就需要一种礼。这种礼是道义，也是法纪；是气节，也是行为规范；人人应自觉遵守。这样，则贵贱有等，长幼有序，"贫富轻重皆有称者也"。如此看来，儒家的礼实际是一种不成文的法规，又是一种无须他人强迫而自觉照办的道德准则。照梁启超的理解，礼是儒家崇尚自然法则的具体化，但和法又不同。其一，法是事后治病的药，礼是事前防病的卫生术；其二，法是靠政治制裁力发生作用，在这个政府之下，就不能不守这个政府的法。礼则不然，专靠社会制裁力发生作用，你愿意遵守礼与否，随你自由。但你

---

[1]《饮冰室合集·专集》第50，第200页。

不遵守时，人家觉得你是怪物，你在社会上就站不住。法和礼制裁力的源泉不同。可见，礼重视的是社会道德伦理教育和人类的自觉约束力。梁启超指出：儒家政论家的根本精神，是要使"国中人人都受教育，都成为'自善之民'。他们深信贤人政治，但不是靠一两个贤人。他们最后目的要把全社会人个个都变成贤人。质而言之，他们以养成国民人格为政治上第一义"[1]。平心而论，儒家重视人格教育具有积极意义，以礼治天下也是一种创造。而且，礼治吸收了法治的一些积极因素，似法非法；也吸收了道家的"无为而治"的一些理论，似无为而有为；同时带有人治主义的色彩，变"一圣人"为"众圣人"。但是，理论越是堂而皇之，实行起来越会表里不一。中国历代的封建统治者从来将礼作为其统治的工具，根本不广兴教育。礼治主义的空想性以及为皇权服务的现实性，在两千年的中国专制独裁统治中为恶非浅。近百年先进中国人的反礼教，实在是代表着正义和光明。

法治主义在制定人们活动的一个行为准则方法上和礼治主义是一致的。但法治主义重视的是具体的成文的法，并通过国家权力强制推行。到战国时代，这种法治主义广为实行，并涌现了一批如商鞅那样的法学家和具体实行家。梁启超认为这是对"人治"和"礼治"的一种否定，是社会的一大进步。"法治主义，在古代政治学里头，算是最有组织的，最有特色的，而且较为合理的。当时在政治上，很发生些好影响，秦国所以强盛，确是靠他"。但是，法治主义也存在着严重的问题，梁启超一针见血地指出：

"我们虽崇拜法治主义，却要知道他短处。短处要分别言之，一是法治主义通有的短处，二是先秦法家特有的短处。什么是法治主义通有的短处？法律权力渊源在国家，过信法治主义，便是过信国家权力，结果个人自由，都被国家吞灭了，此其一。法治主义总不免机械观，万事都像一个模型里定制出来，妨害个性发展，此其二。逼着人民在法律范围内取巧，成了儒家所谓'免而无耻'，此其三。……什么是先秦法家特有的短处呢？他们知道法

---

[1] 《饮冰室合集·专集》第50，第207页。

律要确定，要公布，知道法律知识要普及于人民，知道君主要行动于法律范围以内，但如何然后能贯彻这种主张，他们没有想出最后最强的保障。申而言之，立法权应该属于何人，他们始终没有把他当个问题。他们所主张法律威力如此绝对无限，问法律从哪里出呢？还是君主，还是政府。他们虽然唇焦舌敝说'君主当设法以自禁'，说'君主不可舍法而心裁轻重'，结果都成废话。造法的权在什么人，变法废法的权自然也在那人，君主承认的便算法律，他感觉不便时，不承认他，当然失了法律的资格。他们主张法律万能，结果成了君主万能。这是他们最失败的一点。因为有这个漏洞，所以这个主义，不惟受别派的攻击无从辩护，连他本身也被专制主义破坏尽了"。[1]

综合来看，无论是"无治"、"人治"，还是"礼治"、"法治"，都有各自的长处和不足，都是先秦思想家寻求解决中国政治问题的一种特定的方案。后来的封建统治者对这些方案都重视又都不重视，他们决非单纯的取其一种，而是吸取有利于自己统治权力的某一方面，或交替用之，或合而采之。因此，先秦以后的中国政治思想既非"法治"，也难说是"礼治"。统治者能达到的最高水准，按梁启超的观点，就是"在君主统治之下，行民本主义之精神"。究其原因，当然可找出许多，就政治思想理论而言，在于先秦的政治学家只讲明了"政在民政"，"政以爱民"，没有涉及如何才能实现"民政"，如何才能达到"爱民"。梁启超指出，"徒言民为邦本，政在养民，而政之所从出，其权力乃在人民以外，此种无参政权的民本主义，为效几何？！我国政治论之最大缺点，毋乃在是"。[2] 这种看法，触及到了先秦政治思想的要害，也揭示了中国政治思想的致命弱点。梁在《先秦政治思想史》中反复论述这种观点，正是为了找出一种补救的办法，找出一条达到"of the people（政为民政），by the people（政由民出），for the people（政以为民）"的合理的理论框架和实施方法。这是研究此书的一把钥匙。

---

1 《饮冰室合集·专集》第 50，第 217 页。
2 同上书，第 4 页。

2. 孔子思想

古往今来，研究孔子的论著多如牛毛。但梁启超仍不放过，用最新意识和极通畅的语言，表述了自己对孔子思想的评判，自成一派观点。

梁启超对孔子的研究，全面叙述中突出重点，主要涉及孔子的思想内涵、哲学理论和总体评价。

梁启超认为孔子思想的主体是造就理想的人格，也就是达到"仁"，换句话讲就是人人成为君子。为此，他首先强调"学"。如何学呢？一是从书本上学，一是从实际中学。通过学习，提高自己的智力和本领，使"内力"增强，然后进一步学。孔子讲学习，尤重视"一以贯之"。何为"一以贯之"？就是"忠恕"。"一贯"和"忠恕"的关系如何解释呢？孔子没有讲。朱子解释为"尽己之谓忠，推己及人之谓恕"；章太炎解释为"周以察物曰忠，心能推度曰恕"。梁启超认为朱子的解释太偏重于伦理实践，虽有道理，但不全面；章太炎之说专从求知识方面来讲，有高明之处，但欠准确。他的看法是，"忠恕"、"一以贯之"应从求知识和伦理实践两方面去理解，就是充分发挥每个人的个性，也就是平等的人格主义。[1] 要养成平等的人格，就须知礼，礼就是"理"，即时刻保持理性的积极向上的精神状态，合理发展自己的欲望。一旦人的精神好了，不但于事业有利，而且有益身体健康。从这个意义上讲，孔子又把礼和体育运动结合起来，要求人们经常习礼，也就是练习一种规范的体育活动。同时，还要注意音乐熏陶，静心养性。梁启超认为孔子的礼在于"节民心"，乐为了"和民性"。他设想，"孔子若在今日当

---

[1] 梁启超的具体解释是："在文中心为忠，如心为恕。中心为忠，即是拿自己来做中坚的意思，充量的从内面穷尽自己心理的功能，就是内思毕心，就是尽已。中庸说唯天下至诚，为能尽其性。又说诚者自成也，诚字可以当忠字的训诂，毕心尽性自成。拿现在的流行语讲，就是发展个性。从实践方面说，发展个性是必要；从知识方面说，发展个性也是必要。这是忠的一贯。用自己的心来印证，叫如心。从实践方面说，是推已及人；从知识方面讲，是以心度物。……将自己的心推测别人，照样的来待他，就是最简易最高尚的道德。……己欲立而立人，己欲达而达人，是老吾老以及人之老，幼吾幼以及人之幼。……将已知的事理，推到未知的事理，就是最有系统的学问。……如此实践方面、知识方面都拿恕的道理来应用，就是恕的一贯。"（《饮冰室合集·专集》第36，第10—11页）

教育总长，一定要像法国样子，将教育部改为教育美术部。把国立剧场和国立学校看得一样的重。他若在社会上当个教育家，一定是改良戏曲，到处开音乐会，忙个不了"。[1] 在礼、乐修养的基础上，人还必须"正名"。所谓"正名"，就是懂得各种名称的正确涵义和义务，有什么名干什么事，上下左右，贫富贵贱，各安其分，不要乱来。梁启超认为这是孔子开创的一种以"名、实"为核心的伦理学。虽然并不完备，又有制约人们奋斗的消极作用，但由此引出许多哲学问题，为后人研究，不能说不是伟大的创造。"正名"之外，孔子又提出"知天命"。按梁启超的理解，"知天命"就是了解自然和社会的变化规律，按客观要求办事。这对于人类的进步无疑是有益的。但梁启超认为，孔子这种"天命"说在积极的一面之外，有很大的流弊，尤其压制人们的创造精神。他指出：

"孔子终是崇信自然法太过，觉得天行力绝对不可抗，所以总教人顺应自然，不甚教人矫正自然，驾驭自然，征服自然。原来人类对于自然界，一面应该顺应它，一面应该驾驭它。非顺应不能自存，非驾驭不能创造。中国受了知命主义的感化，顺应的本领极发达。所以数千年来，经许多灾难，民族依然保存，文明依然不坠，这是善于顺从的好处。但过于重视天行，不敢反抗，创造力自然衰弱，所以虽能保存，却不能向上，这是中华民族一种大缺点，不能不说是受知命主义的影响。所以墨子非命，实含精义。至于误解知命主义的人，一味委心任运，甚至造出种种邪说诬民的术数，那更不是孔子的本意了"。[2]

这种评论，既掌握了孔子思想的本质，又结合中国现实作了发挥，显示了梁启超学术文化的深厚和看问题的敏锐。他对孔子不信鬼神但主张祭神的

---

[1] 《饮冰室合集·专集》第36，第20页。
[2] 同上书，第25页。

思想也作了合情合理的分析，认为孔子的内心是唤起人们的报恩主义，"反本始不忘其初"，从而达到民德纯正，风俗淳厚，"政治自然易办"。这种观点，真正触到了孔子的思想深处，令人信服。

关于孔子的政治理想，梁启超认为其首先是"小康"，最终是"大同"。二者有三点不同：1.小康是阶级主义，大同是平等主义；2.小康是私有主义，大同是互助主义；3.小康是国家家族主义，大同是世界主义。大同是什么样的社会模式呢？梁启超理解为："天下为公，选贤与能，自然是绝对的德谟克拉西了；讲信修睦，自然是绝对的平和主义非军国主义了。大同社会，是要以人为单位不以家族为单位的。所以不独亲其亲，不独子其子，儿童是要公育，老弱废疾是要公养，壮丁却要人人执一项事业。男女是平等的，男有男的职分，女有女的归宿。生产是要提倡的，总不使货弃于地。但私有财产制度是不好的，所以不必藏诸己。劳作是神圣的，力不出于身的人最可恶。但劳作的目的是为公益不是为私利，所以不必为己。"[1] 这显然是过分的理想主义，听起来美妙无比，真正变为现实则难于上青天。孔子一生到处游说，想实施这套政治方案，但不为人用。其根本原因是他的理想和现实差距太远。孔子是位道地的理想主义者。而且，他犯了中国古代思想家的一种通病，只会描述美好的蓝图，而无法找出一条变为现实的步骤和方法。如果说孔子关于人格培养的伦理思想还较实际一点的话，那么他的大同社会理想则是与实际难沾边的乌托邦。几千年中国历史的演进，完全证明了这一点。

关于孔子的哲学思想，梁启超认为其代表是《易》和《中庸》。孔子晚年认真研读易，韦编三绝，终于使易有了系统的哲学体系。孔子认为"神无方而易无体"。梁启超觉得这是"思想界一大革命"。因为这等于对宇宙万物下了"一个断案"，即"宇宙万有是没有本体的"。不管这种看法是否正确，但毕竟是一派学说。这种无体的"易"究竟是什么呢？孔子说："生生之谓易"。梁认为这是讲"生活就是宇宙，宇宙就是生活"。生活存在的形式

---

[1]《饮冰室合集·专集》第36，第41—42页。

是什么呢？"子在川上曰，逝者如斯夫，不舍昼夜"。也就是说万物都在运动、变化，永远不会静止。如何运动和变化呢？孔子认为必须依据一定的规律和法则。梁启超指出："易学也可以叫做数理哲学，孔子的思想全从'有物有则'这句话生出来。以为宇宙事物，都有他本身自然法则，好像数学上一定的式。我们依著这式做去，再不会错。算式千变万化，至于无穷，所用的法，不外加减乘除，所得的数，不外正负。""孔子用这种易学，可以把宇宙自然法则研究出来，应用到人类的生活"[1]。总之，无体、生活、运动、规律、法则五方面，包括了孔子易说理论的主要内容，梁启超用现代语言概括为"流动哲学"。

孔子的"流动哲学"又用"中庸"加以规范。梁启超说："中是就空间而言，不偏走于两极端，常常取折衷的态度。加上一个庸字，是归于适用的意思"。在孔子看来，凡是相互对立的两种极端主张，都各含真理，如果将他们调和起来，认真追寻，就能找到真理，有利于社会和民生。梁认为"孔子的一切学说，都含有这种精神"。[2] 孔子讲"君子时而中"，又称"中庸其至矣"，"万物并育而不相害，道并行而不相悖"，都是在倡导一种"中庸"哲学。道家讲"无为而治"，法家强调"唯法而治"，孔子就以二者之间找出一个"无为而有为"的"礼治"来。认真研究孔子的言行，都离不开"中庸"二字。这种中庸主义由孔子创立后，在秦汉之后逐步发展，几乎左右了中国人的思想和行为。原因何在？梁启超作了深刻的分析：

"中国为什么能产生这种大规模的中庸学说呢？我想，地势、气候、人种，都有关系。因为我们的文明，是发育在大平原上头，平原是没有什么险峻恢诡的形状，没有极端的深刻，也没有极端的疏宕，没有极端的忧郁，也没有极端的畅放。这块大平原，位置在温带，气候四时具

---

1 《饮冰室合集·专集》第36，第39—40页。
2 同上书，第54页。

备，常常变迁，却变迁得不甚激烈。所以对于自然界的调和性看得最亲切，而且感觉他的善美。人类生在这种地方，调和性本已应该发达，再加上中华民族，是由许多民族醇化而成，若各执极端，醇化事业便要失败。所以多年以来，调和性久已孕育。孔子的中庸主义，可以说都是这种环境的产物。和孔子相先后的哲学家那么多，为什么2000年来的中国，几乎全被孔学占领呢？世主的特别提倡，固然是一种原因，但学说的兴废断不是有权势的人能够完全支配，一定和民族性的契合反拨，有一种针芥相投的关系。我们这平原民族、温带民族，生来就富于调和性，凡极端的东西，多数人总不甚欢迎。所以极端的思想，虽或因一时有人提倡主持，像很兴盛，过些时候，稍为松劲，又反到中庸了。孔子学说，和这种民族特性最相契合，所以多年做思想界的主脑"。[1]

梁启超是位"地理环境决定论"者，但他绝非就地理论地理，而是将自然地理、人文地理和历史变迁合理地结合在一起，形成许多真知灼见。他关于中庸主义在中国广泛植根的分析，就极有见地，合乎实际。在梁启超看来，这种中庸主义对中华民族的发展有好的一面，也存在严重的问题。中庸善调和，不排斥，具有较广阔的胸怀和包容性，但一旦中和之后，原有的个性不见了，把社会千千万万的人，都变成了一个模型，社会不是变活了，而是弄死了，社会缺少生机，人民缺乏创造力。如果说孔子的中庸主义在早期还有积极意义的话，那么越往后其弊病越大。梁启超的这种观点，具有历史性、辩证性，掌握了孔子中庸思想的本质。

3. 墨子思想

在先秦思想家中，墨子较为晚出，其能和儒家、道家、法家竞争，而自成一派，全在于其学理的系统、严密，辩驳的有力、周全，推行起来又坚定

---

[1] 《饮冰室合集·专集》第36，第56—57页。

而持之以恒。梁启超对此极为敬佩，完全是以一种敬仰的心情，去阐述墨子的宗教思想、实利主义、兼爱主义、政治理想及对后世的影响。

墨子的宗教思想以敬"天"为核心。何谓"天"？在春秋、战国时期已有种种解释：有以形体言天者，有以主宰言天者，有以命运言天者，有以义理言天者。墨子主张第二种，认为"天"是人类和社会的主宰，天意不可违抗。其理由是：1.天为万事万物之标准；2.天是人格的化身；3.天无时不在，全知全能也；4.天者至高贵而为义之所从出也；5.人之善恶之极由天决定。这样，"天"就成了至高无上的"上帝"，人生活在世上只能顺天行事。墨子心目中的"天"是一种意志的化身。"意志"究竟是什么，各人有各人的理解，墨子是用"兼爱"、"实利"两方面去概括的。"兼爱"是道德的归宿，"实利"是幸福的源泉，"天"则将二者调和起来。梁启超指出："墨子之所以言天志者，凡以为兼爱说之前提云尔。所谓天志者，极简单而独一无二者也。曰爱人利人是已。天犹父，人犹子。父有十子，爱之如一，利之若一。天之于人也亦然。……子如父之所欲者，则父亦将如子之所欲，而因以得幸福，反是者则祸及之。天之于人也亦然。要而论之，道德与幸福相调和，此墨学之特色也。……所谓幸福者何？实利主义是已。而所以能调和之者，惟恃天志。吾故以此三者为墨学之总纲，而宗教思想又为彼二纲之纲也"。[1]利用带有宗教意义的"天"去调和"兼爱"和"实利"，这就是梁启超理解墨子思想的总纲。

墨子虽然承认"天"的意志，要求按天意行事，但他却反对儒家的"天命"说，主张积极地奋斗，争取最好的前途。他尤其宣扬实利主义，鼓励人们去发展生产，创造"有形的"物质，解决饮食男女的生计问题。墨子特别关心老百姓的日常生活，非常注重社会各类人的物质利益。他将物质的进步看作社会进步的标志。那些不利于生计问题解决的一切现象，墨子都予以严厉抨击。他主张葬礼从简，反对醉心于音乐享受，号召节俭。墨子是位典型的重物质而轻精神的务实的思想家。梁启超一面肯定墨子的这种注重实际利

---

[1]《饮冰室合集·专集》第37，第10页。

益的求实精神，同时也批评墨子忽视精神力量的偏向。梁启超指出：墨子"知有物质上之实利，而不知有精神上之实利，知娱乐之事，足以废时旷业，而不知其能以间接力陶铸人之德性，增长人之智慧，舒宜人之筋力，而所得者足以偿所失而有余也。"[1]

应当说明的是，墨子的实利主义并不是号召人们无所顾忌地追求物质享受，更不是让大家不择手段地为个人谋福利。他认为只有利人才能利己，只有利于社会才能达到个人的目的。孟子谓"爱人者人恒爱之，敬人者人恒敬之"；"杀人之父者，人亦杀其父；杀人之兄者，人亦杀其兄"。墨子很信服这几句话。而且，在墨子看来，天意有利于人类，为社会大多数人造福，只追逐个人利益而不顾及社会和他人，是违背天意的，最终必受到"天"的惩罚。因此，墨子一再宣称："利于人之谓巧，不利人之谓拙。"说到底，墨子的实利主义是在实现全社会生计问题解决的过程中，达到个人物质利益的满足。

墨子的实利主义以兼爱为理论基础。"以爱治天下"是墨子学说的出发点和最后归宿。梁启超认为爱是人的天赋本性，古往今来的思想理论家或宗教流派都要回答这个问题。从世界范围讲，关于爱的理论不外五种：1. 以爱灵魂为出发点和归宿；2. 只爱自己而不及其他任何人；3. 以本身为中心点，缘其远近亲疏，以为爱之等差者；4. 平等无差别之爱，普及于一切人类；5. 圆满之爱普及于一切众生。墨子的"兼爱"属于第4种，即通过无等级差别的普遍的爱，来消灭一切社会弊病，稳定社会，发展生产，长治久安。墨子把社会动乱的原因归为五点：一曰战争；二曰篡夺；三曰乖忤；四曰盗窃；五曰欺诈。这都是人们不相爱而引起的。如果人们"视人之国，若视其国；视人之家，若视其家；视人之身，若视其身"；则天下祸乱自可消灭，和谐而美好的社会自然会出现。墨子的主观愿望是美好的，用心也是良苦的。但他又犯了中国思想家的通病，只描绘美好的蓝图，很少寻找出达到理想的坦途。理想似遥远的地平线，可望而不可即。梁启超曾批评墨子的这种主张

---

[1]《饮冰室合集·专集》第37，第24页。

"其意不可谓不盛"，但"仅为一至善之理论，而断不可行于实际"。比起儒家学说来，墨子的兼爱更具有空想性。

以兼爱为基础，墨子也描述了他的国家理想，这就是将君权神圣说和民约建国说搅在一起，既承认君权的绝对神圣和对国家的干涉权，又强调君与民的协约关系。梁启超断言：墨子的这种国家观，"非国家主义，而世界主义、社会主义也"。主要依据是：墨子曾讲"天下无大小，皆天之邑也，人无长幼贵贱，皆天之臣也"。又讲"视人国若视其国，视人家若视其家"。显然"举国界、家界尽破之，而一归于大同。"梁启超认为，"今世所谓社会主义者，以自由平等为精神，而不得不以法制干涉为手段。墨子之民约建国说与君权神圣说所以并容不悖者，亦明此而已"。[1] 梁启超研究古代思想，善于以现代意识重新解释，经常新意连篇，给人启迪。但也有不少不合情理的比附，牵强附会时有出现。这里把墨子的国家观归之为社会主义，显然是不确切的。

梁启超还分析了墨子的伦理思想，考察了墨子专心致志、不屈不挠宣传自己政治理想和理论主张的曲折过程，论证了墨子学说能和儒家并驾齐驱的原因。所有这些，使梁启超在墨子思想的研究中，自成一家。

4. 明清之际的思想界

1924 年，梁启超发表了《明清之交中国思想界及其代表人物》，文章虽短，但提纲挈领地论述了 1644 年前后（梁启超的时间界定是上溯 20 年，下延 80 年）一百年间的思想变迁，并提出了不少真知灼见，为后人称道。

梁启超认为，中国的思想变迁可划分为明显的六个阶段，明清之际属于第六阶段的启动时期。秦统一之前的春秋战国时期，思想活跃，流派纷呈，是中国古代思想最辉煌的一幕，也是中国思想主轴的奠基阶段。秦汉时期，政治统一，社会相对稳定，思想界也失去了奔腾起伏的浪花，回到平稳而无生气的状况，"全学界殆为儒家思想所独占"。三国两晋南北朝时期，政治势

---

[1]《饮冰室合集·专集》第 37，第 41 页。

力分裂，民族移转大混乱，西北方蛮族，入到中原文化最高的地方，渐渐同化，中原文化最高的人迁到南方去，把大江以南文化较低的地方加工开发，那时的思想界，因为政治扰攘的影响，全部带厌世色彩，初期道家言盛行，佛教则前期之末已经输入，到本期发展极猛速而极溥偏。故思想界亦呈分裂混杂的状态。隋唐五代，由于盛唐的出现，政治大一统，中外交流频繁，"文学、美术、音乐、工艺都发达得极其灿烂，哲学界则佛学各宗派都在这时候完成，儒学亦继续汉代的整理事业。到期末的百余年间，因文化烂熟的结果，发生毛病，延及社会之腐浊，政治之混乱，至五代时，这一期的文明，遂陷于破产状态"。宋元明三朝的思想界，"全部分精力耗费在新哲学之建设上头，……努力将印度思想和中国固有思想相调和，……专从'形而上'方面探求宇宙和人生的原理，所以叫做理学。理学发生的动机，一方面因为前期物质文明，末流发生了毛病，惹起反动，所以走到收敛内观那条路去，一方面因为佛教的潜势力很大，儒者都受他影响，不知不觉便熔化成一个新派。理学界重要人物，前有程颐、朱熹、陆九渊，后有王守仁。因此又分程朱和陆王两支派。程朱派带中国固有思想的成份还较多，陆王派便更和印度思想接近了。自理学兴后，唐以前许多文化事业都很受打击，再加以那种八股考试制度，把学界的活气越发腐蚀了"。明末清初至辛亥革命，中国思想界发生了较大的变化。前期出于理学的逐步走向反动和清廷的文化高压政策，学界"专从事于客观的研究考察，把第一期到第四期许多学问都复活转来。又因为和欧洲交通大开的缘故，陆续受外来思想影响，造成一种新学风，和欧洲'文艺复兴'时代有许多地方相象"。[1] 梁启超这样简单明了地描述中国思想的演进曲线，目的是使读者了解明清之际的思想变化在中国思想史上的特殊位置，同时也便于从宏观和微观的结合上去评判明末清初的思想变迁。

作为中国思想发展第六阶段的启动时期，明末清初的思想界还有其特定的社会背景。梁启超列举了四种情况：一是理学在明末空谈"性理"，脱离

---

[1]《饮冰室合集·文集》第41，第28—29页。

实际，为越来越多的人所厌恶，已经走到了尽头。许多有识之士，反理学之道而行之，兴起了一股注重客观现实的新学风。二是西方耶稣传教士的东来，介绍了一些西方的天文、数学、地理、哲学、历史知识，给中国思想界注入了新的血液。三是学界有一批人不和清廷合作，具有"反满"意识，不参与政治活动，一心扑在学问上，产生了不少新的学术观点和学术思想。四是社会逐步安宁，康熙皇帝思想开放，比较了解中国文化和西方文化，又提倡学术研究，"自然能令思想界发生好影响"。这四方面的相互制约，使明末清初涌现了一批有影响的思想家，也产生了一些有价值的思想观点。梁启超列举了12个方面，24个代表人物：

1. 黄道周和刘宗周。理学界的背叛者，黄倡导象数之学，刘宣扬实践道德学，对清初思想界有较大的影响。

2. 孙奇逢和李颙。孙是直隶人，李出生陕西，虽都崇奉陆王派的理学，但注重实践，不尚空谈，门徒又多，为北方讲学大师，开创了新的学风。

3. 顾炎武和王夫之。顾为清初学界第一开山大师，"各门学问，都由他提倡出来"。而且注重客观的归纳研究，给后人留下新的研究方法。王夫之和顾炎武齐名，学问也不相上下，尤在哲学上有独到见解，影响深远。

4. 黄宗羲和朱之瑜。黄思想激进，提倡民权，为梁启超所崇拜，又著《宋元学案》、《明儒学案》，在哲学和学术思想史方面贡献尤多。朱反对玄学，排斥理学，专注经世致用，对中日文化交流也有巨大的贡献。

5. 颜元和李塨。这两位富有创新精神，梁启超称他们是"思想界的大炸弹"。二位奉行实践的经验主义和科学的实用主义，认为一切学问只能来自实际，"不是空想能得来的"。学问好坏的唯一标准是看其是否对社会有用。培养教育人必须注重其个性发展，梁启超认为这二位是中国早期杜威式的人物。

6. 徐光启和宋长庚。两位都是科学家，前者首译《几何原本》，对数学界影响巨大；后者著《天工开物》，有重要学术价值。

7. 王锡阐和梅文鼎。这两位在数学方面造诣颇深，尤其结合西方传入的天文、历法、数理深入探研，成就颇丰。

8. 徐宏祖和顾祖禹。徐是一位云游全国的地理学家和探险家，所著《徐霞客游记》，声誉极高。顾的地理研究在于和历史、社会结合起来，毕生精力编写的《读史方舆纪要》，具有开拓意义。

9. 万斯同和戴名世。这两位史学家都致力于著明史，成果不小，在治史方法上也有突破。

10. 方以智和刘献廷。致力于拼音字母的研究，是中国文字拼音的奠基者。

11. 德清和智旭。两位皆为浙江和尚，佛门"清教徒"，在注释佛经上有创新。

12. 孔尚任和曹雪芹。孔的《桃花扇》和曹的《红楼梦》皆是中国历史上永放光芒的文学佳作。

梁启超列举的这 12 方面，涉及思想、哲学、文学、史学、地理学、自然科学、金石学、考古学、语言文字、社会学等各个专门学科，基本代表了明末清初一百年间思想文化变迁。但过于简略，缺少综合分析，充其量是明清之交中国思想界的发展纲要。为弥补这种缺陷，梁启超曾花较多精力研究了清代乃至中国几千年的学术变迁史。

学术史的创见：清代学术概论、中国近三百年学术史、先秦学术

1. 清代学术概论

晚年的梁启超颇注重研究中国学术史。他曾设想写一部五卷本的中国学术通史，第一卷先秦学术；第二卷两汉六朝经学及魏晋玄学；第三卷隋唐佛学；第四卷宋明理学；第五卷清代学术。这个计划虽未变成现实，但从广义上讲，梁启超最后 10 余年的学术研究，有 2/3 以上属学术史范畴。若从狭义

上讲，也留下了《清代学术概论》、《中国近三百年学术史》和一系列先秦学术史专著，在中国学术史领域占有举足轻重的地位。

《清代学术概论》写于 1920 年冬，仅半月成书。梁启超的好友蒋方震，是和蔡锷齐名的清末民初的著名军事家，考察欧洲归来后，著有《欧洲文艺复兴与时代史》，恭请梁启超作序。梁启超认为清代的学术思潮有许多地方与欧洲文艺复兴相似，写序时大加发挥，广泛评述，无法止笔，一下子写出 5 万多言，已不成序，遂单独成书，名《清代学术概论》，蒋方震反过来又为梁启超作序。蒋方震在序言中一方面肯定了梁启超此书的功力深厚，论辩超群，具有启蒙意义；一方面又提出了晚清科技意识不浓、致用学风不够、"人欲"自由无法发挥及西方文化难以在中国立足等问题，梁书都没有透彻地解释。从总体上看，《清代学术概论》仅是一部纲要式的论著，很多问题没有展开，可补充的东西不少，但它毕竟是有关清代学术的第一部专著，梁启超以后的学者，基本是按这部书的框架去研究清代学术的。

《清代学术概论》凡 33 题，从学术思潮的角度，按启蒙期、全盛期、蜕变期（衰落期）评述不断起伏的清代学术。梁启超认为所谓思潮是特定历史时期多数人的一种共识。有"思"未必有"潮"。只有有价值的高水平的"思"引起了社会许多群体的共鸣，才会形成"潮"。思潮既是多数人的一种追求，又能变成特殊的社会行动，形成一种"风气"，出现"继续的群众运动"。"一思潮播为风气，则其成熟之时也"。清代的学术思潮从总体上讲，其"对于宋明理学之一大反动，而其'复古'为其职志者也"。梁启超深刻指出：

"综观两百余年之学史，其影响及于全思想界者，一言蔽之曰'以复古为解放'。第一步复宋之古，对于王学而得解放；第二步复汉唐之古，对于程朱而得解放；第三部复西汉之古，对于许慎而得解放；第四步复先秦之古，对于一切传注而得解放"[1]

---

1 《饮冰室合集·专集》第 34，第 6 页。

用"复古"来概括有清一代之学术思潮是梁启超一大创新。诚然，所谓的"复古"并非重复过去，而是用当代新理念、新认识去解释古典，阐发新知，复古是手段，求得学术进步是目的。在没有新的理论武器或新的研究方法的情况下，中国古代的思想家往往以"复古"求解放。同样的"复古"旗号，可以赋予各种不同的内容。"复古"的背后藏有五光十色的"私货"。清代学者在"复古"的过程中，就有着带有阶段性和递进性的相互联系又有一定区别的特定内涵与特殊规范。

在清代学术变迁的启蒙时期，涌现了顾炎武、黄宗羲、王船山、颜元四位大家，他们的共同特点是敢于向宋明理学挑战，善于提出新的观点和新的研究方法，能够创新、博证、致用。经过数十年的努力，一种新的学术风气形成了，新的学术局面也就开始了。梁启超认为，"启蒙期之思想界，极复杂而极绚烂"。究其原因有四：一、承明学极空疏之后，人心厌倦，相率返于求实；二、经大乱后，社会比较的安宁，学者有条件钻研学术；三、满族入主华夏，"有志节者耻立于其朝，故刊落声华，专集精力以治朴学"；四、旧学派的权威已倒，新学派系统未成，无"定于一尊"之弊，故自由研究之精神特盛。在这些因素的制约下，启蒙期学者的学术动向主要有四方面：一、因矫晚明不学之弊，乃读古书，愈读而愈觉求真解之不易，则先求诸训诂名物典章制度等，于是考证派出；二、当时诸大师，皆遗老也，其于宗社之变，类含隐痛，志图匡复，故好研究古今史绩成败地理要塞，以及其他经世之务；三、自明之末叶，利玛窦等输入当时所谓西学者于中国，而学问研究方法上，生一种外来的变化，其初惟治天算者宗之，后则渐应用于他学；四、学风既由空返实，于是有从书上求实者，有从事上求实者，南人明敏多条理，故向著作方面发展，北人朴实坚卓，故向力行方面发展。梁启超这种描述，十分合乎当时的历史真实。正是启蒙时这种新学风的出现，才导致了乾嘉时代"朴学"的风云突起。启蒙者的导向，往往决定着全盛期的主体构架。

所谓清代学术的全盛期，指乾嘉时代的"朴学"或"汉学"，规模大，人数多，在中国学术史上占重要地位。梁启超称之为清代的正统学派，并概括了十大特色：

1. 凡立一义，必凭证据，无证据而以臆度者，在所必摈。

2. 选择证据，以古为尚，以汉唐证据难宋明，不以宋明证据难汉唐，举汉魏可以难唐，举汉可以难魏晋，举先秦西汉可以难东汉，以经证经，可以难一切传记。

3. 孤证不为定说，其无反证者姑存之，得之有续证渐信之，遇有力之反证则弃之。

4. 隐匿证据或曲解证据，皆为不道德。

5. 最喜罗列事类之同项，通过比较研究，以求公则。

6. 凡采用旧说，必明引之，剿说为大不德。

7. 所见不合，则相辩诘，虽弟子驳难本师，亦所不避，受之者从不以为忤。

8. 辩诘以本问题为范围，词旨务笃实温厚，虽不肯枉自己意见，同时仍尊重别人意见，有盛气凌人，或支离牵涉，或影射讥笑者，认为不德。

9. 喜专治一业，求窄而深的研究。

10. 文体贵朴实而简絜，最忌"言有枝叶"。

这种学风产生了两种效果：一方面使研究者养成了求实和科学的研究方法，涌现了一大批学术价值极高的论著，为中国文化宝库增加了夺目的光彩；一方面为学问而学问，脱离政治，远离现实，于社会进步、人群进化关系较小，学术研究没有成为社会变革的阶梯。梁启超深深感到，若将乾嘉"朴学"与"现代"世界诸学科比较，"则其大部分属于无用"。[1]

现实需要是学术繁荣的生命。乾嘉汉学的兴盛从根本上讲，是因为适应了当时清廷政治的需求，是清廷政治在学术文化领域的必然反映。远离政治的为学问而学问本身就是一种社会政治。当客观环境发生变化之后，新的政

---

[1]《饮冰室合集·专集》第34，第36页。

治环境必然呼喊一种新的学术文化。嘉庆末年之后，汉学一步步衰落，咸光年间则成了今文经学派的一统天下。清代学术进入了蜕化期。其蜕化的前因后果，梁启超从两方面作了中肯分析。一是环境所致，他指出：

"鸦片战役以后，志士扼腕切齿，引为大辱奇戚，思所以自湔拔，经世致用观念之复活，炎炎不可抑。又海禁既开，所谓西学者逐渐输入，始则工艺，次则政制，学者若生息于漆室之中，不知室外更何所有，忽穴一牖外窥，则粲然者皆昔所未睹也。环顾室中，则皆沈黑积秽，于是对外求索之欲日炽，对内厌弃之情日烈，欲破壁以自拔于此黑暗，不得不先对于旧政治而试奋斗。于是以极其幼稚之西学知识，与清初启蒙期所谓经世之学者相结合，别树一派，向于正统派公然举叛旗矣！此则清学分裂之主要原因也。"

二是汉学本身的原因，梁启超认为：

"所谓发于本学派自身者，何也？其一，考证学之研究方法虽甚精善，其研究范围却甚拘迂。就中成绩最高者，惟训诂一科。然经数大师发明略尽，所余者不过糟粕。其名物一科，考明堂、考燕寝、考弁服、考车制，原物今既不存，聚讼终未由决。典章制度一科，言丧服、言褅祫、言封建、言井田，在古代本世有损益变迁，即群书亦未由折衷通会。夫清学所以能夺明学之席与之代兴者，毋亦曰：彼空而我实也。今纷纷于不可究诘之名物制度，则其为空也，与言心言性者相去几何？……清学以提倡一'实'字而盛，以不能贯彻一'实'字而衰。自业自得，固其所矣。其二，凡一有机体发育至一定限度，则凝止不复进，固凝止而腐败，而衰谢，此物理之恒也。政制之蜕变也亦然，学派之蜕变也亦然。清学之兴，对于明之'学阀'而行革命也，乃至乾嘉以降，而清学已自成为炙手可热之一'学阀'。……于是思想界成一'汉学专制'之局。学派自身，既有缺点，而复行以专制，此破灭之兆矣。其三，清学家自教人以尊古，又教人以善疑。既尊古矣，则有更古焉者，固在所当尊；既善疑矣，则当时诸人所共信者，吾曷为不可疑之。盖清学经乾嘉全盛以后，恰如欧洲近世史初期，各国内部略奠定，不能不有如哥伦布其人者别求新陆。故在本派中有异军突起，而本派之命运，遂根本摇动，则亦势所必致，理有固然矣"。[1]

梁启超亲身感受过乾嘉汉学的衰退和经世致用的今文经学派的复兴，他自己又是促成这种转化的一员健将，上述评论自然情理通顺，入木三分。鸦片战争后政治的巨变酿成了学术的巨变，而乾嘉汉学内部机制的逻辑发展又导致自身的新陈代谢和新的学术思潮的代之而起。但任何学术思潮都与前代的传统紧密相连。鸦片战争后的今文经学派绝非宋学的重演，它们既包含了公羊学派和宋学的合理基因，又吸收了一些西方文化素养，为改变中国的现状而形成了特定的学术流派。梁启超在《清代学术概论》中对此作了翔实的分析，指明了龚自珍、魏源、康有为、梁启超、谭嗣同等一批新型学术思想家的特点和学术文化倾向，阐述了这种新型学术思潮的内涵和局限，从而较完整地概述了有清一代学术变迁的三大阶段。

2. 中国近三百年学术史

如果说《清代学术概论》是有关清代学术发展的一部纲要，那么《中国近三百年学术史》则是十分详尽的专著了。后者近30万言，从明代的最后20年讲起，直到1920年为止，恰好三百年。梁启超不起名清代学术史，而起用《中国近三百年学术史》，理由有二：一、"晚明的20多年，已经开清学的先河，民国的十来年，也可以算清学的结束和蜕化，把最近三百年认做学术史上一个时代的单位，似还适当，所以定名为近三百年学术史"。二、"今年是公历1923年，上溯三百年前之1623年为明天启三年，这部讲义，就从那时候算起，若稍为概括一点，也可以说是十七、十八、十九三个世纪的

---

[1]《饮冰室合集·专集》第34，第51、52页。

中国学术史"。[1]总之，为求清代学术变迁的完整性，梁启超从宏观和微观的结合上阐述三百年间的学术变迁，较《清代学术概论》要丰满得多了。

梁启超的这部专著主要由两大部分组成，一是继续《清代学术概论》中分启蒙、全盛、蜕化三个时期的做法，来详细探索相互转变的原因；二是用大部分篇幅评述清代有一定影响的学派及代表人物和典型作品。

关于清代学术三期转化的分析，梁启超没有从根本上突破《清代学术概论》的框架，但有三点是独具风姿的：

其一，梁启超明确指出清代学术的主潮是，"厌倦主观的冥想而倾向于客观的考察"；支流是，"排斥理论，提倡实践"。

其二，梁启超对启蒙期为什么向实证为主的全盛期的"朴学"即"汉学"的转变的原因，论述得周详而且得体。请读其中一段：

"把以上各种事实，综合起来，我们可以了解清代初期学术变迁的形势及其来由了。从顺治元年到康熙二十年约三四十年间，完全是前明遗老支配学界，他们所努力者，对于王学实行革命（内中也有对于王学加以修正者），他们所要建设的新学派方面颇多，而目的总在（经世致用），他们元气极旺盛，像用大刀阔斧打开局面，但条理不免疏阔。康熙二十年以后，形势渐渐变了，遗老大师，雕谢略尽，后起之秀，多半在新朝生长，对于新朝的仇恨，自然减轻，先辈所讲经世致用之学，本来预备推倒满洲后实见施行，到这时候，眼看满洲不是一时推得倒的，在当时政府之下实现他们的理想政治，也是无望。那么，这些经世学都成为空谈了。况且谈到经世，不能不论到时政，开口便触忌讳。经过屡次文字狱之后，人人都有戒心。一面社会日趋安宁，人人都有安心求学的余裕，又有康熙帝这种'右文之主'极力提倡。所以这个时候的学术界，虽没有前次之波澜壮阔，然而日趋于健实有条理。其时学术重要潮

---

[1]《饮冰室合集·专集》第75，第1页。

流,约有四支:一、阎百诗、胡东樵一派之经学,承顾黄之绪,直接开后来乾嘉学派;二、梅定九、王寅旭一派之历算书,承晚明利徐之绪,作科学先锋;三、陆桴亭、陆稼书一派之程朱学,在王学与汉学之间,折衷过渡;四、颜习斋、李刚主一派之实践学,完成前期对王学革命事业而进一步。此则康熙一朝六十年间全学界之大概情形也"。[1]

其三,结合梁启超自身的思想特点和多数知识群体的心态,将光绪年间新学术思潮的起因和格局描绘得惟妙惟肖。梁启超认为,鸦片战争后,新的经世致用的学术思潮虽然露出头角,龚自珍、魏源可谓开一代风气的思想家,但那时学术界占主导地位的还是以考证派为核心的汉学。咸丰、同治年间,由于太平天国与清廷的对抗,社会不安定,学术文化没什么大的起色。但随着西学的输入,反满情绪的高涨,到光绪年间"一口气喘过来了"。"光绪初年,内部虽暂告安宁,外力的压迫却日紧一日,自六年中俄交涉改订伊犁条约起,跟着十年中法开战,失掉安南。十四年中英交涉,强争西藏。这些事件,已经给关心国事的人不少的刺激。其最甚者,二十年中日战役,割去台湾及辽东半岛,俄法德干涉还辽之后转而为胶州、旅顺、威海之分别租借。这几场接二连三的大飓风,把空气振荡得异常剧烈,于是思想界根本动摇起来"。但是,新思潮的涌动,除了政治的推进外,还须有动人心弦的思想资料。那时人们对西学多是一知半解,真正作为原动力的是明末清初作为学术启蒙期顾黄王等人倡导的经世致用之学。梁启超认为:"凡大思想家所留下话,虽或在当时不发生效力,然而那些灌输到国民的'下意识'里头,碰着机缘,便会复活,而且其力极猛"。清初几位大师的言论,"在过去二百年间,大家熟视无睹,到这时忽然像电气一般把许多青年的心弦震得直跳"。光绪年间,明末清初思想家的论著在知识界有广阔的市场,顾炎武、黄宗羲、王船山等人对科举制的抨击、对专制制度的鞭挞、对满族贵族统治的讥

---

[1] 《饮冰室合集·专集》第75,第16—17页。

讽以及他们"反满"的壮烈举动，都引起了一代青年的共鸣和由衷的钦佩。许多国民"读了先辈的书，蓦地把200年麻木过去的民族意识觉醒转来"。在思想觉醒的大潮中，康有为、梁启超、章太炎等先行者又大力鼓荡，学术文化的大变革就不可逆转了。戊戌变法虽暂时失败，但具有讽刺意义的是，"变法维新这面大旗从义和团头目手中重新竖起来了"。随着"新政"的推行和科举制的废除，数千年的许多思想障碍物被打破了，逐步出现了四股新的学术潮流：一、梁启超为代表的改良派人士，宣传西方政治理论，无选择的输入西方文化，同时谋求中国"过去善良思想之复活。"二、章太炎一派"受浙东派黄梨洲、全谢山等影响甚深，专提倡种族革命，同时也想把考证学引到新方向"。三、严复等人中外文皆佳，"专翻译英国功利主义派书籍，成一家之言"[1]，提供新的精神食粮。四、孙中山为代表的革命派，全力介绍西方资产阶级民主学说，并复活明末清初的反清意识和经世致用的学风。四股潮流的相互交汇，聚合为晚清内容广泛而庞杂的学术新潮。

梁启超治学术史，充分发挥了他思维敏捷、看问题深刻、提炼能力强等优势，跳出了繁琐的学术追踪和具体验证的框框，给予较多的理性思考，发人深思，给人教益。但他也注意有影响的学术流派和学术人物的研究，在《中国近三百年学术史》中，这方面的篇幅占去了9/10。大体包括：

1. 阳明学派余波及其修正——黄宗羲等人。

2. 清代经学之建设——顾炎武、阎若璩等。

3. 王船山和朱舜水——畸形的儒生。

4. 清初史学之建设——万斯同、全祖望等。

5. 颜元和李塨。这两位富有创新精神，梁启超称他们是"思想界的大炸弹"。二位奉行实践的经验主义和科学的实用主义，认为一切学问只能来自实际，"不是空想能得来的"。学问好坏的唯一标准是看其是否对社会有用。培养教育人必须注重其个性发展，梁启超认为这二位是中国早期杜威式的人物。

---

[1] 以上引文见《饮冰室合集·专集》第75，第28—31页。

6. 徐光启和宋长庚。两位都是科学家，前者首译《几何原本》，对数学界影响巨大；后者著《天工开物》，有重要学术价值。

7. 王锡阐和梅文鼎。这两位在数学方面造诣颇深，尤其结合西方传入的天文、历法、数理深入探研，成就颇丰。

8. 科学界的先驱——王锡阐、梅文鼎等。

9. 清初学海波澜余录——方以智、陈确、潘平格、费密、唐甄、刘献廷、毛奇龄、吕留良、戴名世。

10. 清代学者整理旧学之总成绩——经学、小学、音韵学、校注古籍、辨伪书、辑佚书、史学、方志学、传记、谱牒学、地理学、历算学、乐曲学等。

以上10类，前9类侧重于从典型人物出发，在哲学和思想方面分析清代前期的学术，提出了不少新见解。最后一类，梁启超花笔墨颇多，比较详细地介绍了乾嘉学派的学术成果，并从中国学术变迁的角度，分析了其成绩和不足。有些评述极其详尽，例如讲到校勘古籍，梁启超逐一加以评点，涉及《荀子》、《墨子》、《管子》、《韩非子》、《老子》、《庄子》、《列子》、《晏子春秋》、《吕氏春秋》、《逸周书》、《国语》、《战国策》、《山海经》、《周髀算经》、《淮南子》、《春秋繁露》、《列女传》等30种，同时综合了校勘的一般方法和各家的不同特点。有些章节，梁启超还善于归纳统计和分类划线，便于读者记忆和检索，所附《明清之际耶稣会教士在中国者及其著述》，简明概括，使人一目了然，学术价值颇高。作为有清一代的学术史，梁启超的这部书是空前的佳作。

但是，此书在选材上也有较大的缺陷。梁启超太多地叙述乾嘉汉学的学术成果，却忽略了鸦片战争后晚清的各种学术发展，清末民初的学术大家更付之阙如。诚然，道咸同光和民国初年的有影响的学术成就较少，但作为中国古代学术向近代学术的转换期，鸦片战争后80年间各种学术思潮风起云涌，许多学科都发生了带有本质意义上的转化，梁启超不应忽略这方面的评析。和《清代学术概论》相比，《中国近三百年学术史》在这点上还略低一筹。

3. 先秦学术

梁启超对先秦学术研究甚广，本书前面涉及的史学、文学、哲学、思想史等已分析了他有关先秦学术思想的不少论著，足见梁启超是把先秦作为中国学术史的奠基时代来处理的。如果从严格意义上的学术史研究去看问题，梁启超还留下了《先秦学术年表》和《老孔墨以后学派概观》两部论著。前者通过年代、人物、事实及各学派的相互继承关系列了一个大表，先秦学术变迁和有影响的学者尽收眼底，并有必要的考订，为我们研究春秋战国时代的学术史提供了方便。后者为一部专著，着重分析老子、孔子、墨子三派学术的演变过程和思想特点，颇有见地，可惜没有完成。

按梁启超原来的设想，要分代去探讨各学派的发展情况。如道家的第一代为老子、关尹；第二代为杨朱、老莱子、黔娄子等；第三代为它嚣、彭蒙、田骈、慎到、庄周；第四代是蜎渊、捷子、宫孙子等。儒家的第一代是孔子；第二代是子夏、子弓、曾子、宓子等；第三代为孟子、景子、魏文侯、李克等；第四代是荀卿、徐子、鲁仲连、朱建等。墨家可分三代，墨子为第一代；胡非子、随巢子、宋钘等为第二代；田俅子、我子、相里勤等为第三代。法家仅有两代，第一代李悝、商鞅、申不害；第二代韩非子、处子、游棣子等。阴阳家只一代，即邹衍、公孙发等。名家则有二代，第一代邓析；第二代惠施、尹文子；第三代公孙龙、毛公、黄公等。为明白起见，梁启超列了一个《先秦诸子表》。但在具体论述中，梁只讲了道家学派的衍生情况，儒家的仅讲了一部分。

梁启超论学术，极喜欢先从宏观上加以概括，他认为中国古代学术，"老孔墨三派集其大成。言夫理想，老子近唯心，墨子近唯物，孔子则其折衷也；言夫作用，老子任自然，墨子尊人为，孔子则其折衷也。三圣以后，百家竞作，各有其独到之处，观其一节，时或视三圣所造为深，然思想渊源，盖罔不导自三圣"。[1]但在先秦和汉初，论学术者很少从流派上进行划分，学术渊源并

---

[1]《饮冰室合集·专集》第40，第1页。

不清晰。只是从司马谈起，才用流派去分析先秦学术。司马谈用儒家、墨家、名家、法家、阴阳家、道德家来解析先秦诸子，刘向、刘歆则进一步分为儒、道、阴阳、法、名、墨、纵横、杂、农、小说十家，但习惯上称作九流。这当然为研究先秦学术指出了一条明路。但是，学术的演进，往往你中有我，我中有你，派派相连，很多学者只注重研究各流派的不同和本身的特点，不大探讨相互的借鉴和吸收。梁启超的研究，则在叙述流派时，注意了方方面面的相互渗透，具体方法是"以三圣为纲，述其流派之绪，以观其变焉"。[1]

关于老子所衍生的学派，梁启超重点叙述了"有极端个人享乐主义之杨朱一派，有出世间法之庄周一派，有自然断灭主义之彭蒙、田骈、慎到一派"。梁认为，杨朱是先秦学界的个性解放派，让人回归自然，自由发展，顺其本能，尽量发挥。其特点，一是"从心而动，不违自然"。杨朱从来认定世界的万事万物，大同小异，生虽稍有不同，死者毫无差别，同是腐物一堆。其明确声称："万物所异者生也，所同者死也。生则有贤愚贵贱，是所异也；生则有臭腐消灭，是所同也。……十年亦死，百年亦死，仁圣亦死，凶愚亦死，生则尧舜，死则腐骨，生则桀纣，死则腐骨。腐骨一矣，孰知其异。"这种极端的"断灭主义"，使其"从性而游，不违万物"。二是"恣意所为，不受约束"。杨朱曾呼吁人们"恣耳之所欲听，恣目之所欲视，恣鼻之所欲向，恣口之所欲言，恣体之所欲安，恣意之所欲行"。这种纵欲主义是厌世主义和极端个人主义的混合物。三是"无我的为我主义"。纵欲主义风行社会，就是"人不为己，天诛地灭"，也是杨朱宣扬的"拔一毛以利天下不为"。但杨朱毕竟脱胎于老子，在纵欲的个人追求中，要达到"无为而治"。他曾讲："损一毫，利天下，不与也；悉天下，奉一身，不取也；人人不损一毫，人人不利天下，天下治矣。"又称："身非我有也，既生不得不全之，物非我有也，既有不得去之。虽全生身，不可有其身；虽不去物，不可有其物"。这显然是在"无我"中求得"自我"。总之，杨朱一派从一个极端

---

[1]《饮冰室合集·专集》第40，第2页。

即纵欲享乐的角度发挥了老子的理论，自成一派。

庄周一派不是从享乐主义的角度去解决人生的苦闷，而是趋向于宗教的方法，在现实的"我"的另一面，创造一个超现实的"我"，在"无我"的背后造就一个完美而随心所欲的"我"。这是老子的"无我论"在一个侧面的极端发展，庄子针对许多人哀叹"人生无意义"的状况，提出在天地人生之外，去寻求一种新的追求，新的精神寄托，"上与造物者游，下与外死生无终始者为友"。梁启超认为，这是庄子让人们去做新的推求，"知现实境界之外，别有'真我'存在"，由此得以宽慰，产生新的生活勇气，这和印度的大乘佛教极为相近。庄子的《逍遥游》、《齐物论》、《人间世》、《德充符》、《大宗师》等，都是宣传的这种理论。在庄子看来，人的苦闷导源于只求现实的"我"而不知有超现实的"我"。如果能在现实的"求索"中去独创一个"真我"，则"应于化而解于物"，"其理不竭"，其生也无涯。梁启超对此有一通俗的解答，其云：

"人生之苦痛，皆从生活状态之矛盾而来，肉感与灵感交战，陷于人格分裂，苦莫甚焉。假使人类而能如禽兽，除饮食男女以外，无所寄其情志，虽在此范围中，矛盾已不少，苦痛已甚多，但其苦究为单调的，旋起旋落，可以自支。无奈人类有其固有之灵性，此一点灵性，对于我侪之肉的生活，常取批评的态度，于是种种悔恨悲哀恐怖，皆出此而起。而我侪因此乃生一种向上的推求，知现实境界之外，确有别'真我'存在，而此真我即为我侪最后安慰之所。于是有谓此真我完全与现实境界为二物，必脱离现境，始能与之相应者"。[1]

这段话有三点值得注意：一、人之痛苦是欲望和现实相矛盾的产物；二、人有灵性而较一般动物有更多的痛苦；三、解脱痛苦的唯一办法是去修炼主观臆断的脱离人世的"真我"。从宗教家的立场去看问题，这无疑是对

---

[1]《饮冰室合集·专集》第40，第8页。

的。庄周设计了一个永远无法达到又颇吸引现实的"我"的彼岸的"真我",使痛苦的"我"在追求"真我"的过程中得到解脱。为此,庄周论述了名利、人伦、道德修养、权势、地位等各种内涵和应取的态度,引导人们在出"苦海"的过程中又陷入了一种新的"苦海"。他从老子的"无我"论出发,实际又回到了现实的"我"。其实,苦和乐是对立的统一,无苦则无乐,无乐则无苦,"苦尽甜来"是辩证的转换。主动地去消除灵魂的痛苦是可取的,永远解除痛苦的想法是幼稚的。庄周的理论不能说没有积极意义,但他心目中苦苦追求的"真我"只是一条地平线,可望不可即。

慎到、彭蒙、田骈等人着重发展了老子的"无为而治",而倡导自然断灭主义。他们认为人的灵性引出了许多不公平。尺、秤等无知觉的自然物则是最公平的,自然界的冷热、风雨也无知觉,所以也非常公平。因此,人只有在冷血动物之时,才能干出最公道的事情。治理国家的人们必须戒除情感,趋向无知觉的自然物,才可达到天下大治。因此,他们反对"有为",呼吁"圣君贤相"少干涉民众。与之相联系,他们主张建立公正的"法",认法不认人,换人不换法。由"无为而治"又倾向于"法治"了。

有趣的是,梁启超将屈原也列入老子一派。梁启超认为屈原受老子、庄子的影响极深,是灵魂和现实的矛盾无法解脱的典型。在梁启超看来,屈原心灵高尚、智慧超群,追求一种大多数人无法理解的生活境界。"在理智短浅,情感钝弱之人,对于人生问题,毫无感觉,醉生梦死以度数十寒暑,固甚容易。若屈子一面既以其极莹彻之理性,感'天地之无穷',一面又以极热烈之感情,念'民生之长勤'。而于两者之间,不得所以调和自处,故在苦闷不可状"。[1] 屈原之苦,苦在太聪明、太高尚;高深的智慧使他无法理解人生之艰辛,高尚的品格使他无法与现实同流合污。现实世界无法容他;他也无法容现实世界;于是只好离去,去求彼岸的"我"。老庄思想在屈原身上留下了深深的印记。

---

[1] 《饮冰室合集·专集》第40,第24页。

关于孔子所衍生的学派，梁启超准备分五派进行评述，即内业派、武侠派、经世派、文献派和传注派。梁启超认为孟子是内业派的代表，主要表现是宣传"明心见性"，呼吁自我修养，主张"人性善"，要求人适应环境，完善自我，提倡义、"气节"和"智、仁、勇"，并在政治上向往一种君爱民、民拥君的相亲相善的"仁政"，希望平等的分配社会财富，"耕则通力合作，收则计亩均分"，这是一种"半共产的社会"。至于这种学说的是非得失，梁启超还没来得及进行评说，就不知何因而搁笔了，这对研究先秦学派不能说不是一大损失。

文化史的建树：概念的界定、研究方法、中国文化史

1. 概念的界定

梁启超对研究文化史有浓厚的兴趣。为了写一部既有理论深度又内容丰富翔实的中国文化史，他一方面对有关分支做过大量的研究，一方面从理论上加以探讨。他的中国文化史虽仅留下了社会组织篇，但其大体思路清晰可见；他的文化学理论虽未形成长篇巨著，但自成体系，有许多独到见解。

1922年，梁启超在南京金陵大学和第一中学作了一个"什么是文化"的演讲，比较简明而又概括地说明了文化的定义、内涵和许多具体问题。何为文化？梁启超的回答是："文化者，人类心能所开积出来之有价值的共业也。""共业"是佛教语言，与"别业"相对，意为相互渗透、相互传播。具体来讲，就是人类在心灵推动下的文化活动相互碰撞，相互影响，像电子一样迅速波及别人。人的本能及其表现，有相当一大部分"遗传到他的今生、他生或他的子孙，永不磨灭"，这就是"别业"。还有一部分，"像细雾一般，霏洒在他所属的社会乃至全宇宙，也是永不磨灭，是之谓'共业'，又叫业力周遍的公例。文化是共业范围内的东西，因为通不到旁人的别业，便与组织文化的网子无关了。"照梁启超的这种解释，文化首先应理解为人类活动

中相互影响和联系着的一种"网络"。但这种"网络"或叫"共业"并非全是文化，只有其中的一部分可谓文化。因为梁启超将人类的活动分为自然系和文化系两部分，"自然系是因果法则所支配的领土，文化系是自由意志所支配的领土。"梁启超用表解释为：

梁启超所理解的人类活动及文化概念

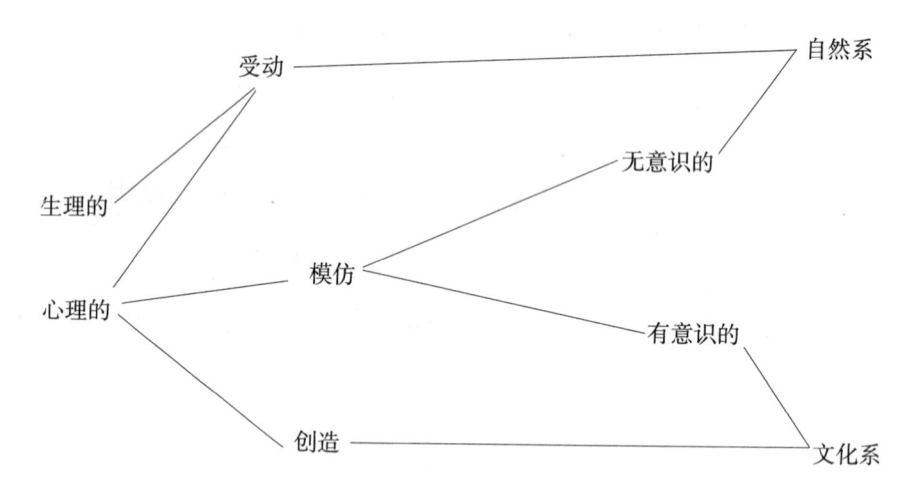

```
生理的 ── 受动 ──────── 自然系
              ╲      ╱
               ╲    无意识的
                ╲  ╱
                 模仿
                ╱  ╲
               ╱    有意识的
              ╱      ╲
心理的 ── 创造 ──────── 文化系
```

从心理的要求出发，通过有意识和无意识的创造和模仿，形成人类的文化系，也使人成为文化动物。何为创造呢？"创造者，人类以自己的自由意志选定一个自己所想要达到的地位，便用自己的'心能'闯进那地位去。"何为模仿呢？"模仿是复位的创造，有模仿才有共业。"梁启超指出："人类有创造、模仿两种'心能'，都是本着他的自由意志，不断的自动互发，因以'开拓'其所欲得之价值，而'积厚'其所已得之价值，随开随积，随积随开，于是文化系统以成。所以说：'文化者，人类心能所开积出来之有价值的共业也'。"

究竟什么是文化，有各种各样的界定，很难整齐划一。这是由文化本身的广泛性、多变性、模糊性等所决定的。梁启超所做的文化的规范，从其本身讲是自成一体和有较大说服力的。从本质上去理解，梁启超的所谓文化就是人类自由心灵的积极而能动的客观反映。由此引申开来，梁启超又论述了文化的主要内容，这就是"文化是包含人类物质、精神两面的业种业果而言。"所谓物质的文化指人类生存和发展的基本的客观条件，如衣食往行及各类工具、机械等；精神文化则指言语、伦理、政治、学术、美感、宗教等；二者合在一起，"便是文化的总量。"梁启超的"业种业果"又是指什么呢？"这也是用的佛家术语，'种'即种子，'果'即果实。一棵树是由很微细的一粒种子发生出来，这粒种子，含有无限创造力，不断的长、长、长，开枝、发叶、放花、结果。到结成满树果实时，便是创造力成了结晶体，便算'一期的创造'，暂作结束。但只要这棵树不死，它的创造力并不消灭，还跟着有第二第三乃至无数期的创造。一面那果实里头，又含有种子，碰着机会，又重新发出创造力来，一期二期……的不断。如是一个种生无数个果，果又生种，种又生果，一层一层的开积出去，人类活动所组成的文化之网，正是如此。"[1] 这种文化网结，如下表所示：

梁启超所理解的文化构成

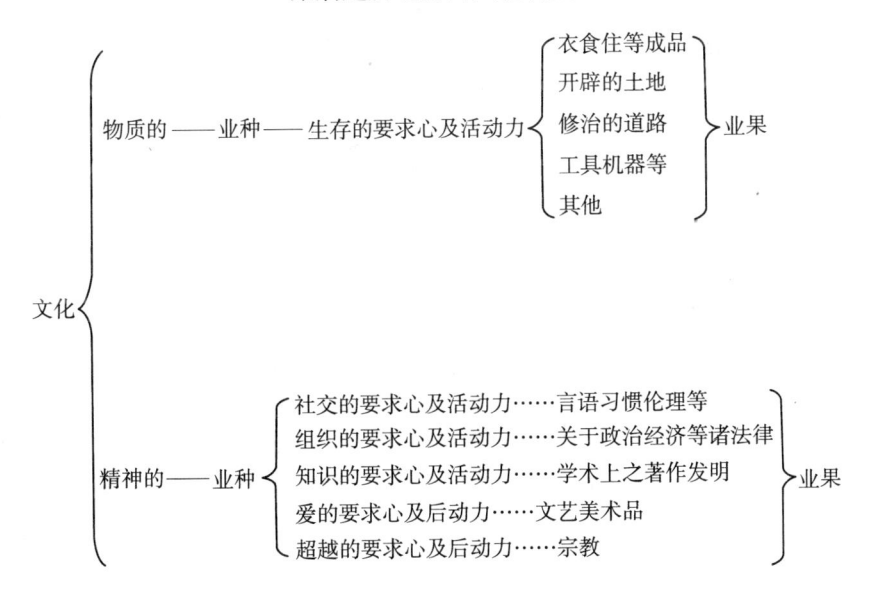

文化
├─ 物质的──业种──生存的要求心及活动力 ┤衣食住等成品／开辟的土地／修治的道路／工具机器等／其他├ 业果
└─ 精神的──业种 ┤社交的要求心及活动力……言语习惯伦理等／组织的要求心及活动力……关于政治经济等诸法律／知识的要求心及活动力……学术上之著作发明／爱的要求心及后动力……文艺美术品／超越的要求心及后动力……宗教├ 业果

---

1 以上引文均见《饮冰室合集·文集》第39，第98—104页。

由此可见，梁启超所指的文化范围极广，涉及人类主观能动性所创造的一切，是人类文明的综合反映。

2. 研究方法

梁启超从自己所理解的文化的定义和内容出发，提出了一系列的研究方法，但较多谈及的是狭义的文化即精神文化史的研究技巧。他在《中国历史研究法》中专列一章，论述文化专史及其做法，这就是：

1. 语言史。梁启超认为人类表达思想首先使用语言，研究文化必须了解语言的演变和更新。诸如各族语言的起源、发展阶段、特点及现代转换等，都要弄清楚。至于中国语言和外国语言的不同与相通之处，更要加以说明。

2. 文字史。文字是文化的重要传播工具，如果连一部中国文字史都写不出来，文化史是根本谈不上的。因此，梁启超提出要"努力下去，可以得文字的最初状况，再由古及今，把历代的文字变迁，都研究清楚"。

3. 神话史。"语言文字之后，发表思想的工具，最重要的是神话。"神话来自民间，无意识的发生，又反映着社会问题和人们的思想倾向、社会心态、思维方式、风俗习惯、生活追求等。梁启超认为研究神话不仅容易求得历史的真相，而且可以发现中国文化的渊源和某一特定历史阶段人们的行为习惯。例如中国的节日，带有不少神话传说，其流行并为多数中国人所认可，就是文化史的一个重要方面。我们研究中国的节日，"既看它的来源如何，又看它如何传播各地，某地对于某节特别有趣，某时代对于某节尤其热闹，何地通行最久，各地人民对于各节的意想如何，为什么能通行、能永久。这样极端的求得其真相，又推得其所以然，整理很易得的资料，参用很科学的分类，做出一部神话风俗史来，可以有很大的价值。"[1]

4. 宗教史。梁启超提出宗教史无非是教义和教会的变迁两部分。在中国，真正土生土长的宗教是没有的，中国人信奉的各种神十之八九是真人，

---

[1] 《饮冰室合集·专集》第99，第135—138页。

带有感恩性质。所谓的道教、孔教等，从本质上讲都不是宗教。正因为中国本土未产生真正的宗教，所以中国人对外来宗教并不排斥，佛教、摩尼教、基督教都曾扎根中国，尤其是佛教有深远的影响。在这种客观现状下做一部中国宗教史，梁启超认为"应该这样做：某地方供祀某种神最多，可以研究各地的心理；某时代供祀某种神最多，可以研究各时代的心理；这部分的叙述才是宗教史最主要的。至于外来宗教的输入及其流传，只可作为附属品。此种宗教史做好以后，把国民心理的真相，可以多看出一点，比较很泛肤的叙述各教源流，一定好得多哩。"[1]

5. 学术思想史。这方面的研究内容宏大，意义深远，应该分而治之，分哲学史（道术史）、史学史、自然科学史、社会科学史四方面专题论述，最好单独成书。中国的道术史极为庞杂，乍看起来，无法下手。为此，梁启超提出分主系、闰系、旁系，先独立去做，再相互综合。"主系是中国民族自己发明组织出来，有价值有权威的学派，对于世界文化有贡献的；闰系是一个曾做主系的学派出来以后，继承他的，不过有些整理解释的工作，也有相当的成绩的；旁系是外国思想输入以后，消纳他，或者经过民族脑筋里一趟，变成自己的所有物，乃至演成第二回主系的思想的。几千年来的思想，认定某种属某系，有了纲领，比较的容易做。"[2]梁启超认定的中国哲学思想的主系无非是先秦和宋明两个时期；闰系则指两汉至隋唐对先秦学术的注译和传播，清朝对宋明时期的研究和光大；旁系最主要的是佛学的输入及在六朝隋唐间的演化。梁启超的这种划分，有助于对中国哲学的宏观把握，做起来也很方便，但从学术思想的角度去研究中国哲学史，则相当困难。

梁启超对史学史的做法讲得相当具体而内容充实，这和他一向重视历史研究有关。他认为一部史学史至少要有四部分：一、史官；二、史家；三、史学的创立及发展；四、最近史学的新趋势。史官主要研究史学的研究机

---

[1] 《饮冰室合集·专集》第99，第143页。
[2] 同上书，第148页。

构和领导成员，梁启超呼吁国史馆要有独立性和秉公直书，其成员要学识渊博，品德高尚。他还根据历代史官的变迁，说明史官和史学研究的关系。史家是史学史的骨架子，具有核心作用。梁启超分析了先秦史家、司马迁、班固、司马光直至清代著名史学家的作用和特点，颇有见地。关于中国史学的发展历程，梁启超认为概括起来不难，但只有章学诚讲得最好。中国史学的特点一是"明道"，宣传为现实服务的大道理；二是"做人"，变成"育人"的一种工具。但从总体上看，中国史学是一门较科学的学问。由此，梁启超还论述了学问变为科学的途径，其云：

"凡一种学问，要成为科学的，总要先有相当的发展，然后归纳所研究的成绩才成专门。所以一个民族研究某种学问的人多，那种学问成立也更早。若研究的人少，发达也更迟。自成为科学以后，又发现许多原则，则该科学更格外发展。先有经验，才可发现原则；有了原则，学问越加进步。无论哪门学问，其发达程序皆如此。"[1]

中国史学历史悠久，人物众多，成果累累，方法和原则取之不尽，后起者要做史虽有借鉴，但难度也就大了。因此，梁启超要求做史学史的人必须讲明现状和今后发展的方向，使对过去胸中有数，对未来眼清目明。这样的史学史就相当完备了。

关于社会科学史、自然科学史、文学史、美术史等的研究方法，梁启超略去未讲。但从上面的叙述中可知，梁做学术史的主要办法是先演绎，后归纳。

综合来看，梁启超关于文化史的研究方法虽然并非全面，而且具体问题讲得多，整体概括很少涉及，但方法的最大特点是相通、相互利用，灵活性是一切方法的生命。梁在具体的文化史研究中，就将他所讲的各种方法灵活运用，个别的还有较大的改进。

---

[1] 《饮冰室合集·专集》第99，第161页。

3. 中国文化史

如果按梁启超关于文化的定义推论,他晚年的所有学术研究都在文化史之列;为方便明了起见,这里只评介他的《中国文化史·社会组织篇》。

梁启超准备写的中国文化史首先是从社会组织即社会结构下笔,显然具有社会文化史的意义。他从最基本的婚姻、姓氏、宗族、家庭研究起,进而触及阶级、等级、都市、乡村、皇权等,旨在描述中国的社会"宝塔",揭示各种社会群体特定的地位,从而了解中国文化的社会结构和人伦格局。这是研究中国文化史的基础。

梁启超认为婚姻是一种血缘群体的联系,是文化繁衍的重要因素。他笔下的婚姻评述,着眼于社会,立足于群体,侧重于文化。他把母系社会看作以女子为中心的群体组织,"其时之团体,纯粹的同一血统而无外杂者也。"母亲的姓就是中国最早的社团标志。"一姓者即一母系之称也。"真正婚姻的出现,从父系社会开始。后经过演变,一直延续至今。从有关婚姻礼俗的记载去分析,中国的婚姻有三个特点:一、婚姻以扩大和延续家庭为目标,不主张人家庭的分裂;二、"绝对承认男女平等之原则";三、男女成婚定为父母之命,媒妁之言,受外力干涉。梁启超的这种归纳,显然是不准确的。而且,他对中国婚姻中的"父母之命"、纳妾等陋习,还流露出一种赞美的情调。晚年的梁启超确实失去了青年时代那种追求自由的勇气。

和婚姻相联系的是姓氏和宗族。梁启超以渊博的知识论述了姓氏的演变,从原始社会一直讲至清代,并分析了各个历史时期姓氏的不同特征。在梁启超看来,中国的姓氏一是和宗族的发展联系在一起,从某一姓氏可以窥探某一宗族起伏和历史走向;二是姓氏和宗法制度联系在一起,某一姓氏的起落反映着某种宗法制度的变迁;三是姓氏和特权统治联系在一起,在一定的历史阶段,有的姓氏就高贵,甚至"赐姓"也成了一种荣耀。总之,从姓氏看中国社会文化是极有意义的一件事,遗憾的是梁启超讲得太简略了。关于宗族，梁启超认定是家庭的扩大和相互组合，同姓之人可分为几个宗族。宗族的繁衍逐步形成了中国的宗法制度。这种宗法制和封建制度相辅相成。封建政权以宗法制作统治根基；宗法制借封建权力来加以维系。要研究封建社会及其文化，不剖析宗法制度是不行的。梁启超在《中国文化史》中专列了一张洋洋大观的宗法图，有大宗、小宗、有一宗、有二宗、有三宗、有四宗、有五宗等，从中可看出中国宗法制的内部结构和森严的等级关系。这种宗法文化显然是封闭的、相互压制和不自由的。中国古典文化缺乏再生能力，大概与此有关。

在严密的宗法制度控制下，社会上出现了贫富不均的各种阶层，梁启超认为这就是阶级，而且说"阶级者，人类社会所不能免也"。但梁眼中的阶级仅两类，即贵族与平民，平民与奴隶。他用相当大的篇幅分析中国历代贵族的演变和特点，平民的构成和地位，奴隶的种类和变迁。有关奴仆、臣妾、家奴、女奴、佃客、部曲、官奴等方面的分析尤为细致而有一定的见解。梁启超这种研究方法虽不能说是马克思主义的，但他承认阶级、注重阶层分析、善于阐明社会各种势力的相互关系，至少在方法论上与马克思的学说有相通的地方。

乡村是封建统治者立足的广阔原野，历代的封建政权都极注重乡治。梁启超在考察了中国古代乡治的方式和效果之后，认为其职能主要是："（一）农耕合作；（二）义务教育；（三）办警察；（四）练乡兵。其精神则在互助，其实行则恃自动，其在于道德上法律上则一团之人咸负连带责任。因人类互相依赖、互相友爱、互相督责的本能而充分利用之、浚发之，以构成一美满而巩固的社会，此乡治之遗意也"。[1] 启超梁的这种结论显然是夸大和美化了古代中国的乡治，忽略了乡治过程中的阶级压迫和背后的不道德行为。他甚至呼吁在全国实行乡绅自治，幻想在社会大动乱中由乡治来维持社会安定。梁启超的愿望是美好的，实际则是不可能的。因为乡治的本质是乡绅专政，

---

[1] 《饮冰室合集·专集》第86，第55页。

是封建专制集权的延伸。专制集权只能保持暂时的稳定，专制一旦走到极端必然引发社会大动乱。社会越民主，才越能制止动乱。

都市是封建社会汪洋大海中的珊瑚岛，又是各级政权的统治中心。梁启超关于中国都市起源和沿革的历史考察，给人们清晰地勾画出了都市变化的曲线，又论述了都市的功能和中国式都市的特色。他认为都市一般应分为政治的、军事的、商业的三种，而中国古代都市则三位一体，同出一源，"盖筑为崇墉以保积聚，以圉寇盗，而商旅亦于是集焉。其后政务渐扩，即以为行政首长所驻地，为出令中枢。故最初之都市皆政治都市也。"[1] 因此，中国都市缺乏自由发展的独立性，皆由中央左右，其活力就小多了。但"欧洲各国，多从自由市展扩而成，及国土既恢，而市政常保持其独立"，其发展的潜能就较中国都市大多了。[2] 梁启超的这个结论具有强烈的现实意义。

从以上简略的叙述中可知，梁启超的《中国文化史·社会组织篇》虽然较为简略，涉猎的范围也很有限，但他毕竟从一个新的角度去考察中国的文化结构，毕竟将文化研究和解剖人群关系有机地结合在了一起。从某种意义上讲，这种文化研究突破了一般学者所固有的传统模式。但是，由此也带来了一些问题，这就是如果按梁启超这样广泛地去探讨文化，一部文化史将概括了全部历史，历史和文化史还有无区分呢！而且，这部文化史将写多大的部头呢？梁启超的中国文化史还没来得及系统地去做，可能这些问题他都没有去想。由此看来，和给文化下定义比起来，具体写一部中国文化史要难得多了。

4. 其他

梁启超写一部中国文化史的宏愿虽没有实现，但他在一些演讲和论著中发表了不少有价值的意见，个别的还带有指导意义。例如他关于书法的演讲

---

1 《饮冰室合集·专集》第86，第62页。
2 同上书，第61页。

以及关于学风和地理分布的论述，就为人赞誉。

1927年，清华大学教职工成立了一个书法研究会，请梁启超指导。他虽身体不佳，但还是兴致勃勃作了长篇演讲。梁启超认为写字是最好的一种文化娱乐，有许多优点，如可以独乐、不受时间地点限制、费钱不多、费时有限、成功容易、乐在其中。他还从美学意义上分析了中国书法：

"爱美是人类的天性，美术是人类文化的结晶。所以凡看一国文化的高低，可以由他的美术表现出来。美术世界大家所公认的为图画、雕刻、建筑三种。中国于这三种之外，还有一种，就是写字。外国人写字，亦有好坏的区别，但是以写字作为美术看待，可以说绝对没有。因为所有工具不同，用毛笔可以讲美术，用钢笔、铅笔只能讲便利。中国写字有特别的工具，就成为特别的美术。"[1]

中国字的美，一在线性美，二在光泽美，三有力度美，四有个性美。梁启超认为这四种美"在美术上，价值很大。"为了达到这种美，梁启超提出学书法的两条原则：一模仿，二创造。他评述了中国历代的书法家，指出了其优点和不足，希望书法研究会的人在模仿中注意选择，尤其是各种碑帖，价值高，选择余地大，其中奥妙不少，应多加注意。有了模仿，还须形成自己的风格。风格就是创新。"言为心声，字为心画"，画出了各人的心，就是一种创造。至于写字的技巧、基本功的训练，梁启超据自己的经验，讲了许多，亦具有参考价值和文化意义。

梁启超很善于从学风去探讨文化的地理分布和各派学者的文化渊源、独自风格。他写的《近代学风之地理的分布》，从地理环境和文化传统的相互作用的动态的角度，初步回答了有清一代学术文化各流派产生的特殊原因。

---

[1]《饮冰室合集·专集》第102，第3页。

梁启超一开头就提出了十几个发人深思的问题：1. 何故一代学术几为江浙皖三省所独占；2. 何故考证学派盛于江南，而理学盛于河北；3. 何故直隶、河南、陕西清初学者极多，中叶以后极少；4. 何故湖南、广东清初学者极少，中叶以后乃大盛；5. 何故山西介在直隶、陕西之间，当其他两省学风极盛时，此乃无什么记述；6. 何故湖北为交通最便之区而学者无闻；7. 何故江西与皖浙比邻而学风乃绝异；8. 何故文化愈盛之省份其分化愈复杂——如江南之与江北、皖南之与皖北、浙东之与浙西，学风截然不同；如此，等等，梁启超分门别类，从自然环境和旧文化的积淀两方面都作了较科学的回答。

梁启超认为，决定文化格局的第一原动力是客观的物质环境。他说："气候山川之特征，影响于住民之性质，性质累代之蓄积发挥，衍为遗传，此特征又影响于对外交通及其他一切物质上生活，还直接间接影响于习惯及思想。故同在一国同在一时，而文化之度相去悬绝，或其度不甚相远。其质及其类不相蒙，则环境之分限使然也。"[1] 客观环境之外的第二个决定性的力量则是人在改造自然过程中所形成的文化传统，这种无形的潜移默化，往往使在同一环境中出现的学者，其素质和学风有较大的差异。梁启超的这种看法也是很正确的。概而言之，梁启超是将物质和精神两种力量在成长中的新兴学者身上的相互作用视为其学风形成的最基本原因。这当然是合乎情理，顺乎科学的。梁启超用这种文化理论，剖析了有清一代大多数地区学风的成因和特点，其中不乏令人信服的新见解。例如他对长江三角洲学风形成的论述：

"大江下游南北岸及夹浙水之东西，实近代人文渊薮，无论何派之学术艺术，殆皆以兹域为光焰发射之中枢焉。然其学风所衍，又自有分野。大抵自江以南之苏常松太，自浙以西之杭嘉湖，合为一区域；江宁淮扬为一区域；皖南徽宁广池为一区域；皖北安庐为一区域；浙东宁绍

---

[1] 《饮冰室合集·文集》第41，第50页。

温台为一区域。此数域者，东南精华所攸聚也。语其大较，则合诸域成一风气，与大河南北及关西截然殊撰。细为剖判，则此诸域者，各因其山川之所孕毓，与夫一时大师之偶然的倡导，又各自发挥其特色而分别有所贡献。"[1]

学风是多种因素撞击而成的无形但约定俗成的一种文化。具有时代性、群体性、区域性、可变性等特点。梁启超在论述清代学风时虽缺乏综合性的总体性研究，但能作较深入的区域划分，每一区域又略有整体的评述，已经相当不容易了。

在佛学的海洋里寻觅：中国佛学史
佛经的翻译和传播、佛学理论

梁启超的一生与佛学结下了不解之缘。戊戌变法前后，他就呼吁人们学佛、信佛，希望把佛学变为维新派从事政治变革的精神武器。晚年，随着政治上的失意，精神上的匮乏，他对佛学简直到了如醉如狂的地步。1922年在南京讲学期间，梁启超定期到支那内学院听欧阳竟无讲佛。他在致儿女的书信中，不仅把佛学吹捧为"宇宙间唯一真理"，而且要他们也经常念佛。如有闲心，梁启超还和夫人一起念经求佛，寄托无限情思，解除心中苦闷。梁这样笃信佛学，既有社会原因，也有本身的因素。

近代中国，研究和推崇佛学是知识界的一种风尚。从龚自珍、魏源到康有为、谭嗣同、章太炎，都是佛学的宣传者和信奉者。他们的信佛，半是为了解除无法自由发挥个性的心灵的空虚，半是寻求实现自己政治理想的精神武器。从客观状况看，由于资本主义的经济力量的贫乏，其阶级力量及由此推向社会舞台最前沿的知识分子就缺少坚实的后盾。他们在物质力量严重不足

---

[1]《饮冰室合集·文集》第41，第60—61页。

的情况下，就过分强调精神的力量。佛学的"大无畏"、"勇猛"、"无我"等，与这批人一拍即合。谭嗣同的人生观及其所著的《仁学》，就大大发挥了佛教这种拼命进取精神。同时，西学的传入，有很多问题他们无法用儒家经典来解释，佛学中法相宗的认识论则有可贯通的地方，佛学又成了谭嗣同这些人理解和介绍西学的一种手段。梁启超恰是在这种近代新知识分子的特殊选择中，走进了佛教的殿堂。难以超越的社会潮流，使梁启超对佛学顶礼膜拜。

一般来讲，信佛是为了逃避复杂而残酷的社会现实，以寻求一处与世无争的"静地"。晚清的知识界，缺少自由而富有生机的社会环境，知识分子的苦闷和积怨是相当严重的。魏源、章太炎这些人在四处碰壁之后而遁入佛学是顺理成章的。诚如梁启超所言："社会既屡更丧乱，厌世思想，不期而自发生；对于此恶浊世界，生种种烦懑悲哀，欲求一安心立命之所；稍有根器者，则必逃遁而入于佛。"[1] 梁启超在戊戌政变后心情沮丧，疾世如仇，读佛典后拍案叫绝，大肆鼓吹；晚年他政治上接连失败，无法实施他改造中国的方案，又对"五四"之后的社会现状极端不满，心中之积苦不可言状，于是又用较多的时间钻研起佛学来了。梁启超本身的悲剧命运决定了其在佛教的海洋里出没寻觅。但梁启超和一般老百姓的烧香拜佛不同，他不是简单的求得来世的因果报应，而是从理念上去寻找一种精神寄托，较多地具有哲理性和研究性。因此，梁启超在晚年写出了一批研究佛学的学术著作，涉及中国佛学史的沿革、佛经的翻译和传播、佛学理论等许多方面，在佛学研究上是划阶段的优秀成果。

1. 中国佛学史

梁启超十分注重中国佛学史的研究，写下了《中国佛法兴衰沿革说略》、《佛教教理在中国之发展》等论著，简明而较科学地分析了佛学在中国的变迁，并结合社会、思想文化等客观环境论述了佛学消长的规律和原因，颇有见地。

佛学从东汉明帝时输入中国后，经历了两个重要时期，即两晋时代的确

---

[1]《饮冰室合集·专集》第34，第73页。

立期和隋唐时代的建设期。佛学为什么能在中国确立？梁启超归之为思想文化和社会动乱两大原因。春秋战国时期活跃而成果辉煌的思想界经秦统一后很难向前发展，汉武帝独尊儒术后无法再进行学术争鸣，文人学者或在儒学中人云亦云，或进行一些方术式的雕虫小技研究，国民之"学问欲"无法得以发挥，当其一接触佛学后就新奇解渴，努力钻研。再加上东汉之后社会动荡，人民生活不得安宁，失望悲观而企求精神解脱成了一种时代的追求，佛学则与民众的这种心态一拍即合，而有了广泛的市场。梁启超指出：

"季汉之乱，民疾已甚，喘息未定，继以五胡。百年之中，九宇鼎沸，有史以来，人类惨遇，未有过于彼时者也。一般小民，汲汲顾形，旦不保夕，呼天呼父母，一无足怙恃。闻有佛如来能救苦难，谁不愿托以自庇。其桀恶之帝王将相，处此翻云覆雨之局，亦未尝不自怵祸害。佛徒悚然以果报，自易动听。故信从亦渐众。帝王既信，则对于同信者必加保护，在乱世而得保护，安得不趋之若鹜。此一般愚民奉之原因也。其在'有识阶级'之士大夫，闻'万行无常诸法无我'之教，还证以己身所处之环境，感受深刻，而愈觉亲切有味。其大根器者，则发悲悯心，誓弘法以图拯拔；其小根器者，则有托而逃焉，欲觅他界之慰安，以偿此世之苦痛。夫佛教本非世教也，然信仰佛教者，十九皆以厌世为动机，此实无庸为讳。故世愈乱而逃入者愈众，此士大夫奉佛之原因也。"[1]

在动乱的年代，既然皇帝为代表的统治者、一般平民百姓、多数知识分子都被佛学所吸引，就必然出现无法阻挡的学佛大潮，佛教在两晋时期的兴盛就势所必然。梁启超作过简略的统计：承明元年（476年）有佛寺6478所，僧尼7.735万人；64年后的兴和二年（540年）则有寺院3万所，僧尼

---

[1]《饮冰室合集·专集》第51，第4页。

200万人；寺庙增加三倍多，人数增加20多倍，令人惊叹。而且，信佛僧侣有不少特权，诸如僧侣有治外法权，非犯杀人罪不到法庭；挂名寺户可逃避徭役；犯罪者及奴婢，凭借教力，可免罪为良民；假立寺名，借故侵犯田产等。信佛一旦和特权结合在一块，就变成了凡夫俗子千方百计追逐的目标，这虽然歪曲了佛法的本意，但却促进了佛教的扩展。

两晋佛学兴盛时，还涌现了一批颇有学术造诣的高僧。这对佛教扎根中国起了很大的促进作用。梁启超认为，如果没有道安为代表的一批佛学理论家和实践家，佛学就不会在两晋家喻户晓。他明确指出："使我佛教而失一道安，能否蔚为大国，吾盖不敢言！……佛教之有安，殆如历朝创业期，得一名相然后开国规模具也。破除俗姓，以释为氏，发挥四海兄弟之真精神者，安也；制定僧尼轨范，垂为定式，通行全国者，安也；旧译诸经，散漫莫纪，安衷集抉择，创编经录，自是佛教界始有目录之学。……原始佛教及哲理的佛教之输入，安其先登也；佛澄之法统，由安普传；罗什之东来，由安动议；若南方佛教中心之慧远，为安门龙象，又众所共知矣"。[1] 客观地讲，道安的聪明才智汇入了当时佛学勃兴的洪流，也就成为执时代牛耳的弄潮儿。梁启超能够从个人的力量、政治的需求和中国思想变迁的合理吸收三个方面去客观地分析佛学在两晋兴起的原因，是有见地而令人信服的。在近百年的佛教史研究中，梁启超的这段论述一直为人称道。

隋唐是中国佛学的建设期，即形成了具有中国特色的佛学理论体系。在梁启超看来，佛学在中国传播的过程就是不断创新的过程。两晋时期佛学理论已有不少创建，但还没有真正形成适合中国人口味的新体系。隋唐时，尤其经过高僧玄奘的终生努力，使佛学理论异彩纷呈。如果说道安是佛学在中国扎根的园艺师，那么，玄奘则是佛学理论中国化的思想理论家。玄奘的贡献究竟在哪里？其使唐朝时期的佛学发生了何种变化？这里还是听听梁启超的评述吧。

---

[1]《饮冰室合集·专集》第58，第3—4页。

"唐玄奘三藏孤游天竺，十有七年，归而译书千三百卷，为我学界第一恩人，而其所最服膺者为戒贤显识之论，于是大阐之，立'法相宗'，亦称'唯识宗'。其弟子窥基最能传其学，基住持慈恩寺，故此宗或称'慈恩宗'焉。自'十地宗'成立以后，华严研究日盛，唐法藏（贤首国师）与实义难陀重译华严，乃大阐扬之，立'华严宗'，亦可谓中国自创之宗也。此后宗密（圭峰）、澄观（清凉）盛弘其业。自慧远提倡念佛，至唐善导大成之，是为'净土宗'。自道安提倡戒律，至唐道安大成之，是为'律宗'。自唐善无畏金刚智传授密咒真言，是为'密宗'。此诸宗皆盛于唐。而其传最广而其流最长者，则'禅宗'也。相宗佛灭度后以衣钵授大迦叶，心心相传，历二十八代而至达摩。达摩以梁时至中国，更不译经说教，唯物色传法之人，六传而至唐慧能（六祖大鉴禅师）乃大弘之，直指一心，不立语言文字，号为'禅宗'，亦称'心宗'。其徒南岳让青原思传之，后为衍为'云门'、'法眼'、'临济'、'沩济'、'曹润'之五宗。数百年间，遍天下焉。此宗虽称来自印度，然自为六祖以前，既一无传布，则虽谓中国自创之宗焉可耳。禅宗与'天台'、'华严'、'法相'皆极盛于唐。彼三者称'教下三家'，禅宗则称'教外别传'。此为唐代之重要事业。"[1]

不谙佛学的人，准确理解梁这段话的含意是有困难的。但有一点是清楚的，即佛学各流派的形成和发展是在唐代完成的，唐代佛学在理论构架上达到了最高峰。从梁启超的思路可以断定，他把研究中国佛学史规范为两晋和隋唐两大时期，前段重点研究佛学如何输入中国，后段则集中考察玄奘等人对佛学理论的创新和发展。

唐朝以后，佛学理论没有什么建树。其原因，一是禅宗取得统治地位，

---

[1]《饮冰室合集·专集》第51，第12—13页。

其他诸宗难有立足之地，一花独放，自然失去了进取的生机；二是儒佛合流，一些儒生窃取佛学的只言片语，自立门户，互相排斥，佛学被引入了儒家的框架之中；三是佛界乏才，难得水平极高的高僧，佛学理论处于衰退之中。晚清虽然出了一个杨文会[1]，注译佛典孜孜不倦，又结合欧美新式自然科学，重新阐释佛经，为人敬仰，但势孤力单，已无法使佛学重新振兴。

佛学和历史上任何一种学说一样，其发展过程中尤其在中国的繁衍过程中，出现过各种流派，相互争斗。梁启超对此十分重视，有过详细而深入的评析，并且和欧美的哲学流派进行比较，提出了一些新观点，具有较大的启发性。由此可知，梁启超留下的中国佛学变迁史实际是中国佛学学术发展史，他是从理论和学术的角度去阐述佛学在中国的演变历程的。

2. 佛经的翻译和传播

梁启超研究佛学，很注重佛经的翻译。因为他认为佛教是外来之学，其生命在于翻译。他曾详细考察了东汉至隋唐七百年间佛经翻译的过程、特点、代表人物、成绩和问题以及对中国文化的影响等，俨然成一部佛经翻译史。据他的统计，东汉至唐开元年间，从事译经的主要人物有176位，翻译佛经2278部，合7046卷。如果从译经的内部变化及不同特色来分段，又明显地分为三个时期：

（一）东汉至西晋。这是译经的启蒙期。开始多为高僧讲译，弟子笔录，究竟准确与否，不得而考。后来一些高僧据原经翻译，遂出现了中国最古老的佛经。这些译经大师有安清、支谶、支谦、朱士行、竺法护等，他们含辛茹苦，译介印度佛典，对佛学在中国的传播具有奠基之功。但这时的翻译多为简略本，零散不全，无系统性，也没有形成独自的文体，内容贫乏，感染力差。

---

[1] 杨文会（1837—1911年），字仁山，安徽石埭（今石台）人。少博学多才，27岁信佛，1866年在南京创金陵刻经处，为传播和刊刻佛典竭诚努力，一生出版大小乘佛典2000多卷。1910年任佛学研究会会长，并广招门徒，讲授佛学。与谭嗣同、梁启超、章太炎等过从甚密。存有《杨仁山居士遗著》10册。

（二）两晋至南北朝。这是译经的拓展期，又可分为东晋至二秦的广译阶段，刘宋元魏迄隋的研索和会通阶段。广译阶段，各路高僧致力于选版本，译全书，成果斐然。诸如：1. 四阿含全部译出；2. 华严全部译出；3. 法华第二译定本出；4. 涅槃初出，且有两译；5. 大集译出过半；6. 宝积续译不少；7. 般若之小品大品，皆经再治；8. 其他重要单本大乘经十数部；9. 律藏初译；10. 大乘论初译，"空宗"特盛；11. 小乘论初译，"有部宗"特盛。如此辉煌业绩的取得，固然是几代高僧努力的结果，但道安及其弟子慧远却起了关键作用。这二位虽不通梵文，但道安有弟子五百，译书之事多由他主持。而且，道安总结了以前译经的成败得失，注重研究，力求真实，文体也甚讲究，译述颇为严密，逐步克服了以前的"五失三不易"等缺点[1]，使译经达到了一个新水平。至南北朝迄隋的研索会通阶段，译者集中于研讨和论述佛经的本意，在前一段广译的基础上进一步提高。梁启超指出："此期中之译业远不逮前期，其趋势则由经部渐移于论部。"[2] 总之，佛经的基本格局是在第二期中奠定的。

（三）唐贞观至贞元。这是佛经翻译的鼎盛期。由于玄奘等对译经的重大贡献，这期间佛经诸宗全被译为中文。"卓然为中国的佛教之一大建设。"宋以后的佛经翻译基本上停了下来。从梁启超所列的各个《经律论传译次第表》中可以清楚地看到这一点。

佛经翻译的过程就是中印文化交流的过程，也是佛学对中国文化潜移默化的过程。这种文化融合对中华文明发生了巨大的影响。梁启超认为："我国文化，夙以保守的单调的闻于天下，非民性实然，环境限之也。西方埃及、希腊、小亚细亚为文化三大发源地，有地中海以为之介，遂得于数千年前交相师资，摩荡而日进。我东方则中国、印度为文化两大发源地，而天乃为之阈，使不能相闻问。印度西通虽远，然波斯、希腊尚可递相衔接，未存孤

---

1 五失指句法倒装、好用文言、删去反复咏叹之语、删去一段落中解释之语、删后段复牒前段之语。三不易指既须求真又须喻俗、佛智悬隔契会实难、去古久远无从博证。
2 《饮冰室合集·专集》第60，第16页。

也。我国东南皆海，对岸为亘古未辟之美洲，西北则障之以连山，湮之以大漠，处吾北者，犬羊族耳，无一物足以裨我，惟蹂躏我是务。独一印度，我比邻最可亲之昆弟也。"[1] 这种客观地理环境决定了佛学翻译的重大而特殊的文化意义。梁明确指出："凡一民族之文化，其容纳性愈富者，其增展力愈强，此定理也。我民族对于外来文化之容纳性惟佛学输入时代最能发挥。故不惟思想界发生莫大之变化，即文学界亦然。"[2] 从这个角度去看问题，则佛经的翻译就超出了宗教的范围，而具有广阔的社会文化意义。仅拿文学来讲，佛经至少对中国有三大影响：

一是扩大了汉语词汇，注入了许多新名词。佛经翻译当中直译和创造了不少词汇，例如众生、三界、法界、世界、因缘、果报、不生不灭、无明、刹那等，据统计达3.5万多个。新名词自然和新思想、新观念联系在一起，这些词语流传的过程，不仅丰富和扩展了汉语语言，而且使人们产生了新的意境和追求。

二是使汉语语法和文体发生某种变化。所译佛经皆受外来语格式和色调的限制，流传既久，约定俗成，汉语语言即注入了新的格调。佛经中译本和汉语相比，至少有十大不同：1. 佛经一般不用"之乎者也矣焉哉"；2. 既不用骈文家之绮词丽句，亦不采古文家之绳墨格调；3. 倒装句极多；4. 善用提挈句法；5. 一句中或一段落中含解释语；6. 常复述前文；7. 词多联缀，含无数形容词；8. 同格的语句，铺排叙例，动至数十；9. 一篇之中，散文诗歌交错；10. 全文多为无韵的一首诗歌。及至宋代，随着佛经数百年间的传诵，汉语中也或多或少渗入了上述十个方面的特征。梁启超指出："自禅宗语录兴，宋儒效焉，实为中国文学界一大革命。然此殆可谓为翻译文学之直接产物也。"[3] 这种看法非常符合佛典中译的历史实际。

---

1 《饮冰室合集·专集》第57，第1页。
2 同上书，第59，第27页。
3 同上书，第29页。

三是影响了中国诗歌、小说、散文的创作，中国古代文艺中十之八九可寻到佛经的影子。梁启超认为，佛经的翻译和流传影响了一大批文艺工作者的思想，这必然反映到他们的作品当中，而且，佛经本身就是上等的文学作品，当其译为中文后，为许多人所效仿。佛教文学至隋唐之后已与中国传统文学"结婚"，并繁衍后代。梁描绘这个过程时说："此等富于文学性的经典，复经译家宗匠以极优美之国语为之迻译，社会上人人嗜读，即不信解教理者，亦靡不心醉于其词缋。故想象力不期而增进，诠写法不期而革新，其影响力乃直接表见于一般文艺。我国自搜神记以下一派之小说，不能谓与大庄严经论一类之书无因缘。而近代一二巨制《水浒》、《红楼》之流，其结体用笔，受华严、涅槃之影响者实甚多。即宋明以降，杂剧、传奇、弹词等长篇歌曲，亦间接汲佛本行赞等书之流。"[1] 了解中国文学史者，定对梁启超的这段评论投以赞成票。

梁启超在考察佛经翻译及其影响的同时，还写下了《佛教与西域》、《中国印度之交通》等论文，简明而较准确地评述了以佛学为中心的中印文化交流过程，再现了佛学在中国传播的艰难历程。中印虽为近邻，但中有"世界屋脊"相隔，又多荒沙险滩，在没有近代化交通工具的古代，将佛典东传确是难于上青天。其中起关键作用的是一批刻苦耐劳、品德高尚、才华横溢的高僧往"西天"取经。梁对这些高僧的人数、构成、品行、行止、业绩等进行了详细的历史考察，并称其为"千五百年前之中国留学生。"据他列表统计，有名可查的赴印高僧有105人，实际则有数百人。在当时中印交通极艰苦的情况下，有这么多人从事佛学的移植，实在是世界文化交流史上了不起的大事。这些高僧西行，第一要过流沙关，在旷无人烟的沙漠中跋涉；第二要过度岭关，在葱岭经受高山险阻、气候恶劣的考验；第三要过帕米尔东边的小雪山，真能闯过者为数不多，许多人葬身于冰天雪地之中。这些高僧为什么能闯过各种无法想象的难关赴印求学呢？梁启超认为，"一方面在学问

---

[1]《饮冰室合集·专集》第59，第30页。

上力求真是之欲望，烈热炽然；一方面在宗教上悲悯众生、牺牲自己之信条，奉仰坚决。故无论历何艰险，不屈不挠，常人视为莫大之恐怖罣碍者，彼辈皆夷然不以介其胸。此所以能独往独来，而所创者乃无量也。"[1] 高僧冲破艰难险阻到印度后，多集中于一些专门为华人开辟的几所寺中研读，例如东印度殑伽河下游之支那寺、迦湿弥罗之汉寺、王舍城中之汉寺、华氏城东南百里之支那西寺。高僧在寺内的衣食住行及读经状况，由于缺少记述，梁启超没有进行评述。但这 105 人的籍贯、行踪、所取得的成绩，他都有明确记载。而且，这批高僧也写了各种游记，较有影响者就有 25 种。这对于中国人了解西域文明和印度文化有巨大的帮助。此外，"西方之绘画、雕塑、建筑、音乐，经此辈留学生之手输入中国者，尚不知凡几。皆宗教之副产物也。"[2] 以玄奘为代表的赴印求学的高僧可以说是佛经在中国传播的栋梁之材，没有他们的努力，佛经的翻译和深入人心是不可能的。

3. 佛学理论

梁启超学佛，绝非盲从，而是从理论上加以探讨，形成自己的系统观点。和平民百姓的信佛不同，他不是用迷信来超脱自己，而是用新的理念来改造自己的人生观，解决心灵深处的疾苦。在梁的头脑里，"佛教是建设在极严密极忠实的认识论之上，用巧妙的分析法解剖宇宙及人生成立之要素及其活动方式更进而评判其价值，以求得自由解放而人生最高之目的者也。"[3] 如此宏大而深奥的理论，就引起了梁启超的无穷兴趣。他从自己的认识出发，阐释和宣传佛典，构成了一套佛学理论。其要点是：

一、从认识论出发的因缘观。梁认为佛教的"因缘"就是世界万事万物相互依存的关联。即所谓"有此则有彼，此生则彼生，无此则无彼，此灭则彼灭。"这就是说宇宙间不存在绝对的事物，都具有相对性，其既有同时的

---

[1] 《饮冰室合集·专集》第 57，第 33—34 页。
[2] 同上书，第 30 页。
[3] 同上书，第 54，第 9 页。

依存关系，又有异时的依存关系，从而构成各种因缘。具体来讲，按人从生到死来观察，有12因缘，即：1.无明——无意识的本能活动；2.行——意志之活动；3.识——能认识之主观要素；4.名色——所认识之客观要素；5.六入——感觉的认识机关（眼耳鼻舌身意）；6.触——感觉；7.受——爱憎的感情；8.爱——欲望；9.取——执着；10.有——世界及各个体之物理的存在；11.生——各个体之生存；12.老死——各个体之老死。梁启超认为，这12因缘，"为佛教一切原理所从出，若详细解释，则七千卷大藏经皆其注脚。……佛以为一个人的生命，并非由天所赋予，亦非无因而突然发生，都是由自己的意志力创造出来。现在的生命，乃由过去的'无明'与'行'所构成。当生命存在期间，'识'、'名色'、'六入'、'触'、'受'、'爱'、'取'、'有'刹那刹那，展转相缘，增长'无明'的业力，又造出来的生命，于是乎继续有'生'、有'老死'。"[1]在这里，梁启超依据佛教的因缘观来解释人生的奥秘，虽不大好懂，但不能说没有在理的地方。

二、业与轮回。这是"因缘"观引申出来的关于人"生死不灭"的又一佛学理论。何为"业"，何为"轮回"，梁启超都从哲学的角度，运用生物、物理及化学的一些科学知识，作了通畅的解释。其云：

"'业'梵名 karma，音译为'羯磨'。用现在的话来解释，大约是各人凭自己的意志力不断的活动，活动反应的结果，造成自己的性格，这性格又成为将来活动的根底支配自己的运命。从支配运命那一点说，名曰业果或业报。业是永远不灭的，除非'业尽'——意志活动停止。活动若转一个方向，业便也转个方向而存在。业果业报决非以一期的生命之死亡而终了。死亡不过这'色身'——物质所构成的身体循环物理的法则由聚而散。生命并不是纯物质的，所以各人所造业，并不因物质的

---

[1]《饮冰室合集·专集》第54，第13页。

身体之死亡而消灭。死亡之后，业的力会自己瞰引自己换一个别的方向别的形式，又形成一个新生命。这种转换状态名曰'轮回'。懂得轮回的道理，便可以证明'业力不灭'的原则。"[1]

又云：

"依佛的意思，人生时时刻刻都在轮回中，不过有急性，有慢性。慢性的叫做'生灭'，或叫做'变异'，急性的，叫做'轮回'。你看我们的肉体，天天变化，我身上的骨肉血，不到一个礼拜已经变成了街上的粪泥尘。何止生理上如此，心理上的活动，不是时时刻刻的变迁，现在站在讲堂上的梁启超和五十年前抱在他母亲怀里的梁启超到底是一个人，还是两个人，也很可以发生疑问。这种循环生灭之相，我们便叫他做轮回也可以。不过变异得甚微而且甚慢，我们不觉得惊异。这种循环生灭，常人以为到死时便全部停息。依佛的观察则不然。只要业力存在，生命依然相续，不过经一个时期，划一个段落，到那时忽然现一种突变的状态。这种突变的状态，给他一个特别名词叫做轮回。"

梁启超的这种解释浅显易懂，触及到佛典的本意。他所讲的"业力"实质上就是人生持续不断的创造力；所讲的"轮回"就是人体及其精神的不断异化或新陈代谢。这无疑是科学的。但问题在于人死之后还如何具备"业力"，如何再通过异化变为一个新人，大概佛典也讲不清楚，梁当然也似是而非。其实，人死就是一种灭亡。梁启超通过佛教定要论证人死不灭，还会通过"业力"发生新的突变，自然违背科学，矛盾百出。这种谬论传至一般平民百姓，自然变成"来世转生"说，使人"不求今生求来世"，为下辈子修行造福，为"转世"积德积福。佛教的虚伪性和欺骗性在这点上是极明显

---

[1] 《饮冰室合集·专集》第54，第15页。

的。遗憾的是，智力超群的梁启超也用这种伪科学的说教去教导青年一代。

三、无常与无我。所谓"无常"是讲大千世界的一切都在变化之中，永无常态。"地球乃至恒星系，天天在流转变迁中。"人生也是一样，天天在活动，所有活动又绝非一样。生命即是运动，运动就有变异。"无常"是宇宙万事万物的普遍特性。何为"无我"呢？梁从两方面解释：1.生命是物质和精神的两方面要素在特定时期的因缘和合。人的生命也是如此。其中物质的构成是多种多样的，精神的分布也是变化莫测的，如果指哪一部分是我，并不准确。2.即使讲物质和精神的总和构成的是"我"也不科学，因为"我"时刻变化，没有常态。因此，佛典认为所谓的"真我"都是虚构的、不存在的，"无我"才是正确的。梁启超指出："在无我的人生底下，一切自己作不得主，全随着业力驱引。虽说是用自己意志开拓自己命运，然自己意志，先已自为过去业力所支配，业业相引，现前的行动又替将来作茧自缚，尘尘劫劫，在磨盘里旋转不能自拔。你说苦恼不苦恼！所以佛对于人生事实的判断说，'诸行无常，诸法无我'；对于人生价值的判断说，'一切苦'。"[1]

四、解脱与涅槃。为了排除人生疾苦，佛教就提出"解脱"。所谓"解脱"就是"离缚得自在"，也可谓脱离被束缚被奴役的生活，而获得自主自由的地位。为此，佛典大力宣传人的自我修养。梁启超对此极为赞赏，认为这种修养是积极而有益人类的。他将佛家的修养归为"慧解脱"、"心解脱"两种。前者指从哲理和智慧方面求解放，后者谓从情意方面获解放。具体有三点：

1.智慧的修养。主要指从哲理上、知识上去理解佛典对人生价值的判断，"一面观察世相，深通因缘和合无常无我之理，不受世俗杂念之所缠绕；一面确认理想界有高纯妙乐之一境，向上寻求。"2.意志的修养。分两个层次：一是向"无我"的高峰攀登，去掉一切庸俗的欲望，不要做"我"的奴隶，不要为小事而烦恼；二是为大而高尚的目标奋斗不止，"勇猛"、"精进"、"不退转"。3.感情的修养。就是让世人树立一种同情心，所谓"万法

---

[1]《饮冰室合集·专集》第54，第22页。

以慈悲为本"。"慈谓与人同喜,悲谓与人乐,悉同身受。佛以为这种纯洁的爱他心必须尽量发挥,才算得佛的真信徒。"[1]

涅槃[2]是佛教所追求的最高理想。究竟指什么?佛典称只有达到那种境界的人才可体会到,反正是一种极美好极高尚的玄乎其玄的意境。梁启超讲:"大概是绝对清凉无热恼,绝对安定无破坏,绝对平等无差别,绝对自由无束缚的一种境界。"[3]佛典的一切说教都是为达这一目标。然而,目标越遥远越美好越骗人,不知底细者越容易上当。一切宗教的奥妙大概也在这里。

除上述四点外,梁启超还写了《印度佛教概观》、《说无我》、《佛教教理在中国之发展》、《说四阿含》、《说"六足"、"发智"》、《说大毗婆沙》、《读修行道地经》等,从许多方面阐述佛教的理论和方法。但是,就梁启超自己的理解,佛典千条万条,不外乎上述四个方面,也可归之为四条。显而易见,梁启超手下的佛学理论简明、概括、通俗易懂又多带有现代气息。1922年,梁启超在清华大学讲课时,又对佛学理论作了总体概述,提出佛家所讲的法"就是心理学"。这是对佛典现代理解的高度升华。梁启超指出:

"佛家所说的叫做'法'。倘若有人问我法是什么?我便一点不迟疑回答:'就是心理学'。不信,试看小乘俱舍家说的七十五法,大乘瑜伽家说的百法,除却说明心理现象外,更有何话!试看所谓五蕴,所谓十二因缘,所谓十二处十八界,所谓八识,哪一门子不是心理学!又如四圣谛八正道等种种法门所说修养工夫,也不外根据心理学上正当见解把意识结习层层剥落。严格的说,现代欧美所谓心理学和佛教所讲心识之相,范围广狭既不同,剖析精粗亦迥别,当然不能混为一谈。但就学问大概的分类说,说'心识之相'的学问认为心理学,

---

[1] 《饮冰室合集·专集》第54,第24页。
[2] 涅槃为梵文 Nirvānna 的音译,曾译作"泥日"、"泥洹"或"灭"、"灭度"、"无为"等,大都理解为修行之后断灭"烦恼"、"生死"以达精神之解放。
[3] 《饮冰室合集·专集》第54,第25页。

并无过咎。至于最高的'证',原是超心理学的,那是学问范围以外的事,又当别论了。"[1]

客观地讲,梁启超的这种论断是颇有见地的,说穿了,佛教本身就是一种心理修养。它是通过各种人生的哲理并杂以不少玄学结合现实生活劝人如何解除烦恼,追求一种"无我"的生活境界。这种劝导就是在做思想工作,就是针对人的特殊心理定势加以循循诱导。佛教为什么会有那么多的人信奉,其原因是很复杂的,但其中重要一条是抓住了现实生活中的人相互竞争、相互争斗、相互欺压并产生无限悲哀、无限烦恼,渴求超脱这一"苦海"的共同心理,给凡夫俗子指出一条走向彼岸"极乐世界"的道路。尽管"彼岸世界"是虚无缥缈、可望不可即的,所选择的道路又是艰难而误人子弟的,但越是虚幻的东西有时则越能吸引人,越符合众多民众尤其是不满不自由的现实生活的人们的心理需求,越能给苦闷的善男善女求得精神上的解脱。佛教迎合了一部分人的心理需求,这些人自然会去吃斋信佛。因此,讲佛学是心理学是很有道理的。

梁启超偏爱佛学。他的佛学理论只有颂扬,没有批评,更谈不上发展。其实,佛典并不像梁启超所讲的那样完美无缺。佛教本身的欺骗性和理论上的误区是显而易见的。佛教在中国上千年的流传史完全证明了这一点。古往今来的一切宗教都试图给人指明一条自由驰骋的坦途,寻找一块永无烦恼的"极乐世界"。最后的结果是坦途找不到,"极乐世界"也成幻梦。事实上,特殊物质和情感交织在一起的人是天地间最复杂的动物,任何想将人论证清楚和完美无缺的理论都是不可能的。人对自身的理论解释只能是相对的、阶段性的,或者是瑕瑜并存的。佛学试图构架一种完美无误的人生理论,本身就步入了误区。因而其理论的说教也只能是正确和谬误并存。梁启超尽心竭力的佛学理论阐释也就不会绝对正确,而只能是阶段性的和相对性的。这样来理解梁的佛学研究,就较为实际了。

---

[1]《饮冰室合集·专集》第54,第40页。

图书文献学论著：图书馆学、图书真伪考、国学书目

梁启超一生酷爱图书，他的饮冰室藏书达 3470 种，4.1819 万册，且有不少珍本、类书。逝世后，遵照他的遗嘱，这批书捐赠给了北京图书馆，并编有《梁氏饮冰室藏书目录》。这从一个小小的侧面反映出梁启超对中国图书事业的关心和支持。更令人称道的是，梁启超生前，尤其是晚年，不仅潜心研究图书文献学，写下了一批有价值的论著，而且身体力行创办图书馆，为中国的图书事业立下了丰功。

1916 年，为了纪念蔡锷并弘扬他为中国进步事业的献身精神，梁启超创立了一个新型图书馆——松社。但由于梁启超忙于政治，松社名存实亡。1920 年，他游欧返国后，以带回的一万册图书为基础，建立了图书俱乐部。1923 年 11 月 4 日，梁启超以松社和图书俱乐部为基础，又调拨了北洋政府所购的《观海堂》藏书，正式在北京成立了松坡图书馆，自任馆长。这是中国图书事业史上的一件大事。为了推进中国图书事业的发展，1925 年 4 月，梁启超又促成了一个全国性的图书馆馆员组织——中华图书馆协会。同年 6 月，梁启超在该协会作重要演讲，对中国图书馆事业的发展提出了很有价值的意见。他提出集中力量先办一个示范性的图书馆，增强人们的图书意识和对近代图书馆的了解，同时附设一所图书馆专门学校，培养新型人才。1925 年底，梁启超又被聘为北京图书馆馆长。1926 年春，中华教育文化基金会又决定办一所北京图书馆，梁启超仍出任馆长。梁启超一身而兼三个馆长，这迫使他一方面要倾心竭力去实际发展中国的图书事业，一方面又要在理论和方法上去探讨未来的图书文献学。在此前后的六七年里，梁启超呼吁建立中国式的图书馆学，要求创设完整的分类法和目录学，并发表了一系列的理论文章，还对中国图书事业发展史进行了回顾。综合起来看，梁启超对中国图书文献学的贡献主要有两点：一是创立了自己的图书馆理论；二是对图书的

辨伪和考订提出了一系列新见解。

从总体上看，梁启超认为20世纪二三十年代的中国还处于图书馆事业的过渡时期，中国的图书馆学应适合这种过渡时期的特点。他提出首要是创办带有研究性和综合性的图书馆，不办或少办群众性的图书馆，因为中国民众文化水平不高，能利用图书馆的人较少，况且资金也极缺乏。作为一个图书馆，其基本要素是"读者"和"读物"两条。从中国的实际情况出发，梁启超提出：一、就读者方面，只是供给少数对于学术研究有兴味的人去利用，即使有人骂他是"贵族式"的，在过渡时代也只能如此；二、就读物方面，主要是收集外文和中文的名著和古籍，虽明知很少人能读，更少人喜读，但希望因此可以产生出多数人能读喜读的适宜读物来。这两个问题解决后，接下来就是培养和选拔优秀的图书馆管理人才和业务能手，增强图书馆的运行机制。就业务来讲，梁启超认为最重要的是分类和编目两个方面。这是建立中国式的图书馆学的关键。

分类和编目看起来容易，真正作起来就十分困难。例如分类，一要科学，二要将古今中外的图书尽量包括进来，这就不易。而且，中国图书种类繁多，按照美国杜威所倡导的"十进法"分类并不可取，所以更要摸索创新。"就编目论，表面上看，像是分类问题解决之后，编目是迎刃而解。其他如书名人名的便检目录，只要采用外国通行方法，更没有什么问题。其实不然，分类虽定，到底哪部书应归哪类，试举十部书，大概总有四五部要发生问题。非用极麻烦工夫将部分内容审查清楚之后，不能归类。而且越审查越觉其所跨之类甚多，任归何类，皆有偏枯不适之处。章实斋对于这问题的救济，提出两个极重要而极繁难的原则：一曰'互见'，二曰，'裁篇别出'。……我以为中国若要编成一部科学的便利的图书目录，非从这方面下苦工不可。"[1]梁启超这段话，非常实在，指明了中国目录学的发展方向是在发扬中国传统的过程中不断创新。

---

[1]《饮冰室合集·文集》第42，第46页。

为了给读者提供方便,梁启超多次强调要集中人力,编写一些大型的类书和工具书。他曾拟定了一部分《中国图书大辞典》的编写提纲,试图完成这一博大精深的工具书。虽然因过早离开人世,未能如愿,但就他留下的关于簿录之部的纲目可以看出,这部大辞典渗透了梁对于图书馆学理论的总体设想,也有不少新颖之处。在此,梁启超再一次论证了目录学在图书馆学中的重要位置。其称:

"夫目录之书,裨学有四:载籍浩博,决非一人之力所能尽藏、所能尽读,流览诸录,可以周知古今著作之大凡,有解题者读其解题,虽未睹原书,亦可知梗概,为裨一也;书籍孳乳日出,亦散亡代谢,赖有遗录,存彼蜕痕,虽器实已沦,尚可识其名数,又某时代某类书实始创作,或作者独多,某类书在某时代已廖落罕闻,或散亡最剧,综而校之,学风见焉,为裨二也;稀见秘籍,识者知珍,孤征仅存,流传有绪,博稽诸家著录,可以称其展转储藏之所在,按图索骥,或整理流通,或取裁述作,为裨三也;学术分化发展,著述种类随之而日趋繁赜,辨析流别,业成专门,门类区分,或累代递迁,或因人而异,博观互较,得失斯见,循此以称学海之派分渊汇,察艺林之荈圻条敷,识类通方,此其踬步,为裨四也。"[1]

梁启超归纳的通过目录学可以查书目、了解一个时代的学风,追寻失散的珍本和梳理各个时期的学术流派,是很正确的。目录学是学者从事研究的金钥匙,是图书馆提高科学水平的中枢神经。

综合来看,梁启超的图书馆理论以全面、准确、实用为原则,核心是为研究者提供方便,最终是形成完整的中国图书馆学。1925年,他在《图书馆学季刊》发刊词中较充分地表达了这种意愿:

---

[1]《饮冰室合集·专集》第87,第1—2页。

> "图书馆学之原理、原则，虽各国所从同，然中国以文字自有特色故，以学术发展之方向有特殊情形故，书籍之种类及编度方法，皆不能悉与他国从同。如何而能应用公共之原则，斟酌损益，求美求便，成一'中国图书馆学'之系统，使全体图书馆之价值缘而增重，此国人所以努力者又一也。"[1]

正规意义上的图书馆学是在五四之后的十几年兴起的。梁启超的图书馆言论恰是适应了这种客观要求。虽不能说梁1929年逝世前已建立了中国图书馆学，但奠基石的作用是和他无法分开的。

关于图书真伪的考订，梁启超极为重视，专门写了《古书真伪及其年代》一书，作了全面的论证。梁启超一向认为，伪书不辨，祸害无穷，做学问更无从谈起。中国人又好古成性，伪造古籍成了一种通病。所以考订伪书是图书文献学的一项重要内容。伪书出现的原因很多，梁启超简单归纳了三方面：1.史实方面。主要是历史变迁的混乱状态，人们往往难以认识；社会背景的模糊不清，又使后代无法决断；历史事实的是非颠倒以及道义上的相互对立而歪曲历史等，都为伪书的出现提供了条件。2.思想方面。一些学者写的书，由于对各代的思想脉搏把握不准，常常张冠李戴，使伪书有可乘之机。还有的不明白中国学术源流的演变，前后颠倒，主观臆断，留下的记述当然有不少是假的。也有的大学问家本身的思想主张就自相矛盾，不能一以贯之，后代研究的人又不去详细比较，系统研究，结果越来越矛盾，以致无法求其真实面目。3.文字记述方面。这主要指在文学和史学的流传过程中出现了许多冒牌货，其中越是名人之作，假冒者越去作伪，冒充李白诗的就不乏其人。梁启超认为李白的诗集有1/4是假的。总之，梁启超的观点是，伪书是各种复杂原因造出来的一种劣品，是全世界图书史上的一种通病。他痛心地指出："中国书籍，许多全是假的，有些一部分假，一部分真，有些年代

---

[1]《饮冰室合集·文集》第43，第9页。

弄错。研究中国学问，尤其是研究历史，先要考订资料，后再辨别时代，有了标准，功夫才不枉用。"[1] 至于中国伪书的种类，梁启超分为十种：1.全部伪；2.部分伪；3.本无其书而生造的伪；4.曾有其书，因佚而伪；5.内容不尽伪，而书名伪；6.内容不尽伪，而书名人名皆伪；7.内容及书名皆不伪而人名伪；8.盗窃割裂旧书而伪；9.伪后出伪；10.伪中益伪。作伪者的动机虽各不相同，但不出以下六类：1.托古，借伪造的古书来寄托自己的情意或表达自己的政治意向；2.邀赏，迎合某些有权力的人士的心理，作伪书求得奖励或提升；3.争胜，文人之间争义气，比高低，作伪书来抬高自己，击败对方；4.炫名，用伪书捞取虚名；5.诬善，造作伪书，诬毁旁人；6.掠美，盗窃他人的成果，粉饰自我。梁启超这种分析，将作伪者的心态真实地暴露了出来，很有针对性。

随着伪书的充斥市场，辨伪和考订学便日益发展起来。伪书产生于战国，辨伪亦于战国开始成为一门学问。其后经过两汉之后近两千年的流传，形成了一套较完整的体系。在总结前人辨伪经验的基础上，梁启超又结合自己的体会，提出了辨别伪书的具体方法。这就是从书的来源（传授统绪）和书的本身（文义内容）出发，详加考察，去伪存真，科学鉴定。从传授统绪上辨别，应注意八点：1.从旧志不著录，而定其伪或可疑；2.从前志著录，后志已佚，而定其伪，或可疑；3.从今本和旧志说的卷数篇数不同，而定其伪，或可疑；4.从旧志无著者姓名而定后人随便附上去的姓名而确定其伪；5.从旧志或注家已明言是伪书，而信其说；6.后人说某书出现于某时，而那时人并未看见那书，从这点上来断定那书是伪；7.书初出现，已发生许多问题或有人证明是伪造；8.从书的来历暧昧不明，而定其伪。从文义内容上辨别，应注意五点：

1.从行文上辨别。这包括（1）人的称谓，即：（A）书中引述某人语，则必非某人作若书是某人做的，必无"某某曰"之词；（B）书中称颂的人出

---

[1]《饮冰室合集·专集》第104，第12—13页。

于作者之后，可知是书非作者自著；（C）说是甲朝人的书，却避乙朝皇帝的讳，可知一定是乙朝人做的。（2）人名、地名和朝代名。此书若出了后代的人名、地名、朝代名，则可能是伪作。（3）事实和法律典制。某书的内容涉及后代的事件、典章、法律条款等，显然系伪造。

2. 从抄袭旧文处辨别。分三种：（1）全部书或书的一部分由古代抄录而成，由于不细致，抄错了，只要核对一下即可辨伪。（2）专门伪造古人之书，也可从文中辨认出来。（3）已经明确是晚出的书却偏偏从中抄录了许多，显然是后人作伪。

3. 从佚文上辨别。"有些书因年代久远而佚散了，后人假造一部来冒替，我们可以用真的佚文和假的全书比较，看两者的有无异同，来断定书的真伪。"[1] 例如，从前已说是佚文的，现在反而有全部的书，可知书为假冒。在甲书未佚以前，乙书用了些，至今犹存，而甲书的今本却没有或不同于乙书所引的话，可知甲书今本是假的。

4. 从文章上辨别。主要从名词、文体、文法、音韵上去考订。

5. 从思想上辨别。可分四层内容：（1）从思想系别和传授家法辨别。（2）从思想和时代的关系辨别。（3）从专门术语和思想的关系辨别。（4）从袭用后代学说辨别。

梁启超归纳的这些辨伪方法，是对中国几千年考订学说的高度概括，对后来从事辨伪考订的学者具有指导意义。辨伪考订作为一门独立的学说，应该有自己特有的理论和方法系统，梁启超的上述论证无疑促进了这种系统的完善和升华。有趣的是，梁启超痛恨伪书，千方百计辨伪求真，但他反对将伪书付之一炬，呼吁图书馆要妥善收藏和保存各种伪书。他明确指出："伪书非辨不可，那是当然的。但辨别以后，并不一定要把伪书烧完。固然也有些伪书可以烧的，如唐宋以后的人所伪造的古书。但自唐以前或自汉以前的伪书却很宝贵，又当别论。其故因为书断不能凭空造出，必须参考无数书籍，

---

[1]《饮冰室合集·专集》第104，第49页。

假中常有真宝贝。我们可把他当做类书看待。"从某种意义上讲，伪书也有保存过去一些史料、神话、典制、思想的功用，善于利用伪书去作学问，也是一种革新。[1] 在论述伪书方面，梁启超颇会运用辩证法。

为了给读者尤其是广大青年提供读中国古典文献的方便，梁启超在1925年前后发表了一系列关于书目解题和文献评介的论著，主要有：

《国学入门要目及其读法》

《要籍解题及其读法》

《庄子天下篇释义》

《荀子评诸子语汇解》

《韩非子显学篇释义》

《尸子广泽篇吕氏春秋不二篇合释》

《淮南子要略书后》

《司马迁论六家要指书后》

《史记中所述诸子及诸子书书录考释》

《汉书艺文志诸子略考释》

《考诸子略以外之现存子书》

梁启超一贯认为，作为一名中国青年，尤其是具有中等文化程度以上的青年，对于中国古代的几本极重要的书必须认真读一下。其中可分"关于学术思想者若干种，关于历史者若干种，关于文学者若干种。"但是，中国的古书一是难于引起青年的兴趣，二是不知从哪一本书读起，三是难以摸着门道。梁启超苦心写上述论文，就是为了解决这些难题，为青年学者读古籍铺路搭桥。在国学入门书要目中，梁启超分门别类开列了修养应用及思想史书类、政治史及其他文献学书类、韵文书类、小学书及文法书类、随意书类，还有最低限度之必读书目。在要籍解题中，梁启超阐释了论语、孟子、史记、荀子、韩非子、左传、国语、诗经、楚辞、礼记、尔雅等，

---

[1] 《饮冰室合集·专集》第104，第58页。

省去了后学者的许多麻烦。在浩如烟海的中国古书中，梁启超的这些书目解题虽远不能解决问题，但他提出的基本思路和具体方法是很正确的。用开列书目和适当解题的办法去引导青年读古书，无疑会收到事半功倍的效果。由此可以看出，梁启超赋予图书馆的功能是多方面的，他的图书文献学的核心是求实用。

教育学

梁启超是一位"教育救国"论者。从"开民智"、"养新民"的愿望出发，他将教育视为中国起死回生的良药。他不仅发表了一系列有关教育的论著，大大丰富和发展了中国的教育学理论，而且亲自执鞭任教，曾在时务学堂、清华大学、南开大学、东南大学等校教导青年学生，成为近代中国屈指可数的名教授之一。梁启超由理论到实践，由实践再上升为理论的教育学既不同于中国传统的儒家教育，也有别于欧美的资产阶级教育，而是中西合璧，提炼更新，中国传统教育和西方近代教育有机地结合在一起。

从教育的总体指导思想来看，梁启超大致有三个层次：

一、教育的根本目的在"育人"，尤其是培育现代意义上的新国民。梁启超在《教育与政治》一文中称："教育是什么？教育是教人学做人，学做现代人。身子坏了，人便活不成或活得无趣，所以要给他种种体育，没有几件看家本事，就不能养活自己，所以要给他种种智育。其他一切教育事项虽然很复杂，目的总是归到学做人这一点。"但是，人生活在地球上，看起来是个个体，但不能单独生活，总要与别人、社会、自然发生种种联系。无论何人，一面做地球上的一个人，一面又做某个家族里头的父母或儿女或妻子或丈夫等，一面又做某省某市某县的居民，还要做企业、机关、学校、商店等部门的工作人员。所以"教育家教人做人,不是教他学会做单独一个人便了,还要教他学会做父母、做儿女、做丈夫、做妻子、做伙计……,乃至做国民。"在梁启超看来,"育人"的归结点是培植好国民。只有国民水平高了,才有良好的政治,高水平的民族,兴旺发达的国家。古代的国民较好培养,具备近代意识的新国民则不易造就。梁启超很实际地指出:

"各种角色里头的一种角色——国民,在从前是顶容易做的:'日出而作,日入而息,凿井而饮,耕田而食',只要学会做单独一个人,便算会做国民,倒也一点不费事。为什么呢?因为国家表现出来的活动是政治,政治是圣君贤相包办的,用不着国民管。倘若能永久是这么着,我们倒不必特别学会做国民才算会做人。如今可不行了,漫说没有圣君贤相,便有,也包办不了政治。政治的千斤担子已经压在国民肩膀上来了,任凭你怎么的厌恶政治,你总不能找一个没有政治的地方去生活。不生活于良政治之下,便生活于恶政治之下。恶政治的结果怎么样呢?……叫你们生活不成。怎样才能脱离恶政治的灾难呢?天下没有便宜事,该担担子的人大家都把担子担上,还要学会担担子的方法,还要学会担担子的能力。换句话说,一个人,除了学会为自己或家族经营单独生活所必要的本领外,还要学会在一个国家内经营共同生活所必须的本领。倘若不如此,只算学会做半个人,最高也只算古代的整个人不算得现代的整个人。教育家既然要教人学做现代的整个人,最少也须划出一部分工夫教他们学会做政治生活。"[1]

梁启超在这里强调的是教育的政治功能,也就是教育为国家实现民主政治服务,为他一辈子呼喊的培植"新民"服务。其核心是通过教育培养学生的政治意识、政治习惯、政治判断能力,将来运用自如地参与政治,推进民主建设。这既不同于中国封建社会的教育要培植忠臣孝子,也和西方教育的功利主义思想指导有一定的区别。梁启超要育的人,就是像他那样的所谓"新国民"。

---

[1] 《饮冰室合集·文集》第38,第68、69页。

二、智育、情育、意育全面发展。从培养人的指导思想出发，梁启超提出了智、情、意三育并重的方针。他认为，"人类心理，有智情意三部分，这三部分圆满的发达状态"，就达到了先哲们所讲的"智仁勇"。而只有具备了这三条，才是一个合格的"人"。具体标尺是什么呢？梁认为就是孔子讲的"智者不惑，仁者不忧，勇者不惧。"为实现这一目标，"教育应分为智育、情育、意育三个方面，现在讲的智育、德育、体育不对，德育范围太笼统，体育范围太狭隘。"[1]其实，梁启超所讲的智情意较德智体更模糊。他实际是以孔子的"智仁勇"和"三不"为轴心，又注入了一些现代意识，拼凑成他智情意的教育方针。这个方针的着眼点仍在于造就其所理想的完美人格。他的具体阐述：

"怎样才能不惑呢？最要紧的是养成我们的判断力。想要养成判断力，第一步，最少须有相当的常识；进一步，对于自己要做的事有专门知识；再进一步，还要有遇事能断的智慧。"

"怎样才能不忧呢？……大凡忧之所以来，不外两端，一曰忧成败，二曰忧得失。我们得着'仁'的人生观，就不会忧成败。为什么呢？因为我们知道宇宙和人生是永远不会圆满的。……我们得着'仁'的人生观，便不会忧得失。为什么呢？因为认定这东西是我的，才有得失之可言。连人格都不是单独存在，不能明确划出这一部分是我的，那一部分是人家的，然则哪里有东西为我所得！既已没有东西为我所得，当然也没有东西为我所失，我只是为学问而学问，为劳动而劳动。"

"怎样才能不惧呢？有了不惑不忧工夫，惧当然减少许多了。但这属于意志方面的事。一个人若是意志力薄弱，便有很丰富的知识，临时也会用不着；有很优美的情操，临时也会变了卦。然则意志怎样才会坚

---

[1]《饮冰室合集·文集》第39，第105页。

强呢？头一件须要心地光明。……第二件要不为劣等欲望之所牵制。"[1]

梁启超上面开出的药方，是以知识求不惑，以情操求不忧，以意志求不惧，合起来就是智情意三育并重。这中间渗透着儒学、佛学和西学的各种成份，尤其在情育中更明显。由此可知，梁启超的教育方针从本质上讲是儒学、佛学和西学在其头脑中的混合反映物。他以为这样做就可以实现普遍的人格，贯彻其理想的人格主义。

三、道德教育是轴心。梁启超试图通过教育培养其理想的新人，自然将德育看得高于一切。他在许多演讲和论著中都大力鼓吹道德教育，强调德育在学校的中心地位，批评不重视思想修养的种种偏向。梁启超对五四前后许多学校忽视道德教育的倾向非常不满，他严厉指出："现在中国的学校，简直可以说是贩卖知识的杂货店，文哲工商，各有经理，一般来求学的，也完全以顾客自命。"[2] 又说："现在的学校大都注重在知识方面，却忽略了知识以外之事，无论大学、中学、小学，都努力于知识的增加，知识究竟增加了没有，那是另一问题，但总可说现在学校只是一个贩卖知识的地方。许多教员从外国回来，充满了知识，都在此发售，学生在教室里若能买得一点，便算好学生。但学问难道只有知识一端吗？知识以外就没有重要的吗？"梁启超还抨击"中学教育，从不注意修养方面，整天摇铃上课，摇铃下课，尽在历史地理物理化学转来转去。"[3] 为了改变这种状况，梁启超专门写了《教育应用的道德公准》，提出道德教育的目的是发展个性和群性，具体的道德规范分同情、诚实、勤劳、刚强四项。所谓发展个性即"尽人之性"，指把每个人的能量尽可能地释放出来，每个人的特色完全表现于世；所谓发展群性即培养群体和国家观念，能够为村民、集体、民族、国家谋利益，做贡献。为实

---

[1] 《饮冰室合集·文集》第39，第107—108页。
[2] 同上书，第40，第9页。
[3] 同上书，第43，第5、7页。

现这样完善的道德修养，首先要有同情心。梁启超认为世界上一切道德的理论基础都起源于爱——同情心。"相爱是万善之根，相妒是万恶之源。"培植了青年学生的同情心，也就打下了道德重建的基础。其次要造就人们的诚实态度。这种诚实既包括为人做事的言行一致，奋力拼搏，也涉及在社会上造就一种诚实的氛围和诚实意境，使诚者光荣，伪者人人抨击。第三培养勤劳的美德。第四人人都刚强。梁启超指出："一个人有了刚强的能力，凭你有多大的压力，要我行虚伪不诚实，便抵死不干。勤劳亦是这样。凡人欲能护卫自己，不使堕落，非恃刚强不可。"[1] 梁启超讲的这些道德条条，并没有太新鲜的货色，充其量不过将中国一些传统的美德条理化罢了。唯一具有新意的是其将道德教育和发展人的个性结合在一起了。

综合来看，梁启超的教育总体构想把培养人放在中心地位。这种教育格局在其具体的教育主张中有明显的反应。

梁启超将教育分为两类：一为一般平民教育；二为高等人才教育。前者提高国民素质，后者培植国家高级人才。他明确声称："其学校教育，亦大别为二，一曰教育一般国民，使咸有水平线以上之智能；一曰教育高等人才，以为国家社会之栋干。"[2] 梁启超一生以开民智为己任，他将平民素质的提高看作其政治理想实施的关键。因此，梁启超比同时代的任何人都注重基础教育。在他看来，培养少数高级人才并非难事，而将平民的文化水准提高一寸则是相当困难的。他多次呼吁："教小学、教愚民，实为今日救中国第一义。"[3] "我所最悲者，不悲少特达智慧之人，而悲夫少通常智慧之人。"[4] 为普及平民教育，梁启超提出实行强迫教育。政府要明定法律，使每个儿童都有受教育的权利，每个家长都要履行供子女上学的义务，每个公民都应承担办教育的经费。梁启超还提出了平民教育的各种具体办法，例如：

---

[1]《饮冰室合集·文集》第39，第35页。
[2] 同上书，第29，第122页。
[3] 同上书，第2，第57页。
[4] 同上书，第5，第21页。

1.下令凡有千人以上之市镇村落,必须设小学一所,其大镇大乡,则划为数区,每区一所,大约每2000人或3000人,辄增一校,其小村落不足千人者,则合数村共设一校。

2.学校经费,皆由本校本镇本区自筹,其有公产者,则以公产所入支办之,其无公产或公产不足者,则征学校税,如田亩税、房屋税、营业税、丁口税等,或因其地所宜之特别税法,以法律征收之,以为创设学校及维持学校之用,惟其税目不得超过两项以上,其有余者,则积为学校公产。

3.凡每一学校之区域,皆设一教育会议所,由本地居民,公举若干人为教育议员,负责功课、财政、庶务等。学校主权及财政出纳,一切归本会议所管理,长官不得干预。

4.国家须速订小学章程,详定其管理法及所授题目,颁之各区域,使其遵行。

5.教科书,无论是官修还是民间私修,但能一依国家所定课目者,皆可行用。

6.学校皆收学费,但必须极廉,国家为一定额,不得超过,有贫寒子弟无力交纳者,经教育会讨论,可豁免之。有子弟及岁不遣就学,则罚其父母。

7.既定征学税,如有违抗者,由教育会报官追究。

8.每省置视学官三四员,每年分巡全省各学区,无有办校者,促其办;已办校者,查其教学、师资、经费,并奖励优秀生,考察校内长官是否称职。

如果真按梁启超提出的这八条去广办学校,定能出现教育欣欣向荣的局面。他信心十足地宣称,这样办基层教育,至少有四大好处:"一、不劳公帑而能广开学风也;二、学制整齐,而可与高等学校相接也;三、可以强民使就义务教育也；四、养成地方自治之风，为强国之起点也。"[1]梁启超的这些话并非自吹自擂，若真按其理想在全国推广，这些好处肯定会兑现。令人愤慨的是，旨在集权专制的中国当权者从本能上就把广办教育视作巩固其统治的危途，让他们重视教育是对牛弹琴。梁启超的这些切实可行的办学方法自然变成了一串肥皂泡，留下的只是幻影。

关于高级人才，梁启超认为越多越好，只有一国的精英分子多了，才能在世界各民族的竞争中立于不败之地。他说："立国于今之世，非多数人民获有高等知识，则无以图存矣。岂惟国家，私人亦然。吾有子弟，不能当其青年时使得有水平线以上之学力，结果非成为时代之落伍者以终归于淘汰焉而不止也。"[2]生存竞争，对于人类来讲就是智力竞争。梁启超把高级人才的培养和民族振兴、子女成才联系在一起，意义极为深远。如何培养高级人才呢？梁启超认为唯一的途径是办好高等教育。这不仅要由国家投资办一批高质量的名牌大学，而且鼓励私人投资，广办私立大学。这样，既解决了办学经费问题，又注入了竞争机制，公立和私立大学还可以互补不足。至于派青年子弟出国留学，梁启超认为以少为好。因为留学花费太大，如果用留学教育的钱办高等学府，定可收到事半功倍的成效。这中间的关键问题是将中国的高等教育办好。办好了，自然人们愿在国内求学；否则，大量青年必争着出洋求学，中国的教育永远不能独立。至于如何办好高校，梁启超也提出了一些建议。首先他认为高校的核心应是研究学问。其称："普通学校目的，在养成健全之人格，与其生存发展于社会之能力，此为全教育系统之精神。大学之目的，固亦不外乎是，然大学校之所以异于普通学校而为全国最高之学府者，则因于普通目的之外，尚有特别之目的在，固不仅其程度有等差而已。特别之目的为何？曰研究高深之学理，发挥本国之文明，以贡献于世界之文明是焉。"[3]其次高校应该变成一自由天地。

---

1 《饮冰室合集·文集》第9，第37—38页。
2 同上书，第43，第9页。
3 同上书，第29，第39页。

教师和学生都可自由研究，自由演讲，自由结社，自由选择教材等。学术自由是推进学问发展的根本动力。梁启超特别鼓吹大学要办自由讲座，既可推进学校的自由精神，又省时、省力、有利于学术交流。具体办法有九条：1.以少数之同志，有专门学术，堪任教授者，组织讲师团体，但最少须五六人以上。2.其讲座，或独立，或附设于原有之学校皆可。3.学科不求完备，以讲师确有心得，自信对于此科之教授能有特色者，乃设置之，但各科之间应有联系，使听讲者获得系统的知识。4.讲授时间不必太多，让学生听讲之外有较多的自习时间，多让学生和教师相互讨论问题。5.修业期限不宜太长，约两年而毕。6.毕业不考试，但由各科老师授以结业证书。7.学生可分两种：专修者，须考试入学；自由听讲者，入学不考试，不发结业证。8.备有丰富的图书，供学生阅读，如属自然科学，则要有仪器和良好的实验室。9.除讲座所得资金外，还可办小工厂，师生同劳动，获得一些经费。这些设想，类似于今天的各种教师进修班，实践已证明是高等教育中一种很好的办学方式。

  对于中等教育、初等教育以及教学方法，梁启超也有不少精辟的论述。他重视师范教育，认为这是一国教育发达的基础，师范教育水平的高低直接制约着整个教育的消长。他呼吁女子教育，认为女子教育是国人素质的母体，女子受教育者越多，国民知识水准才能保持高水平。梁认为中等教育承先启后，至为关键。儿童教育主要是打基础，应认真下功夫，不得轻视。在教学方法上，梁主要强调两点：一是要适应人的发展规律，顺其性，尽其意，循循善诱，合理培植，千万不能违反人的生长规律去一意地进行强迫教育。二是重视学生实际能力的培养，教学和实践相结合，一面读书，一面做事，培养学生的实际能力，这和杜威的学校即生活，生活即学校，有相通之处。此外，梁启超也重视学制的研究（见下表），企望寻找一个符合中国人特点的科学的学制。总之，梁启超的教育学是系统而有特色的，其为中国教育留下了一份珍贵的遗产。

教育制度表

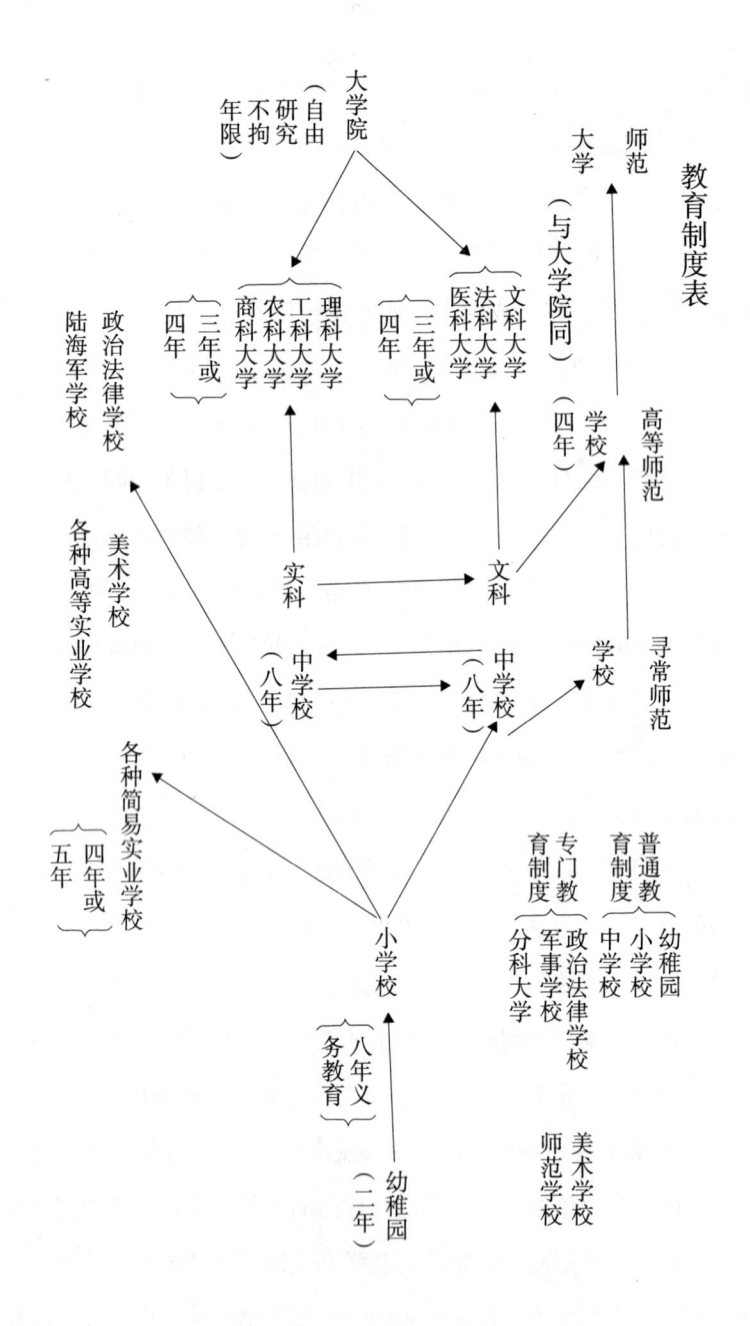

普通教育制度：幼稚园、小学校、中学校、分科大学

专门教育制度：政治法律学校、军事学校、美术学校、师范学校

学校体系（由下至上）：

- 幼稚园（二年）
- 小学校（八年义务教育）
- 中学校（八年）
- 文科 / 实科
- 大学（与大学院同）：文科大学、法科大学、医科大学（三年或四年）；理科大学、工科大学、农科大学、商科大学（三年或四年）
- 大学院（自由研究，不拘年限）

师范系统：寻常师范 → 高等师范 → 师范 → 大学

其他学校：
- 各种简易实业学校（四年或五年）
- 各种高等实业学校
- 美术学校
- 政治法律学校
- 陆海军学校

办报学说

梁启超一生多与报刊为伍。从早年办《时务报》到晚年主持《庸言》，他主编或参与办的报刊有十多种，在国内外新闻学界有很大的影响。他自己也以报人自居，每谈及宣传或造舆论一事总是眉飞色舞，十分自信。近百年的中国新闻史或报刊史，梁启超占有突出的历史地位。尤令人敬重的是，从资产阶级的新闻学理论出发，梁启超阐述了一整套办报学说，为后人留下了宝贵的思想资料。

出版自由是梁启超新闻学的思想理论基础。受西方资产阶级民主学说的侵染，梁启超把思想、言论、出版三大自由视作民主社会建设的基本要素。而思想和言论又多是通过出版来表达出来的，所以新闻自由就成了"三大自由"的关键。在梁启超看来，没有新闻自由就没有人的解放和民主的勃兴，更不会有中华民族的振兴。他在致康有为的信中称："弟子之言自由者，非对于压力而言之，对于奴隶性而言之；压力属于施者，奴隶性属于受者。中国数千年之腐败，其祸极于今日，推其大原，皆必自奴隶性来；不除此性，中国万不能立于世界万国之间"。[1] 中国没有自由而落后了，西方有了自由则突飞猛进了。梁启超指出："近世泰西各国之文明，日进月迈，观以往数千年殆如别辟一新天地，究其所以致此者何自乎？或曰是法国大革命之产儿也。而产生此大革命者谁乎？或曰中世神权专制政体之反动力也。而唤起此反动力者谁乎？或曰新学新艺勃兴之结果也。而勃兴此新学新艺者谁乎？无他，思想自由、言论自由、出版自由。此三大自由者，实惟一切文明之母，而近世世界种种现象，皆其子孙也。"[2] 既然自由是文明的源泉，梁启超即为之竭诚奋斗，并拿起报刊这一有力武器具体出击，使新闻自由付诸实施。在这个漫长

---

1 《梁启超年谱长编》第234—235页。
2 《饮冰室合集·文集》第6，第49页。

的过程中，梁启超提出了一系列办报规则，例如：

一、明确办报之职责。梁启超认为报刊影响巨大，关乎国计民生。只有明确了所负的责任，才能把报刊办好。他一针见血地指出："报业者，实荟萃全国人思想言论，或大或小，或精或粗，或庄或谐，或激或随，而一一介绍之于国民。故报馆者，能纳一切，能吐一切，能生一切，能灭一切。西谚云，报馆者，国家之耳目也，喉舌也，人群之镜也，文坛之王也，将来之灯也，现在之粮也。伟哉！报馆之势力；重哉！报馆之责任。"[1] 在清末民初那种社会状况下，梁启超认为报刊必须是"摧毁专制之戈矛，防卫国民之甲胄。"具体来讲是两条：1.对于政府来讲报刊是监督者；2.对于国民而言报刊是向导者。梁多次强调，报刊和政府是平等和独立的关系，绝非受政府支配的管辖品。报刊视政府，犹如"父兄之视子弟"，其有过失则批评之，其有难事则相助之。政府对报刊绝不能指手画脚；报刊对政府则以诚相待。二者和谐互助，则有利于国家，造福于民族。作为政府，要时时处处顺从民意，因为从本质上讲政府是国民的雇佣品；作为国民，要识大体，顾大局，顺从时代的潮流，提高本身的素质，因为只有高水平的国民才能造就文明的政府。报刊作为调和政府与国民的中间媒介，一方面要代表民众监督政府，一方面又要引导国民察古今，懂时事，具有相当高的理论和政策水平。梁启超总认为报刊是教育国民的利器，如果很好地利用这一阵地去指导国民，则"民智未开"的局面不久即可改变。由此看来，梁将"开民智"视为报刊的又一天职。

二、确定报刊之宗旨。宗旨是报刊的灵魂，左右着其走向和风貌。因此，梁启超一再呼吁办报之前先定宗旨。宗旨一明，报刊就有路可循了。关于定报刊宗旨的基本思路，梁启超提出四条：一曰宗旨定而高。梁启超认为"为报馆者，不可不以热情慧眼，注定一最高宗旨而守之。"宗旨要一贯，目标要高远，这样才能无坚不摧，办出特色。二曰思想新而正。梁启超说，报

---

[1]《饮冰室合集·文集》第6，第49页。

刊贵在"能以语言文字开将来之世界也。使取人人所已知者而敷衍之，则与其阅报，何如坐禅？使拾前人所已言者而牙慧之，则与其阅报，何如观戏？故思想不可以不新。"又说："交换知识，实惟人生第一要件，而报馆之天职，则取万国之新思想以贡于其同胞者也。"所谓"正"就是对各种新思想、新学识加以有选择的介绍，而不是不分好坏全堆积于报刊上。只要有正确的新知识，报刊就具备了吸引读者的魔力。三曰材料富而当。为满足社会各阶层读者的不同需求，必须选择恰当而极丰富的内容刊于报刊杂志。内容不丰富，报刊就不可能拥抱读者，自然失去了市场。所以梁启超认为报刊应门类多而全，如政治、经济、财政、法律、哲学、教育、宗教、格致、农工商、军事、历史、时事、小说、艺术、掌故、图画、风俗、文物等，凡能涉及的方方面面，尽量涉及。他预言，随着时代的进步，科学的发达，报刊将向大而全发展，版面必然越来越扩展。后来的实践证明，梁的猜想是有道理的。如今的报纸版面大大超过了几十年前。四曰报事确而速。这主要指报纸要准确无误地及时报道各方面的消息，以满足各方人士对信息的需求。梁启超说："报之所以惠人者不一端，而知今为最要。故各国之报馆不徒重主笔也，而更重时事，或访问，或通信，或电报，费重资以求一新事，不惜焉。"[1]

三、丰富报刊之内容。梁启超将此条看作报刊有无生命力的关键。他认为戊戌变法以前的报刊之所以不大受读者欢迎，发行量较少，核心问题是内容贫乏，不能满足人们的需求。在社会动荡变化的近代，梁认为报刊可载的内容太多了，许多办报者不刻意去寻求，致使报刊枯燥无味。但作为一名报人，也不能无区别地什么内容都见诸报端，而应多方搜寻，合乎人群之需要，顺应国势之昌盛。梁启超具体规范的内容是："广译五洲政事，则阅者知全地大局，与其强盛弱亡之故，而不至夜郎自大，坐瞽井以议天地矣。详录各省新政，则阅者知新法之实有益，及任事人之艰难经画，与其宗旨所

---

[1] 《饮冰室合集·文集》第6，第51页。

在，而阻挠者或希矣。博收交涉要案，则阅者知国体不立，受人嫚辱，律法不讲，为人愚弄，可以奋厉新学，思洗前耻矣。旁载政治学艺要书，则阅者知一切实学源流门径，与其日新月异之迹，而不至抱八股八韵考据词章之学，枵然自大矣。"[1] 1902年，梁启超创《新民丛报》时，以上述设想为蓝本，具体开列了25项内容：

1. 图画：每卷之首印中外各地图或风景图，及地球人影像。

2. 论说：必取政事学问之关于大本大原切于时用者，乃著为论。

3. 学说：述泰西名儒之最精要者。

4. 时局：论天下大事以为中国之鉴。

5. 政治：专以养国家思想，使吾人知文明世界立国之原本。

6. 史传：或中史或外史或古史或近史或人物，随时记载。

7. 地理：或总论或分论。

8. 教育：本报以教育为主义，故于此门尤注意焉，或论原理或述方法，总以合于中国国民教育为目的。

9. 宗教：宗教者，德育之本也，本报信仰自由，思想自由，惟陈列各义加以发明，以备读者采择，无入主出奴之弊。

10. 学术：或哲学或艺学，或中国固有之学，颉其精华论之。

11. 农工商：三者富国之本也。述泰西斯业发达之状及其由来，以资比较。

12. 兵事：武备者国民之精神也，特注意焉。

13. 财政：理财学今为专门科学，凡立国者所宜讲也，故条述其理法。

14. 法律：中国所尤缺者，法律思想也，故述法家言以导之。

15. 国闻短评

16. 名家丛谈

17. 舆论一斑

---

[1] 《饮冰室合集·文集》第1，第102页。

18. 杂俎

19. 问答

20. 小说

21. 文苑

22. 介绍新著

23. 中国近事

24. 海外汇报

25. 余录

这25条大体包含了梁启超关于报刊内容的总体思路，反映了他对当时客观现实和读者需求的科学估价。《新民丛报》按此选材编排，果然大受欢迎，风靡一时。在中国近代报刊史上，《新民丛报》开创了一个崭新的历史时期。它说明梁启超的新闻学理论充满活力。

四、革新文体。早在戊戌时期梁启超就注重文体改革，喜用西方传来的新名词，倡导写新诗，作新文，呼吁文体要和广大读者的爱好一致，做到相互沟通。这种做法虽遭到了其师康有为的非议，但他并未改变前衷，一直探索文体改革。流亡日本后，梁启超利用《新民丛报》，大力推广报章文体，颇受人们欢迎，遂形成了影响一时的"新民体"。这种文体的特点是：一、通俗流畅，口语化，大众化，如与人交谈，朗朗上口；二、富于情感，感染力强，有一定的文学色彩，让人爱不释手；三、善用流传于社会的新名词，给人以新鲜感；四、喜欢排比和夸张，一个论点反复论证，似与人辩驳，直到取胜为止；五、形象化，常用比喻，将深奥的哲理用周围的事物浅显地表达出来。在20世纪初年，处于水深火热的中国人民，急于救亡图存，寻求真理，对新知识的渴求比以往任何时候都强烈。这种"新民体"极合乎他们尤其是青年一代的口味。当时的不少报刊都模仿梁的文体，梁成了新型报章文体的开创者。曾受过这种"新民体"影响的胡适从四方面加以概括：一、文体的解放。打破一切"义法"、"家法"，打破一切"古文"、"诗文"、"骈文"的界限；二、条理的分明。像梁启超的长篇文章都长于条理，最容易看下去；三、辞句的浅显。即容易懂得，又容易模仿；四、富于刺激性，"笔锋常带感情"。[1]但梁启超的这种"新民体"也存在缺点，诸如注重情感和过分夸张，往往失去了准确性和科学性；急于移植外来的新名词，难免用词不确切；不恰当的比喻，常被人讥为幼稚。不过从总体上看，梁启超的"新民体"开创了报章文体的新格局。是中国新闻学史上的一大突破。

五、确立报刊论说和记事的规则。梁启超办报，一向注意论说。因为他将论说看作左右舆论的关键。梁曾具体提出关于论说应"公、要、周、适"的四原则：

"第一以公为主。不偏徇一党之私见，非好为模棱，实鉴乎挟党见以论国事，必将有辟于亲友，辟于所贱恶，非惟自蔽，抑其言亦不足取重于社会也，故勉避之。"

"第二以要为主。凡所讨论，必一国一群之大问题，若辽豕白头之理想，邻猫产子之事实，概不置论，以严别裁。"

"第三以周为主。凡每日所出事实，其关于一国一群之大问题，为国民所当厝其意者，必次论之，或著之论说，或缀以批评，务献刍荛，以助达诚。"

"第四以适为主。虽有高尚之学理，恢奇之言论，苟其不适于中国今日社会之程度，则其言必无力而反以滋病，故同人相勖，必度可行者而言之。"[2]

这四条所贯穿的一个总体精神就是实事求是，有利国计民生。但具体把握起来，就出入很大。梁启超几乎都是亲自动笔，撰著社论，他的许多政论文章都来自刊诸报端的论说，可并非都能贯彻公、要、周、适的原则，基

---

1 《五十年来中国之文学》，《胡适文存》第2集，第207页。
2 转见戈公振：《中国报学史》第152页。

本上反映出梁启超的政治立场。所以，作为一个原则，梁启超讲的是很全面和正确的，真正见之于行动就不一样了。不过，从近代新闻史的角度看，梁启超能将论说的写作原则归纳出来，并具有理论色彩，已是一种了不起的贡献。从19世纪70年代王韬办《循环日报》创立报刊论说以来，首次将其理论化和原则化的，当属梁启超。

关于记事，梁也提出了"博、速、确、直、正"五条原则。他在《时报》发刊时明确指出：

1."本报记事，以博为主。故于北京、天津、金陵，均置特别访事，其余各省皆有坐访。又日本东京，置特别访事二员；伦敦、纽约、旧金山、芝加哥、圣路易各一员，其余美洲、澳洲各埠皆托人代理。又现当俄日战争之际，本刊特派一观战访事员随时通信。又上海各西报，日本东京各日报及杂志皆购备全份，精择翻译。欧美各大日报，亦订购十余家备译。务期材料丰富，使读者不出户而知天下。"

2."本报记事，以速为主。各处访事员，凡遇要事，必以电达，务供阅者先睹为快。"

3."本报记事，以确为主。凡风闻影响之事，概不登录，若有访函一时失实者，必更正之。"

4."本报记事，以直为主。凡事关大局者，必忠实报闻，无所隐讳。"

5."本报记事，以正为主。凡攻评他人阴私，或轻薄排挤，借端报复之言，概严屏绝。"[1]

梁的这些论述涉及新闻的真实性、时间性和道德性等问题，关乎报纸的身家性命。第二次鸦片战争之后，不少报刊在中国破土而兴，但新闻的一些原则并未被人遵守。梁在这里提出了这些原则，自然是中国新闻学的一大进步。

---

[1] 转见戈公振：《中国报学史》第152页。

6. 铸冶报人的独立人格。报人的才气学识和道德风范直接影响着报刊的走向。梁启超在强调培养高水平的报界人才的同时，尤重视报人品格的修养。他认为办报者要品德高尚，敢于主持正义，敢于与邪恶斗争，为了社会进步和民族昌盛，不惜以身家性命相许之。他明确声称："报馆之天职，在指导社会，矫正社会，而万不容玩弄社会，逢迎社会。"[1]在大是大非面前，报人必须明确表态，不能骑墙，更不能偏向邪恶势力。梁启超深信，只要报人能团结一致向守旧势力和不良风气作斗争，正义即可取胜，社会就会更新，中华民族就大有希望。

总起来看，梁启超的报业思想是以自由为体，道德为用。他在强调报刊独立性的同时，用中国的人文道德和社会进步的客观需求去约束报刊的走向，规范报人的行为准则。他的新闻学理论较多的是政治原则和道德标准的评判，新闻本身的内在规律和具体原则虽有所涉及，但远远不够。所以梁启超的新闻学从严格意义上讲还停留在政治新闻学的起步阶段。

---

[1]《饮冰室合集·文集》第36，第68页。

VI

IV.

二十　仙　逝

1929年1月19日，梁启超离开了他热爱的这个世界，与世长辞，享年仅56岁。如果说梁启超在事业上具有一般人少有的卓越的天才，为后人景仰，那么，在对待个人身体上他却不大有高深的养生之道，"大意失荆州"，令人扼腕叹息。梁未能长寿，主要是他拼命工作，孜孜进取，从而积劳成疾，无法医治；同时也和他有病期间的治疗不当，尤其与他不会安心养病有直接的关系。

梁启超的身体本来不错，他也一向以此自豪。1923年，50岁的梁启超虽心脏不太好，曾一度登报谢客，但不久好转，一切如常。不料第二年，梁夫人李蕙仙患了癌症，于9月病逝，给梁启超以巨大的打击。他在《苦痛中的小玩意儿》一文中称："我今年受环境的酷待，情绪十分无俚。我的夫人从灯节起，卧病半年，到中秋日，奄然化去。她的病极人间未有之苦痛，自初发时，医生便已宣告不治，半年以来，耳所触的只有病人的呻吟，目所接的只有女儿的涕泪。丧事初了，爱子远行，中间还夹杂着群盗相噬，变乱如麻，风雪蔽天，生人道尽。块然独坐，几不知人间何世。哎！哀乐之感，凡在有情，其谁能免，平日意能活泼兴会淋漓的我，这会也嗒然气尽了。"[1] 爱妻的长别，使多情的梁启超顿无生趣。情绪是人体的精气神儿，直接左右着身体的起伏。情绪一旦低落而不能自拔，病魔即可能兴风作浪。梁夫人去世不久，梁启超就发现小便带血。但他为不给家人增加负担，秘不告人。一生相信科学、宣传科学的梁启超，这时却不讲科学而铸成一大失误。一年之后，病情

---

[1]《饮冰室合集·文集》第45（上），第113页。

加重，可梁仍在致力于先秦学术研究。1926年1月，梁启超往北京一德国医院检查，经化验，梁启超的小便先由紫红变粉红，再变为咖啡色和黄色，且带血腥味。医生怀疑是肾和膀胱有毛病，又反复查验，但还是没查出病因。梁启超这时一方面感到自己看病晚了，对女儿讲："我这回的病总是太大意了，若是早点医治，总不至如此麻烦。"另一方面还是不大重视，在致梁令娴的信中称："其实我这病一点苦痛也没有，精神气体一切如常，只要小便时闭着眼睛不看，便什么事都没有。"[1]医生让他好好休息，少用脑，别写作，而这期间他还作了一张先秦学术年表。

梁启超的亲朋好友得知他生病之后，都规劝他好好休息，及时治疗。在丁文江苦口婆心的开导之下，梁启超才于同年3月住进北京协和医院。医院派最好的大夫，用最先进的设备，为梁查验，最后确定梁的右肾上长了一个瘤子，应立即割去。16日手术完毕，但仍旧便血。显然这个诊断是不准确的。不过梁启超的精神甚好，还较乐观。出院后，他便请名中医开药，慢慢调养。当吃完唐天如大夫的药后，突见奇效，便血停止。梁启超大喜过望，致女儿梁令娴的信中说："一大群大大小小孩子们，好叫你们欢喜，我的病真真正正完完全全好得清清楚楚了！"[2]但是，8月底梁启超的四妹不幸病逝。梁启超思妹怀旧，感叹人生，情绪不稳，又开始便血。后请名医伍连德治疗，便血慢慢停止。9月，梁启超的好友曾习经患肺癌离世，死前之苦不可名状，梁启超亲眼所见，备受刺激，遂便血不止。三天后心情平静下来，遂又好转。可见梁启超的便血和其心绪的起伏关系甚大。而此后两年当中，不顺心之事接二连三向梁袭来，使他无力保持一种健康向上的情趣。

1927年3月8日，康有为迎来了他的70大寿，梁启超心潮起伏，激情满怀，为老师祝寿，并奉上寿联："述先圣之玄意，整百家之不齐，入此岁来年七十矣；奉觞豆于国叟，致欢忻于春酒，亲授业者盖三千焉。"梁启超对

---

1 《梁启超年谱长编》第1073、1072页。
2 同上书，第1086页。

老师的敬仰崇拜之情跃然纸上。谁知祝寿的欢声笑语刚过，3月31日康有为在青岛去世，身后萧条，不堪入目。梁启超汇去数百元，才草草入殓。4月17日，梁启超在北京举行公祭，挽联是："祝宗祈死，老眼久枯，翻韦生也有涯，卒免睹全国陆沈鱼烂之惨；西狩获麟，微言遽绝，正恐天之将丧，不催动我党山颓木坏之悲。"悽凉乎，悲惨乎，梁启超真是不堪回首。此时此刻，梁启超怎不会想起万木草堂的钟鼓声，公车上书的宏伟场面，戊戌政变时的惊心动魄，流亡海外后的日日夜夜……。康梁奋斗几十年，最后几乎一事无成。如今，老师先已作古，弟子又在染病，悠悠岁月，已无法唤起梁启超的生趣。梁启超的便血病又犯了。

1927年6月，王国维对现状不满投昆明湖自杀。王国维和梁启超、赵元任、陈寅恪是清华大学四大名教授，清华及北京各界举行了浩大的追悼会。梁启超对时局的看法，几乎和王国维没有区别，加之多年和王国维的交往，更唤起一片哀悼和愤慨之情。梁启超本来不平静的心情更加起伏涌动，旧病的加剧是无法改变了。他在致女儿的信中说："我一个月来旧病复发得颇厉害，约莫40余天没有停止，原因在学校批阅学生成绩太劳，王静安事变又未免太受刺激。"[1]

1927年，梁启超的便血病时好时坏，身体一天天衰弱下去。但他仍在清华执教，不停地讲课、批改作业、接待友人、发表论著。这一年，他发表了《图书大辞典簿录之部》、《中国历史研究法（补编）》、《书法指导》、《儒家哲学》、《古书真伪及其年代》、《中国文化史·社会组织篇》等，总计在30万字以上。如此勤奋忘我地工作，已病的身体自然无法康复。这年10月，梁启超血压升高，住进协和医院。出院后，他不敢再拼命工作，静心在天津养病，果然大有好转。他给梁令娴写信说："我从出了协和回到天津以来，每天在起居饮食上十二分注意，睡眠总在8小时以上，心思当然不能绝对不用，但常常自己严加节制，大约每日写字时间最多，晚上总不做什么工作，'赤

---

[1] 《梁启超年谱长编》第1146页。

化'虽未能骤绝,但血压逐渐低下去,总算日起有功。"[1]可是,这年12月下旬,梁启超的学生加好友范源濂病逝,使他大为伤感。范源濂和蔡锷同在湖南时务学堂受梁启超教诲,后在政治上多跟随梁,梁启超亦视他为知己。范源濂生病期间,常和梁启超在医院打头碰面,坐下来聊天,又成了病友。范源濂的离世,给梁启超以莫大的刺激。

1928年春,梁启超的身体一天不如一天,血压不稳,便血间有,心脏亦在萎缩。不得已,他又入京住进了协和医院,医生不断为他输血,并加强营养,身体渐又好转。出院后,梁启超辞去清华的一切工作,回天津静养。但他总是静不下来,又着手编辛弃疾年谱。9月24日,编至辛弃疾52岁时,突然痔病大发,三天后入京就医。稍好后,出院返津,时有发烧,心情苦闷。10月12日,梁启超甚觉无聊,又伏案作年谱。有趣的是恰写到辛弃疾61岁,这年朱熹去世,辛往吊唁,作文以寄哀思,梁启超录此文中四句为:"所不朽者,垂万世名,孰为公死,凛凛犹生。"这好像是梁启超在自述自己身后的感受!当梁启超写完最后一个"生"字,他那支巨大的笔便再也扶不起来了,"时则12日午后3时许也。"[2]

11月27日,梁启超被送往协和医院抢救。但收效甚微。1929年1月19日午后2时15分,梁任公永远睡着了。近代中国的一颗新星陨落了。

梁启超的逝世惊动了社会各界,唁电、唁函、挽联、挽诗一时间如雪片飞来,令人目不暇接。2月17日,北京各界五百多人在广惠寺为梁举行公祭。门前高扎蓝花白地素牌楼一座,横挂"追悼梁任公先生大会"九个大字,祭台前又用素花扎成牌楼,缀有"天丧斯人"四个大字。门前屋内,各种挽联、挽诗密密麻麻,约有三千余件。社会各界名人如熊希龄、丁文江、胡适、钱玄同、朱希祖、任鸿隽、陈衡哲、袁同礼等纷至沓来,痛悼先哲。清华大学研究院同学会有哭任公诗二首,哀情如丝,牵动肺腑,读后令人痛断

---

[1]《梁启超年谱长编》第1157页。
[2]《饮冰室合集·专集》第98,第61页。

肝肠。其云：

忽见沧江晚，冥冥何所之。
京尘吹日落，园树助群悲。
忧国死未已，新民志可期。
平生心力在，回首泪丝垂。

独挽神州厄，一言天下惊。
此身终报国，何意计勋名。
正气永不死，宏篇老更成。
西山能入座，已是百年情。

同一天上午9点，上海各界在静安寺举行梁启超追悼大会。"礼堂中悬任公小像，词几之前，遍陈鲜花蔬果，""四壁均悬挽联，白马素车，一时称盛。"[1]社会名流蔡元培、唐蟒、叶誉虎、刘文岛、高梦旦等到者百余人，学界、政界、商界等来者甚众。蔡元培的挽联为："保障共和，应与松坡同不朽；宣传欧化，宁辞五就比阿衡。"杨杏佛的挽联称："文开白话先河，自有勋劳垂学史；政似青苗一派，终怜凭藉误英雄。"沈商耆的挽联云："三十年来新事业，新知识，新思想，是谁唤起？百千载后论学术，论文章，论人品，自有公评。"类似这样的挽联，除杨度的稍有微词外，都在颂扬梁启超一生对国家、对民族的突出贡献。王文濡一连写了八个挽联，虽缺乏新意，但自序写得典雅真诚，概述了梁启超坎坷的一生，还值得一读：

"任公逝矣！综论一生，以龙卧虎跳之才，建震天动地之业，不凝滞于己见、物见，而权衡在心，屈信因时，随大势为转移变化焉，发挥

---

[1] 上海《新闻报》1929年2月18日。

焉，以尽其务而底于成。故其始也，变法蒙难，任维新之先觉，其继也，倒袁讨张，成革命之元勋。指挥若定，大功不居，退隐析津，杜门著述，雅怀高致，操、莽之军阀曾不得而污之焉。文学虽其余事，而整理国故，扶大雅之轮，扬抑古人，秉阳秋之笔。《饮冰》一集，万本万遍，传诵国人，雅俗共赏，得其余沥以弋鸿名而张骚坛者，比比皆是也。痛斯人之难再，嗟举世之皆瘖！"[1]

美国一些学者对梁启超的去世也深表怀念，1929年4月出版的《美国历史评论》在《史学界消息》中介绍了梁启超的生平，并指明了他在近代中国政治和文化的巨变中所起的特殊作用。文章最后指出：梁启超"以非凡的精神活力和自成一格的文风，赢得全中国知识界的领袖头衔，并保留它一直到去世。"[2]

人们对死人的怀念程度，从某一方面反映出先哲对社会和人类的贡献大小。从这个角度讲，悼念死者的人越多，牵动的社会面越广，其客观价值也越高。但是，悼念总是暂时和相对的。历史人物真正不朽的价值在于他的事业和精神能转化为后人的知识和力量，能为后来的一代又一代人从新的需求中去汲取丰厚的营养，能对社会发生这样那样的影响。梁启超作为近代中国少有的百科全书式的人物，其思想、学术、行为规范和思维方式对后人的影响是巨大和久远的。曹聚仁在《中国学术思想史随笔》中甚至称；"过去半个世纪的知识分子，都受了他的影响。"[3] 这种说法虽有夸大之处，但客观地讲，戊戌、辛亥时期以及五四前后的两代青年受梁启超的影响最大，当今随着改革开放大潮的涌动，梁启超的影响又逐步增大。下面仅以青年毛泽东对梁的崇拜来说明我们的论点。

众所周知，毛泽东一生极善于思辨和选择，能为他顶礼膜拜的人并不多见。可是，五四之前的20多年中，梁启超则是他心目中的伟人。毛曾学梁的

---

[1]《梁启超年谱长编》第1209页。

[2] 同上书，第1212页。

[3] 转见萧延中：《论梁启超对早年毛泽东的影响》，《近代史研究》1988年第1期，以下的一些引文多出自此文。

"任公"笔名取名"子任",当他见到梁主编的《新民丛报》后爱不释手,总是读了又读,直到可以背出来。梁启超发表的一些文章,如《新民说》、《政治学大家伯伦知理之学说》等,毛反复钻研,并加批语,韶山纪念馆现存的毛泽东阅过的部分《新民丛报》,毛的一些批注很有见地。梁启超的"以今日之我与昨日之我战"的格言,毛泽东大为赏识,广为宣传。毛泽东进入长沙湘乡驻省中学堂后,曾向社会呼吁,"把孙中山从日本召回,担任新政府总统,由康有为任国务总理,梁启超任外交部长。"[1]毛泽东在长沙第一师范学习时,杨昌济老师也常以梁启超的文章去教导他。在青年毛泽东的眼里,梁启超的政治追求、理论构架、文章风格、道德水准都是第一流的。他习惯称"梁康",而不称"康梁",直至晚年仍是如此。他在一次谈话中称:青年时受到"梁启超办的《新民丛报》的影响,觉得改良主义也不错,想向资本主义找出路。"[2]1918年,毛泽东组织的学生社团取名"新民学会",无疑有《新民丛报》的影子。毛泽东对斯诺讲,直到"五四"之后,陈独秀和胡适才"代替了梁启超和康有为,成为我的楷模。"[3]这些情况表明,在辛亥和五四时期的千千万万个青年当中,梁启超还是有魅力的。事实上,近代中国的许多伟人如胡适、陈独秀、鲁迅、郭沫若等都不同程度地受过梁启超的影响。郭沫若在其回忆录《少年时代》中称:"平心而论,梁任公……负载着时代使命,标榜自由思想与封建残垒作战。在他那新兴气锐的言论面前,差不多所有的旧思想、旧风习都好像狂风中的败叶,完全丧失了它的精彩。……他是资产阶级革命时代有力的代言者。"梁启超的影子在其后几代人的身上都可以找到。

臧克家在纪念鲁迅逝世13周年时曾讲:"有的人活着,他已经死了;有的人死了,他还活着。"

梁启超理所当然属于后者。

---

1 《毛泽东一九三六年同斯诺的谈话》第18页。
2 《人民日报》1979年1月2日。
3 《毛泽东一九三六年同斯诺的谈话》第31页。

二十一　家庭生活和后代风姿

一个人差不多有 2/3 的时间生活在家庭，而人在家庭中的表现往往较在社会上更逼真，更接近自我，家庭最容易展示人的本性。所以，了解人、研究人，如果仅探讨其社会角色，而忽略了其家庭角色，显然是不完整、不深入的。但一般情况下，有关个人家庭生活的资料很难寻觅，即使是在历史上呼风唤雨的大人物，其社会活动的史料可以堆积如山，其家庭中的记述则寥寥无几。这也是许多人物传记缺少传主家庭生活叙述的重要原因。所幸，梁启超一生留下了近 50 万字的家书，且大部分得以保存，其中不乏关于家庭的描述；他的外孙女，即梁思庄的女儿吴荔明女士，经过自己的回忆和多年对家人、朋友广泛的访问查找，写出了《梁启超和他的儿女们》一书，为透析梁启超在家庭中的风姿提供了形象的素材。同时，《饮冰室合集》和其他散见的关于梁氏家庭的零星史料，不仅可以对回忆、调查的史实加以印证，而且能拓展新的视野。有了这些前提，即可以在这里粗线条地再现梁启超的家庭状况、饮食起居、夫妇之情、儿女之乐，以及子女教育和后代风姿。

家庭状况

1891 年 11 月，19 岁的梁启超和 23 岁的李蕙仙结婚，正式组织家庭。李蕙仙，贵州人，生于 1869 年，是清朝礼部尚书李端棻的堂妹。1889 年李端棻往广东主持科举考试，17 岁的梁启超才华横溢，李端棻大为赏识，将李蕙仙许配给梁启超为妻。作为平民百姓的梁启超自然受宠若惊，深深体验到攀龙附凤的惬意。两年后，李端棻在北京亲自主持仪式，为他们完婚。梁启超兴高采烈地由广东赴北京时，其师康有为特意赋诗一首为其送行：

"道入天人际，江门风月存。小心结豪俊，内热救黎元。忧国吾其已，乘云世易尊。贾生正年少，诀荡上天门"。[1]

诗虽简约，但真实道出了青年梁启超踌躇满志、春风得意的快活心情。梁启超在北京度过近半年的新婚生活之后，1892年夏携娇妻回到了广东新会老家茶坑村，住进了新房"诒堂书室"。李蕙仙作为官宦之家的千金小姐，下嫁梁启超这样的乡村耕读之家，一直到1899年梁启超接她去日本，安然若素、愉快地生活在这南国边远的村寨，确实难得。李蕙仙1893年生女儿思顺；七年后生一子，两月后不幸夭折；1901年生儿子思成（兄妹们习惯上仍称其为二哥）；1908年生女儿思庄。总共是两男两女。

梁启超的第二位夫人是王桂荃，原名来喜，生于1886年，四川广元人。王出身贫苦，母亲早逝，在继母的打骂下过着食不饱、衣不暖的凄苦生活。更为不幸的是，4岁时父亲就抱病身亡，小丧事中还被人骗，以至家中一空如洗，来喜被迫无奈，卖与他人。后来又四次被人倒卖，经历了人世间少有的折磨。1894年，李蕙仙回贵州探亲，见八岁的小来喜聪明可爱，勤快懂事，就收她做了自己的贴身丫鬟。进入梁家后，来喜落落大方，任劳任怨，精明干练，活泼可人，处处打动着同情心极浓的梁启超的心。梁启超甚至精心为她起名"桂荃"，后又亲切地叫她"王姬"或王姑娘。天长日久，梁启超不由自主地迸发出爱的火花。但是，梁启超能够得到李蕙仙的认可，和王桂荃顺利结合，从推理上分析，大概和另一位海外小姐有一定的因果关系。

1900年，梁启超往北美访问，在檀香山遇到一名年轻貌美的华侨女子何蕙珍。何为他做英文翻译，口才流利，知书达礼，举止大方，还非常崇拜梁

---

[1]《康南海诗集》卷4，第3页。

启超，并主动提出要嫁给梁为妻，共度终身。周围的许多朋友也劝梁应该娶一位像何小姐这样懂英文的太太，可助其一臂之力，在事业上大展宏图。而且何小姐表示，如果梁启超不接受她的爱情，她将终身不嫁。梁启超面对如此年轻美貌、才华横溢姑娘的炽热追求，也慢慢由敬重转化为爱恋，何小姐的身影逐渐占据了他的心，吃不下，睡不宁，"心中的小鹿"突突地乱蹦。不得已，给李蕙仙写了一封长信，诉说晚上回公寓后的矛盾心情。其云：[1]

"余归寓后，愈益思念蕙珍，由敬重之心生出爱恋之念来，几乎不能自持，明知待人家闺秀，不应起如是念头，然不能制也。酒阑人散，终夕不能成寐，心头小鹿忽上忽落，自顾平生二十八年，未有如此可笑之事者。今已五更矣，提起笔详记其事，以告我所爱之蕙仙，不知蕙仙闻此将笑我乎？抑恼我乎？吾意蕙仙不笑我，不恼我，亦将以吾敬蕙珍之心敬爱之也。吾因蕙仙而得谙习官话，遂以驰骋于全国，若更因蕙珍得谙习英语，将来驰骋于地球，岂非绝好之事。而无如揆之天理，酌之人情，按之地位，皆万万有所不可也。吾只得怜蕙珍而已！"

天理、人情、地位，使梁启超用理智战胜了情感，拒绝了何小姐的追求，还将真心告诉了爱妻李蕙仙。李蕙仙收到此信后肯定庆幸和感激。但是，虽然这一次梁启超没有背离自己，坠入爱河，但像梁启超这样感情丰富又名声在外的年轻丈夫，说不定哪一天又会生出其他风流事情来，这不能不让李蕙仙担忧。1900年的生子夭折，无形中减少了她的自信。至于丈夫的喜欢王桂荃，她肯定心知肚明。从自身方方面面的利益考虑，不如顺水推舟，将自己的贴身丫鬟送给梁启超，是减少丈夫花心的最佳选择。何况王桂荃已有身孕，于是就在1903年亲自主持仪式为他们成婚。王桂荃生有5男2女，

---

[1] 1900年5月24日致李蕙仙信。

即 1904 年生思永，1907 年生思忠，1912 年生思达，1924 年生思礼，1926 年生思同，因肺炎早夭，共 5 男；1914 年生思懿，1916 年生思宁，共 2 女。加上李蕙仙所生，除幼亡外，梁启超总共有 5 男 4 女；再加上梁启超所抚养的李蕙仙亲戚家和梁家的几个孩子，以及儿媳、外甥、保姆、仆人等，差不多是二三十口的大家庭了。

支持这样一个大家庭，需要相当的经济实力。梁启超的经济收入如何，很难考订。因为这属于个人隐私，外界难以知晓。然而，从散见的一些资料来看，梁启超收入颇丰，不仅支持这个大家庭的日常生活，还能同时供应两三个子女往美国、加拿大留学。可见梁启超很有经济头脑和赚钱能力。1898 年梁启超逃亡日本后，生活一度艰苦，后有日本政府的资助，加上各种稿酬和办《清议报》、《新民丛报》等的收入，还有一些华侨、慈善机构、民间社团的赞助，生活应该是比较富裕的。但毕竟收入不稳定，一时的困难还是有的。1899 年，将李蕙仙接到日本后，随着人口的增多，开支加大，偶尔"吃米饭就咸萝卜，或清水煮白菜蘸酱油"也是有的。[1] 梁启超比较稳定的富起来是 1912 年回国之后。在民国初年的政治风云中，随着名声的增大和一定权力的取得，收入也在增多。他在 1912 年 11 月给女儿梁思顺的信中透露，袁世凯每月给他的津贴是 3000 元，还答应他组党资助 20 万元，他则要 50 万元。[2] 12 月在给思顺的信中又称："吾若稍自贬损，月入万金不难"。[3] 在当时一般职员或工人的月收入是 8 元左右（毛泽东在北大图书馆当管理员时月薪 8 元）的情况下，如果月收入万元，绝对是个天文数字。考察梁启超的收入渠道：一是任职，1925 年任清华国学院教授时是月薪 400 元，任政府官员时收入肯定更高；二是稿酬，他的书多在商务印书馆出版，无论是稿费，还是版税，都是最高的；三是各种演讲和讲课费，晚年更多一些；四是股票及投

1　吴荔明：《梁启超和他的儿女们》，上海人民出版社 1999 年版，第 36 页。
2　1912 年 11 月 1 日致梁思顺信。
3　1912 年 12 月致梁思顺信。（原信有月无日）

资，他是天津中原公司的股东，也曾往企业投资，1928年他给女儿的信中透露："有二万内外资本去营业"。[1] 总之，梁启超在民国初期的20年间，收入不菲。1925年曾得意地对大女儿讲："今年家计总算很宽裕，除中原公司外，各种股份利息都还照常。执政府每月八百元夫马费，已送过半年，现在还不断。商务印书馆售书费两节共收到五千元。从本月起清华每月有四百元"。[2] 有了这样相对雄厚的经济实力，梁启超的日子就好过了。儿子、儿媳去美国留学，他总是满口答应；梁思永要自费考古实习，他坚决支持；梁思成要赴欧洲旅游结婚，他老早就让人把钱汇去；梁思忠要由美国往法国深造，他致信说："忠忠去法国的计划，关于经费这一点毫无问题，你只管预备着便是"。[3] 毫无疑问，梁启超家庭的幸福生活是以丰厚的经济实力为根基的。

支持美好家庭的另一个重要条件是宽敞、舒适的住房，梁启超在这方面也是很出众的，但经历了一个发展过程。早年在老家新会的"诒堂书室"，是一间普通的农家住房，属于其父母的房子，严格意义上还不算梁启超自己的房产。1898年刚到日本时，住房很困难，梁启超和他的学生蔡锷等经常打地铺睡觉。后来有所改善，但随着家眷的到来，在东京的住房仍然十分拥挤。1906年，一位华侨好友将神户郊外须磨海滨的"怡和山庄"别墅借与梁启超居住，其住房才有根本的改善。这里依山傍水，后面是一座小山，松林茂盛；前面是蔚蓝的大海，波涛汹涌。在家里可以清晰地听到大海的潮涌和松林的涛声，梁启超颇富诗意的起名"双涛园"。梁启超真正有自己的房产是在1912年归国之后，10余年间他在北京有两三处住房，史料显示南长街有一处，东单二条有一处，清华大学有一处。当然，像清华给的是办公住宅。最令梁启超骄傲的是设在天津的饮冰室。房子位于原天津意大利租界25号，即现在的河西区民族路46号，由东西并立的两座现代化的三层小洋楼组成。东楼建于1915年，西楼建于1925年，由意大利建筑师白罗尼欧设计建造。两座楼的后面有一排

1　1928年5月13日致梁思顺信。
2　1925年8月3日致梁思顺信。
3　1927年1月2日致孩子们信。

两层的工房,专供杂役人员居住。屋内的各种布置,豪华中不乏典雅,高贵里尽显庄重;院里的树木花草错落有致,绿色和鲜花尽收眼底。梁启超在这里和蔡锷精心策划了护国战争,他晚年的许多重要著作,如《中国历史研究法》、《清代学术概论》、《先秦政治思想史》等,也是在这里写成。历经近百年沧桑,虽有破坏,但最近已全部修复,开辟为梁启超纪念馆。1925年8月,梁启超还出资1万元买下了章宗祥在北戴河的别墅,是一座两层小洋楼,位于小东山二路23号。[1] 每当炎热夏日,这里就成了梁启超全家避暑休闲的地方。李蕙仙1924年去世的第二年,梁启超在香山卧佛寺东边买了一块30多亩的墓地,[2] 花了6000多块大洋修造了一座庄严典雅的陵园式的墓地。1929年梁启超去世后就长眠在这里。吴荔明描写这里的景致时写道:"墓地是一座优美的陵园,北面背靠长满绿树的高山,南面较平坦开阔,园内路旁的小松墙,由于多年未剪修,已长成高大的侧柏树,现在来这里的人们已不可能想象得出当年这小石路旁整齐的绿油油小矮松墙的风貌了。它长年隐蔽在青山翠柏之中,很少受到人们各种嘈杂的干扰,依然幽幽静静"。[3] 如今,北京市政府已经将墓地重新修葺一新,成为人们游玩和凭吊梁任公的一个好去处。

生活扫描

家庭生活看似平常,却反映着一种生活理念。不同的家庭生活理念往往会出现不同的生活样态。生活理念又和人的脾气秉性关系甚大,从这个意义上讲,性格决定生活。梁启超是性情中人,具备事业型和生活型的双重特征。他既不因事业而忽略家庭,也不因家庭而贻误事业;而是以事业培植家庭,以家庭促事业发展;同时不以高高在上的家长的姿态自居,对妻子儿女平等相待,能够妥善处理各种矛盾;尤其是他在家中脾气平和,用爱心主

---

[1] 参阅赵丰田:《梁启超年谱长编》,上海人民出版社1983年版,第1050—1053页。
[2] 即现在的北京植物园的裸子植物区内。
[3] 吴荔明:《梁启超和他的儿女们》,上海人民出版社1999年版,第93页。

导情感,所以日常生活就和谐而充满了欢乐。梁启超在给孩子们的信中曾明确表示:"你们须知你爹爹是最富于情感的人,对于你们的爱情,十二分热烈"。[1] 特别难得的是,经过多年的生活磨练和积累,梁启超越来越感觉到家庭欢乐的珍贵。他晚年自称:

"我关于德行涵养的工夫,自中年来很经些锻炼,现在越发成熟,近于纯任自然了,我有极通达、极健强、极伟大的人生观,无论何种境遇,常常是快乐的,何况家庭环境,件件都令我十二分的愉快"。[2]

能够经常保持一种自然、平和、快乐的心境,再加上优越的家庭条件,家庭的生活就美满而趣味盎然了。

夫妻关系是家庭的重心。梁启超对两位夫人的尊敬和爱戴确保了梁家的安宁、祥和。对于李蕙仙,梁启超信任、体贴、关怀。他在给李蕙仙的信中曾得意地说:他们的结合是"美满姻缘,百年恩爱"。[3] 前述他在檀香山遇到华侨小姐的恋情,不仅如实地告诉了李蕙仙,而且还将所赠两把精美的小扇寄给李蕙仙保存。每次外出,梁启超总要为李夫人购买礼品。他曾十分有把握地对大女儿梁思顺讲:"汝母所欲得之物,总不外恰克图火锅,腌菜坛子,黄铜烟袋之类,吾与汝母相处二十年,宁不深知耶"。[4] 梁启超只要在家居住,就会和李蕙仙夜间长聊。他在给子女的家信中透露:"每晚客散后,与汝母杂谈,动至夜分"。[5] 梁启超经常炫耀自己的普通话是李夫人所教。毫无疑问,梁启超是将李蕙仙当作贤内助和知己。李蕙仙逝世后,梁启超概括他们的关系是:"我德有阙,君实匡之;我生多难,君挟将之;我有疑事,君榷君商;我有赏心,君写君藏;我有幽忧,君燠便康;我老于外,君煦使忘;我唱君

---

[1] 1927 年 6 月 15 日致孩子们信。
[2] 1928 年 5 月 13 日致梁思顺信。
[3] 1900 年 5 月 24 日致李蕙仙信。
[4] 1913 年 4 月 17 日致梁思顺信。
[5] 1920 年 3 月 25 日致梁思顺信。

和，我揄君扬"。[1] 这种文学体裁的描述难免有夸张之处，但梁启超与李蕙仙的心心相印、休戚与共是肯定无疑的。王桂荃由于出身和地位低下的原因，在梁启超的文字记述中很少，但他对王的爱恋和依赖决不比李蕙仙差，尤其在日常起居等生活方面，梁启超离不开王桂荃。梁启超出远门，经常会带王桂荃前往。护国战争期间由于没有王桂荃在身边，梁启超几乎没有吃过一顿可口的饭，几乎天天思念"王姨"。尤其到了晚年，梁身体不好，全靠王桂荃精心照料。王桂荃别看没有受过什么教育，但聪慧过人，在日本时她日语学得最快，一度成了全家人的翻译。她也极善于处理和梁启超、李蕙仙、孩子们和仆人之间的关系，在家中威信颇高。梁启超说她是"我们家庭极重要的人物。她很能伺候我"。[2] 梁思成则讲她是"不寻常的女人"。[3] 梁思成虽非王桂荃亲生，但对她感情很深，总是亲切地称其"娘"。梁思成回忆说：

"我小时候很淘气，有一次考试成绩落在弟弟思永后面，我妈气急了，用鸡毛掸捆上铁丝抽我，娘吓坏了，一把把我搂在怀里，用身子护着我。我妈正在火头上，一下子收不住，一鞭一鞭的抽在娘身上。我吓得大哭。事后娘搂着我温和地说：'成龙上天，成蛇钻草，你着哪样好？不怕笨，就怕懒。人家学一遍，我学十遍。马马虎虎不刻苦读书将来一事无成。看你爹很有学问，还不停地读书'。她这些朴素的语言我记了一辈子。从那以后我再不敢马马虎虎了"。[4]

又云：

"我妈对佣人很苛刻，动不动就打骂罚跪，娘总是小心翼翼地周旋

---

1 赵丰田：《梁启超年谱长编》，上海人民出版社1983年版，第1022页。
2 1923年11月5日致梁思顺信。
3 吴荔明：《梁启超和他的儿女们》，上海人民出版社1999年版，第23页。
4 林洙：《困惑的大匠——梁思成》，山东画报出版社1997年版，第10页。

其间，实在不行了，就偷偷告诉我爹，让他出来说情。而她自己对我妈和我爹的照顾也是无微不至的，对于我妈她更是委曲求全。她是一个头脑清醒、有见地、有才能，既富于感情又十分理智的善良的人"。[1]

处理家庭关系是一门高超的艺术。君不见多少呼风唤雨的大人物，家庭关系却弄得一塌糊涂。梁启超有了王桂荃这样通人情、明事理，又勤劳干练的担当家庭总管的好媳妇，又有李蕙仙那样有地位、有文化、懂社交的贵族小姐撑门面，就如鱼得水，进退自如了。

子女不仅是家庭的希望，而且是天伦之乐的源泉。一向将希望看作人生动力的梁启超在子女身上用情颇多。在梁家这样的富裕家庭里，孩子们具体的衣食住行自然不用梁启超来操劳，但给孩子的爱则是必须的。梁启超对儿女们的爱是炽热而持久的。他无论工作多忙，都不忘给孩子们写信。有时到深夜一两点钟，电灯灭了，点上洋蜡，他仍然要写。在协和医院治病，他用吃饭板垫起来给儿女们写信。有的信，由于太忙了，断断续续要写十天半个月。现存的这些家信，98%是写给儿女们的。封封书信浸透着梁启超真诚而热烈的父爱。儿女们也自然热爱梁启超。他在给儿女们的信中承认："思顺这次来信，苦口相劝，说每次写信就流泪。你们个个都把爹爹当宝贝，我是很知道的"。[2]儿女们所劝的当然是要梁启超注意休息，保重身体。梁启超和儿女们之间是真诚关怀，其乐融融。即使是吃饭，也充满欢乐。吴荔明记云：

"当年在家吃饭时，除了梁家几个较小的孩子不上桌吃饭，每天都有一大桌人吃饭，大多是亲戚寄养在这里的孩子。天津家中吃饭也很自由，公公坐在中间，必等人都到齐后，由他先拿起筷子才能开始吃，他在饭桌上天南海北不停地讲。谁先吃完饭谁可以先走，有时公公和婆婆

---

[1] 林洙：《建筑师梁思成》，天津科学技术出版社1996年版，第11页。
[2] 1927年11月23日至12月5日致孩子们信。

吃得慢，最后只剩下他们两人，也毫不介意，他仍和婆婆兴致勃勃地聊天。谁吃完了离开桌子，又过一会儿再回来吃些菜，都不会受到任何干涉，因此，全家把吃饭看作是每天团聚交流感情的好时光，既可饱餐一顿，又可聆听公公有趣的谈话，每到这时大家都无拘无束地围坐在一起，十分高兴"。[1]

梁启超对子女的爱就是这种平等的爱，而不是老爷式的封建的爱。每当炎炎夏日，梁启超常常和孩子们一起到北戴河海滨嬉戏。他颇有童趣地给远在加拿大的大女儿梁思顺叙述道：

"我们一个个都晒黑了，庄庄尤其厉害，像比忠忠还黑……我也天天入海，却只学得三十岁的孔夫子，可笑之至。一群孩子都要求明年再游，他们私自商量，说若是爹妈打不起兴致，把姐姐请来，领头运动一定成功"。[2]

梁启超在享受天伦之乐的同时，还特别会欣赏孩子。他给小儿子起了个外号叫"老白鼻"（取英语 baby 之音），经常在给儿女的信中快意地描写其天真活泼的可爱样儿。不妨选两段。

其一：

"老白鼻一天一天越得人爱，非常聪明，又非常听话，每天总逗我笑几场。他读了十几首唐诗，天天教他的老郭（保姆）念，刚才他来告诉我说：'老郭真笨'，我教他念少小离家，她不会念，念成乡音无改把猫摔，（他一面说一面抱着小猫就把那猫摔下地，惹得哄堂大笑。）他

---

[1] 吴荔明：《梁启超和他的儿女们》，上海人民出版社 1999 年版，第 19 页。
[2] 1923 年 8 月 22 日致梁思顺信。

念：'两人对酌山花开，一杯一杯又一杯，我醉欲眠君且去，明朝有意抱琴来'。总要我一个人和他对酌，念到第三句便躺下，念到第四句便去抱一部书当琴弹。诸如此类每天趣话多着哩"。[1]

其二：

"我昨天才给老白鼻买了许多灯来，已经把他跳得个不亦乐乎。今日把你带来的皮包打开，先给他穿上那套白羊毛的连衫带裤带袜子，添上手套，变成一个白狗熊。可惜前几天大雪刚下过了——一连下了四天，民国以来没有之大雪，现在还未化尽——不然让他在雪地里站着真好玩极了，穿了一套脱下换上那套浅蓝的，再被上昨年寄他的外套，他舍不得脱，现在十点钟了还不肯去睡，可巧前三天刚带他照过一幅相，等过了新年再叫他穿齐照一幅，你们看着才知道他如何可爱呢！"[2]

梁启超对孩子们就是这样津津乐道，快乐开心，活像个"老顽童"。但对自己个人的生活起居却不大会安排，没有规律，随兴所致。他酷爱写作，即使是繁忙的社会活动，也会挤出时间来写东西，晚年更是如此，而且一旦兴趣来了，几天几夜连着干。1924年4月给大女儿的信中说："我这十来天著书著得兴会淋漓，夜夜通宵"。[3] 护国战争期间，梁启超"未尝食一顿正经饭，未尝睡一场正经觉"。[4] 在协和医院养病，利用小饭板写作，直至去世一直在写《辛弃疾年谱》。在北戴河度假，居然把一部《桃花扇》注完了，还觉"无所用心"。他在给儿女的信中说：

---

[1] 1926年12月20日致孩子们信。
[2] 1927年1月30日致梁思顺信。
[3] 1924年4月9日致梁思顺信。
[4] 1915年5月11日致梁思顺信。

"到北戴河以来，顽的时候多，著述成绩很少，却已把一部《桃花扇》注完，很有趣。在此虽然甚闲，却也似甚忙。每天七点多钟起来，在院子里稍为散步，吃点心下来，便快九点了。只做两点多钟正经功课，十一点便下海去。回来吃中饭，睡一睡午觉，起来写写信，做些杂课。四点后便打牌。六点多钟吃晚饭，饭后散步回来，有时打牌，有时闲谈，便过一天了。因为四点钟后便无所用心，所以每天倒床便睡着，大约我生平讲究卫生，以这一个月为最了！"[1]

梁启超讲得很对，他像这样注意休息，保养身体的时候极少。他基本不懂养生之道。这和他英年早逝不无关系。他喜欢打牌，高兴时几天几夜地打；他喜欢喝酒，常常不可节制，晚年因身体原因，医生让他禁酒，他自叹少了很多乐趣，暗地常常抱怨。他也喜欢抽烟，吃辣椒，不过常有过量的时候，医生劝他少用，他基本不听。梁启超在一封家书中透漏出他的饮食失度：

"昨夜因作文彻夜未睡，侵晨时极饥，命煮腊味饭，饱餐两大碗（直至今午十二时乃睡，三时即起）。今晚又两赴宴会，食又过量（即写信时亦已夜半二时也，客初散也）"。[2]

梁启超这样生活少规律，睡眠也不好。他在儿女面前坦陈："睡不着的时候多，因为有许多心事（不外政治问题或学问问题，也常常想起你们）在床上便想起，大抵十天中有两三天倒床便睡着，仍有七八天展转反侧很夜深也不定"。[3] 休息不好，付出又大，食不定，心不静，梁启超自然和长寿无缘。

---

[1] 1925年8月16日致梁思顺信。
[2] 1913年2月14日致梁思顺信。
[3] 1927年11月23日至12月5日致孩子们信。

子女教育

梁启超在子女教育上非常成功，九个儿女个个成材。大儿子梁思成（1901—1972），中国现代建筑学的奠基人，亲手创办了东北大学和清华大学两个建筑系，是首届中国院士。二儿子梁思永（1904—1954），中国现代考古学的主要奠基人之一，也是首届中国院士。三儿子梁思忠（1907—1932），美国留学的军事高才生，回国后任国民革命军十九路军炮兵校官，可惜因病早亡。四儿子梁思达，经济学家和工商管理学家，长期在银行和工商管理部门任职。五儿子梁思礼，著名科学家，中国科学院院士，国际宇航科学院院士。五个儿子中有三位院士，不能不说是奇迹。大女儿梁思顺（1893—1966），长期随丈夫从事外交活动，于文学、音乐等方面有很高的修养。二女儿梁思庄（1908—1986），著名的图书馆学家，长期在北京大学图书馆任职。三女儿梁思懿（1914—1988），著名社会活动家，全国政协委员。四女儿梁思宁，是新四军的一位老革命。抛弃他们成材的个人和社会因素，梁启超的家庭教育至为重要。概括来讲，最突出的特色有三：

其一，提供条件。

在子女教育上的问题上，首要的是提供必要的条件，尤其是受良好教育的条件，家庭再优越也不可一切包办代替。因为学校教育具有根本意义，家庭教育只能是辅助性的。这种十分浅显的道理，梁启超当然明白。所以他将主要精力放在学校教育上。他总是不计成本，大量投入。他宁肯别的方面节省一点，也绝不让孩子上差一点的学校。在他的家信当中，常常劝导儿女们不要为上学的经费计较。他的孩子基本都受到了良好的学校教育。梁思顺，毕业于日本女子师范学校；梁思成，先就读于北京清华学校，后留学美国宾夕法尼亚大学，获硕士学位；梁思永，先就读于北京清华学校，后往哈佛大学攻读考古学和人类学；梁思忠毕业于美国弗吉尼亚陆军学校和西点军校；

梁思庄，先留学加拿大麦吉尔大学，后往美国哥伦比亚大学学习；梁思达，毕业于天津南开大学经济系；梁思懿，先入燕京大学学医，后又往美国南加州大学学习；梁思宁，先入南开大学学习，后参军；梁思礼，先入美国普渡大学，获学士学位，后就读于辛辛那提大学，获硕士和博士学位。梁启超优越的家庭条件和子女们的聪明上进，再加上他的精心安排，使其子女都具有了现代知识。但当梁启超发现他们的国学根底不够时，一方面指导他们加强中国文化的学习，一方面又在家中开设了国学训练班。吴荔明记云：

> 为了提高、充实孩子们的"国学、史学基本知识，请了他在清华国学研究院的学生谢国桢先生来做家庭教师，在家里办起了补课学习组。……课室就设在老房子——原来梁启超所用的楼下的饮冰室书斋里。据五舅（即梁思达）回忆，补课的课程为：国学方面：从《论语》、《左传》开始，至《古文观止》，一些名家的名作和唐诗的一些诗篇由老师选定重点诵读，有的还要背诵。每周或半月，写一篇短文。有时老师出题，有时可以自选题目。作文要用毛笔抄正交卷。史学方面：从古代到清末，由老师重点讲解学习。书法方面：每天要临摹隶书碑帖拓片（张猛龙），写大楷二三张。每周有半天休假，无所谓考试。作业由老师批阅、审定"。[1]

像梁启超这样举办高水平、有实效的家庭培训班一般家庭是不可能的，但这种千方百计为子女提供学习条件的精神是值得推崇的。梁启超还经常为子女购买图书和各种学习用品。在其书信中有相当的篇幅是讲购书的。1912年梁启超一回到北京，就为远在加拿大的大女儿梁思顺买《东坡集》、《韩柳合集》等。[2] 为了二儿子梁思永在考古学研究上有所进步，他亲自为他联系自

---

[1] 吴荔明：《梁启超和他的儿女们》，上海人民出版社1999年版，第271页。
[2] 1912年10月24日致梁思顺信。

费参加著名考古学家李济在山西的考古发掘，甚至还和瑞典考古学家斯文赫定联系，让梁思永自费参加其在西北的考古活动。为了让梁思成和林徽因在建筑学上大展宏图，他特意花巨资安排他们到欧洲度蜜月，细心考察欧洲的建筑艺术。在培养儿女的问题上，梁启超可谓用心良苦。

其二，给予理念。

比起为子女提供充足的条件来，传输科学的人生理念更重要。因为从一定意义上讲，价值理念决定人生的态度，左右命运的归宿。所以，作为思想理论家的梁启超，总是从哲理的高度把人生的一些基本理念，抓住有利时机，用通俗直白的语言告诉孩子们，希望他们少走弯路。梁启超所谈的人生理念涉及到做人，心性修养、如何面对社会和面对自己许多方面，而且感悟深刻，不仅对其子女有用，也是值得后人学习和研究的精神财富。将这些论述大体概括起来，精华的东西是：做人应该尽兴、理智、随缘。

所谓尽兴，就是将兴趣和能力发挥到极致。梁启超视兴趣为幸福的源泉，成功的基石。他时常教诲儿女们对生活、对事业要有广泛而浓厚的兴趣。他断言，一旦兴趣没有了，生活就索然无味了。梁启超多次宣称自己是个"趣味主义者"。他在一次演说中讲："假如有人问我，你信仰的甚么主义？我便答道：我信仰的是趣味主义。有人问我，你的人生观拿什么做根柢？我便答道：拿趣味做根柢。我生平对于自己所做的事，总是做得津津有味，而且兴会淋漓，什么悲观啊，厌世啊，这种字面，我所用的字典里头可以说完全没有。我所做的事常常失败，严格的可以说没有一件不失败，然而我总是一面失败一面做，因为我不但在成功里面感觉趣味，就在失败里头也感觉趣味。我每天除了睡觉外，没有一分钟一秒钟不是在积极的活动，然而我绝不觉得疲倦，而且很少生病，因为我每天的活动有趣得很，精神上的快乐，补得上物质上消耗而有余"。[1] 梁启超就是用这种趣味的人生观影响和教

---

[1] 梁启超：《趣味教育与教育趣味》，《饮冰室合集．文集》，中华书局1936年版，第38，第12页。

育子女。当梁思成在美国学习建筑学之后，他时刻担心其学业太专而单调，单调会导致乏味，乏味则不思进取，生活苦恼。他多次去信和梁思成讨论这个问题，其中一封写道：

"我怕你因所学太专门之故，把生活也弄成近于单调，太单调的生活，容易厌倦，厌倦即为苦恼，乃至堕落之根源。再者，一个人想要交友取益，或读书取益，也要方面稍多，才有接谈交换，或开卷引进的机会。不独朋友而已，即如在家庭里头，你有我这样一位爹爹，也属人生难逢的幸福；若你的学问兴味太过单调，将来也会和我相对词竭，不能领着我的教训，你全生活中本来应享的乐趣，也削减不少了。我是学问趣味方面极多的人，我之所以不能专积有成者在此，然而我的生活内容异常丰富，能够永久保持不厌不倦的精神，亦未始不在此。我每历若干时候，趣味转过新方面，便觉得像换个新生命，如朝旭升天，如新荷吐水，我自觉这种生活是极可爱的，极有价值的。我虽不原你们学我那泛滥无归的短处，但最少也想你们参采我那烂漫向荣的长处"。[1]

在这里，梁启超是要梁思成等儿女们吸取他兴趣广泛的长处，并非强迫他们像他那样兴趣太多。对周围的事物有兴趣是第一位的，兴趣的多寡则是因人而异的。梁启超还特别强调支持兴趣持久的另一个重要因素是希望，希望是成功的阶梯。梁启超一再告诫子女们要对生活充满希望，万万不可悲观。他在家信中说："我以为一个人什么病都可以医，惟有'悲观病'最不可医，悲观是腐蚀人心的最大毒菌"。[2] 而悲观的产生往往是源于过高估计自己，目标过高而达不到，于是常常悲观失望。故而梁启超总是告诉子女们要时刻明白自己的性格和能力，只要将自己的能力充分发挥出来了，就心满意

---

[1] 1927 年 8 月 29 日致孩子们信。
[2] 1927 年 5 月 26 日致孩子们信。

足了。他说:"要各人自审其性之所近何如,人人发挥其个性之特长,以靖献于社会,人才经济莫过于此"。又说:"我生平最服膺曾文正两句话:'莫问收获,但问耕耘。'将来成就如何,现在想他则甚?一面不可骄盈自慢,一面又不可怯弱自馁,尽自己能力做去,做到那里是那里,如此则可以无入而不自得,而于社会亦总有多少贡献"。[1] 梁启超讲得非常客观和实际,人的能力各异,只要发挥出来了就应该满足了。如果能具有梁启超这样的生活体认:浓厚的生活兴趣和持久地去释放自己的能力,快乐和幸福就不可能不伴随着你。要真正做到这一点,个人的性格具有决定意义,所以梁启超的"尽兴",本质上是"尽性"。

所谓理智,就是用理性约束感性。梁启超的情感极其丰富,连写文章都"笔尖常带感情"。他认为生活固然需要理性,但太理性了,生活就枯燥无味了。梁启超在一次演讲中讲:"人类生活,固然离不了理智,但不能说理智包括尽人类生活的全内容,此外还有一极重要一部分,或者说是生活的原动力,就是情感。情感表示出来的东西很多,内中最少有两件的的确确带有神秘的,就是'爱'和'美'"。[2] 但是,情感的展示必须"适度",否则社会就失去了规范,是非颠倒,道德沦丧,所谓的"爱"和"美",也不复存在,个人和家庭生活也会一团糟。所以,在梁启超的家书中处处洋溢着炽热的情感,也同时渗透着理智。他教育其子女任何时候都要头脑清醒,用自己的智慧去理性地处理日常生活中的问题。即使是感情的事,也还是要有理性。他在给孩子们的信中讲:"青年为感情冲动,不能节制,任意决破礼防的罗网,其实乃是自投苦恼的罗网,真是可痛,真是可怜!"[3] 梁启超这里讲的是他对自己的学生徐志摩的批评。众所周知,徐志摩是个唯美主义者,只要他认定美的东西,包括爱情,就不顾约束地去追求。当他以第三者的身份得到陆小曼在清华举行婚礼的时候,却没有料到被证婚人及他的老师梁启超狠狠地教

---

[1] 1927 年 2 月 6 至 16 日致孩子们信。
[2] 梁启超:《人生观与科学》,《饮冰室合集.文集》,中华书局 1936 年版,第 40,第 26 页。
[3] 1926 年 10 月 4 日致孩子们信。

训了一顿。梁启超还将他的讲话稿寄给他的孩子们引以为诫。可见梁启超希望自己的子女在处理感情的问题上一定要理智超越情感，发乎情，止乎礼。即使是交友，梁启超也希望子女们要理智。他告诫二女儿梁思庄说："庄庄多走些地方，多认识一些朋友，性质格外活泼些，甚好甚好，但择交是最要紧的事，宜慎重留意，不可和轻浮的人多亲近"。[1]梁启超越是到晚年，对儿女们要理智的关怀越多。大概是人老了，历练多了，越来越认识到理智才能少走弯路，有智慧才有美好的生活。

所谓随缘，就是对得失顺其自然。人生总是要经历不可回避的挫折和失败，能从容面对，那才是最重要的。经过无数次失败的梁启超深知这方面的重要性，他一再用自己的感悟去谆谆教导儿女们。梁启超的基本思路是：遇到失败或挫折首先要平静的接受，任其自然；其次要看作是磨练自己的好机会，在克服困难中更上一层楼。当大女儿梁思顺和女婿周希哲遇到失去工作的麻烦时，梁启超致信解劝说：

"顺儿着急和愁闷是不对的，到没有办法时一起卷铺盖回国，现已打定这个主意，便可心安理得，凡着急愁闷无济于事者，便值不得急他愁他，我向来对于个人境遇都是如此看法。顺儿受我教育多年，何故临事反不得力，可见得是平日学问没有到家。你小时候虽然也跟着爹妈吃过点苦，但太小了，全然不懂。及到长大以来，境遇未免太顺了。现在处这种困难境遇正是磨练身心最好机会，在你全生涯中不容易碰着的，你要感谢上帝玉成的厚意，在这个档口做到'不改其乐'的工夫才不愧为爹爹最心爱的孩子哩"。[2]

这样苦口婆心、情理相融的劝慰，活现出梁启超慈祥而负责任的家长的

---

[1] 1926年9月4日致孩子们信。
[2] 1927年1月27日致孩子们信。

可人风貌。同样，当其儿媳林徽因的父亲林长民不幸被炸身亡之后，梁启超又情意深长的致信儿子梁思成解劝道：

"人之生也，与忧患俱来，知其无可奈何，而安之若命。你们都知道我是感情最强烈的人，但经过若干时候之后，总能拿理性来镇住他，所以我不致受感情牵动，糟蹋我的身子，妨害我的事业。这一点你们虽然不容易学到，但不可不努力学学"。[1]

对于突如其来的天灾人祸，利害得失，唯一的办法是泰然处之，积极应对。即使是个人的利益，也不要患得患失。因此，梁启超给子女们开出的信条是："大抵凡关于个人利害的事，只是'随缘'最好"。[2]

梁启超归纳的这些人生理念确实是非常实际而精深的至理名言。但是，对于思想家来说，常常是知易行难，客观地讲，梁启超本人都未必能做得到，至于其子女能接受多少，践行多少，就看其悟性和能力了。不过，梁启超是尽到为父的责任了。

其三，耐心关怀。

梁启超在给儿女讲大道理的同时，更注重生活细节的具体关怀，可谓大处引导，小处关心。儿女们上什么学校，读什么专业，看什么课外书，如何保养身体，如何培养业余爱好，如何修身养性，如何劳逸结合等，他都会一一指导，详细叮嘱。二女儿梁思庄在国外留学想家，他也会认真开导。他还费尽心思，亲手裱糊了一个古典高雅的艺术品，里面装上他写的条幅，取名"千里一笑"，赠给思庄。思庄由于刚到加拿大，英语还未过关，考试排到了十几名，心情沮丧，梁启超立即致信好言劝慰。1923年5月7日梁思成因车祸受伤住院，梁启超一方面从生活上、心理上关怀，一方面还指导他读书，

---

[1] 1925年12月27日致梁思成信。
[2] 1927年1月27日致孩子们信。

既容易打发病床上的无聊时光，又增加了知识。他在给梁思成的信中说：

> "吾欲汝以在院两月中取《论语》、《孟子》，温习谙诵，务能略举其辞，尤于其中有益修身之文句，细加玩味，次则将《左传》、《战国策》全部浏览一遍，可益神智，且助文采也。更有余日读《荀子》则益善"。[1]

梁启超还常常将自己做学问的方法传授给子女们。他在给孩子们的信中写道：

> "我国古来先哲教人做学问的方法，最重优游涵饮，使自得之。这句话以我几十年之经验结果，越看越觉得这话亲切有味。凡做学问总要'猛火熬'和'慢火炖'两种工作循环交互着用去，在慢火炖的时候才能令所熬的起消化作用，融洽而实有诸己"。[2]

至于儿女们的恋爱婚姻，梁启超更是关心。大女儿梁思顺和大儿子梁思成都是由他牵线搭桥，再让儿女自由恋爱，促成婚姻。梁启超对此颇感自豪。他在给思顺的信中说："我对于你们的婚姻，得意得了不得，我觉得我的方法好极了，由我观察看定一个人，给你们介绍，最后的决定在你们自己，我想这真是理想的婚姻制度"。[3] 即使是梁思成和林徽因赴欧洲旅行结婚的具体路线，尤其是回国路线，梁启超也给安排得十分妥当。其致信远在美国留学的梁思成说：

> "你们由欧归国行程，我也盘算到了。头一件我反对由西伯利亚回来，因为野蛮残破的俄国，没有什么可看，而且入境出境，都有种种意

---

[1] 1925年5月致梁思成信。（原信有月无日）
[2] 1927年8月29日致孩子们信。
[3] 1923年11月5日致梁思顺信。

外危险,你们最主要目的是游南欧,从南欧折回俄京搭火车也太不经济,想省钱也许要多花钱。我替你们打算,到英国后折往瑞典、挪威一行,因北欧极有特色,市政亦极严整有新意,必须一往。由是入德国,除几个古都市外,莱茵河畔著名堡垒最好能参观一二,回头折入瑞士看些天然之美,再入意大利,多耽搁些日子,把文艺复兴时代的美彻底研究了解。最后便回到法国,在玛赛上船。中间最好能腾出点时间和金钱到土耳其一行,看看回教的建筑和美术,附带着替我看土耳其革命后政治"。[1]

如此精细而周密的安排,作为一个大学问家是少见的。梁启超儿女情深于此可见一斑。做父母者不关心儿女者极少,但做父亲的,尤其像梁启超这样一个大名人如此耐心而持久地关心儿女者,却也是凤毛麟角。梁启超的确是当之无愧的好父亲。

后代风姿

一分耕耘,一分收获。梁启超对子女们巨大的经济投入和无微不至的精心呵护,终于结出了硕果。他的五男四女个个为国家效力,为梁家争光。

大儿子梁思成,作为梁启超"人格和名誉"的继承者,一生竭诚奋斗,成就显著。他1901年生于日本,据吴荔明所记:"出生时,两腿是畸形撇开,两脚尖相对。公公(即梁启超)请了一位外科医生给他治疗,医生建议把他双脚扳正,用绷带扎紧,然后再放入一个小木盒子里,一个月后他的腿果然治好了,但后来脚板还是斜的。他皮肤白白净净,是个秀气可爱的小男孩"。[2]在日本华侨学校读完小学后,1913年随家人一起回国,1915年入北京清华学校学习,1923年毕业。学习之余,酷爱音乐、美术、体育,曾任清华

---

[1] 1927年12月18日致梁思成信。
[2] 吴荔明:《梁启超和他的儿女们》,上海人民出版社1999年版,第129页。

管乐队队长，在校体育运动会上获跳高第一名。他政治敏感性强，非常关心政治，是五四运动的积极分子。1923年5月7日因参加"国耻纪念日"抗议北洋政府的腐败遇车祸，左腿骨折。这可急坏了和他正在热恋中的林徽因，林不知疲倦每天在医院热心服侍。林徽因1904年生，比梁思成小3岁，是梁启超的好友、北洋时期著名社会活动家林长民的宝贝女儿，天生丽质，既有闭月羞花之貌，又有聪慧过人之才，梁启超一心想让她和梁思成结合。在梁启超的精心安排下，1919年林徽因和梁思成相识，逐步确立了恋爱关系。1924年，在梁启超的资助下，梁思成和林徽因一起往美国宾夕法尼亚大学留学。在林徽因的建议下，梁思成学习建筑学。从此成为志同道合的战友，为中国现代建筑学奋斗终身。1927年7月，梁思成获建筑学硕士学位。1928年3月21日，在大姐梁思顺的安排下，梁思成与林徽因于中国驻加拿大总领事馆举行婚礼。随后，往欧洲旅行，度蜜月，1928年9月回国，执教东北大学，创建了我国第一个建筑系。1931年，随着日本加紧对东北的侵略，东北大学已经无法正常教学，梁思成夫妇于是接受北京营造学社的邀请，出任研究部主任。营造学社为民间组织，因为发现了宋代建筑家李诫的《营造法式》手稿，为研究此手稿和中国古代建筑，而成立了这个社团。这对于中国古建筑早就有研究兴趣的梁思成夫妇当然有巨大的吸引力。他们到达北京之后，一方面苦心钻研《营造法式》一书，一方面对华北各地的古建筑进行了广泛的调查，特别是对蓟县独乐寺和山西五台山佛光寺的考察，有重大发现。1937年，日本全面发动侵华战争后，梁思成又和营造学社的同行们辗转昆明、四川，对四川等地40多个县的古建筑进行全面深入的调查。梁思成当时住在李庄，条件极其艰苦，但仍奋力工作。吴荔明记述那里的情况说：

"李庄是四川的一个小镇，属南溪县，二舅（指梁思成）工作的单位营造学社在离镇约2华里的小坝村，那里交通不便，气候潮湿，冬季常阴雨绵绵，夏季又酷热。二舅家住了间低矮的小屋，阴暗潮湿，竹篾抹泥为墙，顶上席棚是蛇鼠常出没的地方，床上又常出现成群结队的臭虫，没有自来水和电灯，煤油也需要节约使用，夜间只靠一两盏菜油灯照明。而舅妈林徽因因睡在一个小帆布行军床上，身体消瘦得几乎不成人形，她的肺结核病复发，连续高烧四十度不退，李庄没有任何医疗条件，当时也没有肺病特效药，病人只能用体力慢慢地煎熬，二舅身上担子非常重，要为营造学社四处筹经费，又要照顾二舅妈，为了使二舅妈能吃得好些，他学会了蒸馒头、煮饭、做菜、泡菜和用橘皮做果酱。他还是二舅妈的'特别护士'，学会了非专业人员极难掌握的静脉注射技术。物质条件虽极差，但精神上仍很充实，他们仍然不顾一切地从事学术研究，炎热的天气使他们画图时要不断地擦掉手臂上的汗珠，二舅还是那样的乐观和幽默，当物价飞涨家中揭不开锅时，他就不得不把家中衣物拿出去当卖，他还开玩笑地说：'把这只表红烧了吧！这件衣服可以清炖吗？'"[1]

这种不畏困难、乐观向上的忘我的奋斗精神，支持梁思成夫妇的足迹踏遍了15个省、两百多个县、两千多座古建筑，终于在1944年完成了其不朽名著《中国建筑史》。随后，应清华大学邀请，组建建筑系。1946年，又收到美国耶鲁大学、普林斯顿大学的邀请，作为客座教授，往美国进行一年的访问和研究。在此期间，梁思成参加了联合国大厦的设计。1948年9月，鉴于他精湛而高深的学术成就，当选为第一届中国院士。1949年新中国诞生后，给梁思成以巨大的鼓舞，他除了清华大学繁重的教学和科研任务外，还担任第三届全国人大常委等重要职务，从事许多社会工作。他和林徽因一起参与了国徽、国旗和人民英雄纪念碑的设计；他竭力反对拆除北京古城墙；他一再为保护北京的古建筑四处呼吁，即使遭到严厉批判也毫不畏惧；他亲自设计和指导北京中南海怀仁堂和扬州鉴真和尚纪念堂的修建，受到人们的普

---

[1] 吴荔明：《梁启超和他的儿女们》，上海人民出版社1999年出版，第152—153页。

遍赞誉。晚年，赶上了"文化大革命"，他经受了严厉的批判和身心的折磨。值得庆幸的是，当 1955 年林徽因过早离开他后，比他小 20 多岁的林洙 1962 年和他结婚，陪伴梁思成度过了"文革"的艰难岁月。1972 年 1 月 9 日，中国现代建筑学的奠基人梁思成在北京逝世。

二儿子梁思永，1904 年 11 月生于澳门，后在日本度过了他美好的童年，1913 年随家人回国。1915 年考入清华学校读书，学习刻苦，成绩优良，爱好音乐，关心政治，积极参加五四运动，一度被关押，但表现英勇。1924 年，梁思永往美国哈佛大学留学，学习考古学和人类学，1927 年还参加了美国西部印第安人古代遗址的发掘。同年获学士学位后，进入哈佛研究院攻读东亚考古的研究生，中间一度回国参加了山西西阴村的考古发掘，收获颇丰。1930 年获硕士学位回国，任职"中央研究院"历史语言研究所考古组，将自己的一生献给了中国的考古事业。1930 年 9 月，回国不久的梁思永就远赴黑龙江的昂溪，对这里的史前遗址进行调查和发掘，结果有重要发现。1931 年春天，刚刚新婚的梁思永又往河南安阳进行殷墟的考古发掘；9 月往山东历城龙山镇的龙山文化进行发掘研究，在龙山文化的研究上有重要突破，基本搞清楚了龙山文化和仰韶文化两个新石器时代遗址的前后顺序，以及它们和商代社会文化变迁的关系。这种野外的考古工作，不仅异常辛苦，而且没有基本的生活保障，梁思永常常是疲惫不堪，但仍拼命工作。在 1932 年春天的一次野外考古中，梁思永突然病倒，因烈性肋膜炎住院。但始终没有痊愈。出院后，他一直带病坚持工作。1936 年到 1937 年忍着病痛，主持安阳第十期到十四期的考古发掘。他那奋不顾身的献身精神和矢志不渝的学术追求给同事们留下了深刻的印象，一位助手回忆说：

"梁先生瘦长的身材，苍白的脸色，显得身体还没有完全恢复过来。但是在工地上，他是像生龙活虎一般地工作着。他的那种忘我的工作精神使他完全忘记了身体的脆弱。白天里，他骑着自行车在各工地到处奔跑巡逻。对于各工地在发掘中所显露的新现象和产生的新问题，他随时都加以注意，加以解决。他有时下坑亲自动手，有时详细指点助理员去做。四百多个工人和十几个助理员，在他的领导下，井然有序地工作着，像一部灵活的机器一般"。[1]

在梁思永的带领下，这次安阳考古成果非凡，不仅得到了大量珍贵文物，而且对研究商代社会文化有重要参考价值，在中国考古史上具有里程碑意义。梁思永也因此受到国内外考古学界的关注。1939年他出席了第六次太平洋国际学术会议，受到与会各国代表的高度赞誉和尊重。由于抗日战争时期更险恶的工作环境，1941年梁思永又患上严重的肺结核，卧床不起。但他仍坚持著述和研究。鉴于他巨大的学术贡献，1948年当选首届中国院士，时年44岁。1950年，梁思永当选为中国科学院考古研究所副所长。他虽然疾病缠身，但仍一面从事学术研究，一面指导青年考古工作者。1954年在北京病逝。

三儿子梁思忠，1907年出生于日本，一心想学军事，梁启超一直反对，但最后还是尊重儿子的选择，送往美国弗吉尼亚陆军学院留学，后又进入西点军校学习。留学回国后在上海十九路军任炮兵校官，一心报效祖国。在美国留学时，一位姓孙的护士小姐疯狂地爱上了他，从美国一直追到了上海。梁思忠在感动之余，也爱上了这位小姐，遂婚配成家。1932年，突然有一次梁思忠因患阑尾炎腹疼，结果孙小姐给他吃错了药，梁思忠很快病逝。这个颇有戏剧性的真实的离奇故事，怎不让人扼腕叹息！

四儿子梁思达，1912年12月生于日本神户，次年随家人回国后住北京，后一直随母亲居天津，1931年在南开中学毕业后考入南开大学商学院经济系，1935年获学士学位后又读研究生。1936年参加了由清华、燕京、南开、协和、金陵五所大学联合组建的"华北农村建设协进会"济宁实验区实习调查，收获颇丰。1937年获硕士学位，到南京农本局工作，抗日战争爆发后迁往重庆。

---

[1] 参见李喜所、胡志刚：《梁启超家族》，河北教育出版社2003年出版，第272页。

1941年调重庆中国银行，1945年迁至上海，后调长沙中国银行任襄理。1949年后，回北京，在中央工商行政管理局从事调研统计工作。1971年因"文革"被迫提前退休。据吴荔明所记："五舅（梁思达）脑子充满了智慧，他的记忆力极好，过去的事情很多的细微的情节都能回忆出来，他的字写得很好，很像公公（梁启超）的字体。他会画画，也会绘建筑平面图，他甚至可以凭自己的回忆画出公公在天津时住的房子。这是遗传了公公的智慧，也与小时候受到公公的直接教诲有关"。[1]

五儿子梁思礼，1924年8月生于北京，梁启超老来得子，尤为疼爱，在其书信中充满对梁思礼的赞美和期许。不料，当梁思礼五岁时，梁启超就永远离别了令他最欢心的这个小儿子。此后，梁思礼随母亲王桂荃居天津。1935年考入南开中学，抗日战争爆发后南开中学迁往重庆，又转入耀华中学。1941年毕业后，母亲托好友在美国卡尔顿学院为梁思礼弄到了全额奖学金，于是17岁即远赴重洋出国留学。1943年，梁思礼考入普渡大学电机工程系，主修无线电，后又学自动控制。1945年获学士学位。后考入辛辛那提大学读研究生，1947年获硕士学位，1949年获博士学位。对梁思礼来讲，这八年的留学生活是令人兴奋和极其艰苦的。吴荔明记云：

"梁思礼在普渡大学两年内学完了三年的课程。由于他的学习成绩优异和社会活动能力强，曾获得Sigmaksi, Tau Beta Pi, Ea Kappa Nu等多个荣誉奖学金的金钥匙，他在业余还参加普渡大学古典式摔跤队，该队获得1944年美国十大学（Big Ten）冠军。由于失去了家庭经济来源，八舅（梁思礼）在美国的大学生活相当清苦。他到餐馆当洗碗工和侍者，暑假去纽约北面的旅游胜地银湖湾当救生员，在狭长的湖面上游客们划着舢板，尽情享乐，而梁思礼这位当年仅17岁的中国少年，戴着太阳帽，穿着游泳裤，坐在特设的高台上，聚精会神地向四周观望，不能

---

[1] 吴荔明：《梁启超和他的儿女们》，上海人民出版社1999年出版，第277页。

有一丝松懈,一旦有人溺水,他就得立即跃入水中抢救。寒假他又去罐头厂做工,他不能享受假日的休息和娱乐,他什么苦都吃过,什么累活都能干,这一切都是为了弥补微薄津贴的不足。当时,在美国的华人是卑贱的,被视为'黄祸',租一间房子住都很难,梁思礼发奋图强,一心效法父亲,科学救国振兴中华,就这样,他自己在异国他乡艰苦地苦读了八年。这段生活经历,对培养他艰苦奋斗和敢于在困境中打开局面的勇气与毅力很有帮助"。[1]

1949年10月,梁思礼回到他日夜思念的祖国。1950年1月,到邮电部电信研究所工作,直接参与了中国国际广播电台的建设。1953年,这个研究所合并到总参通信部电子科学研究所,梁思礼任天线电波组副组长。1955年夏,被派往越南帮助建立"越南之声"广播电台,受到胡志明主席的接见。1956年9月,梁思礼被调入国防部第五研究院,即导弹研究院,任自动研究室主任。1960年,中国自力更生研制的地对地导弹成功,梁思礼做出了卓越的贡献。从此,梁思礼呕心沥血为中国的航天事业和核武器的研制艰苦奋斗。1965年,他被任命为中近程导弹改进型号的控制系统主任工程师。由于梁思礼的高超技术和突出贡献,1980年被调任七机部运载火箭研究院副院长。1981年,梁思礼被任命为航天部总工程师。1983年又任航天部科技委员会常委。1987年获国家科学技术进步奖二等奖,还当选为国际宇航科学院院士。1991年获香港"何梁何利基金"奖。1993年当选中国科学院院士。梁思礼不愧为我国航天界的杰出科学家。

大女儿梁思顺,1893年出生于广东新会,是梁启超的"大宝贝",梁启超也承认在所有的儿女中,他最偏爱大女儿,中国文联出版社2000年1月出版的《梁启超家书》,选录的书信407封,其中323封是写给梁思顺的,可见父女情深。1899年,梁思顺随母亲流亡日本,即在日本读书,后考入

---

[1] 吴荔明:《梁启超和他的儿女们》,上海人民出版社1999年版,第328—329页。

日本女子教育家下田歌子创办的东京女子师范学校。她日语非常好，可以讲日本古语和宫廷语言。对于诗词和音乐，梁思顺也有特殊爱好，梁启超也十分注意培养其这方面的才能，不仅给她购置了这方面丰富的图书，还给她的书房起名"艺术馆"，后梁思顺将古代著名诗词选编为《艺术馆词选》出版。1915年，在梁启超的撮合下嫁给周希哲。周是华侨的后代，家庭贫苦，极其聪明，好学上进，毕业于美国哥伦比亚大学国际法专业，获博士学位。后来担任北洋政府驻菲律宾、缅甸和加拿大等国的领事和总领事。周办事干练，成绩斐然。梁思顺也随丈夫长期在国外居住。1929年周希哲结束了外交官的生涯，回到北京，专心于国际法的教学和研究工作，不幸于1938年去世。梁思顺只得苦苦支撑着这个家庭，还在燕京大学教中文。1945年后，她曾参加北京女青年会防痨协会。1949年后，积极参与各种社会活动，曾任中央文史馆馆员和北京市东城区政协委员。1966年，受"文革"磨难，病逝。

二女儿梁思庄，1908年9月生于日本神户，1913年随家人回国，多住在天津。1925年，17岁赴加拿大留学，先读中学，后考入麦吉尔大学学文学，1930年获文学学士学位，同年转入美国哥伦比亚大学学图书馆学，1931年获学士学位。后与麻省理工学院吴鲁强博士恋爱，一同回国。梁思庄先在北京图书馆任编纂委员，后随丈夫往广州，进入广州市立图书馆工作。1936年丈夫不幸患伤寒病逝，她又带着两岁的女儿吴荔明回北京，到燕京大学图书馆工作。抗日战争时期流亡到四川。1949年后进入北京大学图书馆工作，1960年任副馆长。她业务娴熟，是中国现代图书馆事业的奠基人之一；她性格直率，淡泊名利，乐观豁达，不断进取，受到人们的尊敬和爱戴；"她也很有生活情趣，爱猫，养花，能歌善舞，会弹钢琴，70高龄还时常变成又唱又跳的'老青年'"。[1]经过"文革"的非人折磨后，仍勤奋工作，1978年当选中国图书馆学会副理事长。1986年在北京逝世。

---

[1] 吴荔明：《梁启超和他的儿女们》，上海人民出版社1999年版，第259页。

三女儿梁思懿，1914年12月生于北京，家里人都叫她"司马懿"，毕业于天津南开女子中学，1933年考入燕京大学医学预备班。她思想活跃，社会活动能力强，积极投入学生运动，曾任燕京大学中华民族解放先锋队的大队长，是"一二·九"学生运动的领袖之一。1936年，本来计划转入协和医学院继续学医，但她对学医不感兴趣，迷上了历史，于是转入了历史系，还加入了中国共产党。1937年她参加了往南京的请愿活动，12月又往江西吉安从事农村妇女教育工作。1939年往上海基督教女青年会劳工部工作。1941年7月，与儿科大夫张炜逊结婚，随即同往美国留学。梁思懿就读于南加州大学历史系，1942年毕业，在芝加哥大学图书馆工作，继续参加支援中国抗日战争的各种爱国活动。1949年，全家回国，在青岛齐鲁大学任女部主任，后任山东省妇女联合会主席。1955年2月，调往北京，任中国红十字总会国际联络部副部长，丈夫任中苏友谊医院副院长。1980年，被选为全国政协委员，1988年去世。

四女儿梁思宁，1916年10月生于上海，后一直在天津生活。考入南开大学时正值日本侵占华北，南开大学南迁后失学。她面对祖国的沦亡和日寇的暴行，一心为国效力，尤其在其姐梁思懿的影响下，逐渐产生革命理想，对参加新四军抗日梦寐以求。通过梁思懿的介绍，她认识了共产党干部王若兰（后改名康英）。在康英的帮助下，逃过日本侵略军的层层封锁，辗转到了上海，后经九死一生，于1940年4月到达江苏溧阳县，参加了新四军，被分配到战地服务团工作。由于工作出色，1941年3月就加入了中国共产党。后与革命干部章柯恋爱成婚。解放后长期随丈夫在山东省科委工作。

附　录

梁启超生平学术年表

1873年（同治十二年癸酉） 一岁

2月23日（正月二十六日），生于广东省新会县熊子乡茶坑村。

1876年（光绪二年丙子） 四岁

常随祖父左右，听故事，背诗歌，记性极好，颇得祖父欢心。开始读四书、《诗经》。

1878年（光绪四年戊寅） 六岁

五经卒业，跟父亲读中国略史。

1880年（光绪六年庚辰） 八岁

开始学作八股文，能写千言。

1882年（光绪八年壬午） 十岁

年初乘舟往广州应童子试，途中吟诗惊四座，遂有神童之誉。

1884年（光绪十年甲申） 十二岁

日习词章，尤喜唐诗，常读《史记》、《纲鉴易知录》等；治帖括，有心得。11月应院试，中秀才。

1885年（光绪十一年乙酉） 十三岁

对八股生厌恶之心，想弃之。始治段玉裁、王念孙训诂之学。

1887年（光绪十三年丁亥） 十五岁

母亲赵氏因难产于6月26日（五月初八日）去世。

往广州学海堂求学，拜师康有为。抛弃帖括学，一心钻研训诂词章。

1888年（光绪十四年戊子） 十六岁

为学海堂正式学生，与麦孟华等同窗，同时为粤秀、粤华、菊波书院的院外生。

1889年（光绪十五年己丑） 十七岁

学业出众，在学海堂屡考第一。9月参加广东乡试，中举人第八名。主考官李端棻奇其才，将堂妹许之。

1890年（光绪十六年庚寅） 十八岁

春，赴京会试，名落孙山。回经上海，往江南制造局得观所译西书，眼界大开。购得《瀛环志略》，认真读之，始知世界地理大势。

9月，在广州闻康有为自京师归，往拜之，大为叹服，遂退出学海堂，拜康有为为师，执弟子礼。从此，在学问与行动上与康有为一致。

1891年（光绪十七年辛卯） 十九岁

在广州万木草堂随康有为读书，凡《公羊传》、《资治通鉴》、《宋元学案》、《诸子语类》、佛学以及西书等皆在攻读之中，同时协助康有为校勘《新学伪经考》，编写《孔子改制考》等。自称"一生之学问，皆在此年"。

11月往北京，与李蕙仙成婚。

1892年（光绪十八年壬辰） 二十岁

3月入京会试，不第。夏偕妻南归。仍在万木草堂读书。

1893年（光绪十九年癸巳） 二十一岁

与陈千秋同为万木草堂学长。

冬，往东莞讲学。

1894年（光绪二十年甲午） 二十二岁

3月赴北京，读西书，攻算学、史地等。7月中日战争爆发，痛感国将不国。11月返回广东，呼吁"结同志，开风气"。

1895年（光绪二十一年乙未） 二十三岁

春，与康有为一起往北京参加会试，落第。

4月22日，联络在北京会试的广东、湖南两省举人上书都察院，反对签订《马关条约》。

5月2日，与康有为一起发动一千三百余名举人联名上书光绪皇帝，请求拒和、迁都、练兵、变法，是为"公车上书"。

8月起，协助康有为创办并编辑《万国公报》，后改名《中外纪闻》。同时，与康有为在京组建强学会，鼓动维新变法。

1896年（光绪二十二年丙申） 二十四岁

4月，由京抵沪。8月9日，汪康年创办上海《时务报》，聘请梁为主笔，连续发表《变法通议》等颇有影响的文章多篇，呼吁变法维新，一时名声大震。

11月，往澳门筹办《知新报》。

12月，伍廷芳邀梁为参赞，出访美国、西班牙、秘鲁等国，梁始允后拒。

1897年（光绪二十三年丁酉） 二十五岁

1月，从澳门至武昌，拜谒张之洞。

3月，由武昌回上海，继续办《时务报》。

6月，编辑出版《西政丛书》32册，涉及官制、学制、史志、公法、工、商、农、兵等许多方面，全面介绍西方。

7月，与汪康年等在上海创办不缠足会，呼吁妇女解放。

11月，往湖南长沙就任时务学堂总教习，为变法培育人才。

1898年（光绪二十四年戊戌） 二十六岁

2月，重病，离长沙往上海就医。

3月，辞《时务报》主笔。病好转后由康广仁陪护进京。

3月27日，联合广东、广西、云南、贵州、陕西、山西、浙江百余名举人上书都察院，请求联英、日拒俄。

4月12日，与康有为一起成立保国会，呼吁保国、保种、保教。在13日的集会上，发表演说，慷慨陈词。

5月下旬，联合百余名举人上书清廷，要求废除八股考试制度。

6月11日，光绪帝下诏，宣布维新变法。7月3日光绪帝召见梁启超，命进呈《变法通议》，赏六品衔，办理京师大学堂译书事宜。

8月18日，得到光绪帝批准，在上海创设编译学堂。

9月21日，慈禧太后发动政变，将光绪帝囚禁于中南海瀛台。康有为、梁启超等被追捕。当晚，梁启超逃往日本大使馆避难，旋逃天津，奔塘沽乘日本轮船流亡日本。

10月16日，抵日本东京。

12月23日，创办《清议报》。发表《戊戌政变记》等论著多篇。

1899年（光绪二十五年己亥） 二十七岁

4月，于东京箱根攻日文，大量阅读西书，思想为之一变。

8月，得日本华侨赞助，创办东京高等大同学校。

9月17日，在横滨举办祭奠"六君子"殉难会。

夏秋时与孙中山来往频繁，商与孙中山合作事宜，后被其师康有为斥责，作罢。

1900年（光绪二十六年庚子） 二十八岁

春，在神户创办同文学校。

2月到7月，旅居檀香山。

7月，乘北方义和团事发，取道日本秘密返回国内。

8月20日抵上海，逗留10日。旋往新加坡见康有为。

9月。应澳洲保皇会之邀请，往澳洲考察半年。

1901年（光绪二十七年辛丑） 二十九岁

5月，由澳大利亚返日本横滨。

陆续发表《过渡时代论》等颇有影响的论文。撰著李鸿章传，即《中国四十年大事记》。同时撰著《康南海先生传》等。

12月21日，清议报馆失火，停办。《清议报》共出100册。

本年，在上海创办广智书局。

1902年（光绪二十八年壬寅） 三十岁

2月8日，在横滨创办《新民丛报》半月刊，意为"欲维新吾国，先维新吾民"之意，语出自《大学》。

11月14日，创办《新小说》杂志，发表新小说《新中国未来记》等。

3月，首次出版文章结集《饮冰室文集》。

本年，在横滨集资创办译书局。

本年，论著甚丰，中国近代史学奠基之作《新史学》及其它重要论著不断刊出，同时在《新民丛报》大量刊出介绍西方思想家、政治家的文章，《新民丛报》发行量大增，影响甚广。

1903年（光绪二十九年癸卯） 三十一岁

3月4日，应美洲保皇会的邀请抵达加拿大温哥华访问。

5月12日，往美国纽约访问。

12月11日，由北美返回日本横滨。曾经一度对武装革命同情和犹豫的态度彻底改变，坚决主张中国走和平改良的道路。

返日后，将北美之行写成《新大陆游记》。

1904年（光绪三十年甲辰） 三十二岁

3月，赴香港参加保皇大会。

4月，由香港潜入上海，筹办《时报》。5月返日。6月12日《时报》发行，作《发刊词》。

本年，在横滨大同学校讲中国历史，开始编写《中国通史》。发表《中国历史上革命之研究》等论著。

1905 年（光绪三十一年乙巳） 三十三岁

8月20日，同盟会成立于东京，发刊《民报》机关报。开始以《新民丛报》为主要阵地与革命党展开革命与改良的大论战。

1906 年（光绪三十二年甲辰） 三十四岁

春，拟往欧洲访学，未果。

1月25日起，在《新民丛报》连续刊发《开明专制论》，主张通过开明专制逐步过渡到君主立宪或民主共和。

9月1日，清政府宣布要预备立宪，误以为政治有了转机，遂全力为立宪奔走。10月21日美洲保皇会更名国民宪政会，梁则认为应叫帝国宪政会。

本年，继续与革命党激烈论战。

1907 年（光绪三十三年乙巳） 三十五岁

春夏间，为组织立宪团体往来于日本、上海。

10月7日，立宪机关报《政论》创刊于东京（后迁上海）。梁撰《政闻社宣言书》，筹划立宪进程。

10月17日，政闻社在东京神田区锦辉馆开成立大会。名义上推马相伯为总务员，实际则由梁操纵。

11月20日，《新民丛报》停刊，共出96期。

1908 年（光绪三十四年戊申） 三十六岁

2月，政闻社迁往上海。9月13日被清廷勒令解散，梁一度想专心著述。

11月14日，光绪去世，15日慈禧太后死。12月，梁上书摄政王载沣，希望清廷广招人才。

本年，成书《王荆公》

1909 年（宣统元年己酉） 三十七岁

1月9日，袁世凯被清廷重新起用，梁致函清廷要员攻击袁。

12月，各省国会请愿同志会开始请愿，梁多次致函，出谋划策。

本年，成《管子传》和《财政原论》。

1910 年（宣统二年庚戌） 三十八岁

2 月 20 日，《国风报》创刊，撰《〈国风报〉叙例》。

6 月间，国会请愿同志会请愿活动达到高潮，梁为之鼓动。

本年撰写文章 66 篇，多为立宪而作。

1911 年（宣统三年辛亥） 三十九岁

3 月 24 日，携长女思顺离日本赴台湾。

6 月 4 日，宪友会成立，梁大加赞赏。

10 月 10 日，武昌起义爆发，康梁急谋对策。11 月 3 日，提出"和袁慰革，逼满服汉"八字方针。

11 月 16 日，离日本回国，19 日抵大连，旋往沈阳。见形势于己不利，又匆忙返回日本。

11 月中旬，袁世凯责任内阁成立，聘梁为司法副大臣，坚辞不就。

1912 年（民国元年壬子） 四十岁

1 月 1 日，中华民国成立，孙中山当选临时大总统。

9 月，由神户离日本返国。10 月 5 日抵天津大沽口，20 日到达北京，各团体盛大欢迎。11 月 1 日，返回天津。

12 月 1 日，创刊《庸言》杂志。

1913 年（民国二年癸丑） 四十一岁

2 月 24 日，加入共和党。

5 月 29 日，共和、民主、统一三党合并为进步党，出任理事。

9 月 11 日，进步党"人才内阁成立"，被推举为司法总长。

10 月初，为"人才内阁"起草《政府大政方针宣言书》。

1914 年（民国三年甲寅） 四十二岁

2 月 12 日，被任命为币制局总裁。

6月20日，被参政院选为参政员。

12月27日，辞去币制局总裁。

年底，举家迁往天津新家。

1915年（民国四年乙卯） 四十三岁

1月20日，被《大中华》杂志聘为总撰述，并作发刊辞。

2月12日和3月31日，被袁世凯聘为政治顾问和考察沿江教育司法员，坚辞不就。

4月下旬，往广东新会探亲。6月，返回天津。

8月15日，与蔡锷在天津家中密谋，决定举兵反对袁世凯称帝。撰《异哉所谓国体问题者》。

12月12日，袁世凯正式称帝，改国号为中华帝国，改1916年为洪宪元年。

12月16日，离天津往上海。

12月25日，蔡锷在云南宣布独立，指挥护国军，讨伐袁世凯。一切电文皆由梁发出。

1916年（民国五年丙辰） 四十四岁

3月4日，离沪由香港潜入广西。4月4日，抵南宁。

5月1日，出任护国军都司令部都参谋。

5月8日，任护国军军务院抚军兼政务委员长。

5月30日，知父亲已于3月14日去世，立即回家奔丧守孝。

6月5日，袁世凯病亡。29日，段祺瑞内阁成立。

9月，将护国战争电文等辑为《盾鼻集》。

11月8日，蔡锷去世。12月，发起筹建松坡图书馆。

1917年（民国六年丁巳） 四十五岁

2月27日，参加黎元洪、段祺瑞的临时外交会议，讨论对德外交。

3月上旬，反复致函段祺瑞，劝其与德断交。

7月1日，张勋拥戴溥仪复辟，梁通电反对复辟。

7月17日，出任段祺瑞内阁财政总长。

8月28日，与日本银行团代表签署第二次善后大借款。

11月18日，辞财政总长。

1918年（民国七年戊午） 四十六岁

春夏，决心退出政坛，在天津家中著述，8月累病吐血。

病愈后筹备往欧洲考察。12月28日，同丁文江等七人由上海起程赴欧洲游历。

1919年（民国八年己未） 四十七岁

2月11日，抵伦敦。18日抵巴黎。

3月7日，由巴黎出发，考察一战战场。

6月7日，返回伦敦。

7月18日，再由巴黎出发，游比利时、荷兰、瑞士、意大利。10月7日返巴黎，12月12日抵柏林。

1920年（民国八年庚申） 四十八岁

1月23日，由法国马赛回国。

3月5日，抵上海，3月19日往北京，拜谒总统徐世昌。

3月，将欧洲游记、心得整理成《欧游心影录》，陆续在《时事新报》、《晨报》连载。

4月，与蒋百里等组织共学社，编译新书。

7月，准备成立国民制宪同志会，未果。

9月5日，创办讲学社。15日，《解放与改造》杂志更名为《改造》，梁撰发刊词。

本年，著述甚丰，成《清代学术概论》等学术名著多种。

1921年（民国十年辛酉） 四十九岁

在天津写作。

秋，应南开大学之聘，讲授中国文化史和中国历史研究法。

10月10日至12月21日，在北京和天津各大学、中学演讲，后结集出版《梁任公先生最近演讲集》。

本年，成书《中国历史研究法》和《墨子学案》等。

1922年（民国十一年壬戌）　五十岁

3月，在清华大学讲学。

4月1日至9月中旬，先后往北京、济南、南京、上海、南通、武昌、长沙等地演讲二十多次。

10月下旬，往南京东南大学讲授中国政治思想史，11月21日突发心脏病停讲。后将讲稿整理为《先秦政治思想史》。

1923年（民国十二年癸亥）　五十一岁

1月13日，作《东南大学课毕告别辞》，15日离东南大学返回天津。

同月，在南开大学发起创办中国文化学院，后因经济问题停办。

2月，科学与人生观论战开始，积极参与。

7月，主讲南开大学暑期学校。

11月4日，出席北京快雪堂松坡图书馆落成大会。

本年，成《陶渊明》、《朱舜水年谱》等书。

1924年（民国十三年甲子）　五十二岁

1月29日，发起并主持戴东原二百年生日纪念会，撰《戴东原先生传》。

春，在南开大学讲学。

4月26日，在北京会见印度诗人泰戈尔。

9月13日，结发夫人李蕙仙病逝。

本年，成《中国近三百年学术史》等书。

1925年（民国十四年乙丑）　五十三岁

3月14日，在北京吊唁孙中山逝世。

9月，被聘清华大学国学研究院导师。

12月，出版《要籍解题及其读法》等。

本年，出任京师图书馆馆长。

1926年（民国十五年丙寅） 五十四岁

春，就任北京图书馆馆长。美国耶鲁大学决定授予梁名誉博士，因病未成行。

3月，因肾病住进北京协和医院，16日做手术，失败。

秋，筹办北京储才馆。

本年，成书《中国历史研究法补编》等。

1927年（民国十六年丁卯） 五十五岁

年初，除任清华大学国学研究院导师外，又在燕京大学兼课。

1月17日，司法储才馆开学，致开幕辞，并出任馆长。

3月8日，往上海祝康有为七十大寿。21日，康有为去世，作祭文和挽联。

7月，中华教育文化基金会委托编《中国图书大辞典》。

8月到11月，除任职清华之外，辞去一切职务，静心养病。

本年，成《儒家哲学》等书。

1928年（民国十七年戊辰） 五十六岁

1月到4月，住北京协和医院治疗。

6月，辞清华大学职务。

9月10日，抱病作《辛稼轩先生年谱》，完成十之七八。10月12日，病重，停笔。

11月29日，再入协和医院。

1929年（民国十八年己巳） 五十七岁

1月19日下午2时15分，在协和医院去世。

主要参考文献

梁启超著、林志钧编：《饮冰室合集》，中华书局1936年版。
梁启超著、夏晓虹辑：《〈饮冰室合集〉集外文》，北京大学出版社2005年版。
梁启超：《饮冰室诗话》，人民文学出版社1959年版。
梁启超：《清代学术概论》，《梁启超论清学史两种》，复旦大学出版社1985年版。
梁启超：《戊戌政变记》，中华书局1954年版。
梁启超：《饮冰室文集类编》，东京帝国印刷株式会社1905年版。
梁启超辑：《湖南时务学堂遗编》，1922年铅印本。
梁启超：《护国之役文电稿》（未刊本）。
丁文江、赵丰田编：《梁启超年谱长编》，上海人民出版社1983年版。
朱传誉主编：《梁启超传记资料》，台湾天一出版社1979年版。
张品兴编：《梁启超家书》，中国文联出版社2000年版。
吴荔明：《梁启超和他的儿女们》，上海人民出版社1999年版。
李喜所、胡志刚：《百年家族——梁启超》，台湾立绪出版社2001年版。
蒋广学、何卫东：《梁启超评传》，南京大学出版社2005年版。
张朋园：《梁启超与民国政治》，台北食货出版社1978年版。
陈宝琛等撰修：《德宗景皇帝实录》，中华书局1987年影印本。
朱寿朋编：《光绪朝东华录》，中华书局1958年版。
国家档案局明清档案馆编：《戊戌变法档案史料》，中华书局1958年版。
故宫博物院明清档案部编：《清末筹备立宪档案史料》，中华书局1979年版。
经世文社编：《民国经世文编》，台北文海出版社1970年版。
龚自珍：《龚自珍全集》，上海人民出版社1975年版。
魏源：《魏源集》，中华书局1976年版。
曾国藩：《曾国藩全集》，岳麓书社1987年版。

李鸿章：《李鸿章全集》，海南出版社 1997 年版。

谭嗣同著、蔡尚思等编：《谭嗣同全集》，中华书局 1981 年版。

康有为：《康南海文集》，上海共和编译局 1914 年版。

康有为：《康南海先生诗集》，上海商务印书馆 1941 年版。

汤志钧编：《康有为政论集》，中华书局 1981 年版。

康有为：《杰士上书汇录》，故宫博物院抄本。

严复：《严复集》，中华书局 1986 年版。

汤志钧编：《章太炎政论选集》，中华书局 1977 年版。

熊希龄：《熊希龄集》，湖南人民出版社 1985 年版。

孙中山：《孙中山全集》，中华书局 1981—1986 年版。

孙中山：《孙中山选集》，人民出版社 1981 年版。

鲁迅：《鲁迅全集》，人民文学出版社 1981 年版。

翁同龢：《翁文恭公日记》，商务印书馆 1915 年版。

宋教仁：《宋教仁日记》，湖南人民出版社 1980 年版。

吴玉章：《吴玉章回忆录》，中国青年出版社 1978 年版。

杜威：《杜威五大讲演》，晨报社 1920 年 8 月版。

胡适：《胡适文存》，上海亚东图书馆 1924 年版。

刘坤一：《刘坤一遗集》，中华书局 1959 年版。

张之洞：《张文襄公全集》，中国书店 1990 年影印本。

郑观应：《盛世危言》，光绪二十一年铅印本。

朱执信：《朱执信集》，中华书局 1979 年版。

龙伯坚藏：《近代湘贤手札》，台湾文海出版社 1970 年版。

胡思敬：《戊戌履霜录》，神州国光社 1953 年版。

黄远庸：《远生遗著》，台北文海出版社 1968 年版。

李宗黄：《李宗黄回忆录》，台北中国地方自治学会 1972 年版。

梁启勋：《曼殊室戊辰笔记》，上海书店 1991 年影印本。

梁实秋：《秋室杂忆》，台北传记文学出版社 1978 年版。

易国幹等编：《黎副总统政书》，台北文星书店 1962 年版。

叶德辉编：《翼教丛编》，台北文海出版社 1971 年版。

叶德辉编：《觉迷要录》，光绪三十年刊本。

窦宗一：《李鸿章（日）年谱》，香港友联出版社 1975 年版。

岑学吕：《三水梁燕孙先生年谱》，台北文星书店1962年版。

冯自由：《革命逸史》，中华书局1981年版。

冯自由：《中华民国开国前革命史》，上海中华文化服务社1946年版。

《护国军纪事》，上海中华新报馆1926年编印。

白蕉：《袁世凯与中华民国》，上海人文月刊社1936年版。

李希泌、曾业英、徐辉琪编：《护国运动资料选编》，中华书局1984年版。

罗家伦主编：《革命文献》，台北中国国民党中央委员会党史史料编纂委员会1984年版。

吴黎平整理：《毛泽东一九三六年同斯诺的谈话》，人民出版社1979年版。

谢本书等编：《云南辛亥革命资料》，云南人民出版社1981年版。

云、贵社科院历史所编：《护国文献》，贵州人民出版社1985年版。

张枬、王忍之编：《辛亥革命前十年间时论选集》，三联书店1960年版。

丁守和主编：《辛亥革命时期期刊介绍》，人民出版社1982年版。

中国史学会主编：《中国近代史资料丛刊·戊戌变法》，神州国光社1952年版。

中国史学会主编：《中国近代史资料丛刊·辛亥革命》，上海人民出版社1957年版。

中国人民政治协商会议全国委员会文史资料研究委员会编：《辛亥革命回忆录》，文史资料出版社1963年版。

钟叔河主编：《走向世界丛书·新大陆游记及其他》，岳麓书社1985年版。

章伯锋、李宗一主编：《北洋军阀》，武汉出版社1990年版。

戈公振：《中国报学史》，三联书店1955年版。

高宣扬：《罗素传略》，南粤出版社1979年版。

黄彰健：《戊戌变法史研究》，（台北）"中央研究院"历史语言研究所1970年版。

吉田精一、浅井清编：《近代文学评论大系》第1卷，日本角川书店1979年版。

李新、李宗一主编：《中华民国史》，中华书局1987年版。

李剑农：《最近三十年中国政治史》，上海太平洋书店1930年版。

李剑农：《戊戌以后三十年中国政治史》，中华书局1965年版。

李剑农：《中国近百年政治史》，上海书店1989年影印本。

汤志钧：《戊戌变法史》，人民出版社1984年版。

陶菊隐：《蒋百里先生传》，中华书局1964年版。

陶菊隐：《筹安会六君子传》，中华书局1981年版。

王芸生：《六十年来中国与日本》，三联书店1980年版。

王德昭：《清代科举制度研究》，中华书局1984年版。

严中平:《中国棉纺织史稿》,科学出版社1955年版。

张玉法主编:《中国现代史论集》第四辑,联经出版事业公司1980年版。

金冲及、胡绳武:《辛亥革命史稿》,上海人民出版社1985年版。

费正清:《剑桥中国晚清史》,中国社会科学出版社1985年版。

侯外庐:《中国思想通史》,人民出版社1957年版。

陈旭麓:《近代中国社会的新陈代谢》,上海人民出版社1992年版。

陈旭麓:《近代史思辨录》,广东人民出版社1984年版。

李泽厚:《中国近代思想史论》,天津社会科学院出版社2003年版。

龚书铎:《近代中国与近代文化》,湖南人民出版社1988年版。

耿云志:《西方民主在近代中国》,中国青年出版社2003年版。

丁伟志等:《中体西用之间》,中国社会科学出版社1995年版。

吴雁南等:《中国近代社会思潮》,湖南教育出版社1998年版。

熊月之:《西学东渐与晚清社会》,上海人民出版社1994年版。

郑大华:《晚清思想史》,湖南师范大学出版社2005年版。

郑大华:《民国思想史论》,社会科学文献出版社2006年版。

李喜所主编:《梁启超与近代中国社会文化》,天津古籍出版社2005年版。

中南地区辛亥革命史研究会、湖南省历史学会编:《纪念辛亥革命七十周年青年学术讨论会论文选》,中华书局1983年版。

《广东文史资料》第12辑。

《湖南历史资料》1958年第3期、1960年第1期。

《近代史资料》第74辑。

《文史资料选辑》第25辑。

《云南文史资料选辑》第10辑。

《云南档案史料》第1期。

《爱国报》

《不忍杂志》

《晨报副刊》

《大中华》

《大公报》

《东方杂志》

《国风报》

《国闻报》

《古今月刊》(上海)

《改造》

《民报》

《民立报》

《努力周报》

《清议报》

《清议报全编》

《时报》

《时务报》

《申报》

《神州日报》(上海)

《万国公报》

《新青年》

《新民丛报》

《新小说》

《新小说报》

《新闻报》(上海)

《新生报读书周刊》(台湾)

《湘报》

《学衡》

《益世报》

《益闻录》

《庸言》

《中华杂志》

《中外日报》

《知新报》

《政论》

《政府公报》

后　记

　　开始着手写《梁启超传》始于20世纪80年代初，那时我刚接近"不惑"之年，年轻力壮，风华正茂；如今修改之时，却已年近"古稀"。心中之感慨不言而喻。不过，人生阅历之积淀，或许会较前看问题更全面和客观一些，从这个角度讲，也许具有了另一种难得的"优势"。

　　其实，为梁启超作传，是我多年的夙愿。早在孩童时代，梁启超就是我心目中的英雄。可能是命运的安排吧，1965年我考大学时，意外地被南开大学历史系录取。大学毕业后又留校教中国近代史，梁启超自然成了我教学和科研的重点之一。1983年，在广东南海和新会召开戊戌变法和康有为、梁启超学术研讨会，我实地考察了梁启超家乡的山山水水，更下决心写一部梁启超传。也巧，人民出版社的乔还田同志正准备约人写梁启超传。于是我们一拍即合，许诺成交。稍后，人民出版社正式同意了我的写作计划，梁启超便成了我生活中的"伴侣"。正在攻读硕士学位的元青老师，对写梁启超传亦有浓厚的兴趣，他的硕士论文就是研究梁的中西文化观，当得知我要为梁作传时，他极愿合作。随后我们作了大致分工，本书的九至十八部分主要由他负责，余皆由我执笔。

　　本书写作过程中，注意较多的有三个问题：

　　一是如何处理叙史和评论的关系。梁启超一生丰富多彩，既是思想家，又是政治活动家，他能从政则从政，政坛失意则搞学问，亦官亦学。如果从思想家或学问家的角度为梁作传，则过于理性；如果单从政治活动家方面着眼，则反映不了梁启超的全貌。为使二者有机结合，本书采取寓评论于叙史之中的办法，叙中有评，评中有叙，以梁启超政治活动为经，政治思想为纬，夹叙夹议；梁的学术文化则分段插入，第八部分集中写了他20世纪初年作为文化新星的巨大成果，第十九部分以较多篇幅论述他晚年系统而有创见的学术研究。

二是如何突出梁启超的个性。人贵有个性，没有个性就没有历史。人物传的生命就在于是否具备了个性。梁启超又是一位极富个性的"奇人"。为较好地再现梁的个性，本书着墨较多的是梁启超青少年时代个性形成的过程、中年时期个性的展现和晚年个性的回归、升华，目的是给读者以较完整的形象。梁启超的家庭生活、业余爱好、交友、出游、情感起伏、思维方式，也力所能及地加以评述，旨在将梁写成一个活生生的人。

三是如何较准确地评述梁启超的学术文化。梁启超学问渊博，是百科全书式的大学问家，又留下了极丰富的各种学术著作，科学地评述梁启超的学术研究有相当的难度。为解决这一难题，本书首先客观地叙述梁启超的学术文化观点和主要贡献，然后作恰当的评论，指明其突破性的进展和一些主要问题，并表明我们的一些看法。我们的主观愿望是，了解梁启超的学术文化原貌是根本，熟悉作者的评论和观点是参考。

1993年本书出版后，社会反映广泛，也受到了学界的肯定与赞扬。在不断重印的同时，又出版了增订本。如今，中国近代第一家出版社商务印书馆又决定修订出版本书。我责无旁贷，遵命而行。考虑到本书初版时，我教学、科研繁忙，对元青所写篇章并没有来得及认真阅读与修订，所以此次我修订的重点就集中于此了。加之，元青教授现在是我们南开历史学院的"台柱"之一，并兼行政事务，不可能有时间来做此事。所以就由我这个"闲人""全权"处理了。

人生苦短，传世之作难寻，学界的绝大多数都是做事而已，哪里敢想写传世之作！回顾我的学术生涯，也就是做了点事罢了。写《梁启超传》这可算一件，并和天津同仁同心合力，恢复了"饮冰室"原貌；另一件就是致力于中国留学史的研究,《中国留学通史》(广东教育出版社出版,三卷本)为代表之作,也是拓荒之作,为后来者深入研究留学史做了些基础性的工作;还有一件则是主编了五卷本的《五千年中外文化交流史》(世界知识出版社出版)。至于其他的十余部专著,百余篇学术论文,不过是我的职业兴致所应该做的工作而已。总而言之,《梁启超传》是我能感到有些许得意的一件作品。

2014 年 7 月 16 日

内容简介

梁启超是中国现代百科全书式的思想家,其一生的学术成就涉猎政治、法律、文学、历史、哲学、宗教、图书馆学等诸多学科,均有经典著述传世,也被公认为中国现代启蒙思想家,和中国现代学术的开拓者。

曾胸怀一腔政治抱负,追随康有为,成为"戊戌变法"的主将,后流亡日本十数年,得以用世界的眼光审视中国与中国传统文化。

他还擅长写作杂文散记,其洞察深刻,文笔犀利,《新大陆游记》《欧游心影录》均堪称其中的杰作。

他的一生只有56岁,短暂而光芒四射;存世数以千万字的著述,经典而历久弥新。

梁启超的一生经历了什么?

为什么在清末民初出现了梁启超?

本书都有细致的解析和独到的观点。